일반직 9급

# 국가정보원

필기시험

# 국가정보원
# 일반직 9급 필기시험

초판 1쇄 발행      2020년 10월 8일
개정 2판 1쇄 발행      2022년 10월 3일

편 저 자 | 공무원시험연구소
발 행 처 | (주)서원각
등록번호 | 1999-1A-107호
주　　소 | 경기도 고양시 일산서구 덕산로 88-45(가좌동)
대표번호 | 031-923-2051 / 070-4233-2507
팩　　스 | 02-324-2057
교재문의 | 카카오톡 플러스 친구 [서원각]
영상문의 | 02-324-2501
홈페이지 | www.goseowon.com
책임편집 | 성지현
디 자 인 | 김한울

# PREFACE

"

우리는 자랑스러운 대한민국 국가정보원 직원으로서, 국가안보와 국민보호를 위해 소리 없이 헌신하고, 자유민주주의 체제 수호와 조국통일의 초석이 될 것을 엄숙히 다짐하면서 다음과 같이 행동한다.

하나. 국가와 국민의 안위를 생각하며, 먼저 알고 앞서 대비한다.
하나. 투철한 애국심과 사명감으로 맡은 바 임무를 완수한다.
하나. 국가정보기관 요원으로서의 신의와 명예를 지킨다.
하나. 보안을 목숨같이 여기고 직무상 비밀은 끝까지 엄수한다.

"

국가정보원은 '국가안보는 정보로부터 시작된다.'는 국가안보의 기본 명제를 실현하는 기관으로 조용히, 무명으로서 헌신하고 그 영광은 오직 가슴 속에만 간직하는 직업윤리를 지닌 직원들의 일터를 표방하고 있습니다.

국가정보원이 요구하는 인재상(애국심과 헌신, 책임감과 전문지식, 정보감각과 보안의식)처럼 국가에 헌신하고자 하는 수험생 여러분의 길잡이 역할이 되고자 본서를 기획하였습니다.

본서는 국가정보원 일반직 9급 채용 필기평가를 대비하기 위한 수험서입니다. 필기시험 과목인 국어, 한국사, 일반상식 과목을 효율적으로 공부할 수 있도록 핵심이론을 체계적으로 요약·정리하여 수록하였고 또한 필기평가에 대비할 수 있도록 과목별 출제 예상문제를 선별하여 수록하였습니다.

높은 경쟁률과 어려운 난이도에 '내가 과연 할 수 있을까' 의심을 갖기보다는 적극적으로 준비하여 좋은 결과를 일궈내기를 서원각이 함께 응원하겠습니다.

어렵고 막막한 시험 준비에 본서가 길을 밝혀주는 등불 역할이 되길 바라며, 수험생 여러분의 건투를 빕니다.

# INFORMATION

## 1. 채용분야 및 응시자격

| 모집분야 | 응시자격 |
|---|---|
| 냉난방 | **아래 국가기술자격 중 1개 이상 자격 소지자**<br><br><table><tr><td>건축기계설비 · 기계 · 건설<br>기계 · 산업기계설비 기술사</td><td>일반기계 기사</td><td>건축설비 · 건설기계설비 ·<br>소방설비(기계분야)<br>산업기사 이상</td><td>공조냉동기계 · 설비보전 ·<br>배관 · 에너지관리 · 가스 ·<br>용접 · 위험물 기능사 이상</td></tr></table><br>※ 건축기계설비 유지관리 실무 경력자 우대 |
| 전기 | **전기 · 전기공사 산업기사 이상 자격 중 1개 이상 자격 소지자**<br>※ 1) 소방설비(전기분야) 산업기사 이상 소지자 우대<br>　2) 전기공사 · 전기설계 및 전기설비 유지보수 실무 경력자 우대 |
| 안전(男) | **공인무도단증 단일종목 3단 이상 소지자**<br>※ 1) 일반 · 기계 경비지도사 및 응급구조사 자격증 소지자 우대<br>　2) 초경량비행장치(무인멀티콥터 1종) 조종자 이상 소지자 우대<br>　3) Anti드론 시스템 · 장비 운용 경력자 우대<br>　4) 시설 · 청사 방호 경력자 우대<br>　5) 軍 특수부대 출신자 우대<br>　6) 관련 분야 직무교육 이수자 우대<br>　7) 공인무도단증 인정 단체는 하단 참조 |
| 정보통신 | **아래 국가기술자격 중 1개 이상 자격 소지자**<br><br><table><tr><td>통신설비 기능장</td><td>정보보안 ·<br>정보통신<br>산업기사 이상</td><td>방송통신 ·<br>무선설비 ·<br>전파전자통신 ·<br>통신선로 · 정보처리<br>기능사 이상</td><td>네트워크관리사<br>· CCNA · CCNP 등<br>네트워크<br>관련 자격증</td><td>리눅스<br>마스터LPIC · MCSE ·<br>PC정비사 등<br>IT장비관리 관련 자격증</td></tr></table><br>※ 1) 네트워크 및 IT장비 운영 실무 경력자 우대<br>　2) 전송 · 교환 설비 및 이동통신 분야 실무 경력자 우대<br>　3) 관련 분야 직무교육 이수자 우대 |
| 운영지원 | **아래 국가기술자격 중 1개 이상 자격 소지자**<br><br><table><tr><td>컴퓨터활용능력 1급<br>· 워드프로세서</td><td>전자계산기 ·<br>전자계산기조직<br>응용 기사</td><td>정보통신 ·<br>정보보안 ·<br>전자계산기제어 ·<br>사무자동화<br>산업기사 이상</td><td>정보처리 ·<br>정보기기운용<br>기능사 이상</td><td>멀티미디어콘텐츠<br>제작전문가</td></tr></table><br>※ 1) 행정사무 · 공공분야 실무 경력자 우대<br>　2) 관련 분야 직무교육 이수자 우대 |

| 모집분야 | 응시자격 |
|---|---|
| 수송 | **1종 대형 운전면허 소지자**<br>※ 1) 특수(구난차) · 지게차주야차량정비 면허 소지자 및 운전경력자 우대<br>2) 대형차량 운전 경력자 우대<br>3) 공공기관 · 민간기업 운전 경력자 우대<br>4) 고나련 분야 직무교육 이수자 우대<br>5) 원서접수 시 운전경력 증명서 제출 필수 |
| 정비 | **자동차정비 기능사 이상 소지자**<br>※ 1) 자동차 정비 실무 경력자 우대<br>2) 대형버스 · 트럭 정비 실무 경력자 우대 |
| 사진 | **포토샵 · 라이트룸 등 보정 및 편집 툴 사용 가능자**<br>※ 1) 사진 실무 경력자 우대<br>2) 관련 분야 공모전 당선자 우대<br>3) 영상편집프로그램(프리미어 · 파이널컷 등) 사용 가능자 우대<br>4) 원서 접수 시 포트폴리오 제출 필수 |

## 2. 공통 자격 및 유의사항

① 공통 자격

- 1992. 1. 1.부터 2002. 12. 31. 사이 출생한 대한민국 국민으로, 남자의 경우 병역을 畢하였거나 면제된 자 또는 2023. 4. 30.까지 전역이 가능한 자
  ※ 제대군인 · 공익근무요원 · 전문연구요원 · 산업기능요원이 복무기간이 만료되어 시험에 응시할 경우 복무기간 1년 미만은 1세, 1년 이상 ~ 2년 미만은 2세, 2년 이상은 3세 연장
- 「국가정보원직원법」 제8조 제2항의 결격사유가 없으며, 「공무원임용시험령」 등 관계법령에 의하여 응시자격을 정지당하지 아니한 자
  ※ 결격사유는 최종시험 예정일(면접시험 최종예정일 12월중) 현재를 기준으로 해당하지 않아야 함
- 「국가정보원직원법 시행령」에 따라 임용유예는 허용하지 않는다.

② 유의사항

- 모집분야는 중복지원이 不可, 1인 1개 분야만 지원 가능
- 응시원서 內 '직장 및 근무 경력'을 기재할 경우, 경력증명서(근무기간과 담당업무가 명시된 경우에 한하여 인정)가 정식 발급되는 경우에만 입력
  ※ 경력기간 산출 시 원서 접수 마감일(8. 31.)을 기준으로 함
- 각종 자격증 및 우대사항은 반드시 해당란에 기재하여 불이익이 없도록 유의하며 추후 증빙자료 필수 제출
  ※ 직무교육 관련 사항을 기재하는 경우, 교육 수료 증빙이 가능한 경우에만 기재
- 적격자가 없을 경우 채용하지 않을 수 있으며, 합격자 통지 후 응시자격 검증 등을 통하여 결격사유가 발견된 경우 합격이 취소될 수 있음
- 응시원서 관련사항을 허위로 기재하는 등 부정행위시 당해 시험을 정지 또는 무효로 하거나 합격결정을 취소하고 관계법령에 의하여 향후 5년간 각종 공무원 채용시험 응시자격이 정지됨
- 응시원서 상의 기재착오 또는 누락이나 연락불능 및 합격자 발표 미확인 등으로 인한 불이익은 응시자 본인의 책임이 되므로 응시원서 작성 및 합격 여부 확인 등에 유의

## 3. 안전분야 공인무도단증 인정단체(65개)

① 대한체육회 가맹단체(10개) : 대한태권도협회, 대한유도회, 대한검도회, 대한카라테연맹, 대한택견연맹, 대한우슈협회, 대한복싱협회, 대한민국합기도총협회, 대한킥복싱협회, 대한 주짓수회

② 기타 인정단체(55개) : 대한기도회, 재남무술원, 대한국술합기도협회, 대한합기도협회, 한국정통합기도협회, 한민족합기도무술협회, 세계합기도협회, 대한신무합기도협회, 대한민국합기도중앙협회, 대한합기도총연맹, KOREA합기도중앙협회, 대한국예원합기도협회, 대한합기도연맹, 대한합기도연합회, 대한용무도협회, 국제연맹합기도중앙협회, 국제특공무술연합회, 세계합기도무도연맹, 대한종합무술격투기협회, 국제당수도연맹, 신대한기도회합기도무술협회, 대한합기도유술협회, 대한해동검도협회, 세계태권도무도연맹, 대한특공무술협회, 세계경찰무도연맹, 대한호국특공무술연맹, 한국해동검도연합회, 대한특공무술연맹, 대한검도연합회, 한국해동검도협회, 대한무에타이협회, K3세계국무도총연맹, 세계합기도연맹, 대한민국합기도협회, 대한민국무무관합기도협회, 한국경호무술협회, 국술원, 한국무예진흥원, 한국특공무술협회, 대한특수경호무술협회, 대한민국해동검도협회, 세계용무도연맹, 대한민국합기도회, 대한생활체육복싱협회, ITF태권도협회, 특전사 특공무술, 대한합기도총협회, 대한프로태권도협회, 한국킥복싱협회, 대한종합격투기연맹, 천무극협회, 대한삼보연맹 대한특전무술협회, 택견보존회

## 4. 전형일정

① 원서접수

　㉠ 기간 : 2022. 8. 11(목) 10:00 ~ 8. 31(수) 16:00

　㉡ 국가정보원 채용홈페이지(career.nis.kr) → 응시원서 작성

　　※ 1) 마감 전까지는 최종제출 후에도 수정이 가능한 점을 감안, 가급적 미리 제출 권고(원서접수 마감 임박 시 접속자 급증으로 접수가 원활하지 않을 수 있음)

　　　 2) 사진파일은 여권 사진 규정에 맞게 촬영한 사진(3.5cm × 4.5cm)으로 500KB 이내 JPG · GIF형태로 저장(용량 초과 시 원서 접수 불가)

　　　 3) 수송분야(운전경력증명서) 제출 방법(이메일 제출)

- 운전경력증명서 발급 후 스캔(JPG 파일로 저장), 반드시 경찰청에서 교부하는 운전경력증명서 제출
- 자료 전송 시 이메일 제목 · 파일명 등 아래 안내사항 엄수
- 원서접수 마감일 기한 내 이메일 도착분만 유효
- 자료 미제출로 인한 불이익(불합격)이 없도록 주의

② 서류심사 결과 발표 : 10월 중(채용홈페이지 로그인 후 확인 가능)

③ 필기시험 · 체력검정 : 11. 5(土), 서류전형 합격자에 한하여 실시

| 구분 | 필기시험 | 체력검정 |
|---|---|---|
| 대상 | 全 분야 공통 | 안전분야에 한해 필기시험 종료 후 실시 |
| 과목 | 국어(한문포함), 한국사, 일반상식 | 오래달리기(2,000m), 10m 왕복달리기, 윗몸일으키기, 팔굽혀펴기, 악력 |

※ 체력검정의 공정성 확보 및 응시자의 건강보호를 위해 시험결과에 영향을 미칠 수 있는 금지약물의 복용을 금지하며, 체력검정 당일 관계법령에 따라 금지약물 복용 여부를 응시자 중 임의로 확인할 수 있음

④ 면접 : 12월중(필기시험 합격자에 한하여 실시)

⑤ 신체검사 : 2023. 1월 중(면접 합격자에 한하여 실시)

⑥ 최종 합격자 발표 및 임용 : 합격자 대상 추후 통지

　※ 기타 전형관련 문의사항은 국가정보원 채용홈페이지(career.nis.go.kr) Q&A게시판에서 확인

# STRUCTURE

## 핵심이론정리

출제가 예상되는 국어, 한국사 과목의 핵심 요소들의 이론을 정리하였습니다.

## 다양한 일반상식

분야별로 상세하게 구분하여 필수로 알아야 할 용어들을 수록하였습니다. 더 알아보기를 통해 심화학습이 가능합니다.

## 출제예상문제

핵심 이론 및 빈출용어 외에도 다양한 이론과 상식을 접할 수 있도록 분야별 출제예상문제를 수록하였습니다. 다양한 난이도와 유형으로 필기시험에 효과적으로 대비해보세요.

## 해설 및 답변

문제와 해설 속에 녹아있는 주요 이론 및 상식으로 문제의 흐름을 파악해보세요.

# CONTENTS

**PART**

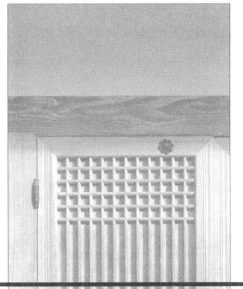

# 국어

## Chapter 01

# 국어 사용의 실제

**01** 말하기와 듣기

### 1. 말하기

(1) 말하기의 목적

① 정보를 진달하는 말하기(지적 반응) → 듣는 이가 모르는 사실을 알릴 때(설명)

② 청자를 설득하는 말하기(지적 및 정적인 반응) → 듣는 이의 생각이나 행동을 바꾸고자 할 때 (설득)

③ 청자에게 사교나 친교의 말하기(정적인 반응) → 듣는 이가 가까워지거나 즐기고자 할 때

(2) 말하기의 과정

내용 선정하기 → 내용 조직하기 → 효과적으로 표현하기

### 2. 토의(討議)

(1) 토의의 뜻

공동의 관심사가 되는 어떤 문제에 대한 가장 바람직한 해결 방안을 찾기 위하여 집단 성원이 협동적으로 의견을 나누는 말하기이다.

(2) 토의의 절차

① 문제에 대한 의미 확정

② 문제의 분석과 음미

③ 가능한 모든 해결안의 제시와 검토

④ 최선의 해결안 선택

⑤ 구체적인 해결안의 시행 방안 모색

(3) 토의의 종류

① 심포지엄(Symposium) ⋯ 공동 주제에 대해 전문가 3 ~ 6명이 강연식으로 발표한 뒤, 청중과 질의 응답하는 토의 형식을 말한다.

② 포럼(Forum) ⋯ 공공의 문제에 대해 공개적으로 토의하는 것으로, 심포지엄과는 달리 처음부터 청중이 참여하는 형식을 말한다.

③ 패널(Panel) ⋯ 주어진 문제나 화제에 대하여 특별히 관심이 있거나 정보와 경험이 있는 사람이 청중 앞에서 각자의 지식, 견문, 정보를 발표하는 토의 형식을 말한다.

④ 원탁토의(Round Table Discussion) ⋯ 10명 내외의 소규모 집단이 평등한 입장에서 자유롭게 상호 관심사에 대해 의견을 나누는 토의 형식을 말한다.

## 3. 토론(討論)

### (1) 토론의 뜻

어떤 문제에 대해 찬성이나 반대의 의견을 가진 사람들이 근거를 바탕으로 자기주장을 논리적으로 펼치는 말하기이다.

### (2) 토론의 요건

① 토론의 참가자 ⋯ 주제에 대하여 찬성과 반대의 뚜렷한 의견 대립을 가지는 사람들이 있어야 한다.

② 논제 ⋯ 논점이 대립적으로 드러나는 정책이나 사실이어야 한다.

③ 토론 규칙 ⋯ 공정한 진행을 위한 발언 시간, 발언 순서, 동일한 논박 시간, 토론에 대한 판정 발언에 관한 규정을 말한다.

④ 청중 ⋯ 공정한 판정을 내리는 심판을 포함한다.

⑤ 사회자 ⋯ 폭넓은 상식을 토대로 적극성을 가진 사람이 맡는다. 또한 공정성과 포용력, 지도력을 지닌 사람이어야 한다.

## 4. 듣기

### (1) 듣기의 뜻

다른 사람의 말을 듣고, 그 내용을 자기의 생각으로 정리하여 이해하는 행위를 말한다.

### (2) 듣기의 단계

정보 확인 → 내용 이해 → 내용에 대한 비판 → 감상

## 02 쓰기

### 1. 쓰기의 과정

**(1) 계획하기(주제의 설정)**

  ① 좋은 주제의 요건

    ㉠ 너무 크거나 추상적이지 않고 구체적이어야 한다.

    ㉡ 경험한 것이나 잘 알고 있는 것이어야 한다.

    ㉢ 여러 사람이 공감할 수 있는 것이어야 한다.

    ㉣ 개성 있고 참신한 것이어야 한다.

  ② 주제문의 작성 원칙

    ㉠ 완결된 문장(주어 + 서술어)으로 쓴다.

    ㉡ 간결하고 구체적으로 쓴다.

    ㉢ 둘 이상의 내용을 담지 않는다.

    ㉣ 명확한 표현이 되도록 한다.

    ㉤ 의문문, 비유적·함축적 표현을 피한다.

**(2) 내용 생성하기(재료의 수집과 선택)**

  ① 생각의 발견 ··· 자유롭게 쓰기, 연관 짓기, 토론하기, 질문하기 등의 방법이 있다.

  ② 재료 수집 ··· 내용에 관한 전문적인 지식이나 통계 자료 등을 책이나 도서관 등을 통해 수집한다.

  ③ 재료 선정 ··· 주제와의 관련성, 내용 전개 방법을 고려하여 선택한다.

**(3) 내용 조직하기(개요의 작성)**

  ① 개요(Outline) 작성 ··· 머릿속에서 이룬 구상을 체계적으로 도식화하여 표(개요표)로 나타낸다.

  ② 내용 구성의 원리

    ㉠ **통일성** : 주제를 직접 뒷받침하는 내용을 선정한다.

    ㉡ **단계성** : 부분에 따라 그 단계에 맞는 내용을 배치한다.

    ㉢ **응집성** : 내용을 긴밀하게 연결한다.

  ③ 내용 구성의 종류

    ㉠ **시간적 구성** : 사건의 시간적 순서에 따라 제재를 배열한다.

    ㉡ **공간적 구성** : 시선의 이동이나 사물이 놓여진 순서에 따라 기술한다.

    ㉢ **인과적 구성** : 사건의 원인과 결과가 논리적인 필연성을 가지고 전개된다.

④ **논리적 구성**

　　㉠ **연역적 구성** : 일반적인 내용(주장) + 구체적인 내용(근거)

　　㉡ **귀납적 구성** : 구체적인 내용(근거) + 일반적인 내용(주장)

⑤ **단계식 구성**

　　㉠ **3단 구성** : 머리말 – 본문 – 맺음말, 서론 – 본론 – 결론

　　㉡ **4단 구성** : 기 – 승 – 전 – 결

　　㉢ **5단 구성** : 발단 – 전개 – 위기 – 절정 – 결말(대단원)

⑥ **문단의 구성 방식**

　　㉠ **두괄식** : 중심 문장 + 뒷받침 문장들

　　㉡ **양괄식** : 중심 문장 + 뒷받침 문장들 + 중심 문장

　　㉢ **미괄식** : 뒷받침 문장들 + 중심 문장

　　㉣ **중괄식** : 뒷받침 문장들 + 중심 문장 + 뒷받침 문장들

　　㉤ **병렬식** : 중심 문장이 대등하게 나열되는 구성

### (4) 표현하기(집필)

① **내용 전개 방법** ⋯ 정의, 비교·대조, 예시, 분류, 분석, 과정, 유추, 묘사, 서사, 인과 등의 방법을 상황과 목적에 맞게 적절히 선택해야 한다.

② **수사법**(표현 기교, 표현 기법)

　　㉠ **비유법** : 표현하고자 하는 대상을 다른 대상에 빗대어 나타내는 표현 기법이다.

　　　　㉐ 직유법, 은유법, 의인법, 활유법, 의성법, 의태법, 풍유법, 대유법, 중의법

　　㉡ **강조법** : 단조로운 문장을 강렬하고 절실하게 하는 표현 기법이다.

　　　　㉐ 반복법, 과장법, 열거법, 점층법, 점강법, 비교법, 대조법, 억양법, 미화법, 연쇄법, 영탄법

　　㉢ **변화법** : 단조롭거나 평범한 문장에 변화를 주어 표현하는 기법이다.

　　　　㉐ 도치법, 대구법, 설의법, 인용법, 반어법, 역설법, 생략법, 문답법, 돈호법, 명령법

### (5) 고쳐쓰기(퇴고)

글 전체 수준에서 고쳐쓰기 → 문단 수준에서 고쳐쓰기 → 문장 수준에서 고쳐쓰기 → 단어 수준에서 고쳐쓰기

## 2. 원고지 사용법과 교정 부호

### (1) 원고지 사용법

① 한 칸에 한 자씩 쓴다. 그러나 알파벳, 아라비아 숫자는 한 칸에 두어 자씩 써도 된다.

② 제목과 필자명은 위·아래에 각각 1행 정도 비운다. 보통 2행에 제목, 3행이나 4행에 필자명을 쓰고 4행이나 5행을 비우고 본문을 시작한다.

③ 글을 처음 시작할 때, 문단이 바뀔 때, 인용문을 쓸 때에는 반드시 왼쪽 첫 칸을 비우고 둘째 칸부터 쓰기 시작한다.

④ 줄의 맨 끝에 비울 칸이 없을 때에는 띄는 표(∨)를 하고, 다음 줄의 첫 칸을 비우지 않는다.

⑤ 각종 문장 부호는 한 칸을 차지함을 원칙으로 하며, 마침표와 쉼표도 한 칸에 하나씩 쓴다.

⑥ 각종 문장 부호를 찍고 한 칸을 비우는 것이 원칙이며, 쉼표나 마침표 뒤에는 칸을 비우지 않는다.

⑦ 한 행의 마지막에 문장 부호를 찍을 칸이 없을 때에는 칸 밖에 찍는다.

### (2) 교정 부호

| 교정 부호 | 예 | 설명 |
|---|---|---|
| | 무궁화(화) | 글자를 뺄 때 |
| | 무궁화 | 왼쪽으로 밀 때 |
| | 무궁화 | 오른쪽으로 밀 때 |
| | 무궁화꽃이 피었습니다. | 줄을 바꾸어 새 줄을 잡을 때 |
| | 무궁화꽃이 피었습니다. | 두 행을 이어서 한 행으로 할 때 |
| | (궁 무)화 | 앞뒤의 글자나 말을 뒤바꿀 때 |

## 03 읽기

### 1. 읽기의 과정과 방법

(1) 읽기의 과정

① 주제 파악하기의 과정 … 형식 문단의 내용 요약 → 내용 문단으로 묶어 중심 내용 파악 → 각 내용 문단의 중심 내용 간의 관계 이해 → 전체적인 주제 파악

② 주제를 찾는 방법

㉠ 주제가 겉으로 드러난 글 : 설명문, 논설문 등
- 글의 주제 문단을 찾는다. 주제 문단의 요지가 주제이다.
- 대개 3단 구성이므로 끝 부분의 중심 문단에서 주제를 찾는다.
- 중심 소재(제재)에 대한 글쓴이의 입장이 나타난 문장이 주제문이다.
- 제목과 밀접한 관련이 있음에 유의한다.

㉡ 주제가 겉으로 드러나지 않는 글 : 문학적인 글
- 글의 제재와 그에 대한 글쓴이의 의견이나 생각을 연결시키면 바로 주제를 찾을 수 있다.
- 제목이 상징하는 바가 주제가 될 수 있다.
- 인물이 주고받는 대화의 화제나, 화제에 대한 의견이 주제일 수도 있다.
- 글에 나타난 사상이나 내세우는 주장이 주제가 될 수도 있다.
- 시대적 · 사회적 배경에서 글쓴이가 추구하는 바를 찾을 수 있다.

③ 세부 내용 파악하기

㉠ 제목을 확인한다.
㉡ 주요 내용이나 핵심어를 확인한다.
㉢ 지시어나 접속어에 유의하며 읽는다.
㉣ 중심 내용과 세부 내용을 구분한다.
㉤ 내용 전개 방법을 파악한다.
㉥ 사실과 의견을 구분하여 내용의 객관성과 주관성을 파악한다.

④ 비판하며 읽기 … 글에 제시된 정보를 정확하게 이해하기 위하여 내용의 적절성을 비평하고 판단하며 읽는 것을 말한다.

⑤ 추론하며 읽기 … 글 속에 명시적으로 드러나 있지 않은 내용 및 과정과 구조에 관한 정보를 논리적 비약 없이 추측하거나 상상하며 읽는 것을 말한다.

(2) 읽기의 즐거움과 보람

① 상상의 즐거움

　　㉠ 간접성 : 문학은 언어로 이루어지므로 언어 기호를 통하여 모든 것을 상상하게 하고 이러한 간접성
　　이 더욱 풍요롭고 다양한 상상을 가능하게 해 준다.

　　㉡ 창조성 : 문학은 사실의 기록이 아니라 그럴 듯하게 꾸며 낸 것이므로 독창적이고 새로우며
　　이 독창성과 신기성이 참신한 상상을 가능하게 한다.

　　㉢ 다양성 : 문학은 상징성과 전형성을 지닌 형상으로 제시되므로 여러 가지 다양한 의미를 갖
　　게 되는데 이 의미의 다양성을 통해 상상의 풍요로움을 맛보고 상상력을 기를 수 있다.

② 깨닫는 보람 … ‘나’와 세상의 의미 있는 관계를 다룬 문학 작품을 읽음으로써 우리는 세상과 ‘나’
의 관계에 대한 체험과 깨달음을 넓히는 보람을 맛보게 된다.


## 2. 독서와 배경 지식

(1) 배경 지식의 뜻

경험을 통해 습득되어 독자의 머릿속에 구조화되어 저장되어 있으면서 어떤 글의 독해 과정에서 독
해의 밑바탕이 되는 지식으로, 사전 지식 또는 스키마(Schema)라고도 한다.

(2) 배경 지식의 특징

① 배경 지식은 경험의 소산이며 어느 한 사상이나 개념에 대한 배경 지식은 사람마다 다르다.

② 배경 지식은 정보를 일관성 있게 재구성해 준다.

③ 배경 지식은 많은 정보 중에서 필요한 정보를 선택적으로 받아들이며, 그 내용을 재편집·요약
하는 역할을 한다.

## Chapter 01 국어 사용의 실제

# 출제예상문제

**1** 다음 글의 설명 방식과 가장 가까운 것은?

> 여름 방학을 맞이하는 학생들이 잊지 말아야 할 유의 사항이 있다. 상한 음식이나 비위생적인 음식 먹지 않기, 물놀이를 할 때 먼저 준비 운동을 하고 깊은 곳에 들어가지 않기, 외출할 때에는 부모님께 행선지와 동행인 말씀드리기, 외출한 후에는 손발을 씻고 몸을 청결하게 하기 등이다.

① 이등변 삼각형이란 두 변의 길이가 같은 삼각형이다.

② 그 친구는 평소에는 순한 양인데 한번 고집을 피우면 황소 같아.

③ 나는 산 · 강 · 바다 · 호수 · 들판 등 우리 국토의 모든 것을 사랑한다.

④ 잣나무는 소나무처럼 상록수이며 추운 지방에서 자라는 침엽수이다.

> **NOTE** 제시문은 학생들이 잊지 말아야 할 유의사항들을 구체적 '예시'를 들어 설명하고 있다.
> ① 정의
> ② 비유
> ④ 비교

**2** 다음 글의 전개 순서로 가장 자연스러운 것은?

> ㉠ 이 세상에서 가장 결백하게 보이는 사람일망정, 스스로나 남이 알아차리지 못하는 결함이 있을 수 있다. 이 세상에서 가장 못된 사람으로 낙인이 찍힌 사람일망정, 결백한 사람에서마저 찾지 못할 아름다운 인간성이 있을지도 모른다.
>
> ㉡ 소설만 그런 것이 아니다. 우리의 의식 속에는 은연중 이처럼 모든 사람을 좋은 사람과 나쁜 사람 두 갈래로 나누는 버릇이 도사리고 있다. 그래서인지 흔히 사건을 다루는 신문 보도에는 모든 사람이 '경찰' 아니면 '도둑놈'인 것으로 단정한다. 죄를 저지른 사람에 관한 보도를 보면 마치 그 사람이 죄의 화신이고, 그 사람의 이력이 죄만으로 점철되었고, 그 사람의 인격에 바른 사람으로서의 흔적이 하나도 없는 것으로 착각하게 된다.
>
> ㉢ 이처럼 우리는 부분만을 보고, 또 그것도 흔히 잘못 보고 전체를 판단한다. 부분만을 제시하면서도 보는 이가 그것이 전체라고 잘못 믿게 만들 뿐만이 아니라, '말했다'를 '으스댔다', '우겼다', '푸념했다', '넋두리했다', '뇌까렸다', '잡아뗐다', '말해서 빈축을 사고 있다' 같은 주관적 서술로 감정을 부추겨서, 상대방으로 하여금 이성적인 사실 판단이 아닌 감정적인 심리 반응으로 얘기를 들을 수밖에 없도록 만든다.
>
> ㉣ 「춘향전」에서 이도령과 변학도는 아주 대조적인 사람들이었다. 흥부와 놀부가 대조적인 것도 물론이다. 한 사람은 하나부터 열까지가 다 좋고, 다른 사람은 모든 면에서 나쁘다. 적어도 이 이야기에 담긴 '권선징악'이라는 의도가 사람들을 그렇게 믿게 만든다.

① ㉠ - ㉡ - ㉢ - ㉣      ② ㉣ - ㉡ - ㉢ - ㉠

③ ㉠ - ㉢ - ㉣ - ㉡      ④ ㉣ - ㉢ - ㉡ - ㉠

**NOTE** ㉡의 '소설만 그런 것이 아니다.'라는 문장을 통해 앞 문장에 소설에 대한 내용이 와야 함을 유추할 수 있으므로 ㉣이 ㉡ 앞에 와야 한다. 또한 '이처럼'이라는 지시어를 통해 ㉣㉡의 부연으로 ㉢이 와야 함을 유추할 수 있으므로 제시된 글의 순서는 ㉣ - ㉡ - ㉢ - ㉠이 적절하다.

**3** 다음 글에서 사용된 서술 기법이 아닌 것은?

> 아리랑은 지역에 따라 여러 가지가 있는데, 지금까지 발굴된 것은 약 30종 가까이 된다. 그중 대표적인 것으로는 서울의 본조 아리랑을 비롯하여 강원도 아리랑, 정선 아리랑, 밀양 아리랑, 진도 아리랑, 해주 아리랑, 원산 아리랑 등을 들 수 있다. 거의 각 도마다 대표적인 아리랑이 있으나 평안도와 제주도가 없을 뿐인데 그것은 발굴하지 못했기 때문이고, 최근에는 울릉도 아리랑까지 발견하였을 정도이니 실제로 더 있었던 것으로 보인다. 그런데 이들 민요는 가락과 가사의 차이는 물론 후렴의 차이까지 있는데, 그중 정선 아리랑이 느리고 구성진 데 비해 밀양 아리랑은 흥겹고 힘차며, 진도 아리랑은 서글프면서도 해학적인 멋이 있다. 서울 아리랑은 이들의 공통점이 응집되어 구성지거나 서글프지 않으며, 또한 흥겹지도 않은 중간적인 은근한 느낌을 주는 것이 특징이다. 그러므로 서울 아리랑은 그 형성 시기도 지방의 어느 것보다도 늦게 이루어진 것으로 짐작된다.

① 대상을 분류하여 설명한다.
② 대상의 특성을 파악하여 비교 설명한다.
③ 대상의 개념을 명확하게 정의한다.
④ 구체적인 예시를 통해서 설명한다.

> **NOTE** 지역에 따른 아리랑의 종류를 분류하고, 이들의 차이점을 대표적인 예를 들어 비교 설명하고 있으나, 대상의 개념을 명확하게 정의하는 서술기법은 쓰이지 않았다.

**4**   다음 글의 서술 방식에 대한 설명으로 적절한 것은?

> 인가가 끝난 비탈 저 아래에 가로질러 흐르는 개천물이 눈이 부시게 빛나고, 그 제방을 따라 개나리가 샛노랗다. 개천 건너로 질펀하게 펼쳐져 있는 들판, 양털같이 부드러운 마른 풀에 덮여 있는 그 들 한복판에 괴물 모양 기다랗게 누워있는 회색 건물. 지붕 위로 굴뚝이 높다랗게 솟아 있고, 굴뚝 끝에서 노란 연기가 피어오르고 있다. 햇살에 비껴서 타오르는 불길 모양 너울거리곤 하는 연기는 마치 마술을 부리듯 소리 없이 사방으로 번져 건물 전체를 뒤덮고, 점점 더 부풀어, 들을 메우며 제방의 개나리와 엉기고 말았다.

① 단어의 의미를 풀어서 밝히고 있다.

② 근거를 제시하여 주장을 정당화하고 있다.

③ 시간적 순서를 뒤바꾸어 사건을 서술하고 있다.

④ 사물을 그림을 그리듯이 표현하고 있다.

**NOTE** 묘사 … 글쓴이가 대상으로부터 받은 인상을 읽는 이에게 동일하게 받게 하거나 상상적으로 똑같이 체험하게 하려는 목적으로 대상을 그려내는 서술 방식으로 주관적 묘사와 객관적 묘사로 분류할 수 있다.

**5** 다음은 은유에 대한 아리스토텔레스의 정의이다. 이에 알맞은 예는?

---

아리스토텔레스는 「시학」에서 은유를 한 사물에서 다른 사물로 전이하는 것으로 정의하고, 은유에 의해 시적인 언어가 일상 언어로부터 분리된다고 하였다. 이후 은유는 여러 학자들에 의해 미적 혹은 수사적 목적의 수단으로, 동일시되는 개체와의 유사성에 기초한다고 정리되었다.

---

아테네에서 자동차를 타고 180여 킬로미터(km)의 산길을 꼬박 세 시간 동안 달렸다. 티바와 리바디아를 지나자 파르나소스 산(해발 2457 m)이 나타난다. 델피가 있는 곳이다. ㉠ 험준한 바위 벼랑에 동굴들이 보이고, 나무도 없이 군데군데 피어 있는 야생화만이 ㉡ 어딘가에서 피어오르는 듯한 세월의 깊이를 보여 준다. 6월인데도 산 정상에 남아 있는 흰 눈은 지나가는 흰 구름의 다리를 잡은 채, 서로 서로 옛이야기와 아테네의 최신 정보를 교환하고 있는 듯하다. 산 중턱에 걸려 있는 안개는 어딘지 신성한 기운을 느끼게 해 준다. 이름 모를 새들이 둥지를 틀고 지저귄다. 이제는 사라져버린 ㉢ 신탁의 소리를 대신하기라도 하는 듯한 새소리가 델피 산기슭을 떠다닌다. … (중략) … 고대 그리스 세계에서 델피, ㉣ 그곳은 세상의 배꼽이었다. 천국과 지상이 만나는 곳이고, 성과 속, 현실과 신화가 넘나드는 곳이었다. 델피 입구에는 옴파로스의 돌 모형이 놓여 있다. 아폴로 신은 세상의 중심을 잡기 위해 두 마리의 독수리를 각각 반대 방향으로 날려 보냈다. 독수리들은 끝없는 창공을 날고 날아서 델피의 옴파로스에서 기진맥진한 상태로 다시 만났다. 둥근 지구를 돌아온 것이다.

---

① ㉠          ② ㉡

③ ㉢          ④ ㉣

**NOTE** ㉠ 사실적 묘사
㉡ 활유법
㉢ 청각의 시각화

**6** 다음 글의 내용과 무관한 것은?

> 그러나 언어가 정보 교환이나 기록 수단에 그치는 것이 아니라 반성적 사고를 가능케 하는 표상의 역할도 해 왔을 것이 쉽게 추측된다. 사실상 학자에 따라서는 최초의 언어가 통신을 위해서가 아니라 사고를 위한 표상으로 발생하였으리라 주장하기도 한다. 그러므로 반성적 사고를 통하여 정신세계가 구현되었다고 하는 것은 두뇌의 정보 지각 역량이 충분히 성숙하여 언어를 개발하게 된 것과 때를 같이 한다고 볼 수 있다. 일단 언어가 출현하여 정보의 체외 기록이 가능해지면 정보의 비축 용량은 거의 무제한으로 확대된다. 이렇게 되면 두뇌의 기능은 정보의 보관 기구보다 정보의 처리 기구로서 더 중요한 의미를 가진다. 기록된 정보를 해독하고 현실에 옮기며 새로운 정보를 기록하는 작업이 모두 두뇌를 통해서 이뤄져야 하기 때문이다. 이러한 상황을 핵산 – 단백질 기구와 비교해 보자면, 정보가 기록된 DNA에 해당하는 것이 언어로 상황을 표시한 모든 기록 장치, 좀 넓게는 모든 유형 문화가 되겠고, 정보를 해독하여 행동으로 옮기는 단백질에 해당하는 것이 두뇌의 역할이라 할 수 있다. 그리고 DNA 정보가 진화되어 나가는 것과 대단히 흡사한 방법으로 인간의 문화 정보도 진화되어 나간다. 이와 병행하여 언어의 출현은 인간의 사회화를 촉진시키는 기능을 가진다. 특히 세대에서 세대로 전승해 가는 유형 및 무형 문화는 이미 사회 공유물이라고 할 수 있다.

① DNA 정보가 중요한 까닭은 현대 과학 기술의 발달로 만들어진 기계적 수단으로 그것을 정확히 다룰 수 있기 때문이다.
② 정보 기록도 중요하지만, 정보 처리는 더욱 중요하다.
③ 정보 지각과 해석에 반성적 사고가 중요하다.
④ 핵산도 진화하며 인간 문화 정보도 진화한다.

> **NOTE** 제시문에서는 DNA 정보가 진화되어 나가는 것과 흡사하게 인간의 문화 정보도 진화되어 나간다는 사항을 기술하고 있으며, ①에 대한 내용은 언급되어 있지 않다.

**7** 다음 예문의 서술 방식은?

> 일회용품을 좋아하는 세태라고는 하지만 사람과 사람의 만남이란 그 자체로서도 소중한 것인 만큼, 쉽게 그리고 재미만을 추구하는 만남은 바람직하지 않은 것 같다. 많은 의견들이 있을 수 있겠지만 미팅에 참여하는 사람들의 마음가짐을 중심으로 미팅의 참 가치에 대해 생각해 보고자 한다. 첫째는 '복권형'이다. 이 유형에 속하는 사람들은 흔히 '혹시나 했더니, 역시나'라는 말로 미팅에 임하는 기본자세를 삼는다. 확률에 대한 치밀한 계산을 가지고 복권을 사는 사람은 없다. 그냥 길 가다가 판매소가 보이니까 한번 사서는 샀다는 사실조차 잊고 지내는 것이 보통이다. 마찬가지로 어쩌다 미팅의 기회가 생기면 잔뜩 부푼 마음으로 만나기로 한 장소로 나간다. 그러나 막상 만난 상대가 맘에 들지 않아 '오늘도 역시'라는 생각이 들면 떨떠름한 표정으로 팔짱 끼고, 다리 꼬고, 입 내밀고 앉아서는 자리의 분위기를 여지없이 흐트러 버린다.

① 비교　　　　　　　　　② 대조
③ 분석　　　　　　　　　④ 분류
⑤ 묘사

**NOTE** 미팅에 참여하는 사람들의 마음가짐을 중심으로 분류하고 있다.

**8** 다음 글을 순서대로 배치한 것으로 옳은 것은?

⊙ 적응의 과정은 북쪽의 문헌이나 신문을 본다든지 텔레비전, 라디오를 시청함으로써 이루어질 수 있는 극복의 원초적인 단계이다.

ⓒ 이질성의 극복을 위해서는 이질화의 원인을 밝히고 이를 바탕으로 해서 그것을 극복하는 단계로 나아가야 한다. 극복의 문제도 단계를 밟아야 한다. 일차적으로는 적응의 과정이 필요하다.

ⓒ 남북의 언어가 이질화되었다고 하지만 사실은 그 분화의 연대가 아직 반세기에도 미치지 않았고, 맞춤법과 같은 표기법은 원래 하나의 뿌리에서 갈라진 만큼 우리의 노력 여하에 따라서는 동질성의 회복이 생각 밖으로 쉬워질 수 있다.

ⓔ 문제는 어휘의 이질화를 어떻게 극복할 것인가에 귀착된다. 우리가 먼저 밟아야 할 절차는 이질성과 동질성을 확인하는 일이다.

① ⊙ - ⓒ - ⓔ - ⓒ
② ⓒ - ⊙ - ⓒ - ⓔ
③ ⓒ - ⓔ - ⓒ - ⊙
④ ⓔ - ⓒ - ⓒ - ⊙
⑤ ⓔ - ⓒ - ⓒ - ⊙

**NOTE** ⓒ 동질성 회복이 쉬움을 언급하고 있다.
ⓔ 이질화를 어떻게 극복할 것인가에 대해 문제 제기를 하고 있다.
ⓒ 이질성 극복 방안을 내놓고 있다.
⊙ ⓒ의 뒤에 이어져 적응 과정을 부연해 주고 있다.

**9** 개발주의자와 환경보호론자가 토론을 할 경우 다음 내용을 결론으로 제시할 때의 추론 방식은?

> 이러한 지구환경의 위기에 대비하여 1992년 6월 브라질 리우에서 개최된 환경과 개발에 관한 유엔 회의에서는, '환경적으로 건전하고 지속 가능한 발달(ESSD : Environmentally Sound and Sustainable Development)'만이 인류가 나아가야 할 방향임을 천명하게 되었다. 앞으로 성장 위주의 개발 정책은 국제 사회에서 용납되지 않을 것이며, '환경 보전과 조화를 이루는 개발', 즉 환경을 보전하면서 발달을 계속하는 것이 21세기에 인류가 추구해야 할 과제인 것이다.

① 변증법           ② 귀납법
③ 연역법           ④ 삼단논법
⑤ 유비추론

> **NOTE** 마지막 문장을 보면, 성장 위주의 개발 정책과 환경 보전과 조화를 이루는 개발 정책이 대립되면서 결론적으로 환경을 보전하면서 발달을 계속해야 한다고 말하고 있다. 이는 변증법에 해당한다.

**10** 다음 글은 '우리 밀 살리기' 광고 문안으로 이 글이 주장하는 것은?

> 우리 밀은 믿음이요, 생명입니다. 수입 개방이 시작되면서 사라지기 시작한 우리 밀…. 우리 땅에서 나는 가장 안전하고 맛있는 우리 밀을 포기하고, 재배와 운송, 보관 과정에서 뿌린 농약에 찌든 외국 밀을 먹고 있는 것이 우리의 현실입니다. 우리가 우리 것으로 밥상을 지켜나갈 때 우리는 건강한 시민정신을 갖게 됩니다. 지금 우리 사회에 한창 우리 밀을 살리는 일이 펼쳐지고 있습니다. 이것은 바로 우리 것에 대한 믿음입니다.

① 自然保護           ② 身土不二
③ 愛國主義           ④ 節約精神

> **NOTE** 身土不二(신토불이)를 주장하는 글이다.
> ① 자연보호
> ③ 애국주의
> ④ 절약정신

ANSWER ____ 8. ③   9. ①   10. ②

01. 국어 사용의 실제 | **27**

**11** 다음의 문장에서 ㉠과 ㉡의 의미 관계와 가장 유사한 것은?

> 사실상 공해가 발생한다는 사실은 인류의 긴 장래를 위해 오히려 다행스러운 일이라 할 수 있다. 생태계 내에서의 공해의 발생은 인체 내의 ㉠질환에 따른 ㉡통증에 해당한다. 만일 질환이 통증을 수반하지 않는다면 그 질환 자체를 자각하지 못할 것이고, 따라서 이에 대한 적절한 조처를 취하기 어려울 것이다.

① 기계 고장 : 경고음
② 우리나라 : 무궁화
③ 비행기 : 교통수단
④ 감정 : 감성

**NOTE** 인과 관계를 찾는 것으로 기계 고장에 따른 경고음도 인과 관계에 해당한다.

## Chapter 02

# 현대 문법

---

**01** 언어와 국어

## 1. 언어의 본질

### (1) 언어의 특성

기호성, 분절성, 자의성, 사회성, 역사성, 창조성, 법칙성

### (2) 언어의 기능

① **표현적 기능** ⋯ 말하는 사람의 감정이나 태도를 나타내는 기능이다. 언어의 개념적 의미보다는 감정적인 의미가 중시된다.

② **정보 전달 기능** ⋯ 말하는 사람이 알고 있는 사실이나 지식, 정보를 상대방에게 알려 주기 위해 사용하는 기능이다.

③ **사교적 기능(친교적 기능)** ⋯ 상대방과 친교를 확보하거나 확인하여 서로 의사소통의 통로를 열어주는 기능이다.

④ **미적 기능** ⋯ 언어 예술 작품에 사용되는 것으로 언어를 통해 미적인 가치를 추구하는 기능이다. 이 경우에는 감정적 의미만이 아니라 개념적 의미도 아주 중시된다.

⑤ **지령적 기능(감화적 기능)** ⋯ 말하는 사람이 상대방에게 지시를 하여 특정 행위를 하게 하거나, 하지 않도록 함으로써 자신의 목적을 달성하려는 기능이다.

⑥ **관어적 기능(메타언어적 기능)** ⋯ 영어의 'Weather'가 우리말의 '날씨'라는 뜻이라면 이는 영어와 한국어가 서로 관계하고 있음을 나타낸다.

## 2. 국어의 이해

### (1) 국어의 특징

① 국어의 문장

㉠ 정상적인 문장은 '주어 + 목적어 + 서술어'의 어순을 가진다.

㉡ 성(性)의 구별이 없으며, 관사 및 관계대명사가 없다.

② 국어의 단어

　　㉠ 문법적 관계를 나타내는 말(조사, 어미 등)이 풍부하다.

　　㉡ 조어 과정에서 배의성(配意性)에 의지하는 경향이 짙다.

③ 국어의 소리

　　㉠ 음절 구성은 '자음 + 모음 + 자음'의 유형이다.

　　㉡ 자음 중 파열음과 파찰음은 예사소리, 된소리, 거센소리로 대립되어 3중 체계로 되어 있다.

　　㉢ 알타이어의 공통 특질인 두음 법칙, 모음조화 현상이 있다.

　　㉣ 음절의 끝소리에 'ㄱ, ㄴ, ㄷ, ㄹ, ㅁ, ㅂ, ㅇ'의 일곱 소리 이외의 자음이 오면 일곱 자음 가운데 하나의 소리로 바뀌는 끝소리 규칙이 있다.

　　㉤ 구개음화와 자음 동화 현상이 있다.

(2) 국어의 순화

① 국어 순화의 뜻 … 외래어, 외국어 등을 가능한 한 토박이말로 재정리하고, 비속한 말과 틀린 말을 고운말과 표준어로 바르게 쓰는 것이다. 즉, 우리말을 다듬는 일이다.

② 국어 순화의 이유

　　㉠ 개인이나 사회에 악영향을 주는 말의 반작용을 막기 위해서 국어를 순화해야 한다.

　　㉡ 말은 겨레 얼의 상징이며 민족 결합의 원동력이므로 겨레의 참된 삶과 정신이 투영된 말로 순화해야 한다.

## 02 음운

## 1. 음성과 음운

(1) 음성

사람의 발음 기관을 통하여 나는 구체적이고 물리적인 소리이며, 말의 뜻을 구별해 주지 못한다.

(2) 음운

① 개념 … 말의 뜻을 구별해 주는 가장 작은 소리의 단위로 추상적이고 관념적이다.

② 종류

　　㉠ 분절 음운 : 자음이나 모음과 같은 음절을 구성하는 부분이 되는 음운[음소(音素)]이다.

　　㉡ 비분절 음운

　　　• 자음·모음이 아니면서 의미 분화 기능이 있는 음운[운소(韻素)]으로 소리의 길이, 높낮이, 세기 등이 분절 음운에 덧붙어서 실현된다.

　　　• 우리말의 비분절 음운은 소리의 길이(장단)에 의존한다.

## 2. 국어의 음운

### (1) 자음(19개)

말할 때 허파에서 나오는 공기의 흐름이 목 안 또는 입 안의 어떤 자리에서 장애를 받고 나오는 소리이다.

㉠ ㄱ, ㄲ, ㄴ, ㄷ, ㄸ, ㄹ, ㅁ, ㅂ, ㅃ, ㅅ, ㅆ, ㅇ, ㅈ, ㅉ, ㅊ, ㅋ, ㅌ, ㅍ, ㅎ

① 소리내는 위치에 따라 … 입술소리(순음), 혀끝소리(설단음), 센입천장소리(경구개음), 여린입천장소리(연구개음), 목청소리(후음)로 나뉜다.

② 소리내는 방법에 따라 … 파열음, 마찰음, 파찰음, 비음, 유음으로 나뉜다.

③ 소리의 울림에 따라 … 울림소리, 안울림소리로 나뉜다.

④ 소리의 세기에 따라 … 예사소리, 된소리, 거센소리로 나뉜다.

#### ◯ 자음 체계표 ◯

| 소리나는 방법 | | 소리나는 위치 → | 두 입술 | 윗잇몸 혀끝 | 경구개 혓바닥 | 연구개 허뒤 | 목청 사이 |
|---|---|---|---|---|---|---|---|
| | | | 입술소리 | 혀끝소리 | 구개음 | 연구개음 | 목청소리 |
| 안울림소리 | 파열음 | 예사소리 | ㅂ | ㄷ | | ㄱ | |
| | | 된소리 | ㅃ | ㄸ | | ㄲ | |
| | | 거센소리 | ㅍ | ㅌ | | ㅋ | |
| | 파찰음 | 예사소리 | | | ㅈ | | |
| | | 된소리 | | | ㅉ | | |
| | | 거센소리 | | | ㅊ | | |
| | 마찰음 | 예사소리 | | ㅅ | | | ㅎ |
| | | 된소리 | | ㅆ | | | |
| 울림소리 | 콧소리(비음) | | ㅁ | ㄴ | | ㅇ | |
| | 흐름소리(유음) | | | ㄹ | | | |

(2) 모음(21개)

① 단모음 … 발음할 때 입술이나 혀가 고정되어 움직이지 않는 모음이다.

  예 ㅏ, ㅐ, ㅓ, ㅔ, ㅗ, ㅚ, ㅜ, ㅟ, ㅡ, ㅣ

② 이중 모음 … 발음할 때 입술이나 혀가 움직이는 모음이다.

  예 ㅑ, ㅒ, ㅕ, ㅖ, ㅘ, ㅙ, ㅛ, ㅝ, ㅞ, ㅠ, ㅢ

### ○ 모음 체계표 ○

| 혀의 앞뒤 / 혀의 높이 | 전설 모음 | | 후설 모음 | |
|---|---|---|---|---|
| | 평순 모음 | 원순 모음 | 평순 모음 | 원순 모음 |
| 고모음 | ㅣ | ㅟ | ㅡ | ㅜ |
| 중모음 | ㅔ | ㅚ | ㅓ | ㅗ |
| 저모음 | ㅐ | | ㅏ | |

(3) 소리의 길이

① 긴소리는 일반적으로 단어의 첫째 음절에 나타난다.

  예 밤(夜) - 밤:(栗), 발(足) - 발:(簾), 굴(貝類) - 굴:(窟)

② 본래 길게 나던 단어도, 둘째 음절 이하에 오면 짧게 발음되는 경향이 있다.

  예 밤: → 알밤, 말: → 한국말, 솔: → 옷솔

③ 두 음절 이상이나 혹은 소리의 일부분이 축약된 준말, 단음절어는 긴소리를 낸다.

  예 고을→ 골: , 배암→ 뱀:

## 3. 음운의 변동

(1) 음절의 끝소리 규칙

국어에서는 'ㄱ, ㄴ, ㄷ, ㄹ, ㅁ, ㅂ, ㅇ'의 일곱 자음만이 음절의 끝소리로 발음된다.

① 음절의 끝자리의 'ㄲ, ㅋ'은 'ㄱ'으로 바뀐다.

  예 밖[박], 부엌[부억]

② 음절의 끝자리 'ㅅ, ㅆ, ㅈ, ㅊ, ㅌ, ㅎ'은 'ㄷ'으로 바뀐다.

  예 옷[옫], 젖[젇], 히읗[히은]

③ 음절의 끝자리 'ㅍ'은 'ㅂ'으로 바뀐다.

  예 숲[숩], 잎[입]

④ 음절 끝에 겹받침이 올 때에는 하나의 자음만 발음한다.

㉠ **첫째 자음만 발음** : ㄳ, ㄵ, ㄼ, ㄽ, ㄾ, ㅄ

＠ 삯[삭], 앉다[안따], 여덟[여덜], 외곬[외골], 핥다[할따]

㉡ **둘째 자음만 발음** : ㄺ, ㄻ, ㄿ

＠ 닭[닥], 맑다[막따], 삶[삼], 젊다[점따], 읊다[읖따 → 읍따]

⑤ 다음에 모음으로 시작하는 음절이 올 경우

㉠ **조사나 어미, 접미사와 같은 형식 형태소가 올 경우** : 다음 음절의 첫소리로 옮겨 발음한다.

＠ 옷이[오시], 옷을[오슬], 값이[갑씨], 삶이[살미]

㉡ **실질 형태소가 올 경우** : 일곱 자음 중 하나로 바꾼 후 다음 음절의 첫소리로 옮겨 발음한다.

＠ 옷 안[온안 → 오단], 값없다[갑업다 → 가법따]

## (2) 자음 동화

자음과 자음이 만나면 서로 영향을 주고받아 한쪽이나 양쪽 모두 비슷한 소리로 바뀌는 현상을 말한다.

① **정도에 따른 종류** … 완전 동화, 불완전 동화

② **방향에 따른 종류** … 순행 동화, 역행 동화, 상호 동화

## (3) 구개음화

끝소리가 'ㄷ, ㅌ'인 형태소가 'ㅣ' 모음을 만나 구개음(센입천장소리)인 'ㅈ, ㅊ'으로 바뀌는 현상을 말한다.

＠ 해돋이[해도지], 붙이다[부치다], 굳히다[구치다]

## (4) 모음 동화

앞 음절의 'ㅏ, ㅓ, ㅗ, ㅜ' 등의 모음이 뒤 음절의 'ㅣ'와 만나면 전설 모음인 'ㅐ, ㅔ, ㅚ, ㅟ'로 변하는 현상을 말한다.

＠ 어미[에미], 고기[괴기], 손잡이[손재비]

## (5) 모음조화

양성 모음(ㅏ, ㅗ)은 양성 모음끼리, 음성 모음(ㅓ, ㅜ)은 음성 모음끼리 어울리는 현상을 말한다.

① **용언의 어미 활용** … -아 / -어, -아서 / -어서, -았- / -었-

＠ 앉아, 앉아서 / 베어, 베어서

② **의성 부사, 의태 부사에서 뚜렷이 나타난다.**

＠ 찰찰 / 철철, 졸졸 / 줄줄, 살랑살랑 / 설렁설렁

③ 알타이 어족의 공통 특질이며 국어의 중요한 특징이다.

(6) 음운의 축약과 탈락

① 축약 … 두 음운이 합쳐져서 하나의 음운으로 줄어 소리나는 현상을 말한다.

ㄱ 자음의 축약 : 'ㅎ' + 'ㄱ, ㄷ, ㅂ, ㅈ' → 'ㅋ, ㅌ, ㅍ, ㅊ'

예 낳고[나코], 좋다[조타], 잡히다[자피다], 맞히다[마치다]

ㄴ 모음의 축약 : 두 모음이 만나 한 모음으로 줄어든다.

예 보 + 아 → 봐, 가지어 → 가져, 사이 → 새, 되었다 → 됐다

② 탈락 … 두 음운이 만나면서 한 음운이 사라져 소리나지 않는 현상을 말한다.

ㄱ 자음의 탈락 : 아들 + 님 → 아드님, 울 + 니 → 우니

ㄴ 모음의 탈락 : 쓰 + 어 → 써, 가 + 았다 → 갔다

(7) 된소리되기

두 개의 안울림소리가 서로 만나면 뒤의 소리가 된소리로 발음되는 현상(경음화)을 말한나.

예 먹고[먹꼬], 밥과[밥꽈], 앞길[압낄]

(8) 사잇소리 현상

두 개의 형태소 또는 단어가 합성 명사를 이룰 때, 앞말의 끝소리가 울림소리이고, 뒷말의 첫소리가 안울림예사소리이면 뒤의 예사소리가 된소리로 변하는 현상을 말한다.

① 모음 + 안울림예사소리 → 사이시옷을 적고 된소리로 발음한다.

예 뱃사공[배싸공], 촛불[초뿔], 시냇가[시내까]

② 모음 + 'ㅁ, ㄴ' → 'ㄴ' 소리가 덧난다.

예 이 + 몸(잇몸)[인몸], 코 + 날(콧날)[콘날]

③ 뒷말이 'ㅣ'나 반모음 'ㅣ'로 시작될 때 → 'ㄴ' 소리가 덧난다.

예 논일[논닐], 아래 + 이(아랫니)[아랜니]

④ 한자가 모여서 단어를 이룰 때

예 物價(물가)[물까], 庫間(곳간)[고깐], 貰房(셋방)[세빵]


## 03 단어

### 1. 음절과 어절

(1) 음절

한 번에 소리낼 수 있는 소리마디를 가리킨다.

예 구름이 흘러간다. → 구∨르∨미∨흘∨러∨간∨다.(7음절)
철호가 이야기책을 읽었다. → 철∨호∨가∨이∨야∨기∨책∨을∨읽∨었∨다.(11음절)

**(2) 어절**

끊어 읽는 대로 나누어진 도막도막의 마디로 띄어쓰기나 끊어 읽기의 단위가 된다.

    예 학생은∨공부하는∨사람이다. (3어절)

       구름에∨달∨가듯이∨가겠다. (4어절)

## 2. 단어와 형태소

**(1) 단어**

자립하여 쓰일 수 있는 말의 단위로, 낱말이라고도 한다. 자립하여 쓰일 수 없는 말 중 '는', '이다' 등도 단어로 인정한다.

    예 철호가 이야기책을 읽었다. → 철호 / 가 / 이야기책 / 을 / 읽었다. (5단어)

**(2) 형태소**

뜻을 가진 가장 작은 말의 단위로 최소(最小)의 유의적(有意的) 단위이다.

    예 철호가 이야기책을 읽었다. → 철호 / 가 / 이야기 / 책 / 을 / 읽 / 었 / 다. (8형태소)

    ① **자립성의 유무** … 자립 형태소, 의존 형태소로 나뉜다.

    ② **의미 · 기능** … 실질 형태소, 형식 형태소로 나뉜다.

## 3. 품사

**(1) 체언**

    ① **명사** … 보통 명사, 고유 명사, 자립 명사, 의존 명사를 말한다.

    ② **대명사** … 인칭 대명사, 지시 대명사를 말한다.

    ③ **수사** … 수량이나 순서를 가리키는 단어를 말한다.

**(2) 용언**

    ① **동사** … 사람이나 사물의 움직임을 나타내는 단어를 말한다.

    ② **형용사** … 사람이나 사물의 상태나 성질을 나타내는 단어를 말한다.

    ③ **본용언과 보조 용언**

       ㉠ **본용언** : 실질적인 의미를 나타내며 단독으로 서술 능력을 가지는 용언을 말한다.

       ㉡ **보조 용언** : 자립성이 없거나 약하여 본용언에 기대어 그 말의 뜻을 도와주는 용언을 말한다.

④ 활용 … 동사나 형용사의 어간에 여러 다른 어미가 붙어서 단어의 형태가 변하는 것을 가리켜 활용이라 한다.

   ⊙ 규칙 용언 : 용언이 활용할 때에 어간과 어미의 모습이 일정한 대부분의 용언을 말한다.

   ⓒ 불규칙 용언 : 국어의 일반적인 음운 규칙으로는 설명이 불가능하게 어간이나 어미의 모습이 달라지는 용언을 말한다.

⑤ 어미

   ⊙ 선어말 어미 : 어간과 어말 어미 사이에 오는 어미를 말한다.

   ⓒ 어말 어미 : 단어의 끝에 오는 단어를 끝맺는 어미를 말한다.

## (3) 수식언

① 관형사 … 체언을 꾸며 주는 구실을 하는 단어를 말한다.

② 부사 … 주로 용언을 꾸며 주는 구실을 하는 단어를 말한다.

## (4) 관계언(조사)

① 격조사 … 체언 뒤에 붙어 그 체언으로 하여금 일정한 문법적 자격을 가지게 하는 조사이다.

② 보조사 … 앞에 오는 체언에 특별한 의미를 더해 주는 조사이다.

③ 접속 조사 … 두 단어를 같은 자격으로 이어 주는 조사이다.

## (5) 독립언(감탄사)

① 문장에서 독립적으로 쓰인다.

② 감정을 넣어 말하는 이의 놀람, 느낌, 부름, 대답을 나타내는 단어를 말한다.


# 4. 단어의 형성

## (1) 짜임새에 따른 단어의 종류

① 단일어 … 하나의 실질 형태소로 이루어진 말이다.

② 복합어 … 둘 이상의 형태소로 이루어진 말이다.
   ⑩ 파생어, 합성어

## (2) 파생어 [실질 형태소(어근) + 형식 형태소(접사)]

① 어근 … 형태소가 결합하여 단어를 형성할 때, 실질적인 의미를 나타내는 부분이다.

② 접사 … 어근에 붙어 그 뜻을 제한하는 부분이다.

   ⊙ 접두사 : 어근 앞에 붙어 그 어근에 뜻을 더해 주는 접사를 말한다.

   ⓒ 접미사 : 어근 뒤에 붙는 접사로 그 어근에 뜻을 더하기도 하고 때로는 품사를 바꾸기도 하는 접사를 말한다.

(3) 합성어 [실질 형태소(어근) + 실질 형태소(어근)]

  ① 합성법의 유형

    ㉠ **통사적 합성법** : 우리말의 일반적인 단어 배열법과 일치하는 합성법이다.

    ㉡ **비통사적 합성법** : 우리말의 일반적인 단어 배열법에서 벗어나는 합성법이다.

  ② **통사적 합성어와 구(句)**

    ㉠ 통사적 합성어는 구를 이룰 때의 방식과 일치하므로 구별이 어려울 때가 있다.

    ㉡ 통사적 합성어는 분리성이 없어 다른 말이 끼어들 수 없다.

    ㉢ 통사적 합성어는 합성 과정에서 소리와 의미가 변화되기도 한다.

  ③ 합성어의 의미상 갈래

    ㉠ **병렬 합성어** : 어근이 대등하게 본래의 뜻을 유지하는 합성어를 말한다.

    ㉡ **유속 합성어** : 한쪽의 어근이 다른 한쪽의 어근을 수식하는 합성어를 말한다.

    ㉢ **융합 합성어** : 어근들이 완전히 하나로 융합하여 새로운 의미를 나타내는 합성어를 말한다.

  ④ 합성어의 파생(합성어 + 접사)

    ㉠ 합성어 + 접사의 구조로 이루어진 말

    ㉡ 통사적 합성어 어근 + 접미사

    ㉢ 비통사적 합성어 어근 + 접미사

    ㉣ 반복 합성어 + 접미사

## 04 문장

### 1. 문장의 성분

(1) 주성분

  ① **주어** … 문장에서 설명하고자 하는 대상으로서 '누가', '무엇이'에 해당한다.

  ② **서술어**

    ㉠ 대상에 대한 설명으로서 '무엇이다', '어떠하다', '어찌하다'에 해당한다.

    ㉡ 환경에 따라 서술어는 자릿수가 달라진다.

  ③ **목적어** … 서술어가 나타내는 동작이나 행위의 대상이 되는 말로서 '누구를', '무엇을'에 해당한다.

  ④ **보어** … 서술어 '되다', '아니다'가 주어 이외에 꼭 필요로 하는 성분으로서 '누가', '무엇이'에 해당한다. 보어는 서술어의 의미를 보충해 주는 구실을 한다.

(2) 부속 성분

① **관형어** … 주로 사물, 사람과 같이 대상을 나타내는 말 앞에서 이를 꾸며 주는 역할을 한다.

② **부사어**

  ㉠ 일반적으로 서술어를 꾸며 그 의미를 자세히 설명해 주는 성분이다.

  ㉡ 다른 부사어나 관형어, 또는 문장 전체를 꾸며 주기도 한다.

③ **독립 성분(독립어)**

  ㉠ 다른 성분들과 직접적인 관계를 맺지 않고 독립적으로 쓰이는 성분이다.

  ㉡ 부름, 감탄, 응답 등이 이에 속한다.


## 2. 문법 요소

(1) **사동 표현**

① **사동사** … 주어가 남에게 어떤 동작을 하도록 시키는 것을 나타내는 동사이다.

② **주동사** … 주어가 직접 행하는 동작을 나타내는 동사이다.

③ **사동 표현의 방법**

  ㉠ 용언 어근 + 사동 접미사(−이−, −히−, −리−, −기−, −우−, −구−, −추−) → 사동사

  ㉡ 동사 어간 + '−게 하다'

(2) **피동 표현**

① **피동사** … 주어가 남의 행동을 입어서 행하게 되는 동작을 나타내는 동사이다.

② **능동사** … 주어가 제 힘으로 행하는 동작을 나타내는 동사이다.

③ **피동 표현의 방법**

  ㉠ 동사 어간 + 피동 접미사(−이−, −히−, −리−, −기−) → 피동사

  ㉡ 동사 어간 + '−어 지다'

(3) **높임 표현**

① **주체 높임법** … 용언 어간 + 선어말 어미 '−시−'의 형태로 이루어져 서술어가 나타내는 행위의 주체를 높여 표현하는 문법 기능을 말한다.

② **객체 높임법** … 말하는 이가 서술의 객체를 높여 표현하는 문법 기능을 말한다.

  ㉙ 드리다, 여쭙다, 뵙다, 모시다

③ **상대 높임법** … 말하는 이가 말을 듣는 상대를 높여 표현하는 문법 기능을 말한다.

(4) 시간 표현

① 과거 시제 … 사건시가 발화시보다 앞설 때의 시제를 말한다.

② 현재 시제 … 발화시와 사건시가 일치하는 시제를 말한다.

③ 미래 시제 … 사건시가 모두 발화시 이후일 때의 시제를 말한다.

(5) 부정 표현

① '안' 부정문 … '아니(안)', '아니다', '−지 아니하다(않다)'에 의한 부정문으로, 단순 부정이나 주체의 의지에 의한 부정을 나타낸다.

　㉠ 짧은 부정문 : '아니(안)' + 용언

　㉡ 긴 부정문 : '용언 어간 + −지(보조적 연결 어미)' + 아니하다

② '못' 부정문 … '못', '−지 아니하다'에 의한 부정문으로, 주체의 능력 부족이나 외부의 원인에 의한 불가능을 나타낸다.

　㉠ 짧은 부정문 : '못' + 용언

　㉡ 긴 부정문 : '용언 어간 + −지(보조적 연결 어미) + 못하다'

③ '말다' 부정문 … 명령형이나 청유형에서 사용되어 금지를 나타낸다. 서술어가 동사인 경우에만 가능하나 일부 형용사에서 사용될 경우에는 '기원'의 의미를 지닌다.

　㉐ 영희를 만나지 <u>마라</u>.(금지) / 집이 너무 작지만 <u>마라</u>.(기원)


## 3. 문장의 짜임

(1) 홑문장

주어와 서술어의 관계가 한 번만 맺어지는 문장을 말한다.

㉐ 첫눈이 내린다.

(2) 겹문장

① 안은 문장 … 독립된 문장이 다른 문장의 성분으로 안기어 이루어진 겹문장을 말한다.

　㉠ 명사절로 안김 : 한 문장이 다른 문장으로 들어가 명사 구실을 한다.

　㉡ 서술절로 안김 : 한 문장이 다른 문장으로 들어가 서술어 기능을 한다.

　㉢ 관형절로 안김 : 한 문장이 다른 문장으로 들어가 관형어 구실을 한다.

　㉣ 부사절로 안김 : 파생 부사 없이 '달리, 같이' 등이 서술어 기능을 하여 부사절을 이룬다.

　㉤ 인용절로 안김 : 인용문이 다른 문장으로 들어가 안긴다.

② 이어진 문장 … 둘 이상의 독립된 문장이 연결 어미에 의해 이어져 이루어진 겹문장을 말한다.

　㉠ 대등하게 이어진 문장 : 대등적 연결 어미인 '−고, −(으)며, (으)나, −지만, −든지, −거나'에 의해 이어진다.

　㉡ 종속적으로 이어진 문장 : 종속적 연결 어미인 '−어(서), −(으)니까, −(으)면, −거든, (으)수록'에 의해 이어진다.

## 05 맞춤법과 표준어

### 1. 한글 맞춤법

**(1) 표기 원칙**

한글 맞춤법은 표준어를 소리대로 적되, 어법에 맞도록 함을 원칙으로 한다.

**(2) 맞춤법에 유의해야 할 말**

① 한 단어 안에서 뚜렷한 까닭 없이 나는 된소리는 다음 음절의 첫소리를 된소리로 적는다.
  예 소쩍새, 아끼다, 어떠하다, 해쓱하다, 거꾸로, 가끔, 어찌, 이따금, 산뜻하다, 몽땅

② 'ㄷ' 소리로 나는 받침 중에서 'ㄷ'으로 적을 근거가 없는 것은 'ㅅ'으로 적는다.
  예 덧저고리, 돗자리, 엇셈, 웃어른, 핫옷, 무릇, 사뭇, 얼핏, 자칫하면

③ '계, 례, 몌, 폐, 혜'의 'ㅖ'는 'ㅔ'로 소리나는 경우가 있더라도 'ㅖ'로 적는다.
  예 계수(桂樹), 혜택(惠澤), 사례(謝禮), 연몌(連袂), 핑계

④ '의'나, 자음을 첫소리로 가지고 있는 음절의 'ㅢ'는 'ㅣ'로 소리나는 경우가 있더라도 'ㅢ'로 적는다.
  예 무늬(紋), 보늬, 늴리리, 닁큼, 오늬, 하늬바람

⑤ 한자음 '녀, 뇨, 뉴, 니'가 단어 첫머리에 올 적에는 두음 법칙에 따라 '여, 요, 유, 이'로 적는다.
  예 여자(女子), 요소(尿素), 유대(紐帶), 익명(匿名)

⑥ 한자음 '랴, 려, 례, 료, 류, 리'가 단어의 첫머리에 올 적에는 두음 법칙에 따라 '야, 여, 예, 요, 유, 이'로 적는다.
  예 양심(良心), 용궁(龍宮), 역사(歷史), 유행(流行), 예의(禮儀), 이발(理髮)

⑦ 한 단어 안에서 같은 음절이나 비슷한 음절이 겹쳐 나는 부분은 같은 글자로 적는다.
  예 똑딱똑딱, 쓱싹쓱싹, 씁쓸하다, 유유상종(類類相從)

⑧ 용언의 어간과 어미는 구별하여 적는다.
  예 먹다, 먹고, 먹어, 먹으니

⑨ 어미 뒤에 덧붙는 조사 '요'는 '요'로 적는다.
  예 읽어요, 참으리요, 좋지요

⑩ 어간에 '-이'나 '-음/-ㅁ'이 붙어서 명사로 된 것과 '-이'나 '-히'가 붙어서 부사로 된 것은 그 어간의 원형을 밝히어 적는다.
  예 얼음, 굳이, 더욱이, 일찍이, 익히, 앎, 만듦, 짓궂이, 밝히

⑪ 명사 뒤에 '-이'가 붙어서 된 말은 그 명사의 원형을 밝히어 적는다.
  예 곳곳이, 낱낱이, 몫몫이, 샅샅이, 집집이, 곰배팔이, 바둑이, 삼발이, 애꾸눈이, 육손이

⑫ '-하다'나 '-거리다'가 붙는 어근에 '-이'가 붙어서 명사가 된 것은 그 원형을 밝히어 적는다.
　　예 깔쭉이, 살살이, 꿀꿀이, 눈깜짝이, 오뚝이, 더펄이, 코납작이, 배불뚝이, 푸석이, 홀쭉이

⑬ '-하다'가 붙는 어근에 '-히'나 '-이'가 붙어 부사가 되거나, 부사에 '-이'가 붙어서 뜻을 더하는 경우에는, 그 어근이나 부사의 원형을 밝히어 적는다.
　　예 급히, 꾸준히, 도저히, 딱히, 어렴풋이, 깨끗이, 곰곰이, 더욱이, 생긋이, 오뚝이, 일찍이, 해죽이

⑭ 사이시옷은 다음과 같은 경우에 받치어 적는다.
　　㉠ 순 우리말로 된 합성어로서 앞말이 모음으로 끝난 경우
　　㉡ 순 우리말과 한자어로 된 합성어로서 앞말이 모음으로 끝난 경우
　　㉢ 두 음절로 된 다음 한자어

⑮ 두 말이 어울릴 적에 'ㅂ' 소리나 'ㅎ' 소리가 덧나는 것은 소리대로 적는다.
　　예 댑싸리, 멥쌀, 볍씨, 햅쌀, 머리카락, 살코기, 수컷, 수탉, 안팎, 암캐, 암탉

⑯ 어간의 끝음절 '하'의 'ㅏ'가 줄고 'ㅎ'이 다음 음절의 첫소리와 어울려 거센소리로 될 적에는 거센소리로 적는다.
　　예 간편하게 - 간편케 - 다정하다 - 다정타

⑰ 부사의 끝음절이 분명히 '이'로만 나는 것은 '-이'로 적고, '히'로만 나거나 '이'나 '히'로 나는 것은 '-히'로 적는다.
　　㉠ '이'로만 나는 것
　　　예 가붓이, 깨끗이, 나붓이, 느긋이, 둥긋이, 따뜻이, 반듯이, 버젓이, 산뜻이, 의젓이, 가까이, 고이
　　㉡ '히'로만 나는 것
　　　예 극히, 급히, 딱히, 속히, 작히, 족히, 특히, 엄격히, 정확히
　　㉢ '이, 히'로 나는 것
　　　예 솔직히, 가만히, 소홀히, 쓸쓸히, 정결히, 꼼꼼히, 열심히, 급급히, 답답히, 섭섭히, 공평히

⑱ 한자어에서 본음으로도 나고 속음으로도 나는 것은 각각 그 소리에 따라 적는다.
　　예 ・승낙(承諾) : 수락(受諾), 쾌락(快諾), 허락(許諾)
　　　　・만난(萬難) : 곤란(困難), 논란(論難)
　　　　・안녕(安寧) : 의령(宜寧), 회령(會寧)

⑲ 다음과 같은 접미사는 된소리로 적는다.
　　예 심부름꾼, 귀때기, 익살꾼, 볼때기, 일꾼, 판자때기, 뒤꿈치, 장난꾼, 팔꿈치, 지게꾼, 이마빼기

⑳ 두 가지로 구별하여 적던 다음 말들은 한 가지로 적는다.
　　예 맞추다(마추다×) : 입을 맞춘다. 양복을 맞춘다.

㉑ '-더라, -던'과 '-든지'는 다음과 같이 적는다.
　　㉠ 지난 일을 나타내는 어미는 '-더라, -던'으로 적는다.
　　　예 지난 겨울은 몹시 춥더라. 그 사람 말 잘하던데!
　　㉡ 물건이나 일의 내용을 가리지 아니하는 뜻을 나타내는 조사와 어미는 '-든지'로 적는다.
　　　예 배든지 사과든지 마음대로 먹어라. 가든지 오든지 마음대로 해라.

## 2. 표준어 규정

### (1) 주요 표준어

① 다음 단어들은 거센소리를 가진 형태를 표준어로 삼는다.

> 예 끄나풀, 빈 칸, 부엌, 살쾡이, 녘

② 어원에서 멀어진 형태로 굳어져서 널리 쓰이는 것은, 그것을 표준어로 삼는다.

> 예 강낭콩, 사글세, 고삿

③ 다음 단어들은 의미를 구별함이 없이, 한 가지 형태만을 표준어로 삼는다.

> 예 돌, 둘째, 셋째, 넷째, 열두째, 빌리다

④ 수컷을 이르는 접두사는 '수-'로 통일한다.

> 예 수꿩, 수소, 수나사, 수놈, 수사돈, 수은행나무

⑤ 양성 모음이 음성 모음으로 바뀌어 굳어진 다음 단어는 음성 모음 형태를 표준어로 삼는다.

> 예 깡충깡충, -둥이, 발가숭이, 보퉁이, 뻗정다리, 아서, 아서라, 오뚝이, 주추

⑥ 'ㅣ' 역행 동화 현상에 의한 발음은 원칙적으로 표준 발음으로 인정하지 아니한다.

> ㉠ 다음 단어들은 그러한 동화가 적용된 형태를 표준어로 삼는다.
>> 예 풋내기, 냄비, 동댕이치다
>
> ㉡ 다음 단어는 'ㅣ' 역행 동화가 일어나지 아니한 형태를 표준어로 삼는다.
>> 예 아지랑이
>
> ㉢ 기술자에게는 '-장이', 그 외에는 '-쟁이'가 붙는 형태를 표준어로 삼는다.
>> 예 미장이, 유기장이, 멋쟁이, 소금쟁이, 담쟁이덩굴

⑦ 다음 단어는 모음이 단순화한 형태를 표준어로 삼는다.

> 예 괴팍하다, 미루나무, 미륵, 여느, 으레, 케케묵다, 허우대

⑧ 다음 단어에서는 모음의 발음 변화를 인정하여, 발음이 바뀌어 굳어진 형태를 표준어로 삼는다.

> 예 깍쟁이, 나무라다, 바라다, 상추, 주책, 지루하다, 튀기, 허드레, 호루라기, 시러베아들

⑨ '웃-' 및 '윗-'은 명사 '위'에 맞추어 '윗-'으로 통일한다.

> 예 윗도리, 윗니, 윗목, 윗몸, 윗자리, 윗잇몸

⑩ 한자 '구(句)'가 붙어서 이루어진 단어는 '귀'로 읽는 것을 인정하지 아니하고, '구'로 통일한다.

> 예 구절(句節), 결구(結句), 경구(警句), 단구(短句), 대구(對句), 문구(文句), 어구(語句), 연구(聯句)

## (2) 표준 발음법

표준 발음법은 표준어의 실제 발음을 따르되, 국어의 전통성과 합리성을 고려하여 정함을 원칙으로 한다.

① 겹받침 'ㄳ', 'ㄵ', 'ㄼ, ㄽ, ㄾ', 'ㅄ'은 어말 또는 자음 앞에서 각각 'ㄱ, ㄴ, ㄹ, ㅂ'으로 발음한다.
　　예 넋[넉], 넋과[넉꽈], 앉다[안따], 여덟[여덜], 넓다[널따], 외곬[외골], 핥다[할따], 값[갑], 없다[업: 따]

② '밟-'은 자음 앞에서 [밥]으로 발음하고, '넓-'은 다음과 같은 경우에 [넙]으로 발음한다.
　　예 밟다[밥: 따], 밟는[밤: 는], 넓죽하다[넙쭈카다], 넓둥글다[넙뚱글다]

③ 겹받침 'ㄺ, ㄻ, ㄿ'은 어말 또는 자음 앞에서 각각 'ㄱ, ㅁ, ㅂ'으로 발음한다.
　　예 닭[닥], 흙과[흑꽈], 맑다[막따], 늙지[늑찌], 삶[삼: ], 젊다[점: 따], 읊고[읍꼬], 읊다[읍따]

④ 용언의 어간 '맑-'의 'ㄺ'은 'ㄱ' 앞에서 'ㄹ'로 발음한다.
　　예 맑게[말께], 묽고[물꼬], 얽거나[얼꺼나]

⑤ 'ㅎ(ㄶ, ㅀ)' 뒤에 'ㄱ, ㄷ, ㅈ'이 결합되는 경우에는, 뒤 음절 첫소리와 합쳐서 'ㅋ, ㅌ, ㅊ'으로 발음한다.
　　예 놓고[노코], 좋던[조: 턴], 쌓지[싸치], 많고[만: 코], 닳지[달치]

⑥ 'ㅎ(ㄶ, ㅀ)' 뒤에 모음으로 시작된 어미나 접미사가 결합되는 경우에는, 'ㅎ'을 발음하지 않는다.
　　예 낳은[나은], 놓아[노아], 쌓이다[싸이다], 싫어도[시러도]

⑦ 받침 뒤에 모음 'ㅏ, ㅓ, ㅗ, ㅜ, ㅟ'로 시작되는 실질 형태소가 연결되는 경우에는, 대표음으로 바꾸어서 뒤 음절 첫소리로 옮겨 발음한다.
　　예 밭 아래[바다래], 늪 앞[느밥], 젖어미[저더미], 맛없다[마덥따], 겉옷[거돋]

⑧ 한글 자모의 이름은 그 받침소리를 연음하되, 'ㄷ, ㅈ, ㅊ, ㅋ, ㅌ, ㅍ, ㅎ'의 경우에는 특별히 다음과 같이 발음한다.
　　예 디귿이[디그시], 지읒이[지으시], 치읓이[치으시], 키읔이[키으기], 티읕이[티으시]

⑨ 받침 'ㄷ, ㅌ(ㄾ)'이 조사나 접미사의 모음 'ㅣ'와 결합되는 경우에는, 'ㅈ, ㅊ'으로 바꾸어서 뒤 음절 첫소리로 옮겨 발음한다.
　　예 곧이듣다[고지듣따], 굳이[구지], 미닫이[미다지], 땀받이[땀바지]

⑩ 받침 'ㄱ(ㄲ, ㅋ, ㄳ, ㄺ), ㄷ(ㅅ, ㅆ, ㅈ, ㅊ, ㅌ, ㅎ), ㅂ(ㅍ, ㄼ, ㄿ, ㅄ)'은 'ㄴ, ㅁ' 앞에서 'ㅇ, ㄴ, ㅁ'으로 발음한다.
　　예 먹는[멍는], 국물[궁물], 깎는[깡는], 키읔만[키응만], 몫몫이[몽목씨], 긁는[긍는], 흙만[흥만]

⑪ 받침 'ㅁ, ㅇ' 뒤에 연결되는 'ㄹ'은 'ㄴ'으로 발음한다.
　　예 담력[담: 녁], 침략[침냑], 강릉[강능], 대통령[대: 통녕]

# 출제예상문제

**1** 밑줄 친 용언의 종류가 다른 것은?

① 어머니가 바구니를 들고 <u>가셨다</u>.
② 그녀는 화가 나 밖으로 나가 <u>버렸다</u>.
③ 자고 <u>나서</u> 어디로 갈 거야?
④ 나도 그거 한번 먹어 <u>보자</u>.

**NOTE** 본용언(들다) + 본용언(가다)
② 본용언(나가다) + 보조용언(버리다)
③ 본용언(자다) + 보조용언(나다)
④ 본용언(먹다) + 보조용언(보다)
※ **본용언과 보조용언**
  ㉠ **본용언** : 주어의 행동을 서술하는 서술기능을 가지며 독립적으로 사용가능한 용언이다.
  ㉡ **보조용언** : 주어의 행동을 서술하는 서술기능이 없으며 독립적으로 사용할 수 없는 용언으로 단지 본용언의
    의미를 더해주는 기능만 한다.

**2** ㉠~㉣을 어법에 맞게 고친 것으로 적절하지 않은 것은?

> 선생님, 그동안 안녕하셨어요? 선생님과 함께 생활했던 시간이 엊그제 같은데 벌써 졸업한 지 반 년이 지났습니다. 전 아직도 선생님과 함께했던 소중한 시간들을 잊지 못하고 있습니다. 선생님과 함께 ㉠<u>운동도, 도시락도 먹던</u> 기억이 고스란히 남아 있습니다. 그리고 종례 시간마다 해 주셨던 말씀은 제 인생에서 중요한 지침이 되고 있습니다. 특히 선생님께서 고3 때 아무리 어려운 상황에서도 ㉡<u>희망을 잃지 않았다는 말</u>은 당시 저에게 큰 도움이 되었습니다. 제가 대학에 들어 온 이후 취미를 갖게 되었는데, ㉢<u>기악부 동아리에서 악기를 연주하고 있다는 것입니다.</u> 고등학교 시절에는 공부에 쫓겨 엄두도 못 냈었는데 지금은 여유롭게 음악에 몰두할 수 있어서 좋습니다. 조만간 꼭 찾아뵐게요. ㉣<u>항상 건강 조심하십시오.</u>

① ㉠ : '운동도 하고, 도시락도 먹던'으로 바꾸어 필요한 성분을 모두 갖춘다.
② ㉡ : '희망을 잃지 않으셨다는 말씀은'으로 바꾸어 높임 표현을 바르게 한다.
③ ㉢ : '그것은 기악부 동아리에서 악기를 연주하는 일입니다.'로 바꾸어 주어와 서술어가 호응을 이루도록 한다.
④ ㉣ : '조심하다'는 명령형으로 쓰일 수 없으므로 해요체 '조심하세요'를 사용한다.

> **NOTE** '조심하다'는 동사이므로 명령형으로 쓰일 수 있다. 따라서 고칠 필요가 없다.

**3** 밑줄 친 부분의 활용이 옳지 않은 것은?

① 오랜 시간이 흘렀지만, 그 말 한마디는 <u>잊히지가</u> 않는다.
② 유달리 <u>가문</u> 그해 봄에는 황사도 많이 왔다고 한다.
③ 나는 <u>저린</u> 어깨 때문에 가방을 제대로 들 수가 없다.
④ 그 모임의 분위기에 <u>걸맞는</u> 옷 좀 골라 주세요.

> **NOTE** 걸맞는→ 걸맞은. '걸맞다'는 형용사이므로 관형사형어미 '-는'은 사용할 수 없으며 진행형과 명령형으로 사용할 수 없다.

**4** 밑줄 친 단어와 같은 뜻으로 바꾸어 쓸 수 있는 말은?

> 돛이 오르자 썰물에 <u>갈바람</u>을 맞으며 배는 조용히 미끄러져 나갔다.

① 샛바람        ② 하늬바람
③ 마파람        ④ 된바람

> **NOTE** 하늬바람 … 서쪽에서 부는 바람으로, 주로 농촌이나 어촌에서 이르는 말이다.
>
> ① 샛바람 : 동쪽에서 부는 바람을 뜻한다.
> ③ 마파람 : 남쪽에서 부는 바람을 뜻한다.
> ④ 된바람 : 북쪽에서 부는 바람을 뜻한다.
> ※ 갈바람 … '가을바람'의 준말로, 뱃사람들이 서쪽에서 부는 바람을 이르는 말이다.

**5** 다음 문장에서 밑줄 친 관용 표현이 문맥에 어울리지 않는 것은?

① <u>입추의 여지가</u> 없을 정도로 공연장에는 관람객이 많았다.
② <u>쇠털같이 많은</u> 날에 왜 그리 서두릅니까?
③ 형편이 넉넉해지자 <u>묵주머니가</u> 됐다며 자랑을 늘어놓는다.
④ 이번 시험을 잘 보았으니 합격은 <u>떼어 놓은 당상</u>이다.

> **NOTE** 묵주머니가 되다 … 일이나 물건, 사람 따위가 망치거나 못쓰게 됨을 이르는 말이다. 문맥상 주머니가 두둑해졌다. 주머니 사정이 좋아졌다 등이 적절하다.
>
> ① 입추의 여지가 없다 : 빈틈이 없다. 발 들여 놓을 틈도 없다.
> ② 쇠털같이 많은 날 : 수효가 셀 수 없이 많음을 이른다.
> ④ 떼어 놓은 당상 : 변할 턱도 없고, 다른 곳으로 갈 리도 없다는 의미로 그렇게 될 것이니 조금도 염려하지 말라는 의미이다.

**6** 현대 국어의 자음에 대한 다음과 같은 분류에서 파열음, 파찰음, 마찰음, 유음, 비음의 다섯 가지로 나누는 기준은?

> 현대 국어의 자음(子音)은 파열음(破裂音) 'ㅂ, ㅃ, ㅍ, ㄷ, ㄸ, ㅌ, ㄱ, ㄲ, ㅋ', 파찰음(破擦音) 'ㅈ, ㅉ, ㅊ', 마찰음(摩擦音) 'ㅅ, ㅆ, ㅎ', 유음(流音) 'ㄹ', 비음(鼻音) 'ㅁ, ㄴ, ㅇ' 등의 열아홉이다.

① 소리 내는 위치        ② 소리 내는 방법
③ 혀의 위치        ④ 입술의 모양

> **NOTE** 소리 내는 방법에 따른 기준 … 파열음, 파찰음, 마찰음, 유음, 비음 등

**7** 한국어의 특성으로 맞지 않는 것은?

① 한국어는 첨가어이므로 접사나 어미가 발달되어 있다.
② 한국어에서는 주어가 잇달아 나타나는 문장 구성이 가능하다.
③ 한국어에서 관형어는 항상 체언 앞에 온다.
④ 한국어의 관형사는 형용사처럼 활용한다.

> **NOTE** 관형사는 불변어로 형용사처럼 활용할 수 없다.


**8** 밑줄 친 단어의 품사를 같은 것끼리 묶은 것은?

> ㉠ 상대방에게 <u>허튼</u> 말을 자주 하여 말을 조심하려고 한다.
> ㉡ 이번에는 <u>가급적</u> 빠른 시일 안에 일을 끝내도록 해라.
> ㉢ 시간이 급하니 <u>어서</u> 다녀오너라.
> ㉣ <u>춤</u>을 추는 것은 정신건강에 매우 좋다.

① ㉠㉡                                   ② ㉠㉢
③ ㉡㉢                                   ④ ㉡㉣

> **NOTE** 가급적과 어서는 부사로, 할 수 있는 것 또는 형편이 닿는 것을 의미한다.
> ㉠ 관형사
> ㉣ 명사


**9** 밑줄 친 겹받침의 발음이 옳지 않은 것은?

① 밤하늘이 참 <u>밝다</u>. [박따]
② 감이 익지 않아 대단히 <u>떫다</u>. [떨ː따]
③ 우리는 그 책을 <u>읽고</u>, 큰 감명을 받았다. [일꼬]
④ 그는 흥에 겨워 시를 <u>읊고</u>, 장구를 쳤다. [을꼬]

> **NOTE** 겹받침 'ㄺ, ㄻ, ㄿ'은 어말 또는 자음 앞에서 각각 'ㄱ, ㅁ, ㅂ'으로 발음한다. 따라서 읊고는 [읍꼬]가 된다. 단, 예외로 'ㄺ'은 용언의 어간 끝음절일 때 이어지는 어미가 'ㄱ'이면 'ㄹ'로 발음되어 [일꼬]가 된다.

**10** 다음에 해당하는 언어의 기능은?

> 이 기능은 우리가 세계를 이해하는 정도에 비례하여 수행된다. 그러면 세계를 이해한다는 것은 무엇인가? 그것은 이 세상에 존재하는 사물에 대하여 이름을 부여함으로써 발생하는 것이다. 여기 한 그루의 나무가 있다고 하자. 그런데 그것을 나무라는 이름으로 부르지 않는 한 그것은 나무로서의 행세를 못한다. 인류의 지식이라는 것은 인류가 깨달아 알게 되는 모든 대상에 대하여 이름을 붙이는 작업에서 형성되는 것이라고 말해도 좋다. 어떤 사물이건 거기에 이름이 붙으면 그 사물의 개념이 형성된다. 다시 말하면, 그 사물의 의미가 확정된다. 그러므로 우리가 쓰고 있는 언어는 모두가 사물을 대상화하여 그것에 의미를 부여하는 이름이라고 할 수 있다.

① 정보적 기능　　　　　　　② 친교적 기능
③ 명령적 기능　　　　　　　④ 관어적 기능
⑤ 미적 기능

**NOTE** 언어의 기능
　㉠ **표현적 기능** : 말하는 사람의 감정이나 태도를 나타내는 기능이다. 언어의 개념적 의미보다는 감정적인 의미가 중시된다.
　　예 느낌, 놀람 등 감탄의 말이나 욕설, 희로애락의 감정 표현, 폭언
　㉡ **정보 전달 기능** : 말하는 사람이 알고 있는 사실이나 지식, 정보를 상대방에게 알려 주기 위해 사용하는 기능이다.
　　예 설명, 신문 기사, 광고
　㉢ **사교적 기능**(친교적 기능) : 상대방과 친교를 확보하거나 확인하여 서로 의사소통의 통로를 열어놓아 주는 기능이다. 예 인사말, 취임사, 고별사
　㉣ **미적 기능** : 언어 예술 작품에 사용되는 것으로 언어를 통해 미적인 가치를 추구하는 기능이다. 감정적 의미만이 아니라 개념적 의미도 아주 중시된다.
　　예 시적 언어
　㉤ **지령적 기능**(감화적 기능) : 말하는 사람이 상대방에게 지시를 하여 특정 행위를 하게 하거나, 하지 않도록 함으로써 자신의 목적을 달성하려는 기능이다.
　　예 법률, 각종 규칙, 단체 협약, 명령, 요청, 광고문 등의 언어

**11** 맞춤법이 옳은 문장은?

① 아침 일찍 왠일이니?
② 사탕을 열두 째 먹었다.
③ 그 사실을 염두해라
④ 친구 덕분에 그저 얻은 거나 다름없다.
⑤ 겉잡아서 십만 원은 든다.

**NOTE** ① 왠일이니 → 웬일이니
　② 열두 째 → 열둘째
　③ 염두해라 → 염두에 두어라
　④ 그저 → 거저

**12** 다음 관계 관형절 중 생략 성분이 다른 하나는?

① 순이가 어제 산 모자
② 우리 민족이 추구하는 이상
③ 피카소가 그린 그림
④ 아무도 없는 강의실
⑤ 아버지가 만든 책상

> **NOTE** 아무도 강의실에 없다 – 부사어 생략
> ① 순이가 어제 모자를 샀다 – 목적어 생략
> ② 우리 민족이 이상을 추구한다 – 목적어 생략
> ③ 피카소가 그림을 그린다 – 목적어 생략
> ⑤ 아버지가 책상을 만든다 – 목적어 생략

**13** 국어의 어휘상의 특징으로 옳은 것은?

① 꾸준한 국어 순화 운동으로 인해 한자어보다 고유어를 많이 사용한다.
② 평등사상의 영향으로 경어법이 발달하였다.
③ 단어에 성과 수의 구별이 있어, 친족 관계를 나타내는 어휘가 발달하였다.
④ 감각어가 발달하여 정서적 유사성에 의한 비유적 표현으로 사용되기도 한다.
⑤ 음상의 차이로 인하여 어감이 달라지고 의미가 분화되는 경우가 있다.

> **NOTE** 국어는 감각어가 매우 발달했다. '노랗다, 노르께하다, 노르스름하다, 노릇노릇하다' 등의 색채어가 발달했으며, '그 사람 참 싱겁다' 등 정서적 유사성에 의한 비유적 표현도 발달했다.
> ① 다량의 한자어가 유입되어 사용이 확대된 까닭에 한자어가 많이 사용되고 있다.
> ② 상하 관계가 중시되던 사회 구조의 영향으로 높임법이 발달하였다.
> ③ 단어에 성(性)과 수(數)의 구별은 없으나 친족 관계를 나타내는 어휘는 발달하여 왔다.
> ⑤ 음상은 국어의 특징에는 해당하나, 어휘상의 특징이 아니라 음운상의 특징에 해당한다.

**14** 다음 글의 (　) 안에 알맞은 것은?

> '밤'에서 'ㅏ'를 'ㅓ'로 바꾸면 '범'이 되고, 종성 'ㅁ'을 'ㄹ'로 바꾸면 '발'이 되어 '밤'과는 전혀 다른 소리가 된다. 이처럼 말의 뜻을 구별짓는 소리의 가장 작은 단위를 (　)(이)라고 한다.

① 음운
② 음절
③ 단어
④ 형태소
⑤ 어절

**NOTE** 음운은 말의 뜻을 구별해 주는 가장 작은 소리의 단위로 추상적이고 관념적이다.

**15** 다음과 같은 문제점으로 인해 옳지 못한 문장은?

> 요즘에는 재미있게 읽혀지는 책이 별로 없다.

① 선생님께는 돌 지난 손자가 계시지?
② 어제는 머리가 아프니까 결석을 하였다.
③ 문이 열려지지 않아서 창문을 열었다.
④ 내가 친구 한 명 소개시켜 줄게.
⑤ 공부를 끝내고 나니 열두 시가 넘겠다.

**NOTE** 제시된 문장은 피동 표현이 남용된 것으로, '열려지지'를 '열리지'로 고쳐야 한다.
　① 계시지 → 있으시지 : 높임법이 잘못된 문장이다.
　② 아프니까 → 아파서 : 어미의 사용이 잘못되었다.
　④ 소개시켜 → 소개해 : 사동 표현이 남용된 경우이다.
　⑤ 넘겠다 → 넘었다 : 시제 표현이 잘못된 경우로 문맥상 과거 시제가 와야 한다.

**16** 높임법의 사용이 옳지 않은 것은?

① 교장 선생님의 말씀이 계시겠습니다.
② (형이 동생에게)○○야, 할머니께 그걸 드렸니?
③ 언니, 할머니께서 오라셔.
④ 부장님께서는 아들이 둘이시다.
⑤ (평사원이 팀장에게)팀장님, K가 출근하지 않았습니다.

**NOTE** 계시겠습니다 → 있으시겠습니다

**17** 국어의 음운 현상에 대한 설명이다. 옳지 않은 것은?

① 펑펑 : 모음 조화
② 요술장이 → 요술쟁이 : 음운 동화
③ 합리적[함니적] : 구개음화
④ 로인 → 노인 : 두음 법칙
⑤ 꽃밭[꼳빧] : 음절 끝소리 규칙

**NOTE** '합리적'이 [함니적]으로 발음이 되어 자음과 자음이 만날 때 어느 한 쪽이 다른 쪽을 닮아서 발음이 달라지는 현상은 자음 동화 현상이다. 그 중에서 앞뒤 모두 다른 자음으로 바뀌는 상호 동화에 해당한다.

**18** 국어의 특질로 옳지 않은 것은?

① 소리의 장단으로 뜻을 구별하기도 한다.
② 모음 조화 현상이 있다.
③ 감각어는 비유표현으로 확장되기도 한다.
④ 수식어가 피수식어 뒤에 놓인다.

**NOTE** 수식어는 피수식어 앞에 온다.

ANSWER ——— 14. ① 15. ③ 16. ① 17. ③ 18. ④

**19** 본말과 준말의 연결로 옳지 않은 것은?

① 나는 : 난
② 넉넉하지 않다 : 넉넉치 않다
③ 디디고 : 딛고
④ 생각하건대 : 생각건대

> **NOTE** 어간 끝음절 '하'가 줄어들 때에는 교체 없이 준 대로 적는다. 따라서 '넉넉하지 않다'는 '넉넉지 않다'가 된다.

**20** '손톱깎이'처럼 합성을 거쳐 파생되는 방법으로 만들어진 말은?

① 가락국수  ② 해돋이
③ 구경꾼  ④ 새마을

> **NOTE** 파생어 중 접미사에 의한 단어의 파생으로 명사화 접미사 '이'가 붙어 만들어진 것이다.

**21** 다음 문장에서 밑줄 친 말의 주어는?

---

그가 결혼을 한다는 것은 <u>사실이다</u>.

---

① 그가
② 결혼을 한다는 것
③ 한다는 것은
④ 그가 결혼을 한다는 것

> **NOTE** 명사절을 안은 문장으로 '사실이다'는 '그가 결혼을 한다는 것은'의 서술어이다.

**22** 손목이나 발목의 잘록한 부분을 나타내는 말은?

① 한둔  ② 회목

③ 살장  ④ 곁반

**NOTE** ① 한둔 : 한데서 밤을 지냄, 야숙
③ 살장 : 광산 구덩이 속에서 동발과 띳장 사이에 끼워서 흙과 돌 따위가 떨어지지 않게 하는 나무나 널빤지
④ 곁반 : 수라상에 딸린, 물그릇 따위를 놓는 작은 상

**23** '물 위에 떠 있는 물체'를 '배'라고 하는 것과 같이 같은 의미에 다른 개념을 부여할 수 있는 언어의 성격은?

① 역사성  ② 자의성

③ 체계성  ④ 사회성

⑤ 분절성

**NOTE** 언어의 자의성 … 언어의 형식인 음성과 내용인 의미 사이의 관계는 필연적이지 않고 자의적이다.

**24** 국어 순화의 입장에서 고칠 필요가 없는 문장은?

① 도시락 반찬으로 꼬치안주를 가지고 와서 맛있게 먹었다.

② 한강 고수부지에 체육공원을 만들었다.

③ 고속도로 노견에 차를 세웠다.

④ 앙꼬가 있는 빵만 먹는다.

**NOTE** ② 고수부지 → 둔치
③ 노견 → 갓길
④ 앙꼬 → 팥소

**01** 한자

## 1. 한자의 이해

### (1) 한자의 3요소

한자는 표의 문자로서 모양(形)·소리(音)·뜻(義)의 3요소를 갖추고 있는 것이 그 특징이다.

### (2) 육서(六書)

① 상형 문자(象形文字) … 구체적인 사물의 모양을 본떠서 만든 글자를 말한다.

　예　日, 月, 山, 人, 木, 水, 手, 足, 鳥

② 지사 문자(指事文字) … 추상적인 생각이나 뜻을 점이나 선으로 나타낸 글자를 말한다.

　예　一, 二, 三, 四, 五, 七, 八, 九, 上, 中, 下, 本, 末, 天

③ 회의 문자(會意文字) … 둘 이상의 글자를 뜻끼리 모아 새로운 뜻을 나타낸 글자를 말한다.

　예　인(人) + 목(木) = 휴(休) : 나무 옆에 사람이 쉬고 있으니 휴식한다는 뜻을 나타낸다.

④ 형성 문자(形聲文字) … 뜻을 나타내는 글자와 음을 나타내는 글자를 합쳐 새로운 뜻을 나타낸 글자를 말한다.

　예　心(뜻) + 生(음) = 性(성품 성), 門(음) + 口(뜻) = 問(물을 문)

⑤ 전주 문자(轉注文字) … 이미 만들어진 글자를 가지고 유추하여 다른 뜻으로 쓰는 글자를 말한다.

　예　相 : 서로(상), 재상(상), 도울(상), 지팡이(상)

　　　樂 : 풍류(악), 즐거울(락), 좋아할(요)

⑥ 가차 문자(假借文字) … 이미 있는 글자의 뜻과는 관계없이 음이나 형태를 빌려다 쓰는 글자를 말한다.

　㉠ 음만 빌리는 경우 : 印度(인도 - India), 亞細亞(아세아 - Asia)

　㉡ 형태만 빌리는 경우 : 弗(불 - $)

(3) 한자어의 구성

① **병렬 관계(竝列關係)** ··· 같은 품사를 가진 한자끼리 연이어 결합된 한자어의 짜임을 말한다.

㉠ **유사 관계(類似關係)** : 뜻이 같거나 비슷한 한자끼리 연이어 결합된 한자어의 짜임을 말한다.

예 家屋(가옥), 群衆(군중), 星辰(성신), 土地(토지), 海洋(해양), 繪畵(회화)

㉡ **대립 관계(對立關係)** : 뜻이 서로 반대 또는 상대되는 한자끼리 결합된 한자어의 짜임을 말한다.

예 賞罰(상벌), 上下(상하), 善惡(선악), 因果(인과), 陰陽(음양), 天地(천지)

㉢ **대등 관계(對等關係)** : 뜻이 서로 대등한 한자끼리 연이어 결합된 한자어의 짜임을 말한다.

예 父母(부모), 松柏(송백), 仁義(인의), 忠孝(충효), 眞善美(진선미), 紙筆硯墨(지필연묵)

㉣ **첩어 관계(疊語關係)** : 똑같은 글자가 겹쳐 이루어진 한자어의 짜임을 말한다.

예 代代(대대), 年年(연년), 正正堂堂(정정당당)

㉤ **융합 관계(融合關係)** : 한자의 뜻이 융합되어 쪼갤 수 없는 관계를 말한다.

예 光陰(광음), 琴瑟(금실), 春秋(춘추)

㉥ **일방 관계(一方關係)** : 한자가 병렬되었으나 한쪽의 뜻만 나타낸다.

예 國家(국가), 多少(다소) – 조금(少의 뜻만 작용), 緩急(완급) – 위급함(急의 뜻만 작용)

② **수식 관계(修飾關係)** ··· 꾸미는 말과 꾸밈을 받는 말로 결합된 한자어의 짜임을 말한다.

㉠ 관형어(冠形語) + 체언(體言)

예 家事(가사), 城門(성문), 吉夢(길몽), 明月(명월), 外貨(외화), 流水(유수)

㉡ 부사어(副詞語) + 용언(用言)

예 廣告(광고), 徐行(서행), 雲集(운집), 疾走(질주), 必勝(필승)

③ **주술 관계(主述關係)** ··· 주어와 서술어의 관계로 결합된 한자어의 짜임을 말한다.

예 國立(국립), 夜深(야심), 人造(인조), 日出(일출), 年少(연소), 品貴(품귀)

④ **술목 관계(述目關係)** ··· 서술어와 목적어의 관계로 결합된 한자어의 짜임을 말한다.

예 交友(교우), 讀書(독서), 修身(수신), 愛國(애국), 成功(성공), 作文(작문)

⑤ **술보 관계(述補關係)** ··· 서술어와 보어의 관계로 결합된 한자어의 짜임을 말한다.

예 歸家(귀가), 登山(등산), 多情(다정), 有名(유명), 非凡(비범)

## 2. 한자어

### (1) 동자이음어(同字異音語)

| | | | | | |
|---|---|---|---|---|---|
| 覺 | 깨달을 각 | 覺醒(각성) | 乾 | 하늘 건 | 乾坤(건곤) |
| | 꿈깰 교 | 覺眼(교안) | | 마를 간 | 乾物(간물) |
| 降 | 내릴 강 | 降等(강등) | 見 | 볼 견 | 見學(견학) |
| | 항복할 항 | 降服(항복) | | 드러날 현 | 謁見(알현) |
| 更 | 다시 갱 | 更新(갱신) | 句 | 글귀 구 | 文句(문구) |
| | 고칠 경 | 變更(변경) | | 글귀 귀 | 句節(귀절) |
| 龜 | 거북 귀 | 龜趺(귀부) | 木 | 나무 목 | 草木(초목) |
| | 땅이름 구 | 龜浦(구포) | | 모과 모 | 木瓜(모과) |
| 金 | 쇠 금 | 金庫(금고) | 反 | 돌이킬 반 | 反擊(반격) |
| | 성씨 김 | 金氏(김씨) | | 뒤침 번 | 反沓(번답) |
| 內 | 안 내 | 室內(실내) | 復 | 회복할 복 | 復舊(복구) |
| | 궁궐 나 | 內人(나인) | | 다시 부 | 復活(부활) |
| 丹 | 붉을 단 | 丹靑(단청) | 否 | 아니 부 | 否定(부정) |
| | 꽃이름 란 | 牡丹(모란) | | 막힐 비 | 否運(비운) |
| 單 | 홀로 단 | 簡單(간단) | 北 | 북녘 북 | 南北(남북) |
| | 오랑캐임금 선 | 單于氏(선우씨) | | 패할 배 | 敗北(패배) |
| 宅 | 집안 댁 | 宅內(댁내) | 寺 | 절 사 | 寺刹(사찰) |
| | 집 택 | 住宅(주택) | | 내관 시 | 內侍(내시) |
| 度 | 법도 도 | 制度(제도) | 殺 | 죽일 살 | 殺人(살인) |
| | 헤아릴 탁 | 忖度(촌탁) | | 감할 쇄 | 相殺(상쇄) |
| 讀 | 읽을 독 | 讀書(독서) | 索 | 찾을 색 | 搜索(수색) |
| | 구절 두 | 句讀(구두) | | 적막할 삭 | 索莫(삭막) |
| 洞 | 동리 동 | 洞里(동리) | 塞 | 막을 색 | 閉塞(폐색) |
| | 구멍 동 | 洞窟(동굴) | | 변방 새 | 要塞(요새) |

| | | | | | | |
|---|---|---|---|---|---|---|
| 樂 | 즐길 락 | 娛樂(오락) | 若 | 같을 약 | 若干(약간) |
| | 좋아할 요 | 樂山(요산) | | 땅이름 야 | 般若(반야) |
| 率 | 비례 률 | 比率(비율) | 葉 | 잎 엽 | 落葉(낙엽) |
| | 거느릴 솔 | 統率(통솔) | | 성 섭 | 葉氏(섭씨) |
| 說 | 말씀 설 | 說明(설명) | 易 | 쉬울 이 | 容易(용이) |
| | 달랠 세 | 遊說(유세) | | 바꿀 역 | 貿易(무역) |
| 省 | 살필 성 | 反省(반성) | 切 | 끊을 절 | 切斷(절단) |
| | 덜 생 | 省略(생략) | | 모두 체 | 一切(일체) |
| 食 | 먹을 식 | 食事(식사) | 車 | 수레 차 | 自動車(자동차) |
| | 밥 사 | 簞食(단사) | | 수레 거 | 車馬費(거마비) |
| 識 | 알 식 | 識見(식견) | 參 | 참여할 참 | 參加(참가) |
| | 기록할 지 | 標識(표지) | | 석 삼 | 參拾(삼십) |
| 辰 | 때 신 | 生辰(생신) | 則 | 법칙 칙 | 規則(규칙) |
| | 별 진 | 辰宿(진수) | | 곧 즉 | 然則(연즉) |
| 什 | 열 사람 십 | 什長(십장) | 合 | 합할 합 | 合同(합동) |
| | 세간 집 | 什器(집기) | | 홉 홉 | 五合(오홉) |
| 惡 | 악할 악 | 惡魔(악마) | 行 | 갈 행 | 行軍(행군) |
| | 미워할 오 | 憎惡(증오) | | 항렬 항 | 行列(항렬) |

## (2) 상대어(相對語) · 반대어(反對語)

- 強(굳셀 강) ↔ 弱(약할 약)
- 開(열 개) ↔ 閉(닫을 폐)
- 去(갈 거) ↔ 來(올 래)
- 建(세울 건) ↔ 壞(무너뜨릴 괴)
- 傑(뛰어날 걸) ↔ 拙(못날 졸)
- 儉(검소할 검) ↔ 奢(사치할 사)
- 輕(가벼울 경) ↔ 重(무거울 중)
- 京(서울 경) ↔ 鄕(시골 향)
- 屈(굽을 곡) ↔ 沆(대항할 항)
- 貴(귀할 귀) ↔ 賤(천할 천)
- 勤(부지런할 근) ↔ 怠(게으를 태)
- 禽(날짐승 금) ↔ 獸(길짐승 수)
- 難(어려울 난) ↔ 易(쉬울 이)
- 斷(끊을 단) ↔ 繼(이을 계)
- 貸(빌릴 대) ↔ 借(빌 차)
- 同(같을 동) ↔ 異(다를 이)
- 鈍(둔할 둔) ↔ 敏(민첩할 민)
- 得(얻을 득) ↔ 失(잃을 실)
- 諾(승락할 낙) ↔ 拒(물리칠 거)
- 瞭(밝을 료) ↔ 曖(희미할 애)
- 忙(바쁠 망) ↔ 閑(한가할 한)
- 賣(팔 매) ↔ 買(살 매)
- 問(물을 문) ↔ 答(답할 답)
- 美(아름다울 미) ↔ 醜(추할 추)
- 潑(활발할 발) ↔ 萎(시들 위)
- 悲(슬플 비) ↔ 喜(기쁠 희)
- 貧(가난할 빈) ↔ 富(넉넉할 부)
- 勝(이길 승) ↔ 敗(패할 패)
- 視(볼 시) ↔ 聽(들을 청)
- 新(새 신) ↔ 舊(옛 구)
- 深(깊을 심) ↔ 淺(얕을 천)
- 逆(거스를 역) ↔ 順(좇을 순)
- 厭(싫을 염) ↔ 樂(좋아할 요)

- 凹(오목할 요) ↔ 凸(볼록할 철)
- 優(뛰어날 우) ↔ 劣(못날 렬)
- 友(벗 우) ↔ 敵(원수 적)
- 隱(숨을 은) ↔ 顯(나타날 현)
- 陰(그늘 음) ↔ 陽(볕 양)
- 利(이로울 리) ↔ 害(해로울 해)
- 因(까닭 인) ↔ 果(결과 과)
- 戰(싸울 전) ↔ 和(화목할 화)
- 絶(끊을 절) ↔ 續(이을 속)
- 靜(고요할 정) ↔ 騷(시끄러울 소)
- 淨(깨끗할 정) ↔ 汚(더러울 오)
- 統(합칠 통) ↔ 分(나눌 분)
- 虛(빌 허) ↔ 實(찰 실)
- 賢(어질 현) ↔ 愚(어리석을 우)
- 好(좋을 호) ↔ 惡(미워할 오)
- 禍(재앙 화) ↔ 福(복 복)
- 興(일어날 흥) ↔ 亡(망할 망)
- 可決(가결) ↔ 否決(부결)
- 謙遜(겸손) ↔ 傲慢(오만)
- 謙虛(겸허) ↔ 倨慢(거만)
- 供給(공급) ↔ 需要(수요)
- 屈服(굴복) ↔ 抗拒(항거)
- 歸納(귀납) ↔ 演繹(연역)
- 漠然(막연) ↔ 確然(확연)
- 模糊(모호) ↔ 分明(분명)
- 反目(반목) ↔ 和睦(화목)
- 潑剌(발랄) ↔ 萎縮(위축)
- 非凡(비범) ↔ 平凡(평범)
- 勝利(승리) ↔ 敗北(패배)
- 昇進(승진) ↔ 左遷(좌천)
- 永劫(영겁) ↔ 刹那(찰나)
- 愚昧(우매) ↔ 賢明(현명)
- 漸進(점진) ↔ 急進(급진)

(3) 한자 성어

- 刻骨難忘(각골난망) : 입은 은혜에 대한 고마움을 뼛속 깊이 새기어 잊지 않음
- 刻舟求劍(각주구검) : 판단력이 둔하여 세상일에 어둡고 어리석음
- 甘呑苦吐(감탄고토) : 달면 삼키고 쓰면 뱉는다는 뜻으로, 신의(信義)를 돌보지 않고 사리(私利)를 꾀함
- 隔靴搔癢(격화소양) : 신을 신은 채 가려운 발바닥을 긁음과 같이 일의 효과를 나타내지 못함
- 見物生心(견물생심) : 물건을 보면 욕심이 생김
- 見危致命(견위치명) : 나라의 위태로움을 보고는 목숨을 아끼지 않고 나라를 위하여 싸움
- 結草報恩(결초보은) : 죽어 혼령이 되어도 은혜를 잊지 않고 갚음
- 鷄卵有骨(계란유골) : 달걀 속에도 뼈가 있다는 뜻으로, 뜻밖에 장애물이 생김
- 孤掌難鳴(고장난명) : 손바닥 하나로는 소리가 나지 않는다는 뜻으로, 상대가 없이 혼자 힘으로 일하기 어려움
- 過猶不及(과유불급) : 지나친 것은 미치지 못한 것과 같음을 말함
- 管鮑之交(관포지교) : 친구끼리의 매우 두터운 사귐
- 刮目相對(괄목상대) : 다른 사람의 학문이나 덕행이 크게 진보한 것을 말함
- 矯角殺牛(교각살우) : 작은 일에 힘쓰다 큰 일을 망침
- 敎學相長(교학상장) : 가르쳐 주거나 배우는 일은 모두 나의 학업을 증진시킨다는 뜻
- 九折羊腸(구절양장) : 아홉 번 꼬부라진 양의 창자라는 뜻으로, 산길 따위가 몹시 험하게 꼬불꼬불함
- 群鷄一鶴(군계일학) : 닭 무리 속에 끼어 있는 한 마리의 학이란 뜻으로, 평범한 사람 가운데서 뛰어난 사람

ㄴ

- 爛商公論(난상공론) : 여러 사람들이 잘 의논함
- 難兄難弟(난형난제) : 누구를 형이라 하고 누구를 동생이라 해야 할지 분간하기 어렵다는 뜻으로, 사물의 우열이 없음
- 南柯一夢(남가일몽) : 꿈과 같이 헛된 한때의 부귀영화
- 男負女戴(남부여대) : 남자는 짐을 등에 지고 여자는 짐을 머리에 인다는 뜻으로, 가난에 시달린 사람들이 살 곳을 찾아 떠돌아 삶
- 囊中之錐(낭중지추) : 주머니 속에 든 송곳이라는 뜻으로, 재주가 뛰어난 사람은 숨어 있어도 저절로 사람들이 알게 됨
- 綠衣紅裳(녹의홍상) : 연두 저고리에 다홍 치마라는 뜻으로, 곱게 차려 입은 젊은 아가씨의 복색

## ㄷ

- 多岐亡羊(다기망양) : 길이 여러 갈래여서 양을 잃는다는 뜻으로, 학문의 길이 다방면이어서 진리를 깨치기 어려움
- 簞食瓢飮(단사표음) : 도시락 밥과 표주박 물, 즉 변변치 못한 살림을 가리키는 말로 청빈한 생활을 말함
- 大器晚成(대기만성) : 큰 그릇은 이루어짐이 더디다는 뜻으로, 크게 될 사람은 성공이 늦음
- 塗炭之苦(도탄지고) : 진흙탕이나 숯불에 빠졌다는 뜻으로, 몹시 고생스러움을 일컬음
- 同病相憐(동병상련) : 처지가 서로 비슷한 사람끼리 서로 동정하고 도움
- 同床異夢(동상이몽) : 같은 처지와 입장에서 저마다 딴 생각을 함
- 登高自卑(등고자비) : 높은 곳에 오르려면 낮은 곳에서부터 오른다는 뜻으로, 일을 순서대로 하여야 함
- 燈下不明(등하불명) : 등잔 밑이 어둡다는 뜻으로, 가까이 있는 것이 오히려 알아내기 어려움

## ㅁ

- 磨斧爲針(마부위침) : 아무리 이루기 힘든 일이라도 끊임없는 노력과 끈기 있는 인내가 있으면 성공하게 됨
- 馬耳東風(마이동풍) : 남의 말을 귀담아 듣지 않고 흘려 버림
- 萬頃蒼波(만경창파) : 한없이 넓고 푸른 바다
- 明若觀火(명약관화) : 불을 보는 듯이 환하게 분명히 알 수 있음
- 矛盾撞着(모순당착) : 같은 사람의 문장이나 언행이 앞뒤가 서로 어그러져서 모순됨
- 目不忍見(목불인견) : 차마 눈 뜨고 볼 수 없는 참상이나 꼴불견을 일컬음
- 門前成市(문전성시) : 권세를 드날리거나 부자가 되어 집문 앞이 찾아오는 손님들로 가득 차, 시장을 이룬 것 같음

## ㅂ

- 拍掌大笑(박장대소) : 손바닥을 치면서 크게 웃음
- 拔本塞源(발본색원) : 폐단의 근원을 아주 뽑아서 없애 버림
- 傍若無人(방약무인) : 언행이 방자하고 제멋대로 행동하는 사람
- 背恩忘德(배은망덕) : 은혜를 잊고 도리어 배반함
- 白骨難忘(백골난망) : 죽어서도 잊지 못할 큰 은혜를 입음
- 百年河淸(백년하청) : 아무리 세월이 가도 일을 해결할 희망이 없음
- 夫唱婦隨(부창부수) : 남편이 창을 하면 아내도 따라 하는 것이 부부 화합의 도리임을 말함
- 附和雷同(부화뇌동) : 제 주견이 없이 남이 하는 대로 그저 무턱대고 따라함
- 氷炭之間(빙탄지간) : 얼음과 숯불처럼 서로 화합될 수 없음

ㅅ

- 四面楚歌(사면초가) : 한 사람도 도우려는 자가 없이 고립되어 곤경에 처해 있음
- 事必歸正(사필귀정) : 무슨 일이든지 결국은 옳은 대로 돌아감
- 死後藥方文(사후약방문) : 이미 때가 늦음
- 殺身成人(살신성인) : 절개를 지켜 목숨을 버림
- 三顧草廬(삼고초려) : 유비가 제갈량을 세 번이나 찾아가 군사로 초빙한 데에서 유래한 말로, 인재를 얻기 위해 끈기 있게 노력함
- 三遷之敎(삼천지교) : 맹자의 어머니가 아들의 교육을 위하여 세 번 거처를 옮겼다는 고사에서 유래한 말로, 생활 환경이 교육에 있어 큰 구실을 한다는 것을 일컬음
- 桑田碧海(상전벽해) : 뽕나무밭이 변하여 바다가 된다는 뜻으로, 세상일의 변천이 심하여 사물이 바뀜
- 塞翁之馬(새옹지마) : 세상일은 복이 될지 화가 될지 예측할 수 없음을 일컬음
- 雪上加霜(설상가상) : 눈 위에 또 서리가 덮인다는 뜻으로, 불행이 엎친 데 덮친 격으로 거듭 생김
- 說往說來(설왕설래) : 서로 변론(辯論)을 주고 받으며 옥신각신함
- 首丘初心(수구초심) : 고향을 그리워하는 마음
- 水深可知 人心難知(수심가지 인심난지) : 물의 깊이는 알 수 있으나 사람의 속마음은 헤아리기가 어려움
- 水魚之交(수어지교) : 교분이 매우 깊은 것[=君臣水魚(군신수어)]
- 脣亡齒寒(순망치한) : 입술이 없으면 이가 시린 것처럼 서로 돕던 이가 망하면 다른 한쪽 사람도 함께 위험함
- 是是非非(시시비비) : 옳고 그름을 가림
- 識字憂患(식자우환) : 아는 것이 탈이라는 말로 학식이 있는 것이 도리어 근심을 사게 됨
- 十匙一飯(십시일반) : 열 사람이 한 술씩 보태면 한 사람 먹을 분량이 된다는 뜻으로, 여러 사람이 힘을 합하면 한 사람을 쉽게 도울 수 있음

ㅇ

- 我田引水(아전인수) : 제 논에 물대기. 자기에게 유리하도록 행동하는 것
- 安貧樂道(안빈낙도) : 빈궁한 가운데 편안하게 생활하여 도(道)를 즐김
- 羊頭狗肉(양두구육) : 양의 머리를 내걸고 개고기를 판다는 뜻으로, 겉모양은 훌륭하나 속은 변변치 않음
- 漁父之利(어부지리) : 도요새가 조개를 쪼아 먹으려다가 둘 다 물리어 서로 다투고 있을 때 어부가 와서 둘을 잡아갔다는 고사에서 나온 말로, 둘이 다투는 사이에 제3자가 이득을 보는 것
- 言中有骨(언중유골) : 예사로운 말 속에 깊은 뜻이 있음
- 緣木求魚(연목구어) : 나무에 올라가 물고기를 구하듯 불가능한 일을 하고자 함

- 烏飛梨落(오비이락) : 까마귀 날자 배 떨어진다는 뜻으로, 공교롭게도 어떤 일이 같은 때에 일어나 남의 의심을 받게 됨
- 傲霜孤節(오상고절) : 서릿발 속에서도 굴하지 않고 외로이 지키는 절개라는 뜻으로, 국화를 두고 하는 말
- 牛耳讀經(우이독경) : 쇠 귀에 경 읽기라는 뜻으로, 아무리 가르치고 일러 주어도 알아듣지 못함[=牛耳誦經 何能諦聽(우이송경 하능체청)]
- 有備無患(유비무환) : 어떤 일에 미리 준비가 있으면 걱정이 없음
- 以心傳心(이심전심) : 마음과 마음이 서로 통함
- 李下不整冠(이하부정관) : 자두나무 아래에서는 갓을 고쳐 쓰지 말라는 뜻으로, 남에게 의심받을 일을 하지 않도록 주의해야 함
- 益者三友(익자삼우) : 사귀어 이롭고 보탬이 되는 세 벗으로 정직한 사람, 신의 있는 사람, 학식 있는 사람을 가리킴
- 一擧兩得(일거양득) : 하나의 행동으로 두 가지의 성과를 거둠
- 日就月將(일취월장) : 나날이 다달이 진보함

- 張三李四(장삼이사) : 장씨(張氏)의 삼남(三男)과 이씨(李氏)의 사남(四男)이라는 뜻으로, 평범한 사람을 가리킴
- 賊反荷杖(적반하장) : 도둑이 도리어 매를 든다는 뜻으로, 잘못한 사람이 도리어 잘한 사람을 나무람
- 轉禍爲福(전화위복) : 화를 바꾸어 복이 되게 한다는 뜻으로, 궂은 일을 당하였을 때 그것을 잘 처리하여 좋은 일이 되게 함
- 切磋琢磨(절차탁마) : 학문과 덕행을 갈고 닦음을 가리킴
- 頂門一鍼(정문일침) : 정수리에 침을 놓는다는 뜻으로, 따끔한 비판이나 충고
- 井底之蛙(정저지와) : 우물 안 개구리라는 뜻으로, 견문이 좁고 세상 형편을 모름
- 朝三暮四(조삼모사) : 간사한 꾀로 사람을 속여 희롱함. 눈앞에 당장 나타나는 차별만 알고 그 결과가 같음을 모름
- 走馬加鞭(주마가편) : 달리는 말에 채찍을 더한다는 뜻으로, 잘하는 사람에게 더 잘하도록 하는 것을 일컬음
- 竹馬故友(죽마고우) : 죽마를 타고 놀던 벗, 즉 어릴 때 같이 놀던 친한 친구
- 地鹿爲馬(지록위마) : 중국 진나라의 조고(趙高)가 이세 황제(二世皇帝)의 권력을 농락하려고 일부러 사슴을 말이라고 속여 바쳤다는 고사에서 유래한 것으로 윗사람을 농락하여 권세를 마음대로 함을 가리킴
- 進退維谷(진퇴유곡) : 앞으로 나아갈 수도 뒤로 물러설 수도 없이 꼼짝할 수 없는 궁지에 빠짐[=進退兩難(진퇴양난)]

ㅊ

- 滄海桑田(창해상전) : 푸른 바다가 변하여 뽕밭으로 된다는 뜻으로, 세상일이 덧없이 바뀜[=桑田碧海 (상전벽해)]
- 天高馬肥(천고마비) : 하늘이 높고 말이 살찐다는 뜻으로, 가을철을 일컬음
- 千慮一得(천려일득) : 아무리 바보같은 사람일지라도 한 가지쯤은 좋은 생각이 있음
- 千慮一失(천려일실) : 여러 번 생각하여 신중하고 조심스럽게 한 일에도 때로는 한 가지 실수가 있음
- 千載一遇(천재일우) : 천 년에나 한번 만날 수 있는 기회, 즉 좀처럼 얻기 어려운 기회
- 靑出於藍(청출어람) : 쪽에서 우러난 푸른 빛이 쪽보다 낫다는 뜻으로, 제자가 스승보다 더 뛰어남
- 草綠同色(초록동색) : 풀과 녹색은 같은 빛이라는 뜻으로, 같은 처지나 같은 유의 사람들은 그들끼리 함께 행동함
- 寸鐵殺人(촌철살인) : 조그만 쇠붙이로 사람을 죽인다는 뜻으로, 간단한 말이나 문장으로 사물의 가장 요긴한 데를 찔러 듣는 사람을 감동하게 하는 것
- 針小棒大(침소봉대) : 바늘을 몽둥이라고 말하듯 과장해서 말함

ㅌ

- 他山之石(타산지석) : 다른 산에서 나는 하찮은 돌도 자기의 옥(玉)을 가는 데에 도움이 된다는 뜻으로, 다른 사람의 하찮은 언행일지라도 자기의 지덕을 연마하는 데에 도움이 된다는 말
- 卓上空論(탁상공론) : 실현성이 없는 허황된 이론
- 吐盡肝膽(토진간담) : 솔직한 심정을 숨김없이 모두 말함

ㅍ

- 破竹之勢(파죽지세) : 대를 쪼개는 것처럼 거침없이 나아가는 세력
- 風樹之嘆(풍수지탄) : 부모가 이미 세상을 떠나 효도할 수 없음을 한탄함
- 風前燈火(풍전등화) : 바람 앞의 등불처럼 매우 위급한 경우에 놓여 있음
- 匹夫匹婦(필부필부) : 평범한 남자와 평범한 여자

ㅎ

- 下石上臺(하석상대) : 아랫돌을 빼서 윗돌을 괴고 윗돌을 빼서 아랫돌을 괸다는 뜻으로, 임시변통으로 이리저리 둘러 맞춤
- 夏爐冬扇(하로동선) : 여름의 화로와 겨울의 부채라는 뜻으로, 쓸모없는 재능
- 鶴首苦待(학수고대) : 학의 목처럼 목을 길게 늘여 몹시 기다림
- 漢江投石(한강투석) : 한강에 돌 던지기라는 뜻으로, 지나치게 미미하여 전혀 효과가 없음
- 虎死留皮(호사유피) : 범이 죽으면 가죽을 남김과 같이 사람도 죽은 뒤 이름을 남겨야 함을 일컬음
  [=豹死留皮(표사유피)]
- 浩然之氣(호연지기) : 잡다한 일에서 해방된 자유로운 마음, 하늘과 땅 사이에 넘치게 가득 찬 넓고도 큰 원기, 공명정대하여 조금도 부끄러울 바 없는 도덕적 용기를 일컬음
- 換骨奪胎(환골탈태) : 얼굴이 이전보다 더 아름다워짐. 선인의 시나 문장을 살리되, 자기 나름의 새로움을 보태어 자기 작품으로 삼는 일
- 會者定離(회자정리) : 만나면 반드시 헤어짐
- 後生可畏(후생가외) : 후진들이 젊고 기력이 있어 두렵게 여겨짐
- 興盡悲來(흥진비래) : 즐거운 일이 다하면 슬픔이 옴, 즉 흥망과 성쇠가 엇바뀜을 일컬음

## 02 한문

### 1. 한문의 기초

(1) 품사

① **명사** ⋯ 사람·사물의 이름을 나타내는 품사이다.
  ㉠ **보통 명사** : 사물의 일반적인 이름
    예 山, 水, 天, 地
  ㉡ **고유 명사** : 사람이나 사물의 고유한 이름
    예 孔子, 韓國
  ㉢ **추상 명사** : 추상적인 관념을 나타낸다.
    예 仁, 義, 禮, 智, 信, 吉
  ㉣ **수량 명사** : 숫자
    예 一, 二, 五, 十, 百, 千, 萬, 億
  ㉤ **의존 명사** : 반드시 수식어를 가진다.
    예 者, 然, 所, 以

② 대명사 … 사람이나 사물의 이름을 대신 나타내는 품사이다.

   ㉠ 인칭 대명사

      • 1인칭 : 我, 吾, 子, 余, 己, 小人

      • 2인칭 : 汝, 女, 子, 君

      • 3인칭 : 他, 彼, 此

   ㉡ 지시 대명사 : 此, 是, 斯, 彼, 其

   ㉢ 의문 대명사 : 誰, 孰, 何, 安

③ 동사 … 사람이나 사물의 동작이나 행위를 나타내는 품사이다.

   ㉠ 자동사 : 목적어가 불필요하며 有, 無, 存, 在 등도 포함한다.

   ㉡ 타동사 : 목적어가 필요하다.

   ㉢ 조동사 : 동사 앞에서 동사의 행위를 돕는다.

      • 부정 : 不, 弗, 末

      • 가능 : 可, 能, 得, 足

      • 사역 : 使, 令, 敎, 遣

      • 욕망 : 欲, 願

④ 형용사 … 사람이나 사물의 상태나 성질을 나타내는 품사이다.

   ㉠ 서술 형용사 : 서술어 역할

   ㉡ 수식 형용사 : 명사 수식

⑤ 부사 … 동사나 형용사 및 다른 부사를 한정하는 품사이다.

   ㉠ 정도 부사 : 最, 甚, 宜, 太, 至, 極, 必, 尙, 益

   ㉡ 시간 부사 : 方, 始, 且, 旣, 已, 嘗, 會, 將, 遂

   ㉢ 의문 부사 : 何, 豈, 安, 焉, 寧, 惡, 奚, 胡

   ㉣ 가정 부사 : 若, 雖, 如, 苟, 良

   ㉤ 강조 부사 : 且, 尙, 亦

   ㉥ 발어 부사 : 夫, 槪, 凡, 蓋

⑥ 보조사 … 불완전한 동사 · 형용사의 뜻을 보충하여 주는 품사이다.

   ㉠ 가능 : 可, 能, 足, 得, 可以, 足以, 得以

   ㉡ 부정 : 不, 弗, 未, 非, 微, 無, 末, 莫

   ㉢ 금지 : 勿, 無, 母, 莫, 不

   ㉣ 당위 : 可, 當, 宜, 應, 須

   ㉤ 피동 : 被, 見, 爲, 所

   ㉥ 사동 : 使, 令, 敎, 俾, 遣

   ㉦ 원망 : 欲, 幸, 願, 請

⑦ 접속사 … 단어와 단어, 문장과 문장을 연결하는 품사이며, 與, 且, 而, 則 등이 있다.

⑧ 감탄사 … 於, 惡, 嗚呼, 於乎, 噫 등이 있다.

⑨ 전치사 … 체언의 앞에 쓰여 문법적 관계를 구체적으로 표시하는 품사이다. 목적어, 보어 앞에 놓여 술어와의 관계를 정확히 하며(於, 干, 乎), 체언 앞에 놓여 부사어(以, 與, 自, 從, 由, 爲)가 되게 한다.

⑩ 후치사 … 체언의 뒤에 쓰여 문법적 관계를 나타내는 품사이며 之, 者, 也, 也者, 乎 등이 있다.

⑪ 종결사 … 문장의 끝에 붙어 그 문장의 여러 형태를 나타내는 품사이다.

　ⓐ 단정 · 서술 종결사 : 也, 矣, 焉

　ⓑ 의문 종결사 : 乎, 與, 耶, 諸

　ⓒ 한정 종결사 : 耳, 爾, 已, 而已, 而已矣

　ⓓ 감탄 종결사 : 乎, 哉, 夫, 矣乎, 也哉

(2) 문장

① 문장의 구조

　ⓐ 기본 구조

　　• 주술 구조 : 주어 + 서술어(형용사, 동사, 명사)

　　　예 天高(하늘이 높다.), 花落(꽃이 진다.), 李舜臣名將也(이순신은 명장이다.)

　　• 주술보 구조 : 주어 + 서술어 + 보어

　　　예 吾登於南山(내가 남산에 오르다.), 君子安仁(군자는 인에 편안하다.)

　　• 주술목 구조 : 주어 + 서술어 + 목적어

　　　예 農夫耕田(농부가 밭을 간다.), 余愛蘭(나는 난초를 사랑한다.)

　　• 주술목보 구조 : 주어 + 서술어 + 목적어 + 보어

　　　예 孔子門禮於老子(공자가 노자에게 예를 물었다.), 王敎民樂(왕이 백성에게 음악을 가르치다.)

　ⓑ 확장 구조 : 기본 구조에 관형어와 부사어가 결합되어 수식하거나 한정하는 구조를 말한다.

　　• 주술 구조의 확장

　　　예 淸天至高(맑은 하늘이 지극히 높다.), 挑花方落(복숭아꽃이 바야흐로 진다.)

　　• 주술보 구조의 확장

　　　예 吾登與汝於南山(내가 너와 함께 남산에 오른다.)

　　• 주술목 구조의 확장

　　　예 男兒須讀五車書(사내아이는 모름지기 다섯 수레의 책을 읽어야 한다.)

　　• 주술목보 구조의 확장

　　　예 先王親敎農事於庶民(선대의 왕이 농사일을 여러 백성들에게 직접 가르쳤다.)

② **문장의 형식**

㉠ **평서형** : 문장의 각 성분이 어순에 따라 평범하게 진술되고 종결되는 형식으로 긍정의 뜻을 나타낸다.

　　예 聖人百世之師也(성인은 백세의 스승이다.)

㉡ **부정형** : 동작, 상태 등을 부정하는 뜻을 갖는 형식이다.

　　예 不, 未, 非, 無, 莫

　• 단순 부정

　　예 吾盾之堅莫能陷也(내 방패의 견고함은 뚫을 수 없다.)

　• 부분 부정

　　예 家貧不常得油(집이 가난하여 기름을 항상 얻지는 못했다.)

　• 이중 부정(강한 긍정)

　　예 無不陷也(뚫지 못함이 없다.)

㉢ **의문형**

　• 의문 대명사가 쓰인 경우 : 誰, 孰, 何, 安, 惡

　　예 孰爲汝知多乎(누가 너더러 많이 안다고 하더냐?)

　• 의문 부사가 쓰인 경우 : 何, 何以, 如何

　　예 何以附耳相語(왜 귀에 대고 말하는가?)

　• 의문 종결사가 쓰인 경우 : 乎, 耶, 諸, 與, 哉

　　예 若寡人者可以保民乎(과인 같은 사람도 가히 백성을 보호할 수 있습니까?)

㉣ **반어형** : 어떤 문장을 강조하기 위해 반문의 뜻으로 나타내는 형식이다.

　• 반어 부사가 쓰인 경우 : 何, 安, 豈, 胡, 焉

　• 의문 종결사가 쓰인 경우 : 乎, 哉, 與

㉤ **비교형** : 비교의 뜻을 나타내는 형식이다.

　• 동등 비교 : 如, 若, 於, 似, 猶

　　예 君子之交淡若水(군자의 사귐은 물처럼 담담하다.)

　• 열등 비교 : 不若, 不如

　　예 百聞不如一見(백 번 듣는 것이 한 번 보는 것만 못하다.)

　• 우등 비교 : 於, 干, 乎

　　예 霜葉紅於二月花(서리 맞은 잎이 이월의 꽃보다 더 붉다.)

　• 최상급 비교 : 莫若, 莫如

　　예 知子莫若其父(자식을 알기로는 그 아버지만한 사람이 없다.)

㉥ **사동형** : 주체가 남에게 동작을 시키는 뜻을 나타내는 형식이다.

　• 사역 보조사가 쓰인 경우 : 使, 令, 敎, 俾

　　예 天帝使我長百獸(하느님이 나로 하여금 백수의 우두머리가 되게 하였다.)

- 사역을 나타내는 동시기 쓰인 경우 : 遣, 命, 召, 說, 勸
  - 예 遣婢買肉而來(하녀를 보내어 고기를 사오게 하였다.)
- 문맥상 사동형인 경우
  - 예 死孔明走生仲達(죽은 공명이 산 중달을 달아나게 하였다.)

ⓘ **피동형** : 어떤 동작을 당하게 되는 뜻을 표현하는 형식이다.
- 피동 보조사가 쓰인 경우 : 被, 見, 爲
  - 예 匹夫見辱 拔劍而起(필부는 욕을 당하면 칼을 뽑고 일어선다.)
- 피동을 나타내는 전치사가 쓰인 경우 : 於, 乎, 干
  - 예 君子役物 小人役於物(군자는 사물을 부리고 소인은 사물에 부림을 당한다.)
- 관용구 : 爲 ~ 所, 見 ~ 於(~ 에게 ~ 을 당하다.)
  - 예 吾嘗三仕三見逐於君(내가 일찍이 세 번 벼슬했으나 세 번 임금에게 내쫓겼다.)
- 문맥상 피동형인 경우
  - 예 仁則榮不仁則辱(어질면 영화롭고 어질지 못하면 욕을 당한다.)

ⓞ **가정형** : 어떤 조건을 설정하고 그 결과를 예상하거나 자신의 의지를 밝히는 문장 형식이다.
- 가정 부사가 쓰인 경우 : 若, 如, 苟, 雖, 使, 設使, 假令
  - 예 春若不耕 秋無所望(봄에 농사짓지 않으면 가을에 바랄 것이 없다.)
- 접속사가 쓰인 경우 : 則
  - 예 欲速則不達(빨리 하려고 하면 이루지 못한다.)
- 문맥상 가정형인 경우
  - 예 朝聞道 夕死可矣(아침에 도를 들으면 저녁에 죽어도 좋다.)

ⓩ **명령형** : 남에게 금지나 권유의 뜻을 나타내는 문장 형식이다.
- 금지형 : 勿, 毋, 莫, 無, 不
  - 예 疑人莫用 用人勿疑(의심스러운 사람은 쓰지 말고, 쓴 사람은 의심하지 말라.)
- 권유형 : 當, 宜, 須, 請, 願
  - 예 入云則入 坐云則坐(들어가라면 들어가고 앉으라면 앉아라.)

ⓩ **한정형** : 사물의 정도나 범위를 한정하는 뜻을 나타내는 문장 형식이다.
- 한정 부사가 쓰인 경우 : 惟, 唯, 只, 但
  - 예 學者所患惟有立志不誠(학자가 근심할 바는 오직 뜻을 세움이 성실치 못한가에 있을 따름이다.)
- 한정 종결사가 쓰인 경우 : 耳, 已, 爾, 而已, 而已矣
  - 예 夫子之道忠恕而已矣(부자의 도는 충과 서일 뿐이다.)

ⓣ **감탄형** : 감동이나 영탄을 표시하는 문장 형식이다.
- 감탄사가 쓰인 경우 : 嗚呼, 於乎, 噫, 干, 惡
  - 예 噫天喪子!(아! 하늘이 나를 버리셨도다.) 惡是何言也(아! 이게 무슨 말인가!)
- 감탄 종결사가 쓰인 경우 : 哉, 夫, 乎, 與
  - 예 甚矣吾衰也(심하도다! 나의 노쇠함이) 賢哉回也(어질도다! 안회여)

## 2. 한시의 종류

### (1) 고체시(古體詩)

당나라 이전에 널리 쓰여졌던 시의 형태로 작법(作法)의 제약이 없이 자유로운 한시의 형태이다.

① 시경(詩經) : 공자가 중국 고대의 민요나 궁중에서 사용하던 노랫말들을 모아 정리해 놓은 책이다. 한 문장(一句)이 네 자로 구성됨이 기본이나 그 이상으로 된 것도 있었다.

② 초사(楚辭) : 중국 고대 남방 지방에서 널리 쓰여졌던 시의 형태로 기본 형태는 한 문장(一句)이 여섯 자이나 그 이상이나 이하로도 지어졌다.

③ 고시(古詩) : 근체시(近體詩)가 형성되기 이전까지의 시의 형태로 5언 고시(五言古詩)와 7언 고시(七言古詩)가 있다. 한 문장(一句)이 다섯 또는 일곱 자로 구성됨이 기본이나 길거나 짧게, 자유롭게 구성할 수 있다. 동일한 글자를 쓰는 것이 허용되었으며 율시와 같은 엄격한 법칙이 없었다.

### (2) 근체시(近體詩)

당나라 이후에 널리 쓰여졌던 시의 형태로 작법(作法)이 엄격했던 한시의 형태이다.

① 5언 절구(五言絶句) … 한 문장(一句)이 다섯 자로 구성된 4행으로 지어진 시

② 5언 율시(五言律詩) … 한 문장(一句)이 다섯 자로 구성된 8행으로 지어진 시

③ 5언 배율(五言排律) … 한 문장(一句)이 다섯 자로 구성된 12행으로 지어진 시

④ 7언 절구(七言絶句) … 한 문장(一句)이 일곱 자로 구성된 4행으로 지어진 시

⑤ 7언 율시(七言律詩) … 한 문장(一句)이 일곱 자로 구성된 8행으로 지어진 시

⑥ 7언 배율(七言排律) … 한 문장(一句)이 일곱 자로 구성된 12행으로 지어진 시

## Chapter **03** 한자 · 한문

# 출제예상문제

**1** 다음 글의 괄호 안에 들어갈 말로 가장 옳은 것은?

> 베이징이나 시안 등지에서 볼 수 있는 중국의 유적들은 왜 그리도 클까? 이들 유적들은 크기만 한 것이 아니라 비인간적이라 할 만큼 권위적이다. 왜 그런가? 중국은 광대한 나라였다. 그러므로 그 넓은 나라를 효과적으로 통치하기 위해서는 천자로 대표되는 정치적 권위가 절실하게 요구되었다.
>
> 이 넓은 나라의 통일성을 유지하기 위해서는 예상되는 지방의 반란에 대비하고 중앙의 권위에 복종하지 않는 지방 세력가들을 다스릴 수 있는 무자비한 권력이 절대로 필요하였다. 그래서 중국의 황제는 천자로 불리었으며, 그 권위에는 누구든지 절대 복종할 것을 요구하였다. 그러므로 중국의 황제는 단순한 세속인이 아니라 일종의 신적인 존재이기도 하였다.
>
> 중국 황제의 절대 권위, 이것을 온 천하에 확실하게 보여 주지 않는다면 중국의 중심이 어디에 있는지 모를 것이며, 그러면 그 나라는 다시 분열된 여러 왕국으로 나뉘게 될 것이었다. 이런 이념으로 만들어진 중국의 정치적 유물들은 그 규모가 장대할 뿐 아니라 고도로 권위적인 것이 될 수밖에 없었다. 반면에 우리나라는 그렇게 광대한 나라는 아니었다. 그렇다고 해서 우리나라가 권위를 강조하지 않은 것은 아니었다. 그러한 사실은 조선 시대를 통해서도 잘 드러난다. 그러나 조선 시대의 왕들은 중국의 황제와 같은 권위를 ( ㉠ )할 수는 없었다.
>
> 두 나라의 사회 구조, 정치 이념, 자연 환경 등 모든 것이 다르기 때문이었다. 그로 인해 조선의 왕들은 주변의 정치 세력에 대하여 훨씬 더 ( ㉡ )이어야만 하였다. 더욱이 중국은 황토로 이루어진 광대한 평원 위에 도시를 만들 수밖에 없었지만, 우리는 높고 낮은 수많은 산으로 이루어진 지형을 이용하여 왕성을 건설할 수밖에 없었다.
>
> 이러한 차이점들이 복합적으로 어울려 양국의 역사와 문화의 성격을 서로 다르게 만들었다. 큰 것이 선천적으로 잘나서도 아니며, 그렇다고 작은 것이 못나서도 아닌 것이다. 한중 양국은 각자의 ( ㉢ )에 따라 오랜 세월에 걸쳐 이처럼 서로 다른 문화를 발전시켜 온 것이다.

|  | ㉠ | ㉡ | ㉢ |
|---|---|---|---|
| ① | 강조(强調) | 위압적(威壓的) | 전망(展望) |
| ② | 향유(享有) | 정략적(政略的) | 능력(能力) |
| ③ | 구축(構築) | 타협적(妥協的) | 필요(必要) |
| ④ | 행사(行使) | 당파적(黨派的) | 권고(勸告) |

> **NOTE** 구축(構築) … 어떤 시설물을 쌓아 올려 만듦, 또는 체제, 체계 따위의 기초를 닦아 세움
>
> 타협적(妥協的) … 어떤 일을 서로 양보하는 마음으로 협의해서 하거나 협의하려는 태도를 보이는, 또는 그런 것
> 필요(必要) … 반드시 요구되는 바가 있음
> ① 강조(强調) : 어떤 부분을 특별히 강하게 주장하거나 두드러지게 함
>   위압적(威壓的) : 위엄이나 위력 따위로 압박하거나 정신적으로 억누르는, 또는 그런 것
>   전망(展望) : 앞날을 헤아려 내다봄, 또는 내다보이는 장래의 상황
> ② 향유(享有) : 누리어 가짐
>   정략적(政略的) : 정치상의 책략을 목적으로 하는, 또는 그런 것
>   능력(能力) : 일을 감당해 낼 수 있는 힘
> ④ 행사(行使) : 어떤 일을 시행함. 또는 그 일
>   당파적(黨派的) : 한 덩어리가 되지 않고 파(派)로 갈리는, 또는 그런 것
>   권고(勸告) : 어떤 일을 하도록 권함. 또는 그런 말

**2** 밑줄 친 한자 성어의 쓰임이 옳지 않은 것은?

① 황제는 <u>논공행상(論功行賞)</u>을 통해 그의 신하를 벌하였다.
② 그들은 산야를 떠돌며 <u>초근목피(草根木皮)</u>로 목숨을 이어 나갔다.
③ 부모를 <u>반포지효(反哺之孝)</u>로 모시는 것은 자식의 마땅한 도리이다.
④ 오늘의 영광은 <u>각고면려(刻苦勉勵)</u>의 결과이다.

> **NOTE** 논공행상(論功行賞) … 공로를 논하여 그에 맞는 상을 준다는 의미로 보기의 문장과는 어울리지 않는다.
> ② 초근목피(草根木皮) : 풀뿌리와 나무껍질이라는 뜻으로 곡식이 없어 산나물 따위로 만든 험한 음식을 이르거나
>   영양가가 적은 음식을 이르는 말로 쓰인다.
> ③ 반포지효(反哺之孝) : 까마귀가 다 자란 뒤에 자신의 늙은 부모에게 먹이를 물어다 주는 효성을 나타낸 말로 자식
>   이 자라 부모를 봉양함을 의미한다.
> ④ 각고면려(刻苦勉勵) : 몸과 마음을 괴롭히고 노력함, 매우 고생하여 힘써 정성을 들임을 의미한다.

**3** ㉠ ~ ㉣에 들어갈 한자숙어나 고사성어가 바르게 연결된 것은?

> • ( ㉠ )이라고, 내가 가지지 못한 것을 보니 욕심이 생긴다.
> • 그 교수님의 강의 내용은 작년 것과 ( ㉡ )하다.
> • 부정부패를 ( ㉢ )하고서야 나라의 기강이 바로 서는 법이다.
> • 공무원은 ( ㉣ )의 자세로 업무를 처리해야 한다.

| | ㉠ | ㉡ | ㉢ | ㉣ |
|---|---|---|---|---|
| ① | 見勿生心 | 大同少異 | 發本塞源 | 不偏不黨 |
| ② | 見勿生心 | 大同小異 | 拔本塞源 | 不便不黨 |
| ③ | 見物生心 | 大同小異 | 拔本塞源 | 不偏不黨 |
| ④ | 見物生心 | 大同少異 | 發本塞源 | 不便不黨 |

**NOTE** ㉠ 見物生心(견물생심) : 어떠한 실물을 보게 되면 그것을 가지고 싶은 마음이 생김
㉡ 大同小異(대동소이) : 큰 차이가 없이 거의 같음
㉢ 拔本塞源(발본색원) : 좋지 않은 일의 근본 원인이 되는 요소를 완전히 없애 버려서 다시는 그러한 일이 생길 수 없도록 함
㉣ 不偏不黨(불편부당) : 아주 공평하여 어느 쪽으로도 치우침이 없음

**4** 다음의 글에서 ( ) 안에 들어갈 말로 옳은 것은?

> 춘추시대 정나라가 초나라의 속국 채나라를 친 것이 빌미가 되어 초나라의 보복 공격을 받게 되었다. 정나라 대부들은 강대국인 초나라와 맞설 수 없으니 화친을 맺자는 주장과 화친을 맺는다는 것은 초나라의 속국이 된다는 것이니 끝까지 싸워야 한다고 서로 다른 주장을 펼쳤다. 타협점을 찾지 못하고 의견 대립만 팽팽한 가운데, 대부 자사가 나섰다. 그는 '황하(黃河)의 물이 맑아지기를 기다린다면 인간의 수명으로는 부족하다. 점을 쳐 일 하는 사람이 많으면 어수선해지고 그물에 걸려 움직이지 못 한다'는 주나라 시를 인용하며, "지금 진나라의 구원을 기다리는 건 ( )일 뿐이다. 진이 우리를 도우려 초나라와 전쟁을 일으킬 이유도 없다. 초나라와 화친을 맺어 백성을 지켜야 한다."고 말했다. 결국 정나라는 화친으로 큰 고비를 넘겼다.
>
> － 「춘추좌씨전」 －

① 百年河淸  ② 壎篪相和
③ 面從腹背  ④ 錦上添花

**NOTE** 百年河淸(백년하청) … 백 년을 기다려도 황하의 흐린 물은 맑아지지 않는다는 뜻으로 오랫동안 기다려도 바라는 것이 이루어질 수 없음을 이르는 말이다.
② 壎篪相和(훈지상화) : 형제 간 사이가 화목한 것을 이르는 말이다.
③ 面從腹背(면종복배) : 겉으로는 복종하는 체하면서 속으로는 배반함을 이르는 말이다.
④ 錦上添花(금상첨화) : 좋은 일에 또 좋은 일이 더하여짐을 이르는 말이다.

**5** 밑줄 친 부분과 맥락이 닿는 한자 성어로 옳은 것은?

> 석벽에 매달려 백록담을 따라 남쪽으로 내려가다가, 털썩 주저앉아 잠시 동안 휴식을 취하였다. 모두 지쳐서 피곤했지만, 서쪽을 향해 있는 봉우리가 이 산의 정상이었으므로 조심스럽게 조금씩 올라갔다. 그러나 나를 따라오는 사람은 겨우 셋뿐이었다. … (중략) … 멀리 보이는 섬들이 옹기종기, 큰 것은 구름장만 하게 작은 것은 달걀만 하게 보이는 등 풍경이 천태만상이었다. 「맹자」에 "바다를 본 자에게는 바다 이외의 물은 물로 보이지 않으며, 태산에 오르면 천하가 작게 보인다."라고 했는데, 성현의 역량(力量)을 어찌 우리가 상상이나 할 수 있겠는가?

① 浩然之氣          ② 勞心焦思

③ 乾坤一擲          ④ 焦眉之急

**NOTE** ② 勞心焦思(노심초사) : 마음을 수고롭게 하고 생각을 너무 깊게 함 또는 애쓰면서 속을 태움
③ 乾坤一擲(건곤일척) : 운명과 흥망을 걸고 단판으로 승부나 성패를 겨룸
④ 焦眉之急(초미지급) : 그대로 방치할 수 없는 매우 다급한 일이나 경우를 비유함

**6** 성격이 다른 '기'는?

① 시기상조          ② 위기일발

③ 임기응변          ④ 심평기화

⑤ 천기누설

**NOTE** 心平氣和의 '기'는 '氣'로 다른 사자성어의 '機'와는 다른 성격을 갖는다.
① 時機尙早
② 危機一髮
③ 臨機應變
⑤ 天機漏洩

**7** 다음 밑줄 친 한자어의 독음이 모두 옳게 짝지어진 것은?

> 過去(과거) 全世紀(전세기)에 錬磨長養(연마장양)된 人道的(인도적) 精神(정신)이 바야흐로
> 新文明(신문명)의 曙光(서광)을 人類(인류)의 歷史(역사)에 投射(투사)하기 始(시)하도다. 新
> 春(신춘)이 世界(세계)에 來(내)하야 萬物(만물)의 回蘇(회소)를 催促(최촉)하는도다. 凍氷寒
> 雪(동빙한설)에 呼吸(호흡)을 ㉠閉蟄 한 것이 彼一時(피일시)의 勢(세)라 하면 和風暖陽(화
> 풍난양)에 氣脈(기맥)을 ㉡振舒 함은 此一時(차일시)의 勢(세)니, 天地(천지)의 ㉢復運 에
> 際(제)하고 世界(세계)의 變潮(변조)를 乘(승)한 吾人(오인)은 아모 ㉣躊躇 할 것 업스며,
> 아모 ㉤忌憚 할 것 업도다. 我(아)의 固有(고유)한 自由權(자유권)을 護全(호전)하야 生旺
> (생왕)의 樂(낙)을 飽享(포향)할 것이며, 我(아)의 自足(자족)한 獨創力(독창력)을 發揮(발휘)
> 하야 春滿(춘만)한 大界(대계)에 民族的(민족적) 精華(정화)를 結紐(결뉴)할지로다.

|   | ㉠ | ㉡ | ㉢ | ㉣ | ㉤ |
|---|---|---|---|---|---|
| ① | 폐쇄 | 진서 | 부운 | 주저 | 개탄 |
| ② | 폐칩 | 진서 | 복운 | 주저 | 기탄 |
| ③ | 폐쇄 | 진사 | 복운 | 주착 | 기탄 |
| ④ | 폐칩 | 진사 | 부운 | 주저 | 개탄 |

**NOTE** • 閉蟄(폐칩) : 갇혀서 꼼짝 못하고 움츠려 있음
  • 振舒(진서) : 위세나 명예를 떨쳐서 폄
  • 復運(복운) : 회복되는 운세
  • 躊躇(주저) : 머뭇거리며 망설임
  • 忌憚(기탄) : 어렵게 여기어 꺼림

**8** 한자 성어의 풀이로 옳지 않은 것은?

① 塞翁之馬 : 인생의 길흉화복은 변화가 많아서 예측하기가 어려움
② 狐假虎威 : 남의 권세에 의지하여 위세를 부림
③ 亡羊補牢 : 이미 어떤 일을 실패한 뒤에 뉘우쳐도 아무 소용이 없음
④ 亡羊之歎 : 자식이 객지에서 고향에 계신 어버이를 생각하는 마음
⑤ 走馬看山 : 자세히 살피지 아니하고 대충대충 보고 지나감

**NOTE** 亡羊之歎(망양지탄) … 방침이 많아서 어찌할 바를 모름을 뜻함[ = 다기망양(多岐亡羊)]
  ① 塞翁之馬(새옹지마)
  ② 狐假虎威(호가호위)
  ③ 亡羊補牢(망양보뢰)
  ⑤ 走馬看山(주마간산)

**9** 한자 숙어의 뜻으로 옳지 않은 것은?

① 鼎足之勢 : 두 세력이 맞서 대립한 형세
② 繁文縟禮 : 규칙이나 예절이 지나치게 형식적이어서 번거롭고 까다로움
③ 斯文亂賊 : 교리에 어긋나는 언동으로 유교를 어지럽히는 사람
④ 膠柱鼓瑟 : 고지식하여 융통성이 없음
⑤ 慾巧反拙 : 너무 잘 하려고 하면 되레 더 잘 안됨

> **NOTE** 鼎足之勢(정족지세) … 솥발처럼 셋이 맞서 대립한 형세를 일컬음
> ② 繁文縟禮(번문욕례)
> ③ 斯文亂賊(사문난적)
> ④ 膠柱鼓瑟(교주고슬)
> ⑤ 慾巧反拙(욕교반졸)

**10** 한자의 독음(讀音)으로 옳은 것은?

① 先親(선신)　　　　　② 角逐(각수)
③ 可憐(가린)　　　　　④ 廣野(황야)
⑤ 羞恥(수치)

> **NOTE** ① 先親(선친)
> ② 角逐(각축)
> ③ 可憐(가련)
> ④ 廣野(광야)

**11** 다음 한자의 독음(讀音)으로 옳지 않은 것은?

① 示唆(시사)　　　　　② 莫逆(막역)
③ 誇張(과장)　　　　　④ 標識(표식)

> **NOTE** 標識(표지)

**12** 다음 글의 한시의 내용이 의미하는 것과 같은 한자 성어로 옳은 것은?

> 운봉이 반겨 듣고 필연(筆硯)을 내어 주니 좌중(座中)이 다 못하여 글 두 귀(句)를 지었으되, 민정(民情)을 생각하고 본관의 정체(政體)를 생각하여 지었겠다.
> "금준미주(金樽美酒) 천인혈(千人血)이요,
> 　옥반가효(玉盤佳肴)는 만성고(萬成膏)라.
> 　촉루낙시(燭淚落時) 민루락(民淚落)이요,
> 　가성고처(歌聲高處) 원성고(怨聲高)"

① 가렴주구(苛斂誅求)　　　　　② 혹세무민(惑世誣民)
③ 선우후락(先憂後樂)　　　　　④ 곡학아세(曲學阿世)
⑤ 조삼모사(朝三暮四)

> **NOTE** 제시된 한시는 변사또의 화려한 생일산치와 ㅗ로 인한 민생의 피폐를 대조해서 변사또의 가렴수구(苛斂誅求 : 조세 따위를 가혹하게 거두어들여, 백성을 못살게 들볶음)를 풍자하고 있다.
> ② 혹세무민(惑世誣民) : 세상 사람을 속여 미혹하게 하고 세상을 어지럽힘
> ③ 선우후락(先憂後樂) : 자신보다 세상을 먼저 생각하는 지사(志士)의 마음씨
> ④ 곡학아세(曲學阿世) : 바른 길에서 벗어난 학문으로 시세(時勢)나 권력자에게 아첨하여 인기를 얻으려는 언행을 함
> ⑤ 조삼모사(朝三暮四) : 눈앞에 보이는 차이만 알고 결과가 같은 것을 모름. 간사한 꾀로 남을 속이고 농락함

**13** '서당 개 3년이면 풍월을 한다'와 유사한 의미가 담긴 속담으로 옳은 것은?

① 토막 보고 목수 안다.
② 서투른 무당이 장구만 나무랜다.
③ 산 까마귀 염불한다.
④ 군불에 밥 짓기

> **NOTE** 산 까마귀 염불한다 … 산에 있는 까마귀가 절에서 염불하는 것을 하도 많이 보고 들어서 흉내낸다는 뜻으로, 무엇을 전혀 모르던 사람도 오랫동안 보고 들으면 제법 할 수 있게 됨을 일컬음
> ① 토막 보고 목수 안다 : 일하는 것으로 그 사람의 실력을 앎
> ② 서투른 무당이 장구만 나무랜다 : 제 실력의 부족함을 다른 것으로 핑계댈 때를 일컬음
> ④ 군불에 밥 짓기 : 어떤 일에 부가하여 다른 일이 쉽게 이루어짐

**14** 부수가 다른 한자는?

① 序(차례 서)
② 庪(산신제 기)
③ 康(편안 강)
④ 鄺(성씨 광)

> **NOTE** '鄺(성씨 광)'의 부수는 'ß(언덕 부)'로 다른 한자의 부수 '广(집 엄)'과 다르다.
> ①②③ 广(집 엄)

**15** 속담 '빈대 잡으려다 초가삼간 다 태운다'와 관련된 한자성어로 옳은 것은?

① 교각살우(矯角殺牛)
② 오비이락(烏飛梨落)
③ 금상첨화(錦上添花)
④ 일석이조(一石二鳥)

> **NOTE** 교각살우(矯角殺牛) … 바로잡으려다가 소를 죽인다는 뜻으로, 작은 일을 고치려다 큰일을 그르치는 것을 의미한다.
> ② 오비이락(烏飛梨落) : 까마귀 날자 배 떨어진다는 뜻으로, 아무 관계도 없이 한 일이 공교롭게도 때가 같아 억울하게 의심을 받는 상황을 의미한다.
> ③ 금상첨화(錦上添花) : 비단 위에 꽃을 더한다는 뜻으로, 좋은 일 위에 또 좋은 일이 더하여짐을 비유적으로 이르는 말이다.
> ④ 일석이조(一石二鳥) : 돌 한 개를 던져 두 마리의 새를 잡는다는 뜻으로, 동시에 두 가지 이득을 보는 경우를 이르는 말이다.

**16** 한자성어의 뜻을 바르게 연결한 것은?

① 심모원려(深謀遠慮) : 깊은 사고와 먼 장래(將來)를 내다보는 생각
② 결자해지(結者解之) : 한 때에 헛된 부귀영화
③ 유비무환(有備無患) : 다른 사람의 하찮은 언행도 나의 지식과 인격을 닦는데 보탬이 됨
④ 흥진비래(興盡悲來) : 생명(生命)이 있는 것은 반드시 죽기 마련임

> **NOTE** 심모원려(深謀遠慮) … 어떠한 문제에 대해 깊이 생각하고 높은 안목으로 계획을 세우는 것을 말한다. 비슷한 뜻으로는 심모원계(深謀遠計), 심모원략(深謀遠略), 심사숙고(深思熟考) 등이 있다.
> ② 결자해지(結者解之) : 일을 저지른 사람이 일을 해결해야 함
> ③ 유비무환(有備無患) : 미리 준비가 되어 있으면 근심이 없음
> ④ 흥진비래(興盡悲來) : 즐거운 일이 지나가면 슬픔이 찾아옴

PART

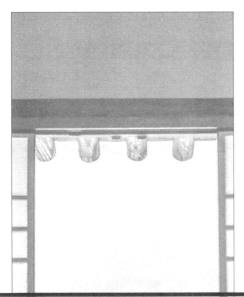

# 한국사

## Chapter 01

# 선사 시대의 문화와 국가의 형성

**01** 선사 시대의 전개

## 1. 선사 시대의 세계

### (1) 신석기 문화

농경과 목축의 시작으로 식량 생산 등의 경제활동을 전개하여 인류의 생활모습 · 양식이 크게 변화하였다.

### (2) 청동기 문명의 발생

기원전 3,000년경을 전후로 4대 문명이 형성되었는데 청동기 시대에는 관개농업이 발달하였다. 청동기가 사용되었으며, 도시가 출현하고, 문자를 사용하고, 국가가 형성되었다.

## 2. 우리나라의 선사 시대

### (1) 우리 민족의 기원

우리 조상들은 만주와 한반도를 중심으로 동북아시아에 넓게 분포하였으며, 신석기 시대부터 청동기 시대를 거쳐 민족의 기틀이 형성되었다.

### (2) 구석기 시대

① **생활** … 주먹도끼 · 찍개 · 팔매돌 등은 사냥도구이고, 긁개 · 밀개 등은 대표적인 조리도구이며, 뗀석기와 동물의 뼈나 뿔로 만든 뼈도구를 사용하여 채집과 사냥을 하면서 생활하였다.

② **주거** … 동굴이나 바위 그늘에서 살거나 강가에 막집을 짓고 살았는데 후기의 막집에는 기둥자리, 담자리, 불땐 자리가 남아 있고 집터의 규모는 작은 것은 3 ~ 4명, 큰 것은 10명이 살 수 있을 정도의 크기였다.

③ **사회** … 무리생활을 했으며 평등한 공동체적 생활을 하였다.

④ **종교, 예술** … 풍성한 사냥감을 얻기 위한 주술적 의미로서 석회암이나 동물의 뼈 또는 뿔 등에 고래와 물고기를 새긴 조각품을 만들었다.

(3) 신석기 시대

① **경제** … 활이나 창을 이용한 사냥과 작살, 돌이나 뼈로 만든 낚시 등을 이용한 고기잡이를 하였으며, 또한 가락바퀴나 뼈바늘이 출토되는 것으로 의복이나 그물을 제작하였다.

② **토기** … 이른 민무늬토기, 덧무늬토기, 눌러찍기토기 등이 발견되며 빗살무늬토기는 밑모양이 뾰족하며 크기가 다양하고, 전국 각지에 널리 분포되어 있다.

③ **주거** … 바닥이 원형 또는 둥근 네모꼴인 움집에서 4 ~ 5명 정도의 가족이 거주하였다. 남쪽으로 출입문을 내었으며, 화덕이나 출입문 옆에는 저장구덩을 만들어 식량이나 도구를 저장하였다.

④ **사회** … 혈연을 바탕으로 한 씨족이 족외혼을 통해 부족을 형성하였고, 평등한 사회였다.

⑤ **원시신앙의 출현**

    ㉠ 애니미즘 : 자연현상, 자연물에 영혼이 있다고 믿어 재난을 피하거나 풍요를 기원하는 것으로 태양과 물에 대한 숭배가 대표적이다.

    ㉡ 영혼, 조상숭배 : 사람이 죽어도 영혼은 없어지지 않는다는 믿음을 말한다.

    ㉢ 샤머니즘 : 인간과 영혼 또는 하늘을 연결시켜 주는 존재인 무당과 그 주술을 믿는 것이다.

    ㉣ 토테미즘 : 자기 부족의 기원을 특정 동물과 연결시켜 그것을 숭배하는 믿음이다.

## 02 국가의 형성

## 1. 고조선과 청동기 문화

(1) 청동기의 보급

① **사회 변화** … 생산경제의 발달, 청동기 제작과 관련된 전문 장인의 출현, 사유재산제도와 계급이 발생하게 되었다.

② **유물**

    ㉠ 석기 : 반달돌칼, 바퀴날도끼, 홈자귀

    ㉡ 청동기 : 비파형 동검과 화살촉 등의 무기류, 거친무늬거울, 팔주령

    ㉢ 토기 : 미송리식 토기, 민무늬토기, 붉은간토기

    ㉣ 무덤 : 고인돌, 돌널무덤, 돌무지무덤

(2) 철기의 사용

① **철기문화의 보급** … 철제 농기구의 사용으로 농업이 발달하여 경제 기반이 확대되었으며, 철제 무기와 철제 연모의 사용으로 청동기는 의식용 도구로 변하였다.

② **유물** … 명도전, 오수전, 반량전을 통하여 중국과의 활발한 교류를 알 수 있으며 경남 창원 다호리 유적에서 나온 붓을 통해 한자를 사용했음을 알 수 있다.

③ **청동기의 독자적 발전** … 비파형 동검은 세형 동검으로, 거친무늬거울은 잔무늬거울로 형태가 변하였으며 거푸집도 전국의 여러 유적에서 발견되고 있다.

(3) 청동기 · 철기 시대의 생활

① **경제생활의 발전** … 조, 보리, 콩, 수수 등 밭농사 중심이었지만 일부 저습지에서 벼농사가 시작되었다. 또한 사냥이나 고기잡이도 여전히 하고 있었지만 농경의 발달로 점차 그 비중이 줄어들었고 돼지, 소, 말 등의 가축의 사육이 증가되었나.

② **주거생활의 변화**

　　㉠ 집터 유적 : 대체로 앞쪽에는 시냇물이 흐르고 뒤쪽에는 북서풍을 막아 주는 나지막한 야산이 있는 곳에 우물을 중심으로 자리잡고 있다.

　　㉡ 정착생활의 규모의 확대 : 집터는 넓은 지역에 많은 수가 밀집되어 취락형태를 이루고 있으며, 이는 농경의 발달과 인구의 증가로 정착생활의 규모가 점차 확대되었음을 보여 주는 것이다.

③ **사회생활의 변화** … 여성은 가사노동, 남성은 농경 · 전쟁에 종사하였다. 생산력의 증가에 따른 잉여생산물은 빈부의 격차와 계급의 분화를 촉진하였고 이는 무덤의 크기와 껴묻거리의 내용에 반영되었다.

④ **고인돌의 출현** … 고인돌은 청동기 시대의 계급사회의 발생을 보여주는 대표적인 무덤으로 북방식 고인돌이 전형적인 형태이며 우리나라 전역에 걸쳐 분포되어 있는데 당시 지배층이 가진 정치권력과 경제력을 잘 반영해 주고 있다.

⑤ **군장의 출현** … 정치, 경제력이 우세한 부족이 선민사상을 가지고 주변의 약한 부족을 통합하거나 정복하고 공납을 요구하였으며 군장이 출현하게 되었다.

(4) 청동기 · 철기 시대의 예술

청동으로 만든 도구의 모양이나 장식에는 미의식과 생활모습이 표현되었고, 흙으로 빚은 사람이나 짐승모양의 토우는 본래의 용도 외에도 풍요를 기원하는 주술적 의미를 가지고 있다. 울주반구대 바위그림은 사냥과 고기잡이의 성공과 풍성한 수확을 기원하였음을 알 수 있고, 고령 양전동 알터 바위그림은 태양 숭배와 풍요를 기원하는 의미를 가진다.

(5) 단군과 고조선

① **고조선의 건국(B.C. 2333)** … 족장사회에서 가장 먼저 국가로 발전한 고조선은 단군왕검이 건국하였다.

② **고조선의 발전** … 초기에는 요령지방, 후기에는 대동강 유역의 왕검성 중심으로 독자적인 문화를 이룩하면서 발전하였다. 부왕, 준왕 같은 강력한 왕이 등장하여 왕위를 세습하였고 상(相), 대부(大夫), 장군 등의 관직을 두었으며 요서지방을 경계로 하여 연(燕)과 대립하였다.

(6) 위만의 집권

① **위만 조선의 성립 및 발전** … 준왕을 축출하고 중국 유이민 집단인 위만이 왕이 되었으며 지리적인 이점을 이용한 중계무역의 이득을 독점하기 위해 한과 대립하였다.

② **고조선의 멸망(B.C. 108)** … 위만 조선에 위협을 느낀 한의 무제는 대규모 침략을 강행하였으나 고조선은 한의 군대에 맞서 완강하게 대항하였고, 장기간의 전쟁으로 지배층의 내분이 일어나 결국 왕검성이 함락되어 멸망하였다. 고조선이 멸망하자 한은 고조선의 일부 지역에 군현을 설치하여 지배하고자 하였으나 고구려의 공격으로 소멸되었다.

(7) 고조선의 사회

① **8조법과 사회상** … 권력과 경제력의 차이 및 사유 재산의 발생은 형벌과 노비가 생겨나게 하였다.

② **한 군현의 엄한 율령 시행** … 한 군현의 설치 후 억압과 수탈을 당하던 토착민들은 이를 피하여 이주하거나 단결하여 한 군현에 대항하였다. 이에 한 군현은 엄한 율령을 시행하여 자신들의 생명과 재산을 보호하려 하였으며 법 조항도 60여 조로 증가시켜 풍속도 각박해져 갔다.

## 2. 여러 나라의 성장

(1) 부여

① 정치

    ㉠ 왕 아래에는 가축의 이름을 딴 마가, 우가, 저가, 구가와 대사자, 사자 등의 관리가 있었다.

    ㉡ 가(加)는 저마다 따로 행정구획인 사출도를 다스리고 있어서 왕이 직접 통치하는 중앙과 합쳐 5부를 이루었다.

    ㉢ 왕의 권력이 미약하여 제가들이 왕을 추대·교체하기도 하였고, 수해나 한해로 농사가 잘 되지 않으면 그 책임을 왕에게 묻기도 하였다. 그러나 왕이 나온 대표 부족의 세력은 매우 강해서 궁궐, 성책, 감옥, 창고 등의 시설을 갖추고 있었다.

② **법률**(부여의 4조목)

ㄱ 살인자는 사형에 처하고, 그 가족은 데려다 노비로 삼는다.

ㄴ 절도죄를 지은 자는 12배의 배상을 물린다.

ㄷ 간음한 자는 사형에 처한다.

ㄹ 부인이 투기가 심하면 사형에 처하되, 그 시체는 산 위에 버린다. 단, 그 여자의 집에서 시체를 가져가려면 소·말을 바쳐야 한다.

③ **풍습**

ㄱ 순장 : 왕이 죽으면 많은 사람들을 껴묻거리와 함께 묻는 순장의 풍습이 있었다.

ㄴ 흰 옷을 좋아했고, 형사취수와 일부다처제 풍습이 있었다.

ㄷ 은력(殷曆)을 사용하였다.

ㄹ 제천행사 : 12월에 하늘에 제사를 지내고 노래와 춤을 즐기는 영고를 열었다.

ㅁ 우제점복 : 소를 죽여 그 굽으로 길흉을 점치기도 하였다.

**(2) 고구려**

① **정치** … 왕 아래 상가, 고추가 등의 대가들이 있었으며, 대가들은 독립적인 세력을 유지하였다. 이들은 각기 사자, 조의, 선인 등의 관리를 거느리고 있었다.

② **풍속**

ㄱ 서옥제 : 혼인을 정한 뒤 신부집의 뒤꼍에 조그만 집을 짓고 거기서 자식을 낳고 장성하면 아내를 데리고 신랑집으로 돌아가는 제도이다.

ㄴ 제천행사 : 10월에는 추수감사제인 동맹을 성대하게 열었다.

ㄷ 조상신 제사 : 건국 시조인 주몽과 그 어머니 유화부인을 조상신으로 섬겨 제사를 지냈다.

**(3) 옥저와 동예**

① **옥저** … 비옥한 토지를 바탕으로 농사를 지었으며, 어물과 소금 등 해산물이 풍부하였으며 민며느리제와 골장제(가족공동무덤)가 유행하였다.

② **동예**

ㄱ 경제 … 단궁(활)과 과하마(조랑말), 반어피(바다표범의 가죽) 등이 유명하였다.

ㄴ 풍속 … 무천이라는 제천행사를 10월에 열었으며 족외혼을 엄격하게 지켰다. 또한 각 부족의 영역을 함부로 침범하지 못하게 하고 만약 침범하면 노비와 소, 말로 변상하게 하였는데 이를 책화제도라고 한다.

(4) 삼한

① **진(辰)의 성장과 발전** … 고조선 남쪽지역에는 일찍부터 진이 성장하고 있었는데 고조선 사회의 변동에 따라 대거 남하해 온 유이민에 의하여 새로운 문화가 보급되어 토착문화와 융합되면서 진이 발전하여 마한, 변한, 진한의 연맹체들이 나타나게 되었다.

② **삼한의 제정 분리** … 정치적 지배자 외에 제사장인 천군이 있었다. 그리고 신성지역으로 소도가 있었는데, 이곳에서 천군은 농경과 종교에 대한 의례를 주관하였다.

③ **삼한의 경제 · 사회상**

　　㉠ 두레조직을 통하여 여러 가지 공동작업을 하였다.

　　㉡ 제천행사 : 5월의 수릿날과 10월에 계절제를 열어 하늘에 제사를 지냈다.

　　㉢ 변한의 철 생산 : 철이 많이 생산되어 낙랑, 왜 등에 수출하였고 교역에서 화폐처럼 사용되기도 하였다. 마산의 성산동 등지에서 발견된 야철지는 제철이 성하였음을 보여주고 있다.

## Chapter 01 선사시대의 문화와 국가의 형성

# 출제예상문제

**1** 1960년대 전반 우리나라에서 조사 발굴되어 한국사에서 구석기 시대의 존재를 확인시켜 준 유적으로 옳은 것은?

① 제주 빌레못 유적

② 공주 석장리 유적

③ 단양 상시리 유적

④ 연천 전곡리 유적

> **NOTE** 공주 석장리 유적…공주시 석장리동에 있는 구석기 시대 유적으로 사적 제334호이다. 이 곳은 1964 ~ 1992년까지 13차례 발굴 조사된 곳으로 남한에서 최초로 발견된 최대 규모의 구석기 유적지이다. 이곳의 구석기 유적은 선사 시대 전기, 중기, 후기의 다양한 문화층으로 형성되어 있으며 집터, 불에 탄 곡식낟알 등 주거지와 긁개, 찌르개, 주먹도끼 등의 도구가 여러 점 출토되었다.
>
> ※ 웅기 굴포리 유적…이곳은 1963년 해방 이후 한반도에서 최초로 발견된 구석기 시대 유적지로 함경북도 웅기군 굴포리에 있다. 중기, 후기 구석기 시대 유적들로 이루어져 있으며 여기서 발견된 석기로는 찍개, 긁개, 뾰족개 등이 있다.

**2** 다음 유물이 만들어진 시대의 사회상으로 옳은 것은?

---

• 충북 청주 산성동 출토 가락바퀴      • 경남 통영 연대도 출토 치레걸이

• 인천 옹진 소야도 출토 조개껍데기 가면      • 강원 양양 오산리 출토 사람 얼굴 조각상

---

① 한자의 전래로 붓이 사용되었다.

② 무덤은 일반적으로 고인돌이 사용되었다.

③ 조, 피 등을 재배하는 농경이 시작되었다.

④ 반량전, 오수전 등의 중국 화폐가 사용되었다.

> **NOTE** 신석기 시대를 대표하는 유물들이며 신석기 시대부터 조, 피 등을 재배하는 농경이 시작되었다.

**3**  철기시대에 중국과 활발한 교류의 증거로 볼 수 있는 유물이 아닌 것은?

① 명도전                    ② 오수전
③ 다호리붓                  ④ 잔무늬 거울

> **NOTE** 잔무늬 거울은 청동기 문화의 독자적 발전을 알 수 있는 유물이다. 이밖에도 세형동검, 거푸집 등이 있다.

**4**  단군신화와 관련한 역사적 사실로 옳지 않은 것은?

① 홍익인간의 정신은 평등이념을 성립하게 되었다.
② 사유재산의 성립으로 지배층은 농사일을 하지 않았다.
③ 선민사상을 가지고 있던 부족은 우월성을 과시했다.
④ 각 부족들은 특정한 동물이나 식물을 자신의 부족과 연결하여 숭배하고 있었다.

> **NOTE** 단군신화에 나타난 사회의 모습 ··· 구릉지대에 거주하면서 농경생활을 하고 있었고 선민사상을 가지고 있었다. 사유
> 재산의 성립과 계급의 분화에 따라 사회생활을 주도하였다.

**5**  신석기 시대에 대한 설명으로 옳지 않은 것은?

① 토기를 사용하여 음식을 조리하고 저장하게 되었다.
② 움집생활을 하였으며 중앙에 화로를 두었다.
③ 주식으로 쌀을 먹었다.
④ 조, 피, 수수 등의 잡곡류의 경작과 개, 돼지 등을 목축하였다.

> **NOTE** 신석기 시대의 유적지인 황해도 봉산 지탑리와 평양 남경의 유적에서 탄화된 좁쌀이 발견된 것으로 보아 잡곡류
> 를 경작하였다는 것을 알 수 있다. 벼농사는 청동기 시대부터 시작되었다.

**6** 다음과 같은 사상이 등장한 사회의 모습은?

> • 영혼이나 하늘을 인간과 연결시켜주는 무당과 그 주술을 믿었다.
> • 사람이 죽어도 영혼은 사라지지 않는다고 믿었다.

① 무리를 이끄는 지도자는 권력을 가지고 있었다.
② 가락바퀴를 이용하여 의복을 제작하였다.
③ 주먹도끼와 찍개로 사냥하였다.
④ 벼농사가 일반적으로 행해졌다.

> **NOTE** 제시된 사상은 영혼불멸사상과 샤머니즘으로 신석기 시대의 신앙의 형태이다.
> ①④ 청동기 시대
> ③ 구석기 시대

**7** 청동기 시대에 등장한 신앙은?

① 토테미즘 　　　　　　　　② 애니미즘
③ 선민사상 　　　　　　　　④ 샤머니즘

> **NOTE** 선민사상 … 청동기 시대에 농경이 발달하고 사유재산이 형성되면서 계급이 등장하게 되었다. 이때 지배계층은 자신들이 신의 선택을 받은 특별한 존재라고 여겼다.
> ① 토테미즘 : 신석기 시대의 신앙으로 특정한 동물이나 식물을 자신의 부족과 연결하여 숭배하는 것이다.
> ② 애니미즘 : 신석기 시대의 자연물에 영혼이 존재한다는 사상으로 태양과 물에 대한 숭배가 두드러졌다.
> ④ 샤머니즘 : 인간과 영혼을 연결시켜주는 주술사와 그의 주술을 믿는 것으로 신석기 시대에 발생하였으며 여전히 숭배의 대상이다.

**8** 위만 조선이 한나라의 침입으로 왕검성이 함락되어 멸망하게 된 직접적인 원인으로 옳은 것은?

① 독자적인 문화를 발전시키지 못하였다.
② 철기 문화를 수용하지 못하여 군사력이 약하였다.
③ 상업과 무역이 발달하지 못하여 폐쇄적인 자급자족의 경제였다.
④ 예와 진의 무역을 막고 중계무역의 이득을 독점하였다.

> **NOTE** 위만 조선 … 본격적으로 철기문화를 수용하고 철기의 사용에 따른 무기생산과 농업이 발달하여 이에 따른 상업과 무역이 융성하였다. 중앙정치조직을 갖추고 우세한 무력을 기반으로 영토를 확장했으며 지리적 이점을 이용하여 예와 진이 직접 중국과 교역하는 것을 막고 중계무역의 이득을 독점하려 하였다. 이에 한나라의 무제는 대규모 공격을 감행하였는데 장기간의 전쟁으로 인한 고조선 지배층의 내분이 원인이 되어 B.C. 108년에 왕검성이 함락되면서 멸망하였다.

**9** 신석기 시대의 특징으로 옳지 않은 것은?

① 족외혼을 통해 부족을 형성하였다.
② 씨족 중심의 혈연사회이다.
③ 동물이나 식물을 숭배하는 토테미즘을 지니고 있었다.
④ 씨족장이 권위를 지니고 씨족원들은 이에 복종하였다.

> **NOTE** 신석기 시대는 평등사회로 지배와 피지배관계가 발생하지 않았으며, 주로 연장자나 경험이 많은 이가 부족을 이끌었다.

**10** 구석기 시대에 관한 설명으로 옳지 않은 것은?

① 고인돌이 출현하였다.
② 평등한 공동체적 생활을 하였다.
③ 뗀석기를 사용하여 채집과 사냥 생활을 하였다.
④ 주술의 의미가 담긴 조각품을 남겼다.

> **NOTE** 고인돌은 청동기 시대의 계급사회를 보여주는 대표적인 유물이다.

**11** 신석기 시대의 원시신앙에 대한 설명이 아닌 것은?

① 자연현상, 자연물에 영혼이 있다고 믿었다.
② 사람이 죽어도 영혼이 없어지지 않는다고 믿었다.
③ 인간과 영혼 또는 하늘을 연결시켜 주는 존재인 무당과 그 주술을 믿었다.
④ 스스로 하늘의 자손이라고 믿는 부족이 생겨났다.

> **NOTE** 선민사상을 가진 부족은 청동기 시대에 나타났다.

**12** 씨족을 통해 부족을 형성하여 살았던 사람들의 생활상을 잘 재현한 것은?

① 가락바퀴나 뼈바늘로 그물을 손질하는 모습

② 반달돌칼로 추수하는 사람들

③ 민무늬토기에 음식을 담는 모습

④ 무리를 이루어 큰 사냥감을 찾아다니며 생활하는 사람들

> **NOTE** 씨족을 통한 부족을 이뤘던 시기는 신석기 시대이다.
> ②③ 청동기 시대의 생활상이다.
> ④ 구석기 시대의 생활상이다.

**13** 철기문화의 전래에 관한 설명으로 옳지 않은 것은?

① 새로운 무덤 형태인 독무덤이 출현하였다.

② 한자가 전래되었다.

③ 청동기는 의기화되었다.

④ 사유재산제도가 생겨났다.

⑤ 독자적인 청동기 문화가 한반도에서 발전되었다.

> **NOTE** 계급이 발생하고 사유재산제도가 생긴 것은 청동기 시대이다.

**14** 다음과 같은 생활모습을 지녔던 사회에 대해 역사적 탐구를 하고자 할 때, 가장 거리가 먼 조사활동은?

> • 매년 5월 씨뿌리기가 끝날 때와 10월에 농사가 끝날 때면 제사를 올리고 음주가무를 즐겼다.
> • 철을 생산하여 낙랑 및 왜와 교역하였고, 시장에서 물건을 살 때 화폐처럼 사용하였다.

① 삼국지 동이전의 내용을 분석한다.

② 낙동강 유역의 철 산지를 알아본다.

③ 서남해안의 해류와 고대 항로를 조사한다.

④ 돌무지 덧널무덤의 분포를 조사한다.

> **NOTE** 제시된 내용은 삼한의 사회에 대한 설명이다. 돌무지 덧널무덤은 신라에서 주로 만든 무덤으로 삼한 사회에 대한 역사적 탐구에는 적절하지 않다.

**15** 유적지에서 반달돌칼, 비파형 동검, 바퀴날도끼, 토기 파편, 탄화된 볍씨 등이 발견되었다. 당시의 사회 모습으로 옳지 않은 것은?

① 촌락은 배산임수형태를 가지고 있었다.

② 일부 저습지에서 벼농사가 이루어졌다.

③ 금속제 무기를 사용한 정복활동이 활발하였다.

④ 주로 해안이나 강가에서 농경 생활을 하였다.

> **NOTE** 반달돌칼, 바퀴날도끼, 토기 파편, 탄화된 볍씨 등은 청동기 시대의 유물이다. 당시의 집자리 유적은 주로 구릉 지나 산간지방에서 발견된다.

**16** 다음은 「삼국유사」, 「제왕운기」 등에 기록된 단군 신화이다. 고조선 성립의 역사적 사실 중 제정일치 사회를 보여주는 대목으로 옳은 것은?

> 옛날 ㉠ 환인의 아들 환웅이 천부인 3개와 3천의 무리를 이끌고 태백산 신단수(神檀樹) 밑에 내려왔는데 이곳을 신시(神市)라 하였다. 그는 ㉡ 풍백(風伯), 우사(雨師), 운사(雲師)로 하여금 인간의 360여 가지 일을 주관하게 하였는데 그 중에서 곡식, 생명, 질병, 형벌, 선악 등 다섯 가지 일이 가장 중요한 것이었다. 이로써 인간 세상을 교화시키고 ㉢ 인간을 널리 이롭게 하였다. 이때 곰과 호랑이가 사람이 되기를 원하므로 환웅은 쑥과 마늘을 주고 이것을 먹으면서 100일간 햇빛을 보지 않는다면 사람이 될 것이라고 하였다. ㉣ 곰은 금기를 지켜 21일 만에 여자로 태어났고 환웅과 혼인하여 아들을 낳았다. 이가 곧 ㉤ 단군왕검 (檀君王儉)이다.

① ㉠    ② ㉡

③ ㉢    ④ ㉣

⑤ ㉤

> **NOTE** 단군은 제사장, 왕검은 정치적 지배자(군장)로 제정일치 사회를 보여준다.
> ① 하늘의 자손임을 내세워 자기 부족의 우월성을 강조하고, 지배를 정당화하는 선민사상을 보여준다.
> ② 풍백, 우사, 운사는 농경을 주관하는 날씨를 상징한다. 이는 농경 중시 사회를 반영한다.
> ③ 홍익인간의 통치 이념을 보여준다.
> ④ 곰을 숭배하는 부족과 환웅 부족의 연합(족외혼), 호랑이를 숭배하는 부족은 배제하는 토템사상을 보여준다.

## Chapter 02

# 통치구조와 정치활동

**01** 고대의 정치

## 1. 고대국가의 성립

### (1) 초기의 고구려

① **성장** : 졸본성에서 주변 소국을 통합하여 성장하였으며, 국내성으로 도읍을 옮겼다.

② **지배체제의 정비**

 ㉠ **태조왕(1세기 후반)** : 옥저와 동예를 복속하고, 독점적으로 왕위를 세습하였으며 통합된 여러 집단들은 5부 체제로 발전하였다.

 ㉡ **고국천왕(2세기 후반)** : 부족적인 전통의 5부가 행정적 성격의 5부로 개편되었고 왕위가 형제상속에서 부자상속으로 바뀌었으며, 족장들이 중앙귀족으로 편입하는 등 중앙집권화와 왕권 강화가 진전되었다.

### (2) 초기의 백제

① **건국(B.C. 18)** : 한강 유역의 토착민과 고구려 계통의 북방 유이민의 결합으로 성립되었는데, 우수한 철기문화를 보유한 유이민 집단이 지배층을 형성하였다.

② **고이왕(3세기 중엽)** : 한강 유역을 완전히 장악하고, 중국의 문물을 수용하였다. 율령을 반포하였으며 관등제를 정비하고 관복제를 도입하는 등 지배체제를 정비하였다.

### (3) 초기의 신라

① **건국(B.C. 57)** : 경주의 토착집단과 유이민집단의 결합으로 건국되었다.

② **발전** : 박·석·김의 3성이 번갈아 왕위를 차지하다가 주요 집단들이 독자적인 세력 기반을 유지하면서 유력 집단의 우두머리는 왕(이사금)으로 추대되었다.

③ **지배체제의 정비(내물왕, 4세기)** : 활발한 정복활동을 통해 낙동강 유역으로 영역을 확장하고 김씨가 왕위를 세습하였으며 마립간의 칭호를 사용하였다.

(4) 초기의 가야

① **위치** : 낙동강 하류의 변한지역에서는 철기문화를 토대로 한 정치집단들이 등장하였다.

② **전기 가야연맹(금관가야 중심)** : 김해를 주축으로 하여 경남해안지대에 소국연맹체를 형성하였는데 농경문화의 발달과 철의 생산(중계무역 발달)으로 경제적인 발전을 이루었다. 그러나 백제와 신라의 팽창으로 세력이 약화되어(4세기 초) 고구려군의 가야지방 원정으로 몰락하게 되었다. 이에 따라 중심세력이 해체되어 낙동강 서쪽 연안으로 축소되었다.

## 2. 삼국의 발전과 통치체제

(1) 삼국의 정치적 발전

① **고구려** … 4세기 미천왕 때 서안평을 점령하고 낙랑군을 축출하여 압록강 중류를 벗어나 남쪽으로 진출할 수 있는 발판을 마련하였고, 고국원왕 때는 전연과 백제의 침략으로 국가적 위기를 맞기도 하였다. 4세기 후반 소수림왕 때에는 불교의 수용, 태학의 설립, 율령의 반포로 중앙집권국가로의 체제를 강화하였다.

② **백제** … 4세기 후반 근초고왕은 마한의 대부분을 정복하였으며, 황해도 지역을 두고 고구려와 대결하기도 하였다. 또한 낙동강 유역의 가야에 지배권을 행사하였고, 중국의 요서지방과 산둥지방, 일본의 규슈지방까지 진출하였으며 왕위의 부자상속이 시작되었다.

③ **신라**

  ㉠ **지증왕(6세기 초)** : 국호(사로국 → 신라)와 왕의 칭호(마립간 → 왕)를 변경하고, 수도와 지방의 행정구역을 정리하였으며 대외적으로 우산국(울릉도)을 복속시켰다.

  ㉡ **법흥왕(6세기 중엽)** : 병부의 설치, 율령의 반포, 공복의 제정 등으로 통치질서를 확립하였다. 또한 골품제도를 정비하고, 새로운 세력을 포섭하고자 불교를 공인하였다. 독자적 연호인 건원을 사용하여 자주국가로서의 위상을 높였고 금관가야를 정복하여 영토를 확장시켜 중앙집권체제를 완비하였다.

(2) 삼국 간의 항쟁

① **고구려의 대제국 건설**

  ㉠ **광개토대왕(5세기)** : 영락이라는 연호를 사용하였고 만주지방에 대한 대규모 정복사업을 단행하였으며, 백제를 압박하여 한강 이남으로 축출하였다. 또한 신라에 침입한 왜를 격퇴함으로써 한반도 남부에까지 영향력을 확대하였다.

  ㉡ **장수왕(5세기)** : 남북조의 교류 및 평양 천도(427)를 단행하여 백제의 수도인 한성을 함락하였다. 죽령 ~ 남양만 이북을 확보하여 광개토대왕비와 중원고구려비를 건립하였다. 이후 한강 유역으로 진출하였는데 만주와 한반도에 걸친 광대한 영토를 차지하여 중국과 대등한 지위의 대제국을 건설하였다.

② 백제의 중흥

　　㉠ 5세기 후반 문주왕은 고구려의 남하정책으로 대외팽창이 위축되고 무역활동이 침체되어 서울을 웅진으로 천도하게 되고, 동성왕은 신라와 동맹을 강화하여 고구려에 대항, 무령왕은 지방의 22담로에 왕족을 파견하여 지방통제를 강화하는 등 체제를 정비하고자 하였다.

　　㉡ 성왕(6세기 중반) : 사비로 천도하고, 남부여로 국호를 개칭하고 중앙은 22부, 수도는 5부, 지방은 5방으로 정비하였다. 불교를 진흥시키고, 일본에 전파하였으며, 중국의 남조와 교류하였다.

③ 신라의 발전(진흥왕, 6세기)

　　㉠ 체제 정비 : 화랑도를 국가적 조직으로 개편하고, 불교를 통해 사상적 통합을 꾀하였다.

　　㉡ 영토 확장 : 한강 유역을 장악하여 경제적 기반을 강화하고 전략적 거점을 확보할 수 있었고 중국 교섭의 발판이 되었다. 북으로는 함경도, 남으로는 대가야를 정복하였고, 단양적성비와 진흥왕순수비를 건립하였다.

(3) 삼국의 통치체제

① 통치조직의 정비 … 삼국의 초기에는 부족 단위 각 부의 귀족들이 독자적으로 관리를 거느리는 방식으로 귀족회의에서 국가의 중요한 일을 결정하였는데 후에는 왕을 중심으로 한 통치체제로 왕의 권한이 강화되었고, 관등제와 행정구역이 정비되어 각 부의 귀족들은 왕권 아래 복속되고, 부족적 성격이 행정적 성격으로 개편되었다.

② 관등조직 및 중앙관제

| 구분 | 관등 | 수상 | 중앙관서 | 귀족합의제 |
| --- | --- | --- | --- | --- |
| 고구려 | 10여 관등 | 대대로(막리지) |  | 제가회의 |
| 백제 | 16관등 | 상좌평 | 6좌평, 22부(시비천도 이후) | 정사암회의 |
| 신라 | 17관등 | 상대등 | 병부, 집사부 | 화백회의 |

③ 지방제도

　　㉠ 지방조직

| 구분 | 관등 | 수상 | 중앙관서 | 귀족합의제 |
| --- | --- | --- | --- | --- |
| 고구려 | 5부 | 5부(욕살) | 3경(평양성, 국내성, 한성) | 제가회의 |
| 백제 | 5부 | 5방(방령) | 22담로(지방 요지) | 정사암회의 |
| 신라 | 5부 | 6주(군주) | 2소경(충주 중원경, 강릉 동원경) | 화백회의 |

　　㉡ 지방제도의 정비 : 최상급 지방행정단위로 부와 방 또는 주를 두고 지방장관을 파견하였고, 그 아래의 성이나 군에도 지방관을 파견하여 지방민을 직접 지배하였으나, 말단 행정단위인 촌은 지방관을 파견하지 않고 토착세력을 촌주로 삼았다. 그러나 대부분의 지역은 중앙정부의 지배가 강력히 미치지 못하여 지방세력가들이 지배하게 되었다.

④ 군사조직 … 지방행정조직이 그대로 군사조직이기도 하여 각 지방의 지방관은 곧 군대의 지휘관(백제의 방령, 신라의 군주)이었다.

## 3. 대외항쟁과 신라의 삼국통일

### (1) 고구려와 수·당의 전쟁

① 수와의 전쟁(612) … 고구려의 요서지방 선제공격으로 수의 문제와 양제는 고구려를 침입하였으나, 을지문덕이 살수에서 큰 승리를 거두었다.

② 당과의 전쟁(645) … 당 태종은 요동의 여러 성을 공격하고 전략상 가장 중요한 안시성을 공격하였으나 고구려에 의해 패하였다.

### (2) 백제와 고구려의 멸망

① 백제의 멸망(660) … 정치질서의 문란과 지배층의 향락으로 국방이 소홀해진 백제는 황산벌에서 신라에게 패하면서 결국 사비성이 함락되고 말았다. 복신과 흑치상지, 도침 등은 주류성과 임존성을 거점으로 하여 사비성과 웅진성을 공격하였으나 나·당연합군에 의하여 진압되었다.

② 고구려의 멸망(668) … 지배층의 분열과 국력의 약화로 정치가 불안정한 틈을 타고 나·당연합군의 침입으로 평양성이 함락되었다. 검모잠과 고연무 등은 한성과 오골성을 근거지로 평양성을 탈환하였으나 결국 실패하였다.

### (3) 신라의 삼국통일

① 과정 … 당은 한반도에 웅진도독부, 안동도호부, 계림도독부를 설치하여 한반도를 지배하려 하였으나 신라·고구려·백제 유민의 연합으로 당 주둔군을 공격하여 매소성과 기벌포싸움에서 승리를 거두게 되고 당군을 축출하여 삼국통일(676)을 이룩하였다.

② 삼국통일의 의의와 한계 … 당의 축출로 자주적 성격을 인정할 수 있으며 고구려와 백제 문화의 전통을 수용하여 민족문화 발전의 토대를 마련하였다는 점에서 큰 의의가 있으나 외세의 협조를 받았다는 점과 대동강에서 원산만 이남에 국한된 불완전한 통일이라는 점에서 한계성을 가진다.

## 4. 남북국시대의 정치 변화

(1) 통일신라의 발전

① 왕권의 전제화

ⓐ 무열왕 : 통일과정에서 왕권을 강화하였으며 이후 직계자손이 왕위를 계승하게 되었다.

ⓑ 유교정치이념의 수용 : 통일을 전후로 유교정치이념이 도입되었고, 중앙집권적 관료정치의 발달로 왕권이 강화되어 갔다.

ⓒ 집사부 시중의 기능 강화 : 상대등의 세력을 억제하였고 왕권의 전제화가 이루어졌다.

ⓓ 신문왕 : 관료전의 지급, 녹읍의 폐지, 국학을 설립하여 유교정치이념을 확립시켰다.

② 정치세력의 변동 … 6두품은 학문적 식견을 바탕으로 왕의 정치적 조언자로 활동하거나 행정실무를 총괄하였다. 이들은 전제왕권을 뒷받침하고, 학문 · 종교분야에서 활약하였다.

③ 전제왕권의 동요 … 8세기 후반부터 진골귀족세력의 반발로 녹읍제가 부활하고, 사원의 면세전이 증가되어 국가재정의 압박을 가져왔다. 귀족들의 특권적 지위 고수 및 향락과 사치가 계속되자 농민의 부담은 가중되었다.

(2) 발해의 건국과 발전

① 건국 … 고구려 출신의 대조영이 길림성에 건국하였다. 지배층은 고구려인, 피지배층은 말갈인으로 구성되었으나 일본에 보낸 국서에 고려 또는 고려국왕이라는 칭호를 사용하였고, 고구려 문화와 유사성이 있다는 점에서 고구려 계승의식이 나타나고 있다.

② 발전

ⓐ 영토 확장(무왕) : 동북방의 여러 세력을 복속시켜 북만주 일대를 장악하였고, 당의 산둥반도를 공격하고, 돌궐 · 일본과 연결하여 당과 신라에 대항하였다.

ⓑ 체제 정비(문왕) : 당과 친선관계를 맺고 문물을 수입하였는데 중경에서 상경으로 천도하였고, 신라와의 대립관계를 해소하려 상설교통로를 개설하였으며 천통(고왕), 인안(무왕), 대흥(문왕), 건흥(선왕) 등 독자적인 연호를 사용하였다.

ⓒ 중흥기(선왕) : 요동지방으로 진출하였으며 남쪽으로는 신라와 국경을 접할 정도로 넓은 영토를 차지하고, 지방제도를 완비하였다. 당에게서 '해동성국'이라는 칭호를 받았다.

ⓓ 멸망 : 거란의 세력 확대와 귀족들의 권력투쟁으로 국력이 쇠퇴하자 거란에 멸망당하였다.

(3) 남북국의 통치체제

① 통일신라

　㉠ 중앙정치체제 : 전제왕권의 강화를 위해 집사부 시중의 지위 강화 및 집사부 아래에 위화부와 13부를 두고 행정업무를 분담하였으며, 관리들의 비리와 부정 방지를 위한 감찰기관인 사정부를 설치하였다.

　㉡ 유교정치이념의 수용 : 국학을 설립하였다.

　㉢ 지방행정조직의 정비(신문왕) : 9주 5소경으로 정비하여 중앙집권체제를 강화하였으며 지방관의 감찰을 위하여 외사정을 파견하였고 상수리제도를 실시하였으며, 향·부곡이라 불리는 특수행정구역도 설치하였다.

　㉣ 군사조직의 정비

　　• 9서당 : 옷소매의 색깔로 표시하였는데 부속민에 대한 회유와 견제의 양면적 성격이 있다.

　　• 10정 : 9주에 각 1정의 부대를 배치하였으나 한산주에는 2정(남현정, 골내근정)을 두었다.

② 발해

　㉠ 중앙정치체계 : 당의 제도를 수용하였으나 명칭과 운영은 독자성을 유지하였다.

　　• 3성 : 정당성(대내상이 국정 총괄), 좌사정, 우사정(지·예·신부)

　　• 6부 : 충부, 인부, 의부, 자부, 예부, 신부

　　• 중정대(감찰), 문적원(서적 관리), 주자감(중앙의 최고교육기관)

　㉡ 지방제도 : 5경 15부 62주로 조직되었고, 촌락은 주로 말갈인 촌장이 지배하였다.

　㉢ 군사조직 : 중앙군(10위), 지방군

(4) 신라 말기의 정치 변동과 호족세력의 성장

① 전제왕권의 몰락 … 진골귀족들의 반란과 왕위쟁탈전이 심화되고 집사부 시중보다 상대등의 권력이 더 커졌으며 지방민란의 발생으로 중앙의 지방통제력이 더욱 약화되었다.

② 농민의 동요 … 과중한 수취체제와 자연재해는 농민의 몰락을 가져오고, 신라 정부에 저항하게 되었다.

③ 호족세력의 등장 … 지방의 행정·군사권과 경제적 지배력을 가진 호족세력은 성주나 장군을 자처하며 반독립적인 세력으로 성장하였다.

④ 개혁정치 … 6두품 출신의 유학생과 선종의 승려가 중심이 되어 골품제 사회를 비판하고 새로운 정치이념을 제시하였다. 지방의 호족세력과 연계되어 사회 개혁을 추구하였다.

## 02 중세의 정치

### 1. 중세사회의 성립과 전개

**(1) 고려의 성립과 민족의 재통일**

① **고려의 건국** … 왕건은 송악의 호족으로서 처음에는 궁예 휘하로 들어가 한강 유역과 나주지방을 점령하여 후백제를 견제하였는데 궁예의 실정을 계기로 정권을 장악하게 되었으며, 고구려의 후계자임을 강조하여, 국호를 고려라 하고 송악에 도읍을 세웠다.

② **민족의 재통일** … 중국의 혼란기를 틈타 외세의 간섭 없이 통일이 성취되었다.

**(2) 태조의 정책**

① **취민유도(取民有度)정책** … 조세경감, 노비해방 및 빈민구제기관인 흑창을 설치하였다.

② **통치기반 강화**

㉠ 관제 정비 : 태봉의 관제를 중심으로 신라와 중국의 제도를 참고하여 정치제도를 만들고, 개국공신과 호족을 관리로 등용하였다.

㉡ 호족 통합 : 호족과 정략결혼을 하였으며 그들의 향촌지배권을 인정하고, 공신들에게는 역분전을 지급하였다.

㉢ 호족 견제 : 사심관제도(우대)와 기인제도(감시)를 실시하였다.

㉣ 통치 규범 : 정계, 계백료서를 지어 관리들이 지켜야 할 규범을 제시하였고, 후손들이 지켜야 할 교훈이 담긴 훈요 10조를 남겼다.

③ **북진정책** … 고구려를 계승하였음을 강조하여 국호를 고려라 하고 국가의 자주성을 강조하기 위해 천수(天授)라는 연호를 사용하였다.

**(3) 광종의 개혁정치**

왕권의 안정과 중앙집권체제를 확립하기 위하여 노비안검법, 과거제도 실시, 공복제도, 불교 장려, 제위보의 설치, 독자적인 연호 사용 및 송과의 문화적·경제적 목적에서 외교관계를 수립하였으나, 군사적으로는 중립적 자세를 취하였다.

**(4) 유교적 정치질서의 강화**

① **최승로의 시무 28조** … 유교정치이념을 강조하고 지방관의 파견과 문벌귀족 중심의 정치를 이루게 되었다.

② **성종의 중앙집권화** … 6두품 출신의 유학자를 등용, 12목에 지방관의 파견, 향리제도 실시, 국자감과 향교의 설치 및 과거제도를 실시하고 중앙통치기구는 당, 태봉, 신라, 송의 관제를 따랐다.

## 2. 통치체제의 정비

### (1) 중앙의 통치조직

#### ① 정치조직(2성 6부)

  ⊙ 2성

- 중서문하성 : 중서성과 문하성의 통합기구로 문하시중이 국정을 총괄하였다.
- 재신 : 2품 이상의 고관으로 백관을 통솔하고 국가의 중요정책을 심의·결정하였다.
- 낭사 : 3품 이하의 관리로 정책을 건의하거나, 정책 집행의 잘못을 비판하는 일을 담당하였다.
- 상서성 : 실제 정무를 나누어 담당하는 6부를 두고 정책의 집행을 담당하였다.

  ⓛ 중추원(추부) : 군사기밀을 담당하는 2품 이상의 추밀과 왕명 출납을 담당하는 3품의 승선으로 구성되었다.

  ⓒ 삼사 : 화폐와 곡식의 출납에 대한 회계업무만을 담당하였다.

  ⓔ 어사대 : 풍속을 교정하고 관리들의 비리를 감찰하는 감찰기구이다.

  ⓜ 6부 : 상서성에 소속되어 실제 정무를 분담하던 관청으로 각 부의 장관은 상서, 차관은 시랑이었다.

#### ② 귀족 중심의 정치

  ⊙ 귀족합좌 회의기구(중서문하성의 재신, 중추원의 추밀)

- 도병마사 : 재신과 추밀이 함께 모여 회의로 국가의 중요한 일을 결정하는 곳이다. 국방문제를 담당하는 임시기구였으나, 도평의사사(도당)로 개편되면서 구성원이 확대되고 국정 전반에 걸친 중요사항을 담당하는 최고정무기구로 발전하였다.
- 식목도감 : 임시기구로서 재신과 추밀이 함께 모여 국내 정치에 관한 법의 제정 및 각종 시행규정을 다루던 회의기구였다.

  ⓛ 대간(대성)제도 : 어사대의 관원과 중서문하성의 낭관으로 구성되었다. 비록 직위는 낮았지만 왕, 고위관리들의 활동을 지원하거나 제약하여 정치 운영의 견제와 균형을 이루었다.

- 서경권 : 관리의 임명과 법령의 개정이나 폐지 등에 동의하는 권리를 말한다.
- 간쟁 : 왕의 잘못을 말로 직언하는 것을 말한다.
- 봉박 : 잘못된 왕명을 시행하지 않고 글로 써서 되돌려 보내는 것을 말한다.

### (2) 지방행정조직의 정비

#### ① 정비과정

  ⊙ 초기 : 호족세력의 자치로 이루어졌다.

  ⓛ 성종 : 12목을 설치하여 지방관을 파견하였다.

  ⓒ 현종 : 4도호부 8목으로 개편되어 지방행정의 중심이 되었고, 그 후 전국을 5도와 양계, 경기로 나눈 다음 그 안에 3경·4도호부·8목을 비롯하여 군·현·진을 설치하였다.

② 지방조직

    ㉠ 5도(일반행정구역) : 상설 행정기관이 없는 일반 행정 단위로서 안찰사를 파견하여 도내의 지방을 순찰하게 하였다. 도에는 주와 군(지사)·현(현령)이 설치되고, 주현에는 지방관을 파견하였지만 속현에는 지방관을 파견하지 않았다.

    ㉡ 양계(군사행정구역) : 북방의 국경지대에는 동계와 북계의 양계를 설치하여 병마사를 파견하고, 국방상의 요충지에 군사특수지역인 진을 설치하였다.

    ㉢ 8목 4도호부 : 행정과 군사적 방비의 중심적인 역할을 맡은 곳이다.

    ㉣ 특수행정구역

      • 3경 : 풍수설과 관련하여 개경(개성), 서경(평양), 동경(경주, 숙종 이후 남경)에 설치하였다.

      • 향·소·부곡 : 천민의 집단거주지역이었다.

    ㉤ 지방행정 : 실제적인 행정사무는 향리가 실질적으로 처리하여 지방관보다 영향력이 컸다.
        ㉮ 속현, 향, 소, 부곡

(3) 군역제도와 군사조직

  ① 중앙군

    ㉠ 2군 6위 : 국왕의 친위부대인 2군과 수도 경비와 국경 방어를 담당하는 6위로 구성되었다.

    ㉡ 직업군인 : 군적에 올라 군인전을 지급받고 군역을 세습하였으며, 군공을 세워 신분을 상승시킬 수 있는 중류층이었다. 이들은 상장군, 대장군 등의 무관이 지휘하였다.

  ② 지방군

    ㉠ 주진군(양계) : 상비군으로 좌군, 우군, 초군으로 구성되어 국경을 수비하는 의무를 지녔다.

    ㉡ 주현군(5도) : 지방관의 지휘를 받아 치안과 지방방위·노역에 동원되었고 농민으로 구성하였다.

(4) 관리임용제도

  ① 과거제도(법적으로 양인 이상이면 응시가 가능)

    ㉠ 제술과 : 문학적 재능과 정책을 시험하는 것이다.

    ㉡ 명경과 : 유교경전에 대한 이해능력을 시험하는 것이다.

    ㉢ 잡과 : 기술관을 선발하는 것으로 백정이나 농민이 응시하였다.

    ㉣ 한계와 의의 : 능력 중심의 인재 등용과 유교적 관료정치의 토대 마련의 계기가 되었으나 과거출신자보다 음서출신자가 더 높이 출세할 수 밖에 없었고, 무과는 실시하지 않았다.

  ② 음서제도 … 공신과 종실의 자손 외에 5품 이상의 고관의 자손은 과거를 거치지 않고 관직에 진출할 수 있는 제도이다.

## 3. 문벌귀족사회의 성립과 동요

### (1) 문벌귀족사회의 성립

① 지방호족 출신이 중앙관료화된 것으로, 신라 6두품 계통의 유학자들이 과거를 통해 관직에 진출하여 성립되었으며, 대대로 고위관리가 되어 중앙정치에 참여하게 되고, 과거와 음서를 통해 관직을 독점하였다.

② 문벌귀족사회의 모순
- ㉠ 문벌귀족의 특권 : 정치적으로 과거와 음서제를 통해 고위 관직을 독점하며 경제적으로 과전, 공음전, 사전 등의 토지 겸병이 이루어지고, 사회적으로 왕실 및 귀족들 간의 중첩된 혼인관계를 이루었다.
- ㉡ 측근세력의 대두 : 과거를 통해 진출한 지방 출신의 관리들이 국왕을 보좌하면서 문벌귀족과 대립하였다.
- ㉢ 이자겸의 난, 묘청의 서경천도운동 : 문벌귀족과 측근세력의 대립으로 발생한 사건들이다.

### (2) 이자겸의 난과 서경천도운동

① 이자겸의 난(1126) … 문종 ~ 인종까지 경원 이씨가 80여년간 권력을 독점하였다. 여진(금)의 사대관계 요구에 이자겸 정권은 굴복하여 사대관계를 유지하였으나, 인종의 척준경 회유로 이자겸의 왕위찬탈반란은 실패로 돌아가게 되었다. 그 결과 귀족사회의 동요가 일어나고 묘청의 서경천도운동의 계기가 되었다.

② 묘청의 서경천도운동(1135) … 서경(평양) 천도, 칭제건원, 금국 정벌을 주장하였으나 문벌귀족의 반대에 부딪혔으며, 김부식이 이끄는 관군에 의해 진압되고 말았다.

### (3) 무신정권의 성립

① 무신정변(1170) … 숭문천무정책으로 인한 무신을 천시하는 풍조와 의종의 실정이 원인이 되어 문신 중심의 귀족사회에서 관료체제로 전환되는 계기가 되었으며 전시과체제가 붕괴되고 무신에 의해 토지의 독점이 이루어져 사전과 농장이 확대되었다.

② 사회의 동요 … 무신정권에 대한 반발로 김보당의 난과 조위총의 난이 일어났으며, 신분해방운동으로 농민(김사미 · 효심의 난) · 천민의 난(망이 · 망소이의 난)이 일어났다.

③ 최씨 정권
- ㉠ 최씨 정권의 기반
  - 정치적 : 교정도감(최충헌)과 정방(최우), 서방(최우)을 중심으로 전개되었다.
  - 경제적 : 광대한 농장을 소유하였다.
  - 군사적 : 사병을 보유하고 도방을 설치하여 신변을 경호하였다.
- ㉡ 한계 : 정치적으로 안정되었지만 국가통치질서는 오히려 약화되었다.

## 4. 대외관계의 변화

### (1) 거란의 침입과 격퇴

① **고려의 대외정책** … 친송배요정책으로 송과는 친선관계를 유지했으나 거란은 배척하였다.

② **거란의 침입과 격퇴**

　　㉠ 1차 침입 : 서희의 담판으로 강동 6주를 확보하였으며, 거란과 교류관계를 맺었다.

　　㉡ 2차 침입 : 고려의 계속되는 친송정책과 강조의 정변을 구실로 침입하여 개경이 함락되었고, 현종의 입조(入朝)를 조건으로 퇴군하였다.

　　㉢ 3차 침입 : 현종의 입조(入朝)를 거부하여 다시 침입하였으나 강감찬이 귀주대첩으로 큰 승리를 거두어 양국은 강화를 맺었다.

　　㉣ 결과 및 영향 : 고려, 송, 거란 사이의 세력 균형을 유지되고 고려는 나성과 천리장성(압록강 ~ 도련포)을 축조하여 수비를 강화하였다.

### (2) 여진 정벌과 9성 개척

기병을 보강한 윤관의 별무반이 여진을 토벌하여 동북 9성을 축조하였으나 고려를 침략하지 않고 조공을 바치겠다는 조건을 수락하면서 여진에게 9성을 돌려주었다. 그러나 여진은 더욱 강해져 거란을 멸한 뒤 고려에 대해 군신관계를 요구하자 현실적인 어려움으로 당시의 집권자 이자겸은 금의 요구를 받아들였다.

### (3) 몽고와의 전쟁

① **몽고와의 전쟁**

　　㉠ 원인 : 몽고의 과중한 공물 요구와, 몽고의 사신 저고여가 피살되는 사건이 일어났다.

　　㉡ 몽고의 침입

　　　• 제1차 침입(1231) : 몽고 사신의 피살을 구실로 몽고군이 침입하였고 박서가 항전하였으나, 강화가 체결되고 철수되었다.

　　　• 제2차 침입(1232) : 최우는 강화로 천도하였고, 용인의 김윤후가 몽고의 장군 살리타를 죽이고 몽고 군대는 쫓겨갔다.

　　　• 제3차 ~ 제8차 침입(1235 ~ 1257) : 농민, 노비, 천민들의 활약으로 몽고를 끈질기게 막아냈다.

　　㉢ 결과 : 전 국토가 황폐화되고 민생이 도탄에 빠졌으며 대장경(초판)과 황룡사의 9층탑이 소실되었다.

② **삼별초의 항쟁(1270 ~ 1273)** … 몽고와의 굴욕적인 강화를 맺는 데 반발하여 진도로 옮겨 저항하였고, 여ㆍ몽연합군의 공격으로 진도가 함락되자 다시 제주도로 가서 김통정의 지휘 아래에 계속 항쟁하였으나 여ㆍ몽연합군에 의해 진압되었다.

(4) 홍건적과 왜구의 침입

① **홍건적의 격퇴** … 제1차 침입은 모거경 등 4만 군이 서경을 침입하였으나, 이승경, 이방실 등이 격퇴하였고 제2차 침입은 사유 등 10만 군이 개경을 함락하였으나, 정세운, 안우, 이방실 등이 격퇴하였다.

② **왜구의 침략** … 잦은 왜구의 침입에 따른 사회의 불안정은 시급히 해결해야 할 국가적 과제였다. 왜구를 격퇴하고 이 문제를 해결하는 과정에서 신흥무인세력이 성장하였다.

## 5. 고려후기의 정치 변동

(1) 원(몽고)의 내정 간섭

① 정치적 간섭

　㉠ 일본 원정 : 두 차례의 원정에 인적 · 물적 자원이 수탈되었으나 실패하였다.

　㉡ 영토의 상실과 수복

　　• 쌍성총관부 : 원은 화주(영흥)에 설치하여 철령 이북 땅을 직속령으로 편입하였는데, 1356년(공민왕 5) 유인우가 무력으로 탈환하였다.

　　• 동녕부 : 자비령 이북 땅에 차지하여 서경에 두었는데, 1290년(충렬왕 16) 고려의 간청으로 반환되었다.

　　• 탐라총관부 : 삼별초의 항쟁을 평정한 후 일본 정벌 준비를 위해 제주도에 설치하고 (1273) 목마장을 두었다. 1301년(충렬왕 27) 고려에 반환하였다.

　㉢ 관제의 개편 : 관제를 격하시키고(3성 → 첨의부, 6부 → 4사) 고려를 부마국 지위의 왕실호칭을 사용하게 하였다.

　㉣ 원의 내정 간섭

　　• 다루가치 : 1차 침입 때 설치했던 몽고의 군정지방관으로 공물의 징수 · 감독 등 내정간섭을 하였다.

　　• 정동행성 : 일본 원정준비기구로 설치된 정동행중서성이 내정간섭기구로 남았다. 고려 · 원의 연락기구였다.

　　• 이문소 : 정동행성에 설립된 사법기구로 고려인을 취조 · 탄압하였다.

　　• 응방 : 원에 매를 생포하여 조달하는 기구였으나 여러 특권을 행사해 폐해가 심하였다.

② **사회 · 경제적 수탈** … 금 · 은 · 베 · 인삼 · 약재 · 매 등의 막대한 공물의 부담을 가졌으며, 몽고어 · 몽고식 의복과 머리가 유행하고, 몽고식 성명을 사용하는 등 풍속이 변질되었다.

(2) 공민왕의 개혁정치

① **반원자주정책** … 친원세력의 숙청, 정동행서 이문소를 폐지, 몽고식 관제의 폐지, 원의 연호·몽고풍을 금지, 쌍성총관부를 공격하여 철령 이북의 땅을 수복하고 요동지방을 공격하여 요양을 점령하였다.

② **왕권강화책** … 정방을 폐지, 성균관을 통한 유학교육을 강화 및 과거제도를 정비하고 신돈을 등요하여 전민변정도감을 설치한 개혁은 권문세족들의 경제기반을 약화시키고 국가재정수입의 기반을 확대하였다.

③ **개혁의 실패원인** … 개혁추진세력인 신진사대부 세력이 아직 결집되지 못한 상태에서 권문세족의 강력한 반발을 효과적으로 제어하지 못하였고, 원나라의 간섭 등으로 인해 실패하고 말았다.

(3) **신진사대부의 성장**

① 학문적 실력을 바탕으로 과거를 통하여 중앙에 진출한 지방의 중소지주층과 지방향리 출신이 많았다. 성리학을 수용하였으며, 불교의 폐단을 비판하였고 권문세족의 비리와 불법을 견제하였다. 신흥무인세력과 손을 잡으면서 사회의 불안과 국가적인 시련을 해결하고자 하였다.

② 한계 … 권문세족의 인사권 독점으로 관직의 진출이 제한되었고, 과전과 녹봉도 제대로 받지 못하는 등 경제적 기반이 미약하다는 한계를 가졌다.

(4) **고려의 멸망**

우왕 말에 명은 쌍성총관부가 있던 땅에 철령위를 설치하여 명의 땅으로 편입하겠다고 통보하였다. 이에 최영은 요동정벌론을, 이성계는 4불가론을 주장하여 대립하였는데 최영의 주장에 따라 요동정벌군이 파견되었으나 위화도 회군으로 이성계가 장악하였다. 결국 급진개혁파(혁명파)는 정치적 실권을 장악하고 온건개혁파를 제거 한 후 도평의사사를 장악하여 공양왕의 왕위를 물려받아 조선을 건국하였다.

## 03 근세의 정치

### 1. 근세사회의 성립과 전개

(1) 국왕 중심의 통치체제정비와 유교정치의 실현

① 태조 ⋯ 국호를 '조선'이라 하고 수도를 한양으로 천도하였다. 3대 정책으로 숭유억불정책, 중농억상정책, 사대교린정책을 실시하였다.

② 태종 ⋯ 왕권 확립을 위해 개국공신세력을 견제하고 숙청하였으며 6조직계제를 실시, 사간원을 독립시켜 대신들을 견제하고 신문고를 설치, 양전사업의 실시 및 호패법을 시행하였다. 사원전을 몰수하고 노비 해방과 사병을 폐지하였다.

③ 세종 ⋯ 집현전을 설치, 한글 창제 및 6조직계제를 폐지하고 의정부서사제(재상합의제)로 정책을 심의하였으며, 국가행사를 오례에 따라 거행하였다.

(2) 문물제도의 정비

① 세조 ⋯ 왕권의 재확립과 집권체제의 강화를 위하여 6조직계제를 실시하고 집현전과 경연을 폐지하였으며, 「경국대전」의 편찬에 착수하였다.

② 성종 ⋯ 홍문관의 설치, 경연의 활성화 및 「경국대전」의 완성·반포를 통하여 조선의 기본통치 방향과 이념을 제시하였다.

### 2. 통치체제의 정비

(1) 중앙정치체제

① 양반관료체제의 확립 ⋯ 「경국대전」으로 법제화하고 문·무반이 정치와 행정을 담당하게 하였으며, 18품계로 나누어 당상관(관서의 책임자)과 당하관(실무 담당)으로 구분하였다.

② 의정부와 6조

　㉠ 의정부 : 최고 관부로서 재상의 합의로 국정을 총괄하였다.

　㉡ 6조 : 직능에 따라 행정을 분담하였다.

　　• 이조 : 문관의 인사(전랑이 담당), 공훈, 상벌을 담당하였다.

　　• 호조 : 호구, 조세, 회계, 어염, 광산, 조운을 담당하였다.

　　• 예조 : 외교, 교육, 문과과거, 제사, 의식 등을 담당하였다.

　　• 병조 : 국방, 통신(봉수), 무과과거, 무관의 인사 등을 담당하였다.

　　• 형조 : 형률, 노비에 대한 사항을 담당하였다.

　　• 공조 : 토목, 건축, 수공업, 도량형, 파발에 대한 사항을 담당하였다.

③ 언론학술기구 … 삼사로 정사를 비판하고 관리들의 부정을 방지하였다.

    ㉠ 사간원(간쟁) · 사헌부(감찰) : 서경권(관리 임명에 대한 동의권)을 행사하였다.

    ㉡ 홍문관 : 학문적으로 정책 결정을 자문하는 기구이다.

④ 왕권강화기구 … 왕명을 출납하는 승정원과 큰 죄인을 다스리는 국왕 직속인 의금부, 서울의 행정과 치안을 담당하는 한성부가 있다.

⑤ 그 밖의 기구 … 역사서의 편찬과 보관을 담당하는 춘추관, 최고 교육기관인 성균관 등이 있다.

## (2) 지방행정조직

① 지방조직 … 전국을 8도로 나누고, 하부에 부 · 목 · 군 · 현을 설치하였다.

    ㉠ 관찰사(감사) : 8도의 지방장관으로서 행정, 군사, 감찰, 사법권을 행사하였다. 수령에 대한 행정을 감찰하는 역할을 담당하였다.

    ㉡ 수령 : 부, 목, 군, 현에 임명되이 관내 주민을 다스리는 지방관으로서 행정, 사법, 군사권을 행사하였다.

    ㉢ 향리(아전) : 6방에 배속되어 향역을 세습하면서 수령을 보좌하였다.

② 향촌사회

    ㉠ 면 · 리 · 통 : 향민 중에서 책임자를 선임하여, 수령의 명령을 받아 인구 파악과 부역 징발을 주로 담당하게 하였다.

    ㉡ 양반 중심의 향촌사회질서 확립

      • 경재소 : 유향소와 정부간 연락을 통해 유향소를 통제하여 중앙집권을 효율적으로 강화하였다.

      • 유향소(향청) : 향촌양반의 자치조직으로 좌수와 별감을 선출하고, 향규를 제정하며, 향회를 통한 여론의 수렴과 백성에 대한 교화를 담당하였다.

## (3) 군역제도와 군사조직

① 군역제도

    ㉠ 양인개병제 : 양인(현직 관료와 학생을 제외한 16세 이상 60세 이하의 남자)의 신분이면 누구나 병역의 의무를 지는 제도이다.

    ㉡ 보법 : 정군(현역 군인)과 보인(정군의 비용 부담)으로 나눈다.

    ㉢ 노비 : 권리가 없으므로 군역이 면제되고, 특수군(잡색군)으로 편제되었다.

② 군사조직

    ㉠ 중앙군(5위) : 궁궐과 서울을 수비하며 정군을 중심으로 갑사(시험을 거친 직업군인)나 특수병으로 지휘 책임을 문관관료가 맡았다.

    ㉡ 지방군 : 병영(병마절도사)과 수영(수군절도사)으로 조직하였다.

    ㉢ 잡색군 : 서리, 잡학인, 신량역천인(신분은 양인이나 천한 일에 종사), 노비 등으로 조직된 일종의 예비군으로 유사시에 향토 방위를 담당한다.(농민은 제외)

③ 교통 · 통신체계의 정비

㉠ 봉수제(통신) : 군사적 목적으로 설치하였으며, 불과 연기를 이용하여 급한 소식을 알렸다.

㉡ 역참 : 물자 수송과 통신을 위해 설치되어 국방과 중앙집권적 행정 운영이 한층 쉬워졌다.

(4) 관리등용제도

① 과거 … 문과는 예조에서 담당하였으며 무과는 병조에서 담당하고 28명을 선발하였다. 또한 잡과는 해당 관청에서 역과, 율과, 의과, 음양과의 기술관을 선발하였다.

② 취재 … 재주가 부족하거나 나이가 많아 과거 응시가 어려운 사람이 특별채용시험을 거쳐 하급 실무직에 임명되는 제도이다.

③ 음서와 천거 … 과거를 거치지 않고 고관의 추천을 받아 간단한 시험을 치른 후 관직에 등용되거나 음서를 통하여 관리로 등용되는 제도이다. 그러나 천거는 기존의 관리들을 대상으로 하였고, 음서도 고려시대에 비하여 크게 줄어들었다. 문과에 합격하지 않으면 고관으로 승진하기 어려웠다.

④ 인사관리제도의 정비

㉠ 상피제 : 권력의 집중과 부정을 방지하였다.

㉡ 서경제 : 사헌부와 사간원에서 관리 임명시에 심사하여 동의하는 절차로서 5품 이하 관리 임명시에 적용하는 것이다.

㉢ 근무성적평가 : 하급관리의 근무성적평가는 승진 및 좌천의 자료가 되었다.

## 3. 사림의 대두와 붕당정치

(1) 훈구와 사림

① 훈구세력 … 조선 초기 문물제도의 정비에 기여하였으며 고위관직을 독점 및 세습하고, 왕실과의 혼인으로 성장하였다.

② 사림세력 … 여말 온건파 사대부의 후예로서 길재와 김종직에 의해 영남과 기호지방에서 성장한 세력으로 대부분이 향촌의 중소지주이다.

(2) 시림의 정치적 성장

　① 사화의 발생

　　㉠ 무오사화(1498), 갑자사화(1504) : 연산군의 폭정으로 발생하였으며 영남 사림은 몰락하게
　　　되었다.

　　㉡ 조광조의 개혁정치 : 현량과를 실시하여 사림을 등용하여 급진적 개혁을 추진하였다. 위훈삭
　　　제사건으로 훈구세력을 약화시켰으며, 공납의 폐단을 시정, 불교와 도교행사를 폐지하고,
　　　소학교육을 장려하고, 향약을 보급하였다. 그러나 훈구세력의 반발을 샀으며 기묘사화
　　　(1519)로 조광조는 실각되고 말았다.

　　㉢ 을사사화(1545) : 중종이 다시 사림을 등용하였으나 명종 때 외척 다툼으로 을사사화가 일
　　　어나고 사림은 축출되었다.

　② 결과 … 사림은 정치적으로 위축되었으나 중소지주를 기반으로 서원과 향약을 통해 향촌에서
　　세력을 회복하게 되었다.

(3) 붕당의 출현(사림의 정계 주도)

　① 동인과 서인 … 척신정치의 잔재를 청산하기 위한 방법을 둘러싸고 대립행태가 나타났다.

　　㉠ 동인 : 신진사림 출신으로서 정치 개혁에 적극적이며 수기(修己)를 강조하고 지배자의 도덕
　　　적 자기 절제를 강조하고 이황, 조식, 서경덕의 학문을 계승하였다.

　　㉡ 서인 : 기성사림 출신으로서 정치 개혁에 소극적이며 치인(治人)에 중점을 두고 제도 개혁
　　　을 통한 부국 안민에 힘을 썼고 이이, 성혼의 문인들을 중심으로 구성되었다.

　② 붕당의 성격과 전개 … 정파적 성격과 학파적 성격을 지닌 붕당은 초기에는 강력한 왕권으로의
　　형성이 불가능하였으나, 중기에 이르러 왕권이 약화되고 사림정치가 전개되면서 붕당이 형성
　　되었다.

(4) 붕당정치의 전개

　① 동인의 분당은 정여립의 모반사건을 계기로 세자책봉문제를 둘러싸고 시작되었다. 남인은 온
　　건파로 초기에 정국을 주도하였으며 북인은 급진파로 임진왜란이 끝난 뒤부터 광해군 때까지
　　정권을 장악하였다.

　② 광해군의 개혁정치 … 명과 후금 사이의 중립외교를 펼쳤으며, 전후복구사업을 추진하였으나 무
　　리한 전후복구사업으로 민심을 잃은 광해군과 북인세력은 서인이 주도한 인조반정으로 몰락하
　　였다.

　③ 주로 서인이 집권하여 남인 일부가 연합하고, 상호비판 공존체제가 수립되었던 것이 서인과
　　남인의 경신환국으로 정치 공존이 붕괴되었다.

(5) 붕당정치의 성격

비변사를 통한 여론 수렴이 이루어졌으며, 3사의 언관과 이조전랑의 정치적 비중이 증대되었고 재야의 여론이 수렴되어 재야의 공론주도자인 산림이 출현하였고, 서원과 향교를 통한 수렴이 이루어졌다. 그러나 국가의 이익보다는 당파의 이익을 앞세워 국가 발전에 지장을 주기도 하였고, 현실문제보다는 의리와 명분에 치중하였으며 지배층의 의견만을 정치에 반영하였다.

## 4. 조선 초기의 대외관계

(1) 명과의 관계

명과의 관계에서는 사대외교를 중국 이외의 주변 민족에게는 교린정책을 기본으로 하였다.

(2) 여진과의 관계

① 대여진정책 … 회유책으로 귀순을 장려하였고, 북평관을 세워 국경무역과 조공무역을 허락하였다. 강경책으로는 본거지를 토벌하고 국경지방에 자치적 방어체제를 구축하여 진·보를 설치하였다.

② 북방개척

㉠ 4군 6진 : 최윤덕, 김종서 등은 압록강에서 두만강에 이르는 4군 6진을 설치하였다.

㉡ 사민정책 : 삼남지방의 주민을 강제로 이주시켜 북방 개척과 국토의 균형 있는 발전을 꾀하였다.

㉢ 토관제도 : 토착인을 하급관리로 등용하는 것이다.

(3) 일본 및 동남아시아와의 관계

① 대일관계

㉠ 왜구의 토벌(1419) : 수군을 강화하고 화약무기를 개발해 오던 조선은 왜구가 무역을 요구해 오자 제한된 무역을 허용하였으나 왜구의 계속된 약탈로 이종무가 쓰시마섬을 토벌하였다.

㉡ 교린정책 : 3포(부산포, 제포, 염포)를 개항하여, 계해약조를 맺고 조공무역을 허용하였다.

② 동남아시아와의 교역 … 조공, 진상의 형식으로 물자 교류를 하고 특히 불경, 유교경전, 범종, 부채 등을 류큐(오키나와)에 전해주어 류큐의 문화 발전에 기여하였다.

## 5. 양 난의 극복과 대청관계

### (1) 왜군의 침략

① 조선의 정세

　㉠ 왜구 약탈 : 3포왜란(임신약조) → 사량진왜변(정미약조) → 을묘왜변(교역 중단)

　㉡ 국방대책 : 3포왜란 이후 군사문제를 전담하는 비변사가 설치되었다.

　㉢ 16세기 말 : 사회적 혼란이 가중되면서 국방력이 약화되어 방군수포현상이 나타났다

② 임진왜란(1592) … 왜군 20만이 기습하고 정발과 송상현이 분전한 부산진과 동래성의 함락과 신립의 패배로 국왕은 의주로 피난하였다. 왜군은 평양, 함경도까지 침입하였고 명에 파병을 요청하였다.

### (2) 수군과 의병의 승리

① 수군의 승리

　㉠ 이순신(전라좌수사)의 활약 : 판옥선과 거북선을 축조하고, 수군을 훈련시켰다.

　㉡ 남해의 재해권 장악 : 옥포(거제도)에서 첫 승리를 거두고, 사천(삼천포, 거북선을 이용한 최초의 해전), 당포(충무), 당항포(고성), 한산도대첩(학익진 전법) 등지에서 승리를 거두어 남해의 제해권을 장악하였고 전라도지방을 보존하였다.

② 의병의 항쟁

　㉠ 의병의 봉기 : 농민이 주축이 되어 전직관리, 사림, 승려가 주도한 자발적인 부대였다.

　㉡ 전술 : 향토지리와 조건에 맞는 전술을 사용하였다. 매복, 기습작전으로 아군의 적은 희생으로 적에게 큰 타격을 주었다.

　㉢ 의병장 : 곽재우(의령), 조헌(금산), 고경명(담양), 정문부(길주), 서산대사 휴정(평양, 개성, 한성 등), 사명당 유정(전후 일본에서 포로 송환) 등이 활약하였다.

　㉣ 전세 : 관군이 편입되어 대일항전이 조직화되고 전력도 강화되었다.

### (3) 전란의 극복과 영향

① 전란의 극복

　㉠ 조·명연합군의 활약 : 평양성을 탈환하고 행주산성(권율) 등지에서 큰 승리를 거두었다.

　㉡ 조선의 군사력 강화 : 훈련도감과 속오군을 조직하였고 화포 개량과 조총을 제작하였다.

　㉢ 휴전회담 : 왜군은 명에게 휴전을 제의하였으나, 무리한 조건으로 3년 만에 결렬되었다.

　㉣ 정유재란 : 왜군은 조선을 재침하였으나 이순신에게 명량·노량해전에서 패배하였다.

② 왜란의 영향(1957)

    ㉠ 국내적 영향 : 인구와 농토가 격감되어 농촌의 황폐화가 진행되었다. 민란의 발생 및 공명첩의 대량 발급으로 인하여 신분제의 동요, 납속의 실시, 토지대장과 호적이 소실되었다. 또한 경복궁, 불국사, 서적, 실록 등의 문화재가 소실·약탈당했으며, 일본을 통하여 조총, 담배, 고추, 호박 등이 전래되었다.

    ㉡ 국제적 영향 : 일본은 문화재를 약탈하고, 성리학자와 도공을 납치하여 일본 문화가 발전하는 계기가 되었으나 명은 여진족의 급성장으로 인하여 쇠퇴하였다.

(4) 광해군의 중립외교

  ① 내정개혁 … 양안(토지대장)과 호적을 재작성하여 국가재정기반을 확보하고, 산업을 진흥하였다. 「동의보감」(허준)을 편찬하고 소실된 사고를 5대 사고로 재정비하였다.

  ② 대외정책 … 임진왜란 동안 조선과 명이 약화된 틈을 타 여진이 후금을 건국(1616)하였다. 후금은 명에 대하여 전쟁을 포고하고 명은 조선에 원군을 요청하였으나, 조선은 명의 원군 요청을 적절히 거절하면서 후금과 친선정책을 꾀하는 중립적인 정책을 취하였다. 광해군의 중립외교는 국내에 전쟁의 화가 미치지 않아 왜란 후의 복구사업에 크게 기여하였다.

(5) 호란의 발발과 전개

  ① 정묘호란(1627) … 명의 모문룡 군대의 가도 주둔과 이괄의 난 이후 이괄의 잔당이 후금에 건너가 조선 정벌을 요구한 것으로 발생하였다. 후금의 침입에 정봉수, 이립 등이 의병으로 활약하였다. 후금의 제의로 쉽게 화의(정묘조약)가 이루어져 후금의 군대는 철수하였다.

  ② 병자호란(1636) … 후금의 군신관계 요구에 조선이 거부한 것이 발단이 되어 발생하였다. 삼전도에서 항복하고 청과 군신관계를 맺게 되었으며, 소현세자와 봉림대군이 인질로 끌려갔다.

(6) 북벌운동의 전개

  ① 서인세력(송시열, 송준길, 이완 등)은 군대를 양성하는 등의 계획을 세웠으나 실천하지 못하였다.

  ② 효종의 북벌계획 … 이완을 훈련대장으로 임명하고 군비를 확충하였으나 효종의 죽음으로 북벌계획은 중단되었다.

## 04 정치상황의 변동

### 1. 통치체제의 변화

(1) 정치구조의 변화

① 비변사의 기능 강화 ··· 중종 초 여진족과 왜구에 대비하기 위해 설치한 임시기구였으나, 임진 왜란을 계기로 문무고관의 합의기구로 확대되었다. 군사뿐만 아니라 외교, 재정, 사회, 인사 등 거의 모든 정무를 총괄하였으며, 왕권의 약화, 의정부 및 6조 기능의 약화를 초래하였다.

② 정치 운영의 변질 ··· 3사는 공론을 반영하기보다 각 붕당의 이해관계를 대변하기에 급급하고 이조·병조의 전랑 역시 상대 붕당을 견제하는 기능으로 변질되어 붕당 간의 대립을 격화시 켰다.

(2) 군사제도의 변화

① 중앙군(5군영)

㉠ 훈련도감 : 삼수병(포수·사수·살수)으로 구성되었으며, 직업적 상비군이었다.

㉡ 어영청 : 효종 때 북벌운동의 중추기관이 되었다. 기·보병으로 구성되며, 지방에서 교대로 번상하였다.

㉢ 총융청 : 북한산성 등 경기 일대의 방어를 위해 속오군으로 편성되었다.

㉣ 수어청 : 정묘호란 후 인조 때 설치되어 남한산성을 개축하고 이를 중심으로 남방을 방어하 기 위해 설치되었다.

㉤ 금위영 : 숙종 때 수도방위를 위해 설치되었다. 기·보병 중심의 선발 군사들로 지방에서 교대로 번상케 하였다.

② 지방군(속오군)

㉠ 지방군제의 변천

• 진관체제 : 세조 이후 실시된 체제로 외적의 침입에 효과가 없었다.

• 제승방략체제 : 유사시에 필요한 방어처에 각 지역의 병력을 동원하여 중앙에서 파견되는 장수가 지휘하게 하는 방어체제이다.

• 속오군체제 : 진관을 복구하고 속오법에 따라 군대를 정비하였다.

㉡ 속오군 : 양천혼성군(양반, 농민, 노비)으로서, 농한기에 훈련하고 유사시에 동원되었다.

(3) 수취제도의 개편

① **전세제도의 개편** … 전세를 풍흉에 관계없이 1결당 미곡 4두로 고정시키는 영정법은 전세율이 다소 낮아졌으나 농민의 대다수인 전호들에게는 도움이 되지 못하였고, 전세 외에 여러 가지 세가 추가로 징수되어 조세의 부담은 증가하였다.

② **공납제도의 개편** … 방납의 폐단으로 토지의 결수에 따라 미, 포, 전을 납입하는 대동법을 시행하였는데 그 결과 농민의 부담을 감소하였으나 지주에게 부과된 대동세가 소작농에게 전가되는 경우가 있었다. 조세의 금납화 촉진, 국가재정의 회복 및 상공업의 발달과 상업도시의 발전을 가져왔다. 그러나 진상 · 별공은 여전히 존속하였다.

③ **군역제도의 개편** … 균역법(군포 2필 → 1필)의 실시로 일시적으로 농민부담은 경감되었으나 폐단의 발생으로 인하여 전국적인 저항을 불러왔다.

## 2. 정쟁의 격화와 탕평정치

(1) 탕평론의 대두

공리공론보다 집권욕에만 집착하여 균형관계가 깨져서 정쟁이 끊이지 않고 사회가 분열되었으며, 이에 강력한 왕권을 토대로 세력 균형을 유지하려는 탕평론이 제기되었다. 숙종은 공평한 인사 관리를 통해 정치집단 간의 세력 균형을 추구하려 하였으나 명목상의 탕평책에 불과하여 편당적인 인사 관리로 빈번한 환국이 발생하였다.

(2) 영조의 탕평정치

① 탕평파를 육성하고, 붕당의 근거지인 서원을 정리하였으며, 이조전랑의 후임자 천거제도를 폐지하였다. 그 결과 정치권력은 국왕과 탕평파 대신에게 집중되었다. 또한 균역법의 시행, 군영의 정비, 악형의 폐지 및 사형수에 대한 삼심제 채택, 「속대전」을 편찬하였다.

② **한계** … 왕권으로 붕당 사이의 다툼을 일시적으로 억제하기는 하였으나 소론 강경파의 변란(이인좌의 난, 나주괘서사건)획책으로 노론이 권력을 독점하게 되었다.

(3) 정조의 탕평정치

① **정치세력의 재편** … 탕평책을 추진하여 벽파를 물리치고 시파를 고루 기용하여 왕권의 강화를 꾀하였다. 또한 영조 때의 척신과 환관 등을 제거하고, 노론과 소론 일부, 남인을 중용하였다.

② **왕권 강화 정책** … 규장각의 육성, 초계문신제의 시행, 장용영의 설치, 수원 육성, 수령의 권한 강화, 서얼과 노비의 차별 완화, 금난전권 폐지, 「대전통편」, 「동문휘고」, 「탁지지」 등을 편찬하였다.

## 3. 정치질서의 변화

### (1) 세도정치의 전개(19세기)

정조가 죽은 후 정치세력 간의 균형이 다시 깨지고 몇몇 유력가문 출신의 인물들에게 집중되었다. 순조 때에는 정순왕후가 수렴청정을 하면서 노론 벽파가 정권을 잡았으나, 정순왕후가 죽자 순조의 장인인 김조순을 중심으로 안동 김씨의 세도정치가 시작되었으며 헌종, 철종 때까지 풍양 조씨, 안동 김씨의 세도정치가 이어졌다.

### (2) 세도정치의 폐단

① 수령직의 매관매직으로 탐관오리의 수탈이 극심해지고 삼정(전정, 군정, 환곡)이 문란해졌다. 그 결과 농촌경제는 피폐해지고, 상품화폐경제는 둔화되었다.

② 세도정치의 한계 … 고증학에 치중되어 개혁의지를 상실하였고 지방의 사정을 이해하지 못했다.

## 4. 대외관계의 변화

### (1) 청과의 관계

① **북벌정책** … 17세기 중엽, 효종 때 추진한 것으로 청의 국력 신장으로 실현가능성이 부족하여 정권 유지의 수단이 되기도 하였으나 양난 이후의 민심 수습과 국방력 강화에 기여하였다.

② **북학론의 대두** … 청의 국력 신장과 문물 융성에 자극을 받아 18세기 말 북학파 실학자들은 청의 문물 도입을 주장을 하였다. 사신들은 천리경, 자명종, 화포, 만국지도, 천주실의 등의 신문물과 서적을 소개하였다.

### (2) 일본과의 관계

① 대일외교관계

ㄱ 기유약조(1609) : 임진왜란 이후 도쿠가와 막부의 요청으로 부산포에 왜관을 설치하고, 대일무역이 행해졌다.

ㄴ 조선통신사 파견 : 17세기 초 이후부터 200여 년간 12회에 걸쳐 파견하였다. 외교사절의 역할뿐만 아니라 조선의 선진학문과 기술을 일본에 전파하였다.

② **울릉도와 독도** … 숙종 때 안용복이 일본으로 건너가 일본 막부에게 울릉도와 독도가 조선 영토임을 확인받고 돌아왔다. 그 후 조선 정부는 울릉도의 주민 이주를 장려하였고, 울릉도에 군을 설치하고 관리를 파견하여 독도까지 관할하였다.

# 출제예상문제

**1** 고구려와 신라의 관계를 다음과 같이 알려주고 있는 삼국시대의 금석문은?

> ⊙ 고구려의 군대가 신라 영토에 주둔했던 것으로 이해할 수 있는 기록이 보인다.
> ⓒ 고구려가 신라의 왕을 호칭할 때 '동이 매금(東夷 寐錦)'이라고 부르고 있다.
> ⓒ 고구려가 신라의 왕과 신하들에게 의복을 하사하는 의식을 거행한 것으로 보인다.

① 광개토왕비        ② 집안고구려비
③ 중원고구려비      ④ 영일냉수리비

**NOTE** 중원고구려비 … 고구려의 고비(古碑)로서 현재 국보 제205호로 지정되어 있다. 이 비는 고구려비(碑) 중 한반도에서 발견된 유일한 예로 고구려가 당시 신라를 「동이(東夷)」라 칭하면서 신라왕에게 종주국으로서 의복을 하사했다는 내용이 실려 있다. 또한 '신라토내당주(新羅土內幢主)'하는 직명으로 미루어보아 신라 영토 안에 고구려 군대가 주둔하였음을 확인할 수 있는 등의 내용이 담겨 있다.

**2**    ㉠ ~ ㉢는 고려시대 대외관계와 관련된 자료이다. 이를 시기 순으로 바르게 나열한 것은?

> ㉠ 윤관이 "신이 여진에게 패한 이유는 여진군은 기병인데 우리는 보병이라 대적할 수 없었기 때문입니다."라고 아뢰었다.
>
> ㉡ 서희가 소손녕에게 "우리나라는 고구려의 옛 땅이오. 그러므로 국호를 고려라 하고 평양에 도읍하였으니, 만일 영토의 경계로 따진다면, 그대 나라의 동경이 모두 우리 경내에 있거늘 어찌 침식이라 하리요."라고 주장하였다.
>
> ㉢ 유승단이 "성곽을 버리며 종사를 버리고, 바다 가운데 있는 섬에 숨어 엎드려 구차히 세월을 보내면서, 변두리의 백성으로 하여금 장정은 칼날과 화살 끝에 다 없어지게 하고, 노약자들은 노예가 되게 함은 국가를 위한 좋은 계책이 아닙니다."라고 반대하였다.

① ㉠ - ㉡ - ㉢                          ② ㉡ - ㉠ - ㉢

③ ㉡ - ㉢ - ㉠                          ④ ㉢ - ㉡ - ㉠

**NOTE**  ㉡ 서희(942~998) : 거란의 침입(993) 때 활약했던 인물이다.
   ㉠ 윤관(?~1111) : 20만 대군을 이끌고 여진을 정복(1107)하고 고려의 동북 9성을 설치하여 고려의 영토를 확장시킨 인물이다.
   ㉢ 유승단(1168~1232) : 최우가 재추회의를 소집하여 강화도로 천도를 논의할 때(1232) 반대했던 인물이다.

**3**    우리 역사 속의 제주도에 관한 설명으로 옳은 것은?

① 원래 탐라라고 불렸는데 고려시대에 제주라는 이름으로 바뀌었다.
② 삼별초는 관군의 압박이 심해지자 이 섬을 버리고 진도로 옮겨갔다.
③ 장보고는 완도에 청해진, 이곳에 혈구진을 세워 해상 세력을 형성했다.
④ 구한말 영국 함대가 러시아를 견제하기 위해 이곳을 무단 점령하였다.

**NOTE**  ② 삼별초는 강화도에서 진도, 제주도로 옮겨갔다.
   ③ 강화도와 관련된 내용이다.
   ④ 거문도와 관련된 내용이다.

**4** 고려의 대외관계에 대한 설명으로 옳지 않은 것은?

① 송과는 문화적 · 경제적으로 밀접한 유대를 맺었다.
② 거란의 침입에 대비하여 광군을 조직하기도 하였다.
③ 송의 판본은 고려의 목판인쇄 발달에 영향을 주었다.
④ 고려는 송의 군사적 제의에 응하여 거란을 협공하였다.

> **NOTE** 송은 고려에 대하여 정치 · 군사적 목적을 고려는 송에 대하여 경제 · 문화적 외교 목적을 갖고 있었다. 즉, 송의 국자감에 유학생을 파견한다든가 의술 및 약재 수입, 불경 · 경서 · 사서 등의 서적 구입에 대외관계를 구축하는 등 경제 · 문화 관계는 유지하였으나 군사적으로 송을 지원하지는 않았다.

**5** 다음 왕들의 정책들과 정치적 목적이 가장 유사한 것은?

> ㉠ 신라 신문왕 : 문무 관리에게 관료전을 지급하고 녹읍을 폐지하였다.
> ㉡ 고려 광종 : 과거 제도를 시행하고 관리의 공복을 제정하였다.
> ㉢ 조선 태종 : 6조 직계제를 확립하고 사병을 혁파하였다.

① 집사부 시중보다 상대등의 권력을 강화하였다.
② 향약과 사창제를 실시하고 서원을 설립하였다.
③ 장용영을 설치하고 규장각을 확대 개편하였다.
④ 중방을 실질적인 최고 권력 기관으로 만들었다.

> **NOTE** ㉠ 신라 신문왕 : 왕권 강화의 차원으로 녹읍제를 폐지하고 관료전의 지급을 실시하였다.
> ㉡ 고려 광종 : 신진관료 양성을 통한 왕권의 강화를 목적으로 하여 무력이 아닌 유교적 학식을 바탕으로 정치적 식견과 능력을 갖춘 관료층의 형성을 위해 과거제도를 실시하였으며 공복을 제정하여 관료제도의 질서를 통한 왕권의 확립을 꾀하였다.
> ㉢ 조선 태종 : 국정운영체제를 도평의사사에서 의정부서사제로, 다시 이를 6조직계제로 고쳐 왕권을 강화하였다. 사원의 토지와 노비를 몰수하여 전제개혁을 마무리하고, 개인의 사병을 혁파하고 노비변정도감이라는 임시관청을 통해 수십만의 노비를 해방시키는 등 국가 재정과 국방을 강화하기 위한 노력을 하였다.

**6** 일본에 사신을 보내면서 스스로를 '고려국왕 대흠무'라고 불렀던 발해 국왕대에 있었던 통일신라의 상황으로 옳은 것은?

① 귀족세력의 반발로 녹읍이 부활되었다.
② 9주 5소경 체제의 지방행정조직을 완비하였다.
③ 의상은 당에서 귀국하여 영주에 부석사를 창건하였다.
④ 장보고는 청해진을 설치하고 남해와 황해의 해상무역권을 장악하였다.

> **NOTE** 발해 문왕(737 ~ 793) … 스스로를 황제라 칭하였으며, 이 시기 통일신라에서는 757년 경덕왕 시절 내외관의 월봉인 관료전이 폐지되고 녹읍이 부활하였다.
> ②③ 7세기
> ④ 신라 하대

**7** 영조 집권 초기에 일어난 다음 사건과 관련된 설명으로 옳지 않은 것은?

> 충청도에서 정부군과 반란군이 대규모 전투를 벌였으며 전라도에서도 반군이 조직되었다. 반란에 참가한 주동자들은 비록 정쟁에 패하고 관직에서 소외되었지만, 서울과 지방의 명문 사대부 가문 출신이었다. 반군은 청주성을 함락하고 안성과 죽산으로 향하였다.

① 주요 원인 중의 하나는 경종의 사인에 대한 의혹이다.
② 반란군이 한양을 점령하고 왕이 피난길에 올랐다.
③ 탕평책을 추진하는 데 더욱 명분을 제공하였다.
④ 소론 및 남인 강경파가 주동이 되어 일으킨 것이다.

> **NOTE** 이인좌의 난(1728) … 경종이 영조 임금에게 독살되었다는 경종 독살설을 주장하며 소론과 남인의 일부가 영조의 왕통을 부정하여 반정을 시도한 것이다. 영조의 즉위와 함께 실각 당하였던 노론이 다시 집권하고 소론 대신들이 처형을 당하자 이에 불만을 품은 이인좌 등이 소론·남인세력과 중소상인, 노비를 규합하여 청주에서 대규모 반란을 일으켜 한성을 점령하려고 북진하다가 안성과 죽산전투에서 오명환이 지휘한 관군에게 패하여 그 목적이 좌절되었다.

**8** 18세기 조선 사상계의 동향에 대한 설명으로 옳지 않은 것은?

① 북학사상은 인물성동론을 철학적 기초로 하였다.
② 낙론은 대의명분을 강조한 북벌론으로 발전되어 갔다.
③ 인물성이론은 대체로 충청도지역 노론학자들이 주장했다.
④ 송시열의 유지에 따라 만동묘를 세워 명나라 신종과 의종을 제사지냈다.

> **NOTE** 북벌의 대의명분을 강조한 것은 호론에 해당한다.
>
> ※ **낙론** … 화이론을 극복하고 북학사상의 내제적 요인으로 인간과 짐승이 본질적으로 같은 품성을 갖는다고 파악
> 하였다. 또한 인간과 자연 사이에 도덕적 일체화를 요구하여 심성위주의 사고에서 벗어나 새로운 물론을 성립
> 시켰으며 이로 인해 자연관의 변화, 경제지학, 상수학 등에 대한 관심을 증대시키고 이를 기반으로 북학사상을
> 수용하였다. 성인과 범인의 마음이 동일하다는 것을 강조하고 당시 성장하는 일반민의 실체를 현실로 인정하며
> 이들을 교화와 개혁책으로 지배질서에 포섭하여 위기를 타개해 나가려 하였다.

**9** 〈보기〉의 대화를 읽고 대화내용에 해당하는 시기의 사건으로 옳은 것은?

> 〈보기〉
> A : 현량과를 실시해서, 이 세력들을 등용하여 우리들의 세력이 약해졌어.
> B : 맞아. 위훈삭제로 우리 공을 깎으려고 하는 것 같아.

① 기묘사화가 발생하였다.
② 조광조 등 사림들이 개혁정치를 펼쳤다.
③ 훈구파가 제거되었다.
④ 임꺽정의 난이 일어났다.

> **NOTE** 기묘사화 … 1519년(중종 4)에 일어난 사화로, 조광조의 혁신정치에 불만을 품은 훈구세력이 위훈 삭제 사건을 계
> 기로 계략을 써서 중종을 움직여 조광조 일파를 제거하였다. 이로 인하여 사림세력은 다시 한 번 크게 기세가
> 꺾였다.

**10** 〈보기〉의 내용에 해당하는 역사적 사실로 옳은 것은?

> 〈보기〉
> 혜공왕의 등극 후 왕권투쟁이 빈번해지면서 민란이 발생하였다.

① 녹읍이 폐지되었다.　　　　　　② 시중의 권한이 강해졌다.

③ 호족이 성장하였다.　　　　　　④ 6두품의 권한이 강해졌다.

> **NOTE** 신라 하대는 왕위쟁탈전이 심해, 왕권은 불안정하고 지방의 반란은 지속되었다. 이에 호족세력은 스스로 성주나 장군으로 자처하며 반독립적인 세력으로 성장하게 되었는데, 지방의 행정과 군사권을 장악하고 경제적 지배력도 행사하였다.

**11** 〈보기〉의 시기로 옳은 것은?

> 〈보기〉
> 요즈음 이 오랑캐가 더욱 창궐하여 감히 참람된 칭호를 가지고 의논한다고 핑계를 대면서 갑자기 글을 가지고 나왔다. 이것이 어찌 우리나라 군신이 차마 들을 수 있는 것이겠는가. 이에 강약과 존망의 형세를 헤아리지 않고 한결같이 정의로 결단을 내려 그 글을 물리치고 받아들이지 않았다. … (중략) … 충의로운 선비는 각기 있는 책략을 다하고 용감한 사람은 종군을 자원하여 다 함께 어려운 난국을 구제해 나라의 은혜에 보답하라.

① ㉠ 시기에 북인정권이 외교정책을 추진했다.

② ㉡ 시기에 송시열이 북벌론을 주장하였다.

③ ㉢ 시기에는 예송논쟁이 펼쳐졌다.

④ ㉣ 시기에 남인이 집권하게 되었다.

> **NOTE** 〈보기〉는 인조가 내린 교서이다. 인조반정 후 집권한 서인 정권은 친명배금정책을 내세웠고 정묘호란이 일어나게 되었다. 후금의 군대는 화의(和議)하고자 하였으며 이에 조선에서는 화전(和戰) 양론이 분분했지만, 후금의 제의를 받아들여 화의가 성립되었다. 이때 화의의 조건은 조선이 후금과 '형제의 맹약'을 맺어 형제의 관계를 유지하되 명나라에 대해서도 적대지는 않는다는 것이었다. 이후 '형제의 맹약'을 '군신의 의'로 수정하자는 요청을 반대하자 병자호란이 일어났다.

**12** 발해를 우리 민족사의 일부로 포함시키고자 할 때 그 증거로 제시할 수 있는 내용으로 옳은 것은?

> ⊙ 발해의 왕이 일본에 보낸 외교문서에서 '고(구)려국왕'을 자처하였다.
> ⓒ 발해 피지배층은 말갈족이었다.
> ⓒ 발해 건국주체세력은 고구려 지배계층이었던 대씨, 고씨가 주류를 이루었다.
> ② 수도상경에 주작 대로를 만들었다.

① ⊙②
② ⊙ⓒ
③ ⊙ⓒ
④ ⊙②

> **NOTE** 발해가 건국된 지역은 고구려 부흥운동이 활발하게 일어난 요동지역이었다. 발해의 지배층 대부분은 고구려 유민이었으며 발해의 문화는 고구려적 요소를 많이 포함하고 있었다.

**13** 삼국통일 후에 신라는 다음과 같은 정책을 실시하게 된 궁극적인 목적으로 옳은 것은?

> • 문무왕은 고구려, 백제인에게도 관직을 내렸다.
> • 옛 고구려, 백제 유민을 포섭하려 노력했다.
> • 고구려인으로 이루어진 황금서당이 조직되었다.
> • 말갈인으로 이루어진 흑금서당이 조직되었다.

① 민족융합정책
② 전제왕권강화
③ 농민생활안정
④ 지방행정조직의 정비

> **NOTE** 삼국통일 이후 신라의 9서당은 중앙군사조직에 신라인뿐만 아니라 고구려 · 백제인 · 말갈인 등 다른 국민까지 포함시켜 조직함으로써 다른 국민에 대한 우환을 경감시키고 중앙병력을 강화할 수 있었다. 그러나 가장 궁극적인 목적은 민족융합에 있었다고 할 수 있다.

**14** 다음 〈보기〉의 내용을 순서대로 바르게 나열한 것은?

---

〈보기〉

㉠ 세조를 비방한 조의제문을 사초에 기록한 것을 트집잡아 훈구파가 연산군을 충동질하여 사림파를 제거하였다.

㉡ 연산군의 생모 윤씨의 폐출사건을 들추어서 사림파를 제거하였다.

㉢ 조광조 등이 현량과를 실시하여 사림을 등용하여 급진적 개혁을 추진하자 이에 대한 훈구세력의 반발로 조광조는 실각되고 말았다.

㉣ 인종의 외척인 윤임과 명종의 외척인 윤형원의 왕위계승 문제가 발단이 되었는데, 왕실 외척인 척신들이 윤임을 몰아내고 정국을 주도하여 사림의 세력이 크게 위축되었다.

㉤ 심의겸과 김효원 사이에 이조 전랑직의 대립으로 붕당이 발생하여 동인과 서인이 나뉘었다.

---

① ㉠ - ㉡ - ㉢ - ㉣ - ㉤    ② ㉡ - ㉠ - ㉢ - ㉣ - ㉤

③ ㉡ - ㉢ - ㉠ - ㉣ - ㉤    ④ ㉤ - ㉣ - ㉢ - ㉡ - ㉠

> **NOTE** 조선시대의 사화
>
> ㉠ **무오사화** : 1498년(연산군 4)에 일어난 사화로, 김종직의 제자인 김일손이 사관으로 있으면서 김종직이 지은 조의제문을 사초에 올린 일을 빌미로 훈구세력이 사림파 학자들을 죽이거나 귀양보냈다.
>
> ㉡ **갑자사화** : 1504년(연산군 10)에 일어난 사화로, 연산군이 그의 생모인 윤씨의 폐출사사사건을 들추어서 자신의 독주를 견제하려는 사림파의 잔존세력을 죽이거나 귀양보냈다.
>
> ㉢ **기묘사화** : 1519년(중종 4)에 일어난 사화로, 조광조의 혁신정치에 불만을 품은 훈구세력이 위훈 삭제 사건을 계기로 계략을 써서 중종을 움직여 조광조 일파를 제거하였다. 이로 인하여 사림세력은 다시 한 번 크게 기세가 꺾였다.
>
> ㉣ **을사사화** : 1545년(명종 즉위년)에 일어난 사화로, 중종의 배다른 두 아들의 왕위 계승을 에워싼 싸움의 결과이다. 인종과 명종의 왕위계승문제는 그들 외척의 대립으로 나타났고, 이에 당시의 양반관리들이 또한 부화뇌동하여 파를 이루었다. 인종이 먼저 즉위하였다가 곧 돌아간 뒤를 이어 명종이 즉위하면서 집권한 그의 외척세력이 반대파를 처치하였다. 이때에도 사림세력이 많은 피해를 입었다.

**15** 연산군에 대한 설명으로 옳지 않은 것은?

① 집권 초 빈민구제 정책을 시행하였다.

② 후금과 명 사이에서 중립외교를 펼쳤다.

③ 유교적 통치이념을 반대하였다.

③ 언문금지령을 내렸다.

> **NOTE** 광해군에 대한 설명이다.

**16** 다음 〈보기〉와 같은 시대의 왕의 업적으로 옳지 않은 것은?

> 〈보기〉
>
> 적극적인 탕평책을 추진하여 벽파를 물리치고 시파를 고루 기용하여 왕권의 강화를 꾀하
> 였다. 또한 영조 때의 척신과 환관 등을 제거하고, 노론과 소론 일부, 남인을 중용하였다.

① 탕평정책의 결심과 의지를 다짐하고 밝히기 위하여 탕평비를 건립하였다.
② 경제 성장과 국부 증진을 위해 금난전권을 폐지하였다.
③ 신진 인물과 중·하급 관리를 재교육한 후 등용하는 초계문신제를 시행하였다.
④ 왕조 국가의 무력 기반을 강화하기 위해 장용영을 창설하였다.

> **NOTE** 〈보기〉는 정조의 업적에 대한 내용이다. 탕평비 건립은 영조의 업적이다.

**17** 원 간섭기 때의 설명으로 옳지 않은 것은?

① 왕권이 원에 의해 유지되면서 통치 질서가 무너져 제기능을 수행하기 어려워졌다.
② 충선왕은 사림원을 통해 개혁정치를 실시하면서, 우선적으로 충렬왕의 측근세력을 제거하고 관제를 바꾸었다.
③ 공민왕 때에는 정치도감을 통해 개혁정치가 이루어지면서 대토지 겸병 등의 폐단이 줄어들었다.
④ 고려는 일년에 한 번 몽고에게 공물의 부담이 있었다.

> **NOTE** 공민왕의 개혁정치 … 공민왕은 반원자주정책과 왕권 강화를 위하여 개혁정치를 펼쳤다. 친원세력을 숙청하고 정동
> 행성을 폐지하였으며 관제를 복구하였다. 몽고풍을 금지하고 쌍성총관부를 수복하고 요동을 공격하였다. 그리고
> 정방을 폐지하고 전민변정도감을 설치하였으며 성균관을 설치하여 유학을 발달시키고 신진사대부를 등용하였다.
> 정치도감을 통한 개혁정치는 충목왕이었다.

Chapter **03**

# 경제구조와 경제생활

**01** 고대의 경제

## 1. 삼국의 경제생활

### (1) 삼국의 경제정책

① **정복활동과 경제정책** … 정복지역의 지배자를 내세워 공물을 징수하였고 전쟁포로들은 귀족이나 병사에게 노비로 지급하였다.

② **수취체제의 정비** … 노동력의 크기로 호를 나누어 곡물·포·특산물 등을 징수하고 15세 이상 남자의 노동력을 징발하였다.

③ **농민경제의 안정책** … 철제 농기구를 보급하고, 우경이나·황무지의 개간을 권장하였으며, 저수지를 축조하였다.

④ **수공업** … 노비들이 무기나 장신구를 생산하였으며, 수공업 생산을 담당하는 관청을 설치하였다.

⑤ **상업** … 도시에 시장이 형성되었으며, 시장을 감독하는 관청을 설치하였다.

⑥ **국제무역** … 왕실과 귀족의 수요품을 중심으로 공무역의 형태로 이루어졌다. 고구려는 남북조와 북방민족을 대상으로 하였으며 백제는 남중국, 왜와 무역하였고 신라는 한강 확보 이전에는 고구려, 백제와 교류하였으나 한강 확보 이후에는 당항성을 통하여 중국과 직접 교역하였다.

### (2) 경제생활

① **귀족의 경제생활** … 자신이 소유한 토지와 노비, 국가에서 지급받은 녹읍과 식읍을 바탕으로 하였으며 귀족은 농민의 지배가 가능하였으며, 기와집, 창고, 마구간, 우물, 주방을 설치하여 생활하였다.

② **농민의 경제생활** … 자기 소유의 토지(민전)나 남의 토지를 빌려 경작하였으며, 우경이 확대되었다. 그러나 수취의 과중한 부담으로 생활개선을 위해 농사기술을 개발하고 경작지를 개간하였다.

## 2. 남북국시대의 경제적 변화

### (1) 통일신라의 경제정책

① 수취체제의 변화

 ㉠ 조세 : 생산량의 10분의 1 정도를 수취하였다.

 ㉡ 공물 : 촌락 단위로 그 지역의 특산물을 징수하였다.

 ㉢ 역 : 군역과 요역으로 이루어져 있었으며, 16 ∼ 60세의 남자를 대상으로 하였다.

② 민정문서

 ㉠ 작성 : 정부가 농민에 대한 조세와 요역 부과 자료의 목적으로 작성된 것으로 추정되며, 자연촌 단위로 매년 변동사항을 조사하여 3년마다 촌주가 작성하였다. 토지의 귀속관계에 따라 연수유전답, 촌주위답, 관모전답, 내시령답, 마전 등으로 분류되어 있다.

 ㉡ 인구조사 : 남녀별, 연령별로 6등급으로 조사하였다. 양인과 노비, 남자와 여자로 나누어 기재되어 있다.

 ㉢ 호구조사 : 9등급으로 구분하였다.

③ 토지제도의 변화

 ㉠ 관료전 지급(신문왕) : 식읍을 제한하고, 녹읍을 폐지하였으며 관료전을 지급하였다.

 ㉡ 정전 지급(성덕왕) : 왕토사상에 의거 백성에게 정전을 지급하고, 구휼정책을 강화하였다.

 ㉢ 녹읍 부활(경덕왕) : 녹읍제가 부활되고 관료전이 폐지되었다.

### (2) 통일신라의 경제

① 경제 발달

 ㉠ 경제력의 성장

 • 중앙 : 동시(지증왕) 외에 서시와 남시(효소왕)가 설치되었다.

 • 지방 : 지방의 중심지나 교통의 요지에서 물물교환이 이루어졌다.

 ㉡ 무역의 발달

 • 대당 무역 : 나 · 당전쟁 이후 8세기 초(성덕왕)에 양국관계가 재개되면서 공무역과 사무역이 발달하였다. 수출품은 명주와 베, 해표피, 삼, 금 · 은세공품 등이었고 수입품은 비단과 책 및 귀족들이 필요로 하는 사치품이었다.

 • 대일 무역 : 초기에는 무역을 제한하였으나, 8세기 이후에는 무역이 활발하였다.

 • 국제무역 : 이슬람 상인이 울산을 내왕하였다.

 • 청해진 설치 : 장보고가 해적을 소탕하였고 남해와 황해의 해상무역권을 장악하여 당, 일본과의 무역을 독점하였다.

② 귀족의 경제생활
　　㉠ 귀족의 경제적 기반 : 녹읍과 식읍을 통해 농민을 지배하여 조세와 공물을 징수하고, 노동력을 동원하였으며 국가에서 지급한 것 외에도 세습토지, 노비, 목장, 섬을 소유하기도 하였다.
　　㉡ 귀족의 일상생활 : 사치품(비단, 양탄자, 유리그릇, 귀금속)을 사용하였으며 경주 근처의 호화주택과 별장(안압지, 포석정 등)을 소유하였다.

③ 농민의 경제생활
　　㉠ 수취의 부담 : 전세는 생산량의 10분의 1 정도를 징수하였으나, 삼베·명주실·과실류를 바쳤고, 부역이 많아 농사에 지장을 초래하였다.
　　㉡ 농토의 상실 : 8세기 후반 귀족이나 호족의 토지 소유 확대로 토지를 빼앗겨 남의 토지를 빌려 경작하거나 노비로 자신을 팔거나, 유랑민이나 도적이 되기도 하였다.
　　㉢ 향, 부곡민 : 농민보다 많은 부담을 가졌다.
　　㉣ 노비 : 왕실, 관청, 귀족, 사원(절) 등에 소속되어 물품을 제작하거나, 일용 잡무 및 경작에 동원되었다.

**(3) 발해의 경제 발달**

① 수취제도
　　㉠ 조세 : 조·콩·보리 등의 곡물을 징수하였다.
　　㉡ 공물 : 베·명주·가죽 등 특산물을 징수하였다.
　　㉢ 부역 : 궁궐·관청 등의 건축에 농민이 동원되었다.

② 귀족경제의 발달 … 대토지를 소유하였으며, 당으로부터 비단과 서적을 수입하였다.

③ 농업 … 밭농사가 중심이 되었으며 일부지역에서 철제 농기구를 사용하고, 수리시설을 확충하여 논농사를 하기도 하였다.

④ 목축·수렵·어업 … 돼지·말·소·양을 사육하고, 모피·녹용·사향을 생산 및 수출하였으며 고기잡이도구를 개량하고, 숭어, 문어, 대게, 고래 등을 잡았다.

⑤ 수공업 … 금속가공업(철, 구리, 금, 은), 직물업(삼베, 명주, 비단), 도자기업 등이 발달하였다.

⑥ 상업 … 도시와 교통요충지에 상업이 발달하고, 현물과 화폐를 주로 사용하였으며, 외국 화폐가 유통되기도 하였다.

⑦ 무역 … 당, 신라, 거란, 일본 등과 무역하였다.
　　㉠ 대당 무역 : 산둥반도의 덩저우에 발해관을 설치하였으며, 수출품은 토산품과 수공업품(모피, 인삼, 불상, 자기)이며 수입품은 귀족들의 수요품인 비단, 책 등이었다.
　　㉡ 대일 무역 : 일본과의 외교관계를 중시하여 활발한 무역활동을 전개하였다.
　　㉢ 신라와의 관계 : 필요에 따라 사신이 교환되고 소극적인 경제, 문화 교류를 하였다.

## 02 중세의 경제

## 1. 경제 정책

### (1) 전시과 제도

① 특징 … 토지소유권은 국유를 원칙으로 하나, 사유지가 인정되었다. 수조권에 따라 공·사전을 구분하여 수조권이 국가에 있으면 공전, 개인·사원에 속해 있으면 사전이라 하였으며 경작권은 농민과 외거노비에게 있었다. 관직 복무와 직역에 대한 대가로 지급되었기 때문에 세습이 허용되지 않았다.

② 토지제도의 정비과정

    ㉠ 역분전(태조) : 후삼국 통일과정에서 공을 세운 사람들에게 충성도와 인품에 따라 경기지방에 한하여 지급하였다.

    ㉡ 시정전시과(경종) : 관직이 높고 낮음과 함께 인품을 반영하여 역분전의 성격을 벗어나지 못하였고 전국적 규모로 정비되었다.

    ㉢ 개정전시과(목종) : 관직만을 고려하여 지급하는 기준안을 마련하고, 지급량도 재조정하였으며, 문관이 우대되었고 군인전도 전시과에 규정하였다.

    ㉣ 경정전시과(문종) : 현직 관리에게만 지급하고, 무신에 대한 차별대우가 시정되었다.

    ㉤ 녹과전(원종) : 무신정변으로 전시과체제가 완전히 붕괴되면서 관리의 생계 보장을 위해 지급하였다.

    ㉥ 과전법(공양왕) : 권문세족의 토지를 몰수하여 공전에 편입하고 경기도에 한해 과전을 지급하였다. 이로써 신진사대부의 경제적 토대가 마련되었다.

### (2) 토지의 소유

고려는 국가에 봉사하는 대가로 관료에게 전지와 시지를 차등있게 나누어 주는 전시과와 개인 소유의 토지인 민전을 근간으로 운영하였다.

## 2. 경제활동

### (1) 귀족의 경제생활

대대로 상속받은 토지와 노비, 과전과 녹봉 등이 기반이 되었으며 노비에게 경작시키거나 소작을 주어 생산량의 2분의 1을 징수하고, 외거노비에게 신공으로 매년 베나 곡식을 징수하였다.

### (2) 농민의 경제생활

민전을 경작하거나, 국유지나 공유지 또는 다른 사람의 토지를 경작하여, 품팔이를 하거나 가내 수공업에 종사하였다. 삼경법이 일반화되었고 시비법의 발달, 윤작의 보급 및 이앙법이 남부지방에서 유행하였다.

(3) 수공업자의 활동

① 관청수공업 … 공장안에 등록된 수공업자와 농민 부역으로 운영되었으며, 주로 무기, 가구, 세공품, 견직물, 마구류 등을 제조하였다.

② 소(所)수공업 … 금, 은, 철, 구리, 실, 각종 옷감, 종이, 먹, 차, 생강 등을 생산하여 공물로 납부하였다.

③ 사원수공업 … 베, 모시, 기와, 술, 소금 등을 생산하였다.

④ 민간수공업 … 농촌의 가내수공업이 중심이 되었으며(삼베, 모시, 명주 생산), 후기에는 관청수공업에서 제조하던 물품(놋그릇, 도자기 등)을 생산하였다.

(4) 상업활동

① 도시 … 개경, 서경(평양), 동경(경주) 등 대도시에 서적점, 약점, 주점, 다점 등의 관영상점이 설치되었고 비정기 시장도 활성화되었으며 물가조절 기구인 경사서가 설치되었다.

② 지방 … 관아 근처에서 쌀이나 베를 교환할 수 있는 시장이 열렸으며 행상들의 활동도 두드러졌다.

③ 사원 … 소유하고 있는 토지에서 생산한 곡물과 승려나 노비들이 만든 수공업품을 민간에 판매하였다.

④ 고려 후기 … 벽란도가 교통로와 산업의 중심지로 발달하였고, 국가의 재정수입을 늘리기 위하여 소금의 전매제가 실시되었고, 관청·관리 등은 농민에게 물품을 강매하거나, 조세를 대납하게 하였다.

(5) 화폐 주조와 고리대의 유행

① 자급자족적 경제구조로 유통이 부진하였고 곡식이나 삼베가 유통의 매개가 되었으며, 장생고라는 서민금융기관을 통해 사원과 귀족들은 폭리를 취하여 부를 확대하였는데 이로 인하여 농민은 토지를 상실하거나 노비가 되기도 하였다.

② 보(寶) … 일정한 기금을 조성하여 그 이자를 공적인 사업의 경비로 충당하는 것을 말한다.

　㉠ 학보(태조) : 학교 재단

　㉡ 광학보(정종) : 승려를 위한 장학재단

　㉢ 경보(정종) : 불경 간행

　㉣ 팔관보(문종) : 팔관회 경비

　㉤ 제위보(광종) : 빈민 구제

　㉥ 금종보 : 현화사 범종주조 기금

**(6) 무역활동**

① 공무역을 중심으로 발전하였으며, 벽란도가 국제무역항으로 번성하게 되었다.

② 고려는 문화적·경제적 목적으로 송은 정치적·군사적 목적으로 친선관계를 유지하였으며 거란과 여진과는 은과 농기구, 식량을 교역하였다. 일본과는 11세기 후반부터 김해에서 내왕하면서 수은·유황 등을 가지고 와서 식량·인삼·서적 등과 바꾸어 갔고, 아라비아(대식국)는 송을 거쳐 고려에 들어와 수은·향료·산호 등을 판매하였다. 또한 이 시기에 고려의 이름이 서방에 알려졌다.

③ **원 간섭기의 무역** … 공무역이 행해지는 한편 사무역이 다시 활발해졌고, 상인들이 독자적으로 원과 교역하면서 금, 은, 소, 말 등이 지나치게 유출되어 사회적으로 물의가 일어날 정도였다.

## 03 ◀ 근세의 경제

### 1. 경제정책

**(1) 과전법의 시행과 변화**

① **과전법의 시행** … 국가의 재정기반과 신진사대부세력의 경제기반을 확보하기 위해 시행되었다. 경기지방의 토지에 한정되었고 과전을 받은 사람이 죽거나 반역을 한 경우에는 국가에 반환하였으며 토지의 일부는 수신전, 휼양전, 공신전 형태로 세습이 가능하였다.

② **과전법의 변화** … 토지가 세습되자 신진관리에게 나누어 줄 토지가 부족하게 되었다.

　ㄱ 직전법(세조) : 현직 관리에게만 수조권을 지급하였고 수신전과 휼양전을 폐지하였다.

　ㄴ 관수관급제(성종) : 관청에서 수조권을 행사하고, 관리에게 지급하여 국가의 지배권이 강화하였다.

　ㄷ 직전법의 폐지(16세기 중엽) : 수조권 지급제도가 없어졌다.

③ **지주제의 확산** … 직전법이 소멸되면서 고위층 양반들이나 지방 토호들은 토지 소유를 늘리기 시작하여 지주전호제가 일반화되고 병작반수제가 생겼다.

(2) 수취체제의 확립

① **조세** … 토지 소유자의 부담이었으나 지주들은 소작농에게 대신 납부하도록 강요하는 경우가 많았다.

㉠ 과전법 : 수확량의 10분의 1을 징수하고, 매년 풍흉에 따라 납부액을 조정하였다.

㉡ 전분6등법 · 연분9등법(세종) : 1결당 최고 20두에서 최하 4두를 징수하였다.

• 전분6등법
- 토지의 비옥한 정도에 따라 6등급으로 나누고 그에 따라 1결의 면적을 달리하였다.
- 모든 토지는 20년마다 측량하여 대장을 만들어 호조, 각 도, 각 고을에 보관하였다.

• 연분9등법
- 한 해의 풍흉에 따라 9등급으로 구분하였다.
- 작황의 풍흉에 따라 1결당 최고 20두에서 최하 4두까지 차등을 두었다.

㉢ 조세 운송 : 군현에서 거둔 조세는 조창(수운창 · 해운창)을 거쳐 경창(용산 · 서강)으로 운송하였으며, 평안도와 함경도의 조세는 군사비와 사신접대비로 사용하였다.

② **공납** … 중앙관청에서 각 지역의 토산물을 조사하여 군현에 물품과 액수를 할당하여 징수하는 것으로, 납부기준에 맞는 품질과 수량을 맞추기 어려워 농민들의 부담이 컸다.

③ **역** … 16세 이상의 정남에게 의무가 있다.

㉠ 군역 : 정군은 일정 기간 군사복무를 위하여 교대로 근무했으며, 보인은 정군이 복무하는 데에 드는 비용을 보조하였다. 양반, 서리, 향리는 군역이 면제되었다.

㉡ 요역 : 가호를 기준으로 정남의 수를 고려하여 뽑았으며, 각종 공사에 동원되었다. 토지 8결당 1인이 동원되었고, 1년에 6일 이내로 동원할 수 있는 날을 제한하였으나 임의로 징발하는 경우도 많았다.

④ **국가재정** … 세입은 조세, 공물, 역 이외에 염전, 광산, 산림, 어장, 상인, 수공업자의 세금으로 마련하였으며, 세출은 군량미나 구휼미로 비축하고 왕실경비, 공공행사비, 관리의 녹봉, 군량미, 빈민구제비, 의료비 등으로 지출하였다.

## 2. 양반과 평민의 경제활동

### (1) 양반 지주의 생활

농장은 노비의 경작과 주변 농민들의 병작반수의 소작으로 행해졌다. 노비는 재산의 한 형태로 구매, 소유 노비의 출산 및 혼인으로 확보되었고, 외거노비는 주인의 땅을 경작 및 관리하고 신공을 징수하였다.

### (2) 농민생활의 변화

① 농업기술의 발달

  ㉠ 밭농사 : 조·보리·콩의 2년 3작이 널리 행해졌다.

  ㉡ 논농사 : 남부지방에 모내기 보급과 벼와 보리의 이모작으로 생산량이 증가되었다.

  ㉢ 시비법 : 밑거름과 덧거름을 주어 휴경제도가 거의 사라졌다.

  ㉣ 농기구 : 쟁기, 낫, 호미 등의 농기구도 개량되었다.

  ㉤ 수리시설의 확충

② 상품 재배 … 목화 재배가 확대되어 의생활이 개선되었고, 약초와 과수 재배가 확대되었다.

### (3) 수공업 생산활동

① 관영수공업 … 관장은 국역으로 의류, 활자, 화약, 무기, 문방구, 그릇 등을 제작하여 공급하였고, 국역기간이 끝나면 자유로이 필수품을 제작하여 판매할 수 있었다.

② 민영수공업 … 농기구 등 물품을 제작하거나, 양반의 사치품을 생산하는 일을 맡았다.

③ 가내수공업 … 자급자족 형태로 생활필수품을 생산하였다.

### (4) 상업활동

① 시전 상인 … 왕실이나 관청에 물품을 공급하는 특정 상품의 독점판매권(금난전권)을 획득하였으며, 육의전(시전 중 명주, 종이, 어물, 모시, 삼베, 무명을 파는 점포)이 번성하였다. 또한 경시서를 설치하여 불법적인 상행위를 통제하였고 도량형을 검사하고 물가를 조절하였다.

② 장시 … 서울 근교와 지방에서 농업생산력 발달에 힘입어 정기 시장으로 정착되었으며, 보부상이 판매와 유통을 주도하였다.

③ 화폐 … 화(태종, 조선 최초의 지폐)와 조선통보(세종)를 발행하였으나 유통이 부진하였다. 농민에겐 쌀과 무명이 화폐역할을 하였다.

④ 대외무역 … 명과는 공무역과 사무역을 허용하였으며, 여진과는 국경지역의 무역소를 통해 교역하였고 일본과는 동래에 설치한 왜관을 통해 무역하였다.

**(5) 수취제도의 문란**

① **공납의 폐단 발생** … 중앙관청의 서리들이 공물을 대신 납부하고 수수료를 징수하는 것을 방납이라 하는데 방납이 증가할수록 농민의 부담이 증가되었다. 이에 이이·유성룡은 공물을 쌀로 걷는 수미법을 주장하였다.

② **군역의 변질**

㉠ 군역의 요역화 : 농민 대신에 군인을 각종 토목공사에 동원시키게 되어 군역을 기피하게 되었다.

㉡ 대립제 : 보인들에게서 받은 조역가로 사람을 사서 군역을 대신시키는 현상이다.

㉢ 군적수포제 : 장정에게 군포를 받아 그 수입으로 군대를 양성하는 직업군인제로서 군대의 질이 떨어지고, 모병제화되었으며 농민의 부담이 가중되는 결과를 낳았다.

③ **환곡** … 농민에게 곡물을 빌려 주고 10분의 1 정도의 이자를 거두는 제도로서 지방 수령과 향리들이 정한 이자보다 많이 징수하는 폐단을 낳았다.

## 04 경제상황의 변동

### 1. 수취체제의 개편

**(1) 영정법의 실시(1635)**

① **배경** … 15세기의 전분 6등급과 연분 9등급은 매우 번잡하여 제대로 운영되지 않았고, 16세기에는 아예 무시된 채 최저율의 세액이 적용되게 되었다.

② **내용** … 풍흉에 관계 없이 전세로 토지 1결당 미곡 4두를 징수하였다.

③ **결과** … 전세율은 이전보다 감소하였으나 여러 명목의 비용을 함께 징수하여 농민의 부담은 다시 증가하였으며 또한 지주전호제하의 전호들에겐 적용되지 않았다.

**(2) 공납의 전세화**

① 방납의 폐단을 시정하고 농민의 토지 이탈을 방지하기 위해서 대동법을 실시하였다. 과세기준이 종전의 가호에서 토지의 결 수로 바뀌어 농민의 부담이 감소하였다.

② **영향** … 공인의 등장, 농민부담의 경감, 장시와 상공업의 발달, 상업도시의 성장, 상품·화폐경제의 성장, 봉건적 양반사회의 붕괴 등에 영향을 미쳤으나 현물 징수는 여전히 존속하였다.

③ **의의** … 종래의 현물 징수가 미곡, 포목, 전화 등으로 대체됨으로써 조세의 금납화 및 공납의 전세화가 이루어졌다.

(3) 균역법의 시행

① **균역법의 실시** ··· 농민 1인당 1년에 군포 1필을 부담 하였으며 지주에게는 결작으로 1결당 미곡 2두를 징수하고, 상류층에게 선무군관이라는 창호로 군포 1필을 징수하였으며 어장세, 선박세 등 잡세 수입으로 보충하였다.

② **결과** ··· 농민의 부담은 일시적으로 경감하였지만 농민에게 결작의 부담이 강요되었고 군적의 문란으로 농민의 부담이 다시 가중되었다.

## 2. 서민경제의 발전

(1) 양반 지주의 경영 변화

상품화폐경제의 발달로 소작인의 소작권을 인정하고, 소작료 인하 및 소작료를 일정액으로 정하는 추세가 등장하게 되었으며, 토지 매입 및 고리대로 부를 축적하거나, 경제 변동에 적응하지 못한 양반이 등장하게 되었다.

(2) 농민경제의 변화

① **모내기법의 확대** ··· 이모작으로 인해 광작의 성행과 농민의 일부는 부농으로 성장하였다.

② **상품작물의 재배** ··· 장시가 증가하여 상품(쌀, 면화, 채소, 담배, 약초 등)의 유통이 활발해졌다.

③ **소작권의 변화** ··· 소작료가 타조법에서 도조법으로 변화하였고, 곡물이나 화폐로 지불하였다.

④ **몰락 농민의 증가** ··· 부세의 부담, 고리채의 이용, 관혼상제의 비용 부담 등으로 소작지를 잃은 농민은 도시에서 상공업에 종사하거나, 광산이나 포구의 임노동자로 전환되었다.

(3) 민영수공업의 발달

① **민영수공업** ··· 관영수공업이 쇠퇴하고 민영수공업이 증가하였다.

② **농촌수공업** ··· 전문적으로 수공업제품을 생산하는 농가가 등장하여, 옷감과 그릇을 생산하였다.

③ **수공업 형태의 변화** ··· 상인이나 공인으로부터 자금이나 원료를 미리 받고 제품을 생산하는 선대제수공업이나 독자적으로 제품을 생산하고 판매하는 독립수공업의 형태로 변화하였다.

(4) 민영 광산의 증가

① **광산 개발의 증가** ··· 민영수공업의 발달로 광물의 수요가 증가, 대청 무역으로 은의 수요가 증가, 상업자본의 채굴과 금광 투자가 증가하고, 잠채가 성행하였다.

② **조선 후기의 광업** ··· 덕대가 상인 물주로부터 자본을 조달받아 채굴업자와 채굴노동자, 제련노동자 등을 고용하여 분업에 토대를 둔 협업으로 운영하였다.

## 3. 상품화폐경제의 발달

### (1) 사상의 대두

① **상품화폐경제의 발달** … 농민의 계층 분화로 도시유입인구가 증가되어 상업활동은 더욱 활발해 졌으며 이는 공인과 사상이 주도하였다.

② **사상의 성장** … 초기의 사상은 농촌에서 도시로 유입된 인구의 일부가 상업으로 생계를 유지하 여 시전에서 물건을 떼어다 파는 중도아(中都兒)가 되었다가, 17세기 후반에는 시전상인과 공 인이 상업활동에서 활기를 띠자 난전이라 불리는 사상들도 성장하였고 시전과 대립하였다. 이 후 18세기 말, 정부는 육의전을 제외한 나머지 시전의 금난전권을 폐지하였다.

### (2) 장시의 발달

① 15세기 말 개설되기 시작한 장시는 18세기 중엽 전국에 1,000여 개 소가 개설되었으며, 보 통 5일마다 열렸는데 일부 장시는 상설 시장이 되기도 하였으며, 인근의 장시와 연계하여 하 나의 지역적 시장권을 형성하였다.

② **보부상의 활동** … 농촌의 장시를 하나의 유통망으로 연결하여 생산자와 소비자를 이어주는 데 큰 역할을 하였고, 자신들의 이익을 지키기 위하여 보부상단 조합을 결성하였다.

### (3) 포구에서의 상업활동

① **포구의 성장**

ㄱ 수로 운송 : 도로와 수레가 발달하지 못하여 육로보다 수로를 이용하였다.

ㄴ 포구의 역할 변화 : 세곡과 소작료 운송기지에서 상업의 중심지로 성장하였다.

ㄷ 선상, 객주, 여각 : 포구를 거점으로 상행위를 하는 상인이 등장했다.

② **상업활동**

ㄱ 선상 : 선박을 이용하여 포구에서 물품을 유통하였다.

ㄴ 경강상인 : 대표적인 선상으로 한강을 근거지로 소금, 어물과 같은 물품의 운송과 판매를 장악하여 부를 축적하였고 선박의 건조 등 생산분야에까지 진출하였다.

ㄷ 객주, 여각 : 선상의 상품매매를 중개하거나, 운송 · 보관 · 숙박 · 금융 등의 영업을 하였다.

(4) 중계무역의 발달

① **대청 무역** … 7세기 중엽부터 활기를 띄었으며, 공무역에는 중강개시, 회령개시, 경원개시 등이 있고, 사무역에는 중강후시, 책문후시, 회동관후시, 단련사후시 등이 있었다. 주로 수입품은 비단, 약재, 문방구 등이며 수출품은 은, 종이, 무명, 인삼 등이었다.

② **대일 무역** … 왜관개시를 통한 공무역이 활발하게 이루어졌고 조공무역이 이루어졌다. 조선은 수입한 물품들을 일본에게 넘겨주는 중계무역을 하고 일본으로부터 은, 구리, 황, 후추 등을 수입하였다.

③ **상인들의 무역활동** … 의주의 만상, 동래의 내상 개성의 송상 등이 있다.

(5) 화폐 유통

① **화폐의 보급** … 인조 때 동전이 주조되어, 개성을 중심으로 유통되다가 효종 때 널리 유통되었다. 18세기 후반에는 세금과 소작료도 동전으로 대납이 가능해졌다.

② **동전 부족(전황)** … 지주, 대상인이 화폐를 고리대나 재산 축적에 이용하자 전황이 생겨 이익은 폐전론을 주장하기도 하였다.

③ **신용화폐의 등장** … 상품화폐경제의 진전과 상업자본의 성장으로 대규모 상거래에 환·어음 등의 신용화폐를 이용하였다.

**1**  통일신라시대 귀족경제의 변화를 말해주고 있는 밑줄 친 '이것'에 대한 설명으로 옳은 것은?

> 전제왕권이 강화되면서 신문왕 9년(689)에 이것을 폐지하였다. 이를 대신하여 조(租)의 수취만을 허락하는 관료전이 주어졌고, 한편 일정한 양의 곡식이 세조(歲租)로서 또한 주어졌다. 그러나 경덕왕 16년(757)에 이르러 다시 '이것'이 부활되는 변화과정을 겪었다.

① 이것이 폐지되자 전국의 모든 국토는 '왕토(王土)'라는 사상이 새롭게 나오게 되었다.
② 수급자가 토지로부터 조(租)를 받을 뿐 아니라, 그 지역의 주민을 노역(勞役)에 동원할 수 있었다.
③ 삼국통일 이후 국가에 큰 공을 세운 육두품 신분의 사람들에게 특별히 지급하였다.
④ 촌락에 거주하는 양인농민인 백정이 공동으로 경작하였다.

> **NOTE** 녹읍 … 신라 및 고려 초기 관리들에게 관직 복무의 대가로 일정 지역의 경제적 수취를 허용해 준 특정 지역이다.

**2**  고려시대의 경제 활동에 대한 설명으로 옳지 않은 것은?

① 전기에는 관청 수공업과 소 수공업 중심으로 발달하였다.
② 상업은 촌락을 중심으로 발달하였다.
③ 대외 무역에서 가장 큰 비중을 차지한 것은 송과의 무역이었다.
④ 사원에서는 베, 모시, 기와, 술, 소금 등의 품질 좋은 제품을 생산하였다.

> **NOTE** 고려시대에는 상품화폐경제가 발달하지 못하였고 상업은 촌락이 아니라 도시를 중심으로 발달하였다.

**3** ㉠ 시기에 볼 수 있는 장면으로 적절한 것은?

|  | ㉠ |  |
|---|---|---|
| 이인좌의 난 |  | 규장각 설치 |

① 당백전으로 물건을 사는 농민
② 금난전권 폐지를 반기는 상인
③ 전(錢)으로 결작을 납부하는 지주
④ 경기도에 대동법 실시를 명하는 국왕

> **NOTE** 이인좌의 난은 1728년에 일어났고 규장각은 1776년에 설치되었다. 균역법은 1750년(영조 26) 실시한 부세제도로 종래까지 군포 2필씩 징수하던 것을 1필로 감하고 그 세수의 감액분을 결미(結米)·결전(結錢), 어(漁)·염(鹽)·선세(船稅), 병무군관포, 은·여결세, 이획 등으로 충당하였다.
> ① 당백전은 1866년(고종 3) 11월에 주조되어 약 6개월여 동안 유통되었던 화폐이다.
> ② 금난전권은 1791년(정조 15) 폐지(금지)되었다.
> ④ 대동법은 1608년(광해군 즉위년) 경기도에 처음 실시되었다.

**4** 다음에서 설명하는 제도가 시행되었던 왕대의 상황에 대한 설명으로 옳은 것은?

> 양인들의 군역에 대한 절목 등을 검토하고 유생의 의견을 들었으며, 개선 방향에 관한 면밀한 검토를 거친 후 담당 관청을 설치하고 본격적으로 시행하였다. 핵심 내용은 1년에 백성이 부담하는 군포 2필을 1필로 줄이는 것이었다.

① 「증보문헌비고」가 편찬, 간행되었다.
② 노론의 핵심 인물이 대거 처형당하였다.
③ 통공정책을 써서 금난전권을 폐지하였다.
④ 청계천을 준설하여 도시를 재정비하고자 하였다.

> **NOTE** 서문은 영조시대 백성에게 큰 부담이 된 군포제도를 개혁한 균역법에 대한 설명이다. 이 시대에는 도성의 중앙을 흐르는 청계천을 준설하는 준천사업을 추진하였고 1730년을 전후로 서울인구가 급증하고 겨울용 뗄감의 사용량이 증가하면서 서울 주변 산이 헐벗게 되었다. 이로 인하여 청계천에 토사가 퇴적되어 청계천이 범람하는 사건이 발생하였다.

**5** 다음과 같은 문화 활동을 전후한 시기의 농업 기술 발달에 관한 내용으로 옳은 것을 모두 고르면?

---

- 서예에서 간결한 구양순체 대신에 우아한 송설체가 유행하였다.
- 고려 태조에서 숙종 대까지의 역대 임금의 치적을 정리한 「사략」이 편찬되었다.

---

- ㉠ 2년 3작의 윤작법이 점차 보급되었다.
- ㉡ 원의 「농상집요」가 소개되었다.
- ㉢ 우경에 의한 심경법이 확대되었다.
- ㉣ 상품 작물이 광범위하게 재배되었다.

① ㉠㉡　　　　　　　　　　　　② ㉡㉢
③ ㉠㉡㉢　　　　　　　　　　　④ ㉡㉢㉣

> **NOTE** 구양순체는 고려 전기의 유행서체이며 송설체가 유행한 시기는 고려 후기에 해당한다. 또한 13세기 후반 성리학의 수용으로 대의명분과 정통의식을 고수하는 성리학과 사관이 도입되었는데 이제현의 「사략」은 이 시기의 대표적인 역사서이다. 따라서 고려 후기의 농업 기술 발달에 관한 내용을 선택하여야 하며 상품작물이 광범위하게 재배된 것은 조선 후기의 특징에 해당하므로 제외하여야 한다.
>
> ※ 고려 후기의 농업 발달
> ㉠ 밭농사에 2년 3작의 윤작법이 보급되었다.
> ㉡ 원의 사농사에서 편찬한 화북지방의 농법 「농상집요」를 전통적인 것을 보다 더 발전시키려는 노력의 일단으로 소개 보급하였다.
> ㉢ 소를 이용한 심경법이 널리 보급되었다.

**6** 〈보기〉의 세 사람이 공통적으로 주장한 내용으로 옳은 것은?

---

〈보기〉
- 유형원　　　　　　　• 이익　　　　　　　• 정약용

---

① 자영농을 육성하여 민생을 안정시키자고 주장하였다.
② 상공업의 진흥과 기술혁신을 주장하였다.
③ 개화기의 개화사상가들에 의해 계승되었다.
④ 농업부문에서 도시제도의 개혁보다는 생산력 증대를 중요시 하였다.

> **NOTE** 중농학파(경세치용)
> ㉠ 농촌 거주의 남인학자들에 의해 발달
> ㉡ 국가제도의 개편으로 유교적 이상국가의 건설을 주장
> ㉢ 토지제도의 개혁을 강조하여 자영농의 육성과 농촌경제의 안정을 도모
> ㉣ 대원군의 개혁정치, 한말의 애국계몽사상, 일제시대의 국학자들에게 영향

**7** 조선시대 토지제도에 대한 설명이다. 변천순서로 옳은 것은?

> ㉠ 국가의 재정기반과 신진사대부세력의 경제기반을 확보하기 위해 시행되었다.
> ㉡ 현직관리에게만 수조권을 지급하였다.
> ㉢ 관청에서 수조권을 행사하여 백성에게 조를 받아, 관리에게 지급하였다.
> ㉣ 국가가 관리에게 현물을 지급하는 급료제도이다.

① ㉠ - ㉡ - ㉢ - ㉣　　　　　　　② ㉡ - ㉠ - ㉢ - ㉣
③ ㉢ - ㉡ - ㉠ - ㉣　　　　　　　④ ㉣ - ㉡ - ㉢ - ㉠

> **NOTE** 토지제도의 변천
> ㉠ **통일신라시대** : 전제왕권이 강화되면서 녹읍이 폐지되고 신문왕 관료전이 지급되었다.
> ㉡ **고려시대** : 역분전 → 시정전시과 → 개정전시과 → 경정전시과 → 녹과전 → 과전법의 순으로 토지제도가 변천되었다.
> ㉢ **조선시대** : 과전법 → 직전법 → 관수관급제 → 직전법의 폐지와 지주제의 확산 등으로 이루어졌다.

**8** 영조 때 실시된 균역법에 대한 설명으로 옳지 않은 것은?

① 군포를 1년에 2필에서 1필로 경감시켰다.
② 균역법의 실시로 모든 양반에게도 군포를 징수하였다.
③ 균역법의 시행으로 감소된 재정은 어장세 · 염전세 · 선박세로 보충하였다.
④ 결작이라 하여 토지 1결당 미곡 2두를 부과하였다.

> **NOTE** 균역법의 시행으로 감소된 재정은 결작(토지 1결당 미곡 2두)을 부과하고 일부 상류층에게 선무군관이라는 칭호
> 를 주어 군포 1필을 납부하게 하였으며 선박세와 어장세, 염전세 등으로 보충하였다.

**9** 다음 중 고려시대 토지제도의 기본이 되었던 것은?

① 과전법　　　　　　　② 전시과
③ 녹읍　　　　　　　　④ 녹과전

> **NOTE** 고려는 국가에 봉사하는 대가로 관료에게 전지와 시지를 차등 있게 지급한 전시과와 개인 소유지인 민전을 토지
> 제도의 기본으로 하였다.

**10** 민정문서(신라장적)에 대한 설명으로 옳은 것은?

① 천민 집단과 노비의 노동력은 기록하지 않았다.
② 소백 산맥 동쪽에 있는 중원경과 그 주변 촌락의 기록이다.
③ 인구를 연령별로 6등급으로 나누어 작성하였다.
④ 5년마다 촌락의 노동력과 생산력을 지방관이 작성하였다.
⑤ 국가는 노동력과 생산 자원을 직접 관리하였다.

> **NOTE** 연령과 성별에 따라 6등급으로, 호는 인구수에 따라 9등급으로 나누어 기록하였다.
>
> ① 양인과 노비, 남자와 여자로 나누어 기재되어 있다.
> ② 서원경 인근 네 개 촌락의 기록이다.
> ④ 매년 변동사항을 조사하여 3년마다 촌주가 작성하였다.
> ⑤ 농민에 대한 조세와 요역 부과 자료의 목적으로 작성되었다.

**11** 신문왕 때 폐지되었던 녹읍이 경덕왕 때 다시 부활한 이유로 옳은 것은?

① 왕권 강화　　　　　　　② 귀족 세력의 반발
③ 피정복민의 회유　　　　④ 농민의 생활 안정

> **NOTE** 경덕왕때 귀족의 반발로 녹읍제가 부활되어 국가경제가 어렵게 되었다.

**12** 다음은 통일신라 때의 토지 제도에 대한 설명이다. 이에 관한 설명으로 옳은 것은?

> 통일 후에는 문무 관료들에게 토지를 나누어 주고, 녹읍을 폐지하는 대신 해마다 곡식을 나누어 주었다.

① 농민 경제가 점차 안정되었다.
② 귀족들의 농민 지배가 더욱 강화되었다.
③ 귀족들의 기반이 더욱 강화되었다.
④ 귀족에 대한 국왕의 권한이 점차 강화되었다.

> **NOTE** 제시된 내용은 관료전을 지급하는 대신 녹읍을 폐지한 조치에 대한 설명이다. 녹읍은 토지세와 공물은 물론 농민의 노동력까지 동원할 수 있었으나 관료전은 토지세만 수취할 수 있었다.

**13** 통일신라의 무역활동과 관계 없는 것은?

① 한강 진출로 당항성을 확보하여 중국과의 연결을 단축시켰다.
② 산둥반도와 양쯔강 하류에 신라인 거주지가 생기게 되었다.
③ 통일 직후부터 일본과의 교류가 활발해졌다.
④ 장보고가 청해진을 설치하고 남해와 황해의 해상무역권을 장악하였다.

**NOTE** 일본과의 무역은 통일 직후에는 일본이 신라를 견제하고, 신라도 일본의 여·제 유민을 경계하여 경제교류가 활발하지 못하였으나 8세기 이후 정치의 안정과 일본의 선진문화에 대한 욕구로 교류가 활발해졌다.

**14** 고대 여러 나라의 무역활동에 관한 설명으로 옳지 않은 것은?

① 고구려는 중국의 남북조 및 유목민인 북방 민족과 무역하였다.
② 백제는 남중국 및 왜와 무역을 하였다.
③ 발해는 당과 평화관계가 성립되어 무역이 활발하게 이루어졌다.
④ 통일신라는 삼국통일 직후 당, 일본과 활발하게 교류하였다.

**NOTE** 통일 이후 일본과의 교류를 제한하여 무역이 활발하지 못하였으며, 8세기 이후부터 다시 교역이 이루어졌다.

**15** 삼국시대의 수공업 생산에 대한 설명으로 옳은 것은?

① 국가가 관청을 두고 기술자를 배치하여 물품을 생산하였다.
② 도자기가 생산되어 중국에 수출하였다.
③ 수공업의 발달은 상품경제의 성장을 촉진하였다.
④ 노예들은 큰 작업장에 모여 공동으로 생산활동을 하였다.
⑤ 노비들은 대부분 뛰어난 기술자였다.

**NOTE** 초기에는 기술이 뛰어난 노비에게 국가가 필요로 하는 물품을 생산하게 하였으나, 국가체제가 정비되면서 수공업 제품을 생산하는 관청을 두고 수공업자를 배치하여 물품을 생산하였다.

**16** 발해의 경제생활에 대한 내용으로 옳은 것을 모두 고르면?

> ㉠ 밭농사보다 벼농사가 주로 행하였다.
> ㉡ 제철업이 발달하여 금속가공업이 성행하였다.
> ㉢ 어업이 발달하여 먼 바다에 나가 고래를 잡기도 하였다.
> ㉣ 가축의 사육으로 모피, 녹용, 사향 등이 생산되었다.

① ㉠㉡          ② ㉠㉢

③ ㉠㉣          ④ ㉠㉡㉣

⑤ ㉡㉢㉣

> **NOTE** 발해의 농업은 기후가 찬 관계로 콩, 조 등의 곡물 생산이 중심을 이루었고 밭농사가 중심이 되었다.

**17** 고려시대의 사회 · 경제상에 대한 설명으로 옳지 않은 것은?

① 교환 수단은 대체로 곡물과 포, 쇄은 등을 사용하였다.
② 공공 시설에서 사업 경비 충당을 목적으로 하는 보가 발달하였다.
③ 사원에서는 제지, 직포 등의 물품을 제조하기도 하였다.
④ 상행위를 감독하고 물가를 조절하는 기관은 경시서였다.
⑤ 이암이 화북 농법을 바탕으로 「농상집요」를 저술하였다.

> **NOTE** 이암은 원의 「농상집요」를 소개 · 보급하였다.

**18** 고려시대 농민에 대한 설명으로 옳지 않은 것은?

① 양민의 대다수를 차지하였다.
② 고리대를 운영하여 부를 축적하였다.
③ 주현군에 편제되어 군역을 담당하였다.
④ 민전을 경작하고 10분의 1의 조세를 납부하였다.

> **NOTE** 고리대는 높은 이자로 돈이나 곡물을 빌려 주어 재산을 증식하는 것으로 고려시대에는 주로 귀족이나 사찰에서 행하였으며, 이로 인해 농민의 생활이 피폐해졌다.

**19** 고려시대의 화폐 사용에 대한 설명으로 옳지 않은 것은?

① 철전과 동전이 만들어졌다
② 국가에서 화폐 발행을 독점하였다.
③ 은으로 만든 활구라는 화폐가 있었다.
④ 귀족들의 화폐 사용빈도가 높았다.

> **NOTE** 귀족들의 화폐 사용은 저조하였다.

**20** 방납으로 인해 국가 수입이 줄고 농민의 부담이 가중됨에 따라 실시하게 된 제도는?

① 대동법          ② 균역법
③ 호포법          ④ 군적 수포제

> **NOTE** 대동법 … 농민 집집마다 부과하였던 공물 납부 방식을 토지의 면적에 따라 쌀, 삼베, 무명, 동전 등으로 납부하게 하는 제도이다.
> ② 균역법 : 1750년(영조 26)에 군역의 부담을 경감하기 위해 만든 세법이다.
> ③ 호포법 : 신분에 구분 없이 집집마다 군포를 내게 하는 세금 제도이다.
> ④ 군적 수포제 : 지방 수령이 관할 내 군역 부담자로부터 병역 의무 대신에 베를 징수하는 형태를 말한다.

## Chapter 04

# 사회구조와 사회생활

## 01 고대의 사회

### 1. 신분제 사회의 성립

**(1) 삼국시대의 계층구조**

왕족을 비롯한 귀족·평민·천민으로 구분되며, 지배층은 특권을 유지하기 위하여 율령을 제정하고, 신분은 능력보다는 그가 속한 친족의 사회적 위치에 따라 결정되었다.

**(2) 귀족·평민·천민의 구분**

① 귀족 … 왕족을 비롯한 옛 부족장 세력이 중앙의 귀족으로 재편성되어 정치권력과 사회·경제적 특권을 향유하였다.

② 평민 … 대부분 농민으로서 신분적으로 자유민이었으나, 조세를 납부하고 노동력을 징발당하였다.

③ 천민 … 노비들은 왕실과 귀족 및 관청에 예속되어 신분이 자유롭지 못하였다.

### 2. 삼국사회의 풍습

**(1) 고구려**

① 형법 … 반역 및 반란죄는 화형에 처한 뒤 다시 목을 베었고, 그 가족들은 노비로 삼았다. 적에게 항복한 자나 전쟁 패배자는 사형에 처했으며, 도둑질한 자는 12배를 배상하도록 하였다.

② 풍습 … 형사취수제, 서옥제가 있었고 자유로운 교제를 통해 결혼하였다.

**(2) 백제**

① 형법 … 반역이나 전쟁의 패배자는 사형에 처하고, 도둑질한 자는 귀양을 보내고 2배를 배상하게 하였으며, 뇌물을 받거나 횡령을 한 관리는 3배를 배상하고 종신토록 금고형에 처하였다.

② 귀족사회 … 왕족인 부여씨와 8성의 귀족으로 구성되었다.

(3) 신라

① 화백회의 … 여러 부족의 대표들이 함께 모여 정치를 운영하던 것이 기원이 되어, 국왕 추대 및 폐위에 영향력을 행사하면서 왕권을 견제 및 귀족들의 단결을 굳게 하였다.

② 골품제도 … 관등 승진의 상한선이 골품에 따라 정해져 있어 개인의 사회활동과 정치활동의 범위를 제한하는 역할을 하였다.

③ 화랑도

  ㉠ 구성 : 귀족의 자제 중에서 선발된 화랑을 지도자로 삼고, 귀족은 물론 평민까지 망라한 많은 낭도들이 그를 따랐다.

  ㉡ 국가조직으로 발전 : 진흥왕 때 국가적 차원에서 그 활동을 장려하여 조직이 확대되었고, 원광은 세속 5계를 가르쳤으며, 화랑도 활동을 통해 국가가 필요로 하는 인재가 양성되었다.

## 3. 남북국시대의 사회

(1) 통일신라와 발해의 사회

① 통일 후 신라 사회의 변화

  ㉠ 신라의 민족통합책 : 백제와 고구려 옛 지배층에게 신라 관등을 부여하였고, 백제와 고구려 유민들을 9서당에 편성시켰다.

  ㉡ 통일신라의 사회모습 : 전제왕권이 강화 되었고 6두품이 학문적 식격과 실무 능력을 바탕으로 국왕을 보좌하였다.

② 발해의 사회구조 … 지배층은 고구려계가 대부분이었으며, 피지배층은 대부분이 말갈인으로 구성되었다.

(2) 통일신라 말의 사회모순

① 호족의 등장 … 지방의 유력자들을 중심으로 무장조직이 결성되었고, 이들을 아우른 큰 세력가들이 호족으로 등장하였다.

② 빈농의 몰락 … 토지를 상실한 농민들은 소작농이나 유랑민, 화전민이 되었다.

③ 농민봉기 … 국가의 강압적인 조세 징수에 대하여 전국 각지에서 농민봉기가 일어나게 되었다.

## 02 중세의 사회

### 1. 고려의 신분제도

(1) 귀족

① **귀족의 특징** … 음서나 공음전의 혜택을 받으며 고위 관직을 차지하여 문벌귀족을 형성하였으며, 가문을 통해 특권을 유지하고 왕실 등과 중첩된 혼인관계를 맺었다.

② **귀족층의 변화** … 무신정변을 계기로 종래의 문벌귀족들이 도태되면서 무신들이 권력을 장악하게 되었으나 고려 후기에는 무신정권이 붕괴되면서 등장한 권문세족이 최고권력층으로서 정계 요직을 장악하였다.

③ **신진사대부** … 경제력을 토대로 과거를 통해 관계에 진출한 향리 출신자들이다.

(2) 중류

중앙관청의 서리, 궁중 실무관리인 남반, 지방행정의 실무를 담당하는 향리, 하급 장교 등이 해당되며, 통치체제의 하부구조를 맡아 중간 역할을 담당하였다.

(3) 양민

① **양민** … 일반 농민인 백정, 상인, 수공업자를 말한다.

② **백정** … 자기 소유의 민전을 경작하거나 다른 사람의 토지를 빌려 경작하였다.

③ **특수집단민**

　　㉠ 향, 부곡 : 농업에 종사하였다.

　　㉡ 소 : 수공업과 광업에 종사하였다.

　　㉢ 역과 진의 주민 : 육로교통과 수로교통에 종사하였다.

(4) 천민

① **공노비** … 공공기관에 속하는 노비이다.

② **사노비** … 개인이나 사원에 예속된 노비이다.

③ **노비의 처지** … 매매 · 증여 · 상속의 대상이며, 부모 중 한 쪽이 노비이면 자식도 노비가 된다.

### 2. 백성들의 생활모습

(1) 농민의 공동조직

① **공동조직** … 일상의례와 공동노동 등을 통해 공동체의식을 함양하였다.

② **향도** … 불교의 신앙조직으로, 매향활동을 하는 무리들을 말한다.

(2) 사회시책과 사회제도

① **사회시책** … 농번기에 잡역을 면제하여 농업에 전념할 수 있도록 배려하였고, 재해 시 조세와 부역을 감면해 주었다. 또한 법정 이자율을 정하여 고리대 때문에 농민이 몰락하는 것을 방지하였다. 황무지나 진전을 개간할 경우 일정 기간 면세해 주었다.

② **사회제도**

  ㉠ 의창 : 흉년에 빈민을 구제하는 춘대추납제도이다.

  ㉡ 상평창 : 물가조절기관으로 개경과 서경 및 각 12목에 설치하였다.

  ㉢ 의료기관 : 동·서대비원, 혜민국을 설치하였다.

  ㉣ 구제도감, 구급도감 : 재해 발생 시 백성을 구제하였다.

  ㉤ 제위보 : 기금을 조성하여 이자로 빈민을 구제하였다.

(3) 법률과 풍속 및 가정생활

① **법률과 풍속** … 중국의 당률을 참작한 71개조의 법률이 시행되었으나 대부분은 관습법을 따랐고, 장례와 제사에 대하여 정부는 유교적 의례를 권장하였으나, 민간에서는 토착신앙과 융합된 불교의 전통의식과 도교의 풍습을 따랐다.

② **혼인과 여성의 지위** … 일부일처제가 원칙이었으며, 왕실에서는 근친혼이 성행하였고 부모의 유산은 자녀에게 골고루 분배되었으며, 아들이 없을 경우 딸이 제사를 받들었다.


## 3. 고려 후기의 사회 변화

(1) 무신집권기 하층민의 봉기

수탈에 대한 소극적 저항에서 대규모 봉기로 발전하였으며, 만적의 난, 공주 명학소의 망이·망소이의 봉기, 운문·초전의 김사미와 효심의 봉기 등이 대표적이다.

(2) 몽고의 침입과 백성의 생활

최씨무신정권은 강화도로 서울을 옮기고 장기항전 태세를 갖추었으며, 지방의 주현민은 산성이나 섬으로 들어가 전쟁에 대비하였으나 몽고군들의 살육으로 백성들은 막대한 희생을 당하였다.

(3) 원 간섭기의 사회 변화

① **신흥귀족층의 등장** … 원 간섭기 이후 전공을 세우거나 몽고귀족과의 혼인을 통해서 출세한 친원세력이 권문세족으로 성장하였다.

② **원의 공녀 요구** … 결혼도감을 통해 공녀로 공출되었고 이는 고려와 원 사이의 심각한 사회문제로 대두되었다.

③ **왜구의 출몰(14세기 중반)** … 원의 간섭하에서 국방력을 제대로 갖추기 어려웠던 고려는 초기에 효과적으로 왜구의 침입을 격퇴하지 못하였으며, 이들을 소탕하는 과정에서 신흥무인세력이 성장하였다.

## 03 근세의 사회

### 1. 양반관료 중심의 사회

**(1) 양반**

① 문무양반만 사족으로 인정하였으며 현직 향리층, 중앙관청의 서리, 기술관, 군교, 역리 등은 하급 지배신분인 중인으로 격하시켰다.

② 과거, 음서, 천거 등을 통해 고위 관직을 독점하였으며 각종 국역이 면제되고, 법률과 제도로써 신분적 특권이 보장되었다.

**(2) 중인**

좁은 의미로는 기술관, 넓은 의미로는 양반과 상민의 중간계층을 의미하며 전문기술이나 행정실무를 담당하였다.

**(3) 상민**

평민, 양인으로도 불리며 백성의 대부분을 차지하는 농민, 수공업자, 상인을 말한다. 과거응시자격은 있으나 과거 준비에는 많은 시간과 비용이 들었으므로 상민이 과거에 응시하는 것은 사실상 어려웠다.

**(4) 천민**

천민의 대부분은 비자유민으로 재산으로 취급되어 매매·상속·증여의 대상이 되었다.

### 2. 사회정책과 사회시설

**(1) 사회정책 및 사회제도**

① **목적** … 성리학적 명분론에 입각한 사회신분질서의 유지와 농민의 생활을 안정시켜 농본정책을 실시하는 데 그 목적이 있다.

② **사회시책** … 지주의 토지 겸병을 억제하고, 농번기에 잡역의 동원을 금지시켰으며, 재해시에는 조세를 감경해 주기도 하였다.

③ **환곡제 실시** … 춘궁기에 양식과 종자를 빌려 준 뒤에 추수기에 회수하는 제도로 의창과 상평창을 실시하여 농민을 구휼하였다.

④ **사창제** … 향촌의 농민생활을 안정시켜 양반 중심의 향촌질서가 유지되었다.

⑤ **의료시설** … 혜민국, 동·서대비원, 제생원, 동·서활인서 등이 있었다.

(2) 법률제도

① 형법 … 대명률에 의거하여 당률의 5형 형벌과 반역죄와 강상죄와 같은 중죄에는 연좌제가 적용되었다.

② 민법 … 지방관이 관습법에 따라 처리하였다.

③ 상속 … 종법에 따라 처리하였으며, 제사와 노비의 상속을 중요시하였다.

④ 사법기관

  ㉠ 중앙 : 사헌부 · 의금부 · 형조(관리의 잘못이나 중대사건을 재판), 한성부(수도의 치안), 장례원(노비 관련 문제)이 있다.

  ㉡ 지방 : 관찰사와 수령이 사법권을 행사하였다.


## 3. 향촌사회의 조직과 운영

(1) 향촌사회의 모습

① 향촌의 편제 … 행정구역상 군현의 단위인 향은 중앙에서 지방관을 파견하였으며, 촌에는 면 · 리가 설치되었으나 지방관은 파견되지 않았다.

② 향촌자치

  ㉠ 유향소 : 수령을 보좌, 향리를 감찰, 향촌사회의 풍속교정기구이다.

  ㉡ 경재소 : 중앙정부가 현직 관료로 하여금 연고지의 유향소를 통제하게 하는 제도이다.

  ㉢ 유향소의 변화 : 경재소가 혁파되면서 향소 · 향청으로 명칭이 변경, 향안 작성, 향규를 제정하였다.

③ 향약의 보급 … 면리제와 병행된 향약조직이 형성되었고, 중종 때 조광조에 의하여 처음 시행되었으며, 군현 내에서 지방 사족의 지배력 유지수단이 되었다.

(2) 촌락의 구성과 운영

① 촌락 … 농민생활 및 향촌구성의 기본 단위로서 동과 리(里)로 편제되었으며 면리제와 오가작통법을 실시하였다.

② 촌락의 신분 분화

  ㉠ 반촌 : 주로 양반들이 거주하였으며, 18세기 이후에 동성 촌락으로 발전하였다.

  ㉡ 민촌 : 평민과 천민으로 구성되었고 지주의 소작농으로 생활하였다.

③ 촌락공동체

  ㉠ 사족 : 동계 · 동약을 조직하여 촌락민을 신분적, 사회 · 경제적으로 지배하였다.

  ㉡ 일반 백성 : 두레 · 향도 등 농민조직을 형성하였다.

④ 촌락의 풍습

  ㉠ 석전(돌팔매놀이) : 상무정신 함양 목적으로, 국법으로는 금지하였으나 민간에서 계속 전승되었다.

  ㉡ 향도계·동린계 : 남녀노소를 불문하고 며칠 동안 술과 노래를 즐기는 일종의 마을 축제였는데, 점차 장례를 도와주는 기능으로 전환되었다.

## 4. 성리학적 사회질서의 강화

(1) 예학과 족보의 보급

 ① 예학 … 성리학적 도덕윤리를 강조하고, 신분질서의 안정을 추구하였다.

  ㉠ 기능 : 가부장적 종법질서를 구현하여 성리학 중심의 사회질서 유지에 기여하였다.

  ㉡ 역할 : 사림은 향촌사회에 대한 지배력 강화, 정쟁의 구실로 이용, 양반 사대부의 신분적 우월성 강조, 가족과 친족공동체의 유대를 통해서 문벌을 형성하였다.

 ② 보학 … 가족의 내력을 기록하고 암기하는 것으로 종족의 종적인 내력과 횡적인 종족관계를 확인시켜 준다.

(2) 서원과 향약

 ① 서원

  ㉠ 목적 : 성리학을 연구하고 선현의 제사를 지내며, 교육을 하는 데 그 목적이 있다.

  ㉡ 기능 : 유교를 보급하고 향촌 사림을 결집시켰으며, 지방유학자들의 위상을 높이고 선현을 봉사하는 사묘의 기능이 있었다.

 ② 향약

  ㉠ 역할 : 풍속의 교화, 향촌사회의 질서 유지, 치안을 담당하고 농민에 대한 유교적 교화 및 주자가례의 대중화에 기여하였다.

  ㉡ 문제점 : 토호와 향반 등 지방 유력자들의 주민 수탈 위협의 수단이 되었고, 향약 간부들의 갈등을 가져와 풍속과 질서를 해치기도 하였다.

## 04 사회의 변동

### 1. 사회구조의 변동

#### (1) 신분제의 동요

① 조선의 신분제 … 법제적으로 양천제를, 실제로는 양반, 중인, 상민, 노비의 네 계층으로 분화되어 있었다.

② 양반층의 분화 … 권력을 장악한 일부의 양반을 제외한 다수의 양반(향반, 잔반)이 몰락하였다.

③ 신분별 구성비의 변화 … 양반의 수는 증가하고, 상민과 노비의 수는 감소하였다.

#### (2) 중간계층의 신분상승운동

① 서얼 … 임진왜란 이후 납속책과 공명첩을 통한 관직 진출, 집단상소를 통한 청요직에의 진출을 요구, 정조 때 규장각 검서관으로 진출하기도 하였다.

② 중인 … 신분 상승을 위한 소청운동을 전개하였다. 역관들은 청과의 외교업무에 종사하면서 서학 등 외래 문물의 수용을 주도하고 성리학적 가치 체계에 도전하는 새로운 사회의 수립을 추구하였다.

#### (3) 노비의 해방

① 노비 신분의 변화 … 군공과 납속 등을 통한 신분 상승의 움직임 및 국가에서는 공노비를 입역노비에서 신공을 바치는 납공노비로 전환시켰다.

② 공노비 해방 … 노비의 도망과 합법적인 신분 상승으로 순조 때 중앙관서의 노비를 해방시켰다.

③ 노비제의 혁파 … 갑오개혁(1894) 때 노비제는 폐지되었다.

#### (4) 가족제도의 변화와 혼인

① 가족제도의 변화

㉠ 조선 중기 … 혼인 후 남자가 여자 집에서 생활하는 경우가 있었으며 아들과 딸이 부모의 재산을 똑같이 상속받는 경우가 많았다.

㉡ 17세기 이후 : 성리학적 의식과 예절의 발달로 부계 중심의 가족제도가 확립되었다. 제사는 반드시 장자가 지내야 한다는 의식이 확산되었고, 재산 상속에서도 큰 아들이 우대를 받았다.

㉢ 조선 후기 : 부계 중심의 가족제도가 더욱 강화되었으며, 양자 입양이 일반화되었다.

② 가족윤리 … 효와 정절을 강조하였고, 과부의 재가는 금지되었으며, 효자와 열녀를 표창하였다.

③ 혼인풍습 … 일부일처를 기본으로 남자의 축첩이 허용되었고, 서얼의 차별이 있었다.

## 2. 향촌질서의 변화

### (1) 양반의 향촌지배 약화

① **양반층의 동향** ··· 족보의 제작 및 청금록과 향안을 작성하여 향약 및 향촌자치기구의 주도권을 장악하였다.

② **향촌지배력의 변화** ··· 부농층은 관권과 결탁하여 향안에 참여하고 향회를 장악하고자 하였으며 향회는 수령의 조세징수자문기구로 전락하였다.

### (2) 부농층의 대두

경제적 능력으로 납속이나 향직의 매매를 통해 신분 상승을 이루고 향임을 담당하여 양반의 역할을 대체하였으며 향임직에 진출하지 못한 곳에서도 수령이나 기존의 향촌세력과 타협하여 상당한 지위를 확보하였다.

## 3. 농민층의 변화

### (1) 농민층의 분화

① **농민의 사회적 현실** ··· 농민들은 자급자족적인 생활을 하였으나. 양 난 이후 국가의 재정 파탄과 기강 해이로 인한 수취의 증가는 농민의 생활을 어렵게 하였고, 대동법과 균역법이 효과를 거두지 못하자 농민의 불만은 커져 갔다.

② **농민층의 분화** ··· 부농으로 성장하거나, 상공업으로 생활을 영위 및 도시나 광산의 임노동자가 되기도 했다.

### (2) 지주와 임노동자

① **지주** ··· 광작을 하는 대지주가 등장하였으며, 재력을 바탕으로 공명첩을 사거나 족보를 위조하여 양반의 신분을 획득한 부농층이 나타났다.

② **임노동자** ··· 토지에서 밀려난 다수의 농민은 임노동자로 전락하였다.

## 4. 사회 변혁의 움직임

### (1) 사회불안의 심화

정치기강이 문란해지고, 재난과 질병이 거듭되어 굶주려 떠도는 백성이 속출하였으나 지배층의 수탈은 점점 심해지면서 농민의식이 향상되어 곳곳에서 적극적인 항거운동이 발생하였다.

### (2) 예언사상의 대두

비기·도참을 이용한 말세의 도래, 왕조의 교체 및 변란의 예고 등 낭설이 횡행하였으며 현세의 어려움을 미륵신앙에서 해결하려는 움직임과 미륵불을 자처하며 서민을 현혹하는 무리가 등장하였다.

(3) 천주교의 전파

① 17세기에 중국을 방문한 우리나라 사신들에 의해 서학으로 소개되었다.

② **초기 활동** … 18세기 후반 남인계열의 실학자들이 신앙생활을 하게 되었으며, 이승훈이 베이징에서 영세를 받고 돌아온 이후 신앙활동이 더욱 활발해졌다.

③ **천주교 신앙의 전개와 박해**

　㉠ 초기 : 제사 거부, 양반 중심의 신분질서 부정, 국왕에 대한 권위 도전을 이유로 사교로 규정하였다.

　㉡ 정조 때 : 시파의 집권으로 천주교에 관대하여 큰 탄압이 없었다.

　㉢ 순조 때 : 벽파의 집권으로 대탄압을 받았으며 실학자와 양반계층이 교회를 떠나게 되었다.

　㉣ 세도정치기 : 탄압의 완화로 백성들에게 전파, 조선 교구가 설정되었다.

(4) **동학의 발생**

① **창시** … 1860년 경주의 몰락양반 최제우가 창시하였다.

② **교리와 사상** … 신분 차별과 노비제도의 타파, 여성과 어린이의 인격 존중을 추구하였다. 유불선을 바탕으로 주문과 부적 등 민간신앙의 요소들이 결합되었고 사회모순의 극복 및 일본과 서양국가의 침략을 막아내자고 주장하였다.

③ **정부의 탄압** … 혹세무민을 이유로 최제우를 처형하였다.

(5) **농민의 항거**

① **배경** … 사회 불안이 고조되자 유교적 왕도정치가 점점 퇴색되었고 탐관오리의 부정, 삼정의 문란, 극도에 달한 수령의 부정은 중앙권력과 연결되어 갈수록 심해져 갔다.

② **홍경래의 난(1811)** : 몰락한 양반 홍경래의 지휘 아래 영세농민과 중소상인, 광산노동자들이 합세하여 일으킨 봉기였으나 5개월 만에 평정되었다.

③ **임술농민봉기(1862)** : 진주에서 시작되어 탐관오리와 토호가 탐학에 저항하였으며 한때 진주성을 점령하기도 하였다.

# Chapter 04 사회구조와 사회생활

# 출제예상문제

**1** 고려시대에는 귀족·양반과 일반 양민 사이에 '중간계층' 또는 '중류층'이라 불리는 신분층이 존재하였다. 이 신분층에 대한 설명으로 옳지 않은 것은?

① 남반은 궁중의 잡일을 맡는 내료직(內僚職)이다.

② 하급 장교들도 이 신분층에 포함되는 것으로 분류되고 있다.

③ 서리는 중앙의 각 사(司)에서 기록이나 문부(文簿)의 관장 등 실무에 종사하였다.

④ 향리에게는 양반으로 신분을 상승시킬 수 있는 길을 열어 놓지 않았다.

**NOTE** 고려시대 향리들은 지방토착세력들로 중앙의 관리를 공급해주는 역할을 하였고 이들도 과거(科擧)를 통해 관직으로 진출, 신분 상승의 기회가 가능하였다.

**2** 다음과 같은 풍속이 행해진 국가의 사회모습에 대한 설명으로 옳지 않은 것은?

> 그 풍속에 혼인을 할 때 구두로 이미 정해지면 여자의 집에는 대옥(大屋) 뒤에 소옥(小屋)을 만드는데, 이를 서옥(婿屋)이라고 한다. 저녁에 사위가 여자의 집에 이르러 문밖에서 자신의 이름을 말하고 꿇어 앉아 절하면서 여자와 동숙하게 해줄 것을 애걸한다. 이렇게 두세 차례 하면 여자의 부모가 듣고는 소옥에 나아가 자게 한다. 그리고 옆에는 전백(錢帛)을 놓아둔다.
>
> - 「삼국지 위서 동이전」 -

① 고국천왕 사후, 왕비인 우씨와 왕의 동생인 산상왕과의 결합은 취수혼의 실례를 보여준다.

② 계루부 고씨의 왕위계승권이 확립된 이후 연나부 명림씨 출신의 왕비를 맞이하는 관례가 있었다.

③ 관나부인(貫那夫人)이 왕비를 모함하여 죽이려다가 도리어 자기가 질투죄로 사형을 받았다.

④ 김흠운의 딸을 왕비로 맞이하는 과정은 국왕이 중국식 혼인 제도를 수용했다는 사실을 알려주고 있다.

**NOTE** 제시된 자료는 신라의 풍습에 대한 설명이다.
①②③ 고구려와 관련된 내용으로 위의 제시문(고구려의 데릴사위제)에 나와 있는 국가의 사회 모습과 일치한다.

**3** 다음 글을 남긴 국왕의 재위 기간에 일어난 사실로 옳은 것은?

> 보잘 것 없는 나, 소자가 어린 나이로 어렵고 큰 유업을 계승하여 지금 12년이나 되었다. 그러나 나는 덕이 부족하여 위로는 천명(天命)을 두려워하지 못하고 아래로는 민심에 답하지 못하였으므로, 밤낮으로 잊지 못하고 근심하며 두렵게 여기면서 혹시라도 선대왕께서 물려주신 소중한 유업이 잘못되지 않을까 걱정하였다. 그런데 지난번 가산(嘉山)의 토적(土賊)이 변란을 일으켜 청천강 이북의 수많은 생령이 도탄에 빠지고 어육(魚肉)이 되었으니 나의 죄이다.
>
> — 「비변사등록」 —

① 최제우가 동학을 창도하였다.
② 공노비 6만 6천여 명을 양인으로 해방시켰다.
③ 미국 상선 제너럴셔먼호가 격침되었다.
④ 삼정 문제를 해결하기 위해 삼정이정청을 설치하였다.

> **NOTE** 제시된 자료는 1811년(순조 12) 12월부터 이듬해 4월까지 약 5개월 동안 일어난 홍경래의 난에 대한 내용으로 순조는 1801년 궁방과 관아에 예속되어 있던 공노비를 혁파하였다.


**4** 다음의 자료에 나타난 나라에 대한 설명으로 옳은 것은?

> 큰 산과 깊은 골짜기가 많고 평원과 연못이 없어서 계곡을 따라 살며 골짜기 물을 식수로 마셨다. 좋은 밭이 없어서 힘들여 일구어도 배를 채우기는 부족하였다.
>
> — 「삼국지 위서 동이전」 —

① 국동대혈에서 제사를 지내는 의례가 있었다.
② 가족 공동의 무덤인 목곽에 쌀을 부장하였다.
③ 특산물로는 단궁·과하마·반어피 등이 유명하였다.
④ 남의 물건을 훔쳤을 때에는 50만 전을 배상토록 하였다.

> **NOTE** 제시된 자료는 고구려에 대한 설명이다.
> ② 옥저
> ③ 동예
> ④ 고조선

**5**    조선 전기의 상업 활동에 대한 설명으로 옳은 것은?

① 공인(貢人)의 활동이 활발해졌다.
② 시전이 도성 내 특정 상품 판매의 독점권을 보장받기도 하였다.
③ 개성의 손상, 의주의 만상은 대외 무역을 통해 대상인으로 성장하였다.
④ 경강상인들은 경강을 중심으로 매점 활동을 통해 부유한 상업 자본가로 성장하였다.

> **NOTE** ①③④ 조선 후기의 상업 활동에 대한 설명이다.
>
> ※ 조선 전기의 상업 활동
> ㉠ 통제 경제와 시장 경제를 혼합한 형태로 장시의 전국적 확산과 대외무역에서 사무역이 발달하였다.
> ㉡ 지주제의 발달, 군역의 포납화, 농민층의 분화와 상인 증가, 방납의 성행 등으로 장시와 장문이 발달하게 되었다.
> ㉢ 시정세, 궁중과 부중의 관수품조달 등의 국역을 담당하는 대가로 90여종의 전문적인 특정 상품에 대한 독점적 특권을 차지한 어용상인인 시전이 발달하였다.
> ㉣ 5일 마다 열리는 장시에서 농산물, 수공업제품, 수산물, 약제 같은 것을 종·횡적으로 유통시키는 보부상이 능장하였다.

**6**    다음에 해당하는 세력에 대한 설명으로 옳은 것은?

> 경제력을 토대로 과거를 통해 관계에 진출한 향리 출신자들이다. 이들은 사전의 폐단을 지적하고, 권문세족과 대립하였으며 구질서와 여러 가지 모순을 비판하고 전반적인 사회 개혁과 문화혁신을 추구하였다. 이들은 온건파와 급진파로 나뉘는데 조선건국을 도운 급진파가 조선의 지배층이 되었다.

① 자기 근거지에 성을 쌓고 군대를 보유하여 스스로 성주 혹은 장군이라 칭하면서, 그 지방의 행정권과 군사권을 장악하였을 뿐 아니라 경제적 지배력도 행사하였다.
② 원간섭기 이후 중류층 이하에서 전공을 세우거나 몽고귀족과의 혼인을 통해서 정계의 요직을 장악하고, 음서로서 신분을 유지하고 광범위한 농장을 소유하였다.
③ 6두품과 호족들이 중앙으로 진출하여 결혼을 통하여 거대한 가문을 이루고 관직을 독점하며 각종 특권을 누렸다.
④ 하급 관리나 향리의 자제 중 과거를 통해 벼슬에 진출하고 성리학을 공부하고 유교적 소양을 갖추고 행정 실무에도 밝은 학자 출신 관료이다.

> **NOTE** 제시된 자료는 신진사대부에 대한 설명이다. 신진사대부는 경제력을 토대로 과거를 통해 관계에 진출한 향리 출신자들이다. 사전의 폐단을 지적하고, 권문세족과 대립하였으며 구질서와 여러 가지 모순을 비판하고 전반적인 사회개혁과 문화혁신을 추구하였다.
> ① 호족
> ② 권문세족
> ③ 문벌귀족

**7** 다음의 내용과 관련있는 것은?

> 향촌의 덕망있는 인사들로 구성되어 지방민의 자치를 허용하고 자율적인 규약을 만들었고, 중집권과 지방자치는 효율적으로 운영하였다.

> ㉠ 승정원  ㉡ 유향소
> ㉢ 홍문관  ㉣ 경재소

① ㉠㉡  ② ㉡㉣
③ ㉠㉢  ④ ㉠㉣

> **NOTE** ㉡ 유향소 : 수령을 보좌하고 향리를 감찰하며, 향촌사회의 풍속을 교정하기 위한 기구이다.
> ㉣ 경재소 : 중앙정부가 현직 관료로 하여금 연고지의 유향소를 통제하게 하는 제도로서, 중앙과 지방의 연락업무를 맡거나 수령을 견제하는 역할을 하였다.

**8** 다음에 대한 설명으로 옳지 않은 것은?

> 국가가 필요로 하는 인재를 육성하려는 목적으로 조직되어 조직 내에서 일체감을 갖고 활동하면서 교육적 · 수양적 · 사교적 · 군사적 · 종교적 기능도 가지고 있다.

① 귀족들로 구성되어 국왕과 귀족 간의 권력을 중재하는 기능을 담당하였다.
② 계층 간의 대립과 갈등을 조절 · 완화하는 기능을 하였다.
③ 진흥왕은 보기의 활동을 장려하여 조직이 확대되었다.
④ 제천의식을 통하여 협동과 단결 정신을 기르고 심신을 연마하였다.

> **NOTE** 화랑도는 귀족 출신의 화랑과 평민 출신의 낭도로 구성되어 계급 간의 대립과 갈등을 조절하고 완화하는 기능을 하였다.

**9** 신라 중대 6두품의 성향으로 옳은 것은?

① 합리적인 유교이념을 내세웠다.
② 행정실무를 담당하였다.
③ 새로운 정치 질서의 수립이 탄압과 배척을 당하자 점차 반신라적 경향으로 바뀌었다.
④ 선종의 등장에 주된 역할을 하였다.

**NOTE** 6두품의 성향

| 신라 중대 | 신라 하대 |
|---|---|
| • 진골귀족에 대항하여 왕권과 결탁함 | • 중앙권력에서 배제됨 |
| • 학문적 식견과 실무능력을 바탕으로 국왕을 보좌함 | • 호족과 연결됨 |
| • 집사부 시중 등 관직을 맡으며 정치적으로 진출함 | • 합리적인 유교이념을 내세움 |
| • 행정실무를 담당함 | • 개혁이 거부되자 반신라적 경향으로 바뀜 |
| | • 선종의 등장에 주된 역할을 함 |

**10** 조선시대의 신분제도에 대한 설명으로 옳은 것은?

① 양반은 과거가 아니면 관직에 진출할 수 없었다.
② 농민은 법제적으로는 관직에 진출하는 것이 가능하였다.
③ 향리는 과거를 통하여 문반직에 오를 수 있었고, 지방의 행정실무를 담당하였다.
④ 서얼도 문과에 응시할 수 있었다.

**NOTE** 조선의 신분제 … 법제적으로 양천제를 채택하였지만, 실제로는 양반, 중인, 상민, 노비의 네 계층으로 분화되어 있었다. 양인은 직업에 따른 권리와 의무에 차등이 있었다. 농민은 과거응시권이 있었으나, 공인과 상인은 불가능 하였다. 과거의 응시제한계층은 공인, 상인, 승려, 천민, 재가녀의 자, 탐관오리의 자손, 국사범의 자손, 전과자 등이었다.

**11** 고려 후기의 봉기로 옳지 않은 것은?

① 망이 · 망소이의 난
② 원종 · 애노의 난
③ 만적의 난
④ 김사미 · 효심의 난

**NOTE** 원종 · 애노의 난은 신라하대에 일어난 농민봉기이다. 피지배층인 일반 농민에게 조세 부담을 전가시켜 이에 저항하여 전국적으로 일어났다.

**12** 다음으로 인하여 나타난 변화로 옳은 것은?

> • 조선 후기 이앙법이 전국적으로 시행되면서 광작이 가능해졌으며, 경영형 부농이 등장하였다.
> • 대동법의 시행으로 도고가 성장하였으며, 상업자본이 축적되었다.

① 정부의 산업 주도          ② 양반의 지위 하락

③ 신분구조의 동요          ④ 국가 재정의 확보

> **NOTE** 조선 후기에 이르러 경제상황의 변동으로 부를 축적한 상민들이 신분을 매매하여 양반이 되는 등 신분제의 동요가 발생하였다.

**13** 고려시대 중인 천민 계층으로 옳은 것은?

① 남반          ② 서리

③ 백정          ④ 진척

> **NOTE** 고려시대의 신분은 귀족, 중인, 양민, 천민으로 구성되어 있다.
> ①② 중인
> ③ 양민

**14** 통일신라 말기의 사회 상황으로 옳은 것은?

① 억불숭유 정책의 실시          ② 교종 세력의 강화

③ 성골과 진골의 왕위 쟁탈전          ④ 지방 호족 세력의 성장

> **NOTE** 통일신라 말기에는 지방의 유력자들을 중심으로 무장조직이 결성되었고, 이들을 아우른 큰 세력가들이 호족으로 등장하였다.

ANSWER ___ 9. ②   10. ②   11. ②   12. ③   13. ④   14. ④

## Chapter 05

# 민족문화의 발달

---

**01** 고대의 문화

## 1. 학문과 사상 · 종교

### (1) 한자의 보급과 교육

① 한자의 전래 ··· 한자는 철기 시대부터 지배층을 중심으로 사용되었다가 삼국시대에는 이두 · 향찰이 사용되었다.

② 교육기관의 설립과 한자의 보급

　㉠ 고구려 : 태학(수도)에서는 유교경전과 역사서를 가르쳤으며 경당(지방)에서는 청소년에게 한학과 무술을 가르쳤다.

　㉡ 백제 : 5경 박사 · 의박사 · 역박사에서는 유교경전과 기술학 등을 가르쳤으며, 사택지적 비문에는 불당을 세운 내력을 기록하고 있다.

　㉢ 신라 : 임신서기석을 통해 청소년들이 유교경전을 공부하였던 사실을 알 수 있다.

③ 유학의 교육

　㉠ 삼국시대 : 학문적으로 깊이 있게 연구된 것이 아니라, 충 · 효 · 신 등의 도덕규범을 장려하는 정도였다.

　㉡ 통일신라 : 신문왕 때 국학이라는 유학교육기관을 설립하였고, 경덕왕 때는 국학을 태학이라고 고치고 박사와 조교를 두어 「논어」와 「효경」 등 유교경전을 가르쳤으며, 원성왕 때 학문과 유학의 보급을 위해 독서삼품과를 마련하였다.

　㉢ 발해 : 주자감을 설립하여 귀족 자제들에게 유교경전을 교육하였다.

### (2) 역사 편찬과 유학의 보급

① 삼국시대 ··· 학문이 점차 발달되고 중앙집권적 체제가 정비됨에 따라 왕실의 권위를 높이고 백성들의 충성심을 모으기 위해 편찬 하였으며 고구려에는 「유기」, 이문진의 「신집 5권」, 백제에는 고흥의 「서기」, 신라에는 거칠부의 「국사」가 있다.

② 통일신라

　　㉠ 김대문 : 「화랑세기」, 「고승전」, 「한산기」를 저술하여 주체적인 문화의식을 드높였다.

　　㉡ 6두품 유학자 : 외교문서에 능한 문장가 강수와 「화왕계」를 저술한 설총이 활약하여 도덕적 합리주의를 제시하였다.

　　㉢ 도당 유학생 : 김운경, 최치원이 다양한 개혁안을 제시하였다. 특히 최치원은 당에서 빈공과에 급제하고 「계원필경」등 뛰어난 문장과 저술을 남겼으며, 유학자이면서도 불교와 도교에 조예가 깊었다.

③ 발해 … 당에 유학생을 파견하였고 당의 빈공과에 급제한 사람도 여러 명 나왔다.

(3) 불교의 수용

① 수용 … 고구려는 소수림왕(372), 백제는 침류왕(384), 신라는 법흥왕(527) 때 수용되었다.

② 불교의 영향

　　㉠ 새로운 국가정신의 확립과 왕권 강화의 결과를 가져왔다.

　　㉡ 신라시대의 불교는 업설, 미륵불신앙이 중심교리로 발전하였다.

(4) 불교사상의 발달

① 원효 … 「금강삼매경론」, 「대승기신론소」등을 저술하여 불교의 사상적 이해기준을 확립시켰고, 종파 간의 사상적인 대립을 극복하고 조화시키려 애썼으며, 불교의 대중화(아미타신앙)에 이바지하였다.

② 의상 … 「화엄일승법계도」를 통해 화엄사상을 정립하였고, 현세에서 고난을 구제한다는 관음사상을 외치기도 하였다.

③ 혜초 … 인도에 가서 불교를 공부하였으며, 「왕오천축국전」을 저술하기도 하였다.

(5) 선종과 풍수지리설

① 선종 … 참선을 중시했고 실천적 경향이 강하였으며, 호족세력과 결합하였다.

② 풍수지리설 … 신라 말기의 도선과 같은 선종 승려들이 중국에서 풍수지리설을 들여왔다.

　　㉠ 성격 : 도읍, 주택, 묘지 등을 선정하는 인문지리적 학설을 말하며, 도참사상과 결합하기도 하였다.

　　㉡ 국토를 지방 중심으로 재편성하는 주장으로 발전하였다.

## 2. 과학기술의 발달

### (1) 천문학과 수학

① 천문학의 발달 … 농경과 밀접한 관련이 있었으며, 고구려의 천문도 · 고분벽화, 신라의 천문대를 통해 천문학이 발달했음을 알 수 있다.

② 수학의 발달 … 수학적 지식을 활용한 조형물을 통해 높은 수준으로 발달했음을 알 수 있다.

    ㉠ 고구려 : 고분의 석실과 천장의 구조

    ㉡ 백제 : 정림사지 5층 석탑

    ㉢ 신라 : 황룡사지 9층 목탑, 석굴암의 석굴구조, 불국사 3층 석탑, 다보탑

### (2) 목판인쇄술과 제지술의 발달

① 배경 … 불교의 발달로 불경의 대량인쇄를 위해 목판인쇄술과 제지술이 발달하였다.

② 「무구정광대다라니경」 … 세계에서 가장 오래된 목판인쇄물이며, 닥나무 종이를 사용하였다.

### (3) 금속기술의 발달

① 고구려 … 철의 생산이 중요한 국가적 산업이었으며, 우수한 철제 무기와 도구가 출토되었다. 고분벽화에는 철을 단련하고 수레바퀴를 제작하는 기술자의 모습이 묘사되어 있다.

② 백제 … 금속공예기술이 발달하였다.

    예 칠지도, 백제 금동대향로

③ 신라 … 금세공기술이 발달하고, 금속주조기술도 발달하였다.

    예 금관, 성덕대왕 신종

### (4) 농업기술의 혁신

① 철제 농기구의 보급으로 농업생산력이 증가하였다.

② 삼국의 농업기술 … 쟁기, 호미, 괭이 등의 농기구가 보급되어 농업 생산이 증가되었다.

## 3. 고대인의 자취와 멋

### (1) 고분과 고분벽화

① 고구려 … 초기에는 돌무지무덤으로, 장군총이 대표적이며 후기에는 굴식 돌방무덤으로 무용총(사냥그림), 강서대묘(사신도), 쌍영총, 각저총(씨름도) 등이 대표적이다.

② 백제 … 한성시대에는 계단식 돌무지무덤으로서 서울 석촌동에 있는 무덤은 고구려 초기의 고분과 유사하며 웅진시대에는 굴식 돌방무덤과 벽돌무덤이 유행하였다. 사비시대에는 규모는 작지만 세련된 굴식 돌방무덤을 만들었다.

③ 신라 … 거대한 돌무지 덧널무덤을 만들었으며, 삼국통일 직전에는 굴식 돌방무덤도 만들었다.

④ 통일신라 … 굴식 돌방무덤과 화장이 유행하였으며, 둘레돌에 12지 신상을 조각하였다.

⑤ 발해 … 정혜공주묘(굴식 돌방무덤 · 모줄임 천장구조), 정효공주묘(묘지 · 벽화)가 유명하다.

### (2) 건축과 탑

① 삼국시대

　㉠ 사원 : 신라의 황룡사는 진흥왕의 팽창의지를 보여주고, 백제의 미륵사는 무왕이 추진한 백제의 중흥을 반영하는 것이다.

　㉡ 탑 : 불교의 전파와 함께 부처의 사리를 봉안하여 예배의 주대상으로 삼았다.

　　• 고구려 : 주로 목탑 건립(현존하는 것은 없음)

　　• 백제 : 목탑형식의 석탑인 익산 미륵사지 석탑, 부여 정림사지 5층 석탑

　　• 신라 : 몽고의 침입 때 소실된 황룡사 9층 목탑과 벽돌모양의 석탑인 분황사탑

② 통일신라

　㉠ 건축 : 불국토의 이상을 조화와 균형감각으로 표현한 사원인 불국사, 석굴암 및 인공 연못인 안압지는 화려한 귀족생활을 보여 준다.

　㉡ 탑 : 감은사지 3층 석탑, 불국사 석가탑, 양양 진전사지 3층 석탑이 있다.

　㉢ 승탑과 승비 : 신라 말기에 선종이 유행하면서 승려들의 사리를 봉안하는 승탑과 승비가 유행하였다.

③ 발해 … 외성을 쌓고, 주작대로를 내어 그 안에 궁궐과 사원을 세웠다.

### (3) 불상 조각과 공예

① 삼국시대 … 불상으로는 미륵보살반가상을 많이 제작하였다. 그 중에서도 금동미륵보살반가상은 날씬한 몸매와 자애로운 미소로 유명하다.

② 통일신라

　㉠ 석굴암의 본존불과 보살상 : 사실적 조각으로 불교의 이상세계를 구현하는 것이다.

　㉡ 조각 : 태종 무열왕릉비의 받침돌, 불국사 석등, 법주사 쌍사자 석등이 유명하다.

　㉢ 공예 : 상원사 종, 성덕대왕 신종 등이 유명하다.

③ 발해

　㉠ 불상 : 흙을 구워 만든 불상과 부처 둘이 앉아 있는 불상이 유명하다.

　㉡ 조각 : 벽돌과 기와무늬, 석등이 유명하다.

　㉢ 공예 : 자기공예가 독특하게 발전하였고 당에 수출하기도 했다.

### (4) 글씨 · 그림과 음악

① 서예 … 광개토대왕릉 비문(웅건한 서체), 김생(독자적인 서체)이 유명하다.

② 그림 … 천마도(신라의 힘찬 화풍), 황룡사 벽에 그린 소나무 그림(솔거)이 유명하다.

③ 가무 … 신라의 백결선생(방아타령), 고구려의 왕산악(거문고), 가야의 우륵(가야금)이 유명하다.

## 4. 일본으로 건너간 우리 문화

### (1) 삼국문화의 일본 전파

① 백제 … 아직기는 한자 교육, 왕인은 천자문과 「논어」 보급, 노리사치계는 불경과 불상을 전래하였다.

② 고구려 … 담징(종이 먹의 제조방법을 전달, 호류사 벽화), 혜자(쇼토쿠 태자의 스승), 혜관(불교 전파)을 통해 문화가 전파되었다.

③ 신라 … 축제술과 조선술을 전해주었다.

④ 삼국의 문화는 야마토 정권과 아스카 문화의 형성에 큰 영향을 주었다.

### (2) 일본으로 건너간 통일신라 문화

① 원효, 강수, 설총이 발전시킨 유교와 불교문화는 일본 하쿠호문화의 성립에 기여하였다.

② 심상에 의하여 전해진 화엄사상은 일본 화엄종의 토대가 되었다.

## 02 중세의 문화

## 1. 유학의 발달과 역사서의 편찬

### (1) 유학의 발달

① 고려 초기의 유학 … 유교주의적 정치와 교육의 기틀이 마련되었다.

    ㉠ 태조 때 : 신라 6두품 계열의 유학자들이 활약하였다.

    ㉡ 광종 때 : 유학에 능숙한 관료를 등용하는 과거제도를 실시하였다.

    ㉢ 성종 때 : 최승로의 시무 28조를 통해 유교적 정치사상이 확립되고 유학교육기관이 정비되었다.

② 고려 중기 … 문벌귀족사회의 발달과 함께 유교사상이 점차 보수적 성격을 띠게 되었다.

    ㉠ 최충 : 9재학당 설립, 훈고학적 유학에 철학적 경향을 가미하기도 하였다.

    ㉡ 김부식 : 보수적이고 현실적인 성격의 유학을 대표하였다.

### (2) 교육기관

① 초기(성종) … 지방에는 지방관리와 서민의 자제를 교육시키는 향교를, 중앙에는 국립대학인 국자감이 설치되었다.

② 중기

    ㉠ 최충의 9재 학당 등의 사학 12도가 융성하여 관학이 위축되었다.

    ㉡ 관학진흥책 : 7재 개설 및 서적포, 양현고, 청연각을 설치하였고, 개경에서는 경사 6학과 향교를 중심으로 지방교육을 강화시켰다.

③ 후기 … 교육재단인 섬학전을 설치하고, 국자감을 성균관으로 개칭하였으며, 공민왕 때에는 성
　균관을 순수 유교교육기관으로 개편하였다.

(3) 역사서의 편찬

　① 김부식의 「삼국사기」 … 기전체로 서술되었고, 신라 계승의식과 유교적 합리주의 사관이 짙게 깔려 있다.

　② 각훈의 「해동고승전」 … 삼국시대의 승려 30여 명의 전기를 수록하였다.

　③ 이규보의 「동명왕편」 … 고구려 동명왕의 업적을 칭송한 영웅 서사시로서, 고구려 계승의식을
　　반영하고 고구려의 전통을 노래하였다.

　④ 일연의 「삼국유사」 … 단군의 건국 이야기를 수록하였고, 불교사를 중심으로 서술되었다.

　⑤ 이승휴의 「제왕운기」 … 우리나라 역사를 단군으로부터 서술하면서 우리 역사를 중국사와 대등
　　하게 파악하려 하였다.

(4) 성리학의 전래

　① 성리학 … 송의 주희가 집대성한 성리학은 인간의 심성과 우주의 원리문제를 철학적으로 탐구
　　하는 신유학이었다.

　② 영향

　　㉠ 현실 사회의 모순을 시정하기 위한 개혁사상으로 신진사대부들은 성리학을 수용하게 되었다.

　　㉡ 권문세족과 불교의 폐단을 비판하였다.

　　　㉖ 정도전의 「불씨잡변」

　　㉢ 국가사회의 지도이념이 불교에서 성리학으로 바뀌게 되었다.


## 2. 불교사상과 신앙

(1) 불교정책

　① 태조 … 훈요 10조에서 불교를 숭상하고, 연등회와 팔관회 등 불교행사를 개최하였다.

　② 광종 … 승과제도, 국사 · 왕사제도를 실시하였다.

　③ 사원 … 국가가 토지를 지급했으며, 승려에게 면역의 혜택을 부여하였다.

(2) 불교통합운동과 천태종

　① 화엄종, 법상종 발달 … 왕실과 귀족의 지원을 받았다.

　② 천태종 … 대각국사 의천이 창시하였다.

　　㉠ 교단통합운동 : 화엄종 중심으로 교종통합, 선종의 통합을 위해 국청사를 창건하여 천태종을
　　　창시하였다.

　　㉡ 교관겸수 제창 : 이론의 연마와 실천을 강조하였다.

③ 무신집권 이후의 종교운동

　　㉠ 지눌 : 당시 불교계의 타락을 비판하고, 조계종 중심의 선·교 통합, 돈오점수·정혜쌍수를 제창하였다.

　　㉡ 혜심 : 유불일치설을 주장하고 심성의 도야를 강조하였다.

(3) 대장경 간행

① 초조대장경 … 현종 때 거란의 퇴치를 염원하며 간행하였으나 몽고의 침입으로 소실되었다.

② 속장경(의천) … 교장도감을 설치하여 속장경을 간행하였는데, 몽고 침입시 소실되었다.

③ 팔만대장경(재조대장경) … 대장도감을 설치하여 부처의 힘으로 몽고의 침입을 극복하고자 하였다.

(4) 도교와 풍수지리설

① 도교 … 국가의 안녕과 왕실의 번영을 기원하였는데 교단이 성립되지 못하여 민간신앙으로 전개되었다.

② 풍수지리설 … 서경천도와 북진정책 추진의 이론적 근거가 되었으며, 개경세력과 서경세력의 정치적 투쟁에 이용되어 묘청의 서경천도운동을 뒷받침하기도 하였다.


## 3. 과학기술의 발달

(1) 천문학과 의학

① 천문학 … 사천대를 설치하여 관측업무를 수행하였고, 당의 선명력이나 원의 수시력 등 역법을 수용하였다.

② 의학 … 태의감에서 의학을 교육하였고, 의과를 시행하였으며, 「향약구급방」과 같은 자주적 의서를 편찬하였다.

(2) 인쇄술의 발달

① 목판인쇄술 … 「대장경」을 간행하였다.

② 금속활자인쇄술 … 「직지심체요절(1377)」은 현존하는 세계 최고(最古)의 금속 활자본이다.

③ 제지술의 발달 … 닥나무의 재배를 장려하고, 종이 제조의 전담관서를 설치하여 우수한 종이를 제조하여 중국에 수출하기도 하였다.

(3) 농업기술의 발달

① 권농정책 … 농민생활의 안정과 국가재정의 확보를 위해 실시하였다.

② 농업기술의 발달

　　㉠ 토지의 개간과 간척 : 묵은땅, 황무지, 산지 등을 개간하였으며 해안지방의 저습지를 간척하였다.

　　㉡ 수리시설의 개선 : 김제의 벽골제와 밀양의 수산제를 개축하였다.

ⓒ 농업기술의 발달 : 1년 1작이 기본이었으며 논농사의 경우는 직파법을 실시하였으나, 말기에
남부 일부 지방에 이앙법이 보급되어 실시되기도 하였다. 밭농사는 2년 3작의 윤작법과
우경에 의한 깊이갈이가 보급되어 휴경기간의 단축과 생산력의 증대를 가져왔다.

ⓓ 농서의 도입 : 이암은 원의 「농상집요」를 소개·보급하였다.

(4) 화약무기의 제조와 조선기술

① 최무선은 화통도감을 설치하여 화약과 화포를 제작하였고 진포싸움에서 왜구를 격퇴하였다.

② 대형 범선이 제조되었고 대형 조운선이 등장하였다.


## 4. 귀족문화의 발달

(1) 문학의 성장

① 전기

㉠ 한문학 : 광종 때부터 실시한 과거제로 한문학이 크게 발달하였고, 성종 이후 문치주의가
성행함에 따라 한문학은 관리들의 필수교양이 되었다.

㉡ 향가 : 균여의 「보현십원가」가 대표적이며, 향가는 점차 한시에 밀려 사라지게 되었다.

② 중기 … 당의 시나 송의 산문을 숭상하는 풍조가 나타났다.

③ 무신집권기 … 현실도피적 경향의 수필문학이 유행하였다.

예 임춘의 「국순전」, 이인로의 「파한집」

④ 후기 … 신진사대부와 민중이 주축이 되어 수필문학, 패관문학, 한시가 발달하였으며, 사대부
문학인 경기체가 및 서민의 감정을 자유분방하게 표현한 속요가 유행하였다.


(2) 건축과 조각

① 건축 … 궁궐과 사원이 중심이 되었으며, 주심포식 건물(안동 봉정사 극락전, 영주 부석사 무
량수전, 예산 수덕사 대웅전)과 다포식 건물(사리원 성북사 응진전)이 건축되었다.

② 석탑 … 신라 양식을 계승하였으나 독자적인 조형감각을 가미하여 다양한 형태로 제작되었다.

예 불일사 5층 석탑, 월정사 팔각 9층 석탑, 경천사 10층 석탑

③ 승탑 … 선종의 유행과 관련이 있다.

예 고달사지 승탑, 법천사 지광국사 현묘탑

④ 불상 … 균형을 이루지 못하여 조형미가 다소 부족한 것이 많았다.

예 광주 춘궁리 철불, 관촉사 석조 미륵보살 입상, 안동 이천동 석불, 부석사 소조아미타여래 좌상

(3) 청자와 공예

① 자기공예 … 상감청자가 발달하였다.

② 금속공예 … 은입사 기술이 발달하였다.

　㉔ 청동 은입사 포류수금문 정병, 청동향로

③ 나전칠기 … 경함, 화장품갑, 문방구 등이 현재까지 전해진다.

(4) 글씨·그림과 음악

① 서예 … 전기에는 구양순체가 유행했으며 탄연의 글씨가 뛰어났고, 후기에는 송설체가 유행했으며, 이암이 뛰어났다.

② 회화 … 전기에는 예성강도, 후기에는 사군자 중심의 문인화가 유행하였다.

③ 음악

　㉠ 아악 : 송에서 수입된 대성악이 궁중음악으로 발전된 것이다.

　㉡ 향악(속악) : 우리 고유의 음악이 당악의 영향을 받아 발달한 것으로 동동·대동강·한림별곡이 유명하다.

## 03 근세의 문화

### 1. 민족문화의 융성

(1) 한글의 창제

① 배경 … 한자음의 혼란을 방지하고 피지배층에 대한 도덕적인 교화에 목적이 있었다.

② 보급 …「용비어천가」,「월인천강지곡」 등을 제작하고, 불경, 농서, 윤리서, 병서 등을 간행하였다.

(2) 역사서의 편찬

① 건국 초기 … 왕조의 정통성을 확보하고 성리학적 통치규범을 정착시키기 위한 것이었다. 정도전의「고려국사」와 권근의「동국사략」이 대표적이다.

② 15세기 중엽 … 고려역사를 자주적 입장에서 재정리하였고「고려사」,「고려사절요」,「동국통감」이 간행되었다.

③ 16세기 … 사림의 정치·문화 의식을 반영하였고, 박상의「동국사략」이 편찬되었다.

④ 실록의 편찬 … 국왕 사후에 실록청을 설치하여 편찬하였다.

(3) 지리서의 편찬

① 목적 … 중앙 집권과 국방 강화를 위하여 지리지와 지도의 편찬에 힘썼다.

② 지도 … 혼일강리역대국도지도, 팔도도, 동국지도, 조선방역지도 등이 있다.

③ 지리지 … 「신찬팔도지리지」, 「동국여지승람」, 「신증동국여지승람」, 「해동제국기」 등이 있다.

(4) 윤리 · 의례서와 법전의 편찬

① 윤리 · 의례서 … 유교적인 사회질서 확립을 위해 편찬하였으며, 「삼강행실도」, 「이륜행실도」, 「동몽수지」 등의 윤리서와 의례서로는 「국조오례의」가 있다.

② 법전의 편찬

㉠ 초기 법전 : 정도전의 「조선경국전」, 「경제문감」, 조준의 「경제육전」이 편찬되었다.

㉡ 「경국대전」 : 구성된 법전으로 유교적 통치 질서와 문물제도가 완성되었음을 의미한다.


## 2. 성리학의 발달

(1) 조선 초의 성리학

① 관학파(훈구파) … 정도전, 권근 등의 관학파는 다양한 사상과 종교를 포용하고, 주례를 중시하였다.

② 사학파(사림파) … 길재 등은 고려 말의 온건개혁파를 계승하여 교화에 의한 통치를 강조하였고, 성리학적 명분론을 중시하였다.

(2) 성리학의 융성

① 이기론의 발달

㉠ 주리론 : 기(氣)보다는 이(理)를 중심으로 이론을 전개하였다.

㉡ 주기론 : 이(理)보다는 기(氣)를 중심으로 세계를 이해하였다.

② 성리학의 정착

㉠ 이황

• 인간의 심성을 중시하였고, 근본적이며 이상주의적 성격이 강하였다.

• 「주자서절요」, 「성학십도」 등을 저술하여 이기이원론을 더욱 발전시켜 주리철학을 확립하였다.

㉡ 이이

• 기를 강조하여 일원론적 이기이원론을 주장하였으며 현실적이고 개혁적인 성격이 강하였다.

• 「동호문답」, 「성학집요」 등을 저술하였다.

(3) 학파의 형성과 대립

① 동인

㉠ 남인 : 이황 학파, 서인과 함께 인조반정에 성공하였다.

㉡ 북인 : 서경덕학파, 조식학파, 광해군 때 사회개혁을 추진하였다.

② 서인 … 이이 학파·성혼학파로 나뉘고, 인조반정으로 집권하였으며, 송시열 이후 척화론과 의리명분론을 강조하였다.

(4) 예학의 발달

① 성격 … 유교적 질서를 유지하였고, 예치를 강조하였다.

② 영향 … 각 학파 간 예학의 차이가 예송논쟁을 통해 표출되었다.


## 3. 불교와 민간신앙

(1) 불교의 정비

① 불교 정책 … 사원의 토지와 노비를 회수하고, 사찰 및 승려 수를 제한하였으며, 도첩제를 실시하였다.

② 정비과정 … 선·교 양종에 모두 36개 절만 인정하였고, 사람들의 적극적인 불교비판으로 불교는 산 속으로 들어가게 되었다.

(2) 도교와 민간신앙

① 도교 … 소격서를 설치하고 참성단에서 일월성신에 대해 제사를 지내는 초제를 시행하였다.

② 풍수지리설과 도참사상 … 한양천도에 반영되었고, 산송문제를 야기하기도 하였다.

③ 민간신앙 … 무격신앙, 산신신앙, 삼신숭배, 촌락제가 성행하게 되었다.


## 4. 과학기술의 발달

(1) 천문·역법과 의학

① 각종 기구의 발명·제작

㉠ 천체관측기구 : 혼의, 간의

㉡ 시간측정기구 : 해시계(앙부일구), 물시계(자격루)

㉢ 강우량측정기구 : 측우기(세계 최초)

㉣ 토지측량기구 : 인지의, 규형(토지 측량과 지도 제작에 활용)

② 역법 … 중국의 수시력과 아라비아의 회회력을 참고한 칠정산을 발달시켰다.

③ 의학분야 … 「향약집성방」과 「의방유취」가 편찬되었다.

(2) 농서의 편찬과 농업기술의 발달

① 농서의 편찬

　　㉠ 「농사직설」 : 최초의 농서로서 독자적인 농법을 정리(씨앗의 저장법·토질의 개량법·모내기법)하였다.

　　㉡ 「금양잡록」 : 금양(시흥)지방을 중심으로 경기지방의 농사법을 정리하였다.

② 농업기술의 발달 … 2년 3작(밭농사), 이모작·모내기법(논농사), 시비법, 가을갈이가 실시되었다.

**(3) 병서 편찬과 무기 제조**

① 병서의 편찬 … 「총통등록」, 「병장도설」이 편찬되었다.

② 무기 제조 … 최해산은 화약무기를 제조하였고, 화포가 만들어졌다.

③ 병선 제조 … 태종 때에는 거북선과 비거도선을 제조하여 수군의 전투력을 향상시켰다.

# 5. 문학과 예술

**(1) 다양한 문학**

① 15세기 … 격식을 존중하고, 질서와 조화를 내세웠다.

　　㉠ 악장과 한문학 : 「용비어천가」, 「월인천강지곡」, 「동문선」

　　㉡ 시조문학 : 김종서·남이

　　㉢ 설화문학 : 관리들의 기이한 행적, 서민들의 풍속·감정·역사의식을 담았다.
　　　　　㉺ 서거정의 「필원잡기」, 김시습의 「금오신화」

② 16세기 … 사림문학이 주류를 이루었다.

　　㉠ 시조문학
　　　　　㉺ 황진이, 윤선도 「오우기」, 「어부사시사」

　　㉡ 가사문학
　　　　　㉺ 송순, 정철 「관동별곡」, 「사미인곡」, 「속미인곡」

**(2) 왕실과 양반의 건축**

① 15세기 … 궁궐·관아·성곽·성문·학교건축이 중심이 되었고, 건물은 건물주의 신분에 따라 일정한 제한을 두었다.

② 16세기 … 서원건축은 가람배치양식과 주택양식이 실용적으로 결합된 독특한 아름다움을 지녔으며, 옥산서원(경주), 도산서원(안동)이 대표적이다.

**(3) 분청사기·백자와 공예**

① 분청사기 … 안정된 그릇모양이었으며 소박하였다.

② 백자 … 깨끗하고 담백하며 선비들의 취향이었다.

③ 공예 … 목공예, 화각공예, 자개공예가 주류를 이루었다.

(4) 그림과 글씨

① 그림

㉠ 15세기 : 안견(몽유도원도), 강희안(고사관수도), 강희맹 등이 있다.

㉡ 16세기 : 산수화와 사군자가 유행하였으며, 이암, 이정, 황집중, 어몽룡, 신사임당 등이 있다.

② 글씨 … 안평대군(송설체), 양사언(초서), 한호(석봉체)가 유명하였다.

## 04 문화의 새 기운

### 1. 성리학의 변화

(1) 성리학의 교조화 경향

① 서인의 의리명분론 강화 … 송시열은 주자중심의 성리학을 절대화 하였다.

② 성리학 비판

㉠ 윤휴 : 유교경전에 대한 독자적으로 해석하였다.

㉡ 박세당 : 양명학과 조장사상의 영향을 받아 주자의 학설을 비판하였으나 사문난적으로 몰렸다.

③ 성리학의 발달

㉠ 이기론 중심 : 이황 학파의 영남 남인과 이이 학파인 노론 사이에 성리학의 이기론을 둘러싼 논쟁이 치열하게 전개되었다.

㉡ 심성론 중심 : 인간과 사물의 본성이 같은가 다른가 등의 문제를 둘러싸고 충청도 지역의 호론과 서울 지역의 낙론이 대립하였다.

(2) 양명학의 수용

① 성리학의 교조화와 형식화를 비판하였고, 실천성을 강조하였다.

② 강화학파의 형성 … 18세기 초 정제두가 양명학 연구와 제자 양성에 힘써 강화학파라 불리는 하나의 학파를 이루었으나 제자들이 정권에서 소외된 소론이었기 때문에 그의 학문은 집안의 후손들과 인척을 중심으로 가학(家學)의 형태로 계승되었다.

### 2. 실학의 발달

(1) 실학의 등장

① 배경 … 사회모순의 해결이 필요했으며, 성리학의 한계가 나타났다.

② 새로운 문화운동 … 현실적 문제를 연구했으며, 이수광의 「지봉유설」, 한백겸의 「동국지리지」가 편찬되었다.

③ 성격 … 민생안정과 부국강병이 목표였고, 비판적 · 실증적 논리로 사회개혁론을 제시하였다.

(2) 농업 중심의 개혁론(경세치용학파)

① 특징 … 농민의 입장에서 토지제도의 개혁을 추구하였다.

② 주요 학자와 사상

    ㉠ 유형원 :「반계수록」저술, 균전론을 주장하며, 양반문벌제도, 과거제도, 노비제도를 비판하였다.

    ㉡ 이익 : 이익학파를 형성하고 한전론을 주장, 6종의 폐단을 지적하였다.

    ㉢ 정약용 : 실학을 집대성,「목민심서」,「경세유표」를 저술, 여전론을 주장하였다.

(3) 상공업 중심의 개혁론(이용후생학파, 북학파)

① 특징 … 청나라 문물을 적극적으로 수용하여 부국 강병과 이용 후생에 힘쓰자고 주장하였다.

② 주요 학자와 사상

    ㉠ 유수원 :「우서」를 저술, 상공업 진흥·기술혁신을 강조하며, 사농공상의 직업평등과 전문화를 주장하였다.

    ㉡ 홍대용 :「임하경륜」,「의산문답」을 저술, 기술혁신과 문벌제도를 철폐, 성리학 극복을 주장하였다.

    ㉢ 박지원 :「열하일기」를 저술, 상공업의 진흥 강조(수레와 선박의 이용·화폐유통의 필요성 주장), 양반문벌제도의 비생산성 비판, 농업 생산력 증대에 관심(영농방법의 혁신·상업적 농업의 장려·수리시설의 확충)을 가졌다.

    ㉣ 박제가 :「북학의」를 저술, 청과의 통상 강화, 수레와 선박 이용, 소비권장을 주장하였다.

(4) 국학 연구의 확대

① 국사

    ㉠ 이익 : 실증적·비판적 역사서술, 중국 중심의 역사관을 비판하였다.

    ㉡ 안정복 :「동사강목」을 저술하였고 고증사학의 토대를 닦았다.

    ㉢ 이긍익 : 조선시대의 정치와 문화를 정리하여「연려실기술」을 저술하였다.

    ㉣ 이종휘와 유득공 : 이종휘의「동사」와 유득공의「발해고」는 각각 고구려사와 발해사 연구를 중심으로 연구 시야를 만주지방까지 확대하여 한반도 중심의 협소한 사관을 극복하고자 했다.

    ㉤ 김정희 :「금석과안록」을 지어 북한산비가 진흥왕순수비임을 고증하였다.

② 국토에 대한 연구

    ㉠ 지리서 : 한백겸의「동국지리지」, 정약용의「아방강역고」, 이중환의「택리지」가 편찬되었다.

    ㉡ 지도 : 동국지도(정상기), 대동여지도(김정호)가 유명하다.

③ 언어에 대한 연구 … 신경준의「훈민정음운해」, 유희의「언문지」, 이의봉의「고금석림」이 편찬되었다.

④ 백과사전의 편찬 … 이수광의「지봉유설」, 이익의「성호사설」, 서유구의「임원경제지」, 홍봉한의「동국문헌비고」가 편찬되었다.

## 3. 과학기술의 발달

### (1) 천문학과 지도제작기술의 발달

① **천문학** … 김석문 · 홍대용의 지전설은 근대적 우주관으로 성리학적 세계관을 비판하였다.

② **역법과 수학** … 시헌력(김육)과 유클리드 기하학을 도입하였다.

③ **지리학** … 곤여만국전도(세계지도)가 전래되어 세계관이 확대되었다.

### (2) 의학의 발달과 기술의 개발

① **의학** … 허준은 「동의보감」, 허임은 「침구경험방」, 정약용은 「마과회통」, 이제마는 「동의수세보원」을 저술하였다.

② **정약용의 기술관** … 한강에 배다리를 설계하고, 수원 화성을 설계 및 축조하였다.
　　⑩ 거중기 사용

### (3) 농서의 편찬과 농업기술의 발달

① **농서의 편찬**
　　㉠ 신속의 「농가집성」 : 벼농사 중심의 농법이 소개되고, 이앙법 보급에 기여하였다.
　　㉡ 박세당의 「색경」 : 곡물재배법, 채소, 과수, 원예, 축산, 양잠 등의 농업기술을 소개하였다.
　　㉢ 홍만선의 「산림경제」 : 농예, 의학, 구황 등에 관한 농서이다.
　　㉣ 서유구 : 「해동농서」와 농촌생활 백과사전인 「임원경제지」를 편찬하였다.

② **농업기술의 발달**
　　㉠ 이앙법, 견종법의 보급으로 노동력이 절감되고 생산량이 증대되었다.
　　㉡ 쟁기를 개선하여 소를 이용한 쟁기를 사용하기 시작하였다.
　　㉢ 시비법이 발전되어 여러 종류의 거름이 사용됨으로써 토지의 생산력이 증대되었다.
　　㉣ 수리시설의 개선으로 저수지를 축조하였다.
　　　　⑩ 당진의 합덕지, 연안의 남대지 등
　　㉤ 황무지 개간(내륙 산간지방)과 간척사업(해안지방)으로 경지면적을 확대시켰다.

## 4. 문학과 예술의 새 경향

### (1) 서민문화의 발달

① **배경** … 서당교육이 보급되고, 서민의 경제적 · 신분적 지위가 향상되었다.

② **서민문화의 대두** … 중인층(역관 · 서리), 상공업 계층, 부농층의 문예활동과 상민, 광대들의 활동이 활발하였다.

③ **문학상의 특징** … 인간감정을 적나라하게 표현하고 양반들의 위선적인 모습을 비판하며, 사회의 부정과 비리를 풍자 · 고발하였다. 서민적 주인공이 등장했으며, 현실세계를 배경으로 설정하였다.

(2) 판소리와 탈놀이

① 판소리 … 서민문화의 중심이 되었으며, 직접적이고 솔직하게 감정을 표현하였다. 조선 후기에 널리 불리던 판소리는 모두 12마당이었지만 조선 고종 때 신재효가 6마당으로 정리했다. 신재효가 정리한 판소리는 「춘향가」, 「심청가」, 「박타령(흥부가)」, 「가루지기타령」, 「토끼타령(수궁가)」, 「적벽가」 등이며 오늘날에는 「가루지기타령」을 제외한 5마당만 전해지고 있다. 한편 판소리의 3요소에는 소리(노래), 아니리(이야기 하듯 엮어나가는 것), 발림(몸짓, 표정 등의 동작)이 있다.

② 탈놀이 · 산대놀이 … 승려들의 부패와 위선을 풍자하고, 양반의 허구를 폭로하였다.

(3) 한글소설과 사설시조

① 한글소설 … 「홍길동전」, 「춘향전」, 「별주부전」, 「심청전」, 「장화홍련전」 등이 유명하였다.

② 사설시조 … 남녀 간의 사랑, 현실에 대한 비판을 거리낌없이 표현하였다.

③ 한문학 … 정약용은 삼정의 문란을 폭로하는 한시를 썼고, 박지원은 「양반전」, 「허생전」, 「호질」을 통해 양반사회의 허구성을 지적하며 실용적 태도를 강조하였다.

(4) 진경산수화와 풍속화

① 진경산수화 … 우리나라의 고유한 자연을 표현하였고, 정선의 인왕제색도 · 금강전도가 대표적이다.

② 풍속화 … 김홍도는 서민생활을 묘사하였고, 신윤복은 양반 및 부녀자의 생활과 남녀 사이의 애정을 표현하였다.

③ 민화 … 민중의 미적 감각과 소박한 정서를 표현하였다.

④ 서예 … 이광사(동국진체), 김정희(추사체)가 대표적이었다.

(5) 백자 · 생활공예와 음악

① 자기공예 … 백자가 민간에까지 널리 사용되었고, 청화백자가 유행하였으며 서민들은 옹기를 많이 사용하였다.

② 생활공예 … 목공예와 화각공예가 발전하였다.

③ 음악 … 음악의 향유층이 확대되어 다양한 음악이 출현하였다. 양반층은 가곡 · 시조, 서민들은 민요를 애창하였다.

## Chapter 05 민족문화의 발달

# 출제예상문제

**1** 신라 하대 불교계의 새로운 경향을 알려주는 다음의 사상에 대한 설명으로 옳은 것은?

> 불립문자(不立文字)라 하여 문자를 세워 말하지 않는다고 주장하고, 복잡한 교리를 떠나서 심성(心性)을 도야하는 데 치중하였다. 그러므로 이 사상에서 주장하는 바는 인간의 타고난 본성이 곧 불성(佛性)임을 알면 그것이 불교의 도리를 깨닫는 것이라는 견성오도(見性悟道)에 있었다.

① 전제왕권을 강화해주는 이념적 도구로 크게 작용하였다.
② 지방에서 새로이 대두한 호족들의 사상으로 받아들여졌다.
③ 왕실은 이 사상을 포섭하려는 노력에 관심을 기울이지 않았다.
④ 인도에까지 가서 공부해 온 승려들에 의해 전파되었다.

> **NOTE** 위에 설명된 사상은 신라 하대에 유행한 선종(禪宗)에 관한 것으로 선종은 문자에 의존하지 않고 오직 좌선만을 통해 부처의 깨달음에 이르려는 종파이다. 6세기 초에 인도에서 중국으로 건너 온 보리달마를 초조(初祖)로 한 다. 선종사상은 절대적인 존재인 부처에 귀의하려는 것이 아니라 각자가 가지고 있는 불성(佛性)의 개발을 중요 시하는 성향을 지녔기에 신라 하대 당시 중앙정부의 간섭을 배제하면서 지방에서 독자적인 세력을 구축하려 한 호족들의 의식구조와 부합하였다. 이로 인해 신라 말 지방호족의 도움으로 선종은 크게 세력을 떨치며 새로운 사회의 사상적 토대를 마련하였다.

**2** 조선 후기 천주교와 관련된 설명으로 옳지 않은 것은?

① 기해사옥 때 흑산도로 유배를 간 정약전은 그 지역의 어류를 조사한 「자산어보」를 저술하였다.
② 안정복은 성리학의 입장에서 천주교를 비판하는 「천학문답」을 저술하였다.
③ 1791년 윤지충은 어머니 상(喪)에 유교 의식을 거부하여 신주를 없애고 제사를 지내 권상연과 함께 처형을 당하였다.
④ 신유사옥 때 황사영은 군대를 동원하여 조선에서 신앙의 자유를 보장받게 해달라는 서신을 북경에 있는 주교에게 보내려다 발각되었다.

> **NOTE** 정약전은 신유사옥(1801)으로 인해 흑산도로 귀양을 간 후 그 곳에서 「자산어보」를 지었다.

**3** 해외로 유출된 우리 문화재로 옳은 것은?

① 신윤복의 미인도
② 안견의 몽유도원도
③ 정선의 인왕제색도
④ 강희안의 고사관수도

> **NOTE** 현재 안견의 몽유도원도(夢遊桃源圖)는 일본 덴리대학(天理大學) 중앙도서관에 소장되어 있으며 우리나라에서는 2009년 한국박물관 개관 100주년 기념 특별전으로 전시된 적이 있었다.

**4** 밑줄 친 '이 농서'가 처음 편찬된 시기의 문화에 대한 설명으로 옳은 것은?

---

「농상집요」는 중국 화북 지방의 농사 경험을 정리한 것으로서 기후와 토질이 다른 조선에는 도움이 될 수 없었다. 이에 농사 경험이 풍부한 각 도의 농민들에게 물어서 조선의 실정에 맞는 농법을 소개한 <u>이 농서</u>가 편찬되었다.

---

① 현실 세계와 이상 세계를 표현한 몽유도원도가 그려졌다.
② 선종의 입장에서 교종을 통합한 조계종이 성립되었다.
③ 윤휴는 주자의 사상과 다른 모습을 보여 사문난적으로 몰렸다.
④ 진경산수화와 풍속화가 유행하였다.

> **NOTE** 「농사직설(農事直說)」은 조선 세종 때 지어진 농서(農書)로 서문에서 밝히는 바와 같이 당시 까지 간행된 중국의 농서가 우리나라의 풍토와 맞지 않아 농사를 짓는 데 있어 어려움이 있다는 이유로 세종이 각 도 감사에게 명해 각 지역의 농군들에게 직접 물어 땅에 따라 이미 경험한 바를 자세히 듣고 이를 수집하여 편찬, 인쇄, 보급한 것이다. 이 책은 지역에 따라 적절한 농법을 수록하여 우리 실정과 거리가 먼 중국의 농법에서 벗어나는 좋은 계기를 마련했다고 볼 수 있다. 안견의 몽유도원도는 1447년(세종 29)에 안평대군이 도원을 거닐며 놀았던 꿈 내용을 당시 도화서 화가였던 안견에게 말해 안견이 그린 것으로 현재 일본 덴리대학(天理大學) 중앙도서관에 소장되어 있다.

**5** 다음 역사서 저자들의 정치적 입장에 관한 설명으로 옳지 않은 것은?

① 여사제강 : 서인의 입장에서 북벌운동을 지지하였다.
② 동사 : 붕당정치를 비판하였다.
③ 동사강목 : 성리학적 명분론을 비판하였다.
④ 동국통감제강 : 남인의 입장에서 왕권 강화를 주장하였다.

> **NOTE** 동사강목 … 17세기 이후 축적된 국사연구의 성과를 계승 발전시켜 역사인식과 서술내용 면에서 가장 완성도가 높은 저술로서 정통론인식과 문헌고증방식의 양면을 집대성한 대표적인 통사이다. 단군→기자→마한→통일신라→고려까지의 유교적 정통론을 완성하였으며 위만조선을 찬탈왕조로 다루고 발해를 말갈왕조로 보아 우리 역사에서 제외시켰는데 이는 조선의 성리학자로서의 명분론에 입각한 것이었다.

**ANSWER** —— 1.② 2.① 3.② 4.① 5.③

**6** 〈보기〉의 내용과 관련있는 사실로 옳은 것은?

> 〈보기〉
> • 일본의 다카마스   • 호류사 금당벽화   • 정효공주묘의 모줄임 구조

① 활발한 정복활동과 불교전파   ② 고구려 문화의 대외전파
③ 백제 문화의 대외전파   ④ 신라 문화의 대외전파

**NOTE** 고구려는 일본에 주로 의학과 약학을 전해 주었으며 혜자는 쇼토쿠 태자의 스승이 되었다. 또한 담징은 호류사의 금당벽화를 그렸으며, 다카마쓰고분에서도 고구려의 흔적이 나타난다. 정효공주묘의 천장이 모줄임 구조도 고구려적 요소라고 할 수 있다.

**7** 다음의 고려 후기 역사서 중 자주적 사관과 관련이 없는 것은?

① 「제왕운기」   ② 「삼국유사」
③ 「동명왕편」   ④ 「삼국사기」

**NOTE** 「삼국사기」는 인종 때 김부식에 의해 저술된 고려중기 역사서(1145)로 유교적 합리주의 사관에 기초하여 기전체로 저술되었다. 김부식은 신라 계승의식을 갖고 있었으며, 대외적으로 사대주의의 입장에서 정권의 안정만을 도모하였다.

**8** 다음은 조선 초기 과학기술에 관한 설명이다. 이와 관련이 없는 것은?

> 15세기는 역법의 제정과 천문, 시간측정기구의 제작 및 농업, 의약서적, 인쇄술이 발달하는 등 각 분야에 걸쳐서 과학기술이 눈부시게 발달하였다.

① 칠정산   ② 향약구급방
③ 측우기   ④ 자격루

**NOTE** 「향약구급방」은 우리 실정에 맞는 고려시대의 자주적 의서이다.

**9** 다음은 고려시대의 목조건축물이다. 다포양식의 건축물로 옳은 것은?

① 봉정사 극락전
② 수덕사 대웅전
③ 성불사 응진전
④ 부석사 무량수전

> **NOTE** 기둥과 기둥 사이에 공포를 짜 올리는 다포 양식으로 하중이 고르게 분산되어 지붕이 더욱 커졌다. 이는 중후하고 장엄한 느낌을 준다.
> ①②④ 기둥 위에만 공포를 짜 올리는 주심포 양식으로 하중이 기둥에만 전달되어 기둥은 굵으며 배흘림 양식이다.

**10** 다음 〈보기〉의 내용들을 시대순으로 바르게 나열한 것은?

〈보기〉
㉠ 충청도 지방의 호론과 서울 지방의 낙론 사이에 성리학의 심성논쟁이 벌어졌다.
㉡ 붕당 사이에 예론을 둘러싼 논쟁이 전개되었다.
㉢ 이황과 이이 사이에 성리학의 이기론을 둘러싼 논쟁이 전개되었다.

① ㉠ - ㉡ - ㉢
② ㉡ - ㉠ - ㉢
③ ㉢ - ㉠ - ㉡
④ ㉢ - ㉡ - ㉠

> **NOTE** ㉢ 이황은 주리론의 입장에서 학문의 본원적 연구에 치중하였고, 이이는 주기론의 입장에서 현실세계의 개혁에 깊이 관여하였다. 그러나 두 학파 모두 도덕세계의 구현이라는 점에서는 입장이 같다.
> ㉡ 예송 논쟁이란 예법에 대한 송사와 논쟁으로 제1차는 1659년에 기해 예송, 제2차는 1674년 갑인 예송으로 나타났다.
> ㉠ 제시된 글은 노론 내부에서 펼쳐진 호락논쟁으로 서울지역의 인물성동론은 북학파에, 충청지역의 인물성이론은 위정척사에 영향을 주었다.

ⓘ ANSWER _____ 6.② 7.④ 8.② 9.③ 10.④

**11** 다음의 사상에 관한 설명으로 옳은 것은?

> ㉠ 인간과 사물의 본성은 동일하다.
> ㉡ 인간과 사물의 본성은 동일하지 않다.

① ㉠은 구한말 위정척사 사상으로 계승되었다.
② ㉡은 실학파의 이론적 토대가 되었다.
③ ㉡은 사문난적으로 학계에서 배척당했다.
④ ㉠과 ㉡은 노론 인사들을 중심으로 이루어졌다.

**NOTE** 제시된 글은 노론 내부에서 펼쳐진 호락논쟁으로 ㉠은 서울지역의 인물성동론으로 북학파에, ㉡은 충청지역의 인물성이론으로 위정척사에 영향을 주었다.

**12** 고려 말 성리학에 대한 설명으로 옳지 않은 것은?

① 충렬왕 때 안향이 처음으로 소개하였다.
② 정몽주는 '동방이학의 조'라는 칭호를 들을 정도로 뛰어난 성리학자였다.
③ 고려 말에 사림파가 새롭게 등장하였다.
④ 정도전은 「불씨잡변」을 저술하여 불교를 비판하였다.

**NOTE** 사림파는 고려 말 은거하고 있던 길재가 양성한 세력으로 조선 성종을 전후로 정계에 등장하였다.

**13** 조선 후기 화풍에 관한 설명으로 옳지 않은 것은?

① 중국의 화풍을 수용하여 독자적으로 재구성하였다.
② 민중의 기복적 염원과 미의식을 표현한 민화가 발달하였다.
③ 강세황의 작품에서는 서양화법의 영향이 드러난다.
④ 뚜렷한 자아의식을 바탕으로 우리의 자연을 직접 눈으로 보고 사실적으로 그리려는 화풍의 변화가 나타났다.

**NOTE** 조선 전기 화풍의 특징이다.

**14** 불교의 교리를 알지 못하여도 '나무아미타불 관세음보살'만 외우면 서방의 극락에서 왕생할 수 있다고 주장한 승려는 누구인가?

① 원측             ② 원효
③ 의상             ④ 혜초

> **NOTE** 원효는 정토신앙을 널리 전파시켜 불교의 대중화에 기여하였다.

**15** 다음 중 조선 후기에 유행한 사상에 관한 설명으로 옳지 않은 것은?

① 굿과 같은 현세구복적인 무속신앙이 유행하였다.
② 말세도래와 왕조교체 등의 내용이 실린 정감록과 같은 비기·도참서가 유행하였다.
③ 인내천, 보국안민, 후천개벽을 내세운 동학이 창시되었다.
④ 서학(천주교)은 종교로 수용되어 점차 학문적 연구대상으로 변하였다.

> **NOTE** 서학은 사신들에 의해 전래되어 문인들의 학문적 호기심에 의해 자발적으로 수용되었다.

**16** 다음 중 강서고분, 무용총, 각저총 등 벽화가 남아있는 고분의 형태는?

① 외덧널무덤           ② 굴식돌방무덤
③ 돌무지무덤           ④ 돌무지덧널무덤

> **NOTE** 굴식돌방무덤 … 판 모양의 돌을 이용하여 널을 안치하는 방을 만들고 널방벽의 한쪽에 외부로 통하는 출입구를 만든 뒤 봉토를 씌운 무덤으로 횡혈식 석실묘라고도 한다. 고대의 예술수준을 알 수 있는 고분벽화는 널방벽에 그려진 것이다.

**17** 고려 말의 진화는 "송은 이미 쇠퇴하고 북방 오랑캐는 아직 미개하니, 앉아서 기다려라. 문명의 아침은 동쪽의 하늘을 빛내고자 한다."는 내용의 시로 자신감과 자주의식을 나타내었다. 이러한 자주 의식과 관련이 없는 사람은?

① 일연

② 이이

③ 김대문

④ 이종휘

**NOTE** 이이는 존화주의적 역사의식을 가지고 기자조선을 정통으로 보는 「기자실기」를 작성하였다.

**18** 실학자의 주장으로 옳은 것은?

① 이익 – 중상주의 실학자로 상공업의 발달을 강조하였다.

② 박제가 – 절약과 저축의 중요성을 강조하였다.

③ 박지원 – 우서에서 우리나라와 중국의 문물을 비교·분석하여 개혁안을 제시하였다.

④ 정약용 – 토지의 공동소유 및 공동경작 등을 통한 집단 농장체제를 주장하였다.

**NOTE** ① 이익은 중농주의 실학자로 토지소유의 상한선을 정하여 대토지소유를 막는 한전론을 주장하였다.

② 박제가는 소비와 생산의 관계를 우물물에 비교하면서 검약보다 소비를 권장하였다.

③ 유수원에 관한 설명이다.

**19** 우리 문화의 일본 전파와 관련된 내용으로 옳지 않은 것은?

① 백제가람은 백제가 일본에서 유행시킨 건축양식이다.
② 신라의 조선술·축제술의 전파로 일본에는 한인의 연못이 생겼다.
③ 고구려는 일본의 고대 문화 형성에 아무런 영향을 미치지 못하였다.
④ 삼국 문화의 일본 전파는 삼국의 독자적인 문화를 전해 준 것이다.
⑤ 백제의 문화는 일본의 아스카 문화의 기반이 되었다.

> **NOTE** 고구려는 주로 의학과 약학을 전해 주었으며 혜자는 쇼토쿠 태자의 스승이 되었다. 또한 담징은 호류사의 금당 벽화를 그렸으며, 다카마쓰고분에서도 고구려의 흔적이 나타난다.

**20** 백제 건국의 근거가 되는 것은?

① 단양적성비
② 몽촌토성
③ 척화비
④ 울진봉평신라비

> **NOTE** 몽촌토성은 백제 초기의 토성터로 목책구조와 토성방비용 해자로 되어있는 독특한 구조를 지닌다. 위치나 견고함 등으로 보았을 때 하남위례성의 주성(主成)으로 추정된다.

ANSWER ___ 17. ② 18. ④ 19. ③ 20. ②

## Chapter 06

# 근현대사의 흐름

01 근현대의 정치 변동

## 1. 개화와 자주운동

(1) 조선 말기의 국내 정세

① 조선사회의 위기 ⋯ 세도정치의 폐단이 나타나고, 일본과 서양 열강의 침략적 접근이 일어나고 있었다.

② 흥선대원군의 집권 ⋯ 실추된 왕권을 회복하고 국가적 위기를 극복하기 위하여 노력하였다.

　㉠ 내정개혁 : 고른 인재 등용, 경복궁 중건, 서원 정리, 삼정 개혁, 비변사 폐지, 의정부와 삼군부 기능 회복, 법전(대전회통)을 정비하였다.

　㉡ 대외정책 ⋯ 국방력 강화, 통상수교요구 거절, 천주교 탄압, 척화비를 건립하였다.

(2) 개항과 개화정책

① 개항 ⋯ 일본과 강화도조약을 체결하였는데, 이것은 우리나라 최초의 근대적 조약이었으며, 치외법권과 해안측량권을 규정한 불평등 조약이었다.

② 개화정책의 추진 ⋯ 개화파 인물 등용, 통리기무아문 설치, 별기군 창설, 일본과 청에 사절단 파견 등을 추진하였다.

③ 위정척사운동 ⋯ 보수적 유생층은 개항과 개화를 반대하는 운동을 전개하였고, 항일의병운동으로 계승되었다. 반외세 자주 운동이었으며, 혁신적 인사들은 동도서기론을 주장하였다.

④ 임오군란(1882) ⋯ 개화정책에 반대하였으며, 임오군란 후 청의 내정간섭이 심해지고 정부의 친청정책의 배경이 되었다.

⑤ 갑신정변(1884) ⋯ 급진개화파가 주도하였으며 근대국가건설을 목표로 하였지만, 삼일천하로 실패하였다.

(3) 동학농민운동의 전개

① 배경 ⋯ 정부의 농민수탈 심화와 농촌경제 파탄으로 농민의 사회변혁 욕구가 고조되었다.

② 전개 ⋯ 보국안민과 제폭구민을 외치며 고부봉기가 일어나 전주를 점령하였다. 집강소에서는 폐정개혁을 실천하였으나 일본의 내정간섭은 강화되고, 재봉기인 우금치전투는 실패로 돌아갔다.

(4) 근대적 개혁의 추진

① 갑오개혁(1894) … 군국기무처를 설치하고, 홍범 14조를 반포하였다.

② 을미개혁 … 을미사변 이후 을미개혁과 단발령이 시행되었다.

③ 을미의병 … 명성황후 시해와 단발령이 계기가 되었으며, 유생층이 주도하였으나 농민과 동학 농민군의 잔여세력이 가담하였다.

④ 아관파천(1896) 이후 … 단발령이 철회되고, 고종의 해산권고로 을미의병은 자진 해산하였다.

## 2. 주권수호운동의 전개

(1) 독립협회와 대한제국

① 독립협회(1896)

㉠ 주요 활동 : 민중에게 근대적 지식과 국권·민권사상 고취(강연회·토론회 개최, 신문·잡지 발간), 자주국권운동, 자유민권운동, 국민참정권운동 전개, 만민공동회와 관민공동회를 개최하였다.

㉡ 해산 : 서구식 입헌군주제의 실현을 추구였으므로 보수세력은 황국협회를 이용하여 독립협회를 탄압하였다.

② 대한제국(1897) … 고종은 환궁 후 대한제국을 선포하고 연호를 광무라 하였다.

㉠ 개혁 : 구본신참을 시정방향으로 제시, 전제황권을 강화, 양전사업을 실시, 상공업진흥책을 추진하였다.

㉡ 한계 : 집권층의 보수성과 열강의 간섭으로 실패로 돌아갔다.

(2) 항일의병운동

① 을사조약(1905) 폐기운동 … 민영환은 자결로써 항거하였고 나철, 오기호 등은 5적 암살단을 조직하여 5적의 집을 불사르고 일진회 사무실을 습격하였다.

② 을사의병(1905) … 민종식, 최익현, 신돌석(평민 의병장)이 활약하였고, 을사조약의 폐기와 친일내각 타도를 주장하였다.

③ 정미의병(1907) … 고종의 강제 퇴위로 군대가 해산되자, 해산군인들이 의병에 합류하였다.

(3) 애국계몽운동의 전개

① 초기 … 보안회, 헌정연구회가 활용하였다.

② 1905년 이후 … 국권 회복을 위한 애국계몽운동을 전개하였다.

㉠ 대한자강회 : 교육과 산업을 진흥시켜 독립의 기초를 만들 것을 목적으로 국권 회복을 위한 실력양성운동을 전개하였으나 고종의 강제퇴위반대운동으로 해산되었다.

㉡ 대한협회 : 교육의 보급, 산업 개발 및 민권 신장 등을 강령으로 내걸고 실력양성운동을 전개하였다.

㉢ 신민회 : 비밀결사조직으로 국권 회복과 공화정체의 국민국가 건설을 목표로 하였다.

### 3. 민족의 수난과 항일독립운동

**(1) 국권의 피탈과 민족의 수난**

① **국권의 피탈** ··· 한 · 일신협약(차관정치) → 군대 해산 → 사법권 · 경찰권 박탈 → 국권 강탈(1910)

② **조선총독부** ··· 입법 · 행정 · 사법 · 군대통수권을 장악하고, 한국인 회유책으로 중추원을 설치하였다.

③ **헌병경찰통치(1910 ~ 1919)** ··· 경찰의 임무를 대행하여, 독립운동가를 색출하고 처단하였으며, 즉결처분권을 소유하였다.

④ **문화통치(1919 ~ 1931)** ··· 3 · 1운동과 국제 여론의 악화로 제기되었으며, 소수의 친일분자를 키워 우리 민족을 이간하여 분열시켰다.

⑤ **민족말살통치(1931 ~ 1945)** ··· 병참기지화 정책, 국사 · 국어교육의 금지, 황국신민서사암송, 궁성요배, 신사참배, 일본식 성명 사용을 강요, 강제징용, 정신대 동원 등의 정책을 폈다.

**(2) 3 · 1운동**

민족자결주의와 2 · 8독립선언(1919)의 영향을 받아 독립선언서를 발표하고 거족적 만세시위를 전개하였고 이는 지방도시 및 전국의 농촌으로 파급되었다.

**(3) 대한민국임시정부**

① **수립** ··· 중국 상하이에 대한민국임시정부를 수립하고, 연해주의 대한국민의회를 통합하였다.

② **임시정부의 활동** ··· 비밀행정조직망인 연통제와 교통국의 설치, 외교활동, 독립신문 간행 등의 활동을 하였다.

**(4) 국내의 항일운동**

① **6 · 10만세운동(1926)** ··· 일제의 수탈과 식민지교육에 대한 반발로 일어났다.

② **광주학생항일운동(1929)** ··· 전국 규모의 항일 투쟁으로 확대되었다.

③ **무장항일투쟁** : 보합단(평북 동암산), 천마산대(평북 천마산), 구월산대(황해도 구월산) 등이 활동하였다.

**(5) 항일독립전쟁의 전개**

① **전개** ··· 독립운동기지 건설(삼원보 · 한흥동 · 블라디보스토크) → 봉오동 전투, 청산리 대첩 → 간도참변, 자유시 참변 → 단체통합 운동(참의부, 정의부, 신민부) → 한국독립군과 조선혁명군의 활약 → 한국광복군 창설로 전개되었다.

② **한국광복군의 창설(1940)** ··· 조선의용대를 흡수하여, 대일선전포고를 하기도 했다. 인도와 미얀마전선에 참전하였고, 국내진공작전을 준비하였다.

## 4. 대한민국의 발전

### (1) 광복 직후의 국내정세

① 건국준비활동 … 대한민국임시정부의 건국강령을 제정하고, 중국 화북지방 사회주의 계열은 조선독립동맹을 결성하였으며, 국내에서는 조선건국동맹을 결성하였다.

② 국토의 분단 … 38도선을 경계로 미·소 양군이 진주하였다.

③ 통일정부 수립 추진 … 좌우합작운동과 남북협상(김구)을 벌였으나 실패로 돌아갔다.

### (2) 대한민국 정부의 수립(1948. 8. 15.)

① 과정 … 5·10총선거 후 민주공화국의 헌법을 제정하였으며 대한민국정부가 수립되었다.

② 건국 초기 국내정세

  ㉠ 제주 4·3사건(1948)과 여수·순천 10·19사건(1948) : 정부 수립을 전후 한 시기에 좌우익의 대립이 격화되어 일어났다.

  ㉡ 이승만의 반공정책 강화 : 이승만 정부는 좌우갈등을 극복하고 사회질서를 확립한다는 명분으로 반공정책을 강화하였다.

  ㉢ 반민족행위처벌법의 제정 : 제헌국회에서 친일파를 처벌하여 민족정기를 바로잡기 위해서 제정하였으나 반공정책을 우선시하였던 이승만 정부의 소극적인 태도와 친일세력의 방해공작, 일본 경찰 간부의 반미특위습격사건으로 성과를 거두지 못하였다.

### (3) 민주주의의 시련과 발전

① 4·19혁명(1960) … 자유당 정권의 부정선거로 인해 학생과 시민 중심의 전국적인 시위가 발생하였으며 그 결과 이승만 정권은 붕괴되었다.

② 장면 정부 … 내각책임제와 양원제 국회의 권력구조였으며, 사회 무질서와 혼란은 지속되었다.

③ 5·16군사정변(1961) … 박정희 정부는 대통령 중심제와 단원제 국회의 권력구조로 헌법을 개정하였다.

④ 10월 유신(1972) … 박정희는 종신 집권을 위해 유신체제를 구축하였으나 10·26사태로 인해 유신체제는 막을 내렸다.

⑤ 전두환 정부 … 5·18민주화운동을 진압하면서 전두환 정부가 탄생하였으나, 민주화운동을 탄압하고 각종 부정과 비리가 발생했으며, 결국 6월민주항쟁(1987)으로 국민의 요구가 수용되어 6·29민주화선언이 발표되었고 대통령 직선제로 개헌하였다.

⑥ 노태우 정부 … 북방정책을 추진하였고, 남북한이 유엔에 동시 가입하는 등 적극적인 외교를 펼쳤다.

⑦ 김영삼 정부 … 금융실명제, 지방자치제를 전면 실시하였다.

⑧ 김대중 정부 … 외환위기를 극복하고, 민주주의와 시장경제의 병행발전을 도모하였다.

## 02 근현대의 경제 변화

### 1. 열강의 경제침투와 경제적 구국운동

(1) 열강의 경제적 침탈

① 일본의 경제침탈 … 은행·세관·화폐정리업무를 통해 금융을 지배하였다.

② 열강의 이권침탈 … 열강이 금광채굴권, 철도부설권, 삼림채벌권을 차지하였다.

(2) 경제적 침탈에 대한 저항

① 경제적 자주권 수호노력 … 방곡령을 시행, 상권수호운동과 이권수호운동을 전개하였다.

② 회사 설립 … 초기에는 상회사(대동상회·장통상회)를 설립하고, 상공업진흥정책이 실시된 이후에는 주식회사도 나타났다.

③ 국채보상운동 … 일본의 재정적 예속정책에 대한 저항으로 국채보상기성회를 조직하여 모금운동을 벌였으나, 일제 통감부의 탄압을 받아 좌절되었다.

### 2. 일제하 민족경제의 변화

(1) 식민지 수탈경제

① 토지조사사업(1912 ~ 1918) … 기한부 신고제로 미신고 토지를 약탈하였다. 그 결과 농민은 토지를 상실하고 소작농으로 전락하였다.

② 산미증식계획(1920 ~ 1933) … 각종 비용을 농민에게 전가하고, 쌀 생산을 강요하였다.

③ 산업의 침탈

㉠ 화폐정리사업으로 통감부시기에 민족자본의 축적이 와해되었다.

㉡ 회사령을 공포하여 한국인의 회사 설립과 경영을 통제하여 일본인이 한국 공업을 주도하게 되었으며, 광업령, 임야조사사업, 어업령을 통해 우리 자원을 약탈하였다.

㉢ 일본의 군수공업화정책으로 전기, 제철, 중화학 공장을 설립하여 병참기지화되었다.

㉣ 식량배급제도와 각종 물자의 공출제도를 강행하였다.

(2) 경제적 민족운동

① 소작쟁의 … 소작료 인하와 소작권 박탈을 반대하는 생존권 투쟁이었다.

② 민족기업의 성장 … 직포공장, 메리야스공장, 고무신공장, 경성방직주식회사 등이 설립되었다.

③ 물산장려운동 … 민족기업 지원, 민족경제의 자립을 목적으로 하였다.

④ 노동쟁의 … 노동조건 개선과 임금인상을 주장하였다.

## 3. 현대의 경제 발전

### (1) 경제개발 5개년 계획

① 경과 ··· 1 · 2차 경제개발 5개년 계획(기간산업 육성, 경공업 발전 주력), 3 · 4차 경제개발 5개년 계획(경공업 중심 → 중화학 공업중심)을 추진하였다.

② 결과 ··· 수출 비약적 증대, 국내 자본 축적, 사회간접시설 확충, 식량 생산 증대 등의 결과를 가져왔다.

### (2) 노동운동

노동관계법 개정, 새로운 노사문화 정착, 노동환경 개선을 목적으로 하였다.

## 03 근현대의 사회 변동

## 1. 평등사회로의 변화

### (1) 동학농민군의 사회개혁운동

폐정개혁안을 제시하여 탐관오리 · 횡포한 부호 · 양반유생의 정벌, 노비문서 소각, 천인들에 대한 처우개선, 과부의 재가허용, 모든 무명 잡세의 폐지, 문벌과 지벌의 타파, 토지의 평균분작 등을 주장하였다.

### (2) 갑오개혁과 신분제의 폐지

반상과 귀천을 초월한 평등주의적 사회질서를 수립하고, 노비 및 천민층의 해방이 이루어졌으며, 기술직 중인의 관직등용을 확대하였다. 또한 여성의 대우가 향상되고 혼인풍습이 개선되었다.

### (3) 민권운동의 전개(독립협회활동)

① 독립협회의 운동 ··· 인권확대운동 · 참정권실현운동을 전개했으며, 관민공동회를 개최하였다. 입헌군주제를 지향하였다.

② 독립협회의 기본사상 ··· 자주국권사상, 자유민권사상, 자강개혁 사상이었다.

## 2. 민족독립운동기의 사회 변화

### (1) 한인의 국외 이주와 독립운동

① 만주 ··· 20세기 초반에는 일제의 탄압을 피하고 항일운동을 위해 이주하였다.

② 연해주 ··· 한민회를 설치하고 대한광복군 정부를 수립하여 무장투쟁의 기반을 마련하였다.

③ 미국 ··· 신민회, 한인협성회와 흥사단을 조직하여 활동하였다.

④ 일본 ··· 조선청년독립단을 구성하여 2 · 8독립선언을 발표, 3 · 1운동의 도화선을 제공하였다.

(2) 사회주의 운동의 대두와 신간회 운동

① **사회주의 운동의 대두** … 1920년대 러시아와 중국에서 활동하고 있던 독립운동가들이 처음으로 받아들였다. 노동운동, 농민운동, 청년운동, 학생운동, 여성운동, 형평운동 등이 전개되었다.

② **신간회 운동** … 민족주의 진영과 사회주의 진영은 민족유일당, 민족협동전선이라는 표어 아래 이상재, 안재홍 등을 중심으로 신간회를 결성하였다. 노동운동과 농민운동을 지도하였고 광주 학생항일운동의 진상단을 파견하였다.

(3) 농민운동과 노동운동

① **농민운동** … 고율의 소작료 인하와 소작권의 이동을 반대하는 시위가 많았으나, 농민조합이 소 작쟁의를 주도하여 항일민족운동으로 변모하게 되었다.

② **노동운동** … 임금인상 · 단체계약권 확립 · 8시간 노동제 · 노동조건 개선을 요구하면서 파업투쟁 을 하였고, 후에 지역단위로 파업이 일어났으며 대중화되었다.

(4) 여성운동과 학생운동

① **여성운동** … 계몽운동으로 발전하였고 후에 사회주의 운동과 결합하였다.

② **학생운동** … 동맹휴학 형태로 전개되어 식민지 노예교육의 철폐, 조선역사의 교육, 교내 조선 어 사용 등을 요구하였다. 광주학생항일운동이 대표적인 예이다.

## 04 근현대 문화의 흐름

## 1. 근대 문화의 발달

(1) 근대 문명의 수용

① **근대 문물의 도입** … 19세기 후반부터 개화파는 동도서기론을 개창하였고, 정부는 과학기술을 비롯한 서양의 근대 문물을 도입하여 개화정책을 추진하였다.

② 근대 시설의 수용

㉠ 통신시설 : 전신 · 전화를 가설하였고, 우정국을 운영하여 근대적 우편제도를 실시하였다.

㉡ 교통시설 : 전차를 운행하였으며, 경인선과 경부선의 철도가 부설되었다.

③ **근대 의료시설** … 광혜원, 경성의학교, 세브란스병원이 설립되었다.

④ **건축** … 명동성당, 덕수궁 석조전 등이 건립되었다.

(2) 근대 교육과 학문의 보급

　① 근대 교육의 시작 … 원산학교, 육영공원에서 시작되었다.

　② 갑오개혁기 … 근대적 교육제도가 마련되어 관립학교·사립학교가 설립되었고, 개신교 선교사
　　들이 주도하였다.

　③ 애국계몽운동기 … 사립학교를 설립하여 구국교육운동을 전개하고 민족의식을 고취시켰다.

　④ 국학운동 … 민족의식과 애국심을 고취하기 위해 국사연구(신채호·박은식)와 국어연구(지석
　　영·주시경)가 이루어졌다.

　⑤ 국학운동 … 신채호·박은식 등은 구국위인들의 전기를 써서 보급, 지석영과 주시경은 국어 연
　　구에 공헌하였다.

(3) 문예와 종교의 새 경향

　① 문학의 새 경향 … 이인직의 「혈의 누」, 이해조의 「자유종」 등의 신소설은 계몽문학의 구실을
　　하였고, 최남선의 「해에게서 소년에게」는 근대시의 형식을 개척하였다.

　② 예술계의 변화

　　㉠ 음악 : 애국가, 권학가, 독립가와 같은 창가가 유행하였다.

　　㉡ 연극 : 원각사(서양식 극장)의 설립, 은세계, 치악산 등의 작품의 공연되고 민중 사이에서는
　　　전통적인 민속가면극이 성행하였다.

　　㉢ 미술 : 서양식 유화가 도입되고 김정희 계통의 문인화가들이 한국 전통회화를 발전시켰다.

　③ 종교운동의 변화 … 천주교가 자유롭게 선교활동을 벌였고, 개신교가 수용되었다. 동학은 천도
　　교로 개칭(손병희)되었고, 불교의 혁신운동(한용운)이 일어났으며, 대종교가 창시되었다.

## 2. 민족문화수호운동

(1) 민족문화수호운동의 전개

　① 한글보급운동

　　㉠ 조선어연구회 : 잡지(한글)간행, 가갸날(한글날)을 제정하였다.

　　㉡ 조선어학회 : 한글맞춤법통일안과 표준어를 제정하였으며, 「우리말큰사전」의 편찬에 착수하
　　　였으나 일제의 방해로 성공하지 못하였다.

　② 한국사의 연구 … 박은식(혼), 신채호(낭가사상)등이 연구하였다.

　③ 진단학회 … 일본의 왜곡된 한국학 연구에 반발하여 이윤재, 이병도, 손진태, 조윤제 등이 진
　　단학회를 조직하고 한국학 연구에 힘썼다.

(2) 민족교육진흥운동

　① 조선교육회 … 한규설과 이상재는 민립대학 설립운동을 전개하여 모금운동을 벌였으나, 일제의
　　방해로 실패하였다.

　② 문맹 퇴치와 농촌계몽운동 … 언론계와 청년 학생을 중심으로 전개되었다.

**1** 밑줄 친 '나'에 대한 설명으로 옳은 것은?

> 우리가 기다리던 해방은 우리 국토를 양분하였으며, 앞으로는 그것을 영원히 양국의 영토로 만들 위험성을 내포하고 있다. …… '나'는 통일된 조국을 건설하려다가 38도선을 베고 쓰러질지언정 일신의 구차한 안일을 취하여 단독정부를 세우는 데에는 협력하지 아니하겠다.

① 통일 정부 수립을 위한 남북 협상을 추진하였다.
② 한국 민주당을 결성하여 미군정에 적극적으로 참여하였다.
③ 미국에서 귀국한 후 독립 촉성 중앙 협의회를 구성하였다.
④ 조선 건국 준비 위원회를 조직하고 위원장으로 활동하였다.

> **NOTE** 김구는 「삼천만 동포에게 읍고함」이란 글을 통해 통일 정부 수립을 위한 남북 협상을 추진하였다.
> ② 한국 민주당은 처음에는 조선인민공화국의 타도와 충칭의 대한민국임시정부를 우리의 정부로 맞아들이겠다는 것을 당면한 대방침으로 삼고 임시정부 환국 후에도 그것으로 일관하였으나 1946년 제1차 미·소공동위원회가 결렬되는 무렵부터 이승만의 남한단독정부 수립운동에 동조하여 김구의 임시정부와 정치노선을 달리하게 되었다.
> ③ 독립 촉성 중앙 협의회는 1945년 10월 23일 이승만을 중심으로 좌·우익을 망라한 민족통일기관 형성을 위해 조직된 정치단체이다.
> ④ 조선 건국 준비 위원회를 조직하고 위원장으로 활동한 사람은 여운형이다.

**2**   4 · 19 혁명과 관련된 설명으로 옳은 것은?

① 5 · 10 총선거가 남한에서 실시되어 제헌의회가 구성되었다.
② 농지개혁이 실시되어 농민들은 자작농으로 발전하게 되었다.
③ 혁명 이후 남북통일 문제에 대한 논의가 전혀 이루어지지 않았다.
④ 과도 정부가 출범하고, 내각 책임제와 양원제를 골자로 하는 헌법으로 개정되었다.

> **NOTE** 4 · 19혁명 이후 허정, 장면을 중심으로 한 과도정부가 수립되었고 1960년 6월 15일에 내각책임제(의원내각제)
> 를 골자로 한 제3차 개헌이 실시되었다.

**3**   다음 활동을 전개한 단체로 옳은 것은?

> 평양 대성학교와 정주 오산학교를 설립하였고 민족 자본을 일으키기 위해 평양에 자기 회
> 사를 세웠다. 또한 민중 계몽을 위해 태극 서관을 운영하여 출판물을 간행하였다. 그리고
> 장기적인 독립운동의 기반을 마련하여 독립전쟁을 수행할 목적으로 국외에 독립운동 기지
> 건설을 추진하였다.

① 보안회                          ② 신민회
③ 대한 자강회                    ④ 대한 광복회

> **NOTE** 신민회는 교육구국운동의 일환으로 정주의 오산학교, 평양의 대성학교, 강화의 보창학교 등을 설립하였고 그 외
> 여러 계몽 강연이나 학회운동 및 잡지 · 서적 출판운동, 그리고 민족산업진흥운동, 청년운동, 무관학교 설립과 독
> 립군 기지 창건 운동 등에 힘썼다.

**4** 다음은 일제 강점기 국외 독립운동에 관한 사실들이다. 이를 시기 순으로 바르게 나열한 것은?

> ㉠ 대한민국 임시 정부가 지청천을 총사령으로 하는 한국광복군을 창설하였다.
> ㉡ 블라디보스토크에서 이상설, 이동휘 등이 중심이 된 대한 광복군 정부가 수립되었다.
> ㉢ 홍범도가 이끄는 대한 독립군을 비롯한 연합 부대는 봉오동 전투에서 대승을 거두었다.
> ㉣ 양세봉이 이끄는 조선 혁명군은 중국 의용군과 연합하여 영릉가 전투에서 일본군을 무찔렀다.

① ㉠ - ㉣ - ㉡ - ㉢
② ㉡ - ㉢ - ㉣ - ㉠
③ ㉢ - ㉡ - ㉣ - ㉠
④ ㉣ - ㉢ - ㉠ - ㉡

**NOTE** ㉡ 대한광복군정부는 1914년 러시아 블라디보스토크에 세워졌던 망명 정부이다.
㉢ 봉오동 전투는 1920년 6월 7일 만주 봉오동에서 홍범도의 대한독립군이 일본 정규군을 대패시킨 전투이다.
㉣ 영릉가 전투는 1932년 4월 남만주 일대에서 활동하던 조선혁명군이 중국 요령성 신빈현 영릉가에서 일본 관동군과 만주국군을 물리친 전투이다.
㉠ 한국광복군은 1940년 중국 충칭에서 조직되었다.

**5** 다음은 간도와 관련된 역사적 사실들이다. 옳지 않은 것은?

① 1909년 일제는 청과 간도협약을 체결하여 남만주의 철도 부설권을 얻는 대가로 간도를 청의 영토로 인정하였다.

② 조선과 청은 1712년 "서쪽으로는 압록강, 동쪽으로는 토문강을 국경으로 한다."는 내용의 백두산정계비를 세웠다.

③ 통감부 설치 후 일제는 1906년 간도에 통감부 출장소를 두어 간도를 한국의 영토로 인정하였다.

④ 1902년 대한제국 정부는 간도관리사로 이범윤을 임명하는 한편, 이를 한국 주재 청국 공사에게 통고하고 간도의 소유권을 주장하였다.

> **NOTE** 통감부 설치 후 일제는 1907년 8월 23일에 간도용정에 간도통감부 출장소를 설치하고, 간도는 조선의 영토이며 출장소를 설치한 것은 간도조선인을 보호하기 위한 것이라 천명하고 청과 외교교섭을 시작했다.

**6** 고종의 홍범 14조의 내용으로 옳은 것을 〈보기〉에서 고르면?

> 〈보기〉
> ㉠ 청에 의존하지 않고 자주독립의 기초를 세운다.
> ㉡ 조세 징수와 경비 지출은 탁지아문에서 맡는다.
> ㉢ 과부의 재가를 허용한다.
> ㉣ 경무청을 신설한다.

① ㉠㉡

② ㉡㉢

③ ㉡㉣

④ ㉢㉣

> **NOTE** ㉢㉣ 갑신정변과 동학농민운동 요구를 일부 수용한 제1차 갑오개혁 조항이다.

**7**   1919년 3·1운동 전후의 국내외 정세에 대한 설명으로 옳지 않은 것은?

① 일본은 시베리아에 출병하여 러시아 영토의 일부를 점령하고 있었다.
② 러시아에서는 볼셰비키가 권력을 장악하여 사회주의 정권을 수립하였다.
③ 미국의 윌슨 대통령이 민족자결주의를 내세워 전후 질서를 세우려 하였다.
④ 산동성의 구 독일 이권에 대한 일본의 계승 요구는 5·4 운동으로 인해 파리평화회의에서 승인받지 못하였다.

> **NOTE**  파리평화회의 … 제1차 세계대전 종료 후, 전쟁에 대한 책임과 유럽 각국의 영토 조정, 전후의 평화를 유지하기 위한 조치 등을 협의한 1919~1920년 동안의 일련의 회의 일체를 말한다. 이 회의에서 국제문제를 풀어나갈 원칙으로 미국의 윌슨 대통령이 14개 조항을 제시하였는데 각 민족은 정치적 운명을 스스로 결정할 권리가 있다는 민족자결주의와 다른 민족의 간섭을 받을 수 없다는 집단안전보장원칙을 핵심으로 주장하였고 이는 3·1운동에 영향을 주었다.

**8**   1950년대 이후 한국사회의 상황에 대한 설명으로 옳은 것은?

① 1950년에 시행된 농지 개혁으로 토지가 없던 농민이 토지를 갖게 되었다.
② 1960년대에 임금은 낮았지만 낮은 물가 덕분으로 노동자들이 고통을 겪지는 않았다.
③ 1970년대에 이르러 정부는 노동 3권을 철저히 보장하는 정책을 채택하였다.
④ 1980년대 초부터는 노동조합을 자유롭게 설립할 수 있게 되었다.

> **NOTE**  농지 개혁 … 논과 밭을 대상으로 3정보를 초과하는 농가의 토지나 부재지주의 토지를 국가에서 유상으로 매수하고 이들에게 지가증권을 발급하는 제도이다. 농지의 연 수확량의 150%를 한도로 5년간 보상하고 국가에서 매수한 농지는 영세농민에게 3정보를 한도로 유상분배하며 그 대가로 5년간 수확량의 30%씩 상환곡으로 수납하게 하였다. 그러나 개혁 자체가 농민이 배제된 지주층 중심으로 이루어져 소기의 목적을 달성할 수는 없었다.

**9** 6 · 25 전쟁 이전 북한에서 일어난 다음의 사건들을 연대순으로 바르게 나열한 것은?

> ㉠ 북조선 5도 행정국 설치　　　㉡ 토지개혁 단행
> ㉢ 북조선 노동당 창당　　　㉣ 조선공산당 북조선 분국 조직

① ㉠ - ㉡ - ㉢ - ㉣　　　　② ㉠ - ㉡ - ㉣ - ㉢
③ ㉡ - ㉠ - ㉣ - ㉢　　　　④ ㉣ - ㉠ - ㉡ - ㉢

**NOTE** ㉣ 1945년 10월
　　　　㉠ 1945년 11월
　　　　㉡ 1946년 3월
　　　　㉢ 1946년 8월

**10** 〈보기〉의 내용과 같은 시기에 일어난 역사적 사실로 옳은 것은?

> 〈보기〉
> 비밀결사조직으로 국권회복과 공화정체의 국민국가 건설을 목표로 하였다. 국내적으로 문화적 · 경제적 실력양성운동을 펼쳤으며, 국외로 독립군기지 건설에 의한 군사적인 실력양성운동에 힘쓰다가 105인사건으로 해체되었다.

① 차관제공에 의한 경제예속화정책에 반대하여 국민들이 국채보상기성회를 조직하여 모금운동을 벌였다.
② 자주제가 강화되고 소작농이 증가하면서, 고율의 소작료로 인하여 농민들이 몰락하였다.
③ 노동자들은 생존권을 지키기 위하여 임금인상이나 노동조건 개선 등을 주장하는 노동운동을 벌였다.
④ 일본 상품을 배격하고 국사품을 애용하자는 운동을 전개하였다.

**NOTE** 일제의 화폐 정리 및 금융 지배에 대해 1907년 국채보상운동을 전개하여 일제의 침략정책에 맞섰으나 일제의 방해로 중단되었다.

　　　※ 신민회 … 비밀결사조직으로 국권 회복과 공화정체의 국민국가 건설을 목표로 하였다. 국내적으로 문화적 · 경제적 실력양성운동을 펼쳤으며, 국외로 독립군기지 건설에 의한 군사적인 실력양성운동에 힘쓰다가 105인사건으로 해체되었다.

ANSWER ── 7.④  8.①  9.④  10.①

**11** '을사조약' 체결 당시의 사건에 대한 설명으로 옳은 것은?

① 영국은 일본의 한국에 대한 지배권을 인정하였다.
② 구식군대가 차별대우를 받았다.
③ 일본의 한국에 대한 지배권을 인정하며, 미국의 필리핀 지배를 확인하였다.
④ 러시아, 프랑스, 독일이 일본에 압력을 가하였다.

> **NOTE** 을사조약 체결(1905) … 러·일전쟁에서 승리한 일본은 조선의 독점적 지배권을 인정받고 조선의 외교권을 박탈하고 통감부를 설치하였다. 이에 초대 통감으로 이토 히로부미가 부임하였으며 고종황제는 조약의 부당성을 알리기 위해 1907년에 개최된 헤이그 만국평화회의에 밀사를 파견하였다.

**12** 다음과 같은 식민 통치의 근본적 목적으로 옳은 것은?

> • 총독은 원래 현역군인으로 임명되는 것이 원칙이었으나, 문관도 임명될 수 있게 하였다.
> • 헌병 경찰이 보통 경찰로 전환되었다.
> • 민족 신문 발행을 허가하였다.
> • 교육은 초급의 학문과 기술교육만 허용되었다.

① 소수의 친일분자를 키워 우리 민족을 이간하여 분열시키는 것이 목적이었다.
② 한반도를 대륙 침략의 병참기지로 삼고 태평양전쟁을 도발하였다.
③ 한국의 산업을 장악하여 상품시장화 하였다.
④ 1910년대의 무단통치에 대한 반성으로 시행하였다.

> **NOTE** 문화통치(1919 ~ 1931)
> ㉠ 발단 : 3·1운동과 국제 여론의 악화로 제기되었다.
> ㉡ 내용
> • 문관총독의 임명을 약속하였으나 임명되지 않았다.
> • 헌병경찰제를 보통경찰제로 바꾸었지만 경찰 수나 장비는 증가하였다.
> • 교육은 초급의 학문과 기술교육만 허용되었다.
> ㉢ 본질 : 소수의 친일분자를 키워 우리 민족을 이간질하여 분열시켰다.

**13** 〈보기〉의 내용과 관련 있는 단체의 업적으로 옳은 것은?

> 〈보기〉
>
> 동학농민전쟁의 주체이며, 최시형의 뒤를 이은 3세 교주 손병희는 3·1운동 민족대표 33인 중의 한 사람이었다.

① 미신타파
② 고아원 설립
③ 북로군정서 중광단
④ 개벽, 만세보

> **NOTE** 천도교 … 제2의 3·1운동을 계획하여 자주독립선언문을 발표하였다. 개벽, 어린이, 학생 등의 잡지를 간행하여 민중의 자각과 근대문물의 보급에 기여하였다.

**14** 〈보기〉의 기본 강령으로 활동한 사회단체에 대한 설명으로 옳은 것은?

> 〈보기〉
> 1. 우리는 정치적·경제적 각성을 촉진한다.
> 2. 우리는 단결을 공공히 한다.
> 3. 우리는 기회주의를 일체 거부한다.

① 비밀 결사 조직으로 국외 독립 운동 기지 건설에 앞장섰다.
② 실력양성운동을 전개하였다.
③ 입헌정체와 정치의식을 고취시켰다.
④ 노동쟁의, 소각쟁의를 지원하는 등 노동운동과 농민운동을 지도하였다.

> **NOTE** 신간회 … 민족주의 진영과 사회주의 진영은 민족유일당, 민족협동전선이라는 표어 아래 이상재, 안재홍 등을 중심으로 신간회를 결성하였다. 노동운동과 농민운동을 지도하였고 광주학생항일운동의 진상단을 파견하였다.

**15** 연결이 옳지 않은 것은?

① 한일의정서 - 군사기지 점유
② 제1차 한일협정서 - 사법권, 경찰권박탈
③ 제2차 한일협정서 - 외교권박탈
④ 한일신협약 - 차관정치, 군대해산

> **NOTE** 제1차 한 · 일협약 체결(1904. 8) … 러 · 일전쟁 중 체결되었으며 일본 정부가 추천하는 외교와 재정고문을 두는 고문정치가 시작되었다.

**16** 다음은 어느 신문의 사설이다. 다음과 관련된 운동으로 옳은 것은?

> 1931년부터 4년간에 걸쳐 벌인 (　　　) 운동은 대표적인 계몽운동이었다. 남녀 청년학도들이 계몽대, 강연대를 조직하여 삼천리 방방곡곡을 누비며 우리글, 우리 역사를 가르치고 농촌위생, 농촌경제개발에 앞장섰던 이 운동은 지식인과 학생이 이 땅에서 일으킨 최초의 민중운동이었다.

① 언론사 중심의 문맹퇴치운동이 전개되었다.
② 사회운동계열이 주도하였다.
③ 이 운동의 영향으로 민립대학설립운동이 추진되었다.
④ 이 시기에 언론과 지식인과 학생이 주도한 만세시위가 확산되고 있었다.

> **NOTE** 브나로드 … '민중 속으로'라는 러시아 말에서 유래된 것으로 일제강점기에 동아일보사가 주축이 되어 전국적 문맹퇴치운동으로 전개되었다. 브나로드 운동은 문자교육과 계몽활동(미신 타파, 구습 제거, 근검 절약 등)을 병행한 대표적인 농촌계몽운동이다.

**17** 독립협회에 관한 설명으로 옳지 않은 것은?

① 자주국권운동을 전개하였다.
② 박정양의 진보적 내각이 수립되었다.
③ 최초의 근대적 민중대회인 만민공동회를 개최하였다.
④ 일본의 황무지 개간권 요구를 저지시켰다.

**NOTE** 일본의 황무지 개간권 요구를 저지시킨 것은 보안회이다.

**18** 정미칠적에 해당하지 않는 사람은?

① 이재곤
② 임선준
③ 이완용
④ 권중헌

**NOTE** 권중현은 1905년 을사늑약에 찬성한 매국노로 을사오적에 해당한다.

※ 정미칠적… 1907년 7월 한일신협약 체결에 찬성한 매국노 7인으로 이완용, 송병준, 이병무, 고영희, 조중응, 이재곤, 임선준을 말한다.

PART

# 일반상식

## Chapter 01

# 정치 · 법률 · 외교

**01** 정치·행정·외교

### ⊕ 아세안지역안보포럼 (ARF : ASEAN Regional Forum)◇◇◇

아시아 · 태평양 지역의 주요국가와 EU의장국의 외무장관들이 1년에 한 번 모여 정치 · 안보 문제를 다루는 안보협의체이다. 1992년 1월 싱가포르에서 개최된 제4차 아세안 정상회의에서 정상들이 아세안과 역외 국가들과의 정치 · 안보에 대한 대화를 증진시키기로 합의한 후 1993년 7월 싱가포르에서 개최된 18개국 외무장관회의에서 아시아 · 태평양 지역 및 안보 협력 문제에 대한 협의체를 개최하기로 합의하였으며 1994년에 출범하였다. 아시아 · 태평양 지역의 항구적인 평화를 유지하기 위해 이 지역의 주요 국가들이 참여하며 안보문제를 정기적으로 공식 논의한다. 집단안전보장체제처럼 분쟁에 공동 대응하는 적극적인 개념은 아니지만 분쟁을 사전에 방지하는 효과가 있다. 국가 간 대테러 및 초국가 간 범죄대응 협의체로서의 역할을 하며 예방외교 분야에도 초점을 맞추고 있다. 외교장관 회의는 ARF의 최고 의사 결정기구로 매년 한 차례 아세안 의장국에서 개최되며 이를 위해 고위관리회의가 열려 회원국들의 고위권리들이 회동하여 외교장관 회의를 준비한다. 안보정책회의가 정기적으로 열리며 전문 분야별로 세미나 워크숍, 심포지엄 등이 열린다. 의사결정을 함에 있어서는 전원합의를 채택하고 있으며 남북이 유일하게 동시참여하는 유일한 다자안보협의체라는 점이 특징이다.

### ⊕ 국가기록원 ◇◇

1968년 8월에 정부의 영구보존 및 준영구보존의 문서 등을 수집, 관리, 보존 및 열람하기 위해서 설치한 국가기관이다. 1999년 1월 국가의 기록물을 관리할 수 있는 기본법인 「공공기관의 기록물관리에 관한 법률」이 제정되어 국가 전반의 기록물들을 체계적으로 관리할 수 있는 토대가 마련되었다. 국가기록원의 주요업무로는 기록물관리에 대한 기본정책의 수립 및 제도 개선, 공공 및 주요 민간 · 해외 기록물의 수집 · 보존 · 평가, 기록정보자원의 편차, 콘텐츠 구축 및 대국민 서비스 제공, 대통령기록물의 보호 · 보존 및 활용 등 효율적 관리, 공공기관의 기록물관리 지도 · 지원 · 확인 · 점검 · 교육 및 평가가 있다. 대전광역시에 본원이 있으며 부산에 역사기록관이, 서울과 광주에 기록정보센터가 있다.

## ✪ 미국가안보국 (National Security Agency) ◆◆

미 국방부 특별활동국 소속 정보수집 기관으로 사실상 미국정보기관의 최상급에 위치한다. 그 활동이 CIA보다 더 중요한 기밀로서 보호받으며 육군안전국 및 해군 공군 통신정보기구에 대해서도 광범위한 감독권을 행사하며 필요한 조정을 행한다. 1952년 트루먼 대통령에 의해 설립되어 제2차 세계대전 중 미군의 통신정보활동을 수행하였다. 냉전 종식 후에는 활동반경을 경제 분야로까지 넓혀, 외국의 기업체와 단체들을 감시대상 명단에 포함시켜 이들에 대한 감청활동을 본격화하고 있다. 한국과 일본, 유럽연합(EU) 등의 주미 대사관을 도청한 사실이 드러나 논란을 빚었다.

## ✪ 국가정보원 ◆◆◆

1961년 창설된 중앙정보부가 1980년 12월에 국가안전기획부로 확대 개편되었고 1999년 1월에 국가정보원으로 명칭을 바꾸었다. 「국가정보원법」 제3조 제1항에 따라 국가정보원은 대통령 직속기관으로서 국가안정보장에 관련되는 정보·보안 및 범죄수사에 대한 사무를 담당한다. 세부 업무로는 국외정보 및 국내보안정보의 수집·작성·배포, 국가기밀에 속하는 문서·자재·시설 지역에 대한 보안 업무, 형법 중 내란의 죄, 외환의 죄, 군형법 중 반란의 죄, 암호부정사용죄, 군사기밀보호법에 규정된 죄, 「국가보안법」에 규정된 죄에 대한 수사, 국가정보원 직원의 직무에 관련된 범죄수사, 정보 및 보안업무 기획 조정이 있다.

## ✪ 페르소나 논 그라나 (Persona Non Grata) ◆◆

외교상의 기피인물을 가리킨다. 외교관계를 맺고 있는 나라가 수교국에서 파견된 특정 외교관의 전력 또는 정상적인 외교활동을 벗어난 행위를 문제 삼아 비우호적 인물 또는 기피인물로 선언하는 것을 의미하는 외교용어이며, 줄여서 PNG라고도 한다.

---

**PLUS** 더 알아보기

- **초치** : 상대국 때문에 문제가 발생한 경우 상대국 외교관을 외교 당국 사무실로 불러내어 항의하는 것을 말한다.
- **아그레망** : 외교 사절을 파견할 때 상대국에게 얻는 사전 동의를 말한다.
- **페르소나 그라타** : 외교 사절을 받아들이는 국가에서 호의를 가지고 받아들이는 사람을 말한다.

---

## ✪ 공천 ◆◆

선거 시에 정당에서 후보자들을 추천하는 것을 일컫는 말이다. 일반적으로 국회의원 총선거와 지방선거에 출마하는 후보들을 추천하는 것을 말한다. 그러나 「공직선거법 일부개정법률안」이 발의되어 기초단체장·기초의원 정당공천 폐지와 기초 지방의원 선거를 소선거구제로의 환원으로 추진하고 있다. 정당 추천이 폐지되면 비례대표 자치구·시·군의원 선거가 사라지게 된다.

## ● 화이트 리스트/백색국가 (White List) ◈◈◈

블랙리스트에 반대되는 개념으로 일반적으로 적용되는 조건이나 규제, 장벽, 제한 등에 대하여, 특정한 대상에 한정하여 차별적으로 접근을 허용하거나 특혜를 제공하기 위해 만든 목록을 말한다. 국제적으로는 서로 국가 상호 간에 특별한 관계가 있어서 일반적으로 적용되는 규제나 조건을 면제하기 위해 만든 대상 국가의 목록을 뜻한다. '백색국가'라고도 부르는데, 이는 안전 보장 우호국, 즉 안전 보장에 위협이 될 수 있는 첨단 기술이나 물품 및 전자 부품을 수출할 때, 상호 신뢰관계가 형성되어 있기 때문에 허가신청이 면제되는 국가를 뜻한다. 한국은 미국, 영국 등 다른 26개국과 함께 2004년 일본의 화이트리스트 대상국가에 선정되어 있었으나, 2019년 8월 2일 일본 각의에서 한국을 대상국가에서 배제하는 결정을 내림으로써 국제적인 분쟁으로 확산되고 있다.

## ● 레드라인 (Red Line) ◈◈

대북정책에서 현재의 포용정책이 실패할 경우 봉쇄정책으로 전환하는 기준선을 의미한다. 북한과의 포괄협상을 1단계로 시도하지만 이것이 실패할 경우에는 2단계 봉쇄정책으로 전환을 검토해야 하며, 이때 정책전환을 위한 기준을 마련한 것이 레드라인이다. 한·미 양국은 비공개적으로 레드라인에 대해 논의하여 몇 가지 기준안을 마련하였다. 레드라인의 설정기준에 시간 개념은 도입하지 않고 북한의 행위를 기준으로 기준선을 판단하자는 것이다. 이에 따라 북한이 중장거리 미사일을 재발사할 경우, 제네바 합의를 위반할 정도의 핵개발 혐의가 포착될 경우, 대규모 대남 무력도발의 반복적 실시 등을 포함하여 북한의 행동에 대한 리스트를 마련하였다. 1998년 미국은 북한의 대포동 1호 미사일의 시험발사와 금창리 지하시설 의혹 등으로 대북 포용정책이 여론의 비판으로 힘들어지자 미국은 윌리엄 페리를 대북정책 조정관으로 임명하고 이 문제를 검토하였다. 북한의 핵과 미사일 문제 등에 관한 포괄적 해결책을 담고 있는 페리보고서는 한반도 문제의 근원적 해결을 위한 지침서로서의 의미를 갖는다.

## ● 그리드락 (Gridlock) ◈◈

교차로에서 차들이 뒤엉켜서 옴짝달싹 할 수도 없는 교통 정체 상황을 뜻하는 말로, 다양한 의견이 서로 대립하여 정책이나 경제활동 등이 원활히 추진되지 못하는 현상을 말한다. 흔히 정치·경제 분야에서 많이 나타나는데 정치적으로는 정부의 정책이 의회와의 이해관계가 얽힌 대립으로 추진되지 못하는 것을 말하고 경제적으로는 지나치게 많은 자원의 소유권 때문에 경제활동이 저해되고 새로운 부가가치의 창출을 가로막는 경제적 정체 상태를 가리킨다.

## ❂ 국가인권위원회 ◇◇◇

1993년 6월 오스트리아 빈에서 열린 국제연합 세계인권대회에 참여한 민간단체의 설치요청에 따라 정부는 2001년 5월 인권법을 제정, 2001년 11월 26일 출범한 독립기구이다. 개인의 기본적 인권보호 및 인간의 존엄과 가치를 구현한 민주사회를 실현하는데 목적을 두며, 인권 침해·차별행위에 대한 진정 조사 및 관계기관 시정권고와 인권교육 프로그램을 개발하는 업무를 담당한다. 인권위의 위원장은 대통령이 임명하고, 대통령의 지명 4명, 국회의 추천 4명, 대법원장의 추천 3명 등의 11명 위원으로 인권위가 구성된다.

## ❂ 공공외교 (Public Diplomacy) ◇◇

정부만을 상대로 하던 전통적인 외교방식에서 벗어나 예술, 지식, 미디어, 언어, 원조 등을 수단으로 하여 상대국 국민에게 직접 다가가는 외교를 말한다. 공공외교의 핵심 내용으로는 타국 대중과의 소통, 이해의 증진, 국가이미지 또는 국가브랜드 제고, 소프트파워(Soft Power) 증진 등이 있다. 이 과정에서 핵심적 요소는 '타국 국민의 마음을 사는 것'이다. 이 용어가 최초로 사용된 것은 1965년 Fletcher 학교의 학장인 Edmund Gullion에 의해서였고 당시에는 공공외교가 '타국의 외교정책의 입안 및 실행과정에 해당 외국 국민들이 관여하도록 영향을 미치는 일'을 의미하였다. 공공외교는 1960년대 냉전구조가 심화되면서 공산권 지역을 대상으로 시행되었으나 이후 1990년대 공산권이 붕괴하면서 공공외교에 관한 논의가 감소하였다. 이후 1997년에 미국무부 USIA 병합 기획팀은 공공외교를 '타국 대중과의 의사소통과정을 통해 국익을 증진시키는 노력'으로 정의하였다. 이후 공공외교가 재조명된 것은 2001년 9·11사태 이후였다. 민주주의의 세계적 확산, 통신수단의 혁명적 발전으로 군사력 및 경제력이 핵심을 이루는 '하드파워'가 한계에 봉착하고, 정부 간 외교뿐만 아니라 외국 국민에게 직접 다가가는 외교의 중요성이 대두되었기 때문이다.

## ❂ 필리버스터 (Filibuster) ◇◇◇

국회에서 소수파가 다수파의 독주를 막거나 기타 필요에 따라 합법적인 방법으로 의사 진행을 지연시키는 무제한 토론을 말한다. 장시간의 연설, 요식행위 및 형식적 절차의 철저한 이행, 무제한 토론, 출석 거부, 총퇴장 등의 방법으로 진행되며, 우리나라를 비롯해 미국·영국·프랑스·캐나다 등에서 시행되고 있다. 다수당에 유리한 신속처리안건 지정제도를 도입하면서 소수당에 유리한 제도로 필리버스터가 도입되었다. 필리버스터는 본회의 부의 안건에 대해 재적의원 3분의 1이상이 요구하면 발동할 수 있으며, 토론자가 더 이상 없거나 재적 의원의 60% 이상이 동의해야 중단할 수 있다. 현재까지 필리버스터 최장 기록은 1957년 미 의회에 상정된 민권법안을 반대하기 위해 연단에 오른 故스트롬 서먼드 상원의원이 24시간 18분 동안 연설한 것이다.

● **보궐선거 (補闕選擧)** ◈

대통령이나 국회의원이 그 임기중에 사직·사망·실격함으로 인해 궐석(闕席)이 생길 경우, 그 자리를 보충하기 위하여 그 구역에 한해 실시하는 선거이다. 당선자는 전임자의 잔임기간만 재임하며, 보결선거(補缺選擧)라고도 한다.

● **레임덕현상 (Lame Duck)** ◈◈◈

보통 공직자 임기 말 권력누수현상을 말한다. 미국 대통령선거에서 현직 대통령이 선거에서 패배하는 경우 새 대통령이 취임할 때까지 약 3개월 동안 국정공백기간이 생기는데, 이를 기우뚱 걷는 오리에 비유해 이르는 말이다.

● **동북공정 (東北工程)** ◈◈◈

고구려와 발해 등 중국 국경 내에서 전개된 모든 역사를 중국 역사로 편입하려는 연구 프로젝트이며, 2002년부터 추진하고 있다. 소수민족의 분리 독립을 우려하고 남북통일 이후의 조선족 이탈과 영토분쟁 등을 미연에 방지하려는 역사왜곡 시도이다.

● **베일 보터 (Veil Voter)** ◈◈

여론조사에서 좀처럼 잡히지 않는 '숨은 유권자', 투표하더라도 막판까지 저울질하는 '망설이는 유권자', 뚜렷한 지지자가 없어 투표를 포기하게 되는 '떠나는 유권자' 등이 이에 해당된다. '숨은 유권자'는 지지하는 후보는 있지만 침묵하고 있는 유권자로, 농어촌 표심이 대표적인 예로 꼽힌다. '망설이는 유권자'는 투표는 하지만 어떠한 후보에게 표를 던져야 할지 결정하지 못했거나 후보들의 추후 행보에 따라 결정 대상이 바뀔 수 있는 유권자를 말한다. 주로 젊은 층이 많은데, 이들은 정보 접근성이 높기 때문에 후보들의 과거 행적이나 TV토론 등을 통해 지지자를 결정한다. '떠나는 유권자'는 모든 후보가 맘에 들지 않아 투표를 하지 않겠다는 유권자를 가리킨다.

● **고위공직자범죄수사처 (공수처)** ◈◈◈

1996년 처음 도입 필요성이 제기된 후 23년여 간 추진과 무산을 반복해 온 검찰 개혁 방안의 하나로, 고위공직자 및 그 가족의 비리를 중점적으로 수사·기소하는 독립기관을 말한다. 현재 검찰의 기소독점주의을 깸으로써 권력을 통제하려는 것이 목적이다. 공수처의 수사 권한은 중복되는 범죄 수사에 대해서 공수처가 우선 수사권을 지니며, 공수처장은 다른 수사기관에서 같은 사건에 대한 중복 수사가 발생했을 경우 필요 시 해당 기관에 요청하여 사건을 이첩 받을 수 있다. 다른 수사기관이 범죄를 수사하는 과정에서 고위공직자 범죄 등을 인지하면 그 사실을 즉시 공수처에 통보하도록 하고, 대신 공수처장은 이를 통보한 수사기관 장에게 수사 개시 여부를 회신하도록 한다.

## ✪ 선거구 ◇◇

① 대선거구제(大選擧區制) : 한 선거구에서 다수(보통 5인 이상)의 대표를 선출하는 제도이다. 이 제도는 전국적으로 큰 인물이 당선되기 쉬운 장점이 있으나, 선거구가 너무 넓어서 후보자의 인물·식견을 판단하기 어렵고 비용이 많이 드는 단점이 있다.

② 중선거구제(中選擧區制) : 한 선거구에서 2~4명의 대표자를 선출하는 제도이다. 우리나라는 자치구·시·군의원 선거에서 채택하고 있다.

③ 소선거구제(小選擧區制) : 한 선거구에서 한 사람의 대표를 선출하는 제도이다. 선거구가 작기 때문에 선거관리와 투표가 간단하고 비용이 비교적 덜 들며, 선거인이 후보자를 잘 알 수 있는 동시에 정국이 안정되기 쉬운 장점이 있다. 우리나라는 지역구 국회의원 및 시·도의원 선거에서 채택하고 있다.

## ✪ 탄소세 (炭素稅) ◇◇

석유·석탄 등 이산화탄소를 배출하는 화석에너지 사용량에 따라 부과하는 세금으로 지구의 온난화 방지를 목적으로 한다. 탄소세를 부가할 경우 화석연료의 가격이 인상되어 이용이 억제되고, 화석연료를 대체할 에너지 개발이 촉진되는 등 직·간접적으로 이산화탄소 배출량을 제재할 수 있다. 1991년 유럽공동체 에너지환경 각료회의에서 탄소세 도입을 합의한 이래 지금까지 스웨덴, 핀란드, 네덜란드, 덴마크, 노르웨이, 영국, 호주 등에서 시행하고 있다.

## ✪ 문명충돌이론 ◇◇

하버드대학교 교수 겸 정치가 새뮤얼 헌팅턴의 이론으로 공산권이 몰락한 이후의 세계를 예측했다. 미국과 구 소련의 냉전기간 중에는 미국 주도의 서방과 구소련 중심의 공산권, 그리고 제3세계 비동맹국 등 세 개의 진영으로 나뉘어 있었으나 앞으로 공산권이 몰락한 후에는 세계적으로 문화적 요인 특히 종교에 의한 국가 간의 결속과 대립이 두드러질 것이라고 예측하였다.

## ✪ 게티스버그연설 (Gettysburg 演說) ◇

1863년 11월 미국의 제16대 대통령인 링컨이 남북전쟁 희생자의 영령을 위로하기 위해 펜실베니아주의 게티스버그를 방문하여 그 곳에서 행한 연설이다. 그 연설 가운데 "국민의, 국민에 의한, 국민을 위한 정치"라는 명언을 남겼는데, 이 말은 민주주의가 무엇인가를 잘 설명해 주고 있으며, 또한 민주정치의 실천이념이 되고 있다.

❂ 게리맨더링 (Gerrymandering) ✧✧

선거구를 특정 정당이나 후보자에게 유리하게 인위적으로 획정하는 것을 말한다. 이것은 1812년 미국의 게리 주지사가 자기의 소속 정당에 유리하게 선거구를 획정한 결과 살라맨더 (희랍신화 속 도롱뇽)와 비슷한 기형의 선거구가 된 데서 유래되었다.

❂ 출구조사 (Exit Poll) ✧✧

투표를 마치고 나오는 유권자를 대상으로 면접 조사하여 투표자 분포 및 정당·후보자별 지지율 등의 정보를 얻는 선거여론조사를 말한다. 우리나라는 텔레비전, 라디오, 일간신문사에 한하여 투표소 100m 밖에서 출구조사를 허용하고 있다. 투표 마감 후 결과가 공표되어 선거 결과를 가장 빠르게 예측할 수 있다.

❂ 로그롤링 (Logrolling) ✧✧

선거를 도와주고 그 대가를 받거나 이권을 얻는 행위를 의미한다. 원래는 '통나무 굴리기'라는 뜻으로, 서로 협력하여 통나무를 모은다든가 강물에 굴려 넣는 놀이에서 연유된 것이다.

❂ 캐스팅보트 (Casting Vote) ✧✧

의회의 표결에 있어서 가부동수(可否同數)인 경우 의장이 던지는 결정권 투표나, 2대 정당의 세력이 거의 같을 때 그 승패를 결정하는 제3당의 투표를 말한다.

❂ 선거의 방법 ✧

① 직능대표제(職能代表制) : 여러 가지 직능별 단체, 즉 교육계·산업계·문화계 등의 단체를 선거의 모체로 하여 일정한 수의 인원을 선출하는 방법을 말한다.
② 지역대표제(地域代表制) : 일정한 지역을 기준으로 선거구를 설정하고, 그 안에서 대표자를 선출하여 의회에 보내는 제도이다.
③ 다수대표제(多數代表制) : 소수투표제의 반대개념으로 한 선거구의 투표에서 다수인의 지지를 획득한 사람이, 곧 다수인의 의사와 같으며 동시에 전체의 의사를 대표한다고 보아 이를 당선자로 결정하는 방법이다. 소선거구제에서 쓰는 방법으로, 투표수의 과반수를 득표한 자를 당선자로 하는 절대다수대표제와 한 표라도 많이 얻은 자를 당선자로 하는 비교다수대표제가 있다.
④ 소수대표제 : 일정한 득표수를 차지한 자를 당선자로 하는 제도이다.
⑤ 비례대표제 : 정당의 총득표수에 비례해서 의원을 선출하는 제도이다.

## ❂ 선거권 (選擧權) ✧✧

국가기관으로서의 국민이 각종 공무원을 선임하는 권리로서 선거에 참여할 수 있는 지위 또는 자격을 말한다. 우리나라의 경우 선거권을 갖는 요건으로는 대한민국 국민이어야 하고, 선거일 현재 19세 이상이어야 한다. 소극적 요건으로는 금치산 선고를 받지 않았어야 하며, 금고 이상의 형을 선고받고 그 집행이 종료된 상태라야 하며, 선거범, 정치자금부정수수죄 및 선거비용관련 위법행위에 관한 벌칙에 규정된 자 또는 대통령 · 국회의원 · 지방의회의원 · 지방자치단체의 장으로서 그 재임 중의 직무와 관련하여 수뢰 · 사전수뢰 내지 알선수뢰, 알선수재에 규정된 죄를 범한 자로서 100만 원 이상의 벌금형을 선고받고 그 형이 확정된 후 5년 또는 형의 집행유예 선고를 받고 그 형이 확정된 후 10년 이상이 경과되어야 하고, 법원의 판결 또는 다른 법률에 의하여 선거권이 정지 또는 상실되어서도 안 된다.

---

**PLUS** 더 알아보기　　　　　　　　　　　　　　　　　　　　　　

- **피선거권** : 선거에 의해 일정한 공직에 취임할 수 있는 자격으로 단순히 입후보할 수 있는 자격과는 구별되고, 그 요건은 선거권보다 더욱 엄격한 자격을 요구한다.
- **대통령** : 선거일 현재 5년 이상 국내에 거주하고 있는 40세 이상의 국민
- **국회의원** : 선거일 현재 25세 이상의 국민
- **지방의회의원 및 지방자치단체장** : 선거일 현재 계속하여 60일 이상 당해 지방자치단체의 관할구역 안에 주민등록이 되어 있는 주민으로서 25세 이상의 국민

---

## ❂ 원내교섭단체 (院內交涉團體) ✧

국회에서 정당 소속 의원들이 개개인의 주장 혹은 소속 정당의 의견을 통합하여 국회가 개회되기 전 반대당과 교섭 · 의견조정을 하기 위하여 구성하는 의원단체를 말한다. 국회의원 20인 이상의 정당을 단위로 구성함이 원칙이나 다른 교섭단체에 속하지 않는 의원 20인 이상으로 구성할 수도 있다.

## ❂ 스핀닥터 (Spin Doctor) ✧✧

1984년에 처음 등장한 용어로, 당시 「뉴욕타임스」는 사설에서 미국 대통령 후보들의 텔레비전 토론이 끝난 뒤 스핀닥터들이 자기 진영에 유리하도록 홍보력을 발휘했다고 사용한 데서 유래하였다. 이후 스핀닥터는 정치적 목적을 위해 사건을 왜곡하거나 조작하는 사람, 국민의 생각이나 여론을 정책으로 구체화시킴은 물론 정부 수반의 생각을 국민들에게 납득시키는 역할까지 하는 정치 전문가 내지 홍보 전문가를 의미한다.

## ● 매니페스토 (Manifesto) ◆◆

선거 시에 목표와 이행 가능성, 예산 확보의 근거를 구체적으로 제시한 유권자에 대한 공약을 말한다. 공약의 달성 가능성, 검증 가능성, 구체성, 타당성, 기한 명시의 다섯 가지를 평가 기준으로 삼는다. 또 공약의 지속성, 자치력 강화, 지역성, 후속조치의 첫 글자를 딴 SELF지수도 평가 기준으로 삼는다. 이 지표는 대체로 유권자와 밀접한 지방선거에서 의의를 둔다.

## ● 국민소환제 (國民召喚制) ◆◆◆

국회의원 리콜제라고도 한다. 선거를 통해 선출된 대표 중 유권자들이 부적격하다고 판단하는 자를 임기가 끝나기 전에 파면시키는 제도이다. 선거를 통하여 지방공직자에게 민주적인 정당성을 부여할 수 있다면, 민주적인 정당성을 배신한 공직자로부터 그 권한을 제한하거나 해임시킬 수 있어야 한다는 것이다.

## ● 오커스 (AUKUS) ◆◆◆

오커스는 호주(Australia), 영국(UK), 미국(US)의 국호를 합친 명칭이다. 인도태평양 지역의 안보 증진을 목적으로 2021년 9월 15일 공식 출범시킨 외교안보 3자 협의체이다. 이들은 국방 외교정책 등의 교류와 함께 첨단기술 정보를 공유하는데 가장 핵심은 호주의 핵잠수함 개발에 미 · 영이 공동 지원하는 것이다.

## ● 캠파 (Kampaniya) ◆

정치단체가 선거운동 · 평화운동 · 재정모금운동 등에 대중을 참여하게 하는 특수한 조직활동으로, 당원에 국한하여 실시하는 교육캠파도 있으나 흔히 당 외의 대중을 대상으로 한다.

## ● 엽관제 (獵官制) ◆

선거를 통하여 정권을 잡은 사람이나 정당이 직책을 담당하는 정치적 관행으로, 실적제도에 대립되는 제도를 말한다. 본래 국민의 봉사자이어야 할 공무원이 일부의 봉사자로 전락하고 직무의 계속성이 저해받는 것에 대해 비판의 소리가 높자, 이에 대한 개선책으로 전문성과 기술성에 기초한 과학적 공무원제도인 실적제가 도입되었다. 우리나라의 경우 엽관주의현상은 이승만정권의 자유당 창당(1952)을 계기로 대두되었다.

## ● 섀도 캐비닛 (Shadow Cabinet) ◆◆

각료후보로 조직된 내각으로, 야당에서 정권을 잡는 경우를 예상하여 조직되는 것이다. 1876년에 생긴 제도이다. 양당제가 잘 발달되어 있는 영국에서는 야당이 정권획득에 대비하여 총리 이하 각 각료로 예정된 멤버를 정해두고, 정권을 잡으면 그 멤버가 그대로 내각의 장관이 되는 경우가 많았다. '그늘의 내각' 또는 '그림자 내각'으로 번역되는데, 본래는 영국 야당의 최고지도부를 말하는 것이었다.

## ● 키친 캐비닛 (Kitchen Cabinet) ◇◇

대통령과 어떠한 사적 이해나 정치 관계로 얽혀 있지 않아 여론을 전달하는 통로 역할을 한다는 점에서 행정부 안에서 정치적 영향력을 행사하는 실력자들과는 구분된다. 대화나 토의가 수평적인 관계에서 이루어지기 때문에 대통령은 이들로부터 국민여론이나 자신의 국정운영 스타일에 대한 충고를 들을 수 있다. 나아가 측근들에 둘러싸여 자신이 잘못된 방향으로 나아가는 것을 바로잡을 수도 있어 자주 이런 모임을 갖는다. 물론 식당을 나서는 순간부터는 다시 각자의 위치로 돌아간다. 2001년 6월 미국 부시 대통령이 키친 캐비닛 명단을 처음으로 공개하기도 하였는데, 흔히 높은 지위에 있는 사람과 격의 없이 대화를 나눌 수 있는 지인들로 의미를 확대하여 사용하기도 한다.

## ● 오픈 프라이머리 (Open Primary) ◇

개방형 경선제. 미국 대통령 선거에서 정당별 후보를 투표자가 자기의 소속 정당을 밝히지 않고 투표할 수 있는 예비 경선의 한 방식이다. 대선후보 선출권을 소속 당원에게 국한하지 않고 일반 국민으로 확대했다. 국민의 선거 참여 기회를 확대해 참여 민주주의를 실현하지만, 당원의 존재감이 약화되어 정당정치의 실현이 어려워질 수 있다.

## ● 선거공영제 (選擧公營制) ◇◇

선거운동에 의해 발생하는 폐해를 방지하고 선거의 공정을 기하기 위하여 국가나 공공단체가 선거비용을 부담하여 관리하는 제도이다. 이 제도는 재산이 없더라도 유능한 인물이면 누구나 국민의 대표자로 선출될 수 있다는 장점이 있다.

## ● 방공식별구역 (ADIZ : Air Defense Identification Zone) ◇

자국의 영토와 영공을 방어하기 이한 구역으로 국가안보 목적상 자국 영공으로 접근하는 군용항공기를 조기에 식별하기 위해 설정한 임의의 선이다. 국제법상 영공은 아니지만 이곳에 진입하는 군용 항공기는 해당 국가에 미리 비행계획을 제출하고 위치를 통보해야 한다.

## ● 항공자유화조약 ◇

미국, 러시아, 유럽 국가들이 가입국의 군사력 보유 현황과 군사 활동 등에 대한 국제적 감시와 투명성 확보를 위해 회원국 간의 상호 자유로운 비무장 공중정찰을 허용하는 조약이다. 1992년 체결하여 2002년부터 발효되었으며 34개국이 가입하였다.

## ❂ 마키아벨리즘 (Machiavellism) ✧

목적을 위해서는 어떤 수단이나 방법도 가리지 않는다는 권모술수의 의미로 사용되고 있다. 정치적인 목적달성을 위해서라면 어떠한 반도덕적 · 비논리적 수단이라도 허용된다는 것이다. 이것은 근대 부르주아적 정치권력의 원리를 과학적으로 밝혀냈으며, 근대정치학의 시조라 평가받고 있다.

**PLUS** 더 알아보기

- **쇼비니즘**(Chauvinism) : 맹목적 · 광신적 · 호전적 애국주의를 말한다.
- **시오니즘**(Zionism) : 유대인들이 시온의 땅, 고국인 팔레스타인에 유대 민족국가를 건설하고자 한 유대민족주의 운동이다.
- **코스모폴리티니즘**(Cosmopolitanism) : 세계시민주의라고도 한다. 개개인이 국가 · 민족에 구애받지 않으며 세계 전체를 하나로 생각하며 사는 것에 의의를 찾는 것이다. 인종과 국민성을 초월한 무차별 · 자민족국가의 사고방식에 기초한다.

## ❂ 대의제 (代議制) ✧

국민이 국민을 대신하여 국가 정책을 결정하게 하는 통치구조의 원리이다. 우리나라 헌법은 국회의원 및 대통령 선출하여 국가 의사를 결정하는 의회주의를 핵심으로 간접민주주의적 대의제를 규정하고 있다.

## ❂ 북방한계선 (NLL : Northern Limit Line) ✧✧

1953년 7월 27일 정전협정 직후 주한 유엔군 사령관 클라크(M.W.Clark)가 북한과의 협의 없이 일방적으로 설정한 해상경계선이다. 서해5도의 북단과 북한 측에서 관할하는 옹진반도 사이의 중간선으로 북위 37°35′ 와 38°03′ 사이에 해당된다. 1973년에 북한이 서해5도 주변수역이 북한 연해라고 주장하며 북방한계선을 넘어오다 충돌을 일으키기도 했다.

## ❂ 북대서양조약기구 (NATO : North Atlantic Treaty Organiztion) ✧

제2차 세계대전 후 동유럽에 주둔하고 있던 소련군에 대한 집단안전보장을 위하여 체결한 수행기구였으나 소련의 냉전 구도에 큰 변화가 일어나며 NATO는 군사동맹에서 벗어나 유럽의 국제적 안정을 위한 정치기구로 변화하였다. 회원국은 벨기에, 캐나다, 덴마크, 아이슬란드, 이탈리아, 룩셈부르크, 네덜란드, 노르웨이, 포르투갈, 영국, 미국, 프랑스 등이 있다.

## ❂ 국제원자력기구 (IAEA : International Atomic Energy Agenc) ✧✧

원자력의 평화적 이용을 목적으로 1957년에 창설된 UN의 전문기구이다. 주요 업무는 핵확산금지조약(NPT) 가맹국 중 비핵보유국을 대상으로 핵물질의 군사적 이용방지를 위해 핵사찰을 하게 되는데, A · B · C급으로 분류해 통제한다. 본부는 빈에 있으며, 우리나라는 창설회원국으로 1956년에, 북한은 1974년에 가입했으나 현재 탈퇴하였다.

## ◎ 세계보건기구 (WHO : World Health Organization) ✦✦

보건·위생 분야의 국제적인 협력을 위해 설립한 UN전문 기구이다. WHO는 세계의 모든 사람들이 가능한 한 최고의 건강 수준에 도달하는 것을 목적으로 활동한다.

## ◎ 마타도어 (Matador) ✦

흑색선전(黑色宣傳)의 의미로 정치권에서 널리 쓰이는 말이다. 근거 없는 사실을 조작해 상대를 중상모략 하는 행위를 뜻한다. 원래 스페인어 Matador(마따도르)에서 유래한 용어로, 붉은 천으로 투우를 유인하여 마지막에 정수리를 찌르는 '투우사(Bullfighter)'를 지칭한다.

## ◎ 발롱 데세 (Ballon D'essai) ✦

여론 동향을 살피기 위해 시험적으로 흘려보내는 의견이나 정보이다. 원래는 기상 상태를 관측하기 위해 띄우는 시험기구나 관측기구를 뜻하지만, 의미를 확장해 시험적으로 특정 정보를 언론에 흘려 여론의 동향을 탐색하는 수단으로 쓰이기도 한다.

## ◎ 회기계속원칙 (會期繼續−原則) ✦

국회의 심의에 있어서 회기 중에 의결되지 않은 안건은 폐기되지 않고 다음 회기에서 계속 심의할 수 있는 원칙이다. 의원의 임기 중에는 각 회기가 하나의 일체성을 구성한다고 보고 회기종료로 인하여 심의중인 안건이 폐기됨으로써 비롯되는 경제적·시간적 손실을 막고 폐회 중에도 위원회의 활동을 통하여 의안 심사상의 능률성을 기하고자 하는 것이다.

## ◎ 회기불계속원칙 (會期不繼續−原則) ✦✦

국회의 심의에 있어 회기 중에 의결되지 않은 안건은 폐기되고 다음 회기에 인계되지 않는 원칙이다. 어느 회기 중에 완결되지 아니한 의안, 동의는 그 회기가 끝남과 동시에 소멸하며, 다음회의 회기로 이월되지 아니한다는 원칙을 말한다. 국회 및 지방의회 등은 그 회기 중에만 활동능력을 가진다는 점에서 이러한 회의체는 각 회기마다 별개의 존재이며, 전회와 후회 사이에는 의사의 연속이 없다는 데서 유래한 것이다.

## ◎ 프레임업 (Frame up) ✦

정치적 반대자를 대중에 영향을 미치지 못하도록 매장하기 위해 허위사실을 대중에게 선전하는 것이다. 일정한 기정사실 왜곡과 스파이 등을 이용한 사실 날조의 경우 등을 말한다.

## ✪ 외교행낭 ◇◇◇

본국과 재외공관 사이에 문서 및 공용물품을 주고받기 위해 사용되는 문서 발송 가방으로, 외교관계에 관한 비엔나 협약27조로 국제법상 각국의 권리로 인정되었다. 최근에는 우리 정부가 인도 현지 한인회의 요청에 따라 산소발생기대를 외교 행낭으로 보낸 바 있다.

## ✪ CVID ◇◇◇

완전(complete)하고, 검증가능(verifiable), 불가역적인(irreversible) 핵폐기(dismantlement)를 의미하는 말로, 미국 부시 대통령이 북핵문제에 대한 미국의 목표를 천명할 때 사용한 표현이다. 북한 핵개발 프로그램을 복구 불가능한 상태로 만들어야 한다는 의미로, 미국은 북핵 6자회담에서도 CVID 방식의 핵문제 해결을 북한에 요구하였다.

**PLUS** 더 알아보기

| 구분 | 내용 |
| --- | --- |
| FFVD<br>(Final, Fully Verified Denuclearization) | • 최종적이고 완전히 검증된 비핵화<br>• 2018년 7월 마이크 폼페이오 국무장관의 3차 방북에 앞서 미국 국무부가 제시한 개념 |
| CD<br>(Complete Denuclearization) | • 완전한 비핵화<br>• 2018년 6월 12일 싱가포르에서 있었던 트럼프 대통령과 김정은 위원장 간의 북미정상회담에서 공동성명에 명시된 개념 |
| PVID<br>(Permanet, Verifiable, Irreversible Peace) | • 완전하고 검증 가능하며 되돌릴 수 없는 핵 폐기<br>• 마이크 폼페이오 미 국무장관이 2018년 취임 시 언급한 개념 |
| CPD<br>(Complete and Permanent Dismantlement) | • 완전하고 영구적인 폐기<br>• 북한 핵무기를 비롯하여 생화학무기와 탄도미사일을 완전하고 영구적으로 폐기한다는 의미 |
| CVID<br>(Complete, Verifiable, Irreversible Dismantlement) | • 완전하고 검증가능하며 되돌릴 수 없는 핵폐기<br>• 조지 부시 행정 1기에 북한 핵문제를 해결하고자 수립된 원칙 |
| CVIG<br>(Complete, Verifiable, Irreversible Guarantee) | • 완전하고 검증 가능하며 되돌릴 수 없는 안전보장<br>• 마이크 폼페이오 미 국무장관이 김정은 북한 국무위원장과 논의해 CVID에 대한 안전보장 방안으로 제시한 개념 |
| CVIP<br>(Complete, Verifiable, Irreversigle Peace | • 완전하고 검증 가능하며 되돌릴 수 없는 평화<br>• 북한 비핵화와 함께 미국이 북한의 체제를 보장할 경우 한반도에 완전한 평화가 찾아온다는 의미 |

## 02 ◀ 법률

### ✪ 국민참여재판 (國民參與裁判) ✧✧

2008년 1월 1일부터 시행된 한국형 배심원 재판제도를 말한다. 배심원은 만 20세 이상의 대한민국 국민으로 해당 지방법원 관할구역에 거주하는 주민 중 무작위로 선정되어 법적 구속력이 없는 평결을 내리고, 선고 형벌에 대해 토의하는 등의 재판참여의 기회를 갖는다. 2008년 2월 12일 대구지방법원에서 처음 열렸다. 국민참여재판은 형사재판으로 특수공무집행방해치사, 뇌물, 배임수재, 특수강도강간의 사건들에 적용되며, 배제결정이 있거나 피고인이 원하지 않을 경우 해당하지 않는다. 법정형이 사형·무기징역 등에 해당할 경우 9명, 그밖의 사건은 7명, 피고인·변호인이 공소사실의 주요내용 인정 시엔 5명으로 하며, 5명 이내의 예비배심원을 둔다. 판사가 배심원과 다른 선고를 할 경우, 판사가 피고인에게 배심원의 평결 결과를 알리고, 다른 선고를 한 이유를 판결문에 밝힌다.

### ✪ 특별검사제 (特別檢事制) ✧✧

정치적 중립성을 지키기 위해 고위 공직자의 위법 혐의나 비리가 발견되었을 때 수사와 기소를 행정부로부터 독립된 변호사가 담당하게 하는 제도이다. 미국에서 먼저 정착되었으며, 우리나라의 경우 1999년 옷로비 사건에 특별검사제를 처음 도입하였고, 대북 송금에 관한 조사를 조사하기 위하여 실시하였다.

### ✪ 법의 분류 ✧✧

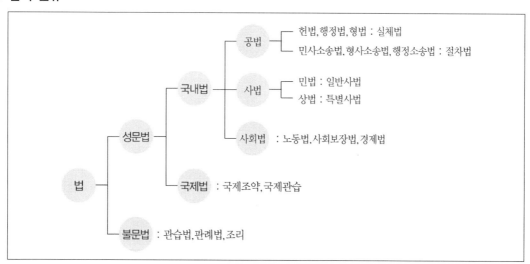

## ◉ 헌법 ◇◇◇

헌법은 국가의 통치조직과 통치의 기본원리 그리고 국민의 기본권을 보장하는 법이다. 형식적 의미의 헌법은 성문헌법으로서 규정되어 있는 내용과 관계없이 헌법이라는 이름을 가진 규범을 말하며, 영국과 같은 불문헌법 국가에서는 형식적 의미의 헌법이 존재하지 않는다. 우리나라는 성문헌법·민정헌법·경성헌법으로서 국민주권주의, 자유민주주의, 복지국가의 원리, 국제평화주의, 조국의 평화적 통일의 지향 등을 기본으로 한다.

① 헌법의 개정절차 〈제10장 헌법개정 제128 ∼ 130조〉

| 절차 | 내용 |
|---|---|
| 제안 | 국회재적의원 과반수 또는 대통령의 발의 |
| 공고 | 대통령이 20일 이상 기간 이를 공고 |
| 국회의결 | 공고된 날로부터 60일 이내에 의결해야 하며 제적의원 3분의 2 이상의 찬성을 얻어야 함 |
| 국민투표 | 의결한 후 30일 이내 국회의원선거권사 과반수의 투표와 투표사 과반수의 찬성을 얻어야 함 |
| 공포 | 대통령의 즉시 공포 |

② 헌법의 개정과정

| 시기 | 주요 내용 | 비고 |
|---|---|---|
| 제1차(1952) | 대통령직선제, 국회양원제 | 발췌 개헌 |
| 제2차(1954) | 초대대통령 중임제한 철폐, 국민투표제 채택 | 사사오입 개헌 |
| 제3차(1960) | 내각책임제, 대법원장·대법관선거제 | 의원내각제 개헌 |
| 제4차(1960) | 반민주행위자·부정축재자·부정선거관련자 처벌을 위한 소급입법의 근거인 헌법 부칙 마련 | 부정선거 관련자 처벌 개헌 |
| 제5차(1962) | 대통령제, 단원제, 법원에 위헌법률심사권 부여 | 군정대통령제 개헌 |
| 제6차(1969) | 대통령 3선 취임 허용, 대통령 탄핵소추요건 강화 | 공화당3선 개헌 |
| 제7차(1972) | 대통령간선제, 대통령 중임 제한 철폐, 6년 임기 | 유신 개헌 |
| 제8차(1980) | 대통령간선제, 7년 단임, 국회의 국정 감사권 부활 | 국보위 개헌 |
| 제9차(1987) | 대통령직선제, 5년 단임 | 대통령직선제 개헌 |

## ✿ 복권(復權) ◇

상실된 특정 권리·자격을 회복시키는 것으로 헌법 및 사면법상 대통령의 명에 의해, 형법에 의한 형의 선고, 파산법에 의한 파산선고로 상실 또는 정지된 자격을 회복시키는 것이다. 복권은 형의 집행을 종료하거나 집행면제를 받은 자에 한해서만 행해지는 것인데, 형의 선고에 의한 기성의 효과는 복권이 되어도 변경되지 않는다. 일반복권은 대통령령으로 하고, 특정한 자에 대한 복권은 대통령이 행하되 법무장관의 상신과 국무회의의 심의를 거쳐야 한다. 특별복권은 검찰총장의 신청으로, 형의 집행종료일 또는 집행이 면제된 날로부터 3년이 경과된 자에 대해 법무부장관의 상신을 거쳐 대통령이 행한다.

## ✪ 사면 (赦免) ✧✧✧

대통령의 고유권한으로, 형의 집행을 면제해주거나 형 선고의 효력을 없애주는 조치를 말한다. 특정죄목에 대해 일괄적으로 처벌을 면해주는 일반사면과 사면의 대상을 일일이 정해 취해지는 특별사면의 두 가지가 있다. 특별사면은 다시 가석방 또는 복역중인 피고인의 남은 형 집행을 면제해주는 조치인 잔형집행면제, 집행유예를 받은 사람에게 형의 선고를 없었던 일로 해주는 형선고실효 두 가지 방법이 있다. 또 행정처분취소는 경찰청 등 행정기관의 처분을 면해주는 조치이며, 징계사면은 말 그대로 징계받은 사실을 없던 일로 하는 것이다. 파면이나 해임을 뺀 정직, 견책, 감봉을 받은 전·현직 공무원들의 징계기록이 없어지고 호봉승급 등 인사상 불이익을 받지 않게 된다.

## ✪ 공공기록물 관리에 관한 법률 ✧✧

공공기관의 투명하고 책임 있는 행정 구현과 공공기록물의 안전한 보존 및 효율적 활용을 위하여 제정된 법이다. 적용 범위로는 공공기관이 업무와 관련하여 생산 접수한 기록물과 개인 또는 단체가 생산 취득한 기록정보 자료(공공기관이 소유·관리하는 기록정보 자료를 포함) 중 국가적으로 보존할 가치가 있다고 인정되는 기록정보 자료이다. 이때 기록물이란 공공기관이 업무와 관련하여 생산하거나 접수한 문서·도서·대장·카드·도면·시청각물·전자문서 등 모든 형태의 기록정보 자료와 행정박물을 말한다. 모든 공무원은 이 법이 정하는 바에 따라서 기록물을 보호 관리해야 하며 공공기관 및 기록물관리기관의 장은 기록물이 국민에게 공개되어 활용될 수 있도록 적극적으로 노력해야 할 의무를 지닌다. 그러나 비공개 기록물의 경우「공공기록물 관리에 관한 법률」에 의거해서 열람한 비공개 기록물의 정보를 열람신청서에 적은 목적 외 용도로는 사용하지 못한다. 이를 어기면 3년 이하의 징역이나 2천만 원 이하의 벌금에 처해진다.

## ✪ 법률행위 (法律行爲) ✧

사법상 법률요건의 하나로, 법에 의하여 행위자가 마음먹은 그대로의 법률효과가 인정되는 행위를 말한다. 법률행위가 성립하기 위해서는 당사자·내용·의사표시의 세 개 요건을 필요로 하며, 이 성립요건이 갖추어져 있지 않으면 법률행위는 성립하지 않는다. 법률행위의 형태는 단독행위·계약·합동행위 등의 세 가지로 나뉜다.

## ✪ 탄핵소추권 (彈劾訴追權) ✧✧

대통령과 고위 공직자를 대상으로 법적인 책임을 헌법이 정하는 특별한 소추절차에 따라 추궁하여 헌법침해로부터 헌법을 보호하기 위한 헌법재판제도로 국회의 권리이다. 국회는 헌법과 법률의 규정에 따라 대통령이나 특정 고위 공무원의 위법행위에 대해 탄핵의 소추를 의결할 수 있다. 탄핵소추는 재적의원 3분의 1 이상의 발의에 재적의원 과반수의 찬성으로 의결하고, 대통령의 경우 국회 재적의원 과반수의 발의에 재적의원 3분의 2 이상의 찬성이 필요하다.

## ◉ 플리 바겐 (Plea Bargain) ◇◇

사전형량조정제도를 말한다. 유죄를 인정하는 대신 형량을 경감받는 것으로 '플리 길티(Plea Guilty)'라고도 한다. 우리나라의 경우 플리 바겐에 대한 법적 근거는 없으나 기소에 대한 검사의 재량을 폭넓게 인정하는 기소편의주의와 기소독점주의를 채택하고 있어 수사의 형태가 암묵적으로 플리 바겐과 비슷하게 이루어지고 있다. 뇌물사건이나 마약범죄 등의 수사에 주로 활용된다.

## ◉ 소멸시효 (消滅時效) ◇

권리를 행사할 수 있음에도 불구하고 권리를 행사하지 않고 일정 기간 계속함으로써 권리소멸의 효과를 생기게 하는 제도를 말한다. 시효제도(時效制度)는 사회질서의 안정, 채증(採證)의 곤란 등의 이유로 인정되고 있으나 점유권, 일정한 법률관계에 필연적으로 수반되는 상린권, 담보물권 등은 소멸시효에 걸리지 않는다.

## ◉ 대통령기록물 관리에 관한 법률 ◇◇

대통령기록물의 효율적 관리와 대통령 기록관의 설치·운영에 필요한 사항을 정하기 위해 법률 제8395호로 제정되어 2007년에 4월에 공포되었다. 이 법이 제정되기 전에는 「공공기관의 기록물 관리에 관한 법률」에 포함되어 있었다. 「대통령기록물 관리에 관한 법률」은 대통령기록물을 국가 소유로 규정하고 있어 대통령기록물을 체계적으로 보존·활용할 수 있는 제도적 기반이 마련되었다. 대통령의 직무 수행과 관련하여 대통령, 대통령의 보좌기관·자문기관·경호업무 수행기관, 대통령직 인수위원회가 생산·접수해 보관하는 기록물이 그 대상이다. 「대통령기록물 관리에 관한 법률」 제17조에 따르면 군사·외교·통일에 관한 비밀 기록으로 공개될 경우 국가안전보장에 중대한 위험을 초래할 수 있는 기록물, 대통령의 정치적 견해나 입장을 표현한 기록으로 공개될 경우 정치적 혼란을 불러일으킬 우려가 있는 기록물 등은 자료제출 요구를 거부할 수 있는 보호기간을 둘 수 있다. 이 기간 내에 대통령기록물을 열람하려면 국회 재적의원 3분의 2이상의 찬성의결이 이루어졌거나 관할 고등법원장이 해당 대통령지정기록물이 중요한 증거에 해당한다고 판단하여 발부한 영장이 제시될 경우 등에 해당되어야 한다.

## ◉ 위임명령 (委任命令) ◇

법률 또는 상위명령에 의하여 위임된 사항을 규정하는 법규명령을 말하는 것으로, 수탁된 범위 내에서는 새로이 개인의 권리·의무에 관한 사항, 즉 법률사항에 관하여 규정할 수 있다.

**PLUS** 더 알아보기

> **집행명령**(執行命令) : 일반적으로 시행령 혹은 시행규칙이란 이름으로 많이 쓰이는 것으로, 법률을 집행하기 위하여 필요한 세칙(細則)을 정하는 명령을 말한다. 명령은 법률의 위임에 의한 경우 외에는 집행명령으로서만 허용된다.

## ✪ 윤창호법

음주운전으로 인명 피해를 낸 운전자에 대한 처벌 수위를 높이고 음주운전 기준을 강화하는 '특정범죄 가중처벌 등에 관한 법률 개정안' 및 '도로교통법 개정안'을 말한다. 2019년부터 시행된 '윤창호법'은 2021.11.25. 도로교통법 제148조의2항 중 제44조 제1항을 위반하여 위헌결정을 내렸다.

### PLUS 더 알아보기

- **김영란법**(부정청탁 및 금품 등 수수의 금지에 관한 법률)
  당시 국민권익위원회 위원장 김영란 대법관이 발의하여 김영란법이라고 불린다. 공직자를 비롯한 언론인과 사립학교 교직원 등은 1회 100만 원을 초과하는 금품을 수수할 시 형사처벌(3년 이하의 징역 또는 3,000만 원 이하의 벌금)을 받도록 규정하고 있다. 김영란법이 허용하는 상한액은 식사 3만 원, 선물 5만 원, 경조사비 5만 원이다.

- **민식이법**(도로교통법 일부개정안 및 특정범죄가중처벌 등에 관한 법률 일부 개정안)
  어린이 보호구역에서 차량에 치여 사망한 김민식군 사건을 계기로 발의하여 민식이법이라고 불린다. 어린이 보호 구역 내 무인 교통단속용 장비 및 안전시설을 설피하고 스쿨존에서 13세 미만 어린이에게 교통사고를 일으킬 경우 사망 시 무기징역 또는 3년 이상의 징역, 상해를 입혔을 경우 1년 이상 15년 이하의 징역 또는 500만 원 이상 3,000만 원 이하의 벌금이 부과된다.

- **임세원법**(의료법 일부 개정안)
  환자가 휘두른 흉기에 찔려 숨진 강북삼성병원 임세원 교수 사건을 계기로 발의하여 임세원법이라고 불린다. 의료인에게 폭력을 휘둘렀을 경우 처벌이 가중되고 주취 감경 규정을 적용하지 않아 의료인과 환자를 법적으로 보장한다. 상해를 입혔을 경우 7년 이하의 징역 또는 1,000만 원 이상 7,000만 원 이하의 벌금이 부과되고, 중상해를 입혔을 경우 3년 이상 10년 이하의 징역, 사망에 이르게 한 경우 무기징역 또는 5년 이상의 징역에 처하게 된다.

- **김용균법**(산업안전보건법 개정안)
  비정규직 청년 노동자 김용균 씨가 운송설비 점검 중 컨베이어 벨트에 끼어 사망한 사건을 계기로 발의하여 김용균법이라고 불린다. 사업주의 책임 범위를 확장하고 사업주가 안전조치를 위반하면 3년 이하의 징역 또는 3,000만 원 이하의 벌금에 처한다. 노동자가 사망할 시 7년 이하의 징역 또는 1억 원 이하의 벌금에 처한다.

- **조두순법**(성폭력 범죄의 처벌 등에 관한 특례법)
  등교 중이었던 여아를 성폭행 하여 피해아동에게 중상해를 입힌 조두순 사건을 계기로 발의하여 조두순법이라고 불린다. 처음에는 피해아동의 이름으로 불리다가 후에 가해자 조두순이름인 조두순법으로 변경되었다. 음주나 약물로 인한 심신미약 상태에도 형을 감경하지 않으며 미성년자에 대한 성폭력 공소시효는 피해자가 성년에 달한 날부터 진행한다.

- **기타**
  신해철법(의료사고 피해구제 및 의료분쟁 조정법 개정안), 해인이법(어린이 안전관리에 관한 법률안), 하준이법(주차장법 개정안, 도로교통법 개정안), 구하라법(부모가 부양의 의무를 게을리 하였을 경우 부모 상속권 박탈 개정안) 등

## ● 인 두비오 프로 레오(In Dubio Pro Reo) ⬦

'의심스러울 때는 피고인에게 유리하게 판결하라'는 법언(法諺)을 말한다. 형사소송에서 법원이 검사의 입증이 부족하여 유죄의 심증을 얻지 못할 경우 피고인에게 유리하게 무죄 판결을 해야 한다는 원칙이다. 유·무죄의 판단에 국한되며 소송법상의 사실의 존부에는 적용되지는 않는다.

## ● 체포영장제 ⬦

임의동행과 보호유치 등 탈법적 수사관행을 막기 위한 제도를 말한다. 체포영장제는 피의자가 죄를 범했다고 의심할 만한 상당한 이유가 있을 때 사전에 판사로부터 체포영장을 발부받아 체포하고 48시간 내에 구속영장을 청구하지 않을 경우 즉시 석방하는 제도이다. 기존 긴급구속제도는 긴급체포제로 대체된다.

---

**PLUS** 더 알아보기

- **영장실질심사제** : 법관이 구속영장을 발부하기 전 피의자를 직접 불러 심문한 뒤 영장발부 여부를 결정하는 제도이다.
- **피의자석방제** : 구속적부심 청구시 보증금 납입을 조건으로 하는 것으로 보석제도를 기소전단계까지 확대하고 피고인에게 소송계류중인 증거서류 등에 대한 열람청구권을 인정해 피고인의 방어권을 강화한 것이다.

---

## ● 심급제도 (審級制度) ⬦

심급을 달리하는 법원에서 두 번 또는 세 번까지 재판을 받을 수 있게 하는 제도로서, 국민의 자유와 권리보호에 신중을 기하고 공정하고 정확한 재판을 받게 하기 위한 목적에서 만들어진 제도이다. 우리나라에서도 다른 민주국가와 마찬가지로 4계급 3심제이며, 제1심과 제2심은 사실심을 원칙으로 하고 제3심은 법률심이다.

## ● 상소 (上訴) ⬦⬦

소송법상 법원의 판결 또는 결정에 대하여 억울하다고 생각하는 당사자가 그 재판의 확정 전에 상급법원에 대하여 다시 심판해 줄 것을 요구하는 소송행위를 말하며, 항소·상고·항고가 있다.

## ● 항소 (抗訴) ⬦

지방법원이나 그 지원(支院)에서 받은 제1심 판결에 대하여 억울하다고 생각하는 당사자가 그 재판이 확정되기 전에 고등법원이나 또는 지방법원 본원 합의부에 다시 재판을 청구하는 것을 말한다. 항소기간은 민사소송의 경우에는 2주일, 형사소송은 7일 이내이며, 항소기일이 지나면 선고는 확정된다. 또한 보통 군법회의 판결에 대한 고등군법회의에서의 상소도 항소라 한다.

## ✪ 상고 (上告) ◆

고등법원이나 지방법원 합의부의 제2심 판결에 대하여 억울하게 생각하는 당사자가 그 재판의 확정 전에 대법원에 다시 재판을 청구하는 것을 말한다. 상고심에서는 법심판의 법령위반만을 심사대상으로 하기 때문에 당사자는 법적 평가의 면에 한하여 불복을 신청할 수 있으므로 보통 상고심을 법률심이라고 한다. 상고를 할 수 있는 재판은 원칙적으로 항소심의 종국판결에 한하지만 불항소합의가 있을 때의 비약적 상고(민사소송법), 또는 특수한 사건에서 고등법원이 제1심이 되는 때(행정소송법)에는 예외가 인정되고 있다. 상고를 할 수 있는 자는 원판결의 파기로 이익이 있는 자에 한하며, 상고제소기간은 항소의 경우와 같은 제한이 있다.

**PLUS** 더 알아보기

- **비상상고**(非常上告) : 형사소송에서 판결이 확정된 후에 그 사건의 심리가 법령에 위반된 것을 발견한 경우에 한해 검찰총장이 대법원에 불복신청을 하는 제도이다. 이때 피고인의 구제를 주된 목적으로 하지 않으며, 다만 법령의 해석·적용의 시정이 주목적이다.
- **비약상고**(飛躍上告) : 형사 또는 민사소송에 있어서 제1심 판결에 대한 항소를 제기하지 않고 직접 상고법원인 대법원에 상소하는 것을 말한다.

## ✪ 항고 (抗告) ◆

지방법원의 결정이나 명령에 대하여 불복(不服)이 있는 당사자 또는 제3자가 상급법원에 상소하는 것을 말한다. 불복을 신청할 수 없는 결정·명령이라도 헌법해석의 착오, 기타 헌법위반이 있음을 이유로 할 때는 대법원에 특별항고를 할 수도 있다.

## ✪ 초상권 (肖像權) ◆◆◆

자기의 얼굴이나 모습이 함부로 그림으로 그려지거나 사진으로 촬영당하지 아니할 권리, 또는 자기의 그림이나 사진이 함부로 신문·잡지 및 서적 등에 게재당하지 아니할 권리를 말한다.

## ✪ 청원권 (請願權) ◆

국가기관이나 지방자치단체에 대하여 국민이 희망을 진술할 수 있는 권리를 말한다. 공무원의 비위 시정에 대한 징계나 처벌의 요구, 손해의 구제, 법령 또는 규칙의 제정·폐지·개정 등에 관하여 그 희망을 문서로써 진정할 수 있다. 청원을 접수한 국가기관은 공정 신속히 심사·처리하여 청원인에게 그 결과를 회답해 줄 의무가 있다. 그러나 반드시 청원의 내용대로 실행할 의무는 없다.

## ❂ 공신 (公信)의 원칙 ✧✧

실제로는 권리관계가 존재하지 않지만 권리관계의 존재를 추측할 만한 외형적 표상(등기·점유)이 있는 경우에 이 외형을 신뢰하고 거래한 자를 보호하여 진실로 권리관계가 존재하는 것과 같은 법률효과를 인정하려고 하는 원칙이다.

## ❂ 공동정범 (共同正犯) ✧

공동실행의 의사와 공동실행의 사실이 있을 때 두 사람 이상이 공모하여 죄를 범하는 경우, 누가 정범이고 종범인지를 구별할 수 없는 상태의 범죄를 말한다.

## ❂ 간접정범 (間接正犯) ✧

본인 스스로가 범죄를 행하지 아니하고 타인을 이용하여 간접적으로 범죄행위를 하게 하는 범인을 말한다. 예를 들면 사정을 전혀 모르는 간호사로 하여금 환자에게 약 대신 독물을 주게 한다든지, 광인(狂人)을 시켜 사람을 죽이는 행위 같은 것이다.

## ❂ 데이터 3법 ✧✧✧

개인정보 보호법·정보통신망법(정보통신망 이용촉진 및 정보보호 등에 관한 법률)·신용정보법(신용 정보의 이용 및 보호에 관한 법률)개정안이다. 데이터 3법은 개인정보보호에 관한 법이 소관 부처별로 나뉘어 있기 때문에 생긴 불필요한 중복 규제를 없애 4차 산업혁명의 도래에 맞춰 개인과 기업이 정보를 활용할 수 있는 폭을 넓히기 위해 마련되었다. 빅 데이터 3법, 데이터경제 3법이라고도 부른다.

**PLUS** 더 알아보기

데이터 3법의 주요 내용
- **개인정보보호법 개정안**
  개인정보 관련 개념을 개인정보, 가명정보, 익명정보로 구분한 후 가명정보를 통계 작성 연구, 공익적 기록보존 목적으로 처리할 수 있도록 허용한다. 가명정보 이용 시 안전장치 및 통제 수단을 마련한다. 행정안전부, 금융위원회, 방송통신위원회 등으로 분산된 개인정보보호 감독기관을 통합하기 위해 개인정보보호위원회로 일원화한다. 개인정보보호위원회는 국무총리 소속 중앙행정기관으로 격상한다.
- **정보통신망법 개정안**
  개인정보 관련 법령이 개인정보보호법, 정보통신망법 등 다수의 법에 중복되어 있고 감독기구도 행정안전부, 방송통신위원회, 개인정보보호위원회 등으로 나눠져 있어 따른 혼란을 해결하기 위해 마련되었다. 정보통신망법에 규정된 개인정보보호 관련 사항을 개인정보보호법으로 이관한다. 온라인상 개인정보보호 관련 규제 및 감독 주체를 방송통신위원회에서 개인정보 보호위원회로 변경한다.
- **신용정보보호법 개정안**
  은행, 카드사, 보험사 등 금융 분야에 축적된 방대한 데이터를 분석 및 이용해 금융상품을 개발하고 다른 산업 분야와의 융합을 통해 부가가치를 얻기 위해 마련되었다. 가명조치한 개인신용정보로서 가명정보 개념을 도입해 빅 데이터 분석 및 이용의 법적 근거를 명확히 마련한다. 가명정보는 통계작성, 연구, 공익적 기록보존 등을 위해 신용정보 주체의 동의 없이도 이용, 제공할 수 있다.

## ❂ 명예훼손죄 (名譽毀損罪) ✦

공연히 구체적인 사실이나 허위 사실을 적시(摘示)하여 사람의 명예를 훼손함으로써 성립하는 범죄를 말한다. '공연히'는 불특정 다수인이 인식할 수 있는 상태를, '명예'는 사람의 인격에 대한 사회적인 평가로서 명예의 주체에는 자연인·법인·기타 단체가 있다. 오로지 공공의 이익에 관한 사실을 적시한 경우에는 처벌하지 아니하나, 진실한 사실을 적시한 경우에 2년 이하의 징역·금고나 500만 원 이하의 벌금에 처하고, 허위의 사실을 적시한 경우는 5년 이하의 징역·10년 이하의 자격정지나 1,000만 원 이하의 벌금에 처한다. 형법상 명예훼손죄는 '반의사불벌죄'로 피해자가 원치 않으면 처벌할 수 없다. 민법상 명예훼손은 불법행위로 간주되어 위자료를 청구할 수 있다.

## ❂ 체포동의안 ✧✧

국회 회기 동안 불체포 특권을 가진 국회의원에게 적용되는 동의안으로, 영장 판사가 동의안을 국회에 보내 국회의원 과반수 출석과 과반수 찬성을 받아야 구속할 수 있다.

## ❂ 일수벌금제 ✧

범행의 경중에 따라 일수(日收)를 정하고 피고인의 재산 정도를 기준으로 산정한 금액에 일정 비율을 곱하여 최종 벌금 액수를 정하는 방식을 말한다.

## ❂ 징벌적 손해배상 ✧✧

처벌적 손해배상이라고도 한다. 가해자가 피해자에게 무분별한 불법 행위를 저지른 경우에 민사재판에서 가해자에게 징벌을 가할 목적으로 부과하는 손해배상이다. 실제 손해액보다 훨씬 많은 금액, 단 5배가 넘지 않는 범위에서 책임을 묻는다.

## ❂ 집행유예 (執行猶豫) ✧

형사정책적 입장에서 인정한 제도로서 유죄를 인정한 정상에 의하여 일정 기간 그 형의 집행을 유예하여 유예기간 중 특별한 사고없이 그 기간을 경과한 때에는 형의 선고는 효력을 상실하게 하고 형이 없었던 것과 동일한 효과를 발생케 하는 제도이다. 집행유예는 3년 이하의 징역 또는 금고의 형을 선고할 경우 정상에 참작할 사항이 있을 때, 1년 이상 5년 이하의 기간 동안 형의 집행을 유예하는 제도이다.

## ● 선고유예 (宣告猶豫) ◆

영미법에서 비롯된 형사정책적 제도로서 일정한 범인에 대하여 범죄를 인정함에 그치거나 또는 일정기간 유죄의 판결을 하는 것을 유예하고, 그 기간을 무사히 경과한 경우는 그 유죄의 판결을 언도하지 않는 제도를 말한다. 선고유예는 유예판결을 유예한다는 점에서 형의 집행을 유예하는 집행유예와 다르다.

## ● 공소시효 (公訴時效) ◆◆◆

확정판결 전에 시간의 경과에 의하여 형벌권이 소멸하는 제도를 말한다. 공소시효의 기산점은 범죄행위가 종료된 때부터 시작된다. 현행법상 인정되는 공소시효는 7종류가 있으며, 공소가 제기된 범죄는 판결의 확정이 없이 공소를 제기한 때로부터 25년을 경과하면 공소시효가 완성한 것으로 간주한다.

**PLUS** 더 알아보기

**공소시효의 종류**
- 사형에 해당되는 범죄 : 25년
- 무기징역 또는 무기금고 : 15년
- 장기 10년 이상의 징역 또는 금고 : 10년
- 장기 10년 미만의 징역 또는 금고 : 7년
- 장기 5년 미만의 징역 또는 금고, 장기 10년 이상의 자격정지 또는 **벌금** : 5년
- 장기 5년 이상의 자격정지에 해당하는 범죄 : 3년
- 장기 5년 미만의 자격정지, 구류, 과료 또는 몰수에 해당하는 범죄 : 1년

## ● 체계(體系) · 자구(字句)심사권 ◆◆◆

상임위를 통과한 법률안이 관련 법과 충돌하지 않는지(체계), 법안에 적힌 문구가 적절한지(자구) 심사하는 기능이다. 이 과정에서 법사위가 사실상 '상원' 역할을 하면서 정치적인 이유로 법안 통과를 막는 등의 비판이 끊이지 않았다. 때문에 이를 폐지하자는 국회법 개정안이 발의되었으며, 법조계에서는 폐지 시 위헌적인 법률이 늘어날 수 있다는 우려의 목소리도 있다.

## Chapter 01 정치 · 법률 · 외교

# 출제예상문제

**1** 국제비정부기구에 해당되지 않는 것은?

① 국제연합
② 국경없는의사회
③ 유니세프
④ 국제엠네스티

> **NOTE** 국제연합(UN)은 국제정부기구에 해당한다.

**2** 우리나라와 최초로 수교를 맺은 사회주의 국가는?

① 중국
② 헝가리
③ 쿠바
④ 베트남

> **NOTE** 1948년 남 · 북한 동시에 사회주의 국가인 헝가리와 최초로 수교를 맺었으며, 이후 1989년 우리나라와 단독 수교를 맺었다.

**3** 다음 지문이 설명하는 것은?

> • 북측의 토지를 남측에 임대하는 방식으로 조성된 공업단지
> • 최초의 남북합작 공단으로 남북경제협력에 중요한 역할

① 남포공단
② 해주공단
③ 신의주공단
④ 개성공단

> **NOTE** 개성공단 … 남북관계의 상징으로 진행되는 사업이다. 북한으로부터 토지를 50년간 임차해 공장구역으로 건설하여 국내외 기업에 분양하여 관리하는 방식으로 진행되고 있다.

ANSWER ____ 1.① 2.② 3.④

**4** 국정감사에 관한 설명 중 옳지 않은 것은?

① 국정감사는 장관의 모든 사생활을 포함하여 국가 작용 전반을 감사한다.
② 본회의의 의결이 있다면 정기회 기간 중에도 감사 실시가 가능하다.
③ 국회의 행정부 견제방법이다.
④ 매년 정기국회 집회일 이전의 감사 시작일부터 30일 이내가 감사기간이다.

> **NOTE** 개인의 순수한 사생활이나 신앙은 제외된다.

**5** 다음 중 직접민주정치제도만 모은 것은?

| | |
|---|---|
| ㉠ 국민소환 | ㉡ 국민대표 |
| ㉢ 국민발안 | ㉣ 국민투표 |
| ㉤ 대통령제 | |

① ㉠㉡㉢
② ㉠㉢㉣
③ ㉠㉢㉤
④ ㉡㉢㉣

> **NOTE** 직접민주정치방법에는 국민투표 · 국민발안 · 국민소환이 있으며, 현재 우리나라는 국민투표제도만 채택하고 있다.

**6** 국가의 유지 · 발전을 위해서는 도덕적 관념이나 종교적 정신에 구애됨이 없이 수단과 방법을 가리지 않고 정무를 처리해야 한다는 국가지상주의 사상을 무엇이라 하는가?

① 쇼비니즘
② 시오니즘
③ 코스모폴리터니즘
④ 마키아벨리즘

> **NOTE** 이탈리아 계몽주의 사상가인 마키아벨리가 그의 저서 '군주론'에서 주장하였다.

**7** 현대정치에서 압력집단의 수가 많아지고 그 기능이 강화되는 이유는?

① 정부의 기능이 축소되고 있기 때문이다.
② 집권을 원하는 집단이 많아졌기 때문이다.
③ 개인과 집단의 이익이 다원화되고 있기 때문이다.
④ 정당 내부에 민주화가 진행되고 있기 때문이다.

> **NOTE** 현대사회의 세분화 · 전문화 경향에 따라 계층 간의 이익이 다원화되고 있기 때문이다.

**8** 선거의 4대 원칙이 아닌 것은?

① 보통선거　　　　　　　　　② 비밀선거
③ 평등선거　　　　　　　　　④ 자유선거

> **NOTE** 선거의 4대 원칙 … 보통 · 평등 · 직접 · 비밀의 4대 원칙에 자유선거의 원칙을 덧붙여 선거의 5원칙이라 하기도 한다.

**9** 비핵보유국이 핵보유국에게 전면적으로 핵실험을 하지 말도록 하는 협정은?

① NSA　　　　　　　　　　② NPT
③ CTBT　　　　　　　　　　④ FMCT

> **NOTE** 포괄적 핵실험 금지조약(CTBT : Comprehensive Test Ban Treaty) … 1996년 9월 미국 클린턴 정부의 주도로 이루어진 핵무기 확산을 막기 위한 전면적 핵실험 금지조약이다. 대기권을 포함해 수중, 지하 등 어떠한 형태 · 규모 · 장소에서도 핵폭발 실험을 금지한다는 것을 규정한 전면적이고 포괄적인 핵실험 금지조약을 나타낸다.

**10** 코헨, 마치, 올슨, 등의 학자들이 주장한 쓰레기통 모형의 정책결정에 영향을 미치는 요소가 아닌 것은?

① 문제　　　　　　　　　　② 참여자
③ 감시자　　　　　　　　　④ 선택기회

> **NOTE** 정책결정이 일정한 규칙에 따라 이루어지는 것이 아니라 문제, 해결책, 선택 기회, 참여자의 네 요소가 쓰레기통 안에서 쓰레기가 섞이듯 뒤죽박죽 움직이다가 어떤 계기로 서로 만나게 될 때 이루어진다고 보는 정책결정 모형을 쓰레기통이론이라고 한다.

ANSWER ─── 4.① 5.② 6.④ 7.③ 8.④ 9.③ 10.③

**11** 2010년 12월 18일 튀니지에서 시작된 대규모 반정부시위로 물가폭등과 높은 실업률로 국민들의 불만이 팽배한 상태에서 과일노점상인 26살 청년 모하메드 부아지지의 분신자살이 직접적인 원인이 되어 발발한 이 시위는?

① 재스민 혁명 　　　　　　　　　② 이집트 혁명

③ 리비아 혁명 　　　　　　　　　④ 프랑스 혁명

> **NOTE** ② 2011년 1월 25일부터 2월 11일까지 진행되었던 이집트의 장기 집권 대통령인 호스니 무바라크의 퇴진을 요구하며 벌어진 반독재 정부 시위를 말한다.
> ③ 2011년 리비아에서 발생한 대규모 반정부 시위와 그에 따른 모든 사건을 일컫는 것으로 40년 이상 리비아를 철권 독재한 무아마르 카다피에 대한 퇴진 요구가 높아졌으며, 리비아 반정부 시위는 튀니지에서 일어난 튀니지 혁명의 영향으로 다른 아랍 국가로 파급된 반정부 시위의 물결 가운데 하나로 꼽히고 있다.
> ④ 1789년 7월 14일부터 1794년 7월 28일에 걸쳐 일어난 프랑스의 시민혁명을 말한다.

**12** 다음의 사건을 연대순으로 바르게 나열한 것은?

> ㉠ 7.7선언(민족자존과 통일번영에 관한 특별선언)
> ㉡ 7.4남북공동성명 발표
> ㉢ 6.15남북공동선언
> ㉣ 10.4선언(남북관계 발전과 평화번영을 위한 선언)

① ㉢ - ㉠ - ㉣ - ㉡ 　　　　　② ㉣ - ㉡ - ㉠ - ㉢

③ ㉡ - ㉢ - ㉠ - ㉣ 　　　　　④ ㉡ - ㉠ - ㉢ - ㉣

> **NOTE** ㉡ 1972. 7. 4.
> ㉠ 1988. 7. 7.
> ㉢ 2000. 6. 15.
> ㉣ 2007. 10. 4.

**13** 역대 노벨평화상 수상자가 아닌 것은?

① 마하트마 간디 　　　　　　　　② 그라민 은행

③ 기후변화에 관한 정부 간 패널 　　④ 류 샤오보

> **NOTE** 간디는 인도 독립운동의 정치적·정신적 지도자이며 비폭력 저항운동의 주창자로 노벨평화상 후보에 올랐으나 수상하지 못했다.
> ② 방글라데시에서 선구적인 소액대출로 극빈층과 여성의 경제적, 사회적 기회를 확대하는데 기여한 공로를 인정받아 2006년에 수상했다.
> ③ 스위스 제네바에 위치한 UN산하 국제 협의체인 IPCC는 기후 변화 문제의 해결을 위한 노력을 인정받아 2007년에 수상했다.
> ④ 중국 반체제 인사로서 인권투쟁의 상징으로 높이 평가받아 2010년에 수상했다.

**14** 정치적 사상의 반대자를 대중으로부터 고립시켜 공격·탄압할 목적으로 기성사실을 날조하는 것을 지칭하는 용어는?

① 프레임업　　　　　　　　　　② 레이더스
③ 스핀아웃　　　　　　　　　　④ 스핀오프

> **NOTE** ② 자신이 매입한 주식을 배경으로 회사경영에 압력을 넣어 기존 경영진을 교란시키고 매입주식을 비싼 값에 되파는 등 부당이득을 취하는 집단이다.
> ③ 경영 조직으로부터 업무 일부를 분리하여 독립한 별개 회사로서 경영하는 일이다.
> ④ 정부출연연구기관의 연구원이 자신이 참여한 연구결과를 가지고 별도의 창업을 할 경우 정부보유의 기술을 사용한데 따른 로열티를 면제해 주는 제도를 말한다.

**15** 약어 표현이 바른 것을 모두 고르면 몇 개인가?

> ㉠ 북방한계선 - NLL　　　　㉡ 비무장지대 - DMG
> ㉢ 공동경비구역 - JSA　　　　㉣ 국제원자력기구 - IAEA
> ㉤ 북대서양조약기구 - NATO　　㉥ 세계보건기구 - WTO

① 2개　　　　　　　　　　② 3개
③ 4개　　　　　　　　　　④ 5개

> **NOTE** ㉡ 비무장지대 - DMZ(Demilitarized Zone)
> ㉥ 세계보건기구 - WHO(World Health Organization)

**16** 선거를 도와주고 그 대가를 받거나 이권을 얻는 행위를 일컫는 용어는?

① 매니페스토　　　　　　　　② 로그롤링
③ 게리맨더링　　　　　　　　④ 플레비사이트

> **NOTE** 로그롤링(Logrolling) … 원래는 '통나무 굴리기'라는 뜻으로, 서로 협력하여 통나무를 모으거나 강물에 굴려 넣는 놀이에서 연유된 것이다.
> ① 선거 시에 목표와 이행가능성, 예산확보의 근거를 구체적으로 제시한 유권자에 대한 공약을 말한다.
> ③ 선거구를 특정 정당이나 후보자에게 유리하게 인위적으로 획정하는 것을 말한다.
> ④ 직접민주주의의 한 형태로 국민이 국가의 의사결정에 국민투표로 참여하는 제도이다.

**17** 어느 한 쪽이 양보하지 않을 경우 양쪽이 모두 피국으로 치닫게 되는 극단적인 이론은?

① 휘슬블로잉          ② 란체스터법칙

③ 치킨게임          ④ 깨진 유리창의 법칙

> **NOTE** 치킨게임(Chicken Game) … 국제정치학에서 사용하는 게임이론 가운데 하나이다. 1950년대 미국 젊은이들 사이에서 유행하던 자동차 게임의 이름이었다. 이 게임은 한밤중에 도로의 양쪽에서 두 명의 경쟁자가 자신의 차를 몰고 정면으로 돌진하다가 충돌 직전에 핸들을 꺾는 사람이 지는 경기이다. 핸들을 꺾은 사람은 겁쟁이, 즉 치킨으로 몰려 명예롭지 못한 사람으로 취급받는다. 그러나 어느 한 쪽도 핸들을 꺾지 않을 경우 게임에서는 둘 다 승자가 되지만, 결국 충돌함으로써 양쪽 모두 자멸하게 된다. 즉, 어느 한 쪽도 양보하지 않고 극단적으로 치닫는 게임이 바로 치킨게임이다. 이 용어가 1950 ~ 1970년대 미국과 소련 사이의 극심한 군비경쟁을 꼬집는 용어로 차용되면서 국제정치학 용어로 굳어졌다. 그러나 오늘날에는 정치학뿐 아니라 여러 극단적인 경쟁으로 치닫는 상황을 가리킬 때도 인용된다.

**18** 앨빈 토플러가 말한 권력의 원천에 해당하지 않는 것은?

① 폭력          ② 권위

③ 지식          ④ 부(富)

> **NOTE** 앨빈 토플러는 그의 저서 「권력 이동」에서 폭력을 저품질 권력, 부(富)를 중품질 권력, 지식을 고품질 권력이라 표현하였다.

**19** 전 세계의 기아로 고통 받는 사람들에게 식량을 지원하고 개발도상국의 개발 원조를 주요 사업으로 하는 국제기구의 이름은?

① UNICEF          ② WFP

③ ILO          ④ UNESCO

> **NOTE** 유니세프가 아동 관련 사업에 중심을 둔 반면 세계식량기구(World Food Programme)는 기아 문제 극복을 주요 목표로 한다.

**20** 레임덕 현상에 관한 설명으로 옳은 것은?

① 집권자의 임기 말기에 나타나는 정치력 약화현상이다.
② 외채 상황이 어렵게 된 후진국의 경제혼란현상이다.
③ 군소정당의 난립으로 인한 정치적 혼란현상이다.
④ 선진국과 후진국 사이에 나타나는 경제적 갈등현상이다.

**NOTE** 레임덕 … 공직자의 임기 말 권력누수 현상을 일컫는 말이다. 미국의 남북 전쟁(1861 ~ 1865) 때부터 대통령에게 사용되기 시작한 말로 대통령 선거에서 다시 선출되지 못한 현직 대통령이 임기가 끝날 때까지 마치 뒤뚱거리며 걷는 오리처럼 정치력의 저하를 보이는 상황을 비꼰 것이다. 또한 '레임덕'은 대통령을 배출한 집권당이 중간선거에서 다수의석을 확보하지 못하여(여소야대) 대통령의 정책이 의회에서 잘 관철되지 않는 경우를 가리킬 때 사용하기도 한다.

**21** 헌법 또는 법률에 특별한 규정이 없는 경우, 의회에서 가부동수일 때 해당 의안의 가부 여부는 어떻게 결정되는가?

① 가결된 것으로 본다.　　　　　② 부결된 것으로 본다.
③ 국회의장의 직권으로 결정된다.　　④ 재투표를 실시한다.

**NOTE** 헌법 제49조 … 국회는 헌법 또는 법률에 특별한 규정이 없는 한 재적의원 과반수의 출석과 출석의원 과반수의 찬성으로 의결한다. 가부동수인 때에는 부결된 것으로 본다.

**22** 가족이 대신해서 권리를 주장할 수 있는 권리는?

① 신원권　　　　　　　　　　② 청원권
③ 항변권　　　　　　　　　　④ 참정권

**NOTE** 가족 중 한 사람이 중대한 인권을 침해받은 경우 그 가족이 진실을 규명할 수 있도록 보장하는 권리를 신원권이라 한다.

**23** 중임이 불가능한 사람은?

① 국회의장　　　　　　　　② 대법원장
③ 감사원장　　　　　　　　④ 헌법재판소재판관

**NOTE** 감사원장은 1회에 걸쳐 중임이 가능하고, 헌법재판소재판관은 법률이 정하는 바에 따라 연임이 가능하다. 대법원장의 경우 헌법 제105조 제1항에서 중임할 수 없다고 규정하고 있다.

ANSWER ____ 17. ③　18. ②　19. ②　20. ①　21. ②　22. ①　23. ②

**24** 헌법을 개헌하지 않더라도 개성이 가능한 것은?

① 대통령의 임기
② 헌법재판소 재판관의 수 변경
③ 선거구 획정 변경
④ 지방자치단체의 의회제도 폐지

**NOTE** 대통령의 임기는 5년 단임제로 헌법 제70조에서 규정하고 있고, 헌법재판소재판관의 수는 9명으로 헌법 제111 조 제2항에서 규정하고 있다. 지방자치단체의 기초의회는 헌법 제118조 제2항에 규정하고 있어 헌법 개정 없이 의회를 폐지할 수 없다.

**25** 유엔군이 회담이 결렬되자 일방적으로 설정한 남북 간 해상경계선을 무엇이라 하는가?

① DMZ
② JSA
③ NLL
④ 휴전선

**NOTE** ① 우리나라 비무장 지대이다.
② 공동경비지역이다.
④ 육상 경계선으로 휴전선이라 한다.

**26** 우리나라의 선거제도로 알맞지 않은 것은?

① 대통령 피선거권 40세 이상
② 국회의원 피선거권 18세 이상
③ 지방자치단체장 피선거권 25세 이상
④ 선거권 18세 이상

**NOTE** 피선거권〈공직선거법 제16조〉
㉠ 선거일 현재 5년 이상 국내에 거주하고 있는 40세 이상의 국민은 대통령의 피선거권이 있다. 이 경우 공무로 외국에 파견된 기간과 국내에 주소를 두고 일정기간 외국에 체류한 기간은 국내거주기간으로 본다.
㉡ 18세 이상의 국민은 국회의원의 피선거권이 있다.
㉢ 선거일 현재 계속하여 60일 이상(公務로 外國에 派遣되어 選擧日전 60日후에 귀국한 者는 選擧人名簿作成基準日부터 계속하여 選擧日까지) 해당 지방자치단체의 관할구역에 주민등록이 되어 있는 주민으로서 18세 이상의 국민은 그 지방의회의원 및 지방자치단체의 장의 피선거권이 있다. 이 경우 60일의 기간은 그 지방자치단체의 설치·폐지·분할·합병 또는 구역변경(제28조 각 호의 어느 하나에 따른 구역변경을 포함한다)에 의하여 중단되지 아니한다.
㉣ ㉢ 전단의 경우에 지방자치단체의 사무소 소재지가 다른 지방자치단체의 관할 구역에 있어 해당 지방자치단체의 장의 주민등록이 다른 지방자치단체의 관할 구역에 있게 된 때에는 해당 지방자치단체의 관할 구역에 주민등록이 되어 있는 것으로 본다.

**27** 행정권을 견제하기 위해 국회에 주어진 권한이 아닌 것은?

① 특별사면동의권
② 국군해외파견동의권
③ 국무총리임명동의권
④ 조약체결·비준동의권

**NOTE** 국회는 일반사면에 대한 동의권만 가진다. 특별사면은 대통령 고유의 권한으로 국무회의 의결을 거치면 된다.

**28** 선거공영제의 원칙으로 옳은 것은?

① 중립의 원칙                ② 후보자 비용부담의 원칙

③ 부정선거방지의 원칙        ④ 기회균등의 원칙

> **NOTE** 선거운동은 각급 선거관리위원회의 관리하에 법률이 정하는 범위안에서 하되, 균등한 기회가 보장되어야 한다 〈헌법 제116조 제1항〉. 선거에 관한 경비는 법률이 정하는 경우를 제외하고는 정당 또는 후보자에게 부담시킬 수 없다〈헌법 제116조 제2항〉.

**29** 가해자의 행위가 다분히 악의적이고 반사회적일 경우 실제 손해액보다 많은 배상을 부과 하는 제도로 옳은 것은?

① 과실상계

② 징벌적 손해배상

③ 지연배상

④ 전보배상

> **NOTE** ① **과실상계** : 채무불이행이나 불법행위에서 채권자에게도 과실이 있는 경우 손해배상의 책임과 금액 결정 시 과실을 참작하는 것을 말한다.
> ③ **지연배상** : 채무의 이행이 지연됨으로써 발생한 손해에 대한 배상을 말한다.
> ④ **전보배상** : 본래의 채무 이행을 대신하는 손해배상을 의미한다.

**30** 우리나라 인권위원회에 대한 설명으로 바르지 않은 것은?

① 행정부 소속 일반기관이 아닌 독립적인 기관이다.

② 법적, 제도적 해결을 위한 절차와 제공뿐 아니라 고통에 대한 공감과 대안을 모색할 수 있도록 도와준다.

③ 인권침해를 받은 당사자만이 진정할 수 있다.

④ 신체활동이 자유롭지 못한 구금, 보호시설 수용자들을 위해 해당시설을 직접 방문하여 인권상담과 진정접수를 한다.

> **NOTE** 진정접수는 제3자가 한다. 그러나 제3자가 진정을 접수할 경우에는 진정사건의 당사자가 거부하면 접수가 성사되지 않는다.

**31** 국회의 동의 또는 승인을 요하지 않는 대통령의 권한은?

① 계엄선포권
② 대법원장임명권
③ 일반사면권
④ 긴급명령권

**NOTE** 계엄을 선포한 때에는 대통령은 지체 없이 국회에 통고하여야 한다〈헌법 제77조 제4항〉.


**32** 일반 국민들을 배심원으로 선정하여 유죄 및 무죄의 평결을 내리게 하는 한국형 배심원 재판제도를 일컫는 말은?

① 배심원제도
② 추심원제도
③ 국민참여재판제도
④ 전관예우제도

**NOTE** 국민참여재판제도 … 2008년 1월부터 시행된 배심원 재판제도로 만 20세 이상의 국민 가운데 무작위로 선정된 배심원들이 형사재판에 참여하여 유죄 · 무죄 평결을 내리지만 법적인 구속력은 없다.


**33** 우리나라에서 제작한 국산 1호 구축함은?

① 광개토대왕함
② 안창호함
③ 이천함
④ 장보고함

**NOTE** 1986년부터 시작된 KDX(한국형 구축함)사업의 결과로 광개토대왕함, 을지문덕함, 양만춘함 등이 구축되었다. 광개토대왕함은 한국형 구축함의 1번함으로 해군 최초 대공미사일을 탑재했고, 상세설계에서 건조까지 우리 기술로 만들어진 본격적인 헬기탑재구축함이다.

**34** 다음 내용에 해당하는 법은?

> 공직사회에 대한 국민들의 불신을 유발하는 이른바 LH 사건을 계기로 종직자의 공정한 직무수행을 보장하고 정부에 대한 국민의 신뢰를 높이기 위해 _____이 추진되었다.

① 체포동의안
② 근저당권
③ 이해충돌방지법
④ 원샷법

> **NOTE** **이해충돌방지법** … 공직자가 직무를 수행할 때 자신의 사적 이해관계로 인해 공정하고 청렴한 직무수행을 저해하는 것을 방지하기 위한 법안으로, 지난 2013년 이른바 김영란법(부정청탁금지법)의 일부로 발의되었으나 공직자의 직무 범위가 모호하다는 이유로 보류되었다. 2021년 3월 LH 직원들의 부동산 투기 사태를 계기로 2022년 5월 19일에 시행될 예정이다.
> ① **체포동의안** : 국회 회기 동안 불체포 특권을 가진 국회의원에게 적용되는 동의안이다.
> ② **근저당권** : 채권자와 채무자 사이에서 일정한 지속적 거래계약으로부터 발생하는 불특정 채권을 장래의 결산기에 있어서 채권 최고액까지 담보하기 위한 저당권을 말한다.
> ④ **원샷법** : 기업들이 인수합병(M&A) 등 사업 재편을 쉽게 할 수 있도록 상법·세법·공정거래법 등의 관련 규제를 특별법으로 한 번에 풀어주는 법이다.

**35** 신보수주의의 주요 내용에 포함되지 않는 것은?

① 시민생활에 대한 국가의 기능을 확대한다.
② 시장경제구조의 자율적이고 합리적인 기능을 보장한다.
③ 자유주의사회의 우월성을 위해 강한 국가의 발전을 추구한다.
④ 국가는 노동조합이나 다른 압력단체의 과도한 요구를 제압할 수 있어야 한다.

> **NOTE** **신보수주의** … 자유지상주의로서, 개인과 재산 등 사적 영역에 대한 정부의 간섭을 최대한 배제하려고 하지만 개인과 재산, 그리고 이를 바탕으로 하는 도덕적 가치의 침해에 대해서는 정부의 강력한 권력행사를 요구한다.

**36** 현행 지방자치제에 관한 기술 중 옳지 않은 것은?

① 지방자치단체는 특별시, 광역시, 특별자치시, 도, 특별자치도와 시, 군, 구로 구분한다.
② 지방자치단체의 장의 임기는 4년, 재임은 3기에 한한다.
③ 지방자치단체의 장은 법령의 범위 내에서 명령의 제정권을 가진다.
④ 지방자치단체는 관할 구역의 자치사무와 법령에 따라 지방자치단체에 속하는 사무를 처리한다.

> **NOTE** 지방자치단체의 장은 법령이나 조례가 위임한 범위에서 그 권한에 속하는 사무에 관하여 규칙을 제정할 수 있다 〈지방자치법 제23조〉.

ANSWER —— 31. ① 32. ③ 33. ① 34. ③ 35. ① 36. ③

**37** 권력분립제도를 발전시켜 입법·사법·행정의 3권분립을 정식화한 사람은?

① 로크

② 루소

③ 몽테스키외

④ 보댕

> **NOTE** 권력분립이론 … 17 ~ 18세기 자연법사상의 산물로, 로크에 의하여 처음으로 주장되었다. 그는 '통치2론'에서 국가 권력을 입법권·집행권·동맹권의 셋으로 나누었으나, 이는 군주와 의회의 권한을 대립시킨 2권분립이다. 이 이론을 프랑스의 몽테스키외가 '법의 정신'에서 3권분립론으로 완성하였다.

**38** 다음은 무엇에 대한 설명인가?

> • 대통령제에서 대통령과 행정부는 의회에 대하여 책임을 지지 않으며, 의회의 정부불신임권과 정부의 국회해산권이 없다.
> • 지방자치는 일정한 지역을 기초로 하여 국가로부터 어느 정도 독립된 지방공공단체가 설치되어(단체자치), 그 사무를 지역주민의 참가와 의사에 따라 처리하는 것(주민자치)을 말한다.

① 권력분립

② 직접참여

③ 대표의 원리

④ 국민주권

> **NOTE** 권력분립 … 국가권력을 복수의 기관에 분산시켜 견제와 균형의 관계를 유지하여 권력의 남용을 막고 국민의 자유와 권리를 보장하려는 원리이다.

**39** 헌법재판소에서 관장하는 사항이 아닌 것은?

① 정당의 해산
② 위헌법률의 심판
③ 선거법의 적용
④ 대통령의 탄핵

**NOTE** 헌법재판소는 법원의 제청에 의한 법률의 위헌여부심판, 탄핵의 심판, 정당의 해산심판, 국가기관 상호 간, 국가기관과 지방자치단체 간 및 지방자치단체 상호 간의 권한쟁의에 관한 심판, 헌법소원에 관한 심판을 관장한다〈헌법재판소법 제2조〉.

**40** 투우사를 뜻하는 스페인어로 근거가 없는 사실을 조작하여 상대를 끌어내리거나 내부를 교란하기 위한 흑색선전의 의미로 쓰이는 이 말은?

① 발롱 데세
② 마타도어
③ 매니페스토
④ 게리맨더링

**NOTE** ① 발롱 데세 : 여론 동향 탐색을 위한 여론 관측 수단이다.
③ 매니페스토 : 구체적인 예산과 추진 일정을 가지고 있는 선거 공약이다.
④ 게리맨더링 : 특정 정당 및 후보에게 유리하도록 선거구를 획정하는 일이다.

**Chapter 02**

# 경제 · 경영 · 산업

## 01 경제·금융

### ✪ 주택담보대출비율 (LTV : Loan To Value ratio) ◆◆

금융기관에서 주택을 담보로 대출해 줄때 적용하는 담보가치대비 최대대출가능 한도를 말한다. 주택담보대출비율은 기준시가가 아닌 시가의 일정비율로 정하며, 주택을 담보로 금융기관에서 돈을 빌릴 때 주택의 자산 가치를 얼마로 설정하는 가의 비율로 나타낸다.

### ✪ 충당부채 (充當負債) ◆◆

과거에 일어난 사건이나 성립된 거래 결과에 따른 현재의 의무로서 그 시기나 금액이 불확실하지만 의무의 이행을 위해 자원이 유출될 가능성이 매우 큰 부채를 말한다. 충당부채는 현재 의무를 이행하기 위하여 필요한 금액을 신뢰성 있게 추정할 수 있어야 하며 추정이 불가능한 경우 부채로 인식하지 않고 우발부채로 주석에 기재한다.

### ✪ 재무건전도 (Financial Strength Rating) ◆◆◆

국제신용평가회사들이 신용평가 대상기업의 재정적 측면의 안전성과 건전성을 등급화한 것이다. 기업 외부의 요인을 고려하지 않은 순수 자기자본 확충정도를 분석함으로써 재무자립 정도를 따진다. 한 예로 무디스는 신용평가 대상기업의 재무건전도를 A등급부터 E등급까지 매겨 투자자들에게 제공한다.

### ✪ 깡통전세 ◆◆◆

관용구 '깡통을 차다'에서 '깡통'과 전세금의 '전세'가 결합하여 만들어진 신용어로 전세금을 돌려받지 못하게 되는 경우를 말한다. 예를 들어 매매가 1억 원인 집에 전세금 8,000만 원을 주고 들어갔는데, 전세 계약보다 먼저 설정된 근저당이 5,000만 원, 미납 국세가 5,000만 원이라면 이 집이 경매에 넘어갈 경우 세입자가 돌려받을 전세금이 한 푼도 없게 되는 것이다. 깡통전세를 피하기 위해서는 전세금을 '소액임차인 최우선변제제도'가 정하는 최우선변제금 이하로 설정하는 것이 좋으며, 계약 전 등기부등본 확인 및 미납 국세 등 연람신청을 통해 전세금을 안전하게 보장받을 수 있는지 확인해야 한다.

## ❂ 렌트푸어 (Rent Poor) ◇◇

소득의 대부분이 급증하는 전세금을 마련하는 데 사용되어 삶의 여유는커녕 기본적인 생활이 힘든 사람들을 일컫는 말이다. 하우스푸어가 집을 구매하기 위해 받은 대출이자 및 집값 하락 등으로 실질소득이 줄어 빈곤하게 사는 사람들이라면 렌트푸어는 전셋집을 때문에 생긴 빈민이라고 할 수 있다.

## ❂ 골디락스 경제 (Goldilocks Economy) ◇◇

영국 전래 동화 '골디락스와 곰 세 마리'에서 유래되었다. 뜨겁지도 않고 차갑지도 않고 건실하게 성장하고 있는 이상적 경제상황을 말한다. UCLA 앤더스 포캐스트의 수석 경제학자 슐먼이 처음으로 이 용어를 사용하였다. 그는 인플레이션을 우려할 만큼 과열되지도 않고, 경기 침체를 우려할 만큼 냉각되지도 않은 경제 상태를 골디락스에 비유하였다. 골디락스 경제에서는 물가상승에 대한 큰 부담 없이도 실업률 하락, 소비 확대, 주가 상승, GDP 성장 등을 실현할 수 있다.

## ❂ 윈도드레싱 (Window Dressing) ◇◇

기관투자가들이 월말이나 분기말과 같은 결산기를 앞두고 특정종목을 집중 매수하는 행위 등과 같은 인위적인 종가관리를 통해 펀드수익률을 끌어올리는 것을 말한다. 펀드매니저들이 연봉협상을 앞두고 연봉산정에 불리한 수익률 마이너스 종목을 처분하여 포트폴리오에 수익률이 좋은 종목만을 남기는 것도 이에 해당한다. 판례에 따르면 윈도드레싱은 경제적 합리성이 없는 거래로서 일반투자자들의 투자판단에 부정적 영향을 끼칠 수 있기 때문에 일종의 주가조작에 해당되며, 미국에서도 '포트폴리오 펌핑' 행위라 하여 처벌하고 있다. 윈도드레싱은 원래 소비자들의 구매 욕구를 불러일으키기 위해 백화점 등의 쇼윈도를 멋지게 꾸미는 일을 지칭한 것이 시초였다.

● 사모펀드 (PEF : Private Equity Fund) ◆◆

공개하지 않는 소수의 투자자들로부터 자금을 모아 주식이나 채권에 투자하는 펀드로 고수익 기업투자펀드라고도 한다. 단순 투자를 목적으로 자금을 모아 펀드로 운용하는 주식형 사모펀드와 특정 기업의 주식을 대량으로 인수해 경영에 참여하는 방식으로 기업의 주가를 올린 후 주식을 되팔아 수익을 남기는 사모투자전문회사로 구분할 수 있다.

● 코넥스 (KONEX : Korea New Exchange) ◆◆

코스닥시장 상장 요건을 충족시키지 못하는 벤처기업과 중소기업이 상장할 수 있도록 2013년 7월 1일부터 개장한 중소기업 전용 주식시장을 말한다. 일정 요건을 갖춘 비상장 기업에 문호를 개방하기 위해 개설하는 코스닥시장에 이은 제3의 주식시장으로 우수한 기술력을 보유하고 있음에도 불구하고 자금 조달에 어려움을 겪는 초기 중소기업과 벤처기업이 자금을 원활하게 조달할 수 있도록 하기 위해 설립되었다. 코넥스 진입요건으로는 자기자본 5억 원, 매출액 10억 원, 순이익 3억 원 가운데 한 가지만 충족하면 된다.

● 금융 노마드 (Financial Nomad) ◆

금융상품의 특성을 비교해 자신에게 이익이 많은 상품으로 자산을 옮기는 투자자들을 일컫는다. 이러한 금융 노마드족은 정보기술의 발달로 금융상품에 대한 정보를 얻기 용이해지고, 믿었던 금융수익률이 악화되면서 금융기관에 대한 신뢰가 무너지면서 증가했다. 금융 노마드족의 증가는 금융기관 간 경쟁을 촉진시켜 서비스 질 및 소비자 보호의 수준을 개선시킨다는 장점이 있다.

● 프리드먼 비율 (Friedman Ratio) ◆◆

미국의 통화주의학파 경제학자인 밀턴 프리드먼에 의해 주창된 개념으로 국민총생산 또는 국내총생산에서 정부지출이 차지하는 비율을 말한다. 프리드먼은 프리드먼 비율이 높을수록 실질경제성장률이 하락하기 때문에 정부지출을 GDP의 10% 수준으로 줄여야 한다고 주장하였다.

● 다보스포럼 (Davos Forum) ◆◆

세계경제포럼 연차총회의 통칭으로 민간 재단이 주최하지만 세계 각국의 정계(政界) · 재계(財界) · 관계(官界)의 유력 인사들이 모여 공식적인 의제 없이 참가자의 관심분야에 대한 각종 정보를 교환하고 세계경제 발전 방안에 대하여 논의한다. 매년 1 ~ 2월 스위스의 고급 휴양지인 다보스에서 회의를 하기 때문에 일명 '다보스 회의'라고도 한다. 1971년 독일 출신의 하버드대 경영학교수 클라우스 슈바브에 의해 만들어져 독립적 비영리재단 형태로 운영되고 있고 본부는 제네바에 있으며, 기관지 「월드링크(World Link)」를 격월간으로, 「세계경쟁력 보고서」를 매년 발간한다.

## ✪ 뱅크런(Bank Run) ✧✧✧

은행에 돈을 맡긴 예금주들이 은행의 예금 지급 불능사태를 우려해 일시에 은행으로 달려가 대규모로 예금을 인출하는 현상을 말한다. 이는 금융시장이 극도로 불안한 상황일 때 예금주들이 은행에 맡긴 돈을 회수하지 못할지도 모른다는 극심한 공포감에서 발생하는데, 뱅크런의 발생으로 은행은 당장 지급 할 돈이 바닥나게 되는 공황상태에 빠지게 된다. 이러한 예금자들의 불안감을 해소하기 위해 금융당국은 은행이 예금지급불능사태가 되더라도 일정규모의 예금은 금융당국이 보호해주는 예금보험제도를 시행하고 있다.

**PLUS** 더 알아보기

> **펀드런(Fund Run)** : 펀드 투자자들이 수익률이 떨어질 것을 우려해 펀드에 투자한 돈을 회수하려 일시에 펀드환매에 나서는 현상을 말하며, 뱅크런(Bank Run)에서 유래됐다.

## ✪ 긱 이코노미/긱 경제(Gig Economy) ✧✧✧

기업들이 필요에 따라 계약직 혹은 임시직으로 고용하는 경향이 커지는 경제를 말한다. 1920 년대 미국 재즈클럽에서 단기적으로 섭외한 연주자를 '긱(Gig)'이라고 부른 데서 유래하였다. 기존의 노동시장은 기억이 직원과 정식 계약을 맺고 직원들은 고객들에게 제품과 서비스를 제공했다면, 긱 경제에서는 기업이 발생하는 수요에 따라 계약을 단기적으로 맺는 것이다. 처음에는 프리랜서, 1일 영업자를 뜻했으나, 최근 온디맨드 경제(기업이 수요자의 요구에 즉각적으로 대응하여 서비스 및 제품을 제공하는 경제)가 등장하기 시작하면서 의미가 확장되었다. '디지털 장터에서 거래되는 기간제 근로'라고 2015년 맥킨지 컨설팅사에서 정의했다.

## ✪ 사이드 카(Side Car) ✧✧

선물시장이 급변할 경우 현물시장에 대한 영향을 최소화함으로써 현물시장을 안정적으로 운용하기 위해 도입한 프로그램 매매호가 관리제도의 일종으로, 주식시장에서 주가의 등락폭이 갑자기 커질 경우 시장에 미치는 영향을 완화하기 위해 주식매매를 일시 정지시키는 제도인 서킷 브레이커와 상이한 개념이다. 주가지수 선물시장을 개설하면서 도입하였는데, 지수선물가격이 전일종가 대비 5% 이상 상승 또는 하락해 1분간 지속될 때 발동하며, 일단 발동되면 발동 시부터 주식시장 프로그램 매매호가의 효력이 5분간 정지된다. 그러나 5분이 지나면 자동적으로 해제되어 매매체결이 재개되고, 주식시장 후장 매매 종료 40분 전(14시 20분) 이후에는 발동할 수 없으며, 또 1일 1회에 한해서만 발동할 수 있도록 되어 있다.

## G20 ◇◇◇

G7을 확대개편한 세계경제협의기구로, 주요 국제 금융현안을 비롯하여 특정 지역의 경제위기 재발방지책 등을 논의하기 위한 선진·신흥경제 20개국 재무장관 및 중앙은행 총재 회의의 모임을 말한다. G7과 한국, 중국, 인도, 아르헨티나, 브라질, 멕시코, 러시아, 터키, 호주, 남아프리카공화국, 사우디아라비아 등 11개 주요 신흥 시장국이 첫 회의 때 회원국으로 결정되었고 이후 인도네시아, 유럽연합(EU) 의장국이 들어가 모두 20개국이 되었다. 그리고 국제기구로 IMF(국제통화기금), IBRD(세계은행), ECB(유럽중앙은행)이 참여한다. G20 징상회의는 처음 경제위기 극복을 위한 한시적 협의기구라는 성격이 강했으나 제3차 피츠버그 정상회의 이후 세계경제 문제를 다루는 최상위 포럼으로 격상되었고, 제5차 정상회의가 2010년 11월 11~12일 한국의 서울에서 열렸다.

**록! 한번 되짚기**

**G20 정상회의 연혁** ≪≪≪

| 구분 | 개최국 | 일시 |
|------|--------|------|
| 제1차 | 미국 워싱턴 | 08.11.15.~16. |
| 제2차 | 영국 런던 | 09.04.02.~03. |
| 제3차 | 미국 피츠버그 | 09.09.24.~25. |
| 제4차 | 캐나다 토론토 | 10.06.26.~27. |
| 제5차 | 대한민국 서울 | 10.11.11.~12. |
| 제6차 | 프랑스 칸 | 11.11.03.~04. |
| 제7차 | 멕시코 로스카보스 | 12.06.18.~19. |
| 제8차 | 러시아 상트페테르부르크 | 13.09.05.~06. |
| 제9차 | 호주 브리번즈 | 14.11.16.~17. |
| 제10차 | 터키 안탈리아 | 15.11.15.~16. |
| 제11차 | 중국 항저우 | 16.09.04.~05. |
| 제12차 | 독일 함부르크 | 17.07.07.~08. |
| 제13차 | 아르헨티나 부에노스아이레스 | 18.11.30.~12.01. |
| 제14차 | 일본 오사카 | 19.06.28~29. |
| 제15차 | 사우디아라비아 리야드 | 20.11.21~22. |
| 제16차 | 이탈리아 로마 | 21.10.30~31. |
| 제17차 | 인도네시아 발리 | 22.10. 예정 |

**PLUS 더 알아보기**

- **G7** : 서방선진 7개국 간에 매년 정기적으로 개최되는 국제회담으로, 세계경제향방과 각국 간의 경제정책협조·조정문제를 논의한다. 1975년 당시 프랑스 대통령인 프랑수아 지스카르 데스탱의 주창으로 시작되어, 두 차례의 석유위기 타개와 냉전종식 후 세계질서 개편 등을 다루면서 국제사회의 최고정책기구로 자리잡았다. 회원국은 미국·독일·영국·프랑스·이탈리아·캐나다·일본 등 7개국이다.
- **G8** : G7 + 러시아

## 피구 효과 (Pigou Effect) ◇◇◇

임금의 하락이 고용의 증대를 가져온다는 피구의 이론을 말한다. 즉, 기업의 임금인하는 사람들이 보유하고 있는 현금이나 예금잔고의 실질가치를 인상하는 결과가 되어 일반물가수준은 하락하게 된다. 이러한 실질현금잔고의 증가는 소득에 변화가 없더라도 소비지출을 증가시키므로 결과적으로 고용을 증대시킨다.

## 리카도 효과 (Ricardo Effect) ◇

일반적으로 호경기 때에는 소비재 수요증가와 더불어 상품의 가격상승이 노동자의 화폐임금보다 급격히 상승하게 되므로 노동자의 임금이 상대적으로 저렴해진다. 이 경우 기업은 기계를 대신하여 노동력을 사용하려는 경향이 발생하는데, 이를 리카도 효과라 한다.

## ❂ 스파게티 볼 효과 (Spaghetti Bowl Effect) ◇◇

외국과의 자유무역협정(FTA)이 중첩적으로 이루어진 경우, 서로 다른 무역규칙이 복잡하게 얽혀 오히려 기업에 해를 끼치는 현상을 말한다. 경제주체 간의 합의가 부족하거나 궁극적인 목적이 분명하지 않은 경우, 정부기관이 경제 현안 전반에 대해 주도력이 부족한 경우, 짧은 시간에 무리하게 협정을 추진하는 경우에 발생할 수 있다. 우리나라의 경우 정부가 동시다발적으로 FTA를 진행하면서 국내 수출기업들이 혼선을 빚는 경우가 발생하였다.

## ❂ 파운드리(foundry) ◇◇

팹리스 업체가 설계한 반도체를 전담하여 제조하는 생산 전문 기업이다. 반도체 산업 기업은 크게 IDM, 팹리스, 파운드리, OSAT 네 가지로 구분할 수 있다. IDM은 설계부터 최종 완제품까지 자체적으로 수행하는 기업이며 팹리스는 반도체 설계만을 전담한다. OSAT는 파운드리가 생산한 반도체의 패키징 및 검사를 수행한다. IDM 중 일부는 자사 외에 다른 기업의 반도체를 생산하는 파운드리 기능을 함께 수행하기도 하는데, 우리나라에서는 삼성전자, SK하이닉스 등이 IDM이면서 파운드리 기능을 수행하고 있다.

## ❂ 밴드왜건 효과 (Bandwagon Effect) ◇◇

유행에 따른 소비성향을 뜻하는 말로, 악대를 앞에 두고 사람들을 끌고 다니는 차량을 의미한다. 미국 서부 개척시대에 금광이 발견됐다는 소식을 들으면 많은 사람들이 밴드왜건을 따라 길을 나섰는데, 금광발견의 유무를 떠나서 사람들이 가니까 나도 따라갔다고 한다. 즉, 일종의 군중심리가 작용한 것이다. 정치에서 보자면, 소위 말하는 '대세론'으로 후보자가 일정수준이상의 지지율을 얻으면 그 후보를 따라가게 되는데 이를 밴드왜건 효과라 한다. 또 어떤 소비재가 가격하락이 됐을 때 새로운 소비자가 이 소비재의 수요자로 등장해 수요량이 증가하게 되는데 이것도 밴드왜건 효과라 한다. 따라서 가격의 하락에 수반한 수요량의 증가는 가격 효과의 부분과 밴드왜건 효과의 부분으로 나눌 수 있다.

## ❂ 베블런 효과 (Veblen Effect) ◇

허영심에 의해 수요가 발생하는 것으로, 가격이 상승한 소비재의 수요가 오히려 증가하는 현상이다. 예를 들면 다이아몬드는 비싸면 비쌀수록 여성의 허영심을 사로잡게 되어 가격이 상승하면 수요가 오히려 증대한다.

## ❂ 전시 효과 (Demonstration Effect) ◇◇

후진국이나 저소득자가 선진국이나 고소득자의 소비양식을 본떠 그 소비를 증대시키는 경향으로, 신문·라디오·영화·TV 등의 선전에 대한 의존도가 크다. 근대 경제이론에서는 전시 효과에 의해 소비성향이 상승함으로써 저축률이 저하되므로 자본축적을 저지한다고 하여 문제시하고 있다. 듀젠베리 효과라고도 한다.

◎ 인플레이션 (Inflation) ◇◇

상품거래량에 비해 통화량이 과잉증가함으로써 물가가 오르고 화폐가치는 떨어지는 현상이다. 과잉투자·적자재정·과소생산·화폐남발·수출초과·생산비증가·유효수요의 확대 등이 그 원인이며, 기업이윤의 증가·수출위축·자본부족·실질임금의 감소 등의 결과가 온다. 타개책으로는 소비억제, 저축장려, 통화량수축, 생산증가, 투자억제, 폭리단속 등이 있다.

◎ 디플레이션 (Deflation) ◇

상품거래에 비하여 통화량이 지나치게 적어 물가는 떨어지고 화폐가치가 오르는 현상이다. 지나친 통화량수축, 저축된 화폐의 재투자 부진, 금융활동의 침체, 구매력저하 등이 원인이며 생산위축, 실업자증가, 실질임금증가 등의 결과가 나타난다. 이를 타개하기 위해서는 유효수효확대, 통화량증대, 저리금리정책, 조세인하, 사회보장, 실업자구제 등의 정책이 필요하다.

◎ 서킷 브레이커 (Circuit Breakers) ◇◇◇

주식거래 시 주가가 급격하게 하락할 때 매매를 일시적으로 중단하는 제도이다. 뉴욕증권거래소에서 1987년 10월 이른바 블랙먼데이의 증시폭락이후 최초로 도입되었으며, 우리나라에서는 유가증권시장에 1998년 12월 7일부터 국내주식가격 제한폭이 상하 15%로 확대되면서 도입되었고 코스닥시장은 2001년 9·11테러 이후 이 제도가 도입되어 그날 처음 발동되었다. 서킷 브레이커는 주가가 폭락하는 경우 거래를 정지시켜 시장을 진정시키는 목적으로 주가지수가 전일종가 대비 10% 이상 하락한 상태로 1분 이상 지속될 경우 발동된다. 서킷 브레이커가 발동되면 처음 20분 동안 모든 종목의 호가 접수 및 매매거래가 정지되며, 향후 10분 동안 새로 동시호가만 접수되고, 하루 한번만 발동할 수 있으며, 장 종료 40분 전에는 발동할 수 없다.

◎ 소비자기대지수 (消費者期待指數, Consumer Expectation Index) ◇◇◇

경기에 대한 소비자들의 기대심리를 반영한 지수를 말한다. 기준점수를 100으로 하고 이를 웃돌면 6개월 이후의 경기가 현재보다 개선될 것으로 보는 가구가 나빠질 것으로 보는 가구보다 많다는 것을 의미한다. 매월 통계청에서 작성하는데, 주요 기대지수는 경기·가계생활·소비지출·내구소비재 및 외식·문화·오락 등이고 소득계층 및 연령대별로 분석해서 작성한다.

◎ 개인워크아웃제도 (개인신용회복지원제도) ◇◇

금융기관 간 맺은 '신용회복지원협약'에 따른 신용불량자구제제도이다. 최저생계비 이상의 소득이 있는 개인 또는 개인사업자가 채무과다로 현재의 소득으로는 채무상환을 할 수 없어 신용불량자로 등재되어 있는 경우 신용회복지원위원회에 개인워크아웃신청을 하면, 금융기관의 채무를 일정 부분 조정하여 줌으로써 신용불량자가 경제적으로 회생할 수 있도록 도와주는 제도이다. 개인워크아웃제도는 사회적으로 신용불량자가 급증하자 금융감독원이 신용불량자 증가 억제 및 금융이용자보호대책의 일환으로 마련한 제도로 2002년 10월 도입되었다.

## ◎ 트리플위칭데이 (Triple Witching Day) ✧

주가지수선물, 주가지수옵션, 개별주식옵션의 만기가 동시에 겹치는 날로 세 개의 주식파생상품의 만기가 겹쳐 어떤 변화가 일어날지 아무도 예측할 수 없어 혼란스럽다는 의미에서 생긴 말이다. 트리플위칭데이는 현물시장의 주가가 다른 날보다 출렁일 가능성이 상존하는데 이를 가리켜 만기일 효과라고 부른다. 또한 결제일이 다가오면 현물과 연계된 선물거래에서 이익을 실현하기 위해 주식을 팔거나 사는 물량이 급변, 주가가 이상 폭등·폭락하는 현상이 나타날 가능성이 크다. 특히 결제 당일 거래종료시점을 전후해서 주가의 급변동이 일어날 수 있다. 미국의 경우는 S&P500 주가지수선물, S&P100 주가지수옵션, 개별주식옵션 등의 세 가지 파생상품계약이 3·6·9·12월 세 번째 금요일에, 한국은 3·6·9·12월의 두 번째 목요일에 트리플위칭데이를 맞게 된다.

## ◎ 톱니 효과 (Ratchet Effect) ✧✧✧

소득이 높았을 때 굳어진 소비 성향이 소득이 낮아져도 변하지 않는 현상을 말한다. 톱니 효과가 작용하면 소득이 감소하여 경기가 후퇴할 때 소비 성향이 일시에 상승한다. 소비는 현재의 소득뿐만 아니라 과거의 소득에도 영향을 받고 있어 소비자의 소비지출은 소득과 동반하여 변동하는 것이 아니라 안정적인 경향을 보여 경기후퇴 시에도 빠르게 변동을 보이진 않는다. 이처럼 소비의 상대적 안정성으로 경기가 후퇴하여도 소비가 소득의 감소와 같은 속도로 줄어들지 않게 되어 경기후퇴속도는 상당히 완화된다.

## ◎ 스태그플레이션 (Stagflation) ✧✧✧

경기침체하의 인플레이션을 의미한다. 경기가 후퇴함에 따라 생산물이나 노동력의 공급초과현상이 일어남에도 불구하고 물가가 계속해서 상승하는 현상을 말한다.

## ◎ 슬럼프플레이션 (Slumpflation) ✧

불황중의 인플레이션을 말한다. 흔히 스태그플레이션보다 그 정도가 심한 상태이다.

## ◎ 소비자물가지수 (CPI : Consumer Price Index) ✧

전국 도시의 일반소비자가구에서 소비목적을 위해 구입한 각종 상품과 서비스에 대해 그 전반적인 물가수준동향을 측정하는 것이며, 이를 통해 일반소비자가구의 소비생활에 필요한 비용이 물가변동에 의해 어떻게 영향받는가를 나타내는 지표이다. 예를 들어 4% 상승은 종전의 소득으로 구매할 수 있는 재화나 서비스 수량이 4% 감소했다는 것을 의미한다.

## ✪ 생산자물가지수 (PPI : Producer Price Index) ✧

대량거래로 유통되는 모든 상품의 가격변동을 측정하기 위해 작성된 지수이다. 도매물가지수를 사용해 오다 1990년부터 생산자물가지수로 바뀌었다. 이 지수는 1차 거래단계가격을 대상으로 한다. 국내 생산품은 생산자 판매가격을, 수입품의 경우는 수입업자 판매가격을 기준으로 하고 이것이 불가능할 경우 다음 거래단계인 대량도매상 또는 중간도매상의 판매가격을 이용한다. 소비자물가지수와 같은 특수목적지수와는 달리 상품의 전반적인 수급동향을 파악할 수 있고 포괄범위가 넓기 때문에 국민경제의 물가수준측정에 대표성이 가장 큰 지수이다. 한편 생산자물가지수는 기업 간의 중간거래액을 포함한 총거래액을 모집단으로 하여 조사대상품목을 선정하였기 때문에 원재료, 중간재 및 최종재에 해당되는 품목이 혼재되어 있어 물가변동의 중복계상 가능성이 크다고 할 수 있다. 이러한 생산자물가지수의 한계를 보완하기 위하여 한국은행은 '가공단계별 물가지수' 또한 편제해 오고 있다.

## ✪ 기펜의 역설 (Giffen's Paradox) ✧

재화의 가격이 하락하면 수요가 증가하고 가격이 상승하면 수요가 감소하는 것이 일반적이나, 열등재의 경우 그 재화의 가격이 하락해도 오히려 수요가 감소하는 경우가 있다. 이러한 현상을 기펜의 역설이라고 하며, 이러한 재화를 기펜재라고 한다.

## ✪ 모라토리엄 (Moratorium) ✧✧✧

전쟁·천재(天災)·공황 등으로 경제가 혼란되어 채무이행에 어려움이 생길 때 국가의 공권력에 의해 일정 기간 채무의 이행을 연기 또는 유예하는 것을 뜻한다. 이는 일시적으로 안정을 도모하기 위한 채무국의 응급조치로서, 채무의 추심이 강행되면 기업도산의 수습을 할 수 없게 되는 우려에서 발동한다. 모라토리엄을 선언하면 국가신인도가 직강하되고 은행 등 금융업체들의 신용도가 사실상 제로상태에 빠지므로 대외경상거래가 마비된다. 이에 따라 수출이 힘들어지고 물가가 상승하며 화폐가치가 급락한다. 대규모 실업사태와 구조조정의 고통이 장기화되며, 외채사용이 엄격히 통제된다.

## ✪ 국민총생산 (GNP : Gross National Product) ✧✧

한 나라에 있어서 일정 기간(1년) 동안 국민들이 생산한 재화와 용역의 최종생산물의 합계를 화폐액으로 표시한 것이다.

## ◎ 국내총생산 (GDP : Gross Domestic Product) ✧

국내총생산으로, 외국인을 포함하여 국내에서 거주하는 모든 사람이 생산하는 부가가치의 총액이다. 따라서 GDP에서 해외지불소득(임금·이자·로열티 등)을 빼고, 해외수취소득을 합하면 GNP가 된다.

**PLUS** 더 알아보기

한국은행의 경제성장률 발표기준은 1995년부터 GNP에서 GDP로 바뀌었다.

## ◎ 국민소득 (NI : National Income) ✧✧

원래 한 나라에서 1년 동안 생산한 모든 재화와 용역을 화폐가치로 표시한 것을 말하며, 좁은 의미로는 1년 동안 생산한 것 중 순수입액의 합을 말하는 것으로 분배국민소득의 개념이다.

**PLUS** 더 알아보기

**국민소득의 개념표**
- **국민총생산**(GNP) = 총생산물 − 중간생산물 = 부가가치의 총계
- **국민순생산**(NNP) = GNP − 감가상각비 = 순부가치의 합계
- **국민소득**(NI) = NNP − 간접세 + 정부보조금
- **개인소득**(PI) = NI − 법인세 − 법인유보 + 이전소득
- **가처분소득**(DI) = PI − 개인세 = 소비 + 저축
- GNP > NNP > NI > PI > DI

## ◎ 국민순생산 (NNP : Net National Product) ✧

1년 동안 각 기업이 순수하게 새로 생산한 재화와 용역의 부가가치를 말한다. 국민총생산물에서 자본의 감가상각분을 뺀 잔액을 말하며, 그것은 그 해의 생산활동의 결과로서 그 연도의 것만 볼 수 있는 최종생산물의 순가치를 시정가치로 평가한 것이다.

## ◎ 나노경제 (Nano Economy) ✧✧✧

소비자 한 사람, 한 사람의 구미에 맞춰 설계된 상품, 서비스, 정보를 제공하면서 시장 규모를 키운다는 이론이다. 인터넷의 발달과 보급으로 고객지향, 투명성 확보, 고객의 선택권 강화, 원가절감 등으로 인해 발달하고 있으며, 중소기업, 자영업자 등이 나노경제의 주역으로 부상하고 있다. 이들은 인터넷이용자가 실제로 검색한 만큼 광고료를 지급하는 검색연동형광고를 이용해 자사 제품을 광고하여 적은 금액으로 광고하여 수입을 얻고 있다.

## ❖ 세이의 법칙 (Say's Law) ✦

프랑스 경제학자 세이가 주장한 이론으로서, 판로설이라고도 불린다. "공급은 스스로 수요를 창조한다."라고 하여 자유경쟁의 경제에서는 일반적 생산과잉은 있을 수 없으며 공급은 언제나 그만큼의 수요를 만들어 낸다는 주장이다. 이 이론은 고전학파 경제학의 기본명제가 되었던 것으로, 공황발생 이후부터는 설득력을 잃고 케인스의 유효수요이론이 그 위치를 대신하였다. 판매와 구매의 통일면만 보고 화폐의 유동성을 무시한 것이라는 비판을 받는다.

## ❖ 오픈뱅킹 (Open Banking) ✦✦✦

은행의 송금·결제망을 표준화시키고 개방해서 하나의 애플리케이션으로 모든 은행의 계좌조회, 결제, 송금 등을 할 수 있는 금융 서비스이다. 핀테크 기업과 은행권이 공동으로 이용할 수 있는 공동결제시스템으로, 스마트폰에 설치한 응용프로그램(앱)을 통해 모든 은행 계좌에서 결제를 비롯해 잔액 조회, 거래내역 조회, 계좌실명 조회, 송금인 정보조회, 입금입체, 출금이체 등의 금융서비스를 실시간으로 이용할 수 있다. 2019년 10월 30일부터 10개 대형은행이 시범 운영을 시작했으며, 2019년 12월 18일 정식 운영되면서 은행 16곳과 31개 핀테크 기업에서 접근이 가능해졌다.

## ❖ 엥겔의 법칙 (Engel's Law) ✦

독일의 통계학자 엥겔은 가계지출에 대해 음식물비의 비율을 조사한 결과 그 비율의 크기가 생활정도를 나타내는 지표가 된다고 했다. 즉, 소득이 낮은 가정일수록 전체의 생계비에 대한 음식물비의 비율이 높고, 소득의 증가에 따라 음식물비의 비율이 감소하고 문화비의 비율이 증가한다는 것이다.

**PLUS** 더 알아보기

$$\text{엥겔계수} = \frac{\text{음식물비}}{\text{총생계비}} \times 100$$

## ❖ 슈바베의 법칙 (Schwabe's Law) ✦

19세기 후반 슈바베에 의해 주장된 것으로, 생계비 중에서 주거비가 차지하는 비율을 통계적으로 설명한 법칙이다. 즉, 가난할수록 전체 생계비에서 차지하는 주거비의 비율이 높다는 것이다.

## ❂ 그레셤의 법칙 (Gresham's Law) ⬦

악화(惡貨)가 양화(良貨)를 구축한다는 그레셤의 주장이다. 실질가치가 서로 다른 두 가지 종류의 화폐가 동시에 유통될 경우, 실질가치가 우량한 화폐는 용해·저장·수축 등으로 유통계에서 자취를 감추고 악화만이 남아서 유통된다는 것이다.

## ❂ 패리티가격 (Parity Price) ⬦⬦

농산물가격을 결정함에 있어서 생활비로부터 산출해 내지 않고 공산가격과 서로 균형을 유지하도록 뒷받침해주는 가격을 말한다. 패리티가격은 최저공정가격의 일종으로, 농가보호가 그 목적이다.

**PLUS** 더 알아보기　　

$$패리티지수 = \frac{농산물가격지수(농가수취가격지수)}{공산가격지수(농가구입가격지수)}$$

## ❂ 언택트 (Untact) ⬦⬦⬦

비대면·비접촉 방식을 가리키는 용어로 소비자와 공급자가 만나지 않아도 되는 업무·소비 패턴을 말한다. 최근 코로나19 확산으로 사회적 거리두기가 강조되고 외출 및 모임 참여 자제, 재택근무 증가 등으로 더욱 도드라지게 나타나고 있는 현상이다.

## ❂ 인앱 결제 ⬦⬦

구글이나 애플이 자체 개발한 내부결제 시스템으로, 웹이 아닌 자사 앱에서 유료 앱이나 콘텐츠를 결제하는 방식이다. 수단에는 상관없으나 결제 시스템은 자사 시스템을 사용하도록 되어 있다. 게임 회사에만 해당되다가 모든 디지털 콘텐츠 결제에 해당 시스템을 확대 적용하겠다고 밝혔으며, 최대 30%의 수수료 지불 및 공정거래 위반 등으로 인한 논란이 일었다. 구글의 인앱결제 강제를 금지하는 「전기통신사업법 개정안」이 2021년 9월 국회를 통과했으며 2022년 3월 8일에는 일부 개정령안을 의결하였다. 시행령 개정안은 지난 2021년 9월 세계 최초로 앱 마켓사업자의 의무를 명확히 규정한 「전기통신사업법」 개정에 따른 후속조치로, 앱 마켓사업자의 이용자 보호의무, 앱 마켓 운영 실태조사, 신설 금지행위의 유형·기준 및 과징금 부과 기준 등을 구체화하여 이른바 인앱결제 강제금지법은 2022년 3월 15일부터 시행되었다.

● **트리클 다운 (Trickle Down)** ◇◇

'넘쳐흐르는 물이 바닥을 적신다.' 즉 대기업의 성장을 촉진하면 덩달아 중소기업과 소비자에게도 혜택이 돌아가 총체적으로 경기를 활성화시키게 된다는 경제 이론이다. 미국의 제41대 대통령 부시가 재임 중이던 1989년부터 1992년까지 채택한 경제정책이다. 정부가 투자 증대를 통해 대기업과 부유층의 부(富)를 먼저 늘려주면 중소기업과 소비자에게 혜택이 돌아가는 것은 물론 이것이 총체적인 국가의 경기를 자극해 경제발전과 국민복지가 향상된다는 이론이다.

● **헤징 (Hedging)** ◇

환율이나 금리, 주가지수 등의 급격한 변동으로 인한 손실을 막기 위해 행하는 거래로 선물환 거래가 대표적이다. 환위험 헤징에는 선물시장을 이용하는 방법과 금융시장을 이용하는 방법이 있는데, 선물시장을 이용하는 방법으로 선물환을 비롯, 통화선물·통화옵션 등이 있고 금융시상을 이용하는 방법으로 통화스와프가 있다. 급격한 금리변동으로 인한 손실을 막는 방법으로 금리선물·금리옵션·금리스와프 등이 있다.

● **헤지펀드 (Hedge Fund)** ◇◇◇

국제증권 및 외환시장에 투자해 단기이익을 올리는 민간투자기금을 말한다. 100명 미만의 투자가들을 결성한 후 조세회피 지역으로 위장거점을 두어 자금을 운영하는데 대표적인 것으로는 소로스의 퀀텀펀드, 로버트슨의 타이거펀드 등이 있다. 모집은 물론이고 투자대상과 실적 등이 베일에 싸여 있어 언제 어디서 투기를 할지 모른다는 점에서 '복병'으로 인식된다.

● **인덱스펀드 (Index Fund)** ◇◇

특정 주가 지표 변동과 비례하게 포트폴리오를 구성하여 펀드의 수익률을 이들 지표와 동일하게 실현하고자 하는 투자 펀드로 주식시장의 장기적 성장 추세를 전제로 하여 주가지수의 변동에 따라 함께 움직이는 포트폴리오를 가능한 한 적은 종목으로 구성·운용하여 투자위험을 최대로 줄여 시장의 평균 수익률을 실현하는데 목적이 있다. 인덱스펀드는 매입하여 보유하는 것을 원칙으로 하여 일반펀드에 비해 거래 수수료나 비용이 적게 드는 반면, 시장이 침체될 경우 펀드 수익률도 동반 하락한다.

● **벌처펀드 (Vulture Fund)** ◇◇

기업구조조정펀드로 부실한 기업을 저가로 인수해 인원정리, 부동산매각, 유상증자 등의 구조조정을 통해 자산구조를 개선 후 고가로 되팔아 수익을 내는 투자방식이다. 이 펀드는 1980년대 미국 금융위기 과정에서 출현해 선진국에서는 보편화 되었고, 우리나라는 1999년에 회생이 힘든 업체의 구조조정 지연을 해결하기 위해 도입되었다.

## ✪ 뮤추얼펀드 (Mutual Fund) ◇◇

미국 투자신탁의 주류를 이루고 있는 펀드형태로, 개방형·회사형의 성격을 띤다. 개방형이란 투자자들의 펀드 가입 탈퇴가 자유로운 것을 의미하며, 회사형이란 투자자들이 증권투자를 목적으로 하는 회사의 주식을 소유하는 형태를 말한다. 즉, 뮤추얼펀드는 증권투자자들이 이 펀드의 주식을 매입해 주주로서 참여하는 한편 원할 때는 언제든지 주식의 추가발행·환매가 가능한 투자신탁이다. 투자방법에 따라 보통주펀드, 균형펀드, 수익펀드, 채권·우선주펀드로 구분되는데, 이 중 보통주펀드의 규모가 제일 크다.

## ✪ 역모기지론 (Reverse Mortgage Loan) ◇

고령자들이 보유하고 있는 주택을 담보로 금융기관에서 일정액을 매월 연금형식으로 받는 대출상품이다. 주택연금 또는 장기주택저당대출이라고 한다. 부동산을 담보로 주택저당증권(MBS)을 발행하여 장기주택자금을 대출받는 제도인 모기지론과 자금 흐름이 반대이기 때문에 역모기지론이라고 한다. 주택은 있으나 경제활동을 할 수 없어 소득이 없는 고령자가 주택을 담보로 사망할 때까지 자택에 거주하면서 노후 생활자금을 연금 형태로 지급받고, 사망하면 금융기관이 주택을 처분하여 그동안의 대출금과 이자를 상환 받는다. 역모기지론의 가입조건은 부부가 모두 65세 이상이여야 하고, 6억원 미만의 주택을 가진 사람을 대상으로 한다. 고령자가 사망시 또는 계약시까지 주택에 살면서 노후생활비를 받으므로 주거안정과 노후소득보장을 받을 수 있다. 우리나라는 2006년부터 종신형 역모기지론이 도입되었으며, 주택금융공사의 공적보증으로 대출기간을 종신으로 늘렸으며, 현재 조건이 완화되어 담보대출이나 전세보증금이 끼어 있는 집도 이용할 수 있다.

## ✪ 리디노미네이션 (Redenomination) ◇◇◇

디노미네이션은 화폐, 채권, 주식 등의 액면금액을 의미한다. 한 나라의 화폐를 가치의 변동 없이 화폐, 채권, 주식 등의 액면을 동일한 비율의 낮은 숫자로 표현하거나, 새로운 통화단위로 화폐의 호칭을 변경하는 것이다. 우리나라에서는 1953년에 100원을 1환으로, 화폐개혁이 있었던 1962년에 10환을 1원으로 바꾼 일이 있으며, 2004년에 1,000원을 1원으로 바꾸는 안이 논의되기도 했다. 리디노미네이션을 실시할 경우에 거래편의의 제고, 통화의 대외적 위상재고, 인플레이션 기대심리 억제, 지하자금의 양성화 촉진 가능성 등의 장점 등이 있으나, 새 화폐 제조와 컴퓨터시스템·자동판매기·장부 변경 등에 대한 큰 비용, 물가상승 우려, 불안심리 초래 가능성 등의 문제가 있다.

● 슈퍼 301조 ◇◇

1988년 제정된 미국종합무역법에 의해 신설된, 교역대상국에 대한 차별적인 보복을 가능하도록 규정한 통상법 301조 조항으로 보복조항을 한층 강화한 301조를 '슈퍼 301조'라고 부른다. 교역상대국이 불공정행위를 했다고 판단될 경우 어떤 상품이나 분야에 대해 무차별 보복을 할 수 있게 된 조항으로 보복조치는 무역협정 폐지, 관세 및 비관세장벽 부과, 양자간협정 체결 등으로 이루어지도록 되어 있으나 대개의 경우는 보복관세를 부과한다. 이러한 슈퍼 301조는 국제 분쟁해결 절차를 거치지 않은 일방적인 보복조치라 세계무역기구(WTO) 규정에 어긋난다는 지적이 있었다.

● 핀테크 (Fintech) ◇◇◇

금융과 기술이 결합한 서비스, 즉 모바일, SNS, 빅 데이터 등 새로운 IT 기술을 활용한 금융 서비스를 총칭한다. 핀테크 1.0 서비스가 송금, 결제, 펀드, 자산관리 등 기존 금융 서비스를 ICT와 결합해 기존 서비스를 해체 및 재해석하는데 주안점을 두었다면, 핀테크 2.0 서비스는 핀테크 기업과 금융기관이 협업을 통해 보다 혁신적이고 새로운 금융서비스를 탄생시키는 방향으로 발전하였다.

● 빅블러 (Big Blur) ◇◇◇

빠른 변화로 인해 기존에 존재하던 것들의 경계가 모호하게 되는 현상, 즉 경계융화가 일어나는 현상이다. 하나의 시대적 흐름으로 비즈니스영역에서 주요 경계가 사라지고 있으며 이에 따라 구매자와 판매자, 소규모와 대규모, 서비스와 제품, 오프라인과 온라인의 경계에서 다양하고 혁신적인 흐름이 일어나고 있다. 특히 최근 유통혁명, 금융혁명에 대해 빅블러를 주요한 현상 중 하나로 기업들이 받아들이고 대응하고 있다. 예를 들면, 금융회사 대신 핀테크를 이용해 해외 송금을 하는 것, 온라인 지급결제 서비스가 온라인 가맹점을 내는 것, 온라인으로 신청해 오프라인으로 서비스를 받는 우버나 에어비앤비 등이 있다.

● 관세장벽 (Tariff Wall) ◇

수입을 억제하여 국내산업을 보호하고 또한 국가의 재정수입을 증대시킬 목적으로 수입상품에 높은 관세를 부과함으로써 국내 수입품가격을 높이는 것을 말한다.

● 비관세장벽 (Non Tariff Barrier) ◇

정부가 국산품과 외국품을 차별하여 수입을 억제하려는 정책일반으로, 관세 이외의 방법이다. 전형적인 것은 수입수량제한, 국내산업보호정책, 수출에 대한 금융지원과 세제상의 감면 등 우대조치, 반덤핑정책 등으로 정부의 국내산업보호와 수출장려정책의 수단을 말한다.

## ◎ 브릭스 (BRICs) ◈

2000년대를 전후해 빠른 경제성장을 거듭하고 있는 브라질(Brazil) · 러시아(Russia) · 인도(India) · 중국(China)의 신흥경제 4개국의 영문 머리글자를 따서 만든 경제용어로, 이들 4개국을 합치면 세계 인구의 40%가 훨씬 넘는 27억(중국 13억, 인도 11억, 브라질 1억 7,000만, 러시아 1억 5,000만) 명이나 된다. 따라서 막대한 내수시장이 형성될 수 있고, 노동력 역시 막강하다. 경제전문가들은 2030년 무렵이면 이들이 세계 최대의 경제권으로 도약할 것으로 보고 있다. 실제로도 2000년 이후 수요와 구매력이 빠른 속도로 증가하고, 외국인 투자와 수출 호조로 인해 높은 경제성장을 거듭하고 있다. 선진국을 비롯한 세계 각국에서는 브릭스 4개국의 막대한 시장을 선점하기 위해 치열한 경쟁을 벌이고 있다. 2003년을 전후해서는 브릭스 국가의 주식이나 채권에 집중적으로 투자하는 '브릭스 펀드'가 등장했으며, 한국에서는 2004년 초부터 판매되기 시작했다. 2011년 2월에 남아프리카공화국이 가입하면서 'BRICs'로 확대되었다.

## ◎ 탄력관세 (Elastic Tariff) ◈

국내산업보호 · 물가안정 등을 위하여 정부가 국회의 위임을 받아 일정한 범위 내에서 관세율을 인상 또는 인하할 수 있는 권한을 갖도록 한 관세제도이다. 우리나라에서는 1969년부터 채택하고 있다.

## ◎ 리츠 (REITs : Real Estate Investment Trusts) ◈

투자자의 자금을 모아 부동산이나 부동산 관련 대출에 투자하는 상품으로 수익은 부동산 임대수입에서 나오는 배당과 부동산 가격 상승분에 따른 차익에서 나오는 수익으로 이루어진다. 리츠펀드에 투자하는 방법에는 펀드공모에 직접 참여 또는 펀드가 증시에 상장된 후 거래중인 주식을 매입하는 것이 있다. 리츠펀드는 이익금의 90% 이상을 배당금으로 주주에게 돌려주어 투자자들은 은행예금 · 채권처럼 고정적 수입을 기대할 수 있고, 공모 참여 시 저렴하게 주식을 매입해 증시상장 후에 주가가 오르면 상당한 시세차익을 기대할 수 있으나, 잘못사면 투자원금을 손해 볼 수도 있다.

## ◎ 양허관세 (亮許關稅, Bounded Tariffs) ◈

다자간 협상을 통해 국제적으로 공인된 관세를 뜻한다. 일단 관세를 양허하면 그 이하로 낮출 수 있어도 더 이상의 관세를 부과할 수는 없다. 그러나 해당 산업을 보호하기 위한 목적으로 재협상할 여지는 있다. 다만 양허관세를 올리려 할 경우 해당 품목의 주요 수출국의 양해가 필요하며, 이때 양국 간에 이에 상응하는 보상수단 등이 논의된다.

## ◎ 덤핑관세 ◇

덤핑방지를 목적으로 하는 관세이다. 어느 나라가 어떤 상품의 값을 크게 내려 수출함으로써 이것을 수입한 나라의 산업이 큰 타격을 받을 경우, 수입국 정부는 국내산업보호책으로 그 품목의 관세율을 인상하게 되는데 덤핑상품에 대해서는 징벌적인 관세로 부과하여 정상가격과 수출가격의 차액만큼 부과한다.

**PLUS** 더 알아보기

> **덤핑(Dumping)** : 일반적으로 국내판매가격 이하의 가격으로 수출되는 경우를 말하나, 넓은 의미로는 시장을 달리함에 따라 의식적으로 판매가격에 차등을 두는 것을 말한다.

## ◎ 팩토링 (Factoring) ◇

팩터라 불리는 금융기관이 기업으로부터 상업어음이나 외상매출채권 등을 매입하거나 담보로 하여 기업에게 자금을 지급해 주고 외상매출액의 대금을 회수해 주는 금융서비스를 말한다. 1920년대 기업들이 상거래 대가로 현금 대신 받은 매출채권을 신속히 현금화하여 기업활동을 돕자는 취지로 미국에서 처음 도입했다. 취급금융기관은 산업은행, 수출입은행, 장기신용은행을 제외한 은행을 비롯하여 모든 금융기관이나 주로 단자사들이 취급한다.

## ◎ 유동성 함정 (Liquidity Trap) ◇◇◇

금리를 아무리 낮추어도 투자나 소비 등의 실물경제에 아무런 영향을 미치지 못하는 상태이다. 즉 시장에 현금이 흘러 넘쳐 구하기 쉬운데도 기업의 생산, 투자와 가계의 소비가 늘지 않아 경기가 나아지지 않는 것을 마치 경제가 함정에 빠진 것처럼 보이는 상태를 말하는 것이다. 금리는 경제를 움직이는 중요한 지표다. 금리가 계속 떨어지는데도 돈이 돌지 않는 이유는 경제 주체들이 미래의 경제 상황을 낙관하지 못해 소비가 얼어붙고 기업이 투자를 꺼리기 때문이다. 우선 경기 전망이 불투명하면 투자가 이뤄지지 않는다. 경기가 극도로 위축되면 주식이나 채권에 투자를 해본들 손해를 보기 십상이기 때문에 가계를 비롯한 경제 주체들은 현금을 금고에만 쌓아놓으려고 한다. 여기에 기업에 대출해줬으나 돌려받지 못할 것을 우려한 은행까지 대출을 삼가면 문제는 더욱 심각해진다.

## ◎ 일물일가 (一物一價)의 법칙 ◇

완전경쟁이 행해지는 시장에서는 동일한 시기, 동일한 시장에서 동일한 품질의 물품에는 동일한 가격이 붙여진다는 법칙이다. 제본스는 이를 무차별의 법칙이라고 하였다.

### ✪ 코요테 모멘트 (Coyote Moment) ◇◇◇

두렵고 피하고 싶었던 상황에 처해 있다는 것을 갑자기 깨닫게 되는 순간을 뜻한다. 증권시장에서는 증시의 갑작스러운 붕괴를 일컬을 때 이 용어를 사용한다. 증권시장에서는 증시의 갑작스러운 붕괴를 표현할 때 코요테 모멘트라는 용어를 사용한다. 2006년 노벨경제학상 수상자인 폴 크루그먼이 코요테 모멘트를 거론하며 세계 경제의 큰 타격을 경고한 바 있으며, 2020년에는 대표적인 경제 비관론자로 꼽히는 예일대 교수 스티븐 로치가 코로나19가 전형적인 코요테 모멘트라며 향후 경기 침체를 전망한 바 있다.

### ✪ 포워드 가이던스 ◇◇◇

선제적 안내라는 뜻으로 중앙은행이 금융정책 방향을 미리 외부에 알리는 조치를 말한다. 이는 시장 혼란을 최소화하고 통화정책의 유효성을 높이는 것을 목적으로 한다. 2008년 금융위기 이후 미국과 영국 등 중앙은행들이 시장 우려의 완화를 주된 목적으로 도입한 통화정책 수단이다.

### ✪ 신 파일러 (Thin Filer) ◇◇◇

금융거래가 거의 없어 신용 평가를 할 수 없을 만큼 관련 서류가 얇은 금융 고객을 말한다. 신용카드 사용내역, 대출 실적 등이 없는 은퇴자들과 사회 초년생들이 해당된다.

### ✪ 마이크로크레딧 (무보증소액창업대출) ◇◇◇

제도권 금융회사와 거래하기 어려운 저소득층에 대한 무담보 소액대출로 방글라데시, 베네수엘라 등 제도금융권이 발달되지 않은 저개발 국가에서 시작된 민간주도의 빈민에 대한 소자본 창업지원제도이다. 우리나라에서는 미소금융이라 부른다.

### ✪ 공매도 (空賣渡) ◇◇◇

주식이 없지만 주식을 매도하는 것이다. 주가의 하락을 예상하는 종목의 주식을 빌려서 매도한 후, 주가가 실제로 떨어지게 되면 싼 값에 다시 사서 빌린 주식을 갚음으로써, 차익을 얻을 수 있는 매매 기법을 말한다. 이 전략은 초단기에 매매차익을 노릴 때 주로 사용되며, 하락장에서 수익을 낼 시 주로 사용한다.

### ✪ 마이데이터 (Mydata) ◇◇◇

은행 계좌 및 신용카드 이용내역 등의 자산관리 등 개인 자신의 정보를 적극적으로 관리하고 통제할 수 있는 일련의 과정을 말한다. 마이데이터를 이용하면 각종 기관과 기업에 흩어진 자신의 정보를 한 번에 확인이 가능하며, 업체에 자신의 정보를 제공함으로써 알맞은 상품과 서비스를 추천받을 수 있다.

### ❂ 재산세 (財産稅) ✧✧✧

일정한 재산에 대하여 부과되는 조세를 말한다. 토지, 건축물, 주택, 선박 및 항공기를 과세물건으로 하며 납세지는 토지, 건축물, 주택, 선박의 선적항, 항공기의 정치장의 소재지를 기준으로 한다.

### ❂ 상속세 (相續稅) ✧✧✧

사망 후 무상으로 이전되는 재산에 대하여 부과되는 조세로 국세이며 보통세이고, 직접세이다. 상속세 과세 방식은 두 가지로 나뉜다. 하나는 피상속인의 유산전체를 과세대상으로 하는 재산세적 성격의 유산세방식, 다른 하나는 각 상속인이 상속받는 재산을 과세대상으로 하는 수익세적 성격의 유산취득세방식이다. 우리나라는 유산세방식을 취한다.

### ❂ 종합부동산세 (綜合不動産稅) ✧✧✧

지방자치단체가 부과하는 종합토지세 외의 일정 기준을 초과하는 토지, 주택의 소유자에 대하여 국세청이 누진세율을 별도로 적용하는 조세이다. 2004년 보유과세 개편으로 종합토지세 규정이 삭제되어 종합토지세와 재산세를 재산세 규정으로 통합하였고, 보유하고 있는 주택·토지가 일정액을 초과할 경우에는 2005년에 신설된 종합부동산세를 부과하게 되었다. 종합부동산세는 국세로서, 부동산보유에 대한 조세부담의 형평성 제고·부동산 가격안정 도모·지방재정의 균등발전·국민경제의 건전한 발전을 목적으로 한다.

### ❂ 양도소득세 (讓渡所得稅) ✧✧✧

부동산·부동산에 관한 권리 등과 같은 자본적 성격의 자산을 양도함으로써 발생된 이익을 과세대상으로 하는 소득세이다. 재산의 양도에 의해 발생하는 소득에서 담세력을 측정하는 응익세의 성격과 납세의무자의 과세환경을 중심으로 과세하는 인세의 성격을 가지고 있다. 소득세법에서 열거된 자산의 양도로 발생하는 소득에만 과세하는 열거주의 과세방식을 취하고 있다.

### ❂ 총부채상환비율 (DTI : Debt To Income ratio) ✧✧✧

금융부채 상환능력을 소득으로 따져서 대출한도를 정하는 계산비율이다. 담보대출을 받을 경우 채무자의 소득으로 얼마나 잘 상환할 수 있는지 판단하여 대출한도를 정하는 것으로 DTI 수치가 낮을수록 빚을 갚을 수 있는 능력이 높다고 인정된다. 예를 들면, 연간 소득이 5000만 원이고 DTI를 20%로 설정할 경우에 총부채의 연간 원리금 상환액이 1000만 원을 초과하지 않도록 대출규모를 제한하는 것이다.

## ◎ 의존효과 ✧✧✧

소비재에 대한 소비자의 수요가 소비자 자신이 가지는 자주적 욕망에 의한 것이 아니라 생산자의 광고와 선전에 의하여 이루어진다는 현상이다. 물건이 많아지면 인간의 욕망은 줄어드는 것보다 풍요로워질수록 욕망도 따라서 커진다는 것이다.

## ◎ 마이데이터(개인 신용정보 통합조회 서비스) ✧✧

행정기관이나 공공기관이 보유한 개인 신용정보를 한데 모아 주체인 개인에게 보여주고 재무현황과 소비패턴 등을 분석하여 적합한 금융상품 등을 추천하는 서비스이다. 해당 사업이 시행되면 금융 데이터를 한눈에 확인할 수 있다. API(응용프로그램인터페이스)방식을 통한 금융 마이데이터 전면 시행에 앞서 ▲ 은행(국민, 농협, 신한, 우리, 기업, 하나), ▲ 금투(키움, 하나금융투자, NH투자증권), ▲ 카드(국민, 신한, 하나, BC, 현대), ▲ 상호금융(농협중앙회), ▲ 핀테크·IT(뱅크샐러드, 핀크) 17개 마이데이터 사업자가 21년 12월 1일부터 시범 서비스를 시행한 바 있다. 그 외 마이데이터 사업자 ▲ 보험(KB손보, 교보생명), ▲ 금투(한투증권, KB), ▲ 카드(롯데), ▲ 캐피탈(현대), ▲ 저축은행(웰컴), ▲ CB(KCB), ▲ 핀테크·ITD(LG CNS, 디셈버앤컴퍼니자산운용, 핀테크, 한국금융솔루션, 한국신용데이터, 유비벨록스, 아이지넷, 에프앤가이드) 16개사는 2022년 상반기 중 참여할 예정이라고 전했다. 그 외 본허가를 취득하지 않은 10개 예비허가 사업자는 본허가 절차 이후 2022년 하반기경에 참여할 것으로 예상하고 있다. 지난 2019 ~ 2020년 마이데이터 워킹그룹(금융당국, 유관기관, 금융회사, 핀테크 기업 등 60여 곳이 참여하여 전송대상 개인신용정보의 범위, 인증체계, API 표준 규격 등을 논의)을 통해 소비자의 조회 빈도가 높은 대부분의 금융권 정보를 포함하도록 하였다.

| 업권 | 주요 제공 정보 |
| --- | --- |
| 은행 | 예·적금 계좌잔액 및 거래내역, 대출잔액·금리 및 상환정보 등 |
| 보험 | 주계약·특약사항, 보험료납입내역, 약관대출 잔액·금리 등 |
| 금투 | 주식 매입금액·보유수량·평가금액, 펀드 투자원금·잔액 등 |
| 여전 | 카드결제내역, 청구금액, 포인트 현황, 현금서비스 및 카드론 내역 |
| 전자금융 | 선불충전금 잔액·결제내역, 주문내역(13개 범주화) 등 |
| 통신 | 통신료 납부·청구내역, 소액결제 이용내역 등 |
| 공공 | 국세·관세·지방세 납세증명, 국민·공무원 연금보험료 납부내역 등 |

제공 대상이 아니었던 은행계좌적요, 보험보장내역, 카드가맹점 정보 등은 소비자보호장치(별도 위험고지 및 별도 동의, 제3자 제공 및 마케팅 목적 활용금지 등)를 전제로 제공하기로 하였으며 ISA, 일부 퇴직연금(DB·DC), 계약자－피보험자가 다른 보험 등은 관련 업권 협의 등을 거쳐 최대한 조기에 제공할 수 있도록 추진 예정이라고 전했다.

## 02 경영·산업

### ❂ BTL · BTO ❖❖

BTL(Build Transfer Lease)은 민간이 공공시설을 짓고 정부가 이를 임대해서 쓰는 임대형 민간투자사업 방식이다. 준공과 동시에 시설의 소유권이 국가 또는 지방자치단체로 귀속되지만 사업시행자에게 일정기간의 시설 관리운영권을 인정하여 국가 또는 지방자치단체 등이 임대료를 지불하고 임차(Lease)하여 사용·수익하는 것이다. BTO(Build Transfer Operate)는 민간이 건설하고 소유권은 정부나 지자체로 양도한다는 점에서 BTL과 동일하지만, 민간이 직접 운영하여 사용자 이용료로 수익을 추구하는 수익형 민간투자사업 방식이라는 점에서 차이가 있다.

### ❂ 메가뱅크 (Mega Bank) ❖❖❖

은행 간 인수 합병으로 만들어진 초대형 은행을 말한다. 중국공상은행(ICBC), 뱅크오브아메리카(BOA), 씨티그룹, 스탠다드차타드은행 등이 그 예로 전 세계에서 활동하고 있다.

### ❂ 고객경험관리 (CEM : Customer Experience Management) ❖

고객이 어떻게 생각하고 느끼는지를 파악하고, 이를 토대로 고객의 경험을 데이터 하여 구축한 것으로, 기업은 모든 접점에서 고객과 관계를 맺고 각기 다른 고객 경험 요소를 서로 통합해준다. 그리고 고객에게는 감동적인 경험을 갖도록 해주어 기업 가치를 높인다. 고객은 단순히 가격과 품질만을 검토하여 이성적으로 제품을 구매하는 것이 아니라, 친절한 매장 직원이나 편리한 주문시스템 같은 감성적 요인으로 구매를 하는 경향이 있다는 측면에서 등장한 고객관리기법으로 콜롬비아 비즈니스 스쿨의 번트 슈미트 교수가 그의 저서 「CRM을 넘어 CEM으로」에서 처음 소개하였다.

**PLUS** 더 알아보기

**고객관계관리**(CRM : Customer Relationship Management) : 기존고객의 정보를 분석해서 고객의 특성에 맞는 마케팅을 전개하는 것

### ❂ 자기자본투자 (PI : Principal Investment) ❖❖

증권사들이 고유 보유자금을 직접 주식·채권·부동산 및 인수·합병(M&A) 등에 투자해 수익을 얻는 것으로 주식거래 중개와는 별도로 한다. 해외 투자은행들은 위탁수수료 수익 비중에 비해 자기자본투자의 비중이 높지만 국내 증권사들의 경우 위탁수수료 수익 비중이 자기자본투자에 비해 높다.

## ○ 가격규제 ◇◇

기업이 생산하는 제품이나 상품의 가격뿐만 아니라 공공요금, 협정요금, 임대료, 사용료, 입장료, 임금, 이자 등 생산요소의 가격을 정부가 직접적으로 규제하는 것을 말한다. 특정 재화나 서비스의 가격이 일정 수준 이상으로 오르지 못하도록 통제하는 것을 가격상한제라고 하며 지나친 가격상승으로 인한 피해로부터 소비자를 보호하기 위한 조치이다. 이때, 상한선은 시장 가격보다 낮아야 한다. 특정 재화나 서비스의 가격이 일정 수준 이하로 내려가지 못하도록 통제하는 것을 가격하한제라고 하는데, 가격의 하락으로 인한 피해로 부터 생산자들을 보호하기 위한 조치이다. 이때, 하한선은 시장 가격보다 높아야 한다.

## ○ 기업의 사회적 책임 (CSR : Corporate Social Responsibility) ◇◇

기업이 생산 및 영업활동을 하면서 이윤 창출만을 목표로 하는 것이 아니라 환경경영, 윤리경영, 사회공헌과 노동자를 비롯한 지역사회 등 사회 전체에 이익을 동시에 추구하며, 그에 따라 의사결정을 하는 사회공헌적 책임을 말한다. 취약계층에 일자리를 창출하거나 영업활동을 통해 창출되는 이익을 지역공동체에 투자하는 등의 활동을 통해 기업들은 사회 · 경제 · 환경 측면에서 지속적인 성과를 창출하여 기업의 가치를 증진하고 있다.

## ○ B2B · B2C ◇◇◇

Business to Business(기업 對 기업)의 줄임말로 기업과 기업이 전자상거래를 하는 관계를 의미하며, 인터넷 공간을 통해 기업이 원자재나 부품을 다른 기업으로부터 구입하는 것이 대표적이다. 일반소비자와는 큰 상관이 없지만 거래규모가 엄청나서 앞으로 전자상거래를 주도할 것으로 보인다. B2C는 기업이 개인을 상대로 인터넷상에서 일상용품을 판매하는 것이 대표적이다. 현재 인터넷에서 운영되고 있는 전자상거래 웹사이트의 대부분이 B2C를 겨냥하고 있다. 이밖에도 전자상거래의 유형 중에는 C2B, C2C도 있으나 차지하는 비중은 미미한 편이다.

## ○ 서브프라임 모기지 (Sub Prime Mortgage) ◇◇

미국에서 신용등급이 낮은 저소득층을 대상으로 높은 금리에 주택 마련 자금을 빌려 주는 비우량 주택담보대출을 뜻한다. 미국의 주택담보대출은 신용도가 높은 개인을 대상으로 하는 프라임(Prime), 중간 정도의 신용을 가진 개인을 대상으로 하는 알트 A(Alternative A), 신용도가 일정기준 이하인 저소득층을 상대로 하는 서브프라임의 3등급으로 구분된다. 2007년 서브프라임 모기지로 대출을 받은 서민들이 대출금을 갚지 못해 집을 내놓아 집값이 폭락하며 금융기관의 파산 및 글로벌 금융위기를 야기시켰다. 시사주간지 타임에서 서브프라임 모기지를 '2010년 세계 50대 최악의 발명품'으로 선정하였다.

● **신디케이트 (Syndicate)** ◇

카르텔 중 가장 결합이 강한 형태로, 중앙에 공동판매소를 두어 공동으로 판매하고 이익을 분배하는 기업집중의 형태이다. 공동판매카르텔이라고도 한다.

● **워크아웃 (Workout)** ◇◇

기업가치회생작업으로, 기업과 금융기관이 서로 합의해서 진행하는 일련의 구조조정과정과 결과를 말한다. 미국의 GE사가 1990년대 초 개발한 신(新)경영기법이다. 사전적 의미로는 운동·훈련 등으로 몸을 가뿐하게 하는 것으로, 구성원들이 근무장소에서 벗어나 회사 내 문제점에 대한 토론을 벌이고 이를 통해 회사의 발전방안을 도출해 내는 의사결정방식이다.

● **M&A (Mergers and Acquisitions)** ◇◇◇

기업의 인수·합병을 말한다. M&A는 우호적인 매수와 비우호적인 매수로 나뉘는데, 비우호적인 경우, 매수대상 기업의 주식을 일정한 값으로 매입해 버릴 것을 공표하는 테이크 오버 비드(TOB)란 방법도 이용된다. 우리나라도 1997년 4월 1일부터 주식소유한도가 완전폐지되어 본격적인 M&A시대로 접어들었다.

● **방카슈랑스 (Bancassurance)** ◇◇

좁은 의미에서는 은행과 보험사가 업무제휴협정을 체결하거나 은행이 자회사로 보험사를 세워 은행 업무와 보험 업무를 한 곳에서 제공하는 것을 말하며, 큰 의미에서는 은행과 보험 나아가서 증권까지를 종합적으로 판매·관리하는 유니버설뱅킹시스템을 말한다. 고객은 한 번의 금융기관 방문으로 다양한 금융 서비스를 받을 수 있고, 은행을 통해 보다 싼 보험 상품을 구입할 수 있으며, 은행 상품과 보험 상품을 이상적으로 조합해 효율적인 리스크관리가 가능하다는 장점이 있다. 우리나라도 1997년 주택은행과 한국생명이 방카슈랑스 상품의 효시인 단체신용생명보험을 내놓았고, 2003년부터 보험·증권업계에 미치는 영향을 고려해 단계별로 시행하였다.

● **BCG매트릭스** ◇◇

컨설팅 전문회사인 'Boston Consulting Group'에 의해 개발된 것으로 기업 경영전략 수립의 분석도구로 활용된다. 이는 사업의 성격을 단순화, 유형화하여 어떤 방향으로 의사결정을 해야 할지를 명쾌하게 얘기해 주지만, 사업의 평가요소가 상대적 시장점유율과 시장성장률뿐이어서 지나친 단순화의 오류에 빠지기 쉽다는 단점이 있다. X축은 상대적 시장점유율, Y축은 시장성장률을 놓고 각각 높음·낮음의 두 가지 기준을 정한 매트릭스로 구성하여 사업을 4가지로 분류했다.

① Star 사업 : 수익과 성장이 큰 성공사업으로 지속적인 투자가 필요하다.

② Cash Cow 사업 : 기존 투자에 의해 수익이 지속적으로 실현되는 자금 원천사업으로 시장 성장률이 낮아 투자금이 유지 · 보수에 들어 자금산출이 많다.

③ Question Mark 사업 : 상대적으로 낮은 시장 점유율과 높은 성장률을 가진 신규사업으로 시장점유율을 높이기 위해 투자금액이 많이 필요하며, 경영에 따라 Star사업이 되거나 Dog 사업으로 전락할 위치에 놓이게 된다.

④ Dog사업 : 수익과 성장이 없는 사양사업으로 기존의 투자를 접고 사업철수를 해야 한다.

## ❖ 포이즌 필 (Poison Pill) ◇◇

가장 강력하고 적극적인 기업인수 · 합병(M&A) 방어수단이다. 주주에게 보통주로 전환할 수 있는 우선주나 특정 권리를 행사할 수 있는 증서를 무상으로 배부, 일정 조건을 만족시키는 상황이 발생하면 비싼 가격에 주식을 회사에 되파는 식으로 권리를 부여한다.

## ❖ 가격차별 (價格差別) ◇◇

독점기업이 생산하는 상품에 대한 소비자계층간의 수요탄력성이 다를 경우, 시장을 2개 이상으로 분할하여 상이한 가격으로 판매하는 것을 말한다. 가격차별은 기업에게 더 많은 이윤을 가져다준다. 소득 · 인종 · 연령 등 개인적 특성이나 지리적 위치로 분할 할 수 있으며 독점시장에서만 나타날 수 있다. 1급, 2급, 3급으로 구분할 수 있는데, 1급 가격차별은 소비자의 유보가격에 해당하는 가격으로 책정하며 2급 가격차별은 소비자의 구입량에 따라 단위당 가격을 다르게 책정하는 것이다. 3급 가격차별은 소비자의 특징에 따라 시장을 2개 이상으로 분할하여 상이한 가격을 측정하는 것인데, 일반적인 가격차별이 3급 가격차별에 속한다.

## ❖ 가젤형 기업 (Gazelle's Company) ◇◇◇

상시 근로자가 10인 이상이며, 매출액 혹은 고용자 수가 3년 연속 평균 20% 이상 지속적으로 고성장하는 기업을 말하며 1981년 미국 경제학자가 발표한 논문에서 특별히 성장이 빠른 기업을 지칭하는 말로 처음 사용하였다. 기업의 높은 성장률과 고용증가율을 높은 점프력과 빠른 속도를 가진 가젤에 빗대어 표현하였는데, 특히 이 중에서 매출 1,000억 원이 넘으면 수퍼 가젤형 기업으로 분류된다. 자생적 성장을 이룬 기업을 지칭하므로 인수합병은 제외되며 강소기업은 매출신장에 비중을 더 두는데 비해 가젤형 기업은 안정적인 일자리 창출에 비중을 두고 있다.

## ✪ 가치사슬 (Value Chain) ◇◇◇

기업이 부가가치 창출에 직접 또는 간접적으로 수행하는 주요 활동들을 의미한다. 제품의 생산부터 운송·마케팅·판매·물류·서비스 등과 같은 현장업무를 주활동이라고 하며, 구매·기술개발·인사·재무·기획 등 현장업무를 지원하는 업무를 지원활동이라고 한다. 주활동은 부가가치를 직접 창출하는 역할을 하며, 지원활동은 부가가치가 창출되도록 간접적인 역할을 한다. 가치사슬을 통하여 활동 각 단계에 있는 부가가치 창출과 관련된 핵심활동들의 강점이나 약점 및 차별화 요인을 분석하고, 경쟁우위 구축을 위한 도구로 활용할 수 있다.

## ✪ 풋백옵션 (Putback Option) ◇

일정한 실물 또는 금융자산을 약정된 기일이나 가격에 팔 수 있는 권리를 풋옵션이라고 한다. 풋옵션에서 정한 가격이 시장가격보다 낮으면 권리행사를 포기하고 시장가격대로 매도하는 것이 유리하다. 옵션가격이 시장기격보다 높을 때는 권리행사를 한다. 일반적으로 풋백옵션은 풋옵션을 기업인수합병에 적용한 것으로, 본래 매각자에게 되판다는 뜻이다. 파생금융상품에서 일반적으로 사용되는 풋옵션과 구별하기 위해 풋백옵션이라고 부른다. 인수시점에서 자산의 가치를 정확하게 산출하기 어렵거나, 추후 자산가치의 하락이 예상될 경우 주로 사용되는 기업인수합병방식이다.

## ✪ 기업구조조정촉진법 ◇◇

기업구조조정이 신속하고 원활하게 추진될 수 있도록 법적 장치를 마련한 것으로 2001년에 제정되었다. 기업회계의 투명성을 높이기 위한 제도 보완과 부실위험을 조기에 인식할 수 있는 시스템 법제화(부실위험평가제도화), 기업 구조조정의 중심 주체로서 채권단협의회의 구성 및 역할 규정, 채권 금융기관 간의 이해조정제도를 마련하였으며, 채권금융기관의 책임성을 강화하고 상시평가시스템을 구축하여 기업이 구조조정과정에서 겪고 있는 법률상 제약요인을 해소시켜주는 지원사항도 규정하였다.

## ✪ 유니콘 기업 (Unicorn Company) ◇◇◇

설립한지 10년 이하 스타트업의 기업 가치가 10억 달러(1조 원)를 넘는 비상장 스타트업 기업을 전설 속의 동물인 유니콘에 비유하여 일컫는 말이다. 여성 벤처 투자자인 에일린 리가 2013년에 처음 사용하였다.

**PLUS** 더 알아보기　

- **데카콘**(Decacorn) : 기업가치 100억 달러(10조 원) 이상의 신생 벤처기업
- **헥토콘**(Hectorcorn) : 기업가치 1000억 달러 이상의 신생 벤처기업
- **히든 챔피언**(Hidden Champion) : 각 분야의 세계시장을 지배하는 우량기업이지만, 대중에게 잘 알려지지 않은 기업

## ● 기업도시 (Enterprise City) ◆◆

대기업과 협력업체가 특정산업을 중심으로 주택, 교육, 의료시설 및 생활편의시설 등의 자족적 복합기능을 갖춘 도시이다. 기업이 투자계획을 갖고, 도시를 개발한 후 인력과 자본을 기업도시로 이전해 가는 방식으로, 지역 간의 균형 있는 발전을 촉진하기 위해 모든 지역의 발전 잠재력을 최대한 활용하고, 지방화전략, 세계화전략 등 21세기 국가발전전략을 통해 지역경제를 활성화하고, 국가균형발전의 필요성에 의해 추진되고 있다. 또한 지역의 투자여건 개선으로 민간기업의 투자활성화, 도시개발과 산업 활동으로 인한 지역의 일자리 창출, 상대적인 낙후지역에 기업도시를 개발하여 국가균형발전에 기여 등의 효과를 도모하고 있다.

## ● 황금낙하산 (Golden Parachute) ◆

인수대상 기업의 CEO(Chief Executive Officer, 최고경영자)가 인수로 인하여 임기 전에 사임하게 될 경우를 대비하여 거액의 퇴직금, 스톡옵션, 일정기간 동안의 보수와 보너스 등을 받을 권리를 사전에 고용계약에 기재하여 안정성을 확보하고 동시에 기업의 인수비용을 높이는 방법이다. 1980년대에 기업다각화 전략의 일환으로 활발하게 전개된 M&A와 관련하여 미국에서 유래한 말로, 비싼 낙하산이라는 뜻이다. 이는 경영자의 신분을 보장하고, 기업의 입장에서는 M&A 비용을 높이는 효과가 있으므로 적대적 M&A를 방어하는 전략으로 활용된다.

## ● 레이더스 (Raiders) ◆

기업약탈자 또는 사냥꾼을 뜻한다. 자신이 매입한 주식을 배경으로 회사경영에 압력을 넣어 기존 경영진을 교란시키고 매입주식을 비싼값에 되파는 등 부당이득을 취하는 집단이다. 즉, 여러 기업을 대상으로 적대적 M&A를 되풀이하는 경우를 말한다.

## ● 구축 효과 (Crowding Out Effect) ◆◆◆

경기부양을 위해 정부가 나서서 투자를 늘릴 경우 오히려 민간 소비와 투자가 위축되는 현상을 말한다. 불경기에 경기부양을 위해 재정지출을 증가시키면 재정지출 증대를 위한 자금 조달 과정에서 이자율이 상승될 수 있다. 이자율의 상승은 민간투자를 위축시키고, 정작 시행한 정책 효과를 낼 수 없다. 다만 재정지출의 증가가 이자율을 어느 정도로 상승시킬 것인가에 따라 효과는 달라질 수 있다.

## ● 스핀오프 (Spin Off) ◆

정부출연기관의 연구원이 자신이 참여한 연구결과를 가지고 별도의 창업을 할 경우 정부보유의 기술을 사용한데 따른 로열티를 면제해 주는 제도를 말한다. 이를 실시하는 국가들은 기술이 사업화하는데 성공하면 신기술연구기금을 출연토록 의무화하고 있다. 또 기업체의 연구원이 사내창업(社內創業)을 하는 경우도 스핀오프제의 한 형태로 볼 수 있다.

## ● 아웃소싱 (Outsourcing) ◇◇

제품생산 · 유통 · 포장 · 용역 등을 하청기업에 발주하거나 외주를 주어 기업 밖에서 필요한 것을 조달하는 방식을 말한다. 특히 업무가 계절적 · 일시적으로 몰리는 경우 내부직원, 설비를 따로 두는 것보다 외부용역을 주는 것이 효율적이다. 주로 기업에서 활용됐으나 최근에는 정부부문도 일상적 관리업무나 수익성이 있는 사업 등을 민간에 맡기거나 넘겨 효율성을 높이면서 조직을 줄이는 것이 세계적인 추세이다.

## ● 기업공시 (企業公示) ◇◇◇

기업에 관한 중요한 정보를 기업의 이해관계자에게 공개하는 것을 말한다. 증권시장에서 주가 및 거래량에 영향을 미칠 만한 중요한 사실이 발생하면 공정하고 완전하게 계속적으로 공시함으로써 투자자에게 손실을 입지 않게 하는 투자자보호를 전제로 공개하는 것이다. 증권거래법 등에 의해 상장회사가 공시해야 할 사항이 규정되어 있으며 상장회사는 이를 지켜야 할 의무가 있다.

## ● CI (Corporate Identity) ◇

기업이미지 통합을 말한다. 상품구입에서 직장을 고르는 경우에 이르기까지 기업 · 소비자 · 취직자 등은 그 기업의 이미지에 따라 선택판단을 내리게 되는 경우가 많다. 이 때문에 각 기업들은 기업의 명칭에서부터 구성원의 복장에 이르기까지 통일된 이미지를 주는, 즉 같은 회사의 제품이라는 것을 식별할 수 있도록 해주는 기업활동과 전략을 수립하고 있다. 본격적으로 도입된 것은 1980년대부터인데 여기에는 VI(Visual Identity : 시각이미지 통일), BI(Behavioral Identity : 행동양식 통일), MI(Mind Identity : 심리 통일) 등이 있다.

## ● 스톡옵션 (Stock Option) ◇◇◇

주식매입선택권으로 기업이 전문경영인이나 핵심기술자를 고용하면서 일정 기간 후 채용할 때의 약속한 가격으로 주식을 살 수 있도록 하는 제도를 말한다. 입사 후 기업성장으로 주가가 오르면 주식차익을 챙길 수 있어 고급인력을 초빙하는 데 유리하다.

## ✪ CEO (Chief Executive Officer) ✧

미국 대기업의 최고의사결정권자로 우리나라의 대표이사와 같은 의미이다. 최고경영자가 회장직을 겸하는 경우도 있으나 두 직책이 분리되는 경우도 있다. 분리되는 경우 회장이 단지 이사회를 주재하는 권한만을 행사하는데 반해 최고경영자는 경영 전반을 통괄한다. 실권은 최고경영자에게 있다.

**PLUS** 더 알아보기

- **CIO** (Chief Information Officer) : 최고정보경영자 또는 정보담당임원을 말한다. 경영환경이 정보 중심으로 급변함에 따라 각 기업들은 정보화문제를 총괄하는 고위직 책임자를 필요로 하게 되었고, 이를 CIO라 부르게 되었다. 미국에서는 일반적으로 부사장급에서 선임되고 있으며, 도입 초기단계인 우리나라에서는 이사급에서 선임된다.
- **CKO** (Chief of Knowledge Officer) : 최고지식경영자 혹은 지식경영리더로 불리며 신세대에 맞는 독특하고 기발한 아이디어를 내는 것이 주된 업무이다.
- **COO** (Chief of Operating Officer) : 개발된 제품을 사업으로 연결시키는 역할을 담당하면서 회사내 사업추진의 총책임자로 활약하는 경영자를 일컫는 용어이다.
- **CDO** (Chief of Distribution Officer) : 최고경영자인 CEO보다 한 단계 상위개념이다. 단순한 최고경영자에서 벗어나 회사 내의 A부터 Z까지 모든 업무를 하나하나 꼼꼼히 챙기는 전문경영자를 의미한다.
- **CFO** (Chief of Finance Officer) : 벤처기업 내의 재무에 관련된 모든 업무를 담당하는 경영자로서 다양한 루트를 통해 자금을 원활히 조달하는 전문화된 인력을 말한다.
- **CCO** (Chief of Contents Officer) : 벤처기업의 콘텐츠 기획과 운영에 관한 모든 책임과 권한이 부여된 전문경영자를 말한다.
- **CTO** (Chief of Technology Officer) : 기업 내 기술총책임자를 의미한다.

## ✪ 그린메일 (Green Mail) ✧✧

기업사냥꾼(Green Mailer)이 대주주에게 주식을 팔기 위해 보낸 편지를 말한다. 기업사냥꾼들이 상장기업의 주식을 대량 매입한 뒤 경영진을 위협해 적대적 M&A를 포기하는 대가로 자신들이 확보한 주식을 시가보다 훨씬 높은 값에 되사들이도록 강요하는 행위이다.

## ✪ 백기사 (White Knight) ✧✧

경영권 다툼을 벌이고 있는 기존 대주주를 돕기 위해 나선 제3자이다. 이때 우호적인 기업인수자를 백기사라고 한다. 백기사는 목표기업을 인수하거나 공격을 차단해 주게 된다. 백기사처럼 기업을 인수하는 단계까지 가지 않고 기업의 주식확보를 도와주는 세력을 백영주(White Squire)라고 한다.

### ❂ 종업원지주제도 (從業員持株制度) ✧

회사가 구성원에게 자사주의 보유를 권장하는 제도로서 회사로서는 안정주주를 늘리게 되고 구성원의 저축을 회사의 자금원으로 할 수 있다. 구성원도 매월의 급여 등 일정액을 자금화하여 소액으로 자사주를 보유할 수 있고 회사의 실적과 경영 전반에 대한 의식이 높아지게 된다.

### ❂ 콘체른 (Konzern) ✧

동종(同種) 또는 이종(異種)의 각 기업이 법률상으로는 독립하면서 경제상으로는 독립을 상실하고 하나의 중앙재벌 밑에서 지배를 받는 기업집중의 형태로, 재벌이라고도 한다. 일반적으로 거대기업이 여러 산업의 다수기업을 지배할 목적으로 형성된다.

### ❂ 카르텔 (Cartel) ✧

기업연합을 뜻하는 것으로, 같은 종류의 여러 기업들이 경제상·법률상의 독립성을 유지하면서 상호간의 무리한 경쟁을 피하고 시장을 독점하기 위해 협정을 맺고 횡적으로 연합하는 것을 말한다. 협정의 내용에 따라 구매카르텔, 생산카르텔(생산제한·전문화 등), 판매카르텔(가격·수량·지역·조건·공동판매 등)이 있다. 우리나라에서는 「독점규제 및 공정거래법」에 의해 원칙적으로 금지되어 있다.

### ❂ 콩글로머리트(conglomerate) ✧✧

여러 기업이 하나로 연합한 거대 기업체를 의미한다. 복합기업이라고도 불리며 서로 다른 업종 간의 합병으로 이루어진 기업이다.

### ❂ 콤비나트 (Combinat) ✧

국내의 독립된 기업이 생산공정에 있어서 낭비축소, 부산물의 공동이용 등 기술합리화를 위해 지역적·다각적으로 결합하여 기업을 경영하는 기업집단의 형태를 말한다. 콤비나트화의 목적은 원재료의 확보, 생산의 집중화, 유통과정의 합리화 등으로 원가절감을 기하는 것이다.

### ✪ 트러스트 (Trust) ✧

동종 또는 유사한 기업의 경제상 · 법률상의 독립성을 완전히 상실하고 하나의 기업으로 결합하는 형태로, 이는 대자본을 형성하여 상대경쟁자를 누르고 시장을 독점지배할 수 있다. 일반적으로 거액의 자본을 고정설비에 투자하고 있는 기업의 경우에 이런 형태가 많다. 트러스트의 효시는 1879년 미국에서 최초로 형성된 스탠더드 오일 트러스트이다.

### ✪ IR (Investor Relations) ✧✧✧

기업설명회를 뜻한다. 기관투자가, 펀드매니저 등 주식투자자들에게 기업에 대한 정보를 제공하여 투자자들의 의사결정을 돕는 마케팅활동의 하나이다. 기업입장에서는 자사주가가 높은 평가를 받도록 함으로써 기업의 이미지를 높이고 유상증자 등 증시에서의 자금조달이 쉬워지는 효과를 거둘 수 있다. IR은 효과를 극대화하기 위해 기업의 장 · 단점과 계량화되지 않은 정보를 신속 · 정확 · 공평하게 계속적으로 알려야 한다.

### ✪ 공유가치경영 (CSV : Creating Shared Value) ✧✧✧

기업가치를 사회와 공유한다는 목표의 새로운 개념인 '공유가치'이다. 기업의 경영 활동 자체가 기업의 이윤을 극대하며 동시에 환경보호, 빈부격차 해소, 협력 업체와의 상생 등 사회적 이익을 창출한다는 것이다. 이는 사회발전과 기업 경제적 이익 창출이 양립한다는 전제하에 이루어 질 수 있다.

### ✪ 트라이슈머 (Trysumer) ✧✧✧

제품을 직접 체험한 후 구매를 원하는 소비자층을 말한다. 시도를 뜻하는 'Try'와 소비자를 뜻하는 'Consumer'의 합성어로서, 완제품을 체험하고 결정하는 소비자를 뜻한다. 트라이슈머의 증가로 기업 상품을 직접 체험할 수 있는 공간을 제공하는 플래그쉽 스토어가 등장했다. 화장품 업계의 샘플존 · 체험존 또한 트라이슈머를 공략하기 위한 마케팅의 일종이라고 할 수 있다.

**PLUS** 더 알아보기

- **리서슈머**(Researsumer): Researcher와 Consumer의 합성어이다. 자신이 사용하는 제품 또는 관심 있는 제품을 전문적으로 연구하고 이를 통하여 합리적인 소비를 지향하는 소비자를 말한다.
- **모디슈머**(Modisumer) : Modify와 Consumer의 합성어이다. 제조사가 제시한 방식이 아닌 자신의 취향에 맞는 새로운 방식으로 제품을 활용하는 소비자를 말한다.
- **트윈슈머** : 다른 사람의 경험 또는 후기를 참고하여 제품을 구매하는 소비자를 말한다.

## ● 캐즘 (Chasm) ◇◇◇

제품이 아무리 훌륭해도 일반인들이 사용하기까지 넘어야 하는 침체기를 가리키는 용어이다. '첨단기술수용론'이라고도 한다. 캐즘은 원래 지각변동 등의 이유로 인해 지층 사이에 큰 틈이 생겨 서로 단절되어 있다는 것을 뜻하는 지질학 용어다. 혁신적 제품이 개발 · 출시되어 초기의 적극적 소비자가 구매한 이후 일반 대중적 시장 영역으로 도약에 나서는 경우 초기에는 혁신성을 중시하는 소수의 소비자(도입기)가 생기지만, 이후 실용성을 중시하는 소비자가 중심이 되는 주류시장(성장기)으로 옮아가는 과정에서 초기시장과 주류시장 사이에 매출이 급격히 감소하거나 정체되는데 이를 캐즘이라 한다. 이 시기를 극복하지 못하면 많은 기술과 상품들이 도태되고 이 지점을 넘어서는 경우 수요층이 다수로 확장될 수 있다.

## ● 오픈 이노베이션 (Open Innovation) ◇◇◇

폐쇄적 혁신의 반대로 적극적으로 기업 외부의 아이디어와 기술을 도입하여 지적 재산을 활용하거나, 자체 기술을 사업화하지 않고 팔거나 분사하여 수익 창출을 극대화 하는 전략을 말한다.

## ● ODM (Original Development Manufacturing) ◇◇◇

제조사설계생산 방식으로 개발력을 갖춘 제조업체가 독자적 기술이나 원천 기술로 제품을 직접 개발하고 생산하며 그 상품을 유통 회사에 납품하는 방식이다.

## ● 레몬마켓 (Lemon Market) ◇◇◇

시고 맛없는 레몬만 있는 시장처럼 저급품만 유통되는 시장을 말한다. 레몬은 '시큼하고 맛없는 과일'이라는 뜻에서 미국 속어로 불량품을 의미한다. 따라서 경제 분야에서는 쓸모없는 재화나 서비스가 거래되는 시장을 레몬마켓이라 이르게 되었다. 또한 구매자와 판매자 간 거래 대상 제품에 대한 정보가 비대칭적으로 주어진 상황에서 거래가 이루어지면서 우량품은 자취를 감추고 불량품만 남아도는 시장을 말한다. 이는 불량품이 넘치게 되면서 결과적으로 소비자도 외면하게 되는 시장이 된다.

**PLUS** 더 알아보기

> **피치마켓**(Peach Market) : 고품질 재화나 서비스가 거래되는 시장으로 정보의 불균형이 사라져 가격에 비해 고품질의 상품이 거래된다.

## ❂ 크라우드소싱 (Crowd Sourcing) ◇◇◇

생산이나 서비스 등 기업 활동 일부 과정에 대중들의 참여로 해결책을 얻는 것을 말한다. 새 제품을 만들거나 서비스 개선 등의 분야에 대중들이 참여할 경우 기업 입장에서는 참신한 아이디어와 실질적인 의견을 들을 수 있다.

## ❂ SWOT분석 ◇◇◇

기업의 내부환경을 분석하여 강점과 약점을 발견하고, 외부환경을 분석하여 기회와 위협을 찾아내어 강점은 살리고 약점은 없애며 기회는 활용하고 위협은 억제하는 마케팅 전략을 수립하는 것을 말한다. 이때 사용되는 4요소를 강점(Strength)·약점(Weakness)·기회(Opportunity)·위협(Threat)이라고 한다.

## ❂ 4P ◇◇◇

마케팅의 핵심 요소 제품(Product), 유통경로(Place), 판매가격(Price), 판매촉진(Promotion)는 마케팅 효과를 극대화하는 방법이다. 여기에 마케팅을 위한 협상력이라든지 로비력을 뜻하는 '힘(Power)'을 합해 5P라고도 한다.

## ❂ TQM (Total Quality Management) ◇◇◇

고객만족을 달성하기 위한 전략적, 통합적 관리체제이다. 전통적 관리와 TQM의 차이점 중 핵심적인 내용은 고객지향, 품질보장, 권한위임 및 조직구성원의 참여, 계속적 개선의 차원이라고 할 수 있다. 과거의 품질관리와는 달리 제품생산이 이루어진 후의 검사보다는 불량품을 예방하는 전략을 구사한다.

## ❂ 합명회사 (合名會社) ◇◇◇

무한책임(無限責任)사원만으로 구성된 회사이다. 합명회사는 각 사원이 회사의 채권자에 대하여 직접 책임을 지는 데에서 대외적으로 인적 신용이 중시(重視)되고, 사원의 책임강도는 내부적으로 사원 상호간의 신뢰관계를 필요로 한다. 동시에 사원의 기업경영에 대한 참가를 강화함으로써 회사는 마치 개인기업의 공동경영과 같은 인상을 주게 되며, 사단법인이면서도 실질적으로는 조합적 성격을 띤다.

**PLUS** 더 알아보기

> **합자회사**(合資會社) : 무한책임사원과 유한책임사원으로 구성된 회사이다. 무한책임사원이 기업경영을 하고, 유한책임사원은 자본을 제공하여 사업에서 생기는 이익을 분배 받는다.

## ✪ 유한회사 (有限會社) ◈◈◈

1인 이상의 유한책임 사원이 회사에 출자금액을 한도로 하여 책임지는 회사이다. 합명회사와 주식화사의 장점을 함께 더한 것으로 소규모 주식회사라고 할 수 있다.

## ✪ 주식회사 (株式會社) ◈◈◈

주식의 발행으로 설립된 회사이다. 모든 주주는 그 주식의 인수가액을 한도로 하는 출자의무를 부담할 뿐 회사채무에 아무런 책임을 지지 않는다.

## ✪ 차입경영 ◈◈

돈을 빌려 사업을 하는 것을 일컫는다. 일반적으로 레버리지효과(지렛대 효과)를 기대하여 과도한 부채를 기반으로 기업을 경영하는 것을 의미한다.

## Chapter 02 경제 · 경영 · 산업

# 출제예상문제

**1** 현재의 경기상태를 나타내는 지표를 동행지수라고 한다. 동행지수의 지표가 아닌 것은?

① 도소매판매액지수　　　　　　　　② 비농가취업자수
③ 중간재출하지수　　　　　　　　　④ 생산자출하지수

> **NOTE** 동행지수 ··· 현재 경기동향을 보여주는 지표로 노동투입량, 산업생산지수, 제조업가동률지수, 생산자출하지수, 전력사용량, 도소매판매지수, 비내구소비재출하지수, 시멘트소비량, 실질수출액, 실질수입액 등 10개 지표를 합성해 산출한다.

**2** 소득의 분포를 나타내는 도표로 알맞은 것은?

① 로렌츠 곡선　　　　　　　　　　② 필립스 곡선
③ 위대한 개츠비 곡선　　　　　　　④ 무차별 곡선

> **NOTE** 로렌츠 곡선 ··· 미국 경제학자 로렌츠가 소득분포의 상태를 나타내기 위하여 작성한 도표이다. 소득이 어떠한 비율로 분배되는지 알 수 있다.
> ② 필립스 곡선 : 물가상승률과 실업률 사이에 있는 역의 상관관계를 나타낸 곡선이다.
> ③ 위대한 개츠비 곡선 : 경제적 불평등이 커질수록 사회적 계층이동성이 낮다는 결과를 보여주는 그래프로, 소설 「위대한 개츠비」 주인공 이름을 인용하였다.
> ④ 무차별 곡선 : 소비자에게 동일한 만족을 주는 재화 묶음을 연결한 곡선이다.

**3** 경기 부양책 중 하나로 기준금리를 조절하는 것이 아니라 중앙은행이 직접 시장에 돈을 공급하는 정책은 무엇인가?

① 출구전략　　　　　　　　　　　② 인플레이션헤지
③ 관세장벽　　　　　　　　　　　④ 양적완화

> **NOTE** 양적완화 ··· 초저금리 상황에서 중앙은행이 정부의 국채나 다른 다양한 금융자산의 매입을 통해 시장에 유동성을 공급하는 정책

ANSWER — 1.③　2.①　3.④

**4** 재정절벽이란 무엇인가?

① 정부의 재정 지출 축소로 인해 유동성이 위축되면서 경제에 충격을 주는 현상이다.
② 농산물의 가격이 상승하면서 소비자 물가와 생산자물가가 상승하는 현상이다.
③ 상품거래량에 비해 통화량이 과잉증가하여 물가가 오르고 화폐가치는 떨어지는 현상이다.
④ 주식시장이 장 마감을 앞두고 선물시장의 약세로 프로그램 매물이 대량으로 쏟아져 주가가 폭락하는 현상이다.

> **NOTE** ② 애그플레이션
> ③ 인플레이션
> ④ 백워데이션

**5** 기업이 생산물을 해외시장에서는 낮은 가격에 판매하고, 국내시장에서는 높은 가격에 판매하여 이윤을 증대시킬 수 있는 경우로 옳은 것은?

① 수요의 가격탄력성이 해외시장에서는 높고 국내시장에서는 낮은 경우
② 수요의 가격탄력성이 해외시장에서는 낮고 국내시장에서는 높은 경우
③ 수요의 소득탄력성이 해외시장에서는 높고 국내시장에서는 낮은 경우
④ 수요의 소득탄력성이 해외시장에서는 낮고 국내시장에서는 높은 경우

> **NOTE** 가격차별에 따른 이윤증대방법 … 가격차별이란 동일한 재화에 대하여 서로 다른 가격을 설정하는 것으로, 수요의 가격탄력성에 따라 이루어지는데, 기업은 수요의 가격탄력성에 반비례하도록 가격을 설정해야 한다.
> ㉠ 가격탄력성이 높은 시장 … 낮은 가격을 설정해야 한다.
> ㉡ 가격탄력성이 낮은 시장 … 높은 가격을 설정해야 한다.

**6** 직접세에 관한 설명으로 옳지 않은 것은?

① 조세저항이 적다.　　　　　　　② 징수하기가 까다롭다.
③ 소득재분배 기능을 수행한다.　　④ 조세의 전가가 없다.

> **NOTE** 직접세는 조세저항이 크다.

**7** 로렌츠 곡선에 대한 설명이다. 옳지 않은 것은?

① 소득의 불평등 정도를 측정하는 방법이다.
② 소득의 누적점유율과 인구의 누적점유율 간의 관계이다.
③ 지니 집중계수는 로렌츠 곡선의 단점을 보완한다.
④ 로렌츠 곡선은 가치판단을 전제하는 측정방법이다.

> **NOTE** 로렌츠 곡선 … 미국의 경제학자 로렌츠가 소득분포의 상태를 나타내기 위하여 작성한 도표이다. 소득이 사회계층에 어떤 비율로 분배되는가를 알아보기 위한 것이다. 가로축에 저소득인구로부터 소득인구를 누적하여 그 백분율을 표시한 결과 45°선의 균등분포선과는 다른 소득불평등 곡선이 나타났다.

**8** 협상가격차라고 할 수 있는 것은?

① 공산물가격과 농산물가격 간에 나타나는 격차
② 도매물가와 소비자물가 간에 나타나는 격차
③ 정부 고시가격과 실제 판매가격 간에 나타나는 격차
④ 동일 상품의 구매자에 따른 판매가격 차이에서 나타나는 격차

> **NOTE** 협상가격차 … 농산물의 가격과 공업제품의 가격 사이에 나타나는 뚜렷한 가격차를 말한다. 공업생산물 가격의 폭등에 비하여 농업생산물 가격은 그만큼 상승하지 않거나 더욱 하락하는데, 그 현상을 그래프화하면 그 모양이 마치 가위모양을 하고 있는 데서 유래된 말이다.

**9** 주택 담보대출을 취급했던 은행계에서 상품을 없애자 자금융통이 급급한 고객들이 제2금융권으로 몰리는 현상은 무엇과 관련 있는가?

① 풍선 효과
② 칵테일파티 효과
③ 피그말리온 효과
④ 스티그마 효과

> **NOTE** 풍선 효과 … 풍선의 한 곳을 누르면 다른 곳이 불거져 나오는 것처럼 문제 하나가 해결되면 또 다른 문제가 생겨나는 현상이다. 심야교습 금지가 법제화 될 경우 불법 과외가 활개 치는 등의 또 다른 부작용이 생길 수 있고, 정부가 강남 집값을 잡기 위해 재건축 아파트 규제를 강화하자 수요가 일반아파트로 몰려 집값이 오르는 현상 등이 풍선 효과에 해당한다.
> ② 칵테일파티 효과 : 여러 사람들이 모여 한꺼번에 이야기하고 있음에도 자신이 관심을 갖는 이야기를 골라 들을 수 있는 것으로 시끄러운 잔치 집에서 한 화자에게만 주의하고 유사한 공간 위치에서 들려오는 다른 대화를 선택적으로 걸러내는 능력을 묘사하는 것이다.
> ③ 피그말리온 효과 : 타인의 기대나 관심으로 인하여 능률이 오르거나 결과가 좋아지는 현상으로 로젠탈 효과, 자성적 예언, 자기충족적 예언이라고도 한다.
> ④ 스티그마 효과 : 다른 사람들에게 무시당하고 부정적인 낙인이 찍히면 행태가 나쁜 쪽으로 변해 가는 현상을 말한다.

ANSWER ——— 4.① 5.① 6.① 7.④ 8.① 9.①

**10** TQM에 대한 설명으로 옳지 않은 것은?

① 고객중심
② 총체적 품질향상을 통한 경영목표 달성
③ 총괄적 품질경영
④ 제품생산이 이루어진 후의 검사 전략

> **NOTE** TQM(Total Quality Management) … TQM이란 고객만족을 달성하기 위한 전략적, 통합적 관리체제이다. 전통적 관리와 TQM의 차이점 중 핵심적인 내용은 고객지향, 품질보장, 권한위임 및 조직구성원의 참여, 계속적 개선의 차원이라고 할 수 있다. 과거의 품질관리와는 달리 제품생산이 이루어진 후의 검사보다는 불량품을 예방하는 전략을 구사한다.

**11** 다음이 설명하는 것은?

> 기관투자자들의 의결권 행사를 적극적으로 유도하기 위한 자율 지침으로, 기관투자자들이 투자 기업의 의사결정에 적극 참여해 주주와 기업의 이익 추구, 성장, 투명한 경영 등을 이끌어 내는 것이 목적이다.

① 리디노미네이션
② 스튜어드십 코드
③ 머천다이징
④ 매슬로우의 욕구이론

> **NOTE** ① 리디노미네이션 : 화폐 단위를 하향 조정하는 것을 말한다.
> ③ 머천다이징 : 적당한 상품을 적당하게 제공하기위한 상품화 계획이다.
> ④ 매슬로우의 욕구이론 : 인간의 욕구는 위계적으로 조직되어 있으며 하위 단계의 욕구 충족이 상위 단계의 욕구 발현을 위한 조건이 된다는 이론이다.

**12** 경제주체들이 돈을 움켜쥐고 시장에 내놓지 않는 상황을 가리키는 용어는 무엇인가?

① 디플레이션
② 피구 효과
③ 톱니 효과
④ 유동성 함정

> **NOTE** 유동성 함정 … 시장에 현금이 흘러 넘쳐 구하기 쉬운데도 기업의 생산, 투자와 가계의 소비가 늘지 않아 경기가 나아지지 않고 마치 경제가 함정에 빠진 것처럼 보이는 상태를 말한다. 1930년대 미국 대공황을 직접 목도한 저명한 경제학자 존 메이나드 케인즈가 아무리 금리를 낮추고 돈을 풀어도 경제주체들이 돈을 움켜쥐고 내놓지 않아 경기가 살아나지 않는 현상을 돈이 함정에 빠진 것과 같다고 해 유동성 함정이라 명명했다.

**13** 다음 ㉠과 ㉡에 들어갈 알맞은 것은?

---

- 관찰 대상의 수를 늘릴수록 집단에 내재된 본질적인 경향성이 나타나는 ( ㉠ )은(는) 보험표 계산원리 중 하나로 이용된다.
- 생명보험계약의 순보험표는 ( ㉡ )에 의해 계산된다.

---

|  | ㉠ | ㉡ |
|---|---|---|
| ① | 이득금지의 원칙 | 수직적 분석 |
| ② | 한계생산의 법칙 | 수직적 마케팅 시스템 |
| ③ | 미란다 원칙 | 행정절차제도 |
| ④ | 대수의 법칙 | 수지상등의 법칙 |

> **NOTE** ㉠ 대수의 법칙 : 관찰 대상의 수를 늘려갈수록 개개의 단위가 가지고 있는 고유의 요인은 중화되고 그 집단에 내재된 본질적인 경향성이 나타나게 되는 현상을 가리킨다. 인간의 수명이나 각 연령별 사망률을 장기간에 걸쳐 많은 모집단에서 구하고 이것을 기초로 보험 금액과 보험료율 등을 산정한다.
>
> ㉡ 수지상등의 법칙 : 보험계약에서 장래 수입되어질 순보험료의 현가의 총익이 장래 지출해야 할 보험금 현가의 총액과 같게 되는 것을 말하며, 여기에서 수지가 같아진다는 것은 다수의 동일연령의 피보험자가 같은 보험종류를 동시에 계약했을 때 보험기간 만료시에 수입과 지출이 균형이 잡혀지도록 순보험료를 계산하는 것을 의미한다.

**14** ( ) 안에 들어갈 알맞은 말은?

---

니콜라스 탈레브는 그의 책에서 ( )을(를) '과거의 경험으로 확인할 수 없는 기대 영역 바깥쪽의 관측 값으로, 극단적으로 예외적이고 알려지지 않아 발생가능성에 대한 예측이 거의 불가능하지만 일단 발생하면 엄청난 충격과 파장을 가져오고, 발생 후에야 적절한 설명을 시도하여 설명과 예견이 가능해지는 사건'이라고 정의했다. 이것의 예로 20세기 초에 미국에서 일어난 경제대공황이나 9·11 테러, 구글(Google)의 성공 같은 사건을 들 수 있다. 최근 전 세계를 강타한 미국 발 세계금융위기도 포함된다.

---

① 블랙스완 ② 화이트스완
③ 어닝쇼크 ④ 더블딥

> **NOTE** 블랙스완 … 극단적으로 예외적이어서 발생가능성이 없어 보이지만 일단 발생하면 엄청난 충격과 파급효과를 가져오는 사건을 가리키는 말이다.
>
> ② 화이트스완 : 과거에 경험했음에도 대책을 게을리하여 막지 못하는 위기상황을 말한다.
>
> ③ 어닝쇼크 : 기업이 실적을 발표할 때 시장에서 예상했던 것보다 저조한 실적을 발표하는 것을 말한다.
>
> ④ 더블딥 : 경기침체 후 잠시 회복기를 보이다가 다시 침체에 빠지는 이중침체 현상을 말한다.

ANSWER___ 10. ④ 11. ② 12. ④ 13. ④ 14. ①

**15** 모든 사원이 회사 채무에 대하여 직접·연대·무한의 책임을 지는 회사 형태는 무엇인가?

① 합명회사
② 합자회사
③ 유한회사
④ 주식회사

> **NOTE** ② 사업의 경영은 무한책임사원이 하고, 유한책임사원은 자본을 제공하여 사업에서 생기는 이익의 분배에 참여하는 형태이다.
> ③ 사원이 회사에 출자금액을 한도로 하여 책임을 질뿐, 회사채권자에 대해서는 책임을 지지 않는 사원으로 구성된 회사이다.
> ④ 주식의 발행으로 설립된 회사이다.

**16** 중앙은행이 금융의 정책방향을 미리 외부에 알리는 조치로 통화정책 변경에 따른 시장의 혼란을 최소화하기 위한 목적의 용어는?

① 포워드 가이던스
② 양적완화
③ 출구전략
④ 구축효과

> **NOTE** ② 양적완화 : 기준금리 수준이 너무 낮아 금리 인하를 통한 효과를 기대할 수 없을 경우에 중앙은행이 국채 매입 등 다양한 자산을 사들여 시중에 통화 공급을 늘리는 정책이다.
> ③ 출구전략 : 피해를 최소화하며 전쟁을 끝내는 전략으로, 경기부양을 위해 취했던 여러 완화정책을 경제에 부작용 없이 서서히 거두어들인다는 뜻이다.
> ④ 구축효과 : 경기부양을 위해 정부가 나서서 투자를 늘리면 민간소비와 투자가 위축되는 현상을 말한다.

**17** 주식시장에서 주가와 등락폭이 갑자기 커질 경우 시장에 미치는 영향을 완화하기 위해 주식매매를 일시 정지하는 제도는?

① 서킷 브레이크
② 섀도 보팅
③ 공개매수(TOB)
④ 사이드 카

> **NOTE** ② 섀도 보팅 : 뮤추얼펀드가 특정 기업의 경영권을 지배할 정도로 지분을 보유할 경우 그 의결권을 중립적으로 행사할 수 있도록 제한하는 제도로 다른 주주들이 투표한 비율대로 의결권을 분산시키는 것이다.
> ③ 공개매수 : 주식 등 유가증권을 증권시장 외에서 10인 이상 불특정 다수인으로부터 청약을 받아 공개적으로 매수하는 것을 말한다.
> ④ 사이드 카 : 선물거래에서 가격이 4% 이상 상승해 1분간 지속되면 발동하는 것으로, 프로그램 매매가 5분간 정지된다.

**18** 기준금리에 대한 설명으로 옳지 않은 것은?

① 한국은행에 설치된 금융통화위원회에서 매월 회의를 통해 금리를 결정한다.
② 금융기관 간 거래의 기준이 되는 금리이다.
③ 한국은행이 기준금리를 올리면 시중 금리가 상승한다.
④ 외국환거래에 적용되는 기준금리는 한국은행장이 정하고 있다.

> **NOTE** 기준금리(基準金利) … 한국은행의 대기성 여·수신, 환매조건부채권 매매 등 금융기관 간 거래의 기준이 되는 금리로 실제 자금시장에서는 자금의 수요자와 공급자에 의해 거래된다. 한국은행이 기준금리를 올리면 시중금리가 상승하고, 기준금리를 낮추면 시중금리가 떨어진다. 외국환거래에 적용되는 기준금리는 국제금융 시장의 금리에 연동되어 있고, 개별거래 항목별 국제수지를 감안하여 기획재정부장관이 정하고 있다.

**19** G20 정상회의의 회원국이 아닌 것은?

① 스페인
② 프랑스
③ 호주
④ 러시아

> **NOTE** G20 정상회의의 회원국 … 선진 7개국 정상회담(G7)과 유럽연합(EU) 의장국 그리고 신흥시장 12개국 등 세계 주요 20개국을 회원으로 하는 국제기구이다.

| 소속 | 국가 |
| --- | --- |
| G7 | 미국, 일본, 영국, 프랑스, 독일, 이탈리아, 캐나다 |
| 아시아 | 대한민국, 중국, 인도, 인도네시아 |
| 중남미 | 아르헨티나, 브라질, 멕시코 |
| 유럽 등 | 러시아, 터키, 호주, EU |
| 아프리카, 중동 | 남아프리카공화국, 사우디아라비아 |

**20** '종합부동산세'에 대한 설명으로 옳지 않은 것은?

① 종합부동산세는 국세이다.
② 부동산 보유 정도에 따라 조세 부담 비율이 다르다.
③ 부동산 가격을 안정시키고 지방 재정을 균형적으로 발전시키는 목적을 가진다.
④ 지방자치단체가 부과하는 종합토지세이다.

> **NOTE** 지방자치단체가 부과하는 종합토지세 외의 일정 기준을 초과하는 토지, 주택의 소유자에 대하여 국세청이 누진세율을 별도로 적용하는 조세이다.

ANSWER ____ 15. ① 16. ① 17. ① 18. ④ 19. ① 20. ④

**21** 다음 ( ) 안에 들어갈 알맞은 말은?

> ( )은(는) 원래 프랑스에서 비롯된 제도인데 독일은 제1차 세계대전 이후 엄청난 전쟁배상금 지급을 감당할 수 없어 ( )을(를) 선언했고 미국도 대공황 기간 중인 1931년 후버 대통령이 전쟁채무의 배상에 대하여 1년의 지불유예를 한 적이 있는데 이를 후버 ( )라 (이라) 불렀다고 한다. 이외에도 페루, 브라질, 멕시코, 아르헨티나, 러시아 등도 ( )을 (를) 선언한 바가 있다.

① 모블로그
② 모라토리움 신드롬
③ 서브프라임 모기지론
④ 모라토리움

> **NOTE** 모라토리움 … 대외 채무에 대한 지불유예(支拂猶豫)를 말한다. 신용의 붕괴로 인하여 채무의 추심이 강행되면 기업의 도산(倒産)이 격증하여 수습할 수 없게 될 우려가 있으므로, 일시적으로 안정을 도모하기 위한 응급조치로서 발동된다.
> ① 모블로그 : 무선통신을 뜻하는 '모바일(Mobile)'과 '블로그(Blog)'를 합쳐 만든 신조어. 때와 장소 가리지 않고 블로그를 관리 할 수 있어 인기를 끌고 있다.
> ② 모라토리움 신드롬 : 독일 심리학자 에릭슨이 처음 사용한 용어로써 1960년대에 들어 지적, 육체적, 성적인 면에서 한 사람의 몫을 할 수 있으면서도 사회인으로서의 책임과 의무를 짊어지지 않는다는 것을 뜻한다.
> ③ 서브프라임 모기지론 : '최고급 다음가는, 최우대 대출 금리보다 낮은'을 의미하며 모기지(Mortgage)는 '주택담보대출'이라는 뜻이다. 즉, 한마디로 신용등급이 낮은 저소득층을 대상으로 주택자금을 빌려주는 미국의 주택담보대출 상품을 말한다.

**22** ( ㉠ )을 통하여 각종 기관이나 기업에 흩어져 있는 자신의 정보를 한 번에 확인할 수 있으며, 개인정보 제공에 동의할 경우 맞춤 상품이나 서비스를 추천받을 수 있다. ㉠은 무엇인가?

① 프로토콜
② 핀테크
③ 마이데이터
④ 오픈소스

> **NOTE** ① 프로토콜 : 컴퓨터 간에 정보를 주고받는 경우 통신방법에 대한 규약을 말한다.
> ② 핀테크 : 금융과 기술(IT)이 결합한 금융서비스를 말한다.
> ④ 오픈소스 : 누구나 이용이 가능한 무상으로 공개되는 소프트웨어나 소스코드를 말한다.

**23** 주식가격의 형성에 영향을 미치는 요인으로 알맞지 않은 것은?

① 경기변동
② 물가상승
③ 산업구조
④ 인구구조

> **NOTE** 주식가격은 주식을 발행한 기업의 가치 뿐 아니라 기업외적인 요인, 즉 경기변동, 물가상승, 환율, 국제원자재가격, 산업구조와 특성들에 의해 영향을 받는다.

**24** 김 대리는 물가상승에 대비하여 부동산에 투자하였다. 이와 가장 관련 깊은 용어는?

① 백워데이션  ② 인플레이션헤지
③ 서킷 브레이커  ④ 나비 효과

> **NOTE** 인플레이션헤지(Inflationary Hedge) … 인플레이션 시 실물자산의 가격상승으로 화폐가치가 하락하는 경우 이에 대한 방어수단으로서 부동산·주식·상품 등을 구입하여 물가상승에 상응하는 명목 가치의 증가를 보장하는 것이다.
> ① 백워데이션(Backwardation) : 선물가격이 현물보다 낮아지는 현상이다.
> ③ 서킷 브레이커(Circuit Breakers) : 주가가 갑자기 큰 폭으로 변화할 경우 시장에 미치는 충격을 완화시키기 위해 주식매매를 일시 정지 시키는 제도이다.
> ④ 나비 효과(Butterfly Effect) : 어떠한 일의 시작 시 아주 작은 양의 차이가 결과에서는 매우 큰 차이를 만들 수 있다는 이론이다.

**25** 실제로는 은행의 건전성에 큰 문제가 없지만 예금주들이 은행 건전성의 의문을 갖고 비관적으로 생각하는 경우 발생하는 현상을 일컫는 용어는?

① 전대차관  ② 뱅크런
③ 워크아웃  ④ 빅딜

> **NOTE** 뱅크런(Bank Run) … 예금주들이 은행에 맡긴 돈을 제대로 받을 수 없을지도 모른다는 공포감에서 발생하는 예금주들의 예금인출사태를 말한다. 이러한 예금자들의 불안감을 해소하기 위해 금융당국은 은행이 예금지급불능사태가 되더라도 일정규모의 예금은 금융당국이 보호해주는 예금보험제도를 시행하고 있다.

**26** 경기침체와 물가상승이 동시에 발생하고 있는 상태를 나타내는 용어는?

① 택스플레이션  ② 스태그플레이션
③ 인플레이션  ④ 디플레이션

> **NOTE** 스태그플레이션(Stagflation) … 인플레이션과 디플레이션이 동시에 일어나는 경우이다.
> ① 택스플레이션(Taxflation) : 높은 세율이 인플레이션을 일으키는 경우이다.
> ③ 인플레이션(Inflation) : 물가상승현상이다.
> ④ 디플레이션(Deflation) : 경기침체현상이다.

ANSWER — 21.④  22.③  23.④  24.②  25.②  26.②

**27** 경영에서 목표관리(MBO)의 효용과 한계에 관한 설명으로 옳지 않은 것은?

① 목표의 명확한 설정 및 성과의 계량적 측정이 어렵다.

② 수평적 의사소통체계보다 수직적 의사소통체계를 개선하는 데 더욱 유리하다.

③ 단기적 목표보다 장기적 목표에 대한 조직구성원들의 관심을 유도하는 데 도움을 준다.

④ 상·하 계급에 관계없이 모든 조직구성원들의 공동참여에 의한 목표설정을 통하여 목표에 대한 인식을 공유할 수 있다.

> **NOTE** 목표관리는 목표달성결과를 측정하므로 단기적인 목표에 주안점을 두고 장기적 목표를 경시할 가능성이 있다.
>
> ※ **목표관리**(MBO : Management By Object) … MBO 이론은 목표설정의 가장 대표적인 예이다. 1965년 피터 드러커가 「경영의 실제」에서 주장한 이론이다. 구성원들로 하여금 직접 자신의 업무 목표를 설정하는 과정에 참여하도록 함으로써 경영자와 구성원 모두가 만족할 수 있는 경영목표를 설정할 수 있다. 특히 구성원들은 자신에 대한 평가방법을 미리 알고 업무에 임하고, 평가 시에도 합의에 의해 설정된 목표달성 정도에 따라 업적을 평가하며 결과는 피드백을 거쳐 경영계획 수립에 반영된다.
> ㉠ 작업에 대한 구체적인 목표를 설정한다.
> ㉡ 구성원들이 계획설정에 참여한다.
> ㉢ 실적평가를 위한 계획기간이 명시되어 있다.
> ㉣ 실적에 대한 피드백 기능이 있다.

**28** 필수공익사업에 해당하지 않는 것은?

① 철도사업      ② 석유공급사업

③ 병원사업      ④ 일반은행 사업

> **NOTE** 필수공익사업
> ㉠ 철도사업, 도시철도사업 및 항공운수사업
> ㉡ 수도사업, 전기사업, 가스사업, 석유정제사업 및 석유공급사업
> ㉢ 병원사업 및 혈액공급사업
> ㉣ 한국은행사업
> ㉤ 통신사업

**29** 기업가치가 100억 달러 이상의 신생 벤처기업을 부르는 이름은?

① 데카콘 기업
② 헥토콘 기업
③ 유니콘 기업
④ 가젤형 기업

> **NOTE** ② 기업가치 1000억 달러 이상의 기업
> ③ 기업 가치 10억 달러 이상의 기업
> ④ 근로자가 10인 이상이며 매출액 또는 고용자 수가 3년 연속 평균 20% 이상으로 지속적인 성장을 하는 기업

**30** 트라이슈머에 대한 설명으로 옳은 것은?

① 자신의 취향에 맞게 제품을 활용하는 소비자이다.
② 제품을 직접 체험하고 결정하는 소비자이다.
③ 자신이 관심 있는 소비분야를 연구하고 합리적인 소비를 지향한다.
④ 다른 사람의 경험과 후기를 참고하여 구매하는 소비자이다.

> **NOTE** ① 모디슈머
> ③ 리서슈머
> ④ 트윈슈머

**31** 다음 중 주식회사의 특징이 아닌 것은?

① 주주는 지분율만큼 책임진다.
② 주식회사는 다른 회사의 무한책임사원이 될 수 있다.
③ 자기주식은 소각 시에만 취득할 수 있다.
④ 사단법인이며 영리를 목적으로 한다.

> **NOTE** 법령에 의한 제한으로서는 회사가 다른 회사의 무한책임사원이 될 수 없다〈상법 제173조〉.

**32** 경기침체 시 물가가 급속히 하락하고 화폐량의 실질가치가 증가하여 민간의 부가 증가하고 소비 및 총수요가 증대되는 효과를 무엇이라 하는가?

① 전시 효과

② 톱니 효과

③ 피구 효과

④ 속물 효과

**NOTE** ① 전시 효과 : 미디어의 선전에 의한 소비증대효과이다.
② 톱니 효과 : 소비감소율이 소득감소율보다 적게 나타나는 효과이다.
④ 속물 효과 : 특정 상품에 대한 소비 증가 시 수요가 줄어드는 현상으로, 소비할 제품이 흔해지는 것을 기피하는 심리에서 기인한다.

**33** 기업의 인수·합병 등에서 고용상태가 그대로 옮겨지는 것은?

① 워크아웃

② 인사고과

③ 론 리뷰

④ 고용승계

**NOTE** 합병에 따라 존속 또는 신설되는 회사는 소멸되는 회사의 권리와 의무를 포괄적으로 승계하도록 되어 있다. 따라서 근로자의 고용관계도 당연히 승계 된다. 합병 당사자 사이에 근로자의 전부 또는 일부를 승계하지 않기로 합의 했다 해도 이는 무효다.

**34** 다음 (      ) 안에 들어갈 알맞은 용어는?

> (      )은(는) 새로 개발된 제품이 대중화되어 제품을 사용하기까지 걸리는 일시적 수요 정체 현상이다. 얼리어답터 등 초기에 혁신성을 중시하는 소수의 소비자가 도입기에 있지만, 이후 실용성을 중시하는 소비자의 성장으로 초기시장과 주류시장 사이에 매출이 급격히 감소하거나 정체되는 현상을 말한다.

① 스핀오프

② 로열티

③ 캐즘

④ 빅블러

**NOTE** ① 스핀오프 : 정부출연기관의 연구원이 자신이 참여한 연구결과를 가지고 별도의 창업을 할 경우 정부보유의 기술을 사용한데 따른 로열티를 면제해주는 제도이다.
② 로열티 : 특허권 등 특정 권리를 가진 자에게 권리를 사용할 경우 지불하는 사용료이다.
④ 빅블러 : 빠른 변화로 인하여 기존 것들의 경계가 모호하게 되는 현상이다.

**35** 국제증권 및 외환시장에 투자해 단기이익을 올리는 민간 투자기금을 무엇이라 하는가?

① 헤지펀드          ② 방카슈랑스

③ 코리아펀드        ④ 랩 어카운트

> **NOTE** 헤지펀드(Hedge Fund) … 100명 미만의 투자가들로부터 개별적으로 자금을 모아 파트너십을 결성한 후 조세회피 지역에 위장거점을 설치하고 자금을 운영하는 투자신탁이다.
> ② 방카슈랑스(Bancassurance) : 은행이나 보험사가 다른 금융부문의 판매채널을 이용하여 자사상품을 판매하는 마케팅전략이다.
> ③ 코리아펀드(Korea Fund) : 한국증권시장에서 투자활동을 할 수 있는 외국인들의 수익증권이다.
> ④ 랩어카운트(Wrap Account) : 증권사에서 운용하는 자산종합관리계좌이다.

**36** 특정 상품에 대한 소비가 증가하면 오히려 수요가 줄어드는 현상을 무엇이라고 하는가?

① 스놉 효과

② 바넘 효과

③ 호손 효과

④ 로젠탈 효과

> **NOTE** ② 바넘 효과 : 보편적인 성격 묘사들을 자신만의 특성이라고 여기는 심리를 말한다.
> ③ 호손 효과 : 타인의 시선을 인식했을 때 행동에 차이가 나타나는 현상을 말한다.
> ④ 로젠탈 효과 : 칭찬의 긍정적 효과를 말한다.

**37** 소득이 떨어져도 소비수준이 변하지 않는 현상은?

① 도플러 효과        ② 랠링 효과

③ 의존 효과          ④ 관성 효과

> **NOTE** 관성 효과 … 톱니 효과라고도 한다. 소득이 높았을 때 굳어진 소비 성향이 소득이 낮아져도 변하지 않는 현상이다. 톱니 효과가 작용하면 소득이 감소하여 경기가 후퇴할 때 소비 성향이 일시에 상승한다.

**38** X축은 상대적 시장점유율, Y축은 시장성장률을 놓고 각각 높음·낮음의 두 가지 기준을 정한 매트릭스로 구성하고 이 두 가지 요소가 높고 낮음에 따라 네 가지 유형으로 사업이나 상품을 구분하는 Business Portfolio는?

① STP

② 4P

③ GE매트릭스

④ BCG매트릭스

> **NOTE** BCG매트릭스 … 기업의 경영전략 수립에 있어 기본적인 분석도구로 활용되는 사업포트폴리오 기법이다. '성장 – 점유율 매트릭스'라고도 불리며, 산업을 점유율과 성장성으로 구분해 네 가지로 분류한다. X축은 '상대적 시장점유율', Y축은 '시장성장률'로 하여, 미래가 불투명한 사업을 물음표(Question Mark), 점유율과 성장성이 모두 좋은 사업을 별(Star), 투자에 비해 수익이 월등한 사업을 현금 젖소(Cash Cow), 점유율과 성장률이 둘 다 낮은 사업을 개(Dog)로 분류했다.

**39** 2차 산업으로 바르게 짝지어진 것은?

① 광업, 수산업

② 광업, 제조업

③ 제조업, 운송업

④ 제조업, 건설업

> **NOTE** 수산업은 1차 산업이며, 운송업은 3차 산업이다.

**40** 현재와 비교하여 6개월 후의 경기, 생활형편, 소비지출 등에 대한 소비자들의 기대를 나타내는 지표를 의미하는 것은?

① 소비자물가지수

② 경기종합지수

③ 소비자신뢰지수

④ 소비자기대지수

> **NOTE** 소비자기대지수 … 경기에 대한 소비자들의 기대심리를 반영한 지수를 말한다. 기준점수를 100으로 하고 이를 웃돌면 6개월 이후의 경기가 현재보다 개선될 것으로 보는 가구가 나빠질 것으로 보는 가구보다 많다는 것을 의미한다.

**41** 농산물의 값이 오르면서 식품을 비롯한 일반 물가가 동반 상승하는 현상의 원인으로 볼 수 없는 것은?

① 농산물 경작지의 감소
② 기상 악화 등으로 인한 농산물의 생산량 감소
③ 국제 유가 급등으로 인한 곡물 생산 및 유통 비용의 증가
④ 화석 연료의 활성화

> **NOTE** 애그플레이션(Agflation)
>
> ㉠ 개념 : 농업(Agriculture)과 인플레이션(Inflation)의 합성어로, 농산물 가격 급등으로 일반 물가가 상승하는 현상을 뜻하며, 영국 경제주간지 「이코노미스트」에서 사용했다.
> ㉡ 원인
> • 지구 온난화와 기상 악화로 인한 농산물의 작황 부진에 따른 생산량 감소
> • 바이오 연료 등 대체 연료 활성화
> • 농산물 경작지 감소
> • 육식 증가로 인한 가축 사료 수요의 증가
> • 중국과 인도 등 브릭스(BRICS) 국가들의 경제 성장으로 인한 곡물 수요 증가
> • 국제 유가 급등으로 곡물 생산, 유통 비용 증가
> • 유동성 증가에서 비롯된 투기자본의 유입

**42** 악화가 양화를 구축한다는 이론은 무엇인가?

① 엥겔의 법칙 　　　　　② 그레셤의 법칙
③ 슘페터의 혁신 　　　　　④ 뉴호라이즌

> **NOTE** 그레셤의 법칙 … 어느 한 사회에서 소재가 나쁜 악화와 금화와 같은 양화가 동일한 액면 가치를 갖고 함께 유통될 경우, 악화만이 그 명목가치로 유통되고 양화는 유통되지 않고 사라지는 현상을 말한다. 양화는 소재가치를 지니고 있어 재보로 이용되거나 사람들이 가지고 내놓지 않으므로 유통되지 않고 사라진다는 것이다. 16세기 영국의 재무관 그레샴이 제창한 화폐 유통에 관한 법칙으로 "악화는 양화를 구축한다."고 표현한다.

ANSWER —— 38. ④　39. ④　40. ④　41. ④　42. ②

**43** 리카도의 비교생산비설에서 주장하는 무역이 왜 발생하는가에 대한 부분에 있어 해당되는 무역은?

① 국제무역　　　　　　　　　　　② 관세동맹
③ 자유무역　　　　　　　　　　　④ 바터무역

> **NOTE** 비교생산비설 … 국제분업의 이익을 설명하여 왜 무역이 발생하는가를 명확하게 하는 리카도의 이론을 말한다. 각국은 자연적·역사적 생산 제조건에 따라 생산능률을 달리 하는데 가령 각국이 외국보다 싸게 생산되는 상품을 자국 내에서 필요 이상으로 생산하여 그 잉여분을 수출, 그것과의 교환을 통해 외국산보다도 생산비가 많이 드는 상품을 수입한다면 세계 전체의 자원이 보다 효율적으로 이용되어 총생산량이 증가되고 세계 전체의 이익이 된다. 각국이 생산능률에 따라 특정상품의 생산에 특화하는 것을 국제분업이라 하여 이 국제분업의 이익에 기반을 두고 국제무역이 성립된다.

**44** 어떤 재화의 수요가 증가하면 다른 사람들도 그에 따라 수요를 증가시키는 것을 일컫는 말은?

① 밴드왜건 효과　　　　　　　　　② 인플레이션
③ 스태그플레이션　　　　　　　　　④ 스놉 효과

> **NOTE** 밴드왜건(Band Wagon) … 대열의 앞에서 행렬을 선도하는 악대차량을 말하는데, 밴드왜건이 지나가면 사람들이 궁금함을 갖고 계속 모여들기 시작하고 이것을 본 사람들이 더 많이 무작정 따라와서 사람들이 늘어나는 것에 비유한 말로, 어떤 재화에 대한 수요가 증가하면 다른 사람들도 그에 따라 수요를 증가시키는 효과를 말한다.

**45** 생산의 3요소에 해당하지 않는 것은?

① 노동　　　　　　　　　　　　　② 경영
③ 토지　　　　　　　　　　　　　④ 자본

> **NOTE** 생산의 3요소 … 토지, 노동, 자본

**46** 환경에 악영향을 끼치면서 광고 등을 통해 친환경적인 이미지를 내세우는 행위로 옳은 것은?

① 퍼팅 그린
② 그린벨트
③ 그린워시
④ 그린피스

> **NOTE** ① 퍼팅 그린 : 골프에서 홀 둘레에 퍼팅하기 좋도록 잔디를 가꾸어 놓은 구역을 말한다.
> ② 그린벨트 : 개발제한구역으로 도시의 무질서한 확산을 방지하고 환경을 보전하기 위해 설정한 녹지대를 말한다.
> ④ 그린피스 : 1971년에 설립된 국제 환경보호 단체로, 핵 실험 반대와 자연보호 운동 등의 활동을 펼치고 있다.

**47** 환율이 상승함으로써 수입과 수출에 미치는 영향을 바르게 나타낸 것은?

① 수출촉진, 수입억제
② 수출억제, 수입억제
③ 수출촉진, 수입촉진
④ 수출억제, 수입촉진

> **NOTE** 환율이 오르면 수출이 증가하고 수입은 줄어들게 된다.

**48** 통화지표는 통화의 총량을 가늠하는 척도이다. 가장 범위가 넓은 통화지표는?

① 현금통화
② M1
③ M2
④ Lf

> **NOTE** 총유동성(Lf) … 은행뿐만 아니라 비은행금융기관까지 포함하는 금융기관 전체의 유동성을 파악하기 위해 개발한
> 지표이다. Lf = M2 + 정기예 · 적금(만기 2년 이상) 및 금융채 + 유가증권 청약증거금 + 장기금전신탁(만기 2년
> 이상) + 생명보험회사 등의 보험계약준비금 + 환매조건부채권매도 + 장단기 금융채 + 고객예탁금 - {정부, 기업(Lf
> 금융기관 이외) 등이 발행한 국공채 · 회사채 등의 유가증권}

**49** 개인의 저축 증가가 국가적 저축 증가로 연결되지 않는 현상은 무엇인가?

① 승자의 저주
② 구축 효과
③ 저축의 역설
④ 유동성의 함정

> **NOTE** 저축의 역설 … 개인이 소비를 줄이고 저축을 늘리면 그 개인은 부유해질 수 있지만 모든 사람이 저축을 하게 되면 총수요가 감소해 사회 전체의 부는 감소하는 것을 말한다. 사회 전체의 수요·기업의 생산 활동을 위축시키며 국민 소득은 줄어들게 된다. 이때 저축은 악덕이고 소비는 미덕이라는 역설이 성립하게 된다.
> ① 승자의 저주 : 치열한 경쟁 끝에 승리를 얻었지만 승리를 얻기 위해 과도한 비용과 희생으로 후유증을 겪는 상황을 말한다.
> ② 구축 효과 : 정부의 재정지출 확대가 기업의 투자 위축을 발생시키는 현상이다.
> ④ 유동성의 함정 : 시중에 화폐 공급을 크게 늘려도 기업의 생산이나 투자, 가계 소비가 늘지 않아 경기가 나아지지 않는 현상을 말한다.

**50** 구매자와 판매자 사이에 제품에 대한 정보가 비대칭적으로 주어진 상황에서 거래가 이뤄지는 경우 우량품은 자취를 감추고 불량품만 남아도는 시장으로, 결국 쓸모없는 재화나 서비스가 거래되는 시장을 뜻하는 말은?

① 피치마켓                    ② 불마켓
③ 베어마켓                    ④ 레몬마켓

> **NOTE** ① 피치마켓 : 정보의 균형으로 고품질 재화 및 서비스가 거래되는 시장이다.
> ② 불마켓 : 주식시장에서 장기간의 주가상승이나 강세장을 뜻하는 말이다.
> ③ 베어마켓 : 주식시장에서 주가 하락이 예상되는 약세장을 말한다.

# Chapter 03

# 사회 · 노동

## 01 사회

### ✪ 사학연금 ◇◇

사립학교 교원 및 사무직원의 퇴직 · 사망 및 직무로 인한 질병 · 부상 · 장애에 대하여 적절한 급여제도를 확립함으로써 교직원 및 그 유족의 경제적 생활안정과 복리향상에 이바지함을 목적으로 하는 연금을 말한다. 1975년 1월 1일 출범하였으며 관련 법으로 「사립학교교직원 연금법」이 있다.

### ✪ 장발장 은행 (Jeanvaljean Bank) ◇◇◇

벌금형을 선고받았지만 생활고로 벌금을 낼 수 없는 형편의 취약계층을 돕기 위해 설립된 은행이다. 장발장 은행은 신용조회 없이 무담보 무이자로 벌금을 빌려준다. 대상자는 소년소녀가장, 미성년자, 기초생활보장법상 수급권자와 차상위계층이 우선 대상이며 개인과 단체의 기부로 운영되고 있다.

### ✪ 노블레스 오블리주 (Noblesse Oblige) ◇◇◇

사회 고위층 인사에게 따르는 높은 도덕적 책임과 의무를 말한다. 초기 로마시대 때 왕과 귀족들이 보여준 공공봉사와 기부 등이 명예인 동시에 의무로 인식되면서 자발적으로 이루어졌다. 즉, 사회 지도층은 자신이 누리는 명예(노블레스)만큼 도덕적 의무(오블리주)를 다해야 한다는 것이다.

**PLUS** 더 알아보기

**노블리스 말라드**
병들고 부패한 귀족이란 의미로 사회적 지위가 높은 사람들이 도덕적 의무를 다하는 노블레스 오블리주에 반대되는 뜻이다. 돈 많고 권력있는 엘리트 집단이 약자를 상대로 갑질하고 권력에 유착해 각종 부정부패에 가담하는 것이 노블리스 말라드이다.

## ✪ 사이버슬래킹 (Cyber Slacking) ◆◆◆

인터넷을 업무에 활용하는 사례가 급증하지만 업무 이외의 용도로 사용하는 사례가 크게 늘고 있다. 업무시간에 인터넷과 E-메일 등 업무를 위해 설치한 정보인프라를 개인적 용도로 이용하면서 업무를 등한시하는 행위를 말한다. 대용량 정보가 많아지면서 사이버슬래킹이 단순히 개인의 업무공백차원을 넘어 조직 내 전체업무에 차질을 주는 사태로까지 발전하고 있다. 이에 따라 기업과 공공기관을 중심으로 증권·포르노 등 특정 사이트에 접속을 제한하는 사이버슬래킹 방지 소프트웨어 도입이 관심을 끌고 있다.

## ✪ 제로웨이스트 (Zero Waste) ◆◆◆

환경보호를 위해 플라스틱 용기, 비닐봉지, 나무젓가락 등 일회용품 사용을 자제하고 장바구니나 도시락 통, 텀블러 등을 사용하는 것을 말한다. 쓰레기 배출을 제로(0)로 만들자는 취지로 시작되었으며 더 많은 참여자를 독려하기 위하여 최근에는 해시태그를 이용한 캠페인도 벌이고 있다. SNS에 자신의 제로웨이스트 사진을 올린 뒤 지인을 태그하여 릴레이 하는 형식이다. 제로 웨이스트의 구체적인 방법으로는 개인용 용기(도시락 통)에 음식 포장하기, 남은 재료를 활용하여 요리하기, 휴지보다 손수건을 이용하기, 장바구니 사용하기, 빨대 사용 자제하기 등이 있다. 코로나19로 인한 배달 및 포장 서비스, 마스크와 일회용 위생장갑의 사용과 폐기가 급증하는 등으로 쓰레기 감소의 중요성이 더욱 대두되고 있다.

## ✪ 고령사회 (高齡社會) ◆◆◆

유엔(UN)이 정한 기준에 의하면 고령인구 비율이 7%를 넘으면 고령화 사회, 14%를 넘으면 고령사회, 20% 이상이면 초고령 사회로 분류한다. 통계청 발표에 따르면 우리나라는 2017년부터 고령인구비율 14%를 넘기며 고령사회에 진입했다. 2000년 고령화 사회에 들어선 지 17년 만이다. 이는 세계에서 가장 빠른 고령화 속도다. 고령화 속도가 가장 빠른 것으로 알려진 일본도 1970년 고령화 사회에서 1994년 고령사회로 들어서는 데 24년이 걸렸다. 프랑스는 115년, 미국은 73년, 독일은 40년 등이 걸렸는데 다른 선진국들과 비교하면 한국의 고령사회 진입 속도는 무척 빠른 편이며, 통계청은 2019년 장래인구추계에서 2025년 초고령 사회가 될 것으로 내다보았다.

**PLUS** 더 알아보기

> **UN이 분류한 고령에 대한 정의**
> • **고령사회** (Aged Society) : 65세 이상 인구가 총인구를 차지하는 비율이 14% 이상
> • **고령화사회** (Aging Society) : 65세 이상 인구가 총인구를 차지하는 비율이 7% 이상
> • **초고령사회** (Post-Aged Society) : 65세 이상 인구가 총인구를 차지하는 비율이 20% 이상

## ✪ 퍼피워커 (Puppy Walker) ✧✧✧

시각장애인이나 청각장애인의 안내견이 될 강아지를 생후 7주부터 1년 동안 자신의 집에서 돌봐주는 자원봉사활동을 말한다. 이들 예비견들은 1년 동안 안내견 학교 담당자가 월 1회 정규적으로 방문해 훈련과 건강관리 등을 도와주며 사육에 드는 경비도 안내견 학교에서 부담하고 있다. 퍼피워커는 초보자들 보다는 개를 키워본 경험이 풍부한 애견인들이 하는 것이 좋다.

## ✪ 치게마인샤프트(Gemeinschaft)) ✧✧

독일 사회학자 F.퇴니에스의 주장으로 혈연, 지연, 애정 등 본질 의지에 입각하는 공동사회를 말한다. 감정이 존재하기 때문에 감정적 대립이나 결합성이 두드러진다.

**PLUS** 더 알아보기

게젤샤프트 : 본질 의지보다 선택 의지로 모인 이익사회를 말한다.

## ✪ 깨진 유리창의 법칙 (Broken Window Theory) ✧✧✧

유리창처럼 사소한 것을 방치하면 후에는 큰 범죄로 이어진다는 범죄 심리학 이론으로, 1982년 제임스 윌슨과 조지 켈링이 월간잡지 「Atlanta」에 발표했다. 건물 주인이 깨진 유리창을 그대로 방치해두면, 지나가는 행인들이 버려진 건물로 생각해 돌을 던져 나머지 유리창까지 모조리 깨뜨리며 더 나아가 그 건물에서는 강도와 같은 강력범죄가 일어날 확률이 높아진다는 것이다.

## ✪ 도넛 현상 (Doughnut) ✧

대도시의 거주지역과 업무의 일부가 외곽지역으로 집중되고 도심에는 상업기관·공공기관만 남게 되어 도심은 도넛모양으로 텅 비어버리는 현상이다. 이는 도시 내의 지가상승·생활환경의 악화·교통혼잡 등이 원인이 되어 발생하는 현상으로 도심 공동화 현상이라고도 한다.

## ✪ 스프롤 현상 (Sprawl) ✧✧

도시의 급격한 팽창에 따라 대도시의 교외가 무질서·무계획적으로 주택화되는 현상을 말한다. 교외의 도시계획과는 무관하게 땅값이 싼 지역을 찾아 교외로 주택이 침식해 들어가는 현상으로 토지이용면에서나 도시시설정비면에서 극히 비경제적이다.

## ✪ U턴 현상 ✧✧

대도시에 취직한 지방 출신자가 고향으로 되돌아가는 노동력 이동을 말한다. 대도시의 과밀·공해로 인한 공장의 지방 진출로 고향에서의 고용기회가 확대되고 임금이 높아지면서 노동력의 이동현상이 나타나고 있다.

## ◎ J턴 현상

대도시에 취직한 지방출신자가 고향으로 돌아가지 않고 지방도시로 직장을 옮기는 형태의 노동력이동을 말한다. U턴 현상에 비해 이 현상은 출신지에서의 고용기회가 적을 경우 나타나는 현상이다.

## ◎ 라이프로깅(Lifelogging)

전자기기의 발달과 인공지능 비서의 등장으로 일상 속 데이터를 수집·저장하여 분석하는 것을 말한다. 즉 웨어러블 기기를 통한 심박수 측정 등 일상의 모든 정보를 자동으로 기록하고 이를 구애받지 않고 다른 사용자들과 공유하는 행위이다.

## ◎ 빨대 효과

좁은 빨대로 컵 안의 내용물을 빨아들이듯, 대도시가 주변 도시의 인구 및 경제력을 흡수하는 대도시 집중현상을 일컫는다. 교통여건의 개선이 균형 있는 지역 개발이 아닌 지역 쇠퇴를 초래하는 부작용으로, 1960년대에 일본 고속철도 신칸센이 개통된 후에 도쿄와 오사카 도시로 인구와 경제력이 집중되어 제3의 도시 고베가 위축되는 현상에서 비롯되었다.

## ◎ 엘리트 이론 (Elite Theory)

모든 사회조직에서의 정책은 집단 사이의 갈등 또는 요구를 통해 만들어지는 것이 아니라 파워엘리트나 지배엘리트 등의 특정한 소수로 국한되어 정책이 좌우된다는 이론이다. 엘리트 이론은 세 가지로 나뉜다.

① 고전적 엘리트 이론 : 어떤 사회에서 집단이 생기면 책임·사명·능력의 세 가지 요소를 가진 소수 엘리트가 사회를 통치하고 다수의 대중들은 이들의 의견이나 결정을 따라 결국 소수 엘리트에 의한 지배가 이루어질 수밖에 없다는 입장이다.

② 신 엘리트 이론 : 정치권력에는 이중성이 있어서 하나는 정책결정을 할 때 힘을 발휘하고, 다른 하나는 정책결정을 위한 정책문제의 선택에 있어서 그 영향력을 행사한다는 입장이다.

③ 급진적 엘리트 이론 : 1950년대 밀스가 주장한 미국 권력구조에 대한 이론으로 파워엘리트는 단일지배계급이 아닌 기업체, 정부 내 행정관료기구, 군대 요직에 있는 간부를 지칭하며 이들의 밀접한 결합이 심화되고 있다고 보았다.

## ❂ 효과별 분류 ◇◇

| 구분 | 내용 |
|---|---|
| 베르테르 효과<br>(Werther Effect) | 유명인이나 자신이 롤 모델로 삼고 있던 사람이 자살할 경우, 자신과 동일 시 해서 자살을 시도하는 현상이다. 독일의 문호 괴테가 1774년에 출간한 「젊은 베르테르의 슬픔」에서 유래했는데, 이 작품에선 남주인공 베르테르가 여주인공 로테를 사랑하지만 그녀에게 약혼자가 있다는 것을 알고 실의에 빠져 권총자살을 하게 된다. 시대와의 단절로 고민하던 젊은 세대의 공감으로 자살이 급증하자 이를 연구한 미국의 사회학자 필립스가 이름을 붙였다. |
| 파파게노 효과<br>(Papageno Effect) | 자살에 대한 언론 보도를 줄임으로써 자살률이 낮아지는 효과이다. |
| 루핑 효과<br>(Looping Effect) | 사람들이 이전에 관심이 없다가 새로운 사실을 인식하게 되면 이러한 사실들이 상호작용하게 되어 사람이 변해 새로운 사실에 영향을 받은 다른 종류의 사람이 만들어지는 현상이다. 예를 들어 유명인의 자살을 언론보도를 통해 접하고 관심을 갖게 되어 개개인의 불안심리가 조성되면서 우울감이나 단절감이 자살로 이어지게 된다. |
| 나비 효과<br>(Butterfly Effect) | 브라질에 있는 나비의 날갯짓이 미국 텍사스에 토네이도를 발생시킬 수도 있다는 과학이론이다. 기상 관측한 데이터를 통해 처음 이야기된 효과로, 어떤 일이 시작될 때 있었던 아주 미묘한 양의 차이가 결과에서는 매우 큰 차이를 만들 수 있다는 이론이다. 이는 후에 카오스 이론의 토대가 되었다. |
| 낭떠러지 효과 | 자신이 정통한 분야에 대해서는 임무수행능력이 탁월하지만 조금이라도 그 분야를 벗어나면 낭떠러지에서 떨어지듯이 일시에 모든 문제해결능력이 붕괴되는 현상을 말한다. 낭떠러지 효과는 기계문명에 대한 맹신에서 벗어날 것을 인류에게 촉구하는 미래학자들의 경고이기도 하다. |
| 넛지 효과<br>(Nudge Effect) | 어떠한 금지나 인텐시브 없이도 인간 행동에 대한 적절한 이해를 바탕으로 타인의 행동을 유도하는 부드러운 개입을 말한다. 행동경제학자인 선스타인과 리처드 탈러가 공저한 「넛지」에 의하면, 팔을 잡아끄는 것처럼 강제에 의한 억압보다 팔꿈치로 툭 치는 부드러운 개입으로 특정 행동을 유도하는 것이 더 효과적이라고 한다. |
| 디드로 효과<br>(Diderot Effect) | 하나의 제품을 구입하면 그 제품과 연관된 제품을 연속적으로 구입하게 되는 현상이다. 소비자는 단순히 기능적인 연관성뿐만 아니라 제품과 제품사이에 정서적 동질성을 느껴서 구입하게 된다. |
| 피그말리온 효과<br>(Pygmalion Effect) | 타인의 관심이나 기대로 인해 능률이 오르거나 결과가 좋아지는 현상이다. 그리스신화에 나오는 조각가 피그말리온의 이름에서 유래한 심리학 용어로 '로젠탈 효과'라고도 한다. |
| 스티그마 효과<br>(Stigma Effect) | 타인에게 무시당하거나 부정적인 낙인이 찍히면 행태가 나빠지는 현상이다. 스티그마 효과가 부정적 행태를 보인다면 피그말리온 효과는 긍정적 행태를 보인다. '낙인 효과'라고도 한다. |
| 래칫 효과<br>(Ratchet Effect) | 소득수준이 높았을 때의 소비성향이 소득수준이 낮아져도 낮아진 만큼 줄어들지 않게 하는 저지작용이다. |

## ✪ 무리별 분류 ◇◇◇

| 구분 | 내용 |
|---|---|
| 시피족(Cipie) | 오렌지족의 소비 지향적·감각적 문화행태에 반발, 지적 개성을 강조하고 검소한 생활을 추구하는 젊은이를 일컫는다. |
| 슬로비족(Slobbie) | 성실하고 안정적인 생활에 삶의 가치를 더 부여하는 사람들을 일컫는다. |
| 니트족(Neet) | 교육이나 훈련을 받지 않고 일도 하지 않으며 일할 의지도 없는 청년 무직자를 일컫는다. |
| 좀비족(Zombie) | 대기업·방대한 조직체에 묻혀 무사안일에 빠져있는 비정상적인 사람을 일컫는다. |
| 딩크족(Dink) | 정상적인 부부생활을 영위하면서 의도적으로 자녀를 갖지 않는 젊은 맞벌이 부부를 일컫는다. |
| 딘스족(Dins) | 성생활이 거의 없는 맞벌이 부부를 일컫는다. |
| 듀크족(Dewks) | 아이가 있는 맞벌이 부부를 일컫는다. |
| 딘트족(Dint) | 경제적으로 풍족하지만 바쁜 업무로 소비생활을 할 시간이 없는 신세대 맞벌이를 일컫는다. |
| 네스팅족(Nesting) | 단란한 가정을 가장 중시하고 집안을 가꾸는 신가정주의자들을 일컫는다. |
| 싱커즈족(Thinkers) | 젊은 남녀가 결혼 후 맞벌이를 하면서 아이를 낳지 않고 일찍 정년퇴직해 노후생활을 즐기는 신계층을 일컫는다. |
| 통크족(Tonk) | 자식뒷바라지에 의존하지 않고 취미·운동·여행 등으로 부부만의 생활을 즐기는 계층을 일컫는다. |
| 우피족(Woopie) | 자식에게 의지하지 않고 경제적인 여유로 풍요롭게 사는 노년세대를 일컫는다. |
| 예티족(Yettie) | 젊고, 기업가적이며, 기술에 바탕을 둔, 인터넷 엘리트를 일컫는다. 20, 30대인 예티족은 민첩하고 유연하며 오직 일에만 전념하여 자신의 상품성을 높이고자 끊임없이 자기계발을 하는 것이 특징이다. |
| 파이어족(FIRE) | 경제적 자립을 토대로 자발적 조기 은퇴를 추진하는 사람들을 말한다. 이들은 일반적인 은퇴 연령인 50~60대가 아닌 30대 말이나 늦어도 40대 초반까지는 조기 은퇴의 목표를 가진다. 따라서 20대부터 소비를 줄이고 수입의 70~80% 이상을 저축하는 등의 극단적 절약을 선택하기도 한다. 파이어족들은 원하는 목표액을 달성해서 부자가 되는 것이 목표가 아니라, 조금 덜 쓰고 덜 먹더라도 자신이 하고 싶은 일을 하면서 사는 것을 목표로 한다. |
| 나우족(Now) | 40~50대에도 젊고 건강하며 경제력이 있는 여성들을 일컫는다. |
| 노무족(Nomu) | 나이와 상관없이 자유로운 사고와 생활을 추구하고 꾸준히 자기개발을 하는 40~50대 남자들을 일컫는다. |
| 어모털족(Amortal) | '영원히 늙지 않는' 뜻의 영어 단어로, 어모털족은 나이가 숫자에 불과하다고 생각하며 자신이 원하는 나이에 맞게 살아간다. 따라서 나이에 구애받지 않고 자신이 원하는 목표를 이루기 위해 끊임없이 도전하는 사람을 뜻한다. 실제로 시니어 모델이 늘어나며 젊은 사람만 모델을 할 수 있다는 편견이 사라지고 있다. |
| 헬리콥터 엔젤족(Helicopter angel) | 정년퇴임 후에 가족과의 '공생적 가치'를 중요하게 생각하는 중장년의 남성들 뜻하는 신조어이다. 젊었을 때 가정보다 일을 우선시하던 모습에서 퇴임 후 가족관계 개선을 위해 노력하는 모습을 보인다. |

## ● 쿼터리즘 (Quarterism) ◇◇

인내심을 잃어버린 요즘 청소년의 사고·행동양식을 지칭한다. 최근의 10대들은 자극에는 즉각 반응을 하지만 금새 관심이 바뀌는 감각적 찰나주의가 한 특징으로, 이는 순간적 적응력을 요구하는 고속정보통신과 영상매체의 급격한 팽창이 한 가지 일에 진지하게 접근하고 집중하는 능력을 점차 잃게 한 원인으로 지적되고 있다. 그러나 직관적 사고나 감각적이고 순발력이 필요한 아이디어를 창안해 내는 데는 천재적이라는 긍정적 결과도 있다.

## ● 롱 하울러 (long - hauler) ◇◇◇

코로나19 감염 후 완치가 되었음에도 증상과 후유증이 지속되는 사람을 말한다. 끌어당기는 사람이라는 뜻의 하울러(Hauler)는 후유증을 오래 끌고 간다고 하여 붙여졌다. 롱 하울러는 예상할 수 없지만, 코로나19 감염 당시 증상이 심한 환자 또는 고위험 계층(노약자 등)이 될 가능성이 높다.

## ● 줌 피로 (Zoom Fatigue) ◇◇◇

화상회의 프로그램 줌(Zoom)을 사용하며 발생한 기술적 문제 또는 심리적 불편함을 통한 스트레스, 피로감을 말한다. 대면 상황에서의 침묵은 대화에서 자연스러운 리듬감을 형성하지만 시스템이 지연되는 1 ~ 2초 동안 주의력을 떨어트리며 불편함을 준다. 비언어적 표현도 대화에서 중요한 부분이지만 화면을 사이에 뒀을 경우에는 인지하기 어려워 전달력이 떨어진다. 또한, 자신의 모습이 카메라에 노출되는 상황 또한 큰 부담감을 갖게 되며 화자는 쉽게 피로감을 느끼게 된다.

## ● 줌바밍(Zoom Bombing) ◇◇

화상회의 플랫폼 '줌(Zoom)'과 폭격을 뜻하는 '바밍(Bombing)'의 합성어이다. 화상회의 혹은 비대면 수업 공간에 초대받지 않은 제3자가 들어와 욕설과 혐오 등 방해하는 것을 의미한다. 공식적인 업무임에도 인터넷 라이브 방송처럼 가볍게 여기는 심리에서 기인한 것으로 보인다. 단순한 인터넷 놀이문화로 치부하기에는 명백한 범죄이므로 이를 근절할 대책이 필요하다.

## ✪ 브이로그 (V-log) ◇◇

텍스트와 이미지 중심으로 남기던 자신의 일상을 영상으로 담아 남기는 것이다. 유튜브와 같은 동영상 플랫폼을 매개로 하고 있으며, 특정 주제보다는 일상적인 이야기를 주로 다룬다는 특징이 있다. 브이로그를 찍는 사람을 '브이로거(V-loger)'라고 부르는데, 이들은 남들과 같이 공유하고 싶거나 기억하고 싶은 순간을 틈틈이 영상으로 남긴다. 최근에는 일반인에서 연예인까지 확대되어 1인 미디어 전성시대에 맞게 브이로그를 제작하고 있다. 브이로그를 통해 대리만족 혹은 자신과 비슷하게 사는 타인의 모습을 보고 현실에 대한 공감과 위로를 얻을 수 있어 많은 인기를 끌고 있다.

## ✪ 증후군의 분류 ◇◇

| 구분 | 내용 |
|------|------|
| 빈 둥지 증후군<br>(Empty Nest Syndrome) | 중년의 가정주부가 어느 날 갑자기 빈 둥지를 지키고 있는 듯 허전함을 느끼며 자신의 정체성에 대해 회의를 품게 되는 심리적 현상으로 공소증후군을 뜻한다. |
| 모라토리엄 증후군<br>(Moratorium Syndrome) | 지식 수준이나 육체적으로 한 사람의 몫을 충분히 할 수 있음에도 불구하고 사회인으로서 책무를 기피하는 현상이다. 대개 고학력 청년들로 대학 졸업 후 사회로 나가기 두려워 취직하지 않고 빈둥거리는 것을 말한다. |
| 파랑새 증후군<br>(Bluebird Syndrome) | 현재의 일에 만족이나 정열을 느끼지 못하고 미래의 행복만을 꿈꾸는 증후군이다. |
| 피터팬 증후군<br>(Peter Pan Syndrome) | 무기력증을 보이는 남성들의 심적 증후군. 어른이면서도 어린이 같은 언행을 일삼는 현상을 말한다. |
| 슈퍼우먼 증후군<br>(Superwoman Syndrome) | 직장여성 중 엘리트를 지향하는 여성들에게서 보이는 스트레스 증후군. 모든 일에 완벽하려고 지나친 신경을 써서 지쳐버리게 되는 증상을 말한다. |
| LID 증후군<br>(Loss Isolation Depression Syndrom) | 핵가족화로 인해 노인들에게 발생할 수 있는 고독병의 일종이다. 자녀들은 분가해서 떠나고 주변의 의지할 사람들이 세상을 떠나면 그 손실에 의해 고독감과 소외감을 느낀다. 이런 상태가 지속되면 우울증에 빠지게 되는데 이를 고독고(孤獨苦)라 한다.<br>※ 노인의 4고(苦) : 빈고(貧苦), 고독고(孤獨苦), 병고(病苦), 무위고(武威苦) |
| 램프 증후군<br>(Lamp Syndrome) | 실제로 일어날 가능성이 없는 일에 대해 마치 알라딘의 요술 램프의 요정 지니를 불러내듯 수시로 꺼내 보면서 걱정하는 현상이다. 쓸데없는 걱정을 하는 사람들을 지칭하는 말로, 과잉근심이라고도 한다. 램프 증후군에서의 걱정은 대부분 실제로 일어나지 않거나, 일어난다고 해도 해결하기 어려운 것들이다. 그럼에도 불구하고 많은 사람들은 자신이 어떻게 할 수 없는 일에 대하여 끊임없이 염려하는 양상을 보인다. |
| 포모증후군<br>(FOMO Syndrome) | 세상의 흐름에 자신만 뒤처지거나 소외되는 것 같은 두려움을 가지는 증상으로 고립공포감이라고도 한다. Instagram이나 Facebook 등 다른 사람들과 커뮤니케이션이 어려운 상황을 심리적으로 불안해하는 것이 특징이다. |

● **젠트리피케이션 (Gentrification)** ✧✧

빈곤 계층이 이르는 정체 지역에 중산층 이상의 계층이 진입하여 낙후된 도심이 활성화 되면서 거주하고 있던 빈곤 계층을 몰아내는 현상이다. 해당 지역이 활성화 되고 관광객이 늘면서 부동산 가격 등 전반적인 자산가치가 상승하여 기존 거주자들을 몰아내는 것이다. 1964년 영국 사회학자 루스 글래스가 런던 도심의 노동자 거주지에 중산층이 이주 해오면서 발생한 지역 변화를 이 같은 용어로 설명하였다.

● **슬로 어답터 (Slow Adopter)** ✧✧✧

얼리 어답터와 대비되는 소비계층으로 사용하기 복잡한 제품, 전문성을 필요로 하는 기술을 꺼리며 편리하고 단순한 것을 선호하는 소비계층이다. 이들이 중점적으로 생각하는 것 '실용성'과 '편리성'으로 구매한 제품을 통하여 무엇을 할 수 있는지 생각한다.

● **지역화폐 (地域貨幣)** ✧✧✧

특정 지역에서 자체적으로 발행하며 그 지역에서만 소비할 수 있는 화폐이다. 형태에 따라 지류형·카드형·모바일형으로 나뉜다. 지자체에 따라 다르지만 일정 비율의 할인율을 제공받을 수 있으며 업주들은 보다 저렴한 카드 수수료와 지자체 홈페이지를 통한 홍보효과를 기대할 수 있다.

● **소셜블랙아웃(social blackout)** ✧✧

자발적으로 스마트폰, SNS. 인터넷 등으로부터 자신을 완전히 차단하고 스스로에게 집중하는 행위를 말한다.

● **고슴도치 딜레마** ✧✧✧

인간관계에 있어 서로의 친밀함을 원하는 동시에 적당한 거리를 두고 싶어하는 욕구가 공존하는 모순적 심리상태를 말한다. 고슴도치들은 추운 날씨에 온기를 나누려 모이지만 서로의 가시 때문에 상처입지 않으려면 거리를 두어야 하는 딜레마를 통해 인간의 애착형성 어려움을 빗대어 표현하는 것이다.

● **콜아웃 컬처(Callout Culture)** ✧✧

SNS상에서 자신의 생각과 다르거나 특히 공인이 논란을 불러일으키는 발언 및 행동을 했을 때 팔로우를 취소하고 외면하는 행동을 말한다. 최근 일론 머스크가 가상화폐와 관련하여 자극적인 발언을 하자 지지자들이 공격적으로 돌아선 경우가 그 예시이다. 당초 소수자 차별 문제와 함께 확산된 온라인 문화로, 소수자 차별 발언 혹은 행동을 저지른 이들에게 문제를 지적하고자 '당신은 삭제됐어(You're Canceled)' 등의 메시지를 보내고 해시태그(#)를 다는 운동에서 시작됐다.

## ● 세대별 분류 ◇◇◇

| 구분 | 내용 |
| --- | --- |
| 베이비붐 세대 | 출산율이 높은 시기에 태어난 세대를 말한다. |
| 386 세대 | 1990년대 후반에 만들어진 용어로 30대, 80년대 학번, 60년대 세대를 일컫는다. |
| X세대 | 1980년대 초 ~ 1990년에 태어나 산업화 이후 비교적 풍요로운 세대를 보낸 세대를 말한다. 이들은 무관심과 기존 질서를 부정하는 모습 등이 특징이다. |
| Y 세대 (밀레니얼 세대) | 1980년대 초~2000년대 초 사이 출생한 세대로 베이비붐 세대의 자녀 세대를 일컫는다. 정보기술(IT)에 능통하며 대학 진학률이 높다는 특징이 있다 |
| Z 세대 | 1990년대 중~2000년대에 태어난 세대를 이르는 말로, 어릴 때부터 디지털 환경에서 자란 세대라는 특징이 있다. |
| 3포 세대 | 2008년 세계 금융위기나 국내 경쟁적인 사회 분위기로 인해 연애, 결혼, 출산 포기한 세대를 일컫는다. |
| N포 세대 | 2015년부터 어려운 사회적 상황으로 기존 3포에서 인간관계, 꿈, 내 집 마련 등 여러 가지(N가지)를 더 포기해야 하는 세대를 일컫는다. |
| MZ 세대 | 밀레니얼 세대와 Z세대를 통칭하여 MZ세대라고 하며 이는 전 세계적으로 사용되고 있다. MZ세대는 국내 인구의 25.6%를 차지하고 있으며 오프라인보다 온라인이, 사람과 대면하는 것보다 스마트폰 화면이 익숙한 세대이다. 따라서 SNS를 기반으로 유통시장에서 강력한 영향력을 발휘하는 소비 주체로 부상하고 있다. |
| 캥거루 세대 | 경제적으로나 정신적으로 부모에 의존해 생활을 즐기는 젊은 세대를 말한다. 부모 곁을 떠나려 하지 않기 때문에 '자라 증후군'이라고도 한다. |
| OPAL 세대 | 새로운 소비층으로 부각되고 있는 5060세대를 일컫는다. 베이비붐 세대인 58년생을 뜻하기도 한다. 이들은 은퇴를 한 후 새로운 일자리를 찾고, 여가 활동을 즐기면서 젊은이들처럼 소비하며 자신을 가꾸는 일에 많은 시간과 돈을 투자한다. |

## ● OTT ◇◇◇

Over-The-X는 기존 영역의 경계를 넘나드는 서비스나 상품을 의미한다. 증권거래소 밖에서 이루어지는 금융 장외시장은 OTC(Over The Counter) 마켓을 말하며, 처방전 없이 약국이나 슈퍼마켓에서 살 수 있는 일반 의약품은 OTC(Over The Counter) 드럭(Drug)이라고 표현한다. 방송, 통신 영역에서 사용하는 OTT(Over The Top) 서비스에서 'top'은 셋톱박스 (Set Top Box)를 뜻한다. 직역하자면 '셋톱박스를 넘어서(통하여)'제공되는 서비스를 뜻한다. 따라서 전파나 케이블이 아닌 범용 인터넷망(Public Internet)으로 영상 콘텐츠를 제공하는 것으로 셋톱박스가 있고 없음을 떠나 인터넷 기반의 동영상 서비스 모두를 포괄하는 의미로 쓰인다.

## ● 오도이촌 (五都二村) ◇◇◇

일주일 중 5일은 도시에서, 2일은 농촌에서 생활하는 현대인의 생활스타일이다. 워라밸이 중요시 되며 여가시간이 늘어남에 따라 유행하는 현대인의 주거 트렌드이다.

## ● 업사이클링 (Up-Cycling) ✦✦✦

업사이클링은 Upgrade와 Recyling의 합성어로, 디자인이나 활용도를 더하여 전혀 다른 제품으로 생산하는 것을 말한다. 버려지는 물건을 재활용하여 필요한 제품으로 재탄생시키며 최근에는 착한 소비, 가치 있는 소비로 새로운 소비 트렌드가 되었다.

## ● 제노포비아(xeno phobia) ✦✦

낯선 것, 이방인이라는 뜻의 '제노(xeno)'와 싫어한다, 기피한다는 뜻의 '포비아(phobia)'를 합쳐 만든 말이다. 외국인 혐오증으로 해석된다. 상대방이 악의가 없어도 자기와 다르다는 이유로 일단 경계하는 심리 상태를 나타낸다. 경기 침체 속에서 증가한 내국인의 실업률 증가 등 사회문제의 원인을 외국인에게 전가시키거나 특히 외국인과 관련한 강력 범죄가 알려지면서 이런 현상이 더욱 심화되기도 한다.

## ● 팝콘 브레인 (Popcorn Brain) ✦✦✦

미국 워싱턴대학교 정보대학원 교수가 만든 용어로, 디지털기기가 발달하면서 크고 강렬한 자극에만 마치 팝콘이 터지듯 뇌가 반응하는 현상을 '팝콘 브레인(Popcorn Brain)'이라 한다. 스마트폰과 같은 전자기기의 지나친 사용으로 뇌에 큰 자극이 지속적으로 가해지면서 단순하고 잔잔한 일상생활에는 흥미를 잃게 되는 것이다. 딱히 확인 할 것이 없음에도 스마트폰 화면을 켠다거나, 스마트폰을 하느라 할 일을 뒤로 미루는 것도 팝콘 브레인의 증상이다.

## ● 그로서란트 (Grocerant) ✦✦✦

마트에서 구입한 식재료를 마트에서 바로 조리해 먹을 수 있는 복합공간을 의미한다. 장보기와 식사를 한 번에 해결할 수 있으며, 자신이 구입한 식재료에 일부 조리비만 내면 즉석에서 바로 조리한 요리를 먹을 수 있어 편리하다.

## ● 불리사이드(bully suicide) ✦✦

온라인 공간에서 불특정 다수에 의하여 비난이나 거짓된 정보로 괴롭힘을 당한 피해자들이 정신적인 충격으로 자살하는 따돌림 자살을 말한다.

## ● 인포데믹스(Infodemics) ✦✦✦

근거 없는 추측이나 뜬소문과 같은 부정확한 정보가 전염병처럼 빠르게 전파되어 사회, 정치, 경제, 안보 등에 치명적인 위기를 초래하는 상황을 의미한다.

## 02 노동

### ● 정년 60세 연장법 ◇◇

「고용상 연령차별 금지 및 고령자 고용촉진에 관한 법률」 일부 개정안에서는 현행법에 권고조항으로 되어 있던 정년을 의무조항으로 바꿔 60세로 연장하고, 2016년 1월 1일부터 공기업, 공공기관, 지방공기업, 상시근로자 300인 이상 사업장에 적용하며 2017년 1월 1일부터는 국가 및 지방자치단체, 상시근로자 300인 미만 사업장에도 적용하기로 했다. 임금피크제와의 연계에 대해서도 '노사 양측이 임금체계 개편 등 필요한 조치를 취해야 한다.'는 문구를 통해 사실상 의무화하였으며, 60세에 도달하지 않은 근로자를 특별한 사유 없이 해고할 경우 부당해고로 간주하여 해당 사업주를 처벌하도록 하였다.

### ● 근로장려금 ◇◇

일은 하지만 소득이 적어 생활이 어려운 근로자 또는 사업자(전문직 제외) 가구에게 장려금을 지급함으로써 근로를 장려하고 실질소득을 지원하는 근로연계형 소득지원제도이다. 근로의욕을 고취시켜 일을 통한 빈곤탈출과 빈곤층의 경제적 자립을 지원하고 저소득 근로자의 실질소득을 증가시켜 극빈층으로 추락하는 것을 사전에 예방하는데 목적이 있다.

### ● 블라인드 채용(Blind hiring) ◇◇◇

채용과정인 입사지원서 또는 면접 등에서 편견이 개입되어 불합리한 차별을 유발할 수 있는 출신지, 가족관계, 학력, 신체적 조건(키, 체중, 사진), 외모 등 항목을 기재하지 않음으로써 지원자들의 개인적 배경이 심사위원들에게 영향을 미치지 않고, 편견에서 벗어나 실력인 직무능력을 평가하여 인재를 채용할 수 있도록 시스템을 구축하여 지원하는 채용 제도이다.

### ● 임금피크제 ◇◇◇

일정 연령이 된 근로자의 임금을 삭감하는 대신 정년까지 고용을 보장하는 제도를 말한다. 임금피크제의 장점은 고령층의 실업 완화, 기업의 인건비 감소, 전문화된 인력의 경험을 살릴 수 있다는 것이나 일률적인 임금피크제의 적용으로 인한 임금수준 하락의 편법작용, 공기업의 노령자 구제수단의 일환으로 악용될 수 있다는 단점이 있다.

### ● 퍼플 잡(Purple Job) ◇◇◇

일정한 시간이나 장소 형태를 요구하는 정형화된 근무 제도에서 탈피해 근로자의 여건에 따라 특성에 맞는 근무 형태를 신축적으로 조절하는 것으로 유연근무제, 퍼플 컬러라고도 한다. 기존의 정규직, 비정규직이란 이분법적 사고를 뛰어 넘는 다양성을 지향한다. 유연 출퇴근 시간제, 재택근무제, 일자리 공유제, 한시적 시간근무제 등이 있다.

## ● 워크셰어링 (Work Sharing) ◆◆◆

불황기의 고용문제 해결방법으로, 노동자 1인당 노동시간을 단축함으로써 전체고용지수를 유지·증대하려는 형태의 업무 분담을 말한다. 구체적으로 노동시간 단축, 작업량 삭감, 휴일·휴가 증가, 퇴직연령 인하, 교육·직업훈련기간 연장 등이 있다.

## ● 노동3권 (勞動三權) ◆◆◆

노동자가 가지는 세 가지 권리로 단결권·단체교섭권·단체행동권을 말한다. 노동자의 권익(權益)을 위해 헌법상 보장되는 기본권으로서 사회권에 속하며, 단체행동권의 행사는 법률이 정하는 범위 내에서만 보장된다. 공무원의 경우 법률로 인정된 단순 노무에 종사하는 공무원 외에는 노동3권이 보장되지 않으며, 공무원에 준하는 사업체에 종사하는 근로자의 단체행동권은 법률에 의해 제한 또는 인정하지 않을 수 있다.

| 구분 | 내용 |
| --- | --- |
| 단결권 | 노동자가 근로조건 향상을 위해 단결할 수 있는 권리를 말한다. |
| 단체교섭권 | 노동자의 노동시간, 임금, 후생복리 등의 조건에 관한 문제를 사용자 측과 단체적으로 협의할 수 있는 권리를 말한다. |
| 단체행동권 | 단체교섭이 이루어지지 않을 경우 노사 간의 분쟁을 해결하기 위한 파업 등을 할 수 있는 권리를 말한다. |

**PLUS** 더 알아보기

**사회권**: 개인의 생존, 생활의 유지·발전에 필요한 모든 조건을 확보하도록 국가에 요구할 수 있는 국민권리의 총칭으로 사회적 기본권 또는 생존권적 기본권이라고도 한다.

## ● 노사협의회 (勞使協議會) ◆◆

근로자와 사용자가 상호 협조하여 근로자의 복리증진, 기업의 건전한 발전과 산업평화에 힘쓴다는 목적으로 구성하는 협의기구이다. 지금까지 노사협의회는 노동조합이 조직된 사업장은 「노동조합법」에 의하여, 그렇지 않은 곳은 행정지도를 통하여 운영되어 왔으나 1980년 12월 「노사협의회법(現 근로자참여 및 협력증진에 관한 법률)」이 제정됨에 따라 모든 곳에서 그 설치를 의무화하여 협의회 운영이 제도화됐다. 노사협의회는 근로자와 사용자를 대표하는 동수의 위원으로 구성한다.

## ◉ 노동조합 및 노동관계조정법 ◇◇

노동조합의 조직과 운영의 자주성 및 민주성을 확대하고, 노사간의 자율적인 단체교섭의 기반을 정비하며 노동쟁의 조정절차와 쟁의행위 행사요건을 합리적으로 개선함으로써 대등성에 기초한 노동관계의 발전을 도모하기 위한 목적으로 1996년 12월 31일 법률 제5244호로 제정된 법률이다. 이 법 제정에 따라 노동쟁의조정법이 폐지되었다.

## ◉ 노동조합 (勞動組合) ◇

근로자가 주체가 되어 스스로 단결하여 근로조건의 개선, 노동자의 지위 향상 등을 도모하는 목적으로 조직하는 단체를 말한다. 노동조합은 사용자와 단체협약을 체결하고 근로조건의 개선 등에 대해 단체교섭권을 행사하는 권한을 갖는다.

## ◉ 단체협약 (團體協約) ◇

근로자단체인 노동조합과 사용자 사이에서 노동조건 또는 기타에 관하여 맺는 계약이다. 근로관계를 규율하는 규범적 부분과 그 규범을 실시하는 데 있어서의 당사자가 준수하여야 할 의무를 규정하는 채권법적 부분으로 성립되는데, 규범적인 부분이 핵심이 된다.

## ◉ 숍제도의 분류 ◇◇

노동조합이 사용자와 체결하는 노동협약에 조합원 자격과 노동자 자격의 관계를 규정한 조항(Shop Clause)을 넣어 조합의 유지와 발전을 도모하는 제도를 숍제도(Shop System)라 한다.

| 구분 | 내용 |
|---|---|
| 오픈숍(Open Shop) | 조합가입 여부에 관계없이 고용이나 해고에 차별대우를 하지 않은 제도이다. 사용자는 노동자를 자유로 채용할 수 있고 노동자의 조합가입 여부도 자유의사에 따른다. |
| 유니언숍(Union Shop) | 회사와 노동조합의 협정에 의해 일단 채용된 노동자는 일정한 기간 내에 의무적으로 조합에 가입해야 하는 제도이다. 미가입자·조합탈퇴자 및 조합에서 제명된 자는 사용자가 해고할 수 없다. |
| 클로즈드숍(Closed Shop) | 이해(利害)를 공통으로 하는 모든 노동자를 조합에 가입시키고 조합원임을 고용의 조건으로 삼는 노사 간의 협정제도이다. 노동조합의 단결 및 사용자와의 교섭력을 강화하여 유리한 노동조건을 획득하려는 의도이다. |
| 프레퍼렌셜숍(Preferential Shop) | 조합원 우선숍 제도이다. 조합원은 채용이나 해고 등 단체협약상의 혜택을 유리하게 대우하기로 하고, 비조합원에게는 단체협약상의 혜택을 주지 않는다. |
| 메인터넌스숍(Maintenance Of Membership Shop) | 조합원 유지숍 제도이다. 조합원이 되면 일정기간 동안 조합원자격을 유지해야 하고, 노동자는 고용계속조건으로 조합원 자격을 유지해야 한다. |
| 에이전시숍(Agency Shop) | 조합이 조합원과 비조합원에게도 조합비를 징수하여 단체교섭을 맡는 것 |

## ❂ 국제노동기구 (ILO : International Labour Organization) ◇◇

사회정의의 실현과 노동조건의 개선을 목적으로 1919년 베르사유조약에 의해 국제연맹의 한 기관으로 제네바에서 창설되었으며 1946년 12월 유엔 최초의 전문기관으로 발족하였다. 각국의 노동입법, 적절한 노동시간, 임금노동자의 보건·위생에 관한 권고나 그 밖의 지도를 하고 있다. 우리나라는 1991년 12월 9일 151번째로 가입했다.

## ❂ 동맹파업 (同盟罷業, Strike) ◇◇◇

노동조합 및 기타 노동단체의 통제 하에 조합원이 집단적으로 노무제공을 거부하면서 그들의 주장을 관철시키려는 가장 순수하고 널리 행하여지는 쟁의행위(爭議行爲)이다. 우리나라는 헌법에 근로자의 단체행동권을 보장하고 노동조합 및 노동관계조정법으로 쟁의행위의 합법성을 인정하는데 헌법이 보장하는 쟁의권 행사의 범위를 일탈하지 않으면 쟁의행위에 대한 손해배상청구권은 면제된다. 동맹파업의 분류는 다음과 같다.

| 구분 | 명칭 | 내용 |
|---|---|---|
| 목적 | 경제파업 | 가장 일반적인 파업으로 근로자의 근로조건, 경제적 지위향상을 도모하는 파업이다. |
| | 정치파업 | 정부에 대해 근로자의 일정한 요구의 실현을 촉구하는 파업이다. 헌법상 정당성을 인정받지 못한다. |
| | 동정파업 | 노동자가 고용관계에 있는 사용자와는 직접적인 분쟁이 없음에도 불구하고 다른 사업장의 노동쟁의를 지원하기 위하여 벌이는 파업이다. 파업의 효과상승, 조합의식 강화를 목적으로 한다. |
| 규모 | 총파업 | 총동맹파업으로 동일 기업·산업·지역의 전체 또는 전 산업이 공동의 요구를 관철시키고자 통일적으로 단행하는 파업이다. |
| | 지역파업 | 일부 지역만이 행하는 파업이다. |
| | 부분파업 | 특정의 일부 기업이나 분야에서만 행하는 파업이다. |
| 방법 | Walk Out | 노동자를 공장이나 사업장 밖으로 철수시켜 행하는 파업이다. |
| | 농성파업 | 노동자가 사용자가 있는 곳이나 작업장, 교섭장소 등을 점거하여 주장을 관철시키기 위해 행하는 파업이다. 강한 단결과 결의, 상대를 위압하여 유리한 교섭 촉진을 목적으로 한다. |
| 기타 | 살쾡이파업 | 노동조합이 주관하지 않고, 기층 근로자에 의해 자연발생적으로 일어나는 파업이다. 미국의 노동운동이 제2차 세계대전을 고비로 노골적인 노사유착의 경향을 띠며 일어났고, 기습적·산발적인 형태로 전개된다는 점에서 살쾡이의 이름이 붙여졌다. |

## ● 근로기준법 (勤勞基準法) ◇◇

노동자의 생활을 보장·향상시키기 위해 기본적 노동조건을 규정한 법률이다. 1952년 6·25전쟁 중 발생한 조선방직쟁의를 직접적 계기로 하여 1953년 5월에 공포, 8월부터 시행되었다. 이 법률의 목적은 근로자의 기본적 생활보장에 있으며 이 법에서 정하는 근로조건은 최저기준임을 명시하고 있다. 즉, 근로조건을 개선하려는 주체적인 요구가 헌법의 정신에 부합되는 합법적인 것임을 간접적으로 뒷받침하고 또한 이 법이 정한 최저기준을 악용하여 노동조건을 악화시켜선 안됨을 못박고 있다. 또한 단체교섭의 뒷받침에 의한 노사간 대등결정의 원칙, 노동자의 국적·신앙·사회적 신분을 이유로 차별대우를 못한다고 규정한 균등대우의 원칙, 남녀간 동일노동 동일임금의 원칙, 중간착취의 배제, 강제노동의 금지, 폭행의 금지도 명시했다.

## ● 노동쟁의 (勞動爭議) ◇

근로자 단체와 사용자 사이의 근로시간·임금·복시·해고 등의 근로조건에 관한 주장의 불일치로 일어나는 분쟁상태를 말하며, 사전의 단체교섭 실시를 전제로 한다. 노동쟁의는 파업, 태업, 불매운동, 직장폐쇄 등의 방법이 있다. 직장폐쇄만이 사용자가 행하는 유일한 쟁의행위이다.

| 구분 | 내용 |
|---|---|
| 총파업 | 총동맹파업으로 동일 기업·산업·지역의 전체 또는 전 산업이 공동의 요구를 관철시키고자 통일적으로 단행하는 파업이다. |
| 사보타지(태업) | 파업과는 달리 출근을 하여 정상근무를 하는 것처럼 보이나 실제로는 완만한 작업태도로 사용자에게 손해를 주어 요구조건을 관철시키려는 쟁의의 한 수단이다. 조직적·계획적으로 행해질 경우에만 쟁의수단이 된다. |
| 보이콧(불매운동) | 어떤 특정한 요구를 들어주지 않는 기업의 제품을 노동자들, 나아가 일반대중까지 단결하여 구매하지 않음으로써 상대방으로 하여금 요구를 들어주도록 하는 쟁의이다. |
| 피케팅 | 총파업이나 보이콧 등의 쟁의행위를 보다 효과적으로 행하기 위하여 파업에 동참하지 않은 근로희망자들의 공장이나 사업장 출입을 저지하여 파업에의 참여를 요구하는 행위를 말한다. |
| 직장폐쇄 | 사용자가 노동자의 요구를 거부하고 공장을 폐쇄하여 그 운영을 일시적으로 중단함으로써 노동쟁의를 보다 유리하게 해결하려는 행위를 말한다. |

## ● 태프트 – 하틀리법 (Taft – Hartley Act) ◇

1947년 제정된 미국의 노사관계법으로, 와그너법을 수정한 현행 노동기본법이다. 노동경영관계법이라고도 하는 이 법의 명칭은 입안자인 상원의원 태프트와 하원의원 하틀리 두 노동위원회 위원장의 이름을 딴 것이며, 파업권의 제한·클로즈드숍의 금지·유니언숍의 대폭제한·부당행위금지 등을 주요 내용으로 하고 있다.

## ◎ 와그너법 (Wagner Act) ◈

1935년 미국의 상원의원 와그너의 제안에 따라 법률로, 노동대헌장이라고도 한다. 이 법은 노동자의 단결권·단체교섭권·단체행동권 등을 인정하고 클로즈드숍도 인정함으로써 노동자의 지위향상과 노동조합운동에 기여한 바가 컸으나, 뒤에 폐단이 많아 수정되었다.

## ◎ 노동자의 분류 ◈◈◈

| 구분 | 내용 |
|---|---|
| 골드 컬러<br>(Gold Collar) | 두뇌와 정보를 황금처럼 여기는 신세대를 상징하는 고도 전문직 종사자를 일컫는다. 창의적인 일로 부가가치를 창출하는 인재로서 빌 게이츠와 스티븐 스필버그 감독 등이 있다.<br>※ 골드 회사 : 직원의 창의성을 높이기 위해 근무시간과 복장에 자율성을 보장해 주는 회사를 말한다. |
| 다이아몬드 컬러<br>(Diamond Collar) | 지혜, 봉사심, 체력, 인간관계, 자기관리 능력의 다섯 가지 미덕을 고루 갖춘 인간형으로 성공할 가능성이 큰 경영인 또는 관리자를 말한다. |
| 화이트 컬러<br>(White Collar) | 육체적 노력이 요구되더라도 생산과 전혀 무관한 일을 하는 샐러리맨이나 사무직 노동자이다. 블루컬러와 대비된다. |
| 블루 컬러<br>(Blue Collar) | 생산, 제조, 건설, 광업 등 생산현장에서 일하는 노동자. 노동자들의 복장이 주로 청색인 점에 착안하여 생겨나 화이트 컬러와 대비된다. |
| 그레이 컬러<br>(Gray Collar) | 화이트 컬러와 블루 컬러의 중간층으로 컴퓨터·전자장비·오토메이션 장치의 감시나 정비에 종사하는 근로자를 말한다. |
| 논 컬러<br>(Non Collar) | 손에 기름을 묻히는 것도 서류에 매달려 있는 것도 아닌 즉, 블루 컬러도 화이트 컬러도 아닌 무색세대로 컴퓨터 세대를 말한다. |
| 핑크 컬러<br>(Pink Collar) | 가정의 생계를 위해 사회로 진출하는 주부다아. 예전에는 점원이나 비서직에 종사하는 여성들을 뜻했으며 자아 성취를 위해 일하는 직장 여성과는 거리가 있다. 남성 노동자인 블루 컬러와 대비된다. |
| 퍼플 컬러<br>(Purple Collar) | 빨강과 파랑이 섞인 보라색으로 가정과 일의 균형과 조화를 추구하는 근로자를 말한다. |
| 레인보우 컬러<br>(Rainbow Collar) | 참신한 아이디어와 개성으로 소비자의 욕구를 만족시켜주는 기획관련 업종을 지칭하는 광고디자인, 기획, 패션업계 종사자를 일컫는다. 1993년 제일기획(광고회사)에서 '무지개 색깔을 가진 젊은이를 찾는다.'는 신입사원 모집공고에서 유래되었다. |
| 네오블루 컬러<br>(Neo-Blue Collar) | 새로운 감성미학을 표현해내고 개성을 추구하는 등 특유의 신명으로 일하는 영화·CF업계의 감성 세대를 말한다. |
| 르네상스 컬러<br>(Renaissance Collar) | 세계 정치·경제·문화의 다양한 콘텐츠들을 섭렵하여 자신의 꿈을 좇아 변신한 인터넷 사업가를 말한다. |
| 일렉트로 컬러<br>(Electro Collar) | 컴퓨터의 생활화에 따라 새롭게 등장하고 있는 직종으로 컴퓨터에 대한 이해도와 기술수준이 뛰어난 엘리트를 말한다. |
| 실리콘 컬러<br>(Silicon Collar) | 창의적인 아이디어와 뛰어난 컴퓨터 실력으로 언제라도 벤처 창업이 가능한 화이트 컬러의 뒤를 잇는 새로운 형태의 고급 노동자를 말한다. |
| 스틸 컬러<br>(Steel Collar) | 사람이 하기 힘든 일이나 단순 반복 작업을 하는 산업용 로봇. 국내에서 전자와 자동차업종을 중심으로 1만여 로봇이 산업현장에 배치됐다. |

## ✪ 실업의 종류 ◇

노동할 능력과 의욕을 가진 자가 노동의 기회를 얻지 못하고 있는 상태를 실업이라고 한다. 대표적으로 실업의 원리를 설명하는 이론에는 케인스의 유효수요의 이론과 마르크스의 산업예비군 이론이 있다.

| 구분 | 내용 |
|------|------|
| 자발적 실업<br>(自發的 失業) | 취업할 의사는 있으나, 임금수준이 생각보다 낮다고 판단하여 스스로 실업하고 있는 상태를 말한다. 케인스가 1930년 전후 대공황기에 발생한 대량실업에 대해 완전고용을 전제로 설명하려 했을 때 분류한 개념의 하나로 비자발적 실업과 대비된다. |
| 비자발적 실업<br>(非自發的 失業) | 자본주의에서 취업할 의사는 있으나 유효수요(有效需要)의 부족으로 취업하지 못하는 상태를 말한다. 수요부족실업 또는 케인스적 실업이라고도 한다. 케인스는 불황기의 대량실업 구제책으로 확장적 금융·재정정책에 의한 유효수요 증가정책을 써야한다고 주장하였다. |
| 마찰적 실업<br>(摩擦的 失業) | 일시적인 결여나 산발적인 직업 간의 이동에서 발생하는 시간적 간격 등에 의해 발생하는 실업 형태이다. 기업의 부도로 근로자들이 직장을 잃는 경우가 해당되며 케인스가 분류했다. |
| 경기적 실업<br>(景氣的 失業) | 경기변동의 과정에 따라 공황이 발생하면 실업이 급증하고 번영기가 되면 실업이 감소하는 실업 형태로, 장기적 성격을 가진다. |
| 계절적 실업<br>(季節的 失業) | 산업의 노동력 투입이 자연적 요인이나 수요의 계절적 편재에 따라 해마다 규칙적으로 변동하는 경우에 생기는 실업 형태이다. |
| 구조적 실업<br>(構造的 失業) | 일반적으로 선진국에서 자본주의의 구조가 변화하여 생기거나 자본축적이 부족한 후진국에서 생산설비의 부족과 노동인구의 과잉으로 생기는 실업 형태이다. 경제구조의 특질에서 오는 만성적·고정적인 실업이며 경기가 회복되어도 빨리 흡수되지 않는 특징이 있다. |
| 기술적 실업<br>(技術的 失業) | 기술진보에 의한 자본의 유기적 구성의 고도화로 인해 발생하는 실업 형태이다. 주로 자본주의적 선진국에서 나타나며 자본수요의 상대적 부족으로 인해 발생한다. 마르크스형 실업이라고도 하며 실물적 생산력의 향상으로 노동수요가 감소한데 기인한다. |
| 잠재적 실업<br>(潛在的 失業) | 원하는 직업에 종사하지 못하여 부득이 조건이 낮은 다른 직업에 종사하는 실업 형태로 위장실업이라고도 한다. 노동자가 지닌 생산력을 충분히 발휘하지 못하여 수입이 낮고, 그 결과 완전한 생활을 영위하지 못하는 반(半) 실업 상태로, 영세농가나 도시의 소규모 영업층의 과잉인구가 이에 해당한다. |
| 산업예비군<br>(産業豫備軍) | 실업자 및 반실업자를 포함하는 이른바 상대적 과잉인구를 말한다. 자본주의가 발달해 자본의 유기적 구성이 고도화함에 따라 노동을 절약하는 자본집약적인 생산방법이 널리 채용되어 노동력이 실업으로 나타나는 것을 말한다. 마르크스는 이것을 자본주의 발전에 따르는 필연적 산물이라 하였다. |

## ✪ 직장 내 괴롭힘 방지법 ◈◈

「근로기준법」 제76의2 법률로, 법안은 직장 내 괴롭힘을 '사용자 또는 근로자가 직장에서의 지위 또는 관계 등의 우위를 이용하여 업무상 적정 범위를 넘어 다른 근로자에게 신체적 · 정신적 고통을 주거나 근무환경을 악화시키는 행위'로 정의하였다. 이 법은 직장 내 갑질과 폭언, 폭행 등이 잇따라 노동 환경이 침해되고 있다는 지적에 따라 제정되었다.

## ✪ 맨아워(Man Hour) ◈

한 사람이 한 시간에 생산하는 노동(생산성) 단위를 일컫는다. 5명이 하루 6시간씩 열흘 동안 일을 했다면 이는 300맨아워로 환산할 수 있다.

## ✪ 홈 루덴스(Home Ludens) ◈◈

밖에서 활동하지 않고 주로 집에서만 놀고 즐기는 사람들을 가리키는 신조어이다.

## ✪ 황견계약 ◈◈◈

근로자가 노동조합에 가입하지 않을 것, 혹은 노동조합에서 탈퇴할 것을 고용조건으로 하는 근로계약을 말한다.

## ✪ 국민연금 ◈◈◈

보험원리에 따라 운영되는 대표적인 사회보험제도로, 즉 가입자, 사용자로부터 정률의 보험료를 받고, 이를 재원으로 사회적 위험에 노출되어 소득이 중단되거나 상실될 가능성이 있는 사람들이 다양한 급여를 받을 수 있는 제도이다. 노령으로 인한 근로소득 상실을 보전하기 위한 노령연금, 주소득자의 사망에 따른 소득상실을 보전하기 위한 유족연금, 질병 또는 사고로 인한 장기근로능력 상실에 따른 소득상실을 보전하기 위한 장애연금 등이 있다. 공무원, 군인, 사립학교 교직원을 제외한 18세 이상 60세 미만 국내 거주국민은 강제가입을 채택하고 있다.

**PLUS** 더 알아보기

> **사회보장제도:** 다양한 사회적 위험으로부터 모든 국민을 보호하여 빈곤을 해소하고 국민생활의 질을 향상시키기 위해 국가가 마련한 제도적 장치를 사회보장제도라고 한다. 우리나라에서 시행되고 있는 대표적인 사회보장제도는 국민연금, 건강보험, 산재보험, 고용보험, 노인장기요양보험 등과 같은 사회보험제도, 기초생활보장과 의료보장을 주목적으로 하는 공공부조제도인 국민기초생활보장제도, 그리고 노인 · 부녀자 · 아동 · 장애인 등을 대상으로 제공되는 다양한 사회복지서비스 등이 있다.

◉ **데스크테리어(Desk terior)** ◇◇

책상(Desk)과 인테리어(Interior)의 합성어로, 책상을 정리정돈하고 인테리어 하는 것을 말한다. 감정노동의 스트레스를 해소하고 심리적 안정을 느끼고자 직장인들 사이에서 열풍이 불기도 했다. 이와 관련하여 직장인들 트렌드 용어로 데스크테리어가 꼽히기도 했다.

# Chapter 03 사회 · 노동

# 출제예상문제

**1** 고가의 명품소비를 통해 자아의 정체성을 찾는 세대를 가리키는 말로 알맞은 것은?

① 노노스족
② 럭셔리제너레이션
③ 보보스족
④ 딩크족

> **NOTE** 럭셔리제너레이션 … 대학생들 사이에서 명품에 대한 소비 열풍이 불면서 새로운 대학문화의 주인공으로 떠오른 명품족을 지칭한다.

**2** 입사지원서 작성 시 출신지와 가족관계 등을 기재하지 않는 채용방식은 무엇인가?

① 스펙채용
② 오픈채용
③ 공정채용
④ 블라인드채용

> **NOTE** 블라인드 채용이란 채용과정에서 편견이 개입될 수 있는 출신지, 가족관계, 학력 등을 기재하지 않음으로써 직무능력만을 평가하고 인재를 채용할 수 있도록 구축한 시스템을 말한다.

**3** 게임속의 가상세계와 현실세계를 혼동하여, 현실세계도 언제든 다시 시작할 수 있다고 믿는 현상을 무엇이라 하는가?

① 피터팬 증후군
② 리셋 증후군
③ 빈 둥지 증후군
④ 모라토리엄 증후군

> **NOTE** 리셋 증후군(Reset Syndrome) … 말을 듣지 않는 컴퓨터를 리셋 할 때처럼 현실세계에서도 리셋이 가능할 것으로 착각하는 현상을 일컫는 말이다.

ANSWER ___ 1.② 2.④ 3.②

**4**    그레이 컬러에 대한 설명으로 맞는 것은?

① 정년을 눈앞에 둔 사원들로, 후배들에게 현장의 풍부한 경험과 지식 등을 전달할 수 있는 계층을 말한다.

② 정신적·지적 노동을 주로 하는 노동자의 속칭으로, 현대국가의 발전과 더불어 등장한 새로운 중간계급을 말한다.

③ 사무직과 육체노동직의 중간적 존재를 말한다.

④ 섬세하고 꼼꼼한 성격의 소유자로 전문피부관리소를 찾거나 가사분담과 가족부양을 동등하게 나눠 하는 신남성들을 일컫는다.

> **NOTE** 그레이 컬러(Gray Collar) … 기술의 혁신·진보에 따라 사무가 기계화되는 것처럼 육체노동도 기계화하여 종래의 블루컬러와는 달리 화이트 컬러적 성격의 작업에 종사하는 사람들을 말한다.

**5**    아노미론과 가장 거리가 먼 것은?

① 뒤르켐이 자살론에서 도입한 개념이다.

② 일탈행동의 원인을 퍼스낼리티나 개인의 적응문제로 설명한다.

③ 글자 그대로의 의미는 '규범이 없다'는 것이다.

④ 어느 사회에서나 가치에 대한 합의가 기본적으로 이루어지고 있다고 하는 기능주의론적 가정을 하고 있다.

> **NOTE** 아노미(Anomie) … 무규범·무질서의 상태를 의미한다. 어원은 신의(神意)나 법의 무시를 뜻하는 그리스어 Anomia로, 중세 이후에 폐어가 되었으나 뒤르켐이 사회분업론(1893)과 자살론(1897)을 통하여 근대사회현상에 부활시켰다.

**6**    다음이 설명하는 것은 무엇인가?

> 경제적 자립을 토대로 자발적 조기 은퇴를 추진하는 사람들을 말한다. 이들은 일반적인 은퇴연령인 50 ~ 60대가 아닌 30대 말이나 늦어도 40대 초반까지는 조기 은퇴의 목표를 가진다. 따라서 20대부터 소비를 줄이고 수입의 70 ~ 80% 이상을 저축하는 등의 극단적 절약을 선택하기도 한다.

① 통크족                          ② 예티족
③ 파이어족                        ④ 싱커즈족

> **NOTE** ① 통크족 : 자식은 있지만 자식에게 의존하지 않고 취미·운동·여행 등으로 부부만의 생활을 즐기는 사람을 일컫는다.
> ② 예티족 : 젊고 기업가적이며, 기술에 바탕을 둔 인터넷 엘리트를 일컫는다.
> ④ 싱커즈족 : 결혼 후 맞벌이를 하면서 아이를 낳지 않고 일찍 정년퇴직하여 노후생활을 즐기는 것을 말한다.

**7** 변화하는 에너지 환경에서 새롭게 생겨난 일자리로 옳은 것은?

① 퍼플 잡                    ② 그린 잡

③ 레드 잡                    ④ 화이트 잡

> **NOTE** 그린 잡 … 화석에너지의 부족, 온실가스 규제 강화 등 새로운 에너지 환경에서 생긴 일자리로, 태양열·풍력 등 재생에너지 기술자, 바이오 디젤(식물에서 추출하는 연료)용 옥수수를 재배하는 농부와 같은 직업이 이에 해당한다.

**8** 일단 대도시에 취직한 시골출신의 근로자가 다시 출신지로 이동하는 형태의 노동력이동 현상은?

① 부메랑 현상               ② U턴 현상

③ J턴 현상                 ④ 뉴 리치 현상

> **NOTE** U턴 현상 … 대도시로 취직한 지방 출신자가 고향으로 되돌아가는 형태의 노동력 이동을 말한다. 대도시의 과밀한 공해로 도시생활에 지친 사람이 늘고 있는 것이 그 요인이다.
>
> ① 부메랑 현상 : 개발도상국의 현지생산이 선진국에 역수출되어 해당산업과 경합을 벌이는 현상을 일컫는다.
>
> ③ J턴 현상 : 대도시에 취직한 지방 출신자가 고향 근처 중소도시로 이주하여 근로하는 현상을 말한다.
>
> ④ 뉴 리치 현상 : 중하층의 서민이 스스로 중상층이라고 생각하는 현상을 일컫는다.

**9** 직장폐쇄와 관련된 것으로 틀린 것은?

① 직장폐쇄기간 동안 임금을 지급하지 않아도 된다.

② 직장폐쇄를 금지하는 단체협약은 무효이다.

③ 사용자의 적극적 권리를 의미한다.

④ 직장폐쇄를 노동쟁의를 사전에 막기 위해 실시하는 경우에(예방)는 사전에 해당관청과 노동위원회에 신고해야 한다.

> **NOTE** 노동쟁의 사전이 아니라 사후에 신고해야 한다.

**10** 금융·호텔·병원·수송 등 종래 전통적인 서비스업 외에 새로 개발된 5가지 서비스 산업이 아닌 것은?

① 소프트웨어 서비스　　　　② 시큐리티 서비스
③ 섭스티튜트 서비스　　　　④ 사업 서비스

> **NOTE** 산업 서비스 ⋯ 금융·호텔·병원·수송 등 종래의 전통적인 서비스업 외에 새로 개발된 5가지 서비스 산업을 말한다.
> ㉠ 기업·개인의 업무를 대행하는 섭스티튜트(Substitute) 서비스
> ㉡ 컴퓨터 시스템의 사용·유지관리, 프로그램 등의 소프트웨어(Software) 서비스
> ㉢ 개인·기업의 안전, 생명·재산 보호에 대한 시큐리티(Security) 서비스
> ㉣ 복지사업 등 사회보장 확립을 위한 사회적(Social) 서비스
> ㉤ 변호사·의료·사설학원에 의한 특수(Special) 서비스

**11** 사회보장제도에 대한 설명으로 옳은 것은?

① 우리나라 사회보장제도는 사회보험, 공공부조, 사회복지서비스로 구분된다.
② 공공부조의 대상자는 보험료 부담 능력이 있는 사람이다.
③ 사회보험은 강제성을 띠지 않는다.
④ 사회보험은 비용을 국가에서 부담하는 반면, 공공부조는 피보험자가 부담한다.

> **NOTE** 국제노동기구(ILO)에서는 사회보장의 내용을 사회보험과 공공부조로 보고 있는 것에 비해, 우리나라와 일본에서는 사회보험, 공공부조, 사회복지서비스로 구분하여 보고 있다.
> ② 공공부조는 보험료의 부담능력이 없는 생활 무능력자를 대상으로 한다.
> ③ 사회보험은 강제가입, 능력별 부담, 근로의욕 고취 등의 특징을 보인다.
> ④ 사회보험은 피보험자나 기업주 또는 국가에서 비용을 부담하고, 공공부조는 전액 국가에서 부담한다.

**12** 국민연금에 대한 설명으로 바르지 않은 것은?

① 국민연금은 가입 이후 20년 이상 납입하여야 수령의 자격이 발생한다.

② 국민연금의 종류로는 노령연금, 장애연금, 유족연금 등이 있다.

③ 병역의무를 이행한 자에게 6개월의 가입기간을 추가로 인정해 준다.

④ 2자녀 이상 출산 시 가입기간을 추가로 인정해 준다.

> **NOTE** 국민연금은 가입 이후 10년 이상 납입하면 수령할 수 있다.
>
> ② 국민연금은 나이가 들거나 장애·사망으로 인해 소득이 감소할 경우 일정한 급여를 지급하여 소득을 보장하는 사회보험으로, 지급받게 되는 급여의 종류는 노령연금(분할연금), 장애연금, 유족연금, 반환일시금, 사망일시금 등이 있다.
>
> ③ 가입기간 인정(크레딧)제도 운영 : 출산 및 군복무에 대해 연금 가입기간을 추가 인정해주는 크레딧 제도를 통해 노령연금수급기회를 확대하고 있다. 병역의무를 이행한 자에게 6개월의 가입기간을 추가로 인정하고 해당기간의 소득은 평균소득월액의 1/2을 인정한다.(2008. 1. 1. 이후 군에 입대하는 자부터 인정)
>
> ④ 2자녀 이상 출산 시 가입기간을 추가로 인정하고 해당기간의 소득은 평균소득월액의 전액을 인정한다.(2008. 1. 1. 이후 출생한 자녀부터 인정)

| 구분 | 내용 | | | |
|---|---|---|---|---|
| 자녀수 | 2자녀 | 3자녀 | 4자녀 | 5자녀 이상 |
| 추가 인정기간 | 12개월 | 30개월 | 48개월 | 50개월 |

**13** 사회보장의 기능과 형평성에 대한 설명으로 옳지 않은 것은?

① 사회보장제도는 소득의 재분배를 통한 국민의 생존권의 실현과 최저생활 확보를 전제로 한다.

② 소득재분배의 형태는 수직적, 수평적, 세대 간 재분배의 세 가지로 구분할 수 있다.

③ 수직적 재분배는 소득이 높은 계층으로부터 낮은 계층으로 재분배되는 것으로 분배의 형평성을 지향한다.

④ 공적연금제도는 수평적 재분배의 대표적 예라고 할 수 있다.

> **NOTE** 공적연금제도는 재정조달 방식이 부과방식일 경우 현재의 노령세대는 근로세대로부터, 현재의 근로세대는 미래 대로부터 소득이 재분배되기 때문에 세대 간 재분배라고 볼 수 있다.

**14**  각종 연금에 대한 설명으로 옳지 않은 것은?

① 농지연금은 신청일 기준으로부터 과거 5년 이상 영농경력 조건을 갖추어야 한다.

② 주택연금은 부부 중 한 명이 만 60세 이상으로 1가구 1주택 소유자면 신청가능하다.

③ 기초노령연금은 만 65세 이상 전체 노인 중 소득과 재산이 적은 70%의 어르신에게 지급한다.

④ 유족연금은 가입기간에 따라 일정률(40 ~ 60%)의 기본연금액에 부양가족연금액을 합산하여 지급한다.

> **NOTE** 주택연금은 부부 모두의 나이가 보증신청일 현재 만 60세 이상이어야 한다.

**15**  공공부조의 기본원리에 대한 설명으로 옳은 것은?

① 생존보장의 원리 : 공공부조의 보호수준은 최저한의 생활이 유지되도록 하여야 한다는 원리

② 국가책임의 원리 : 국가는 모든 국민의 건강하고 문화적인 생활을 보호하여야 하며, 역으로 국민의 입장에서 생존권을 보호받을 수 있는 권리를 보장하는 원리

③ 무차별 평등의 원리 : 공공부조 수급의 법적 기준에 해당하는 사람이면 빈곤의 원인이나 신앙, 성별 등에 상관없이 누구든지 평등하게 보호받아야 한다는 원리

④ 보충성의 원리 : 보호대상자 스스로가 자신의 생활을 책임질 수 있도록 한다는 원리

> **NOTE** ① 최저생활 보호의 원리에 대한 설명이다.
> ② 생존권 보장의 원리에 대한 설명이다.
> ④ 자립 조성의 원리에 대한 설명이다.
> ※ **공공부조의 원리 및 원칙**
> ㉠ **공공부조의 6대 원리**
>  • 생존권 보장의 원리 : 국민은 생활이 어렵게 되었을 때 자신의 생존을 보장 받을 수 있는 권리가 법적으로 인정된다.
>  • 국가책임의 원리 : 빈곤하고 생활 능력이 없는 국민에 대해서는 궁극적으로 국가가 책임지고 보호한다.
>  • 최저생활 보호의 원리 : 단순한 생계만이 아니라 건강하고 문화적인 수준을 유지할 수 있는 최저한도의 생활이 보장되어야 한다.
>  • 무차별 평등의 원리 : 사회적 신분에 차별 없이 평등하게 보호받을 수 있어야 한다.
>  • 자립 조성의 원리 : 자립적이고 독립적으로 사회생활에 적응해 나갈 수 있도록 돕는다.
>  • 보충성의 원리 : 수급자가 최저한도의 생활을 유지할 수 없는 경우에 최종적으로 그 부족분을 보충한다.
> ㉡ **공공부조의 6대 원칙**
>  • 신청보호의 원칙 : 우선적으로 국가에게 보호신청을 한 후 직권보호를 받는다.
>  • 기준과 정도의 원칙 : 대상자의 연령, 세대구성, 소득관계 및 자산 조사를 통해 부족분만을 보충한다.
>  • 필요즉응의 원칙 : 무차별 원리에 대한 보완적 성격으로 보호 신청이 있을시 즉시 보호 여부를 결정해야 한다.
>  • 세대단위의 원칙 : 공공부조는 세대를 단위로 하여 그 서비스의 필요여부 및 정도를 결정한다.
>  • 현금부조의 원칙 : 수급권자의 낙인감과 불신을 최소화하기 위해 금전 급여를 원칙으로 한다.
>  • 거택보호의 원칙 : 수급권자가 거주하는 자택에서 공공부조가 제공된다.

**16** 업무 시간에 주식, 게임 등 업무 이외의 용도로 인터넷을 이용하는 것을 무엇이라 하는가?

① 싱커즈족      ② 사이버슬래킹

③ 쿼터리즘      ④ 시피족

> **NOTE** 사이버슬래킹(Cyber Slacking) … 인터넷을 업무에 활용하는 것이 보편화되면서 업무 이외의 용도로 사용하는 사례가 증가하고 있다. 사이버슬래킹은 업무 시간에 인터넷과 E - 메일 등 업무를 위해 설치한 정보인프라를 개인적 용도로 이용하면서 업무를 등한시 하는 행위를 말한다. 특히 최근에는 MP3 음악파일과 동영상 중심의 멀티미디어 콘텐츠가 크게 증가하는 등 대용량 정보가 많아지면서 단순히 개인 업무 공백이 아닌 조직 전체에 차질을 주는 사태로 이어져 문제가 되고 있다.
> ① 싱커즈족(Thinkers) : 결혼 후 맞벌이를 하며 아이를 낳지 않고 일찍 정년퇴직해 노후를 즐기는 신계층을 말한다.
> ③ 쿼터리즘(Quarterism) : 인내심을 잃어버린 요즘 청소년의 사고 · 행동양식을 지칭한다.
> ④ 시피족(Character Intelligence Professionalism) : 지적 개성을 강조하고 심플 라이프를 추구하는 신세대 젊은이를 말한다.

**17** 사회복지 개념의 변화에 대한 설명으로 틀린 것은?

① 19세기 중반을 전후로 자선적 관점에서 시민권적 관점으로 변화했다.
② 빈민에 대한 특별 서비스적 성격에서 점차 많은 사람들이 보편적으로 가지고 있는 욕구를 충족시키는 프로그램화 되었다.
③ 최저생계비에서 적정생계비로 확대되었다.
④ 제도적 개념에서 잔여적 개념으로 변화하고 있다.

> **NOTE** 사회복지는 응급적이고 일시적인 잔여적 개념에서 정당한 지위를 가진 정상적인 사회 제도적 개념으로 변화하고 있다.

**18** 한 부서에서 그들만의 이익을 취하기 위해 다른 부서와 융합하지 않고 벽을 쌓는 현상은?

① 루핑 효과
② 나비 효과
③ 피그말리온 효과
④ 사일로 효과

> **NOTE** 사일로 효과 … 굴뚝 모양의 곡식 저장창고인 사일로처럼 각 조직의 부서들이 다른 부서와 벽을 쌓고 같은 부서내의 이익만을 추구하는 현상을 뜻한다.
> ① 루핑 효과 : 사람들이 이전에 관심이 없다가 새로운 사실을 인식하게 되면 이러한 사실들이 상호작용하게 되어 사람이 변해 새로운 사실에 영향을 받은 다른 종류의 사람이 만들어지는 현상이다.
> ② 나비 효과 : 어떤 일이 시작될 때 있었던 아주 미묘한 양의 차이가 결과에서는 매우 큰 차이를 만들 수 있다는 이론을 말한다.
> ③ 피그말리온 효과 : 타인의 관심이나 기대로 인해 능률이 오르거나 결과가 좋아지는 현상이다.

ANSWER —— 14. ② 15. ③ 16. ② 17. ④ 18. ④

**19** 오늘날의 실업유형 중 K. Mark가 주장한 산업예비군과 유사한 것은?

① 기술적 실업  ② 구조적 실업
③ 마찰적 실업  ④ 계절적 실업

> **NOTE** 마르크스는 자본의 기술·가치적인 구조의 변화로 인하여 상대적으로 과잉되어 나타나는 노동인구를 산업예비군
> 이라고 하였다. 즉, 산업예비군은 오늘날의 기술적 실업과 비슷한 개념이다.

**20** 근로자의 쟁의행위가 아닌 것은?

① 태업  ② 사보타주
③ 직장폐쇄  ④ 파업

> **NOTE** 태업 … 표면적으로는 작업을 하면서 집단적으로 작업능률을 저하시켜 사용자에게 손해를 주는 쟁의행위이다.
> ② **사보타주** : 단순한 태업에 그치지 않고 고의적으로 사유재산 파괴하고 생산설비 손상을 통한 노동자의 쟁의행위
> 이다.
> ③ **직장폐쇄** : 노사쟁의가 일어났을 때 사용자가 자기의 주장을 관철시키기 위하여 공장·작업장을 폐쇄하는 일을
> 말한다.
> ④ **파업** : 노동자들이 자신들의 요구를 실현시키기 위해 집단적으로 생산 활동이나 업무를 중단함으로써 자본가에
> 맞서는 투쟁방식이다.

**21** 다음의 상황과 관련된 용어로 옳은 것은?

A는 자신의 전공분야인 IT 관련 업무능력이 매우 뛰어난 편이다. 그러나 자신이 담당한 업무 외에는 문외한이라 기본적인 문제 해결에도 상당한 어려움을 겪는다.

① 스티그마 효과  ② 피그말리온 효과
③ 나비효과  ④ 낭떠러지 효과

> **NOTE** 제시된 상황은 자신이 정통한 분야에 대해서는 임무 수행능력이 탁월하지만 조금이라도 그 분야를 벗어나면 낭
> 떠러지에서 떨어지듯 일시에 모든 문제해결능력이 붕괴되는 낭떠러지 효과와 관련 있다.

**22** 다음 중 타임오프제에 대한 설명으로 옳은 것은?

① 노조전임자에 대한 사용자의 임금지급을 원칙적으로 인정하는 제도이다.
② 노조전임자의 노무관리 업무에 한해서 근로한 것으로 인정하는 제도이다.
③ 조합원의 노무관리 업무에 한해서 사용자의 임금지급을 원칙적으로 인정하는 제도이다.
④ 조합원의 노무관리 업무에 한해서 사용자의 임금지급을 원칙적으로 금지하는 제도이다.

> **NOTE** 타임오프제(Time Off) … 노조전임자에 대한 사용자의 임금지급은 원칙적으로 금지하지만, 노동자의 고충처리 · 노사 간의 단체교섭 준비 및 체결에 관한 활동 · 노동자의 산업안전에 관한 활동 등 노무관리 업무에 한해서 근무한 것으로 인정하여, 이 근로시간에 대한 임금을 지급하는 제도이다.

**23** 다음 중 현재 우리나라 주당 법정 근로기준시간으로 옳은 것은??

① 38시간
② 40시간
③ 48시간
④ 50시간

> **NOTE** 1주간의 근로시간은 휴게시간을 제외하고 40시간을 초과할 수 없으며, 1일의 근로시간은 휴게시간을 제외하고 8시간을 초과할 수 없다〈근로기준법 제50조〉.

**24** 실제로 일어날 가능성이 없는 일에 대해 수시로 걱정하는 현상은?

① 브레인 포그
② 램프 증후군
③ 소셜 블랙아웃
④ 포모 증후군

> **NOTE** 램프 증후군 … 쓸데없는 걱정을 하는 사람들을 지칭하는 말로, 과잉근심이라고도 한다. 램프 증후군에서의 걱정은 대부분 실제로 일어나지 않거나, 일어난다고 해도 해결하기 어려운 것들이다.
> ① 브레인 포그 : 희뿌연 안개가 머리에 낀 것처럼 생각과 표현이 불분명한 상태를 말한다. 멍한 상태가 지속되며 집중력 감소와 기억력 저하, 우울, 피로감 등의 증상이 나타난다.
> ③ 소셜 블랙아웃 : 자발적으로 스마트폰, SNS, 인터넷 등으로부터 자신을 완전히 차단하고 스스로에게 집중하는 행위를 말한다.
> ④ 포모 증후군 : 세상의 흐름에 자신만 뒤처지거나 소외되는 것 같은 두려움을 가지는 증상으로 고립공포감이라고도 한다.

**25** 핵가족화로 인해 노인들에게 발생할 수 있는 고독병의 일종을 나타내는 용어는?

① 팝콘브레인
② LID 증후군
③ 제노포비아
④ 빌바오 효과

> **NOTE** LID 증후군 ⋯ 자녀들은 분가하고 주변의 의지할 사람들이 세상을 떠나면 그 상실감에 의해 우울증에 빠지는데 이를 고독고(孤獨苦)라고 한다. 노인의 4고(苦)에는 빈고(貧苦), 孤獨苦), 병고(病苦), 무위고(無爲苦)가 있다.
> ① 팝콘브레인 : 전자기기의 지나친 사용으로 뇌에 큰 자극이 지속적으로 가해지면서 단순하고 잔잔한 일상생활에는 흥미를 잃게 되는 것을 말한다.
> ③ 제노포비아 : 상대방이 악의가 없어도 자기와 다르다는 이유로 일단 경계하는 심리 상태를 나타낸다. 흔히 외국인 혐오증으로 해석한다.
> ④ 빌바오 효과 : 도시의 랜드마크 건축물이 해당 지역에 미치는 영향을 이르는 말이다.

**26** 아주 작은 사건 하나가 그것과는 별반 상관없어 보이는 곳까지 영향을 미친다는 이론은?

① 낭떠러지 효과 　　　　　② 로젠탈 효과
③ 베블런 효과 　　　　　④ 나비 효과

> **NOTE** 나비 효과 ⋯ 브라질에 있는 나비의 날갯짓이 미국 텍사스에 토네이도를 발생시킬 수도 있다는 과학이론이다. 기상 관측한 데이터를 통해 처음 이야기된 효과로, 어떤 일이 시작될 때 있었던 아주 작은 양의 차이가 결과에서는 매우 큰 차이를 만들 수 있다는 이론이다. 이 개념은 카오스 이론의 토대가 되었다. 디지털과 매스컴 혁명으로 정보의 흐름이 매우 빨라지면서 지구촌 한 구석의 미세한 변화가 순식간에 전 세계적으로 확산되는 것 등을 그 예로 들 수 있다.

**27** UN이 분류한 초고령사회의 인구 비율로 옳은 것은?

① 20% 　　　　　② 15%
③ 14% 　　　　　④ 7%

> **NOTE** 초고령사회 ⋯ UN이 분류한 초고령사회는 65세 이상 인구가 총인구를 차지하는 비율이 20% 이상인 경우에 해당하며 고령화사회는 7% 이상, 고령사회는 14% 이상인 경우이다. 우리나라의 경우 지난 2018년에 65세 이상 인구가 총인구의 14%를 넘어 고령사회로 진입했다.

**28** 베버의 사회계급결정인자가 바르게 짝지어진 것은?

① 돈, 힘, 기술
② 지식, 인맥, 능력
③ 신뢰, 사교성, 교육
④ 권력, 지위, 경제적 계급

> **NOTE** 베버의 사회계급결정인자 … 재력, 권력, 지위

**29** 정부는 대기업 등의 소수 엘리트에 의해 지배된다는 유명한 말을 남긴 사회학자는?

① 밀스
② 니체
③ 칸트
④ 앤더슨

> **NOTE** 엘리트 이론 … 정책은 그 사회의 지배 엘리트의 가치와 선호를 반영하며, 정책결정 과정에서 소수의 엘리트가 지배적인 위치를 차지한다고 보는 정책결정 이론을 말한다. 밀스와 헌터 등으로 대표되는 1950년대의 엘리트론은 군·산복합체 개념에서 보듯이, 미국 사회를 지배하는 권력 엘리트는 정부·군·기업체와 같이 정치적으로 중요한 기관이나 조직의 지도자들이라는 점을 실증적 연구를 통해 입증하고자 했다. 한편 다알 등에 의해 대표되는 신엘리트론은 중요한 정책결정에 참여한 지도자의 영향력 및 그들 간의 갈등·타협을 밝혀내어 엘리트의 다원성과 대중의 간접적 영향을 주장하고 있다.

**30** 독일 사회학자 F.퇴니에스가 주장하는 혈연, 지역, 애정 등 본질 의지에 입각하는 공동사회는?

① 게마인샤프트
② 게젤샤프트
③ 불리사이드
④ 인포데믹스

> **NOTE** ② **게젤샤프트** : 본질 의지보다 선택 의지로 모인 이익사회를 말한다.
> ③ **불리사이드** : 온라인 공간에서 불특정 다수에 의하여 비난이나 거짓된 정보로 괴롭힘을 당한 피해자들이 정신적인 충격으로 자살하는 따돌림 자살을 말한다.
> ④ **인포데믹스** : 근거 없는 추측이나 뜬소문과 같은 부정확한 정보가 전염병처럼 빠르게 전파되어 사회, 정치, 경제, 안보 등에 치명적인 위기를 초래하는 상황을 의미한다. 부정적으로 무시당하거나, 치욕을 당한 경우에 당사자가 부정적으로 변하는 것을 말한다.

ANSWER ____ 25. ② 26. ④ 27. ① 28. ④ 29. ① 30. ①

**31** 경제적으로나 정신적으로 부모에 의존해 생활을 즐기는 젊은 세대를 무엇인가?

① N포 세대
② 베이비붐 세대
③ 386 세대
④ 캥거루 세대

**NOTE** 부모 곁을 떠나려 하지 않기 때문에 '자라 증후군'이라고도 한다.


**32** 다음이 설명하는 것은?

> 감정노동에 지친 △△ 씨는 업무 환경을 새롭게 환기하고자 평소 좋아하던 컬러의 사무용품
> 을 구매하여 서류로 가득한 삭막한 책상을 꾸몄다. 작은 화분도 갖다 놓고 좋아하는 연예인
> 사진도 작게 붙여 놨다. 대단한 일을 한 것도 아닌데 자기 취향껏 꾸민 책상을 보니 심리적
> 안정도 느껴지고 업무능률도 높아지는 것 같다.

① 월테리어
② 플랜테리어
③ 데스크테리어
④ 아웃테리어

**NOTE** ① 월테리어 : 벽(Wall)을 활용한 인테리어를 말한다.
② 플랜테리어 : 식물을 활용한 인테리어를 말한다.
④ 아웃테리어 : 건물의 외부를 장식하는 것을 말한다.


**33** 사소한 것을 방치하게 될 경우 큰 범죄로 이어진다는 범죄 심리학 이론은?

① 휘슬블로잉
② 란체스터 전략
③ 하인리히 법칙
④ 깨진 유리창의 법칙

**NOTE** ① 휘슬블로잉 : 조직 내부의 비리나 불법 및 부당행위를 신고하여 대외적으로 폭로하는 행위를 말한다.
② 란체스터 전략 : 역학관계의 법칙을 응용한 기업경영전략으로 싸움의 규모와 방법이 바뀌면 본질도 바뀐다는 것
이다.
③ 하인리히 법칙 : 사고나 재난은 그 징후가 여러 차례 나타나므로 분석과 준비를 통해 미리 예방할 수 있다는 법
칙이다.

**34** 엘리트 이론의 종류로 옳지 않은 것은?

① 보수적 엘리트이론　　　② 고전적 엘리트 이론
③ 신 엘리트 이론　　　　　④ 급진적 엘리트 이론

> **NOTE** 엘리트 이론 … 모든 사회조직에서의 정책은 파워엘리트나 지배엘리트 등의 특정한 소수로 국한되어 정책이 좌우 된다는 이론이다. 고전적 엘리트 이론, 신 엘리트 이론, 급진적 엘리트 이론으로 나누어진다.

**35** 저출산 및 고령화에 기인한 것으로 한 가구의 자녀가 1명 또는 2명으로 줄어들고 경제력 있는 조부모가 늘어나면서 귀한 손자, 손녀를 위해 지출을 아끼지 않게 된 것에서 비롯된 용어는?

① 패런트 포켓　　　　　② 차일드 포켓
③ 에이트 포켓　　　　　④ 하우스 포켓

> **NOTE** 출산율이 낮아지면서 한 명의 아이를 위해 부모, 양가 조부모, 삼촌, 이모 등 8명이 지갑을 연다(아이를 위한 지 출)는 것을 의미한다.

**36** 길을 걷는 중에도 스마트폰 사용에 몰입하여 주변을 인지하지 못해 사고 위험도가 높은 사람들을 가리키는 용어는?

① 퍼빙　　　　　　② 스몸비
③ 디지털 유목민　　④ 가스라이팅

> **NOTE** 스몸비 … 스마트폰을 들여다보며 길을 걷는 사람들로, 스마트폰과 좀비의 합성어이다.
> ① 퍼빙 : 스마트폰을 사용하느라 같이 있는 사람을 소홀히 대하거나 무시하는 현상을 나타내는 용어로 예를 들어 스마트폰을 계속 보면서 대화를 이어가거나 메시지가 올 때마다 회신을 하는 등의 행위가 퍼빙에 해당한다.
> ③ 디지털 유목민 : 인터넷과 업무에 필요한 각종 기기들과 제한되지 않은 작업공간만 있으면 시간과 장소에 구애 받지 않고 일을 할 수 있는 사람들을 일컫는다.
> ④ 가스라이팅 : 거부, 반박, 전환, 경시, 망각, 부인 등 타인의 심리나 상황을 교묘하게 조작해 그 사람이 현실감 과 판단력을 잃게 만들고, 이로써 타인에 대한 통제능력을 행사하는 것을 말한다.

**37** 영화, TV방송, 드라마 등 플랫폼에 상관없이 인터넷으로 영상을 제공하는 서비스는

① OTT　　　② OJT
③ OTV　　　④ OTC

> **NOTE** OTT(Over The Top) … 플랫폼에 상관없이 인터넷으로 영상을 제공하는 모든 서비스를 말한다. 대표적 OTT 업체 는 넷플릭스, 유튜브, 티빙, 왓챠 등이 있다.

ANSWER ____ 31.④ 32.③ 33.④ 34.① 35.③ 36.② 37.①

**38** 현대사회의 이른바 '군중(群衆)'이란 개념에 대한 설명으로 가장 적절치 않은 것은?

① 성원들 서로가 서로를 모른다.
② 최소한의 공통된 태도를 가진 인간집합체이다.
③ 성원 상호 간의 정서적 감염성이 강하다.
④ 여론형성의 주체로서 사실과 이성을 존중한다.

> **NOTE** 군중의 특성으로는 익명성, 비개인성, 피암시성, 사회적 전염 등을 들 수 있으며 군중행동의 특성으로는 행동규 범의 결핍, 무책임, 통제력의 결여, 무비판적 지향, 강한 정서적 감염성, 흥분감의 가중 등이다.

**39** 사회집단에 대한 다음 설명 중 옳지 않은 것은?

① 준거집단은 행위나 판단의 기준을 제공해 주는 집단이다.
② 집단과의 동일시 여부에 따라 내집단과 외집단으로 나눌 수 있다.
③ 외집단에서는 유대감, 협동심 등의 소속의식이 강조된다.
④ 원초집단은 개인과 사회를 연결해 주며, 사회통제의 기능을 담당한다.

> **NOTE** 외집단에서는 이질감을 가지거나 적대감 또는 적대적 행동까지 가지게 되는 경우로, 타인집단과 같은 의미이다. 내집단과 외집단은 미국의 사회학자 섬너에 의한 분류이다.

**40** 출생률과 사망률이 모두 낮고 인구가 정체하는 선진국형 인구구조는?

① 표주박형　　　　　　　　　　② 별형
③ 종형　　　　　　　　　　　　④ 피라미드형

> **NOTE** 인구구조 형태
> ㉠ **피라미드형**(정체형, 증가형) : 피유소년층이 큰 비중을 차지하는 구조로 다산다사의 미개발 국가나 다산소사의 개발도상국에서 나타난다.
> ㉡ **종형**(정체형) : 출생률이 낮아 유소년층의 인구 비중이 낮고 평균 수명이 연장되어 노년층의 비중은 높은 소산 소사의 선진국에서 나타난다.
> ㉢ **방추형**(감소형) : 낮은 출생률과 사망률로 출산 기피에 따른 인구 감소가 나타난다. 에스키모나 아메리카 인디언과 같은 특수한 경우나 프랑스와 일본 등 초저출산 국가에서도 방추형의 인구구조가 나타난다.
> ㉣ **별형**(도시형) : 인구 전입으로 청장년층의 비율이 높은 도시나 신개발 지역에서 나타나는 유형으로, 노년 인구나 유소년 인구에 비해서 생산 연령 인구가 많다.
> ㉤ **표주박형**(농촌형) : 청장년층의 전출로 노년층 비율이 높은 농촌에서 나타나는데, 생산 연령 인구에 비해서 노년 인구나 유소년 인구가 많다.

# 과학 · 기술 · 정보통신

## 01 기초과학

### ⊕ 소립자 (素粒子) ◇◇

물질을 구성하는 최소단위의 구성자를 말한다. 자연계의 모든 물질은 크기 1억분의 1cm의 원자의 조합으로 이루어져 있다. 이 원자는 5조분의 1cm 정도의 극히 작은 입자로 구성되어 있는데, 이 작은 입자가 소립자이다. 기본적으로는 전자 · 양자 · 중성자 3종류 이지만, 이외에도 양자와 중성자를 연결시키는 중간자, 중성자의 붕괴로 생겨나는 뉴트리노 등 새로운 존재가 계속 확인되고 있어 그 수는 현재 약 300개가 넘는다.

**PLUS** 더 알아보기

> **물질**(분자의 집합체) > **분자**(원자의 복합입자) > **원자**(원자핵과 핵외전자의 복합입자) > **원자핵**(양성자와 중성자의 복합입자)

### ⊕ 임계실험 (臨界實驗) ◇◇

원자로 속에서 최소의 연료를 사용하여 '원자의 불'을 점화하는 것이다. 핵연료를 원자로 안에 조금씩 넣어가면 그 양이 어느 일정한 값을 넘었을 때 핵분열의 연쇄반응이 일어나기 시작한다. 즉, '원자의 불'이 점화된다. 이와 같이 핵분열이 지속적으로 진행되기 시작하는 경계를 '임계', 이 핵연료의 일정량을 '점화한계량', 즉 '임계량'이라 부른다.

**PLUS** 더 알아보기

> • **냉각재**(冷却材) : 원자로에서 발생한 열을 적당한 온도로 냉각시켜 외부로 끌어내어 사용하게 하는 재료로, 원자력발전소에서는 이 열로 증기를 만들어 터빈을 돌린다. 천연우라늄원자로에는 탄산가스나 중수, 농축우라늄원자로에는 경수 · 중수 · 금속나트륨 등을 사용하고 있다.
> • **감속재**(減速材) : 원자로의 노심(爐心)에서 발생하는 고속 중성자의 속도를 줄여서 열중성자로 바꾸기 위해 쓰이는 물질이다. 중성자는 원자핵반응에 중요한 역할을 맡고 있는데, 속도가 빠른 중성자는 원자핵에 포착되기 어려워 원자핵 반응을 효율적으로 할 수 없다. 따라서 중성자의 속도를 줄이기 위해 적당한 원소의 원자핵과 충돌시켜야 하는데, 이때 쓰여지는 것이 중수나 흑연 등의 감속재이다.

### ⊙ 쿼크 (Quark) ✧✧

소립자의 기본 구성자로 업·다운·스트레인지·참·보텀·톱의 6종(種)과 3류(類)가 있다. 종(種)은 향(Flavor)을 류(類)는 색(Color)을 말하며, 하나의 향은 세 가지의 색을 가지고 있다. 업과 다운, 스트레인지와 참, 보텀과 톱은 각각 쌍을 이뤄 존재한다.

### ⊙ 동위원소 (同位元素) ✧

원자번호는 같으나 질량수가 다른 원소로 일반적인 화학반응에 화학적 성질은 같지만 물리적 성질이 다르다. 1906년 방사성원소의 붕괴과정에서 처음 발견되었으며 방사성 동위원소, 안정 동위원소가 있다. 예를 들면 수소의 동위원소로는 경수로(1H1)·중수소(1H2)·3중수소(1H3) 등이 있다.

### ⊙ 방사성원소 (放射性元素) ✧✧

원자핵으로부터 방사선($\alpha$선, $\beta$선, $\gamma$선)을 방출하고 붕괴하는 방사능을 가진 원소의 총칭이다. 천연방사성원소와 인공방사성원소로 나뉘며 좁은 뜻에서의 천연방사성원소만을 가리키거나 그 중에서 안정동위원소가 없는 라듐이나 우라늄의 원소를 지칭하기도 한다. 1896년 베크렐은 최초로 우라늄(u)을 발견하였으며, 1898년 퀴리 부부는 광석 속에서 우라늄보다 강한 방사능을 가진 라듐(Ra)을 발견하였다. 원소가 처음 만들어졌을 때는 방사성원소와 비방사성원소가 존재했을 것으로 추정하는데, 이 중에서 반감기가 짧은 것은 모두 붕괴하고 반감기가 긴 원소만이 남아 존재한다고 추정한다.

**PLUS** 더 알아보기

> **반감기**(半減期) : 방사성원소가 붕괴하여 처음 질량의 반으로 줄어드는데 걸리는 시간을 말한다. 온도·압력 등의 외부조건에 영향을 받지 않고, 방사성원소의 종류에 따라 일정하므로 그 물질 고유의 성질이 없어짐을 파악하는 척도가 된다.

### ⊙ 조명도 (照明度) ✧

어떤 물체의 단위면적이 일정한 시간에 받는 빛의 양으로, 조도라고도 한다. 단위는 럭스(lux)로 표시하며 이는 1촉광의 광원에서 1m만큼 떨어진 거리에서 직각이 되는 면의 조명도를 말한다. 독서나 일반사무실은 75~150lux, 응접실·안방·부엌·실험실은 50~100lux, 공부방 또는 제도·타이핑·재봉 등을 하는 데는 150~300lux의 밝기가 적당하다.

## ✪ 원자 (原子, Atom) ✧

화학 반응을 하는 화학원소로서의 특성을 유지하는 범위에서의 물질의 기본적인 최소입자이다. 그리스어의 'Atomos(비분할)'에서 유래한 것으로 물질을 분할하는 과정을 반복하여 더 이상 나눌 수 없는 입자를 얻게 되어 이를 원자라 불렀다. 그러나 전자, 양성자, 중성자가 존재한다는 것이 밝혀지며 원자가 복잡한 구조로 구성되어 있음이 알려지고, 이제는 원자보다 소립자가 물질의 궁극적인 입자로서 연구되어지고 있다.

**PLUS 더 알아보기**

- **원자핵** : 원자의 중심에 위치한 양전하의 성질을 갖는 입자로 양성자(Proton)와 중성자(Neutron)로 구성
- **전자** : 양성자와 같은 양의 음전하는 띠는 원자를 구성하는 입자

## ✪ pH (Hydrogenion Exponent, 수소이온농도) ✧

어떤 용액 속에 함유되어 있는 수소이온의 농도를 말하는 것으로 pH = 7일 때 중성, pH > 7일 때 알칼리성, pH < 7일 때 산성이라고 한다. 물고기가 살 수 있는 담수의 pH는 보통 6.7 ~ 8.6이며, pH는 폐수를 중화 또는 응집시켜 화학적으로 처리할 때 그 기준이 된다.

## ✪ 법정계량단위 ✧✧✧

| 구분 | 종류 | |
|---|---|---|
| 기본단위 | 길이 | 미터(m) |
| | 질량 | 킬로그램(kg) |
| | 시간 | 초(s) |
| | 온도 | 켈빈(K) |
| | 광도 | 칸델라(cd) |
| | 전류 | 암페어(A) |
| | 물질 | 몰(mol) |
| 부기본단위 | 평면각 | 라디안(rad) |
| | 입체각 | 스테라디안(sr) |

## ✪ 마하 (Mach) ✧✧

비행기, 로켓 등 고속으로 움직이는 물체의 속도를 음속으로 나타낸 단위이다. 마하 1이란 소리가 1시간에 도달할 수 있는 거리를 말하며, 15℃일 때 소리의 속도가 초속 340m이므로 시속 1,224㎞를 말한다.

## ✪ 플라즈마 (Plasma) ◇◇

초고온에서 음전하를 가진 전자와 양전하를 띤 이온으로 분리된 기체 상태를 말한다. 이때는 전하 분리도가 상당히 높으면서도 전체적으로 음과 양의 전하수가 같아서 중성을 띠게 된다. 아크 방전의 전극간 기체, 방전관(형광등 등)내의 발광부분, 전리층 등의 대기층, 태양의 코로나 등이 있으며, 물질의 제4태라고도 불린다.

## ✪ 나노 (n : Nano) ◇

10억분의 1을 의미하는 접두어이다. 나노 테크놀로지는 분자나 원자 하나하나의 현상을 이해하고 이를 직접 조작하려는 기술이다. 1나노미터에는 보통 원자 3~4개가 들어 있다. 나노미터는 $10^{-9}$m, 나노초(Nano 秒)는 $10^{-9}$초가 된다.

**PLUS** 더 알아보기

> **기타 단위**
> • **기가**(Giga) : 미터계 단위 109(10억배)을 나타내는 접두어이다. 보통 단위명 앞에 붙여 109배를 나타낸다.
> • **테라**(Tera) : 기가(Giga)의 1,000배, 즉 1조를 나타낸다.

## ✪ 제5의 힘 ◇

우주에 있는 중력, 전자기력, 약력, 강력 등 기본 4력 외에 또 하나의 새로운 힘으로, 과부하(過負荷)라고 불린다. 이 힘은 중력과 반대방향으로 작용하며 물체의 질량 및 원자 구성상태에 좌우되는 것이기 때문에 깃털보다는 동전에 더 강하게 작용하여 진공상태에서 깃털이 동전보다 더 빨리 떨어진다는 것이다.

**PLUS** 더 알아보기

> **제4의 힘**
> • **통일장이론** : 자연계에 존재하는 네 가지의 힘, 즉 강력 · 약력 · 중력 · 기력의 관계를 한 가지로 설명하려는 이론이다.
> • **핵력** : 강력과 약력을 합해 이르는 말이다.

## ✪ 열의 이동 ◇◇

열은 물체의 고온부에서 저온부로 흐른다. 열의 이동에는 세 가지가 있다.

① 대류(對流) : 열이 유체를 통하여 이동하는 현상으로, 이는 유체의 열팽창으로 인한 밀도변화에 의해 일어나는 물질의 순환운동이다.
② 전도(傳導) : 저온부와 고온부의 온도차에 의해 일어나는 열의 이동현상이다.
③ 복사(輻射) : 열이 중간에 다른 물질을 통하지 않고 직접 이동하는 현상을 말한다.

## ● 전자기법칙

| 구분 | 내용 |
| --- | --- |
| 쿨롱(Coulomb)의 법칙 | 두 전하 사이에 작용하는 전기력(척력·인력)은 두 전하 사이의 거리의 제곱에 반비례하며, 두 전하량의 곱에 비례한다. |
| 옴(Ohm)의 법칙 | 도체에 흐르는 전류의 세기는 도체 양 끝의 전압에 비례하며, 전기저항에 반비례한다. |
| 줄(Joule)의 법칙 | 저항이 큰 물체에 전류를 통과하면 열과 빛을 발생하는데, 일정한 시간 내에 발생하는 열량은 전류의 세기의 제곱과 도선의 저항에 비례한다. |
| 앙페르(Ampere)법칙 | 도선에 전류가 흐르면 주위에 자기장이 형성되는데, 자기장의 방향은 전류의 방향을 오른나사의 진행방향과 일치시킬 때 나사의 회전방향이 된다. |
| 플레밍(Fleming)의 법칙 | • 왼손 법칙 : 전류가 흐르는 도선이 자기장 속을 통과하면 그 도선은 자기장으로부터 힘을 받게 된다. 왼손 세손가락을 직각이 되게 폈을 때 검지를 자기장의 방향으로, 중지를 전류의 방향으로 가리키면 엄지는 힘, 즉 전자기력의 방향이 된다.<br>• 오른손 법칙 : 유도전류의 방향을 결정 시 오른손 세손가락을 직각이 되게 폈을 때 엄지는 도선의 방향을, 검지는 자기장의 방향을 가리키면 중지는 유도전류의 방향이 된다. |
| 패러데이(Faraday)의 법칙 | • 전자기 유도법칙 : 전자기유도로 회로 내에 발생되는 기전력의 크기는 회로를 관통하는 자기력선속의 시간적 변화율에 비례한다.<br>• 전기분해법칙 : 전해질용액을 전기분해 시 전극에서 추출되는 물질의 질량은 전극을 통과한 전자의 몰수에 비례하고, 같은 전기량에 의해 추출되는 물질의 질량은 물질의 종류에 상관없이 각 물질의 화학 당량에 비례한다. |
| 렌츠(Lenz)의 법칙 | 자석을 코일 속에 넣었다 뺐다 하면 코일에 유도전류가 생기는데, 이때 생긴 유도전류의 방향은 코일을 통과하는 자력선의 변화를 방해하는 방향으로 발생한다. |

## ● 케플러의 법칙 (Kepler's Laws) ◇◇

① 제1법칙(타원궤도의 법칙) : 모든 행성은 태양을 중심으로 타원궤도를 그리며 공전한다.
② 제2법칙(면적의 법칙) : 태양과 행성을 연결하는 선분(동경)이 같은 시간에 그리는 면적은 일정하며, 행성의 속도가 근지점에서는 빨라지고 원지점에서는 느려진다.
③ 제3법칙(주기의 법칙) : 행성의 공전주기의 제곱은 타원궤도의 긴 반지름의 세제곱에 비례한다. 즉, 태양에 가까운 행성일수록 공전주기가 짧다.

## ● 상대성이론 (Theory of Relativity) ◇◇◇

미국 물리학자 아인슈타인에 의하여 전개된 물리학의 이론체계이다. 그는 1905년 기존의 뉴턴역학에 의하여 알려졌던 상대성이론을 시간·공간의 개념을 근본적으로 변경하여 물리학의 여러 법칙에 적용한 특수상대성이론과, 1915년 뉴턴의 만유인력 대신 특수상대성이론을 일반화하여 중력 현상을 설명한 일반상대성이론을 완성하였다.

## ✪ 운동법칙 (運動法則, Law of Motion) ◆◆◆

뉴턴이 1687년 「프린키피아」에 발표한 물체의 운동에 관한 기본법칙으로 물체의 질량과 힘의 개념이 세워지면서 고전역학의 기초가 확립되었다.

① 제1법칙(관성의 법칙) : 물체가 원래의 상태를 계속 유지하려는 성질을 관성이라 한다. 즉, 외부로부터 힘을 받지 않는 한 정지상태의 물질은 계속 정지하려 하고, 운동중인 물체는 계속 등속직선운동을 한다는 것이다. 관성의 크기는 질량에 비례한다.

**PLUS** 더 알아보기

> **정지상태를 계속하려는 관성의 예** : 정지하고 있던 버스가 갑자기 출발하면 서 있던 사람은 뒤로 넘어진다. 쌓아놓은 나무토막 중 하나를 망치로 치면 그 나무토막만 빠진다.
> **운동상태를 계속하려는 관성의 예** : 달리던 버스가 갑자기 정지하면 서 있던 승객은 앞으로 넘어진다. 뛰어가던 사람의 발이 돌부리에 걸리면 넘어진다.

② 제2법칙(가속도의 법칙) : 어떤 물체에 힘을 가하였을 때 생기는 가속도(a)의 크기는 작용하는 힘(F)의 크기에 비례하고 질량(m)에 반비례한다. 즉, $F = ma$

③ 제3법칙(작용 · 반작용의 법칙) : 물체에 힘을 작용시키면 원래 상태를 유지하기 위해 물체는 반대방향으로 힘을 작용(반작용)한다. 이와 같은 물체에 힘을 가할 때 나타나는 작용과 반작용은 크기가 같고 방향은 반대이며, 동일직선상에서 작용한다.

**PLUS** 더 알아보기

> **운동법칙 예시**
> ㉠ **관성의 법칙** : 정지하고 있던 버스가 갑자기 출발하면 서 있던 사람은 뒤로 넘어진다. 쌓아놓은 나무토막 중 하나를 망치로 치면 그 나무토막만 빠진다.
> ㉡ **가속도의 법칙** : 달리던 버스가 갑자기 정지하면 서 있던 승객은 앞으로 넘어진다. 뛰어가던 사람의 발이 돌부리에 걸리면 넘어진다.
> ㉢ **작용과 반작용의 법칙** : 포탄이 발사되면 포신이 뒤로 밀린다. 가스를 뒤로 분사하면서 로켓이 날아간다.

## ✪ 보일 – 샤를의 법칙 (Boyle – Charle's Law) ◆◆

보일의 법칙과 샤를의 법칙을 종합한 것으로, 일정량의 기체의 부피는 압력에 반비례하고 절대온도에 정비례한다는 법칙이다.

**PLUS** 더 알아보기

> • **보일의 법칙** : 일정 온도에서 일정량의 기체의 부피는 압력에 반비례한다.
> • **샤를의 법칙** : 압력이 일정할 때 일정량의 기체의 부피는 온도가 1℃씩 높아질 때마다 273분의 1씩 팽창한다. (절대온도에 비례)

## ● 초전도 (超電導, Super Conductivity) ◇◇

어떤 물질을 절대온도 0°K(-273℃)에 가까운 극저온상태로 냉각시켰을 때 갑자기 전기저항이 0이 되는 물리적 현상을 말한다. 초전도를 나타내는 물질을 초전도체라 하며 납 등의 금속이나 합금, 화합물 등 약 1,000여 종류가 있다.

**PLUS** 더 알아보기

- **절대온도**(絕對溫度 : Absolute Temperure) : 물질의 특성과는 상관없이 정의되는 온도(°K)로 섭씨 영하 273°를 0°로 하여 보통의 섭씨와 같은 눈금으로 잰 온도이며, 절대온도의 0°K(절대영도)는 물리적으로 생각될 수 있는 가장 낮은 온도이다. 절대온도는 분자의 열운동에너지를 나타내는 척도로, 절대온도 0°K(-273℃)는 모든 열운동이 없어진 상태를 말한다.
- **임계온도**(臨界溫度 : Critical Temperature) : 열역학적으로 온도와 부피, 압력을 변화시켰을 때 기체의 액화나 액체의 기화 등의 변화가 일어나지만, 특정 온도 이상이 되면 상태변화가 일어나지 않게 되는데, 이 특정 온도를 가리켜 임계온도라 한다.

## ● 옥탄가 (Octane Number) ◇◇

가솔린 속에 함유되어 있는 이물질이 정제된 정도를 표시하는 수치로, 가솔린의 품질을 결정하는 요소이다. 옥탄가가 높을수록 엔진의 기능을 저하시키는 노킹 현상이 일어나지 않으며 열효율이 높다.

**PLUS** 더 알아보기

노킹(Knocking) : 내연기관의 기통 안에서 연료가 너무 빨리 발화하거나 이상폭발하는 현상을 말한다.

## ● 표면장력 (表面張力) ◇

액체의 표면에 가지고 있는 자연상태에 있어서의 표면에너지를 말하는 것으로, 그 표면을 수축하려는 힘을 말한다. 이는 액체의 분자간 인력의 균형이 표면에서 깨지고 액면 부근의 분자가 액체 속의 분자보다 위치에너지가 크기 때문에 이것을 될 수 있는 대로 작게 하려는 작용이 나타나는 것이다.

## ● LPG (액화석유가스) ◇

일반적으로 프로판가스로 통칭되며, 프로판이나 부탄 등 탄화수소물질을 주성분으로 액화한 것이다. 가정용 · 업무용 연료, 도시가스의 성분으로 사용되고 있다.

## ● LNG (액화천연가스) ◈

천연가스를 대량수송 및 저장하기 위해 그 주성분인 메탄의 끓는점(−162℃) 이하로 냉각하여 액화한 것이다. 운반비와 시설비가 많이 들지만 사용이 간편하고 열량이 높아, 청정에너지(클린에너지)로 주목받고 있다.

## ● 빛의 성질 ◈◈

| 종류 | 내용 |
|---|---|
| 직진(直進) | 빛이 입자이기 때문에 일어나는 현상이다.<br>예 일식, 월식, 그림자 |
| 반사(反射) | 빛이 입자이기 때문에 어떤 매질의 경계면에서 다시 처음 매질 속으로 되돌아가는 현상이다. |
| 굴절(屈折) | 한 매질에서 다른 매질로 통과할 때 그 경계면에서 방향이 바뀌는 현상이다.<br>예 무지개, 아지랑이, 신기루 |
| 간섭(干涉) | 빛이 파동성을 갖기 때문에 일어나는 현상이다. 물이나 비누방울 위에 뜬 기름의 얇은 막이 여러 색으로 보이는 것을 말한다. |
| 회절(回折) | 빛이 파동성을 갖기 때문에 일어나는 현상으로, 틈이 좁거나 장애물의 크기가 작을수록 잘 발생한다. |
| 분산(分散) | 빛이 복색광이기 때문에 굴절체를 통과하면서 굴절률에 따라(파장의 길이에 따라) 여러 개의 단색광으로 되는 현상이다.<br>예 프리즘에 의한 분산 |
| 산란(散亂) | 빛이 공기 속을 통과할 때 공기 중의 미립자에 부딪쳐서 흩어지는 현상이다.<br>예 저녁노을, 하늘이 파랗게 보이는 현상 |
| 편광(偏光) | 자연광은 여러 방향의 진동면을 갖지만, 전기석과 같은 결정축을 가진 편광판을 통과시키면 결정축에 나란한 방향으로 진동하는 빛만 통과한다.<br>예 입체영화, 광통신 등 |

## ● 과불화 화합물 ◈◈

물과 기름에 쉽게 오염되지 않고 열에 강한 화학물질이다. 방수나 먼지가 묻지 않도록 하는 제품에 많이 사용되는데, 일회용 종이컵의 방수 코팅제, 가죽이나 자동차 표면처리제 등으로 활용된다. 과불화화합물은 잘 분해되지 않아 환경오염의 원인이 되며 암을 유발하고 생식기능을 저하시켜, 최근 스타벅스를 비롯한 기업들이 사용을 자제하거나 줄이겠다고 발표하고 있다.

## 02 첨단과학·우주·기술

### ◎ 보잉 777 (Boeing 777) ◆◆

미국의 보잉사가 개발한 광동체형 쌍발 장거리용 제트 여객기이다. 트리플 세븐이라고 불리기도 한다. 기존의 B747-400기와 B767-200기의 중간크기의 여객기에 대한 수요를 충족시키기 위해 개발되었고 1990년부터 B-777의 설계를 시작하였다. 쌍발기로서는 최대이다. 보잉 777은 각종 첨단 시스템과 위성통신, 자기 위치 확인 시스템 등 항공기에 있어서 가장 기본이 되는 80여 가지의 시스템이 대부분 기본사양으로 채택되고 있으며 중요 비행정보, 항로, 엔진 정보가 표시되는 스크린을 새로운 평면 액정판 LCD를 채택하고 있어 어떤 각도에서도 직사광선 아래에서 조종사의 눈에 스크린이 선명하게 보이며 두 개의 엔진을 사용하여 연료 효율을 높였다. 취항 이래 20년이 가까워오지만 사고가 거의 없어 항공업계에서는 안전하다는 평을 받고 있었다. 그러나 2008년 영국 항공이 히드로 공항에 착륙 도중 사고가 있어났으며 아시아나 항공이 샌프란시스코 국제공항에 착륙 중 발생한 최근 사고에서는 사망자가 발생하였다.

### ◎ 무어의 법칙 (Moore's Law) ◆◆

1960년대 반도체 시대가 시작되면서 인텔의 공동설립자인 고든 무어가 제시한 이론으로 마이크로칩의 밀도가 18개월마다 2배로 늘어난다는 법칙이다. 실제 인텔의 반도체가 이 법칙에 따라 용량이 향상된 바 있다.

### ◎ 퓨전메모리 (Fusion Memory) ◆◆

D램의 고용량·S램의 고속도·플래시메모리의 비휘발성·논리형 반도체의 일부 특성과 장점을 통합적으로 갖춘 차세대 신개념의 반도체를 말한다. 다양한 형태의 메모리와 비메모리를 하나의 칩에 결합시킨 것으로 디지털TV나 휴대폰 등 디지털가전의 발달에 따른 고성능·다기능화에 대응하기 위하여 개발됐다.

### ◎ 탄소나노튜브 (Carbon Nanotube) ◆◆

1991년 일본전기회사(NEC)의 이지마 스미오박사가 전기방법을 사용하여 흑연의 음극 상에 형성시킨 탄소덩어리를 분석하는 과정에서 발견된, 탄소 6개로 이루어진 육각형 모양들이 서로 연결되어 관 형태를 이루고 있는 신소재를 말하며, 관의 지름이 수십 나노미터에 불과해 이 이름이 붙여졌다. 구리와 비슷한 전기 전도·다이아몬드와 같은 열전도율·철강의 100배인 강도를 지녀 15%가 변형되어도 끊어지지 않는다. 이 물질을 이용한 반도체와 평판 디스플레이, 배터리, 텔레비전브라운관 등의 장치가 계속 개발되고 있으며, 나노크기의 물질을 옮길 수 있는 나노집게로 활용되고 있다.

## ❂ 반도체 (半導體, Semiconductor) ◇◇◇

물질은 크게 도체, 반도체, 부도체로 나뉜다. 반도체는 불순물의 첨가 유무에 따라 전기전도성이 늘기도 하고, 빛 또는 열에너지에 의한 일시적인 전기전도성을 갖기도 한다. 실리콘, 갈륨비소, 인듐인 등이 있으며 1948년 미국에서 트랜지스터가 개발됐고, 1958년에는 집적회로인 IC가 개발됐다. 전류를 한쪽 방향으로만 흐르게 하고, 그 반대 방향으로는 흐르는 못하게 하는 정류작용의 특성을 갖는 반도체 부품을 다이오드(Diode)라고 하며, 이것이 반도체 소자의 기본이 된다. 반도체는 트랜지스터와 다이오드 등으로 이루어진 집적회로소자 외에도 열전자방출소자, 발광소자 등의 첨단 전자산업에 응용되고 있다.

① 메모리반도체의 종류

| 구분 | 내용 |
| --- | --- |
| D램 | 전기를 넣은 상태에서도 일정 주기마다 동작을 가하지 않으면 기억된 정보가 지워지는 휘발성메모리. 빠른 속도로 모바일기기나 PC의 시스템 메모리로 사용 |
| S램 | 충전없이도 일정기간 기억내용이 지워지지 않으므로 같은 집적도의 D램보다 고도화된 기술을 필요로 하는 반도체 |
| 플래시메모리 | D램·S램과 달리 전원 꺼져도 저장정보가 지워지지 않는 비휘발성메모리. 디지털카메라, PDA, MP3플레이어 등에 사용 |
| F램 | D램(고집적도), S램(고속동작), 플래시메모리(비휘발성)의 장점만을 모아 제작된 통합메모리. PDA, 스마트폰, 스마트카드 등에 사용 |

② **집적회로**(IC : Integrated Circuit) : 많은 전자회로 소자가 하나의 기판 위에 분리할 수 없는 상태로 결합되어 있는 초소형의 전자소자로 두께 1mm, 한 변이 5mm의 칩 위에 전자회로를 형성시켜 만들며 보통 마이크로칩이라 불린다.

## ❂ 비메모리반도체 ◇◇

반도체는 데이터 저장에 활용되는 메모리반도체(D램, 플래시 등)와 정보처리·연산기능에 활용되는 비메모리반도체(PC의 중앙처리장치)로 나뉜다. 비메모리반도체는 특정 응용분야의 기기를 위한 주문형 반도체(ASIC)·마이크로 컨트롤러·디지털신호처리(DSP) 칩 등으로 가전, 통신기기, 자동화 등에 폭넓게 활용된다. 비메모리반도체는 다품종 소량생산의 고부가가치 사업으로 반도체 시장의 70%를 차지하는데, 우리나라의 경우 메모리반도체 분야에서 세계적인 수준에 도달했지만 비메모리 분야에서는 1996년 삼성전자의 알파칩 시제품 개발을 필두로 연구개발이 한창이다.

**PLUS** 더 알아보기

> **ASIC**(Application Specific Integrated Circuit) : 주문형 반도체로 사용자가 특정용도의 반도체를 주문하면 반도체업체가 이에 맞춰 설계·제작해 주는 기술이다. 반도체산업이 발달하면서 이 기술의 비중이 급속도로 확산되고 있다.

## ◎ LCD (Liquid Crystal Display) ◇◇

2개의 유리판 사이에 액정을 주입해 인가전압에 따른 액정의 광학적 굴절변화를 이용하여 각 종 장치에서 발생되는 여러 가지 전기적 정보를 시각정보로 변화시켜 전달하는 전기소자로 액정표시장치를 말한다. 기술수준에 따라 STN(Super Twisted Nematic)과 TFT(Thin Film Transistor) 두 종류가 주로 사용되며, STN제품은 가격이 싼 반면 화질이 떨어져 보급형에 주로 쓰이고 TFT제품은 응답속도가 빠르고 화질이 정밀해 노트북 컴퓨터 등 전문가 제품에 쓰이나 상대적으로 비싸다. LCD는 CRT와는 달리 자기발광성이 없어 후광이 필요하나 소비전력이 낮고 편리한 휴대성으로 손목시계, 계산기, 컴퓨터 등에 널리 사용되고 있으나 영하 20도의 저온과 영상 70도 이상의 고온에서는 작동하지 않는 단점이 있다.

**PLUS** 더 알아보기　　　　　　　　　　　　　　　　

> **TFT-LCD**(Thin Film Transistor Liquid Crystal Display) : 아주 얇은 액정을 통해 정보를 표시하는 초박막액정표시장치(超薄膜液晶標示裝置)이다. 소비전력이 적고, 가볍고 얇으면서 해상도가 높아 노트북컴퓨터, 휴대폰, 텔레비전, 디지털카메라 등의 디스플레이로 사용된다.

## ◎ AM OLED (Active Matrix Organic Light Emitting Diode) ◇◇

능동형 유기발광다이오드라고 하며, 백라이트에 의해 빛을 발하는 LCD와는 달리 자체에서 빛을 발하는 디스플레이다. OLED는 형광이나 인광 유기물 박막에 전류를 흘리면 전자와 정공이 유기물 층에서 결합하며 빛이 발생하는 원리를 이용한 디스플레이다. 이는 수동형 PM(Passive Matrix) OLED(하나의 라인이 한꺼번에 발광하는 구동방식)와 능동형 AM OLED(발광소자가 각각 구동하는 개별 구동방식)로 나뉜다. AM OLED는 TFT LCD에 비해 무게·두께가 3분의 1 수준이며, 동영상 응답속도가 1,000배 이상 빨라 동영상 잔상을 해결해주며, 화면이 선명하게 보이나 제조 단가가 비싼 것이 흠이다.

## ◎ 나로우주센터 (Naro Space Center)

전라남도 고흥군 봉래면 외나로도에 위치한 우리나라 최초의 우주센터로 2009년 건립되었으며 우리나라는 세계에서 13번째 우주센터 보유국이 되었다. 나로우주센터는 우주발사체 제작과 실험, 발사에 필요한 다양한 최첨단 시설을 갖추고 있다. 발사대는 초속 60m의 강풍에도 견딜 수 있도록 건설되었으며 총 200회 로켓 발사가 가능하다.

**PLUS** 더 알아보기　　　　　　　　　　　　　　　　

> • **나로호** : 한국 최초의 우주발사체로 외나로도의 이름을 따서 지어졌다. 2단형 발사체로 1단(하단) 로켓은 러시아가 2단(상단) 로켓은 국내 기술로 개발하였으며 여러 차례 발사 시도 후 2013년 1월 30일 발사에 성공하였다.
> • **누리호** : 국내 기술로 개발한 3단 액체로켓이다. 2021년 10월 21일 발사하였으나 실패하였다.

## ● 컴덱스 (COMDEX)

세계 최대의 컴퓨터 관련 전시회로 미국에서 해마다 봄·가을에 개최된다. 1979년 인터페이스사(社)에 의해 라스베이거스에서 소형 컴퓨터 소매업자들을 중심으로 시작되어 1990년 이후 컴퓨터 산업이 주요산업으로 급성장하면서 전 세계 IT산업을 주도하는 행사가 되었다. 인텔의 마이크로프로세서와 MS DOS, 윈도우 운영체제(OS)를 비롯하여 전 세계 IT산업의 핵심 기술과 제품들이 모두 컴덱스를 통해 발표되었다.

## ● 차량자동항법장치 (車輛自動航法裝置, Car Navigation System)

자동차에서 사용하도록 개발된 지구위성항법시스템으로, 이 장치가 내장되어 차량의 위치를 자동으로 표시해 주며 일반적으로 내비게이션이라 부른다. 내비게이션은 현재 위치를 파악하고, 도로지도·바탕지도·시설물DB 등의 전자지도를 구성하여 경로안내를 제공한다.

**PLUS** 더 알아보기

> **텔레매틱스**(Telematics) : 자동차와 무선통신을 결합한 신개념의 차량 무선인터넷 서비스이다.

## ● 핵융합 (核融合, Nuclear Fusion)

태양에서 에너지가 방출되는 원리가 핵융합이다. 수소의 원자핵인 양성자가 융합하여 헬륨 원자핵을 생성하는 핵융합 반응이 일어난다. 이 과정에서 반응물과 생성물의 질량 차이인 질량결손이 질량-에너지 등가원리에 의해 에너지로 생성된다. 이 과정을 사용하여 수소폭탄이 만들어졌는데, 이 무한하고 방사능도 적으며 방사성 낙진도 생기지 않는다.

**PLUS** 더 알아보기

> 지구에서 구현할 핵융합 연료로 수소의 동위원소인 중수소와 삼중수소가 있다. 중수소는 양성자와 중성자, 삼중수소는 양성자와 중성자 2개로 구성된다.

## ● 칼리머 (Kalimer)

차세대 원자로로 한국형 액체금속로를 말한다. 고속의 중성자를 핵반응에 이용, 우라늄을 플루토늄으로 재순환시키는 고속증식로의 일종으로서 물이 아닌 금속인 액체나트륨을 냉각재로 이용하여 액체금속로라고 한다. 핵연료를 계속 증식하며 핵반응을 일으켜서 같은 원자로 속에서 에너지와 연료를 동시에 생산해 내 기존 경수로보다 70배나 많은 에너지를 얻을 수 있다. 그러나 경수로에 비해 높은 건설단가와 액체나트륨 취급의 어려움, 안전문제, 핵연료 처리문제가 제기되고 있다. 한국원자력연구소가 1997년부터 개념설계를 시작으로 실용화를 계획하고 있다.

## ❂ 바이오세라믹스 (Bioceramics) ◇

무기 비금속원료를 성형한 후 고온 처리한 것을 세라믹스라고 하고, 뼈나 경질 조직을 대체할 때 사용되는 생체용 세라믹스가 바이오세라믹스이다. 이것은 주위의 생체조직과 어떤 화학반응을 하지 않는 생불활성 세라믹스와 생체의 표면조직을 자극하여 칼슘의 축적을 촉진시켜 삽입된 세라믹스와 생체조직과의 접착력을 증가시키는 생활성 세라믹스로 나뉜다. 생불활성 세라믹스에는 고밀도·고순도의 알루미나(산화알루미늄)가 있고, 생활성 세라믹스에는 바이오유리·하이드록시아파타이트(Hydroxyapat ite)가 있다. 치과용 재료, 중이소골의 성형, 뼈 보강재 등 오늘날 바이오세라믹스의 사용범위가 넓어지고 있다.

## ❂ 실재감테크 ◇◇◇

가상공간을 창조하고 다양한 감각 자극을 제공, 인간의 존재감과 인지능력을 강화시켜 생활 스펙트럼을 확장하는 기술이다. 즉 감각과 시공간의 간극을 허무는 기술이다.

## ❂ 요소수 ◇◇◇

경유를 넣는 자동차가 뿜어내는 오염물질, 즉 질소산화물을 줄여주는 물질로 최근에 출시된 경유차 대부분은 요소수를 주입해야 한다. 우리나라는 요소수를 만드는 데 필요한 요소를 약 97%가량 중국에서 수입하는데, 중국에서 석탄과 전기 부족으로 요소 수출을 금지하면서 우리나라는 타격을 받은 바 있다.

## ❂ 천리안 위성2B호 ◇◇

한국항공우주연구원이 개발한 정지궤도 위성으로, 대기환경과 해양환경을 관측하는 역할을 한다. 세계 최초로 정지궤도 위성에 환경탑재체(GEMS)를 탑재한 사례이다.

**PLUS** 더 알아보기　　　　　　　　　　

| 현재 임무 수행 중인 한국 인공위성 | | |
|---|---|---|
| 구분 | | 목적 |
| 아리랑 위성 | 3호 | 지구 정밀 관측 |
| | 3A호 | 지구 정밀 관측(광학+적외선) |
| | 5호 | 전천후 지구 관측(영상레이더) |
| 차세대 중형 위성 | 1호 | 지구관측(광학) |
| 공공 정지 궤도위성 | 천리안 1호 | 공공통신, 해양, 기상관측 |
| | 천리안 2호 | 기상, 우주관측 |
| | 천리안 3호 | 해양, 환경관측 |

## ✿ 지구 대기권 구분

| 구분 | 내용 |
|------|------|
| 열권 | • 80km 이상인 영역이다.<br>• 중간권 위에 위치하며 외기원에 접한다.<br>• 대기권 중 밀도가 가장 낮고 온도가 가장 높다.<br>• 우주 공간으로 볼 수 있으며 우주왕복선과 국제우주정거장 궤도는 열권에 포함된다. |
| 중간권 | • 50 ~ 80km<br>• 성층권 위, 열권 아래에 위치하며 대기권에서 기온이 가장 낮다.<br>• 유성이 관측되는 곳이다. |
| 성층권 | • 10 ~ 50km<br>• 태양으로부터 오는 자외선을 흡수하여 가열되어 대류권과 달리 열적으로 안정되어 있어 대류가 일어나지 않는다.<br>• 자외선을 흡수하는 오존이 밀집되어 있는 고도 25km 부근을 오존층이라고 부른다. |
| 대류권 | • 0 ~ 11km<br>• 지표면으로부터 가장 인접한 대기층이다.<br>• 대류권 상부에 좁고 수평으로 흐르는 강한 공기의 흐름인 제트기류가 분다. |

## 03 컴퓨터·정보통신

### ⊙ 세빗 (CeBIT) ◇◇◇

세계적인 정보통신기술전시회로 독일 하노버에서 매년 개최된다. 미국의 컴덱스와 함께 세계 정보통신 분야를 대표하는 전시회로, 유무선 네트워크·디지털 및 온라인 이동통신 등의 통신분야에 주력하고 있다. 이미 소개된 제품 및 기술을 놓고 바이어들의 구매 상담을 벌여 시장의 환경변화를 가늠할 수 있다.

### ⊙ 디지털 발자국 (Digital Footprint) ◇◇◇

온라인 사용자들이 온라인 활동을 하면서 남긴 구매 패턴, 검색어 기록, 홈페이지 방문 기록 등을 디지털 발자국이라고 하며 디지털 흔적이라고도 한다. 기업들은 이를 분석하여 광고나 프로모션을 할 수 있는 소프트웨어를 활용하여 소비자 맞춤형 광고를 노출한다.

### ⊙ GPS (Global Positioning System) ◇◇◇

자동차·비행기·선박뿐만 아니라 세계 어느 곳에 있더라도 인공위성을 이용하여 자신의 위치를 정확히 파악할 수 있는 시스템으로 위성항법장치라고 한다. GPS수신기로 세 개 이상의 위성으로부터 정확한 거리와 시간을 측정, 삼각 방법에 따라 세 개의 각각 다른 거리를 계산해 현재의 위치를 나타낸다. 현재 세 개의 위성으로부터 거리와 시간 정보를 얻어 1개 위성으로 오차를 수정하는 방법이 널리 쓰이고 있다. GPS는 처음 미국 국방성의 주도로 개발이 시작되었으며, 위성그룹과 위성을 감시·제어하는 지상관제그룹, 사용자그룹의 세 부분으로 구성되어 있다. 이는 단순한 위치정보 뿐만 아니라 항공기·선박의 자동항법 및 교통관제, 유조선의 충돌방지, 대형 토목공사의 정밀 측량 등 다양한 분야에 응용되고 있다.

---

**PLUS** 더 알아보기

> **위치기반서비스**(Location Based Service) : 위성항법장치나 이동통신망 등을 통해 얻은 위치정보를 기반으로 이용자에게 여러 가지 서비스를 제공하는 서비스 시스템을 말한다.

---

### ⊙ DNS (Domain Name System) ◇◇◇

네트워크에서 도메인이나 호스트 이름을 숫자로 된 IP 주소로 해석해주는 TCP/IP 네트워크 서비스로, 각 컴퓨터의 이름은 마침표에 의해 구분되고 알파벳과 숫자의 문자열로 구성되어 있다. 예를 들어, 국가 도메인은 kr(한국), kp(북한), jp(일본), au(호주), ca(캐나다), uk(영국) 등이다.

### ❂ 테더링 (Tethering) ✦✦✦

휴대폰의 부가기능 중 하나로, 블루투스(Bluetooth) · 와이파이(WiFi) 등을 통해 휴대폰이 모뎀으로 활용되어 노트북 · PC · PDA 등의 IT기기들을 연결해 무선인터넷을 사용할 수 있는 기능을 말한다. 국내에서 무선인터넷을 사용하기 위해서 3G · 와이브로 · 무선랜 등을 활용해야 하는데, 테더링 서비스는 3G(3세대 이동통신기술)를 통신망으로 활용한다. 이는 와이브로나 무선랜에 비해 휴대폰 통화권 내에 있는 곳에서는 어디서나 인터넷 접속이 가능한 장점이 있으나 속도가 느리고, 전력소모가 크며, 가격이 비싸다는 단점이 있다.

### ❂ 그리드컴퓨팅 (grid) ✦

방대한 데이터베이스를 구축하고 있는 세계의 슈퍼컴퓨터를 연결한 네트워크로서 정보가 집결되어 있어 검색속도가 획기적으로 빨라진다. 개발작업은 주로 영국의 분자물리학연구소와 천문학연구위원회가 월드와이드웹(WWW)을 개발했던 CERN과 함께 맡게 되며 과학자들은 현재 LHC의 컴퓨터망에서 정보공유 및 공동작업을 위해 사용하고 있는 미들웨어 프로그램이 기존 인터넷의 브라우저와 검색엔진, 그리고 서버의 기능을 대신하게 될 것이라고 전망하였다.

### ❂ 와이브로 (WiBro : Wireless Broadband Internet) ✦✦✦

무선광대역인터넷 또는 무선초고속인터넷으로, 노트북컴퓨터 · PDA · 차량용 수신기 등에 무선랜과 같은 와이브로 단말기를 설치하여 이동하면서도 휴대폰처럼 초고속인터넷을 이용할 수 있는 무선 휴대인터넷 서비스이다. 외국에서는 Mobile WiMAX라고 불리며, 우리나라에서는 2002년 10월 정보통신부가 무선가입자용으로 사용하던 2.3㎓ 대역의 주파수를 휴대인터넷용으로 재분배하면서 개발이 시작되었다. 이에 한국전자통신연구원과 삼성전자 등이 순수 국내 기술로 기술표준 'HPi'를 개발, 2005년 미국 전기전자학회(IEEE)에 의해 국제표준으로 채택되었다. 그리고 2007년에 국제전기통신연합(ITU)이 와이브로를 3세대 이동통신의 6번째 기술표준으로 채택했다. 우리나라에서 2006년 KT · SK텔레콤이 서울과 수도권 일부 지역에서 세계 최초로 와이브로 상용서비스를 시작한 바 있다. 휴대전화에 인터넷 통신과 정보검색 등 컴퓨터 지원 기능을 추가한 지능형 단말기로서 사용자가 원하는 애플리케이션을 설치할 수 있는 것이 특징이다. 이동 중 인터넷 통신, 팩스 전송 등이 가능하며, 국내에서는 삼성전자와 LG정보통신에서 개인정보 관리 기능을 갖춘 제품을 출시하였다.

## ✪ 쿠키 (Cookie) ◇◇◇

인터넷 사용자가 특정 홈페이지를 접속할 때 생성되는 정보를 저장한 4KB 이하의 임시파일로 인터넷 웹사이트의 방문기록을 저장해 사용자와 웹사이트를 연결해 주는 정보이다. 인터넷 사용자들의 홈페이지 접속을 돕기 위해 만들어져 온라인 광고업체는 쿠키를 이용해 마케팅전략수립에 유용하게 사용하지만, 사용하는 웹브라우저가 이용자가 본 내용이나 구입 상품 심지어 회원번호나 비밀번호 등의 자동생성·갱신·기록전달 등을 하기도 해 개인의 사생활 침해의 소지가 있다.

## ✪ 허니팟 (Honey Pot) ◇◇◇

컴퓨터 프로그램의 침입자를 속이는 최신 침입탐지 기법이다. 해커 잡는 덫이란 의미로 크래커를 유인하는 함정을 꿀단지에 비유한 명칭이다. 컴퓨터 프로그램에 침입한 스팸과 컴퓨터바이러스, 크래커를 탐지하는 가상컴퓨터이다. 침입자를 속이는 최신 침입탐지기법으로 마치 실제로 공격을 당하는 것처럼 보이게 하여 크래커를 추적하고 정보를 수집하는 역할을 한다.

## ✪ 코덱 (Codec) ◇

음성이나 비디오 데이터를 컴퓨터가 처리할 수 있게 디지털로 바꿔 주고, 그 데이터를 컴퓨터 사용자가 알 수 있게 모니터에 본래대로 재생시켜 주는 소프트웨어이다. 동영상처럼 용량이 큰 파일을 작게 묶어주고 이를 다시 본래대로 재생할 수 있게 해준다. 파일을 작게 해주는 것을 인코딩(Encoding), 본래대로 재생하는 것을 디코딩(Decoding)이라고 한다. 또 데이터 압축 기능을 사용하여 압축하거나 압축을 푸는 소프트웨어도 코덱에 포함된다.

## ✪ 웹어셈블리 (Webassembly) ◇◇

웹을 네이티브 애플리케이션처럼 빠르게 실행할 수 있도록 만들어지고 있는 차세대 바이너리 포맷 표준이다. 개발자가 자바스크립트 대신 C언어 등으로 어느 브라우저에서든 돌아가는 프로그램을 만들어 배포할 수 있게 된다는 장점을 가진다. 모질라 개발자 루크 와그너가 여러 브라우저 개발사의 협력을 공식화했고, 구글 및 애플 개발자들이 표준화에 협력키로 했다. 이미 웹브라우저 중에선 크롬이 웹어셈블리를 구현했고, 여기에 파이어폭스와 마이크로소프트 엣지도 적용 준비를 하고 있다.

## ✪ 다담스 (Dadams) ◇

한국원자력연구원의 국가 원자력 연구개발 연구기록물 종합관리시스템이다. 다담스는 연구개발 프로젝트 수행과정에서 발생한 연구계획서와 연구노트, 결과보고서, 지적재산권 문서 등의 연구기록물을 수집·분류하고 디지털화해 체계적으로 관리한다. 기록물을 카테고리별로 분류해 제공하고 관련 문헌 및 웹사이트에 대한 하이퍼링크를 지원하는 등 데이터베이스 이용을 위한 최고의 인터페이스를 구현하여 그 효율성을 극대화한 것이 특징이다.

## ❂ 해커톤 (Hackathon) ◇◇◇

마라톤처럼 일정한 시간과 장소에서 프로그램을 해킹하거나 개발하는 행사를 말한다. 한정된 기간 내에 기획자, 개발자, 디자이너 등 참여자가 팀을 구성해 쉼 없이 아이디어를 도출하여 앱, 웹 서비스 또는 비즈니스 모델을 완성해야 한다. 일반인에게 해킹은 불법적으로 컴퓨터를 공격하는 행위라는 의미로 많이 사용되나, 컴퓨터 프로그래머 사이에서는 '난이도 높은 프로그래밍'이란 뜻으로 쓰인다. IT기업에서 흔히 사용되며 페이스북은 개발자와 디자이너, 인사, 마케팅, 재무 등 모든 구성원에게 밤새 음식과 간식을 제공하면서 아이디어와 생각을 직접 만들어 보게 하는 해커톤을 개최하는 것으로 유명하다.

## ❂ CDMA (CoDivision Multiple Access) ◇◇◇

코드분할다중접속 또는 부호분할다중접속으로, 이동통신에서 다수의 사용자들이 동시에 주파수와 시간을 공유하며 접속 가능한 다중접속방식의 하나이다. 한정된 주파수를 여러 사람이 효율적으로 사용할 수 있도록 해주는 다중접속이 이동통신에서 필수적인 기술에 해당되며, CDMA · FDMA(주파수분할다중접속) · TDMA(시분할다중접속) 등의 방식이 있다. CDMA는 각각의 데이터에 고유번호(코드)를 붙여 정보를 전송하고 받는 쪽에서 이를 해독하는 방식으로 통화품질과 보안성이 뛰어나며, 하나의 주파수로 10명 이상이 통화할 수 있는 장점이 있다. 이보다 먼저 개발된 TDMA는 데이터를 시간단위로 3등분 해 전송하는 방식으로 안정성과 보편성을 무기로 유럽을 비롯해 세계 이동통신시장에서 상대적으로 높은 점유율을 기록하고 있다.

**PLUS** 더 알아보기

**앱스토어**(App Store) : Application Store의 준말로, 모바일 애플리케이션(휴대폰에 탑재되는 콘텐츠 응용프로그램)을 판매하는 온라인상의 모바일 콘텐츠 시장이다.

## ❂ 파밍 (Pharming) ◇◇

피싱(Phishing)에 이어 등장한 인터넷 사기수법으로, 피싱이 금융기관 등의 웹사이트에서 보낸 이메일로 위장하여 사용자가 접속하도록 유도한 뒤 개인정보를 빼내는 방식인데 비해, 파밍은 해당 사이트가 공식적으로 운영 중인 도메인 자체를 중간에서 가로채거나 도메인 네임시스템(DNS) 또는 프락시 서버의 주소 자체를 변경하여 사용자들로 하여금 공식 사이트로 오인하여 접속토록 유도한 뒤 개인정보를 빼내는 새로운 컴퓨터 범죄수법이다.

**PLUS** 더 알아보기

**스푸핑**(Spoofing) : 외부의 악의적 네트워크 침입자가 임의로 웹사이트를 구성하여 일반 사용자의 방문을 유도해 인터넷 프로토콜인 TCP/IP의 결함을 이용, 사용자의 시스템 권한을 확보한 뒤 정보를 빼가는 해킹수법이다.

## ⊙ DDoS (Distributed Denial of Service) ◈◈

분산서비스거부공격으로, 여러 대의 공격자를 분산·배치하여 동시에 서비스 거부를 동작시켜 특정 사이트를 공격하여 네트워크의 성능을 저하시키거나 시스템을 마비시키는 해킹방식의 하나이다. 이용자는 해당 사이트에 정상적으로 접속이 불가능하고, 주컴퓨터의 기능에 치명적 손상을 입을 수 있으며, 수많은 컴퓨터 시스템이 해킹의 숙주로 이용될 수도 있다. 공격은 대체로 이메일이나 악성코드로 일반사용자의 PC를 감염시켜 좀비PC를 만든 후 명령제어(C&C) 서버의 제어를 통해 특정 시간대에 동시에 수행된다.

## ⊙ 스파이웨어 (Spyware) ◈◈◈

스파이(Spy)와 소프트웨어(Software)를 합친 말로 컴퓨터나 스마트 폰에 잠입해서 개인정보를 빼가는 악성 소프트웨어이다. 설정 변경 및 삭제하기 어렵게 되어 있지만 바이러스처럼 스스로 복제하지는 않는다. 처음에는 인터넷 광고전문회사가 개인 사용자들의 취향을 파악하기 위하여 개발하였다. 광고 및 마케팅 목적이 대부분이었기 때문에 애드웨어(Adware)라고도 불렸다. 단순히 사용자 컴퓨터에 번호를 매겨 몇 명의 사용자가 광고를 보고 있는지 파악하는 것이었으나 최근에는 사용자 이름, IP주소, 즐겨찾는 URL 등 모든 것을 알아낼 수 있어서 악의적으로 사용되고 있다.

## ⊙ 메타버스(Metaverse) ◈◈◈

3차원 가상세계를 뜻한다. 기존의 가상현실보다 업그레이드된 개념으로 가상현실이 현실세계에 흡수된 형태이다. 즉, 가상세계의 현실화인 셈이며, 게임으로 가상현실을 즐기는 것보다 앞서서 가상의 세계에서 현실처럼 사회, 문화, 경제활동 등을 할 수 있는 것이다. 네이버제트가 운영하는 증간현실 아바트 서비스인 제페토는 국내의 대표 메타버스 플랫폼이다. 제페토는 얼굴인식과 AR, 3D 기술 등을 접목하여 나만의 3D 아바타를 만들 수 있다. 증강현실, 라이프로깅, 거울세계, 가상세계로 더욱 세분화할 수 있다. 메타버스는 1992년 미국 SF 소설 「스토 크래시」에서 처음 사용되었으며 이와 비슷한 사례로 영화 「아바타」가 있다. 코로나19 유행으로 언택트 문화가 활발해지면서 관련 사업이 더욱 각광받기 시작했는데, 특히 게임 산업이 두드러지고 있다. 우리가 잘 아는 닌텐도, 로블록스, 마인크래프트가 대표적인 예다.

## ⊙ NFT (Non-Fungible Token) ◈◈◈

'대체 불가능한 토큰'이라는 뜻이다. 희소성이 있는 디지털 자산을 대표하는 블록체인 기술의 토큰 중 하나이다. NFT를 통해 희소성과 유일성의 가치를 부여한다. 디지털 예술품, 게임 아이템 거래 등 영향력이 높아지고 있다.

## ❂ 토르 네트워크 (Tor Network) ◈◈◈

가상 컴퓨터와 네트워크를 여러 번에 걸쳐 경유하여 인터넷 이용자의 접속 흔적을 추적할 수 없도록 하는 서비스이다. 네트워크 감시나 위치 추적, 인터넷 검열 등을 피할 수 있다.

## ❂ 빅 데이터 (Big Data) ◈◈◈

기존 데이터보다 방대하여 기존의 방법으로는 수집·저장·분석 등이 어려운 정형·비정형 데이터를 뜻한다. 빅 데이터의 '세 가지 V'로 알려진 특징은 데이터의 크기, 속도 및 다양성이다.

## ❂ IMT-2000 (International Mobile Telecommunications-2000) ◈

2GHz의 주파수 대역을 이용하는 멀티미디어 이동전화로 하나의 유무선환경에서 음성·데이터·영상 등을 고속으로 주고받을 수 있는 '3세대 이동통신'이다. FPLMTS(Future Public Land Mobile Teleco mmunication System)라는 용어로 널리 사용되던 것을 ITU(국제전기통신연합)가 1997년부터 IMT- 2000으로 바꿔 부르고 있다.

**PLUS** 더 알아보기

> **동기식·비동기식** : IMT-2000의 기술표준을 놓고 논란을 빚고 있는 동기식과 비동기식은 이동통신망의 동기화방식의 차이에 따른 구분이다. 동기화란 서로 다른 지점에 있는 통화자를 연결하기 위해 송신기와 수신기 사이에서 시점을 일치시켜주는 것이다. 이때 동기식은 위성이 발사한 지리정보신호(GPS)를 이용, 주파수와 시각을 받아 무선망시각을 일치화하고, 정확한 수신을 보장한다. 비동기식은 개별망의 교환기 속에 시각발생장치를 두는 방식을 채택하고 있다. 또 비동기식은 데이터를 전송할 때 주파수 전체를 한꺼번에 사용하는 반면, 동기식은 주파수를 4개로 쪼갠다.

## ❂ 클라우드 컴퓨팅 (Cloud Computing) ◈◈◈

인터넷상의 서버에 정보를 영구적으로 저장하고, 이 정보를 데스크톱·노트북·스마트폰 등을 이용해 언제 어디서나 정보를 사용할 수 있는 컴퓨팅 환경을 말한다. 인터넷을 이용한 IT 자원의 주문형 아웃소싱 서비스로 기업이나 개인이 컴퓨터 시스템의 유지·관리·보수에 들어가는 비용과 시간을 줄일 수 있고, 외부 서버에 자료가 저장되어 자료를 안전하게 보관할 수 있으며 저장공간의 제약도 해결될 수 있다. 그러나 서버가 해킹당할 경우 정보유출의 문제점이 발생하고, 서버 장애가 발생하면 자료 이용이 불가능하다는 단점이 있다. 2000년 대 후반에 들어 새로운 IT 통합관리모델로 등장하여 네이버·다음 등의 포털에서 구축한 클라우드 컴퓨팅 환경을 통해 태블릿PC나 스마트폰 등의 휴대 IT기기로 각종 서비스를 사용할 수 있게 되었다.

### ● P2P (Peer to Peer) ◇◇

인터넷상에서 개인과 개인이 직접 연결되어 파일을 공유하는 것을 말한다. 기존의 서버와 클라이언트 개념이나 공급자와 소비자의 개념에서 벗어난 형태로 각각의 개인 컴퓨터끼리 직접 연결·검색하여 모든 참여자가 공급자이며 수요자인 형태가 된다. P2P에는 어느 정도 서버의 도움을 받아 개인 간 접속을 실현하는 방식과 클라이언트 상호간에 미리 개인 정보를 공유하여 서버 없이 직접 연결하는 두 가지 방식이 있다. 한국의 소리바다가 전자의 방식이고, 미국의 그누텔라가 후자의 방식이다.

**PLUS** 더 알아보기

> PMP(Portable Multimedia Player) : 음악 및 동영상 재생·디지털카메라·인터넷 등의 기능을 모두 갖춘 휴대형 멀티미디어 플레이어를 말한다.

### ● 스마트 그리드 (Smart Grid) ◇◇◇

전력산업과 정보기술(IT), 그리고 통신기술을 접목하여 전력 공급자와 소비자가 양방향으로 실시간 정보를 교환함으로써 에너지 효율성 향상과 신재생에너지공급의 확대를 통한 온실가스 감축을 목적으로 하는 차세대 지능형 전력망이다. 전력 공급자는 전력 사용 현황을 실시간으로 파악하여 공급량을 탄력적으로 조절할 수 있고, 전력 소비자는 전력 사용 현황을 실시간으로 파악함으로써 요금이 비싼 시간대를 피하여 사용 시간과 사용량을 조절한다. 태양광발전·연료전지·전기자동차의 전기에너지 등 가정에서 생산되는 전기를 판매할 수도 있으며, 전력 공급자와 소비자가 직접 연결되는 분산형 전원체제로 전환되면서 풍량과 일조량 등에 따라 전력 생산이 불규칙한 한계를 지닌 신재생에너지 활용도가 높아져 화력발전소를 대체하여 온실가스와 오염물질을 줄일 수 있어 환경문제를 해소할 수 있는 등의 장점이 있어 여러 나라에서 차세대 전력망으로 구축하기 위한 사업으로 추진하고 있다.

### ● 심스와핑(SIM Swapping) ◇◇◇

피해자 휴대폰의 유심 정보를 복제해 은행이나 가상화폐 계좌를 손에 넣는 신종 해킹 수법이다. 해커는 모종의 방법으로 유심 정보를 탈취해 복제 유심 칩을 만든 후 이를 다른 휴대폰에 장착하면 피해자의 원래 휴대폰 통신은 중단되고, 해커 휴대폰에 피해자의 문자와 전화통화가 수신된다. 은행이나 SNS에서 문자메시지로 전송하는 본인 확인 인증번호 역시 해커가 확인할 수 있다. 해커는 알아낸 인증번호를 은행이나 가상화폐 거래소의 인증망을 뚫고 피해자 보유 자산을 빼돌린다. 문제는 통신사가 심 스와핑 해킹을 단번에 알아차리기 어렵다는 점이다. 범인이 사용한 유심 정보가 피해자의 것과 일치하는 탓에, 통신사 시스템상에선 사용자가 정상적으로 유심 기변을 한 것으로 인식하기 때문이다.

## ● 유비쿼터스(Ubiquitous) ◇ ◇

라틴어로 '언제 어디서나 존재한다'는 뜻의 유비쿼터스는 사용자가 네트워크나 컴퓨터를 의식하지 않고 장소에 구애 없이 자유로이 네트워크에 접속할 수 있는 정보통신환경을 말한다. 1988년 제록스 팰러앨 토연구소의 마크 와이저(M. Weiser)가 처음 제시한 '유비쿼터스 컴퓨팅'이 효시다. 컴퓨터에 어떤 기능을 추가하는 것이 아니라 냉장고·시계·자동차 등과 같이 어떤 기기나 사물에 컴퓨터를 집어넣어 커뮤니케이션이 가능하도록 해주는 정보기술환경을 의미한다. 유비쿼터스화가 이루어지면 정보기술산업의 규모와 범위가 확대될 것임에 분명하지만, 정보기술의 고도화와 함께 광대역 통신과 컨버전스 기술의 일반화가 이루어져야 한다.

**PLUS** 더 알아보기

> **광대역통신**(廣帶域通信) : 1초 동안 200만 개 이상의 전기신호를 전달하는 통신으로 정보와 통신이 결합한 디지털 통신기술이다. 케이블을 통해 동영상 등을 동시에 전송할 수 있다.

## ● 증강현실(AR : Augmented Reality) ◇ ◇ ◇

현실 세계에 3차원 가상물체를 겹쳐 보여주는 기술이다. 증강현실 기술은 1990년 보잉사의 항공기 전선 조립과정을 설명하는 데 처음 사용되었고 미국과 일본을 중심으로 연구개발이 진행되었다. 증강현실은 2000년대 중반부터 스마트폰이 등장·활성화되면서 주목받기 시작하였다. 증강현실은 실제 환경에 가상의 객체를 혼합하여 사용자가 실제 환경보다 실감나는 부가정보를 제공받을 수 있다. 예를 들면, 길을 가다 스마트폰 카메라로 주변을 비추면 근처에 있는 상점의 위치 및 전화번호, 지도 등의 정보가 입체 영상으로 표시되거나 하늘을 비추면 날씨정보가 나타나는 등 다양한 분야에 적용되고 있다.

| 구분 | 내용 |
|---|---|
| 가상현실<br>(VR : Virtual Reality) | 기술이 컴퓨터그래픽이 만든 가상환경에 사용자를 몰입하도록 함으로써 실제 환경은 볼 수 없다. HDM 기기를 머리에 쓰고 사용자가 가상공간을 볼 수 있다. |
| 혼합현실<br>(MR : Mixed Reality) | 가상현실과 증강현실을 혼합한 기술로 현실 배경에 현실과 가상의 정보를 혼합시켜 공간을 만드는 기술로 현대자동차의 헤드업 디스플레이, 인텔사의 스마트 헬멧 등이 있다. |
| 확장현실<br>(XR : eXtended Reality) | 가상현실(VR), 증강현실(AR), 혼합현실(MR) 등의 다양한 기술로 구현되는 현실과 비슷한 공간으로 실감기술이라고도 부른다. |

# Chapter 04 과학 · 기술 · 정보통신

# 출제예상문제

**1**  다음 중 SI 기본단위에 대한 설명으로 옳지 않은 것은?

① 암페어 – 전류의 단위

② 칸델라 – 광도의 단위

③ 미터 – 길이의 단위

④ 킬로그램 – 무게의 단위

> **NOTE** 킬로그램은 질량의 단위이다. 무게는 질량과 중력가속도의 곱을 의미한다.
> SI 기본단위 … 길이의 단위 – 미터(m), 질량의 단위 – 킬로그램(kg), 시간의 단위 – 초(s), 전류의 단위 – 암페어(A), 온도의 단위 – 켈빈(K), 광도의 단위 – 칸델라(cd), 물질량의 단위 –0 몰(mol)

**2**  인류 최초의 인공위성은?

① 스푸트니크 1호

② 루나 11호

③ 보스토크 1호

④ 서베이어 1호

> **NOTE** ② 루나 1호 : 러시아의 달 탐사 로켓이다. 1호는 1959년 1월 2일 월면에 명중시킬 것을 목표로 하였으나, 빗나가 태양 주위를 공전하는 인공위성이 되었다.
> ③ 보스토크 1호 : 1961년 4월에 구소련이 발사한 세계최초의 유인우주선이다.
> ④ 서베이어 1호 : 서베이어 계획은 미국의 무인 달 표면 탐사계획으로 서베이어 1호부터 7호까지 7대의 탐사선을 보냈다. 1호는 1966년 5월에 발사되었다.

**3**  에디슨이 대나무 섬유를 탄화하여 전구의 필라멘트로 사용했을 때 처음 알려진 것으로, 우리나라의 경우 1990년 태광산업이 처음으로 생산에 성공했다. 낚싯대, 테니스 라켓, 공기정화기 및 정수기 등에 쓰이는 이 소재는?

① 금속섬유

② 탄소섬유

③ 내열성섬유

④ 탄화규소섬유

> **NOTE** 탄소섬유 … 셀룰로스, 아크릴 섬유, 비닐론, 피치(Pitch) 등의 유기섬유를 비활성 기체 속에서 가열, 탄화하여 만든 섬유이다. 일반적으로는 탄소의 육각 고리가 연이어 층상격자를 형성한 구조로, 내열성, 내충격성이 뛰어나며 화학약품에 강하고 해충에 대한 저항성이 크다. 스포츠용품(낚싯대, 테니스 라켓), 항공기 동체, 자동차, 건축(경량재, 내장재), 통신(안테나), 환경산업(공기정화기, 정수기) 등 각 분야의 소재로 널리 쓰인다.

ANSWER ——— 1.④  2.①  3.②

**4** 인터넷 검색, 동영상, 쇼핑 등 작은 화면에 많은 상품을 효과적으로 진열할 때 한눈에 알아볼 수 있도록 하는 것은?

① 섬네일(Thumbnail)
② 레이아웃(Layout)
③ 해시태그(Hashtag)
④ 브이로그(V – log)

**NOTE** ② 레이아웃 : 각 구성요소를 공간에 효과적으로 배열하는 것
③ 해시태그 : 게시물에 꼬리표를 다는 기능으로 일종의 SNS 검색용 메타데이터
④ 브이로그 : 비디오와 블로그의 합성어로 개인의 일상을 영상으로 촬영한 콘텐츠

**5** 유명한 상표, 회사나 제품이름 등이 들어간 문구로 인터넷주소를 선점하는 도메인네임 선점행위는?

① 해킹
② 스트리밍
③ 사이버스쿼팅
④ 사이버리터러시

**NOTE** 사이버스쿼팅(Cybersquatting) … 유명한 상표, 회사이름 등으로 인터넷주소를 선점하는 행위로, 주로 원상표권자나 해당 도메인네임이 필요한 업체에 비싼 값에 되팔아 이득을 챙기려는 의도로 행해진다. 도메인네임은 먼저 등록하는 사람이 그 도메인네임을 가지는 선출원주의를 취하고 있어 상표권자가 아니라도 도메인네임 등록이 가능하다.

**6** 리튬폴리머전지의 특징으로 옳지 않은 것은?

① 전해질이 상온에서 고체 형태로 폭발위험
② 전지의 경량화 및 대면적화에 유리
③ 에너지의 고효율성과 높은 안정성
④ 리튬이온전지에 이은 차세대 2차 전지로 급부상

**NOTE** 전해질이 상온에서 고체 또는 겔 형태로, 파손되면 전해질이 새지 않아 발화나 폭발의 위험이 거의 없다.

**7** 밤하늘에 반짝이는 별빛이 색깔이 다른 이유는?

① 밝기가 다르기 때문에
② 거리가 다르기 때문에
③ 표면온도가 다르기 때문에
④ 등급이 다르기 때문에

> **NOTE** 별은 스펙트럼분석에서 별빛의 차이에 의해 7개의 형으로 분류되는데, 그 원인은 빛을 내는 대기의 온도가 다르기 때문이다.

**8** 포탄이 발사되면 포신이 뒤로 밀린다. 여기서 알 수 있는 법칙은 무엇인가?

① 관성의 법칙
② 가속도의 법칙
③ 작용 · 반작용의 법칙
④ 면적의 법칙

> **NOTE** 작용 · 반작용의 법칙 … 물체에 힘을 가하면 원래 상태를 유지하기 위해 물체는 반대방향으로 힘을 작용한다는 법칙이다.
> ① 관성의 법칙 : 힘을 받지 않는 정지상태의 물질은 계속 정지하려고 하며 응ㄴ동 중인 물체는 계속 등속직선운동을 하려 한다는 법칙이다.
> ② 가속도의 법칙 : 물체에 힘을 가했을 때 생기는 가속도의 크기는 작용하는 힘의 크기에 비례하고 질량에 반비례한다는 법칙이다.
> ④ 면적의 법칙 : 태양과 행성을 연결하는 선분(동경)이 같은 시간에 그리는 면적은 일정하다는 법칙이다.

**9** 멘델의 유전법칙에 해당하지 않는 것은?

① 우열의 법칙
② 분리의 법칙
③ 잠재의 법칙
④ 독립의 법칙

> **NOTE** ① 우열의 법칙 : 우성과 열성 두 개의 형질이 있을 때 우성 형질만 드러난다.
> ② 분리의 법칙 : 순종을 교배한 잡종 제1대를 자가 교배 했을 경우, 우성과 열성이 나뉘어 나타난다.
> ④ 독립의 법칙 : 서로 다른 형질은 독립적으로 우열의 법칙과 분리의 법칙을 만족한다.

**10** 기름 저장 시설, 탱커, 유조선 등에서 흘러나온 기름이 퍼지는 것을 막고 제거할 목적으로 일정 수역에 설치한 저지선을 무엇이라 하는가?

① 오일스키퍼  ② 오일스테이닝
③ 오일펜스  ④ 오일달러

> **NOTE** ① 오일스키퍼(Oil Skipper) : 기름을 퍼올리는 기구이다.
> ② 오일스테이닝(Oil Staining) : 기름에 절어 생긴 변색을 말한다.
> ③ 오일달러(Oil Dollar) : 산유국이 석유 수출입에 따라 벌어들인 잉여 외화를 말한다.

**11** 공격 대상이 방문할 가능성이 있는 합법적 웹사이트를 미리 감염시킨 뒤 잠복하면서 피해자의 컴퓨터에 악성코드를 추가로 설치하는 공격을 말하는 것은 무엇인가?

① 워터링홀  ② 제로데이 공격
③ 매크로 바이러스  ④ 스파이 앱

> **NOTE** 워터링홀(Watering Hole) … 사자가 먹이를 습격하기 위하여 물웅덩이 근처에 매복하고 있다가 먹이가 물웅덩이에 빠지면 공격하는 것에서 유래한 용어로 특정 계층이나 관련된 인사들만이 접근하는 사이트들에 악성코드 감염을 유도하는 것이다.
> ② 제로데이공격 : 운영체제(OS)나 네트워크 장비 등 핵심 시스템의 보안 취약점이 발견된 뒤 이를 막을 수 있는 패치가 발표되기도 전에 그 취약점을 이용한 악성코드나 해킹공격을 감행하는 수법이다.
> ③ 매크로 바이러스 : 마이크로소프트사의 엑셀과 워드 프로그램의 파일에 감염되는 바이러스이다.
> ④ 스파이 앱 : 사용자들의 통화 내용, 문자메시지, 음성 녹음을 통한 도 · 감청 기능까지 갖춘 앱인 스파이 애플리케이션의 준말이다.

**12** 도체에 흐르는 전류의 세기는 도체 양 끝의 전압에 비례하며, 전기저항에 반비례한다는 법칙은?

① 옴의 법칙
② 앙페르의 법칙
③ 오른손의 법칙
④ 렌츠의 법칙

> **NOTE** ② 앙페르의 법칙 : 형성된 자기장의 방향은 전류의 방향을 오른나사의 진행 방향과 일치시킬 때 나사의 회전방향이 된다는 법칙이다.
> ③ 오른손의 법칙 : 유도전류의 방향을 결정할 때 오른손 세 손가락을 직각이 되게 폈을 때 엄지는 도선의 방향을, 검지는 자기장의 방향을 가리키며 중지는 유도전류의 방향이 된다는 법칙이다.
> ④ 렌츠의 법칙 : 자석을 코일 속에 넣었다 뺐다 하면 코일에 유도전류가 생기는데 이때 유도전류의 방향은 코일을 통과하는 자력선의 변화를 방해하는 방향으로 발생한다는 법칙이다.

**13** 다음 예시가 나타내는 빛의 성질은?

> • 저녁노을
> • 하늘이 파랗게 보이는 현상

① 직진(直進)　　　　　　　　　② 산란(散亂)
③ 편광(偏光)　　　　　　　　　④ 간섭(干涉)

> **NOTE** 산란(散亂) … 빛이 공기 속을 통과할 때 공기 중의 미립자에 부딪쳐서 흩어지는 현상이다.
> ① 직진(直進): 빛이 입자이기 때문에 일어나는 현상으로 일식, 월식, 그림자 등을 예시로 들 수 있다.
> ③ 편광(偏光): 자연광은 여러 방향의 진동면을 갖지만 전기석과 같은 결정축을 가진 편광판을 통과시키면 결정축에 나란한 방향으로 진동하는 빛만 통과하는 현상이다. 입체영화, 광통신 등을 예시로 들 수 있다.
> ④ 간섭(干涉): 빛이 파동성을 갖기 때문에 일어나는 현상으로 물이나 비누방울 위에 뜬 기름의 얇은 막이 여러 색으로 보이는 것을 예시로 들 수 있다.

**14** 다음 (　　)안에 들어갈 알맞은 말은?

> QR코드는 흔히 보는 바코드 비슷한 것인데, 활용성이나 정보성 면에서 기존의 바코드보다는 한층 진일보한 코드 체계이다. 기존의 바코드는 기본적으로 가로 배열에 최대 (　　)만 넣을 수 있는 1차원적 구성이지만, QR코드는 가로, 세로를 활용하여 숫자는 최대 7,089자, 문자는 최대 4,296자, 한자도 최대 1,817자 정도를 기록할 수 있는 2차원적 구성이다.

① 20자 정보　　　　　　　　　② 50자 정보
③ 100자 정보　　　　　　　　　④ 1,000자 정보

> **NOTE** 바코드는 최대 20자 내외의 숫자 정보만 저장할 수 있다.

**15** 인터넷 지하세계로 암호화된 인터넷망을 뜻하는 용어는?

① 딥 웹　　　　　　　　　　　② 서피스 웹
③ 다크 웹　　　　　　　　　　④ 블루 웹

> **NOTE** 다크 웹(Dark Web) … 인터넷을 사용하지만, 접속을 위해서는 특정 프로그램을 사용해야 하는 웹을 가리키며 일반적인 방법으로 접속자나 서버를 확인할 수 없기 때문에 사이버상에서 범죄에 활용된다.
> ① 딥 웹(Deep Web) … 검색이나 접근이 어렵거나 넷플릭스처럼 유료화에 막힌 웹을 말한다.
> ② 서피스 웹(Surface Web) … 네이버, 구글 같은 일반적인 검색엔진을 말한다.

ANSWER　10.③　11.①　12.①　13.②　14.①　15.③

**16** 개기월식 때 달이 붉게 보이는 현상을 일컬어 무엇이라고 하는가?

① 슈퍼문               ② 블루문

③ 블러드문           ④ 슈퍼블러드문

> **NOTE** ① 슈퍼문 : 지구와 달 사이의 거리가 가장 가까워지는 때에 보름달이 뜨는 시기와 겹쳐 평소보다 크게 관측되는 보름달을 말한다.
> ② 블루문 : 한 달 안에 두 번째로 뜨는 보름달을 말한다.
> ④ 슈퍼블러드문 : 슈퍼문과 개기월식이 동시에 일어나는 것을 말한다.

**17** AM OLED에 대한 설명으로 옳지 않은 것은?

① 형광 유기물 박막에 전류를 흘려 빛을 발생시킨다.
② 자체 발광형 디스플레이이다.
③ 수동형 유기발광 다이오드를 말한다.
④ 색 재현율과 명암비도 월등하다.

> **NOTE** AM OLED … 능동형 유기발광 다이오드를 말한다. OLED는 형광 또는 인광 유기물 박막에 전류를 흘리면 전자와 정공이 유기물 층에서 결합하면서 빛이 발생하는 원리를 이용한 자체 발광형 디스플레이를 말한다. OLED는 다시 수동형인 PM(Passive Matrix) OLED와 능동형인 AM OLED로 나뉜다. PM OLED가 하나의 라인 전체가 한꺼번에 발광해 구동하는 라인 구동방식인 데 비해 AM OLED는 발광소자가 각각 구동하는 개별 구동방식이다.

**18** 서로 연관성 있는 것끼리 짝지어진 것은?

① DDoS – P2P          ② DDoS – 좀비PC
③ 파밍 – P2P           ④ 파밍 – 좀비PC

> **NOTE** ㉠ DDoS : 분산서비스거부공격으로, 여러 대의 공격자를 분산·배치하여 동시에 서비스 거부를 동작시켜 특정 사이트를 공격하여 네트워크의 성능을 저하시키거나 시스템을 마비시키는 해킹방식의 하나이다. 이용자는 해당 사이트에 정상적으로 접속이 불가능하고, 컴퓨터의 기능에 치명적 손상을 입을 수 있으며, 수많은 컴퓨터 시스템이 해킹의 숙주로 이용될 수도 있다. 공격은 대체로 이메일이나 악성코드로 일반사용자의 PC를 감염시켜 좀비PC를 만든 후 명령제어 서버의 제어를 통해 특정 시간대에 동시에 수행된다.
> ㉡ 좀비PC : 해커가 웹사이트, 스팸메일을 통해 악성코드를 심어놓은 PC로 자신의 의지와는 상관없이 패킷 폭탄을 날리는 의미에서 좀비라는 이름이 붙었다.
> ㉢ 파밍 : 해당 사이트가 공식적으로 운영 중인 도메인 자체를 중간에서 가로채거나 도메인 네임 시스템 또는 프락시 서버의 주소 자체를 변경하여 사용자들로 하여금 공식 사이트로 오인하여 접속토록 유도한 뒤 개인정보를 빼내는 새로운 컴퓨터 범죄수법이다.
> ㉣ P2P : 인터넷상에서 개인과 개인이 직접 연결되어 파일을 공유하는 것을 말한다.

**19** 휴대폰, 컴퓨터 등 디지털 기기를 사용자가 더 편리하게 사용할 수 있는 명령어나 기법을 포함하는 환경은?

① UX             ② UI
③ 챗봇            ④ 오픈 API

> **NOTE** ① UX : UI를 기반으로 사용자가 시스템, 제품 등을 직·간접적으로 이용하면서 느끼는 총체적 경험을 말한다.
> ② 챗봇 : 문자 또는 음성으로 대화하는 기능이 있는 컴퓨터 프로그램 또는 인공지능이다.
> ③ 오픈 API : 인터넷 사용자가 웹 검색 및 사용자 인터페이스 등을 제공받는 것에 그치지 않고 직접 응용프로그램과 서비스를 개발할 수 있도록 공개된 API를 말한다.

**20** 인터넷 사용자의 컴퓨터에 잠입해 내부 문서나 스프레트시트, 그림파일 등을 암호화하여 열지 못하도록 만든 후 돈을 보내주면 해독용 열쇠 프로그램을 전송해 준다며 금품을 요구하는 악성 프로그램은 무엇인가?

① RISC           ② 네그웨어
③ 랜섬웨어         ④ 길트웨어

> **NOTE** 랜섬웨어 … Ransom(몸값)과 Ware(제품)의 합성어로, 컴퓨터 사용자의 문서를 '인질'로 잡고 돈을 요구한다고 해서 붙여진 명칭이다.
> ① RISC(Reduced Instruction Set Computer) : 컴퓨터의 실행속도를 높이기 위해 복잡한 처리는 소프트웨어에게 맡기는 방법을 채택하여, 명령세트를 축소 설계한 컴퓨터이다.
> ② 네그웨어(Negware) : 무료로 사용할 수 있는 소프트웨어이지만 사용자 등록을 하지 않고 계속 사용할 경우, 반복적으로 경고 메시지를 띄워 사용자 등록 할 것을 요구하는 소프트웨어이다.
> ④ 길트웨어(Guiltware) : 사용자의 죄의식을 부추겨서 소프트웨어 제품을 등록하거나 요금을 내도록 만드는 각종 공유 웨어이다.

**21** 시스템 소프트웨어에 대한 설명을 틀린 것은?

① 응용 소프트웨어의 실행이나 개발을 지원한다.
② 응용 소프트웨어에 의존적이다.
③ 컴퓨터의 운영 체계(OS), 컴파일러, 유틸리티 등이 있다.
④ 응용 소프트웨어와 대칭된다.

> **NOTE** 시스템 소프트웨어는 응용 소프트웨어에 의존적이지 않은 소프트웨어이다.

**22** 휴대폰용 운영체제·미들웨어·응용프로그램을 묶은 소프트웨어 플랫폼은?

① 윈도우(Window)
② 태블릿(Tablet)
③ 안드로이드(Android)
④ DNS(Domain Name System)

> **NOTE** 안드로이드(Android) … 휴대폰용 운영체제·미들웨어·응용프로그램을 묶은 소프트웨어 플랫폼으로, 구글 (Google)사가 안드로이드사를 인수하여 개발했다. 리눅스 2.6 커널을 기반으로 강력한 운영체제와 포괄적 라이 브러리 세트, 폰 애플리케이션 등을 제공하는데, 특히 '소스 코드'를 모두 공개한 완전 개방형 플랫폼으로, 누구 나 이를 이용하여 소프트웨어와 기기를 제작·판매 가능하다.
> ① 윈도우(Window) : 컴퓨터에서 소프트웨어와 하드웨어를 제어하는 운영체제이다.
> ② 태블릿(Tablet) : 평면판 위에 펜으로 그림을 그리면 컴퓨터 화면에 커서가 그에 상응하는 이미지를 그려내게 할 수 있도록 한 장치이다.
> ④ DNS(Domain Name System) : 네트워크에서 도메인이나 호스트 이름을 숫자로 된 IP주소로 해석해주는 TCP/IP 네트워크 서비스이다.

**23** 페트병의 뚜껑을 열고 뜨거운 물에 담갔을 때 생기는 변화에 대하여 바르게 예측한 것은?

① 페트병 내부의 공기 분자의 부피가 커진다.
② 페트병이 가라앉는다.
③ 페트병 내 공기의 부피가 커진다.
④ 페트병 내 공기 분자의 운동이 위축된다.

> **NOTE** ① 공기 분자의 부피는 일정하다.
> ② 페트병이 위로 뜬다.
> ④ 공기 분자의 운동은 활발해진다.

**24** 컴퓨터 관련 용어가 아닌 것은?

① 푸가
② 서버
③ 데몬
④ 미러

> **NOTE** 푸가 … 모방대위법에 의한 악곡형식 및 그 작법을 말한다.
> ② 근거리통신망(LAN)에서 집약적인 처리기능을 서비스하는 서브시스템을 말한다.
> ③ 주기적인 서비스 요청을 처리하기 위해 계속 실행되는 프로그램을 말한다.
> ④ 컴퓨터 그래픽에서 표시면상의 하나의 직선을 축으로 하여 전체 또는 일부분을 180° 회전시켜서 화면에 표시 하는 것을 말한다.

**25** 민간 우주탐사기업 스페이스X가 이것을 회수하는 데 성공하였고, 한국의 첫 군사통신 위성인 아나시스 2호를 보호하는 역할을 하였다. 우주발사체가 위성을 초음속으로 지구 대기권을 뚫고 올려 보낼 때, 압력과 열로부터 위성을 보호하기 위해 덮어둔 발사체 맨 앞의 뾰족한 부분은 무엇인가?

① 탄수화물칩
② 큐브샛
③ 페어링
④ 크루드래곤

**NOTE** ① 탄수화물칩 : 탄수화물을 고밀도로 고체 표면에 일정한 간격으로 고정화 시킨 마이크로칩
② 큐브샛 : 교육용으로 시작된 초소형 인공위성으로, 가로·세로 각각 10㎝ 크기인 정육면체부터 가로 10㎝, 세로 30㎝ 직육면체까지 크기가 다양하다.
④ 크루드래곤 : 스페이스X(미국 민간 우주탐사기업)가 개발한 유인 캡슐로 민간 기업이 발사한 최초의 유인캡슐이자 미국의 첫 상업 유인 우주선이다.

**26** 4차 산업혁명의 핵심기술을 적극적으로 도입하여 제조업의 미래를 혁신적으로 이끌고 있는 공장은?

① 스마트 팩토리
② 스마트 러닝
③ 등대 공장
④ 온톨로지

**NOTE** 등대 공장 … 사물인터넷(IoT)과 인공지능(AI), 빅데이터 등 4차 산업혁명의 핵심기술을 적극적으로 도입하여 제조업의 미래를 혁신적으로 이끌고 있는 공장을 의미한다. 세계경제포럼(WEF)이 2018년부터 선정하고 있는데, 한국에서는 처음으로 2019년 7월 포스코가 등대공장에 등재되었다.

① 스마트 팩토리 : 설계·제조·유통 등 생산과정에 정보통신기술(ICT)을 접목한 지능형 공장으로, 모든 생산 과정이 무선통신으로 연결되어 자동으로 움직인다.
② 스마트 러닝 : 개별 학습자 중심의 학습 방법을 스마트 전자기기와 이러닝 신기술을 융합한 개념이다. 인터넷 접속, 위치 서비스, 증강현실 등 다양한 기술이 있는 스마트 기기에 이러닝 서비스를 접목한 개념이다.
④ 온톨로지 : 사물 간의 관계와 개념을 컴퓨터에서 활용 가능한 형태로 표현하는 것을 말한다.

**27** 지구상에서 날짜를 구분하기 위해 편의상 만든 날짜변경 기준선에 대한 설명으로 바르지 않은 것은?

① 날짜의 혼란을 피하기 위해 날짜변경선은 지도상에 세로로 직선의 선을 긋고 이것을 기준으로 삼는다.

② 날짜변경선을 기준으로 하여 서에서 동으로 넘을 때는 날짜를 하루 늦추고, 동에서 서로 넘을 때는 하루를 더한다.

③ 경도 0도인 영국 그리니치 천문대의 180도 반대쪽인 태평양 한가운데(경도 180도)로 북극과 남극 사이 태평양 바다 위에 세로로 그은 가상의 선이다.

④ 지구에서 가장 늦게 해가 지는 남태평양의 사모아(미국령 사모아는 제외)가 2011년 연말부터 날짜변경선을 서쪽의 시간대로 변경해 사용하기로 했다.

**NOTE** 날짜변경선은 관련 국가의 결정에 따르므로 실제 정확한 직선은 아니며 좀 더 복잡한 모습을 보인다.

**28** 인터넷 사이트를 방문하는 사람들의 컴퓨터로부터 사용자 정보를 얻어내기 위해 사용되는 것으로, ID와 비밀번호 등 네티즌 정보를 담은 임시파일을 말한다. 암호화되어 있긴 하나 이를 통해 개인 신상정보가 노출될 위험을 가지고 있는 것은?

① Proxy
② Cookie
③ Cache
④ KSS

**NOTE** ① Proxy(프락시) : 인터넷 상에서 한 번 요청한 데이터를 대용량 디스크에 저장해두고, 반복하여 요청하는 경우 디스크에 저장된 데이터를 제공해 주는 서버이다.
③ Cache(캐시) : 컴퓨터의 성능을 향상시키기 위해 사용되는 소형 고속 기억장치이다.
④ KSS : 실시간으로 업데이트된 정보를 제공하는 기술이자 규약이다.

**29** 누리호에 대한 설명으로 옳은 것은?

① 2013년 발사된 한국 최초의 우주발사체이다.
② 한국의 기술만으로 개발한 우주발사체이다.
③ 우주발사체는 2단형으로 구성되어 있다.
④ 누리호 발사를 위하여 우주선을 쏘아 올릴 나로우주센터를 세웠다.

> **NOTE** 나로호 … 한국 최초의 우주 발사체로 러시아와의 협력을 통해 개발되었다. 나로호는 3번째 시도만에 발사에 성공하였다.

**30** 네트워크에서 도메인이나 호스트 이름을 숫자로 된 IP주소로 해석해주는 TCP/IP 네트워크 서비스의 명칭으로 알맞은 것은?

① 라우터          ② 모블로그
③ CGI          ④ DNS

> **NOTE** ① 라우터(Router) : 둘 혹은 그 이상의 네트워크를 연결해 한 통신망에서 다른 통신망으로 통신할 수 있도록 도와주는 장치이다.
> ② 모블로그(Moblog) : 휴대전화를 이용하여 컴퓨터상의 블로그에 글·사진 등의 콘텐츠를 올릴 수 있는 서비스이다.
> ③ CGI(Common Gateway Interface) : 웹서버가 외부프로그램과 데이터를 주고받을 수 있도록 정의한 표준안이다.

**31** 나로 우주센터가 건설된 지역은?

① 외나로도          ② 한산도
③ 내나로도          ④ 우이도

> **NOTE** 나로 우주센터 … 한국이 자체 기술로 인공위성을 우주 공간으로 쏘아 올리기 위해 건설된 한국 최초의 우주발사체 발사기지이다. 1999년부터 안전성과 발사각, 부지 확보의 용이성 등에 대한 정밀 조사를 거쳐, 2001년 1월 전라남도 고흥군 봉래면(蓬萊面) 외나로도(예내리 하반마을)가 최종 건설기지로 선정되었다.

**32** 빅 데이터의 특징은 3V로 요약하는 것이 일반적이다. 다음 보기 중 3V에 해당하지 않는 것은?

① Verify  ② Velocity
③ Variety  ④ Volume

> **NOTE** 빅 데이터 디지털 환경에서 생성되는 데이터로 그 규모가 방대하고, 생성 주기도 짧고, 형태도 수치 데이터뿐 아니라 문자와 영상 데이터를 포함하는 대규모 데이터를 말한다. 빅 데이터를 설명하는 3V는 데이터의 양(Volume), 데이터 생성 속도(Velocity), 형태의 다양성(Variety)을 의미하는데 최근에는 가치(Value)를 덧붙이기도 한다.

**33** 다음 단위 중 그 크기가 가장 작은 것은?

① 테라  ② 피코
③ 나노  ④ 펨토

> **NOTE** 펨토의 크기 … $10^{-15}$
> ① $10^{12}$
> ② $10^{-12}$
> ③ $10^{-9}$

**34** IAEA와 관계없는 것은?

① 원자력에 대한 정보교환을 촉진한다.
② 원자력의 평화적 이용을 추진한다.
③ 핵분열 물질이 군사목적에 사용되지 않도록 보장조치를 강구한다.
④ 1957년 발족되어 미국 워싱턴에 본부가 있다.

> **NOTE** IAEA(International Atomic Energy Agency)의 본부는 오스트리아의 빈에 있다.

**35** (　　　) 안에 들어갈 수 있는 용어는?

> 알고리즘이 이용자를 () 안에 가두는 것도 맞지만 이용자가 스스로 ()로 들어가는 경향도 상당히 많다. 특히 범죄 피해나 사이버 불링(괴롭힘) 등 온라인 환경의 위험도가 상승할수록 개인이 자신의 가치관과 성향에 맞는 정보와 콘텐츠로만 스스로를 보호하며 안전하다고 느낄 수 있는 환경을 만들려는 양상이 나타난다.

① 낸드플래시  ② 마이크로 모먼츠
③ 필터버블  ④ 스플로그

**NOTE** 필터버블 … 이용자의 관심사에 맞춰져서 맞춤형 정보만이 제공되어 편향적인 정보에 갇힌 현상이다.
① 낸드플래시 : 전원이 없는 상태에서도 저장한 정보가 사라지지 않는 메모리 반도체를 말한다.
② 마이크로 모먼츠 : 스마트폰을 통해 배움, 검색, 활동, 여행 욕구 등을 충족시키는 현상을 말한다.
④ 스플로그 : 광고를 목적으로 운영하는 블로그를 말한다.

**36** 펀치홀이나 물방울 노치가 아닌 디스플레이 내부에 카메라를 탑재하여 화면비율을 높일 수 있는 기술은?

① ToF(Time of Flight)센서　　② CMOS 이미지 센서
③ 언더 디스플레이 카메라　　④ 화상 처리 시스템

**NOTE** ① ToF(Time of Flight) 센서 : 적외선 파장을 통해 물체로 발사한 빛이 돌아오는 거리를 계산하여 사물의 입체감, 공간 정보, 움직임을 인식하는 3차원 센서를 말한다.
② CMOS 이미지 센서 : PMOS와 NMOS로 이루어진 센서로 빛이 카메라 렌즈로 반사되어 들어오면 CMOS 이미지 센서가 빛을 디지털 신호로 전환시키는 역할을 한다.
④ 화상 처리 시스템 : 화상 입출력 장치와 화상 기억 장치 등을 포함하여 화상 데이터를 효율적으로 처리하는 것을 목적으로 한 시스템을 말한다.

**37** 현재 우리나라에서 사용하고 있는 원자로는?

① 핵융합반응에서 나오는 에너지를 이용한다.
② 핵분열반응에서 나오는 에너지를 이용한다.
③ 가속시킨 입자를 사용하여 원자핵을 인공 변환시킬 때 나오는 에너지를 이용한다.
④ U-225의 핵에 고속의 중성자를 흡수시킴으로써 발생하는 에너지를 이용한다.

**NOTE** 핵분열 연쇄반응을 서서히 진행시켜 그 에너지를 이용할 수 있도록 만든 장치로, 페르미(E. Fermi)가 최초로 고안했다. 우리나라에서 사용하고 있는 원자로는 대부분이 가압수로형이다.

**38** 물질을 구성하고 있는 가장 작은 소립자를 무엇이라고 하는가?

① π 중간자　　② μ 중간자
③ 뉴트리노　　④ 쿼크

**NOTE** 쿼크(Quark) … 물질을 구성하는 가장 기본적인 입자로, 업·다운·스트레인지·참·보텀·톱의 6종류가 있다. 이 입자는 중성자, 양성자, π 중간자 등 일반적으로 하드론(강입자)이라고 불린다.

## Chapter 05

# 지리 · 환경 · 보건

---

**01** 지리

### ✪ 지중해성기후 ◆◆

대륙 서안에 발달하는 온대기후로 여름에는 열대고기압으로 인해 고온건조하고 겨울은 편서풍이 강하여 온화하고 비가 많이 내리는 특성을 보인다. 이러한 기후직 특싱으로 인하여 올리브 · 레몬 · 포도 · 무화과 등의 과수재배가 산업이 발달하였으며, 분포지역은 유럽 지중해연안, 미국 캘리포니아 해안, 오스트레일리아 남부 등이다.

### ✪ 계절풍기후 (季節風氣候, Monsoon Climate) ◆◆◆

한국 · 일본 · 중국 · 동남아시아 등 계절풍의 영향을 받는 지역의 기후로, 몬순기후라고도 한다. 계절풍은 여름과 겨울에 대조적인 기후를 발생시키는데, 열대해양기단과 찬대륙기단의 영향으로 여름철에는 비가 많고 고온다습하며 겨울철에는 춥고 맑은 날이 많으며 저온건조하다. 우리나라는 여름에는 남동계절풍의 영향을 받아 고온다습하며, 겨울에는 북서계절풍의 영향을 받아 한랭건조하다.

**PLUS** 더 알아보기

> 계절풍(Monsoon) : 계절을 대표할 만큼 그 계절 안에서의 출현빈도가 높으며, 넓은 지역에 나타나고 여름과 겨울에는 대개 풍향이 반대가 되는 바람이다. 이는 대륙과 해양, 남반구와 북반구 등 지역적인 기압 차이에서 생긴다. 우리나라에서는 여름에 남동계절풍이, 겨울에 북서계절풍이 분다.

### ✪ 열대우림기후 (熱帶雨林氣候) ◆

연중 고온다우한 기후로, 거의 매일 스콜이 내리며 월강우량이 최소 60㎜ 이상이다. 이 기후대에서는 원시농업 · 수렵 등이 행해지며, 서구의 자본가들이 현지인의 값싼 노동력을 이용하여 고무 · 야자 · 카카오 등의 특정 농산물을 대량으로 생산하는 재식농업(플랜테이션)이 이루어진다. 분포지역은 아마존강 유역, 콩고강 유역, 말레이반도, 인도네시아제도, 기니만 연안의 아프리카 등이다.

## ❂ 대륙성기후 (大陸性氣候) ◇◇

대륙 내부에서 육지의 영향을 받아 나타나는 기후로 내륙성 기후라고도 한다. 해양성 기후에 비해 바다의 영향을 받지 않기 때문에 공기 중의 수증기량이 적고 이로 인해 맑은 날씨를 보이는 날이 많으며, 일교차·연교차가 크고 기압과 바람 이외의 기후요소에 의해서도 기후변화가 심하게 나타난다. 대륙 내부에 위치한 대부분의 나라가 대륙성 기후의 영향을 받으며 우리나라 역시 대륙성 기후로, 여름에는 북태평양기단의 영향을 받아 몹시 더우며 겨울에는 시베리아기단의 영향을 받아 몹시 춥다.

**PLUS** 더 알아보기

우리나라에 영향을 주는 기단

| 기단 | 계절 | 특성 | 영향 |
|------|------|------|------|
| 시베리아기단 | 겨울 | 한랭건조 | 북서풍 한파, 삼한사온 |
| 오호츠크해기단 | 초여름 | 한랭다습 | 높새바람 |
| 북태평양기단 | 여름 | 고온다습 | 남동계절풍, 무더위 |
| 양쯔강기단 | 봄가을 | 온난건조 | 이동성고기압 |

## ❂ 해양성기후 (海洋性氣候) ◇

해양의 영향을 받아 상대적으로 여름에는 서늘하고 겨울에 따뜻한 기후로, 대륙 동안에 비하여 연교차가 작고 연중 강수량이 고르며 편서풍이 탁월하다. 주로 위도 40~60° 범위의 대륙 서안에 위치한 나라에서 볼 수 있어 서안해양성기후라고도 하며 영국, 독일, 프랑스, 스칸디나비아 3국 등이 이에 속한다. 또한 북아메리카 북서안과 뉴질랜드, 칠레 남부 등지에서도 나타난다.

## ❂ 스콜 (Squall) ◇◇

열대지방에서 거의 매일 오후에 볼 수 있는 소나기를 말한다. 바람의 갑작스러운 변화나 강한 햇볕에 의해 공기 중의 일부가 상승하고 그로 인해 발생한 상승기류에 의해 비가 내린다.

## ❂ 웨더 쇼크 (Weather Shock) ◇◇◇

날씨가 갑작스럽게 변화하여 그 결과로 사회·경제적 피해가 발생하는 것을 말한다. 2016년 1월 미국의 수도 워싱턴에는 100년 만에 폭설이 내렸고, 13개 주에 전기가 끊겼다. 폭설과 한파의 영향으로 미국은 2014년 1분기 마이너스 0.9%의 성장률을 기록했고 2015년 1분기에도 0.6% 증가에 머물렀다.

## ◎ 스텝 (Steppe)

대륙 온대지방의 반건조기후에서 발달한 초원지대로, 습윤한 삼림지대와 사막과의 중간대이다. 주로 키가 작은 화본과의 풀이 자라는데, 비가 많이 내리는 봄철에는 무성해지나 여름철 건계에는 말라 죽는다. 즉, 건조한 계절에는 불모지이고, 강우계절에는 푸른 들로 변한다.

## ◎ 툰드라 (Tundra)

타이가(Taiga)지대의 북에 접한 북극권 내의 지표로 대부분의 낮은 얼음으로 덮여 있다. 여름에는 지표의 일부가 녹아서 습지가 되며, 지의류 · 선태류 · 작은 관목 등의 식물과 순록같은 동물이 살 수 있다. 유라시아 북부 · 캐나다 북부 · 시베리아 북부 · 알래스카 북부 등지에 위치하고 있다.

**PLUS** 더 알아보기

> **타이가**(Taiga) : 북반구의 경작한계와 툰드라지대 사이로, 연교차가 60℃ 이상이며 포드졸 토양이다. 시베리아와 캐나다의 침엽수림대가 대표적이다.

## ◎ 외쿠메네 (ökumene)

지구상에서 인간이 거주할 수 있는 지역을 말한다. 지구표면의 육지에서 사막 · 고산지대, 극지방의 빙설지대 · 동토(凍土) 등을 제외한 지역으로, 약 87%가량이 해당되는데 세계인구의 자연증가율에 비추어 볼 때 이의 증대가 시급하다. 근래 들어 농경법의 개량, 자연개발의 진척, 내한 · 내건기술의 발달 등으로 외쿠메네의 확대가 이루어지고 있다.

**PLUS** 더 알아보기

> **아뇌쿠메네**(Anökumene) : 인간 비거주지역으로, 고산 · 극지 · 설선 · 사막지역을 말한다.

## ◎ 와디 (Wadi)

아라비아 및 북아프리카 지방의 건조지역에 많이 있는 간헐하천으로 비가 내릴 때 이외에는 물이 마르는 개울이다. 건조지대, 특히 사막에 있는 하상(河床)은 늘 물이 없으므로 마른강이라고도 한다. 폭우가 쏟아지면 모래와 자갈이 섞인 물이 흐르나 비가 그치면 곧 마른다. 빗물이 지하수가 되어 오아시스가 생기는 수도 있으므로, 대상(隊商)들이 이곳을 길로 이용한다.

## ❂ 북대서양진동 (NAO : North Atlantic Oscillation)

북대서양진동은 아이슬란드 근처의 기압과 아조레스(Azores) 근처의 기압이 서로 대비되는 변동으로 구성된다. 평균적으로 아이슬란드의 저기압 지역과 아조레스의 고기압 지역 사이에 부는 편서풍은 유럽 쪽으로 전선시스템을 동반한 저기압을 이동시키는 역할을 한다. 그러나 아이슬란드와 아조레스 사이의 기압차는 수일에서 수십년의 시간 규모상에서 섭동(攝動)을 하는 현상을 보이므로 때때로 역전될 수도 있다.

## ❂ 크레바스 (Crevasse)

빙하가 갈라져서 생긴 좁고 깊은 틈새를 말한다. 급경사를 이루는 빙하도랑을 이동할 때에는 빙하를 가로지르는 크레바스가, 넓은 골짜기나 산기슭으로 나가는 곳을 이동할 때에는 빙하가 이동하는 방향에 평행하는 크레바스가 나타난다.

## ❂ 블리자드 (Blizzard)

남극지방에서 볼 수 있는 차고 거센 바람을 동반한 눈보라 현상으로 우리말로는 폭풍설(暴風雪)이라고도 한다. 이러한 현상이 발생하는 이유는 남극지방의 급격한 기온변화 때문이라고 볼 수 있는데, 몇 시간 사이에 영하 10도에서 영하 20도로 기온이 급강하하면서 동시에 초속 40 ~ 80m의 강풍이 불며 눈이 몰아친다.

## ❂ 인공강우 (人工降雨)

구름에 인공적인 영향을 주어 비가 내리게 하는 것이다. 구름층은 형성되어 있으나 대기 중에 응결핵 또는 빙정핵이 적어 구름방울이 빗방울로 성장하지 못할 때 인위적으로 '비씨(구름씨, Cloud Seed)'를 뿌려 특정지역에 강수를 유도하는 것이다. 즉, 과냉각된 구름(어는 점 이하의 온도에서 존재하는 물방울로 이루어진 구름)에 드라이아이스나 요오드화은 등의 응결핵을 뿌리면 이것을 중심으로 빗방울이 생기는 현상을 이용하는 것이다.

**PLUS** 더 알아보기

> **인공강우 만드는 방법**
> • 항공기를 이용해 구름 위와 아래, 구름에 구름씨를 살포하는 방법
> • 산의 경사면에서 연소기로 요오드화은을 태워 구름에 주입하는 방법
> • 로켓 또는 대포를 이용해 요오드화은을 구름 속으로 발사하는 방법

**❂ 엘니뇨 (El Nino)현상** ◇◇◇

남미 에콰도르와 페루 북부연안의 태평양 해면온도가 비정상적으로 상승하는 현상으로, 아프리카의 가뭄이나 아시아·남미지역의 홍수 등을 일으키는 원인이다. 엘니뇨는 스페인어로 '신의 아들'이란 뜻인데, 크리스마스 때 이 현상이 가장 현저해서 붙여진 이름이다.

**❂ 라니냐 (La Nina)현상** ◇◇◇

적도 부근의 표면 해수온도가 갑자기 낮아지는 현상이다. 엘니뇨와 번갈아 대략 4년 주기로 일어나며, 이 현상으로 인한 대기순환 교란은 1 ~ 3년간 여파를 미친다. 반(反)엘니뇨현상으로도 불린다.

**❂ 에어포켓 (Air Pocket)** ◇◇

대기 중에 국지적인 하강기류가 있을 때 비행중인 항공기가 수평자세로 급격히 고도가 낮아지는 현상이다. 이는 적운 계통의 구름, 강, 늪, 삼림의 상공, 산악이나 높은 건물의 바람맞이 상공에 생기는 것으로 우리나라 대관령 상공에서도 자주 일어난다.

**❂ 극와동 (極渦動)** ◇

극지방에서 볼 수 있는 회오리바람처럼 갑작스레 변화하는 기상현상으로, 불과 수 시간의 타임스케줄을 갖는다. 이 때문에 우리나라를 비롯한 동아시아는 기상변화에 큰 영향을 받는다.

**❂ 블로킹 (Blocking)현상** ◇

저지현상(沮止現象) 혹은 블로킹 고기압이라고도 하며 중위도 지역의 대류권에서 우세한 고기압이 이동하지 않고 장기간 한 지역에 머물러 동쪽으로 움직이는 저기압의 진행이 멈추거나 역행되는 현상을 말한다.

**❂ 범람원 (汎濫原, Flood Plain)** ◇

하천이 홍수 등으로 인해 주변으로 범람하여 토사가 퇴적되어 생긴 평야를 말한다. 범람원은 장년기 이후의 지형에서 특히 넓게 나타나며, 그 안에 자연제방이나 후배습지가 생겨 강이 자유롭게 곡류하게 된다. 충적평야의 일종으로 토지가 비옥하여 주로 농경지로 이용된다.

**PLUS** 더 알아보기

우리나라의 경우 연강수량의 변화나 계절적 강수량의 변화차가 크기 때문에 발달이 탁월하다.

## ❂ 싱크홀 (Sink Hole) ◈

지하 암석이 용해되거나 기존에 있던 동굴이 붕괴되면서 생긴 움푹 파인 웅덩이를 말한다. 장기간의 가뭄이나 과도한 지하수 개발로 지하수의 수면이 내려가 지반의 무게를 견디지 못해 붕괴되기 때문에 생기는 것으로 추정되며, 주로 깔때기 모양이나 원통 모양을 이룬다. 석회암과 같이 용해도가 높은 암석이 분포하는 지역에서 볼 수 있다.

과테말라시티의 싱크홀

**PLUS** 더 알아보기

**블루홀**(Blue Hole) : 바닷속에 위치한 동굴 또는 수중의 싱크홀을 일컫는다.

## ❂ 삼각주 (三角洲, Delta) ◈

하천이 호수나 바다와 만나는 지점에서 하천을 따라 운반되어 온 토사가 퇴적하여 만들어진 충적평야로, 토양이 매우 기름져서 일찍부터 농경이 발달하였다. 나일강 하구, 미시시피강 하구, 낙동강 하구 등이 이에 속한다.

## ❂ 카르스트 (Karst)지형 ◈◈◈

석회암지대에 생기는 특수한 지형으로, 빗물이나 지하수에 의해 침식되어 형성된다. 지하에 생긴 동굴은 종유동이라 하는데, 돌리네 · 종유석 · 석순 · 석회주 등 기암괴석이 많으며 우리나라에서는 연변의 동룡굴, 울진의 성류굴, 제주도의 만장굴 등이 유명하다.

## ❂ 이수해안 (離水海岸) ◈

육지의 융기 또는 해면의 저하로 생긴 해안을 말한다. 예로부터 융기지역의 해안에 생기는 경우가 많으며, 일반적으로 해안선이 평탄하고 얕은 해저의 앞바다에는 연안주, 석호 등이 발달한다.

## ❂ 해안단구 (海岸段丘) ◈

해안지형에 있어 해식애 · 단층해안 등이 점차적으로 융기되어 육지화된 계단 모양의 지형으로 바닷가 취락의 형성, 교통로 등으로 이용되고 있다.

## ❂ 파랑 (波浪) ◈

심해파와 구분해 표면파로 일컬어지는 것으로, 바람에 의해 생긴 수면의 풍랑(風浪)과 풍랑이 진행하면서 세력이 줄어 생긴 너울을 포함한다. 풍랑은 마루가 뾰족하고 파도 사이의 간격이 짧은 데에 비해 너울은 마루가 둥글고 파도 사이의 간격이 길다.

## ○ 선상지 (扇狀地, Fan) ✧

하천상류의 산지에서 평지로 바뀌는 경사의 급변점(곡구)에서 유속이 감소하여 골짜기 어귀에 자갈이나 모래(토사)가 퇴적되어 이루어진 부채꼴 모양의 완만한 지형이다. 골짜기 어귀에 중심을 선정, 선상지 말단부를 선단, 그리고 그 중간을 선앙이라고 부른다. 토지의 이용면에서 볼 때, 선정은 산림 취락의 입지와 밭으로 사용되며, 선앙은 과수원으로, 선단은 물이 용천하기 때문에 취락 입지와 논으로 사용한다. 우리나라는 구례 · 사천 · 추가령 지구대의 석왕사 등 선상지가 많은 편이나, 산지의 대부분이 저산성 산지로 경사의 급변점이 낮아 선상지의 발달은 미약하다.

## ○ 대륙붕 (大陸棚) ✧✧

해안에 접속되는 수심 200m 이내의 얕은 해저지형으로, 대륙의 연장부분에 해당되는 완경사면이다. 해양면적의 8%에 불과하나 수산 · 광산자원이 풍부하고, 생물의 종류가 매우 많아 그 양은 해양 전체의 대부분을 차지하는 바다생물의 보고이다.

## ○ 석호 (潟湖) ✧

해안에 연안사주와 사취에 의해 외해로부터 격리된 호수로, 해안선이 복잡한 침수해안이나 이수해안에 모두 생길 수 있다. 침수해안에 형성되는 석호는 일시적이며 육상퇴적물과 해저퇴적물로 덮여 육지화된다.

## ○ 루트맵 (Route Map) ✧✧

지질조사를 위해 그 탐사노선에 따라 관찰할 사항을 기입하여 놓은 지도로, 지형도가 완비되어 있는 지역은 그 지형도에 기입하나 지형도가 없는 지역은 지형도를 만들어서 기입하여야 한다. 또한 지표에 노두가 있는 부분은 관찰할 부분만 기입하고, 그렇지 않은 부분은 공백으로 둔다.

## ○ 사빈 (砂濱) ✧

주로 강에서 흘러온 모래가 퇴적되어 형성되거나, 해식애 근처에서 해안의 침식으로 생긴 모래들이 파랑이나 연안류에 의하여 운반 · 퇴적되어 생긴 모래해안이다. 온대지방에서는 그 구성물이 주로 석영이고 열대지방에서는 조개껍데기, 산호파편 등으로 이루어진 석회질 모래가 대부분이며 해수욕장으로 개발된다.

## ❂ 푄 (Föhn)현상 ◆◆◆

바람이 산지를 넘어가게 되면 그 반대쪽에서는 고온건조한 바람이 되어 내리부는 현상을 말한다. 예를 들어 수증기가 포화점에 달한 15℃의 바람이 높이 2,000m의 산에 불면 산의 높이 100m에 따라 0.5℃씩 냉각되어 바람이 산꼭대기에 달했을 때에는 5℃가 되고, 이 때 수증기는 응결하여 비가 되어서 떨어지므로 산을 넘어서 내리부는 바람은 반대로 100m에 대하여 1℃씩 더워져서 지상에 이르렀을 때에는 25℃의 건조열풍이 된다.

## ❂ 모레인 (Moraine) ◆

빙하에 의하여 운반된 점토·모래·자갈 등의 암설(巖屑)을 말한다. 이것은 하천과 바닷물에 의하여 운반된 토양과 달리, 층리가 없고, 또 대소의 암층을 혼합한 채로 퇴적한다. 빙하의 표면·내부·적부·종단부 등 그 위치에 따라, 표퇴석·내부퇴석·저퇴석·중앙퇴석으로 구분된다. 또 단퇴석은 빙하의 선단에 있었던 암설이 빙하가 녹았기 때문에, 그대로 그곳에 퇴적한 것을 말한다. 현재 퇴석은 독일·구소련·북미 등지에서 많이 볼 수 있다.

## ❂ 라피에 (Lapies) ◆

석회암이 나출된 대지 등에서 석회암의 용식에 의하여 형성된 작은 기복이 많은 지형으로 카르스트 지형 중에서 가장 일반적인 것이다. 영국에서 부르는 '크린트'는 석회암이 나출된 면을 일컫고, '그라이크'는 수직인 파이프 모양의 구멍을 일컫는다. 또, 석회암의 나출면이 절리 등을 따라서 홈이 파이는 경우도 있다. 석회암이 움푹 들어간 부분에 토양이 메워지고, 튀어나온 부분이 묘석을 세워 놓은 것 같은 모양을 나타내기도 한다. 이들 라피에가 집합되어 있는 지역을 '카렌펠트(Karrenfelt)'라고 부른다.

## ❂ 세계 4대 강풍 ◆◆◆

① 태풍(Typhoon) : 우리나라와 일본에서는 최대풍속이 17㎧ 이상 33㎧ 미만인 것을 열대폭풍, 33㎧ 이상으로 북서태평양에 있는 것을 태풍으로 구별한다.
② 허리케인(Hurricane) : 대서양 서부에서 발생하여 북미대륙으로 부는 열대성 저기압으로, 싹쓸이바람이라고도 한다.
③ 사이클론(Cyclone) : 인도양·아라비아해에서 발생하여 뱅골만으로 부는 열대성 저기압이다.
④ 윌리윌리(Willy Willy) : 오스트레일리아 북부 주변 해상에서 발생하는 열대성 저기압이다.

## ❂ 폭풍해일 (Storm Surge) ◆◆

극단적인 기상조건(낮은 기압, 강한 바람)으로 인하여 특정 장소에서 바다의 고도가 일시적으로 상승하는 것, 그 장소와 시간에서 조위 변동에 의해서만 예상되는 수위 이상으로 초과하는 것으로 정의된다.

## ❂ 후지와라 현상 ✧✧

동시에 존재하는 둘 이상의 태풍이 서로 영향을 미칠 수 있는 범위에 접근해 상호작용을 하면서 이상 현상을 일으키는 것으로, 일본 기상학자인 후지와라가 발견해 낸 기상현상이다.

## ❂ 태풍의 눈(Eye of Typhoon) ✧✧

태풍 중심부의 구름이 적고 고요한 무풍지대로 중심부로 하강기류가 있어 상층운은 볼 수 없으나 하층에는 층적운이 있으며, 바람이 약한 원모양의 구역이다. 태풍의 눈 주변은 적란운의 벽이 있어 비가 많이 내리며 바람 또한 최대풍속을 기록한다.

## ❂ 태풍 명칭의 변화 ✧✧

태풍은 명칭은 괌에 있는 미국 태풍합동경보센터(JTWC : Joint Typhoon Warning Center)가 붙인다. 이 기관은 92개의 이름을 마련해 놓고 태풍발생 때마다 순서대로 이름을 부여하고 있다. 번호는 연도별로 발생한 순서대로 1호부터 시작해 새로 번호가 붙여진다. 태풍이름은 Q · U · X를 제외한 23개의 알파벳으로 시작하는 사람이름이 한 벌로서 모두 네 벌이 만들어져 있으며, A~Z까지 알파벳 순서대로 여성 · 남성의 이름이 교대로 매겨졌다. 그러나 2000년부터는 우리나라를 비롯한 아시아태평양 지역 14개 국가별로 이름을 10개씩 선정해 자국말로 된 태풍이름을 사용하기로 했다.

**PLUS** 더 알아보기　　　　　　　　　　　　　　　　　　　

**우리나라와 북한의 태풍 이름**
- **남한** : 나리, 개미, 장미, 수달, 노루, 제비, 고니, 너구리, 메기, 나비
- **북한** : 기러기, 도라지, 갈매기, 메아리, 봉선화, 소나무, 날개, 매미, 민들레, 버들

## 02 환경·공해

### ✪ 유엔인간환경회의 (UNCHE : United Nations Conference for Human Environment) ✧✧✧

1972년 스웨덴의 스톡홀름에서 '하나뿐인 지구'라는 슬로건 하에 개최된 국제회의로, 스톡홀름 회의라고도 한다. 지구의 환경파괴를 막고 천연자원이 고갈되지 않도록 국제적인 협력 체제를 확립하는 것을 목적으로 하며, 따라서 환경오염 물질의 규제, 천연자원의 보호, 국제기구설치 문제 등을 주요 의제로 다루었다. 인간의 경제활동으로 인한 공해·오염 등의 문제를 국제적 수준에서 다루기 위해서 '인간환경선언(스톡홀름선언)'과 109개 항의 권고로 이루어진 행동계획을 채택하였으며, '유엔환경계획(UNEP)'을 설치하고 환경기금을 조성하는 등의 합의를 이끌어 냈다. 또한 이 회의가 개최된 6월 5일은 '세계 환경의 날'로 제정되었다.

### ✪ 유엔환경계획 (UNEP : United Nations Environment Program) ✧✧

유엔인간환경회의(UNCHE)의 결의에 따라 1973년 케냐의 나이로비에 사무국을 설치한 유엔의 환경관련활동 종합조정기관이다. 환경 관련 지식을 증진하고, 지구환경 상태의 점검을 위해 국제적인 협력을 촉진하는 것을 목적으로 한다. 선진국의 공해와 개발도상국의 빈곤 등 인간거주문제가 환경문제의 최우선이라 보고 환경관리가 곧 인간관리라고 규정하며, 인구와 도시화, 환경과 자원, 환경생태에 관한 연례보고서를 작성하고 5년마다 지구 전체의 환경 추세에 대한 종합보고서를 발간하는 등의 활동을 전개하고 있다. 1987년 오존층 파괴 물질에 대한 '몬트리올의정서'를 채택하여 오존층 보호를 위한 국제협력체계를 확립하였으며, 지구환경감시시스템 및 국제환경정보조회시스템을 구축하였고 '글로벌 500'을 제정하는 등 다양한 활동을 전개하고 있다. 우리나라는 1972년에 가입했다.

### ✪ 지속가능한 개발 (ESSD : Environment Sound and Sustainable Development) ✧✧

미래세대가 그들의 필요를 충족시킬 가능성을 손상시키지 않는 범위에서 현재 세대의 필요를 충족시키는 개발로, 환경보전과 경제개발을 조화시켜야 한다는 의미이다. '환경과 개발에 관한 세계위원회(WCED)'가 1987년에 발표한 「우리의 미래」라는 보고서에서 공식화되어 유엔환경개발회의에서 세계 환경 정책의 기본 규범으로 정식 채택되었다.

### ✪ 환경호르몬 ✧✧

정식 명칭은 외인성 내분비교란물질로 인체에 들어가면 여성호르몬과 똑같은 작용을 한다고 해서 이런 이름이 붙었다. 남성의 정자수를 감소시키고, 성장억제·생식이상 등을 일으키는 것으로 의심받고 있다. 1996년 3월 미국에서 「잃어버린 미래」라는 책이 출판되면서 세계적인 관심을 끌게 되었다. 다이옥신 등 70여 종의 화학물질이 여기에 해당되는 것으로 알려져 있다.

### ◎ 몬트리올의정서 (Montreal Protocol) ◇◇◇

지구 오존층 파괴 방지를 위하여 염화불화탄소(CFC, 프레온가스)·할론(Halon) 등 오존층 파괴 물질 사용에 대해 규정한 국제환경협약이다. 1974년 미국 과학자들의 CFC 사용 규제에 대한 논의로부터 시작되었으며, 1985년 '비엔나협약'에 근거를 두고 1987년 캐나다 몬트리올에서 정식 채택되었다. CFC의 사용 및 생산금지, 대체물질 개발 등을 주요 골자로 하고 있으며 1992년 코펜하겐에서 열린 제4차 회의에서 '코펜하겐의정서'를 채택하였다. 우리나라는 1992년에 가입하였다.

**PLUS** 더 알아보기

- **비엔나협약** : 1958년 채택된 오존층 보호에 관한 협약으로 오존층 파괴 예방을 위한 법적·행정적 조치 실시, 오존층 보호를 위한 조사·관찰 및 연구·정보교환 등 추상적인 의무를 당사국에만 부과하는데 그쳤다.
- **코펜하겐의정서** : 몬트리올의정서의 개정의정서로 당초 2000년에 전폐하기로 했던 계획을 1996년으로 앞당기고, 규제대상 물질도 20종에서 95종으로 확대했다.


### ◎ 글로벌 (Global) 500 ◇◇◇

1978년 당시 유엔환경계획(UNEP)의 사무총장이었던 모스타파톨바 박사의 제안으로 제정된 환경 분야의 가장 권위 있는 상으로, 노벨환경상으로도 불린다. 환경보호에 특별한 공로가 있는 개인 또는 단체를 선정하게 되는데, 1992년까지 모두 500명의 수상자가 선정되었고, 2단계로 1993년부터 새로운 500명 선정이 시작됐다.

### ◎ 유엔환경개발회의 (UNCED : United Nations Conference on Environment and Development) ◇◇◇

인간환경회의 20주년을 기념하여 1992년 브라질의 리우데자네이루에서 열린 지구환경보전회의로 114개국의 국가정상, 185개국의 정부대표 및 3만여 명의 환경전문가·민간 환경단체 등이 참가한 인류 최대의 환경회의이다. 정부 대표가 중심이 된 유엔환경개발회의와 각국 민간단체 및 환경전문가 중심이 된 지구환경회의가 함께 개최되었는데, 이를 'Earth Summit' 또는 '리우회의'라고도 한다. 이 회의의 주제는 '자연환경 보전과 경제개발의 양립', '환경적으로 건전하고 지속가능한 발전(ESSD)'이었으며, '리우선언', '의제 21', '기후변화협약', '생물다양성협약', '산림보존원칙' 등을 채택하였다.

**PLUS** 더 알아보기

**의제 21(Agenda 21)** : 1992년 유엔환경개발회의(Unced)에서 채택된 21세기를 향한 '지구환경보전행동계획'의 별칭이다.

## ● 리우선언 (Rio宣言) ◇◇◇

1992년 브라질의 리우데자네이루에서 열린 유엔환경개발회의(UNCED, 리우회의)에서, 환경보전과 개발전략의 조화 등 선언적 사항을 규정한 지구헌장이다.

## ● 지구환경기금 ◇◇

개발도상국의 환경 분야 투자 및 관련 기술개발을 지원하기 위해 1990년 10월에 설립되었다. 국제연합개발계획(UNDP), 국제연합환경계획(UNEP), 세계은행 등이 공동으로 관장하고 있으며, 우리나라는 1994년 5월 11일 가입하였다.

## ● GWP (Global Warming Potential) ◇

잘 혼합되는 온실가스의 복사 특성을 기술하는데 있어서 이러한 기체들이 대기에 존재하고 있는 시간이 서로 다르다는 것과, 외부로 방출되는 적외복사를 흡수하는 데 있어서 상대적인 유효성을 가지고 있음을 복합적으로 고려한 효과를 기술하는 지구온난화지수이다. 이 지수는 이산화탄소의 온난화 효과를 기준으로 이에 상대하여 현재 대기에서 주어진 온실가스의 단위 질량당 온난화 효과를 근사적으로 시간 적분한 것이다.

## ● 자연휴식년제 (自然休息年制) ◇

오염상태가 심각하거나 황폐화가 우려되는 국·공립공원 등을 지정해 3년씩 출입을 통제해 자연의 생태계파괴를 막고 복원하기 위한 제도이다.

## ● 로마클럽 (Club of Rome) ◇◇◇

1968년 이탈리아의 실업가 아우렐리오 페체이의 제창으로 출범한 미래연구기관이다. 천연자원의 고갈, 공해에 의한 환경오염, 개발도상국의 인구증가 등 인류가 직면하는 모든 문제에 관해 연구하고 그 타개책을 모색하며 널리 알리는 것이 주된 활동이다.

## ● 그린 라운드 (Green Round) ◇

국제적으로 합의된 환경기준을 설정하여 이것에 미달하는 무역상품은 관세부과 등 각종 제재를 가하기 위한 환경문제 다자간협상을 뜻한다. 1991년 미국의 막스 상원의원이 환경문제를 세계적으로 논의하고 해결해야 할 시기라고 주장하며, 이전의 GATT체제(현재는 WTO체제) 속에 환경관련규범을 신설할 것을 처음으로 제안하였다. 환경문제의 세계화에 의해 지구를 보호하기 위한 목적이나, 국가 간의 환경기술이나 소득의 차이 등에 의해 환경보호기준의 차이가 심해 선진국의 무역장벽의 역할을 할 수 있다는 우려도 있다.

## 세계물포럼 (WWF : World Water Forum) ◇

물 위기의 심각성을 지적하고, 공통의 해결방안을 모색하는 지구촌 최대의 물 관련 행사이다. 1997년 모로코 마라케시를 시작으로 3년마다 열리고 있으며, 정부 · 비정부기구 · 전문가 · 시민 등의 각계각층이 21세기 물문제해결을 논의하고 그 중요성을 세계에 인식시키기 위한 목적으로 세계수자원회의(WWC : World Water Council)에 의해 제창되었다. 1997년 제1차 물포럼에서는 마라케 시선언을 채택하였고, 2000년 네덜란드 헤이그에서 열린 제2차 물포럼에서 각국 정부는 식량안보 의 선행조건으로서의 수자원 중요성에 인식을 같이 하고, 지속 가능한 수자원관리를 통한 생태 계 보전을 다짐하는 헤이그선언을 채택하였다. 2003년 3차 물포럼에서는 130여 개국 정부대표 와 비정부기구 등이 참가하여, 헤이그선언을 구체적으로 어떻게 실천할지를 논의하고 또 물과 기후, 물과 식량 등 17개 이슈에 대한 토론과 참가 정부대표들의 수자원 각료회의가 열렸다.

**PLUS** 더 알아보기　　　　　　　　　　　　　　　　　　　　　　

논의 결과는 '교토각료선언'과 '세계물행동보고서'로 정리되어 각국의 수자원정책에 심대한 영향을 미치게 된다.

## 비오토프 (Biotope) ◇

야생생물이 서식하고 이동하는데 도움이 되는 숲 · 가로수 · 습지 · 하천 · 화단 등 도심에 존재 하는 다양한 인공물이나 자연물로, 지역생태계 향상에 기여하는 작은 생물서식공간을 말한다. 도심 곳곳에 만들어지는 비오토프는 단절된 생태계를 연결하는 징검다리 역할을 하는데, 독일 을 비롯해 프랑스 · 일본 · 미국 등에서 비오토프 조성이 활발하다.

## 런던협약 (London Convention) ◇

폐기물 및 기타 물질의 투기에 의한 해양오염방지에 관한 조약이다. 1972년 영국 런던에서 채택되어 1975년에 발효된 런던덤핑조약이 1992년에 런던협약으로 개명된 것이다. 국제해상 기구(IMO)가 협약을 담당하고 있으며, 우리나라는 1993년에 가입하였다.

## 생물다양성협약 (CBD : Convention on Biological Diversity) ◇◇

지구상의 동 · 식물을 보호하고 천연자원을 보존하기 위한 국제협약으로 유엔환경개발회의 (UNCED)에서 정식 채택되었다. 멸종위기의 동 · 식물은 물론 생물이 지닌 유전자를 포함 지구 상의 모든 생태계를 보존하려는 것이 그 목적이며 각 국가별 지침을 별도로 마련해 실천하도 록 하여 생물자원의 주체적 이용을 제한하고 있다. 선신국의 우위에 있는 기후변화협약에 비 하여 개발도상국이 비교적 우위에 있으며 우리나라는 154번째로 서명했다.

## ✪ 람사르협약 (Ramsar Convention) ❖❖❖

물새 서식지로서 중요한 습지를 보호하기 위한 협약이다. 1971년 2월 이란 람사르에서 채택되어 1975년 12월 발효됐다. 국경을 넘어 이동하는 물새를 국제자원으로 규정하고 가입국에 습지를 보전하는 정책을 펴도록 의무화하고 있으며, 협약에 가입한 국가들은 보전가치가 있는 습지를 1곳 이상씩 협약사무국에 등록하고 지속적인 보호정책을 펼쳐야 한다. 우리나라는 1997년 7월 28일 람사르 협약이 국내에서 발효되어 세계 101번째 가입국이 되었다.

**PLUS** 더 알아보기

- **비엔나 협약** : 오존층 보호를 위한 최초의 협약이다. 1985년 오스트리아 비엔나에서 채택된 오존층 파괴 원인물질 규제에 대한 것을 주 내용으로 한다.
- **파리기후변화 협약** : 지구온난화를 막기 위한 국제사회 협약으로 지구 평균 기온이 산업화 이전 수준에 대비하여 2도 이상 상승하지 않도록 온실가스 배출량을 단계적으로 감축하자는 국제사회가 합의한 협정이다.
- **스톡홀름 협약** : 잔류성유기오염물질(POPs) 국제적 규제를 위해 2004년 발효된 협약이다. POPs(Persistant Organic Pollutants)는 자연환경에서 분해되지 않으며 먹이사슬을 통하여 동물 체내에 축적되어 면역체계 및 중추신견계 손상을 초래하는 유해물질이다. 이는 산업생산 공정과 폐기물 저온 소각과정에서 발생한다.

## ✪ 바젤협약 (Basel Convention) ❖❖

1989년 스위스 바젤에서 채택된 것으로 유해폐기물의 국가간 이동 및 처리에 관한 협약이다. 가입국은 동 · 아연 · 카드뮴 등 47종의 폐기물을 국외로 반출해서는 안되며, 자국 내에서도 폐기물 발생을 최소화하고 충분한 처리시설을 확보해야 한다. 1992년에 발효되었으며, 우리나라는 1994년에 가입했다.

## ✪ 워싱턴협약 (CITES : Convention on International Trade in Endangered Species of Wild Fauna and Flora) ❖

멸종위기에 처한 야생 동 · 식물의 국제거래에 관한 협약으로, 세계적으로 멸종위기에 처해 있는 야생 동 · 식물의 상업적인 국제거래 규제 및 생태계 보호를 목적으로 한다. 정식 명칭은 '멸종위기에 처한 야생 동 · 식물의 국제거래에 관한 협약'이지만 1973년 워싱턴에서 채택되어 워싱턴협약이라 불린다. 야생 동 · 식물을 멸종위기 정도에 따라 3등급으로 구분하여 차등 규제하고 있으며 우리나라는 1993년에 이 협약에 가입했다.

## ✪ 그린피스 (Green Peace) ❖❖❖

국제적인 자연보호단체이다. 남태평양 폴리네시아에서의 프랑스 핵실험에 항의하기 위해 선박을 출항시킨 운동을 계기로 1970년에 조직되었으며, 본부는 네덜란드의 암스테르담에 있다. 전멸위기의 야생동물 보호, 원자력발전 반대, 핵폐기물의 해양투기 저지운동 등 폭넓은 활동을 전개하고 있다.

## ❂ 골드만 환경상 (Goldman Environment Prize) ◆◆◆

1990년 리처드 골드만 부부에 의해서 제정된 상으로 환경 분야에서 뛰어난 업적을 세운 환경 운동가에게 수여되는 세계 최대 규모의 환경상이다. 매년 각 대륙(북미·중남미·유럽·아시아·아프리카·기타 섬나라)을 대표하는 환경활동가 1명씩을 선정하여 12만 5천 달러씩의 상금과 함께 상을 수여한다. 수상 대상자는 과학자나 학자, 정부 관료보다도 주로 개인적인 풀뿌리 환경운동가에게 우선권이 주어지며, 환경보호에 대한 최근의 업적에 대해 시상하고 평생에 걸친 업적이 그 대상은 아니다. 또한 죽은 사람에게는 시상하지 않는다.

**PLUS** 더 알아보기

우리나라에서는 1995년 환경운동연합의 최열 사무총장이 한국의 환경운동을 사회문제로 대두시킨 공로로 이 상을 수상한 바 있다.

## ❂ 탄소배출권 ◆

지구 온난화를 유발하는 대표적인 온실가스로는 이산화탄소($CO_2$), 메탄($CH_4$), 아산화질소($N_2O$), 수소불화탄소(HFC), 불화탄소(PFC), 불화유황($SF_6$) 등이 있는데 이 중 이산화탄소가 전체 배출량의 비중이 가장 높고 인위적인 제어가 가능하기 때문에 이들을 대표하며, 이러한 이산화탄소 등의 온실가스를 배출할 수 있는 권리를 탄소배출권이라 한다. 기상 이변, 재난 및 엘니뇨에 의한 이상 기온, 대규모 홍수·지진해일 등과 같은 천재지변 등 지구 온난화에 대한 폐해가 현실로 나타나고 있어, 지구 환경 문제에 대해 범지구적인 해결 노력이 필요하다는 점을 깨닫게 되면서 국제적 협력으로 구체화된 것이 1997년 12월 교토의정서)이다.

## ❂ 배출부과금 (排出賦課金) ◆◆

허용기준을 넘는 오염물질을 배출한 업체에게 환경부가 물리는 일종의 벌금이다. 오염물질의 기준초과정도, 배출기간, 오염물질의 종류, 배출량, 위반횟수에 따라 부과금의 요율이 달라진다. 부과대상 오염물질은 아황산가스 등 대기오염물질, 생화학적 산소요구량 등 수질분야, 그리고 악취가 포함된다.

## ❂ 내셔널트러스트 (National Trust) ◆◆

환경이나 경관이 파괴될 우려가 있는 지역을 국민의 기탁금으로 매입해 보존해 나가는 제도를 말한다. 영국에서 시작되었으며, 특히 영국의 내셔널트러스트가 자연해안의 보존을 위해 시작한 특별모금운동을 넵튠계획(Neptune Plan)이라고 한다.

## ❂ 시빅트러스트 (Civic Trust) ✧

주민이나 기업이 자금을 출자해 도시의 환경정비를 하는 제도이다. 내셔널트러스트에 비해 비교적 소규모의 사업을 벌인다. 자연보호나 지역환경개선이 필요한데도 재정사정이 나빠 국가가 직접 이러한 사업을 하기 어렵기 때문에 민간의 힘으로 사업을 추진하자는 것이 목적이다.

## ❂ 사막화방지협약 (砂漠化防止協約) ✧✧✧

무리한 개발과 오남용으로 인한 사막화 방지를 위해 체결된 협약이다. 국제적 노력을 통한 사막화 방지와 심각한 한발 및 사막화ㆍ토지 황폐화 현상을 겪고 있는 개발도상국을 재정적ㆍ기술적으로 지원하는 것을 목표로 한다.

## ❂ 그린 에너지 (Green Energy) ✧

석탄ㆍ석유ㆍ원자력과 달리 환경을 오염시키지 않는 깨끗한 에너지로 태양열ㆍ지열ㆍ풍력ㆍ파력(波力)ㆍ조류(潮流) 등 자연에너지를 말한다. 현재 세계 각국은 석유를 대신할 에너지원으로 그린에너지 개발연구를 서두르고 있다.

## ❂ 환경개선부담금제 (環境改善負擔金制) ✧

오염원인자부담원칙에 따라 오염물질을 배출한 오염원인자에게 오염물질 처리비용을 부담하게 하는 제도이다. 부과대상자는 폐수나 대기오염물질을 많이 배출하는 호텔ㆍ병원ㆍ백화점ㆍ수영장ㆍ음식점 등의 건물과 경유자동차이며, 지방자치단체는 이들로부터 3월과 9월 1년에 두 차례 부담금을 징수한다. 환경개선부담금이 면제되는 건물은 단독주택ㆍ아파트 등 공동주택, 160㎡ 미만의 시설물ㆍ공장ㆍ창고ㆍ주차장 등이다. 지방자치단체가 징수한 환경개선부담금은 징수비용(징수금액 중 10%)을 제외하고는 전액 환경부의 환경개선특별회계로 귀속된다.

## ❂ PPP (Polluter Pays Principle) ✧✧

오염자 비용부담원칙이다. 환경자원의 합리적인 이용과 배분을 조장하는 동시에 국제무역이나 투자의 왜곡현상을 바로잡기 위해 오염방지비용을 오염자에게 부담시키자는 구상으로, 1972년 OECD(경제협력개발기구) 이사회가 가맹국에게 권고했다. 최근에는 오염방지비용뿐만 아니라 환경복원ㆍ피해자 구제ㆍ오염회피비용까지 오염원이 부담해야 한다는 견해가 대두되고 있다.

## ❂ 파리기후변화협약 (Paris Climate Change Accord) ✧✧✧

2020년에 만료된 교토의정서를 대체하여 2021년 1월부터 적용한 기후변화 대응을 담은 기후변화협약이다. 선진국에만 온실가스 감축 의무를 부여했던 교토의정서와 달리 195개 당사국 모두에게 발효된다.

## ✪ 국제배출권거래제 (International Emission Trading) ◆◆

각국이 자국에 허용된 배출량 중 일부를 거래할 수 있는 것으로써 탄소배출권을 주식이나 채권처럼 시장에서 거래할 수 있도록 만든 제도를 말한다. 2005년 2월부터 2020년까지 발효되는 교토의정서에 따르면, 유럽연합(EU) 회원국과 일본 등 38개국은 제1차 의무공약기간(2008~2012년)동안 연평균 온실가스 배출량을 1990년 배출량 기준 대비 평균 5.2% 감축시켜야 하는 법적 의무를 규정하고 있다. 이 목표를 채우지 못한 국가나 기업들은 벌금을 내거나 거래소에서 탄소배출권을 사야하고, 감축의무대상국이 아니거나 배출량이 적은 개도국은 배출권을 거래할 수 있다. 배출권의 발급권한은 유엔이 갖고 있으며 청정개발체제(CDM)는 선진국(부속서 1국가, Annex 1 Party)이 개도국(비부속서 1국가, Non- Annex 1 Party)내에서 온실가스 배출 감축 프로젝트를 통해 온실가스 배출을 줄이면 그에 상응하는 배출권을 거래할 수 있도록 한 시스템을 갖춰 배출권 거래를 촉진시키고 있다.

## ✪ 에코에티카 (Ecoethica) ◆

생태학(Ecology)적 바탕 위에 만들어야 할 새로운 윤리학(Ethics)으로, 에코에티카는 과학기술의 발달로 삶의 공간이 혁명적으로 변화함에 따라 근본적인 세계관의 변화를 요구하는 대안적인 가치체계이다.

## ✪ 생물안전의정서 (The Caragena Protocol on Biosafety) ◆◆

유전자변형작물(GMO)의 교역을 규제하는 첫 국제규정으로 유전자변형작물의 안전한 교역과 취급·이용을 보장하는 내용을 담고 있다. 1992년 유엔환경개발회의에서 채택된 생물다양성협약에 기초한 것으로 미국과 캐나다 등 주요 곡물 수출국의 반대에 미뤄지다가 2000년 캐나다 몬트리올에서 채택되었다. 이 의정서에 따라 규제를 받는 품목은 유전자조작을 거친 동물, 씨앗이나 사료 등을 포함한 식물, 박테리아·백신 등과 같은 미생물과 의약품, 식품·가공품 등으로 유전자조작 관련 품목의 수출국이나 수출업자들은 선적화물에 유전자조작 여부를 반드시 표시해야 한다. '카르타헤나의정서', '바이오안전성의정서'라고도 한다.

## ✪ 이카루스(Icarus) ◆◆

우주를 이용한 동물연구 국제협력(International Cooperation for Animal Research Using Space)으로, 동물 이주 행태의 관련 자료를 수집하기 위해 2022년에 설립된 국제 컨소시엄이다. 동물에게 소형 전파송신기를 부착하여 동물의 이동 속도나 심장박동, 이동 지역의 온도·기압·습도 등의 정보를 수집한다.

## ✪ 핏포55 ✧✧

EU 집행위원회가 탄소배출감축을 위해 구체적인 실행안을 담은 정책 패키지이다. 온실가스 순 배출량을 2030년까지 1990년 기준 최소 55%로 줄인다는 목적이다.

## ✪ 사이테스(CITES) ✧✧

멸종위기에 처한 동식물 교역에 관한 국제협약이다. 국제적인 거래로 인한 동식물 생존위협을 방지하기 위해 1973년에 미국 워싱턴에서 조인되어 1975년에 발효되었다. 워싱턴 협약이라고도 하며 우리나라는 1993년 7월에 가입했다.

**PLUS** 더 알아보기　　　

| 국제자연보전(IUSN) 적색목록 분류 | |
| --- | --- |
| 구분 | 내용 |
| 절멸(EX) | 개체가 하나도 남아있지 않은 상태 |
| 야생 절멸(EW) | 보호시설에서만 생존하고 있거나 원래 서식지역이 아닌 곳에서만 인위적으로 유입되어 생존된 상태 |
| 절멸 위급(CR) | 야생에서 절멸 가능성이 대단히 큰 상태 |
| 절멸 위기(EN) | 야생에서 절멸 가능성이 큰 상태 |
| 취약(VU) | 야생에서 절멸 위기에 처한 상태 |
| 절멸위기근접(NT) | 가까운 장래에 야생에서 절멸 우려 위기에 처한 상태 |
| 최소관심종(LC) | 절멸 위험이 낮고 위 범주에 도달하지 않은 상태 |

## 03 보건·건강

### ✪ 감염병 (感染病) ◇◇◇

원충, 진균, 세균, 스피로헤타(Spirochaeta), 리케차(Rickettsia), 바이러스 등의 미생물이 인간이나 동물에 침입하여 증식함으로써 일어나는 병을 통틀어 이르는 말이다.

**PLUS** 더 알아보기

#### 감염병의 구분

| 감염병 | 질환 |
| --- | --- |
| 제1급 | • 생물테러감염병 또는 치명률이 높거나 집단 발생의 우려가 커서 발생 또는 유행 즉시 신고하여야 하고, 음압격리와 같은 높은 수준의 격리가 필요한 감염병<br>• 질환 : 두창, 마버그열, 라싸열, 크리미안콩고출혈열, 남아메리카출혈열, 리프트밸리열, 에볼라바이러스병, 페스트, 탄저, 보툴리눔독소증, 야토병, 신종감염병증후군, 중증급성호흡기증후군(SARS), 중동호흡기증후군(MER3), 동물인플루엔자 인체감염증, 신종인플루엔자, 디프테리아 |
| 제2급 | • 전파가능성을 고려하여 발생 또는 유행 시 24시간 이내에 신고하여야 하고, 격리가 필요한 감염병<br>• 질환 : 결핵(結核), 수두(水痘), 홍역(紅疫), 콜레라, 장티푸스, 파라티푸스, 세균성이질, 장출혈성대장균감염증, A형간염, 백일해(百日咳), 유행성이하선염(流行性耳下腺炎), 풍진(風疹), 폴리오, 수막구균 감염증 b형헤모필루스인플루엔자, 폐렴구균 감염증, 한센병, 성홍열, 반코마이신내성황색포도알균(VRSA) 감염증, 카바페넴내성장내세균속균종(CRE)감염증, E형간염 |
| 제3급 | • 발생을 계속 감시할 필요가 있어 발생 또는 유행 시 24시간 이내에 신고하여야 하는 감염병<br>• 질환 : 파상풍(破傷風), B형간염, 일본뇌염, C형간염, 말라리아, 레지오넬라증, 발진티푸스, 비브리오패혈증, 발진열(發疹熱), 쯔쯔가무시증, 렙토스피라증, 브루셀라증, 공수병(恐水病), 신증후군출혈열(腎症侯群出血熱), 후천성면역결핍증(AIDS), 크로이츠펠트-야콥병(CJD) 및 변종크로이츠펠트-야콥병(vCJD), 황열, 뎅기열, 큐열(Q熱), 웨스트나일열, 라임병 진드기매개뇌염, 유비저(類鼻疽), 치쿤구니아열, 중증열성혈소판감소증후군(SFTS), 지카바이러스 감염증 |
| 제4급 | • 제1급감염병부터 제3급감염병까지의 감염병 외에 유행 여부를 조사하기 위하여 표본감시활동이 필요한 감염병<br>• 질환 : 인플루엔자, 매독(梅毒), 회충증, 편충증, 요충증 간흡충증 폐흡충증, 장흡충증, 수족구병 임질 클라미디아감염증 연성하감, 성기단순포진, 첨규콘딜롬, 반코마이신내성장알균(VRE) 감염증, 메티실린내성황색포도알균(MRSA) 감염증, 다제내성녹농균(MRPA) 감염증, 다제내성아시네토박터바우마니균(MRAB) 감염증, 장관감염증, 급성호흡기감염증, 해외유입기생충감염증, 엔테로바이러스감염증, 사람유두종바이러스 감염증 |
| 기생충 | 기생충에 감염되어 발생하는 감염병 중 질병관리청장이 고시하는 감염병을 말한다. |
| 세계보건기구 감시대상 | 세계보건기구가 국제공중보건의 비상사태에 대비하기 위하여 감시대상으로 정한 질환으로서 질병관리청장이 고시하는 감염병을 말한다. |
| 생물테러 | 고의 또는 테러 등을 목적으로 이용된 병원체에 의하여 발생된 감염병 중 질병관리청장이 고시하는 감염병을 말한다. |
| 성매개 | 성 접촉을 통하여 전파되는 감염병 중 질병관리청장이 고시하는 감염병을 말한다. |
| 인수공통 | 동물과 사람 간에 서로 전파되는 병원체에 의하여 발생되는 감염병 중 질병관리청장이 고시하는 감염병을 말한다. |
| 의료관련 | 환자나 임산부 등이 의료행위를 적용받는 과정에서 발생한 감염병으로서 감시활동이 필요하여 질병관리청장이 고시하는 감염병을 말한다. |

## ❂ 부스터 샷 (Booster shot)

백신의 효과를 높이기 위해서 접종이 완료되었더라도 추가적으로 백신 접종을 하는 것으로 백신의 면역 효과를 높이고 효력을 늘리기 위해서 추가적으로 접종하는 것을 의미한다. 코로나19백신의 경우 화이자나 모더나 등은 2회 접종을 진행하고 있다. 면역량 보강과 변이 바이러스에 대비하기 위해서 2회 백신 접종을 추가적으로 1회를 더 늘려 3차 접종까지 하는 것을 의미한다.

## ❂ 팬데믹 (Pandemic) ◈◈◈

세계적으로 전염병이 대유행하는 상태를 일컫는다. 세계보건기구(WHO)가 전염병 위험도에 따라 전염병 경보단계를 1 ~ 6단계까지 나누는데, 팬데믹은 최고 경고 등급인 6단계에 해당한다. 역사상 팬데믹에 속한 질병은 14세기 중세 유럽을 거의 전멸시킨 '흑사병(페스트)', 1918년 전 세계에서 5,000만 명 이상의 사망자를 발생시킨 '스페인 독감', 1968년 100만 명이 사망한 '홍콩 독감' 등이 있다. WHO가 1948년 설립된 이래 지금까지 팬데믹을 선언한 경우는 1968년 '홍콩 독감'과 2009년 '신종플루', 2020년 '코로나19' 단 세 차례뿐이다.

## ❂ 손세정제 (Hand Sanitizer) ◈◈◈

물로 손을 씻지 않으면서 감염을 예방하기 위해 손에 바르거나 문지르는 의약외품 소독제이다. 주로 수술실에서 의사, 간호사가 사용하였지만 코로나바이러스감염증으로 일반인들 또한 많이 찾고 있다. 손세정제의 성분으로는 이소프로판올 또는 이소프로필 알코올, 에탄올, 과산화수소수, 염화벤잘코늄, 크레솔이다. 알코올이 들어간 소독제는 미생물까지 제거하며 손에 잔류하는 세균을 없앤다. 90% 이상 함유할 경우 바이러스, 결핵균, 곰팡이, B형간염까지 제거해준다.

## ❂ 파킨슨병 (Parkinson's Disease) ◈

영국의 의사 파킨슨이 1817년에 처음으로 보고한 질환으로 별칭은 진전마비(振顫麻痹)이다. 중뇌 흑질 부위의 신경전달 물질인 도파민의 분비가 감소, 뇌세포가 점점 괴사하는 질병이다. 주로 50세 전후에 발병, 처음에는 근경직, 운동 감소, 진전(무의식적으로 일어나는 근육의 불규칙한 운동) 등의 증세로 나타난다. 떨리는 것은 대개 손발부터 시작되어 점차 전신의 수의(隨意) 운동이 불가능해진다.

## ❂ 지카 바이러스 (Zika Virus) ◈◈

이집트 숲 모기를 통해 전염되는 바이러스로 신생아의 소두증 등을 유발하는 것으로 알려진 바이러스이다. 인체감염사례는 1952년 우간다와 탄자니아에서 처음 보고되었다. 주로 이집트 숲 모기에 의한 전파로 감염되며 국내 서식하는 흰줄 숲 모기도 전파 가능하다.

## ✪ 알츠하이머병 (Alzheimer Disease) ◆

나이가 들면서 정신 기능이 점점 쇠퇴하여 일으키는 노인성 치매로 독일의 신경과 의사 올로이스 알츠하이머의 이름을 따서 명명한 신경질환이다. 이 병에 걸리면 특히 기억과 정서면에서 심각한 장애를 일으키며 현대 의학에서는 아직 알츠하이머병의 뚜렷한 예방법이나 치료 방법이 없는 상태이다.

**PLUS** 더 알아보기

> **치매(癡呆)** : 한의학에서 매병이라 불리는 질환으로 뇌가 여러 가지 원인에 의해 손상을 받아 기억력이나 이해력, 판단력 등의 장애가 나타나는 상태를 말한다. 원인에 따라서 노인성 치매와 혈관성 치매, 알콜 남용 등에 의한 가역성 치매(치료가 가능한 치매) 등으로 구분할 수 있다.

## ✪ 루푸스 (Lupus) ◆

정확한 이름은 전신성 홍반성 루푸스로 류머티즘 질환의 일종이다. 면역 체계의 이상으로 인해 만성 염증이 일어나고 면역이 떨어지는 난치성 전신 질환으로 발열, 피부 발진과 관절염이 그 증상이며 환자의 95%가 10~30대 여성이다. 심장이나 신장, 폐, 뇌, 조혈기관 등에 치명적인 타격을 입고 목숨을 잃을 수도 있다. 정확한 원인은 아직 규명되지 않고 있지만 생체방어기구인 면역계 이상을 비롯, 세균이나 바이러스 감염, 약물, 스트레스 등 체질적·환경적 요인들이 얽혀 발생하는 것으로 추정한다.

## ✪ 루게릭병 (Lou Gehrig's Disease) ◆◆

근(筋)위축성 측색경화증으로 척수 신경 또는 간뇌(間腦)의 운동세포가 서서히 지속적으로 파괴되어 이들 세포의 지배를 받는 근육이 위축되어 힘을 쓰지 못하게 되는 원인불명의 불치병이다. 40~60대에서 빈발하며 남자의 발병률이 여자의 2배에 달한다. 세계적 물리학자인 영국의 스티븐 호킹이 이 병을 앓고 있는 것으로 알려졌다.

## ✪ 중증 열성 혈소판 감소 증후군 (SFTS : Severe Fever with Thrombocytopenia Syndrome) ◆◆◆

중증 열성 혈소판 감소 증후군(SFTS) 바이러스에 의한 감염병이다. 주로 산과 들판의 풀숲에 서식하는 작은소참진드기에 물려서 감염되는 것으로 추정되며, 감염된 환자의 혈액 및 체액에 의한 감염도 보고되었다. 1 ~ 2주의 잠복기를 지나면 발열, 식욕 저하, 구역, 구토, 설사, 복통, 림프절 비대, 두통, 근육통 등의 증상이 나타난다. 아직 효과가 확인된 치료제 및 항바이러스제나 백신이 없어 대증요법을 시도한다. 대개 자연 회복되나 12 ~ 30%에서 중증화되어 사망한다. 가장 좋은 예방법은 진드기에 물리지 않도록 하는 것이 주의하는 것이다. 작은소참진드기의 활동 시기인 5 ~ 8월에 산이나 들판 풀숲에 가는 것을 자제하고 풀숲에 들어갈 때에는 긴 소매, 긴 바지 등을 착용하여 피부 노출을 최소화해야 한다. 또한 야외에서 집에 돌아온 후에는 즉시 샤워나 목욕을 하고 옷은 세탁하는 것이 좋다.

## ◎ 구제역 (口蹄疫) ◈◈◈

소, 돼지, 양, 염소 등 발굽이 두 갈래로 갈라진 우제류 동물에게만 발생하는 전파력이 매우 강한 바이러스성 급성 전염병이다. 일단 감염이 되고 나면 치사율이 70~80%에 달하는 국제 1 급 가축전염병으로 광우병과는 달리 감염된 고기를 먹어도 사람에게는 감염되지 않는 것으로 알려져 있다. 구제역 바이러스는 감염된 동물의 배설물 또는 사람의 옷이나 신발 등에 잠복해 있다가 해당 동물에 전염되기도 한다. 주로 동물의 호흡, 소화, 생식 행위를 통해 감염되며 잠복기는 3~5일 정도로 구제역에 걸리면 입술이나 혀, 잇몸, 콧구멍 등에 물집이 생기면서 다리를 절고 침을 흘리며 식욕이 급격히 감퇴하는 증상을 보이다 결국 폐사하게 된다.

## ◎ 담배규제기본협약 (FCTC : The Framework Convention on Tobacco Control) ◈◈◈

금연을 위한 국제 협력 방안을 골자로 한 보건 분야 최초의 국제협약이다. 흡연으로 해마다 500만 명 이상의 죽음을 초래하고 있다는 문제의식에서 비롯하였으며, 세계보건기구(WHO)의 추진으로 2003년 5월 열린 세계보건총회(WHA)에서 만장일치로 채택되어 2005년 2월 발효되었다. 흡연 통제를 위해 담배광고 및 판촉의 포괄적인 금지, 간접 흡연규제, 경고문구 제한 등을 주요내용으로 하며 협약의 당사국들은 담배의 광고나 판촉 금지조치를 발효일로부터 5년 이내에 도입하고 겉포장의 경고문도 3년 이내에 30% 이상으로 확대해야 할 의무를 지게 된다. 공중 보건과 위생에 관한 사상 최초의 국제협약이라는 점에서 큰 의의를 갖는다.

## ◎ 국제수역사무국 (OIE : Office International des Epizooties) ◈

정식 명칭은 세계동물보건기구(World Organisation for Animal Health)로 가축질병의 확산 방지와 근절을 위해 1924년에 설립되었다. 1995년 세계무역기구(WTO)의 설립과 동시에 '위생식물검역조치 적용에 관한 협정'이 발효되면서 OIE가 동물검역에 관한 국제기준을 수립하는 국제기관으로 공인됐다. 회원국은 130여 가지 가축전염병의 자국 내 발생현황을 보고할 의무가 있고, 국제적인 축산물교역은 OIE가 정하는 위생기준에 근거해야 한다. 2010년 기준 175개국이 가입해 있으며 우리나라는 1953년에 회원국이 되었다. OIE는 광우병위험등급에 따른 교역조건으로 광우병 위험 없음-교역조건 제한 없음, 광우병 위험통제-30개월 이상 소고기 SRM 제거, 위험도 미정-12개월 이상 소고기 SRM 제거 등으로 나누고 있다.

**PLUS** 더 알아보기

> **프리온(Prion)** : 바이러스처럼 전염력을 가진 단백질 입자로 생명체의 근원이라고 할 수 없는 유전자가 없는 상태에서도 복제를 통해 증식할 수 있다는 특징이 있다.

## ✿ 광우병 (狂牛病) ✧✧✧

의학적 명칭은 우해면양뇌증(牛海綿樣腦症, BSE)으로 소의 뇌에 생기는 신경성 질환이다. 소가 이 병에 걸리면 방향감각을 잃고 미친 듯이 난폭해지기 때문에 일명 광우병이라고 하며 결국에는 전신마비와 시력상실을 일으키며 죽게 된다. 소의 뇌 조직에 미세한 구멍이 뚫리면서 마치 스펀지처럼 흐물흐물해지는 병으로, 사람을 포함한 모든 동물에서 정상적으로 발견되는 '프리온'이란 단백질이 변형됨에 따른 것으로 추정된다. 이 변형된 프리온이 뇌 조직에 침투, 작은 구멍들을 만들면서 뇌 기능을 마비시키고 변형된 형태의 프리온을 기하급수적으로 만들어 내는 것이다. 소에 생기는 변형 프리온은 양에게 양고기 사료를 먹여 발생한 '스크래피병'이 소에 옮겨 온 것으로 생각되며 새끼에게 유전되지는 않는다. 광우병에 걸린 소의 고기를 사람이 먹을 경우 인간 광우병(변종 크로이츠펠트－야콥병)에 걸리는 것으로 알려져 있다. 1986년 영국 과학자들에 의해 처음 확인 됐으며 1996년과 2001년 초 유럽에서 대규모로 발생, 전 세계를 공포로 몰아넣었다. 정확한 발병 원인, 감염 경로, 구체적 위험성 등이 밝혀지지 않은 상태이다.

**PLUS** 더 알아보기

- **전염성 해면상뇌증의 질병명**
 - 소 : 광우병 또는 소해면상뇌증
 - 양산양 : 스크래피(Scrapie)
 - 사슴류 : 만성소모성질병(CWD : Chronic Wasting Disease)
 - 사람 : 크로이츠펠트－야콥병(CJD : Creutzfeldt－Jakob Disease)
- **광우병 유사질환**
 - 크로이츠펠트－야콥병(CJD) : 전염병 형태의 퇴행성뇌질환으로 100만 명 중에 1명꼴로 생기는 희귀병이다. 프리온을 만드는 유전자를 가진 부모로부터의 유전, 원인불명으로 산발적 발생, 장기이식, 수술기구로 인한 감염 등이 원인이다. 잠복기는 3~30년이며 발병시 피로, 우울증, 운동장애, 경련, 운동실조 및 치매가 빠르게 진행되어 보통 7개월이면 환자의 100%가 사망하며 근본적인 치료법이 없다. 광우병 소고기의 섭취와 무관하지만 광우병과 증세가 유사하며 2000년 말 법정전염병으로 지정되었다.
 - 변종 크로이츠펠트－야콥병(vCJD) : 광우병이 사람에게 전염된 것으로, '인간광우병'으로 불린다. 주로 광우병에 걸린 소의 고기나 그 추출물로 만든 식품을 먹었을 때 감염되는 것으로 추정된다. CJD와 증세가 비슷하나 CJD가 비교적 고령에 발생하는 것과 달리 20~30대 연령층에서도 발병하며, 증세가 서서히 진행되는 것이 특징이다. 초기에는 정신과 증세가 나타나다가 피부감각 이상, 운동신경 이상 등에 이어 건망증, 정신착란, 치매 증상 등이 나타난다. 환자의 90%가 1년 이내에 사망한다.
- **광우병 관련 용어**
 - 광우병 특정위험물질(SRM : Specified Risk Material) : 광우병을 일으키는 변형프리온단백질이 많이 들어 있는 부위로 뇌, 눈, 척수, 척추, 머리뼈, 편도, 회장원위부(소장 끝부분) 등이 이에 해당한다. 국제수역사무국(OIE)은 살코기나 우족, 도가니, 꼬리, 간, 우유등 유제품은 SRM에 해당하지 않으며 안전하다고 규정한다. 그러나 100% 안전한 부위는 없다는 의견도 있다.
 - 교차오염(Cross－Over) : 반추동물의 고기와 뼈 등이 들어있는 닭 · 돼지 · 개용 사료를 소에게 고의 또는 실수로 먹여 광우병이 발생하는 것을 말한다.

## ❂ 신종인플루엔자 A (Novel Swine Origin Influenza A, H1N1) ◇◇

H1N1 또는 신종플루라고 한다. 사람, 돼지, 조류 인플루엔자 바이러스의 유전물질이 혼합되어 있는 새로운 형태의 바이러스로 2009년 4월 멕시코와 미국 등지에서 발생한 뒤 전 세계로 확산됐다. 감염된 사람의 기침이나 재채기를 통해 감염되므로 전염속도가 빠르고 발열, 콧물, 인후통, 기침 등의 증상이 나타나며 증상발현 후 7일까지 전염이 가능하다. 미국 질병통제예방센터(CDC)에 따르면 인플루엔자 치료제인 오셀타미비르(상품명 타미플루)와 자나미비르(상품명 릴렌자)가 신종플루 치료제로 효과가 있다고 보고되었다.

## ❂ 류머티즘 (Rheumatismus) ◇

급성 또는 만성으로 근육이나 관절 또는 그 근접조직에 동통(疼痛), 운동장애, 경결(硬結)을 일으키는 질환을 말한다. 급성 관절류머티즘은 류머티즘열, 만성 관절류머티즘은 류머티즘성관절염, 변형성 관절증은 골관절염, 근육 류머티즘은 결합직염에 상당하는 것으로 보이나, 류머티즘열은 관절에 한하기 보다는 전신증세(全身症勢)를 주로 한 류머티즘이고, 류머티즘성 관절염에도 급성관절염을 주로 한 류머티즘이 있기도 하다.

## ❂ 원숭이두창(Monkeypox) ◇◇◇

원숭이두창바이러스(Monkeypox virus)에 감염되어 발생하는 희귀질환이다. 1958년 연구를하기 위해 원숭이를 사육하면서 발생한 질병으로 수두와 비슷한 형태이다. 1970년 콩고민주공화국에서 처음 보고되었고 이후에 가봉, 나이지리아 등 중·서부 아프리카 국가에서 나타나면서 풍토병화 되었다. 2022년 5월부터 유럽을 중심으로 발생하고 있다. 비말, 혈액, 체액, 공기 등을 통해서 감염될 수 있다. 1~2주 잠복기가 지난 후에 얼굴 중심으로 발진이 나타나면서 신체 다른 부위에 확산한다. 임상증상으로는 발열, 두통, 근육통, 오한, 피로 등이 있다.

## ❂ 쇼닥터(show doctor) ◇◇

건강정보 방송 등 매체에 빈번하게 출연하면서 근거 없는 치료법, 식품 등을 추천하는 일부 의사를 지칭한다.

## ❂ 코백스 퍼실리티(COVAX facility) ◇◇

코로나19 백신을 공평하게 공급하기 위해 설립된 국제 프로젝트로, WHO · GAVI(세계백신면역연합) · CEPI(감염병혁신연합)가 공동으로 운영한다. 참여국들은 돈을 지불하고 제약사와 백신 구매 계약을 체결한 뒤 개발이 완료되면 공급을 보장받는 시스템으로 이뤄진다.

## ✪ 팍스로비드(Paxlovid) ◇◇◇

주로 캡슐 형태(알약)의 모양을 한, 경구용 코로나19 치료제이다. 미국 머크, 미국 화이자, 스위스 로슈 등에서 임상이 진행됐으며, 화이자의 '팍스로비드'와 머크의 '몰누피라비르'는 2021년 12월 미국 식품의약청(FDA)의 긴급 사용 승인을 받았다.

**PLUS** 더 알아보기

**라게브리오** : 미국 제약사 머크앤드컴퍼니(MSD)가 개발한 코로나19 알약치료제이다. 2021년 12월 미국식품의약청(FAD)의 긴급 사용 승인을 받았다.

## Chapter 05 지리·환경·보건

# 출제예상문제

**1** 중증 열성 혈소판 감소 증후군에 대한 설명으로 옳은 것은?

① 잠복기는 12 ~ 24시간이다.

② 백신만 맞으면 완벽하게 예방할 수 있다.

③ 작은소참진드기에게 물렸을 경우에만 감염된다.

④ 예방을 위해 산과 풀숲, 들에 들어갈 때는 피부 노출을 최소화한다.

> **NOTE** ① 잠복기는 1 ~ 2주이다.
> ② 아직 효과가 확인된 항바이러스제나 백신은 없다.
> ③ 감염된 환자의 혈액 또는 체액에 의한 감염도 보고된다.

**2** 2022년에 국내 처음으로 도입된 화이자社 경구용 코로나19 치료제는 무엇인가?

① 팍스로비드      ② 몰누피라비르

③ 스파이크박스주      ④ 코미나티주

> **NOTE** 팍스로비드 … 화이자社에서 개발한 캡슐 형태의 코로나19 치료제이다. 2021년 12월 영국 의약품 규제청(MHRA)은 몰누피라비르에 이어 두 번째로 화이자의 팍스로비드를 항바이러스 코로나19 치료제로 쓰도록 승인했으며 미국과 이스라엘, 한국은 팍스로비드의 긴급사용을 인정했다. 팍스로비드는 몰누피라비르와 함께 대표적인 경구용 코로나19 치료제로 바이러스가 체내에서 복제하는 것을 막아 환자가 중증에 빠지는 것을 방지하는 작용을 한다.
> ② 몰누피라비르 : 세계 최초로 긴급사용 승인을 받은 머크社의 코로나19 경구용 치료제이다.
> ③ 스파이크박스주 : 모더나社가 개발한 mRNA백신이다.
> ④ 코미나티주 : 화이자社와 바이오엔테크社가 공동 개발한 mRNA백신이다.

**3** 타이가에 해당하는 곳은?

① 부에노스아이레스를 중심으로 한 약 600km 반경의 초원

② 툰드라지대 남쪽에 전개되는 침엽수림대

③ 브라질의 내륙 고원에 전개되는 아열대성 초원

④ 베네수엘라의 오리노코강 유역의 열대초원

> **NOTE** 타이가는 북반구의 경작한계와 툰드라지대 사이로 시베리아와 캐나다의 침엽수림대가 대표적이다.

**4** 바다 · 호수 등의 수중생태계의 영양물질이 증가하여 조류가 급속히 증식하는 현상은 무엇인가?

① 적조 현상　　　　　　　　　　　　② 녹조 현상
③ 부영양화　　　　　　　　　　　　④ 스모그 현상

> **NOTE** ① 적조 현상 : 부영양화로 플랑크톤이 이상 번식하여 바다나 강의 색이 변하는 현상이다.
> ② 녹조 현상 : 부영양화 된 호소 또는 유속이 느린 하천에서 녹조류가 크게 늘어나 물빛이 녹색이 되는 현상이다.
> ④ 스모그 현상 : 대도시나 공업 지역에서, 대기 속의 먼지나 매연 입자가 수증기와 엉겨 붙어 안개처럼 되는 현상이다.

**5** 전염병의 다른 명칭은?

① 유행병　　　　　　　　　　　　② 감염병
③ 돌림병　　　　　　　　　　　　④ 세균 바이러스

> **NOTE** 기존의 '전염병'이라는 용어를 전염성질환과 비전염성질환을 모두 포함하는 개념인 '감염병'으로 변경하였다.
> ① 유행병 : 어떤 지역에 널리 퍼져 여러 사람이 잇따라 돌아가며 옮아 앓는 병
> ③ 돌림병 : 유행병의 다른 말
> ④ 세균 바이러스 : 세균에 감염하는 바이러스를 총칭하는 말

**6** 우리나라의 기상특보 중 '한파경보' 발표기준은?

① 아침 최저기온이 전날보다 20℃ 이상 하강하여 평년값보다 5℃ 낮을 것으로 예상될 때
② 아침 최저기온이 전날보다 15℃ 이상 하강하여 평년값보다 3℃ 낮을 것으로 예상될 때
③ 아침 최저기온이 전날보다 12℃ 이상 하강하여 평년값보다 5℃ 낮을 것으로 예상될 때
④ 아침 최저기온이 전날보다 10℃ 이상 하강하여 평년값보다 3℃ 낮을 것으로 예상될 때

> **NOTE** 한파경보는 아침 최저기온이 전날보다 15℃ 이상 하강하여 평년값보다 3℃ 낮을 것으로 예상되거나, 2일 이상 −15℃ 이하가 지속될 것이 예상될 때, 급격한 저온현상으로 광범위한 지역에서 큰 피해가 예상될 때 발표된다. 한파주의보는 아침 최저기온이 전날보다 10℃ 이상 하강하여 평년값보다 3℃ 낮을 것으로 예상되거나, 2일 이상 −12℃ 이하가 지속될 것이 예상될 때, 급격한 저온현상으로 큰 피해가 예상될 때 발표된다.

**7** 지구온난화와 가장 관련이 있는 국제단체는?

① Green Peace          ② IPCC
③ UNEP                ④ WMO

> **NOTE** IPCC(Intergovernmental Panel on Climate Change) … 2,500여 명의 기후학자들의 모임인 기후변화에 관한 정부 간 회의로 지구온난화에 대한 내용을 발표하고 있다.
> ① Green Peace : 남태평양 폴리네시아에서의 프랑스 핵실험에 항의하기 위해 선박을 출항시킨 운동을 계기로 1970년에 조직된 국제자연보호단체이다.
> ③ UNEP(United Nations Environment Program) : 유엔환경계획으로 유엔인간환경회의의 결의에 따라 1973년 케냐에 사무국을 설치한 UN의 환경관련활동 종합조정기관이다.
> ④ WMO(World Meteorological Organization) : 세계기상기구로 UN의 전문기구이다.

**8** 지구 온난화가 환경에 영향을 준 사례로 옳지 않은 것은?

① 북반구에서는 작물 재배의 북한계선이 북상하고 있다.
② 대관령 일대의 고랭지 채소 재배 면적이 감소하고 있다.
③ 해수면 상승으로 해안 저지대의 침수 피해가 나타나고 있다.
④ 우리나라 근해에서는 한류성 어족의 어획량이 증가하고 있다.

> **NOTE** 지구 온난화의 영향으로 우리나라 근해에서는 명태, 대구와 같은 한류성 어족의 어획량이 감소하고 있다.

**9** 우리나라 겨울철 기상통보에 많이 등장하는 지역은?

① 미시간호          ② 아랄해
③ 바이칼호          ④ 카스피해

> **NOTE** 우리나라의 겨울철 기후에 영향을 주는 것은 시베리아기단이며, 바이칼호는 시베리아 동남부에 위치하고 있다.

ANSWER ____ 4.③ 5.② 6.② 7.② 8.④ 9.③

**10** 바이러스 등에 의한 자극에 대해 바이러스의 감염을 막는 역할을 하는 것은?

① 아나필락시스
② 인터루킨
③ AIDS
④ 인터페론

> **NOTE** 인터페론(Interferon) … 바이러스의 침입을 받은 세포에서 분비되는 단백질로 바이러스의 침입에 대하여 저항하도록 생체내의 세포들을 자극하는 물질이다.
> ① 아나필락시스(Anaphylaxis) : 항원항체반응으로 일어나는 생체의 과민반응이다.
> ② 인터루킨(Interleukin) : 백혈구 사이의 상호작용을 매개하는 물질이다.
> ③ 후천성면역결핍증(Acquired Immune Deficiency Syndrome) : 체내의 세포면역 기능이 현저히 떨어져 보통 사람에게서는 볼 수 없는 희귀한 각종 감염증이 발생하고, 이것이 전신에 퍼지는 질환이다.

**11** 코로나19 백신을 공평하게 공급하기 위해 설립된 국제 프로젝트를 공동으로 운영하는 기구가 아닌 것은?

① ILO
② GAVI
③ CEPI
④ WHO

> **NOTE** ILO … 노동자의 노동 조건 개선 및 지위 향상을 위해 설치된 국제노동기구이다.

**12** 다음 중 신종플루의 발병 원인으로 지적된 동물은 무엇인가?

① 고양이
② 돼지
③ 원숭이
④ 호랑이

> **NOTE** 신종인플루엔자는 사람, 돼지, 조류 인플루엔자 바이러스의 유전물질이 혼합되어 나타난 새로운 종류의 바이러스이다. 신종인플루엔자가 처음 확산되었을 때 돼지독감, 돼지인플루엔자로 불렸으나 WHO가 돼지와의 연관관계를 알 수 없다며 명칭을 H1N1 인플루엔자 A로 변경하였다.

**13** 우리나라는 '이것'으로 인한 사망률이 OECD 국가 중 1위이다. 나이팅게일, 김유정, 이상, 쇼팽, 조지오웰, 도스토예프스키, 스키노자 모두 '이것'으로 사망하였는데, 여기서 '이것'은 무엇인가?

① 폐렴
② 결핵
③ 당뇨
④ 뇌염

> **NOTE** 결핵 … 폐를 비롯한 장기가 결핵균에 감염되어 발생하는 질환으로, 25년째 OECD 국가 중 1위를 차지하고 있으며 매일 65명의 환자와 5명의 사망자가 발생한다고 한다.

**14** 스콜에 대한 설명은?

① 여름과 겨울에 풍향이 거의 정반대가 되는 바람

② 소림과 관목으로 이루어진 습윤한 열대초원

③ 해수면의 온도가 낮아지는 현상

④ 열대지방에서 내리는 소나기

> **NOTE** 스콜(Squall) … 열대지방에서 거의 매일 오후에 나타나는 소나기로, 갑자기 불기 시작하여 갑자기 멈추는 강한 바람이나 강하게 내리쬐는 햇볕으로 공기의 일부가 상승하게 되는데, 그 상승기류에 의해 비가 내린다.
> ① 계절풍
> ② 사바나
> ③ 라니냐

**15** 온난화에 대한 설명으로 옳지 않은 것은?

① 주된 원인은 이산화탄소이다.

② 지구 표면의 평균 온도가 상승하는 현상이다.

③ 우리나라는 기후변화협약에 가입되어 있지 않다.

④ 온난화에 의해 대기 중의 수증기량이 증가하면서 평균 강수량이 증가할 수 있다.

> **NOTE** 온난화현상은 대기 중의 탄산가스와 수증기가 파장이 긴 지구복사열을 통과시키지 못하고 흡수하여 지구 표면의 온도가 상승하는 현상이다. 우리나라는 1993년 12월에 기후변화협약에 가입하였다.

**16** 도심의 대기오염을 악화시키는 기상조건에 해당하지 않는 것은?

① 기온역전현상                  ② 기압골의 접근

③ 이동성 고기압권                ④ 지표면의 복사열

> **NOTE** 기압골이 접근하면 비구름이 형성된다. 비가 올 경우 대기 중의 먼지와 각종 오염물질이 제거된다.
>
> 기온역전현상 … 위로 올라갈수록 기온이 높아지는 현상으로, 날씨가 맑은 밤에 지면의 열이 식으면서 지면 근처의 공기가 그 위층의 공기보다 기온이 낮아지는 현상을 말한다. 기온역전은 그 층의 대기를 안정되게 하는데 대기가 안정되면 오염물질이 대기 중에 그대로 머물러 오염이 악화된다.

**17**  고기압과 저기압의 구분기준은?

① 900헥토파스칼
② 1,000헥토파스칼
③ 1,014헥토파스칼
④ 기준이 없다.

> **NOTE** 고기압과 저기압은 구분기준이 따로 있는 것이 아니라 주위보다 상대적으로 높으면 고기압, 낮으면 저기압이라 한다.

**18**  우리나라의 가장 보편적인 하천 퇴적지역은?

① 배사구조
② 선상지
③ 삼각주
④ 범람원

> **NOTE** 범람원은 하천의 양쪽에 발달하는 저지로, 하천이 범람하면서 주변으로 토사를 퇴적시켜 형성된다.
> ① 배사구조 : 습곡작용을 받은 지층에서 산봉우리처럼 볼록하게 올라간 부분을 말한다.
> ② 선상지 : 곡구(谷口)에 토사 등이 퇴적되어 형성된 부채꼴 모양의 완만한 지형을 말한다.
> ③ 삼각주 : 하천을 따라 운반되어 온 토사가 강 하류에 퇴적되어 만들어진 충적평야를 말한다.

**19**  다음 중 동태평양의 해수온도가 갑자기 낮아져 기상 이변을 일으키는 현상은?

① 엘니뇨 현상
② 부영양화
③ 라니냐 현상
④ 열오염

> **NOTE** ① 엘니뇨 현상 : 남미 에콰도르와 페루 북부 연안의 태평양 해면온도가 비정상적으로 상승하는 현상이다.
> ② 부영양화 : 강·바다·호수 등의 영양물질이 많아져 조류가 급속히 증가하는 현상이다.
> ④ 열오염 : 온폐수의 영향으로 수온이 올라가고 수질이 악화되어 수중의 생물에 미치는 피해를 말한다.

**20**  세계 5대 갯벌에 포함되지 않는 곳은?

① 유럽 북부 연안
② 캐나다 동부 연안
③ 한국의 서해안
④ 이탈리아의 서해안

> **NOTE** 세계 5대 갯벌 … 한국의 서해안, 독일의 북부 연안, 브라질의 아마존 강 유역, 미국의 동부 해안, 캐나다의 동부 해안

**21** 여름철 우리나라에 무더위를 몰고 오는 북태평양 고기압의 발생원인은?

① 엘니뇨 현상
② 적도의 상승기류와 지구자전
③ 아열대지방의 해수온도 상승
④ 지구공전에 의한 계절변화

**NOTE** 북태평양 고기압은 지구자전과 적도의 상승기류로 발생한다.

**22** 세계 4대 강풍에 속하지 않는 것은?

① 태풍                    ② 사이클론
③ 토네이도                 ④ 허리케인

**NOTE** 세계 4대 강풍 … 태풍(Typhoon), 사이클론(Cyclone), 허리케인(Hurricane), 윌리윌리(Willy Willy)

**23** 우리나라의 표준시는?

① 동경 105°
② 동경 120°
③ 동경 135°
④ 동경 150°

**NOTE** 세계시(Universal Time) … 런던 교외의 그리니치 천문대를 지나는 본초자오선(경도 0°)을 기준으로 한다. 우리나라는 그리니치 표준시보다 9시간 빠른 동경 135°를 표준시로 삼고 있다.

**24** 해저심층수의 생성 원인은 무엇인가?

① 해류　　　　　　　　　　② 어류
③ 깊이　　　　　　　　　　④ 밀도

> **NOTE** 해저심층수는 대양을 순환하는 바닷물이 북대서양 그린란드의 차가운 빙하지역과 만나면서 온도가 급속히 내려가게 되고 동시에 빙하가 생성되면서 빠져나온 염분과 미네랄의 비중이 높아진 물이 깊은 바다로 가라앉으면서 형성된다. 이 물은 표층수와의 밀도차이로 인해 서로 섞이지 않고 존재한다.

**25** 지구상에서 인류가 장기적으로 거주할 수 있는 지역을 가리키는 용어는?

① 지오이드　　　　　　　　② 외쿠메네
③ 반알렌대　　　　　　　　④ 블리자드

> **NOTE** 외쿠메네 … 지구상에서 인류가 장기적으로 거주할 수 있는 지역으로, 주로 기후에 의해 그 경계가 결정되고 식량의 생산한계와 일치하는 경향이 있다. 아뇌쿠메네는 외쿠메네에 대응하는 의미로 인류가 장기적으로 거주하기 적합하지 않은 지역을 말한다.

**26** 폭우가 쏟아지면 모래, 자갈이 섞인 물이 흐르나 비가 그치면 마르게 되고 빗물이 지하수가 되어 오아시스가 생기는 수도 있으므로, 대상(隊商)들이 이곳을 길로 이용하는 것은?

① 크레바스　　　　　　　　② 와디
③ 툰드라　　　　　　　　　④ 스텝

> **NOTE** 와디(Wadi) … 아라비아 및 북아프리카 지방의 건조지역에 많이 있는 간헐하천으로 비가 내릴 때 이외에는 물이 마르는 개울을 의미한다.
> ① 크레바스 : 빙하가 갈라져서 생긴 좁고 깊은 틈새를 말한다.
> ③ 툰드라 : 북극해 연안의 동토지대로, 나무의 생장이 저온과 짧은 생장계절에 영향을 받아 자라지 못하는 식생 형태를 말한다.
> ④ 스텝 : 대륙 온대지방의 반건조기후에서 발달한 초원지대이다.

**27** 다음에서 설명하는 '이것'의 의미하는 것은?

> 서아프리카 열대 우림지대의 풍토병적인 바이러스 급성 출혈열로써 <u>이것</u>(이)가 퍼지는 경로는 주로 아프리카 사바나 지대에서 서식하고 있는 다유방쥐의 침 혹은 오줌이다. 이 쥐들은 금광 붐으로 인해 산림이 파괴되어 삶의 터전을 잃고 사람이 사는 마을로 나오게 되면서 쉽게 주거 공간에 침입하여 사람에게 옮기게 된다.

① 말라리아   ② 장티푸스
③ 뎅기열   ④ 라사열

> **NOTE** 라사열 … 서아프리카 열대 우림지대의 풍토병적인 바이러스성 급성 출혈열을 의미한다. 1969년 나이지리아의 라사마을에서 발견되어 미국, 영국, 독일로 퍼졌다. 전염력이 강하고 치사율이 35 ~ 50%정도로 높으므로 엄중한 격리치료를 해야 하는 국제전염병으로 알려져 있다.

**28** 우리나라와 비슷한 위도 상에 있지 않은 나라는?

① 멕시코   ② 터키
③ 그리스   ④ 이란

> **NOTE** 우리나라는 북위 33 ~ 43°에 위치하고 있으며, 멕시코는 북위 15 ~ 30° 사이에 있다.

**29** 이라크의 국경과 접해 있는 나라가 아닌 것은?

① 사우디아라비아   ② 쿠웨이트
③ 시리아   ④ 레바논

> **NOTE** 이라크는 동쪽으로는 이란, 서쪽으로는 시리아 · 요르단, 남쪽으로는 사우디아라비아 · 쿠웨이트, 북쪽으로는 터키와 닿아있다.

**30** 지도상에 나타난 산 높이의 기준이 되는 면은?

① 지구 타원체면
② 지오이드
③ 표준중력을 나타내는 기상 타원체면
④ 지구와 같은 부피를 가진 구의 표면

> **NOTE** 지오이드(Geoid) … 지구의 각지에서 중력의 방향을 측정하여 이것에 수직한 면을 연결한 곡면으로서, 평균해수면
> 과 일치하며 지구상의 여러 측정기준이 된다.

**31** 국제협약에서 규제하는 물질과 목적을 잘못 연결한 것은?

① 염화불화탄소(CFC) – 엘니뇨 예방
② 이산화탄소(CO2) – 온난화 방지
③ 유해산업폐기물 – 중금속 오염 방지
④ 변조동식물 – 생물종의 보존

> **NOTE** 염화불화탄소는 오존층 보호를 위해 규제되었다.

**32** 멸종위기범주에 해당하는 것은?

① EX
② VU
③ NT
④ LC

> **NOTE**

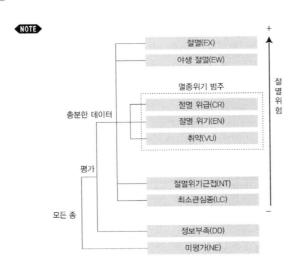

**33** 내분비계교란물질과 관련이 적은 것은?

① 환경호르몬이라는 용어로 알려져 있다.
② 테오 콜본의 저서 「잃어버린 미래」로 전 세계적 관심의 계기가 되었다.
③ 정자수 감소, 기형유발 등의 악영향을 미치는 것으로 알려져 있다.
④ 국제적으로 인체에 대한 내분비계교란물질로 밝혀진 물질은 7가지이다.

> **NOTE** 내분비계 교란물질은 화학물질 중 생물의 체내에 흡수되어 호르몬이 관여하는 내분비계에 혼란을 일으키는 물질
> 이다. 카슨의 「침묵의 봄」이 출판된 후 화학물질의 위험성이 알려지기 시작하다가 미국에서 「잃어버린 미래」가
> 출간된 이후 본격적으로 화학물질이 내분비계에 미치는 악영향이 알려졌다. 세계자연보호기금(WWF) 목록에서는
> DDT 등 농약 41종과 음료수 캔의 원료물질인 비스페놀A, 폐기물 소각 시 발생하는 다이옥신 등 67종을 환경
> 호르몬으로 규정하고 있다.

**34** 도시의 생물다양성을 높이기 위해 인공으로 조성하는 '소생물권'을 가리키는 용어는?

① 야생동물 이동통로　　　　　② 생태공원
③ 비오토프　　　　　　　　　④ 자연형 하천

> **NOTE** 비오토프(Biotope) … 야생동물이 서식하고 이동하는데 도움이 되는 숲, 가로수, 습지, 하천, 화단 등 도심에 존재
> 하는 다양한 인공물이나 자연물로, 지역 생태계 향상에 기여하는 작은 생물서식공간이다.

**35** 재활용 가능한 폐기물로서 '재활용마크'를 붙일 수 있는 것은?

① FAX용지　　　　　　　　　② 라면봉지
③ 비닐코팅이 된 전단　　　　　④ 페트병

> **NOTE** 재활용마크

| 부착가능 여부 | 해당 폐기물 |
|---|---|
| 가능 | 종이류, 캔류, 고철류, 유리류, 합성수지류 |
| 불가능 | 비닐코팅용지, FAX용지(감열지), 유백색 유리병, 창문유리, 전화기·소켓 등 경화 플라스틱, 음·식료품 포장지 등 |

## Chapter 06

# 세계사 · 철학 · 교육

**01** 세계사

### ☉ 세계 4대 문명 발상지 ◇◇

기원전 3,000년경을 전후하여 메소포타미아의 티그리스 · 유프라테스강 유역, 이집트의 나일강 유역, 인도의 인더스강 유역, 중국의 황하유역에서 청동기 문명이 발생하였다.

**PLUS** 더 알아보기

**4대강 유역에서 문명이 발생한 이유** : 기후온난, 교통편리, 토지비옥, 정기적인 강의 범람

### ☉ 고대문명 ◇

① 황하문명 : B.C. 3,000년경부터 중국의 황하 유역에서 이룩된 고대문명으로, B.C. 1,500년경에는 청동기와 문자를 가진 은왕조가 성립되면서 역사시대로 접어들었다. 갑골문자와 청동제기가 사용되었으며, 은허를 비롯한 유적지에서 그 흔적을 찾아볼 수 있다.

② 인더스문명 : 세계 4대 문명발상지의 하나로 인더스강 유역을 중심으로 발달한 고대문명을 말한다. 여기에는 드라비다 · 오스트로 · 아시아계 등 여러 민족들이 살았으며, 유적으로 모헨조다로와 하라파 등이 남아 있는데, 이는 B.C. 3,000년경에 전개된 금석병용기의 도시국가이다.

③ 메소포타미아문명 : 티그리스 · 유프라테스강 유역의 메소포타미아에 번영한 고대문명이다. '비옥한 초승달 지대'의 중심부에 해당하는 이 지역에는 B.C. 6,500년경부터 농경 · 목축이 시작됐고 수메르, 바빌로니아, 아시리아 등의 도시문명이 발달했다. 쐐기 모양의 설형문자를 사용했으며 바빌로니아왕국은 함무라비 법전을 편찬하였다. 점성술과 천문학이 발달하였으며, 태음력을 제정하고 60진법에 의한 시간측정법을 창안하였다.

④ 에게문명 : 고대 그리스에서 크레타섬을 중심으로 일어난 해양문명으로, 오리엔트문명을 그리스인에게 전해주는 역할을 했다. 에게문명은 크레타문명과 미케네문명으로 나뉘며, 크노소스궁전의 벽화나 도기의 무늬 등을 통해 명랑하고 신선한 해양예술의 극치를 느낄 수 있다.

⑤ 그리스문명 : 유럽 최초의 청동기문명인 에게문명을 바탕으로 하여 꽃핀 고대 그리스의 고전문명을 말한다. 그리스의 폐쇄적인 자연조건으로 폴리스가 생겨나고, 상공업이 발달하여 평민의 권력이 크게 신장됨으로써 민주주의가 발달하였다. 그리스문명은 알렉산더에 의해 오리엔트문명에 융합되어 헬레니즘문화로서 로마제국을 비롯하여 각지에 전파되었다.

## ❂ 카스트제도 ◇◇◇

B.C. 10세기경 인도에 침입한 아리아인이 원주민인 드라비다인을 지배하기 위하여 만들어 낸 종교적 · 사회적 신분제도이다. 승려계급인 브라만, 정치 · 군사를 맡은 왕족 · 사족(士族)인 크샤트리아, 농 · 공 · 상에 종사하여 납세의무를 가진 평민 바이샤, 노예인 수드라 등 4계급으로 이루어져 있다. 각 카스트는 세습되었고, 통혼은 물론 식사를 같이 하는 것도 금지되어 있었다.

## ❂ 함무라비법전 ◇◇◇

B.C. 1,700년경 바빌로니아의 함무라비왕이 만든 세계 최고(最古)의 법전으로, 전문 282조로 된 성문법이다. 민법 · 상법 · 형법 · 소송법 · 세법 · 노예법 등으로 나뉘어 있으며, 1901년에 페르시아에서 프랑스 발굴대에 의해 발견되었다.

## ❂ 12표법 ◇

B.C. 451년에 제정된 로마 최초의 성문법이다. 이 법전은 로마의 귀족과 평민의 투쟁결과로서 제정되어 시장에 널리 게시되었다고 전해진다. 이는 로마법 발달의 출발점으로, 후대 로마인에 의하여 '전로마법체제'라고 불렸으며, 후대 법률의 기초를 이루었다.

## ❂ 7년 전쟁 ◇

프로이센 · 오스트리아의 대립에 영 · 프의 식민지전쟁이 얽힌 국제전쟁으로 제3차 슐레지엔전쟁이라고도 한다. 1755년 북아메리카에서 발발한 영 · 프 전쟁을 배경으로 1756년 1월 프로이센 · 영국의 동맹이 성립된 한편 오스트리아의 마리아 테레지아는 러시아와 프랑스와의 동맹에 성공해 프로이센에 빼앗긴 슐레지엔의 탈환을 기도했다. 1756년 8월 작센에 진입한 프로이센의 프리드리히 2세는 1757년에 로스바하와 로이텐 싸움에 승리했으나 1759년 적군에 패해 궁지에 빠지다가 다시 1762년 러시아가 탈락하는 정세변동으로 슐레지엔 지역을 확보했다.

**PLUS** 더 알아보기

이 결과 프로이센은 독일의 주도권을 확립하고 영국은 북아메리카와 인도의 프랑스 영토를 빼앗아 세계제패를 결정적으로 만들었다.

## ✪ 춘추전국시대 ✧

① **춘추시대**(B.C. 770~403) : 지방제후들이 패자(覇者)를 자칭하고 존왕양이의 구호아래 천하를 통치
② **전국시대**(B.C. 403~221) : 왕권이 약해지고, 하극상의 풍조가 팽배해짐

**PLUS** 더 알아보기

> **춘추전국시대의 문화** : 실력위주의 인재등용으로 제자백가라고 하는 많은 사상가들이 배출됨

## ✪ 진 (秦) ✧

전국 7웅의 진(秦)이 전국시대의 혼란을 수습하고 중국을 통일하고 세운 국가로 중국 최초의 통일왕조이다. 시황제는 관료제·군현제를 실시하고 화폐와 도량형을 통일하였으며 법가 사상을 채택하고, 분서갱유를 통해 유가를 억압하였다. 대외적으로는 흉노를 축출하고 만리장성을 수축하였으며 남해 교역로를 개척하여 진의 이름을 유럽에까지 알렸다. 그러나 시황제의 정책이 너무 급진적이고 대규모 토목공사, 무거운 조세부담으로 각지에서 반란이 일어나 멸망하였다.

**PLUS** 더 알아보기

> **분서갱유(焚書坑儒)** : 의약서·복서·농서를 제외한 민간의 서적을 불태우고 학자를 생매장한 일로, 유가 사상가를 탄압한 사건이다.

## ✪ 권리청원 (權利請願) ✧✧

1628년 영국의 찰스 1세가 왕권신수설을 내세우고 전제정치를 하는데 반발하여, 의회가 인민의 헌법상 권리를 주장하기 위해 제출한 인권선언이다. 주요 내용으로는 의회의 동의 없는 과세금지·민간인의 군법재판 금지·각종 자유권 보장·병사의 민가숙박 금지 등이 있다.

## ✪ 남북조시대 (南北朝時代) ✧

중국 송의 무제가 건국한 420년부터 수의 문제가 통일하게 된 589년까지 남북이 대립하였던 두 왕조 시대를 말한다. 곧 한인인 남조의 송·제·양·진과, 선비족인 북조의·북위·동위·서위·북제·북주의 시대를 통칭한다. 이때부터 강남이 중국경제의 중심지로 전환되었다.

## ✪ 왕안석의 신법 (新法) ✧✧

송의 지나친 문치정치로 관료증가와 이민족 침입의 격화를 가져와 재정지출이 증대하자, 신종 때 재상 왕안석이 재정난 타개와 군사력 강화를 목적으로 부국강병책을 실시하였다. 부국책으로 균수법·시역법·청묘법·모역법을, 강병책으로 보갑법·보마법을 실시하였으나 너무 급진적이어서 실패했다.

## ✪ 아편전쟁 (阿片戰爭) ◆◆◆

1839 ~ 1842년에 걸쳐 영국과 청 사이에 일어난 전쟁이다. 아편수입의 피해와 은의 유출을 막기 위하여 청의 선종은 아편무역금지령을 내리고, 린쩌쉬(林則徐)를 광동에 파견하여 영국 상인의 아편을 불태워 버렸다. 이에 영국은 보호를 구실로 해군을 파견해 전쟁을 일으켰으며, 그 결과 청이 패하고 난징조약이 체결되었다.

**PLUS** 더 알아보기

> **난징조약** : 아편전쟁의 종결을 위하여 1842년 청과 영국이 난징에서 체결한 조약이다. 내용은 홍콩을 영국에 할양, 배상금 지불, 상해ㆍ광동 등 5항의 개항, 공행의 폐지 등이며, 1843년 호문조약에서 치외법권 인정 등을 추가하였다. 중국 최초의 개국조약으로, 중국의 반식민지화의 발단이 되었다.

## ✪ 태평천국운동 ◆◆

1850년 청의 홍슈취안(洪秀全)을 중심으로 광시성에서 일어난 농민운동으로, 1864년 지주ㆍ상인ㆍ외국자본의 연합군에 의하여 진압되었다. 크리스트교를 내용으로 하는 종교적 내란의 형태였으나, 본질은 이민족 청조타도ㆍ악습철폐ㆍ남녀평등ㆍ토지균분ㆍ조세경감 등을 주장한 농민전쟁적 성향을 띤다고 볼 수 있다.

## ✪ 양무운동 (洋務運動) ◆◆

1862 ~ 1874년에 걸쳐 청의 이홍장(李鴻章)ㆍ증국번(曾國藩) 등의 지주관료층이 주동이 되어 중국의 근대화를 도모하였던 개혁운동을 말한다. 태평천국의 난과 애로호사건 등에 자극을 받아 제반 내정ㆍ군사ㆍ과학ㆍ통신 등을 개혁함과 동시에 서양문물을 도입하였다.

## ✪ 크림 전쟁 ◆◆◆

러시아의 남하정책이 원인이 되어 1853~1856년에 걸쳐 러시아를 상대로 영국ㆍ프랑스ㆍ오스트리아 등의 연합군이 행한 국제전쟁으로, 동방전쟁이라고도 한다. 세바스토폴 함락으로 러시아가 패배하여 파리에서 강화조약이 체결되었고, 그로 인해 러시아와 터키세력은 약화되고 루마니아ㆍ세르비아는 독립을 획득하였다. 이 전쟁은 영국의 간호사 나이팅게일의 인도적 간호활동으로도 유명하다.

## ✪ 실크로드 (Silk Road) ◆

후한 이후 중국 장안에서 시리아에 이르는 동서무역권을 연결한 대상무역로이다. 전한 때 장건에 의해 개척되어 동서 문화교류에 중요한 역할을 담당하였다. 실크로드는 중국의 명주ㆍ비단이 로마제국으로 수출되는 길이라는 데서 유래된 명칭으로, 원대에 가장 활발히 이용되었다.

## ❂ 청일전쟁 (淸日戰爭) ◇◇

1894 ~ 1895년에 일어난 청나라와 일본 사이에 발발한 전쟁이다. 조선의 동학혁명을 진압하기 위해 청이 출병하자 일본을 거류민의 보호를 구실로 조선에 상륙, 양국 군대가 충돌하게 되었다. 일본은 이 전쟁에서 승리하여 시모노세키조약에 따라 중국의 요동반도와 대만에서의 기업활동을 보장받았고, 조선에서의 우월권을 얻었다.

**PLUS** 더 알아보기

> **톈진조약** : 중국 톈진에서 청국과 여러 외국 간에 맺은 조약으로, 최초의 톈진조약은 애로호사건에 관련하여 1858년 6월 러시아 · 미국 · 영국 · 프랑스 등 각 4개국과 맺은 조약이다.

## ❂ 무술정변 (戊戌政變) ◇

1899년 청나라 덕종 광서제가 등용한 캉유웨이(康有爲) 등의 개혁파가 전제정치를 폐지하고 정치개혁에 착수하였으나, 서태후를 비롯한 수구파 관료들의 반대로 실패, 덕종이 유폐되고 개혁파들이 체포되어 전제정치가 부활된 정변을 말한다. 무술변법 또는 변법자강운동이라고도 한다.

## ❂ 삼민주의 (三民主義) ◇

1905년 쑨원이 중국혁명동맹회를 결성하면서 민족주의, 민권주의, 민생주의를 강령으로 한 중국혁명의 기본이념을 말한다. 민족주의는 외국의 침략을 배제하고 민족의 독립을 표방한다는 것이며, 민권주의는 민권의 신장을 도모하기 위함이고, 민생주의는 지주제도를 폐지하여 민생의 안정을 위하려는 것이다.

## ❂ 신해혁명 (辛亥革命) ◇◇

청조 말(1911 ~ 1912) 한족(漢族)에 의해 중국에서 일어난 청조타도의 혁명운동이다. 쑨원의 민족 · 민권 · 민생의 삼민주의이론이 점차 국민 각계 각층에 널리 파급되었으며, 외국자본에 의한 식민지화를 비난하는 민족자본가와 민중의 맹렬한 반대운동이 전국으로 확산되었다. 이 혁명으로 청조가 무너지고 중화민국이 탄생하였다.

## ❂ 5 · 4운동 ◇◇

1919년 5월 4일 베이징에서 일어난 중국 민중의 반봉건 · 반제국주의 운동이다. 파리강화회의에 제출한 중국의 요구가 무시되자 학생과 지식인을 중심으로 일본과 그와 결탁한 군벌에 대한 반대시위로 시작되었는데, 후에는 상인 · 노동자도 합세함으로써 전국적인 대중운동으로 발전하여 중국 근대화를 추진시킨 원동력이 되었다.

## ◎ 문화대혁명 (文化大革命) ◈◈◈

1966년부터 1976년에 걸쳐 모택동의 지도하에 중국 전역에서 전개된 정치투쟁을 말한다. 당내의 실권파를 타도하기 위해 처음에는 문예작품비판에서 시작되어 모택동, 임호, 4인방(왕홍문 · 장춘교 · 강청 · 요문원) 등이 대규모의 이념투쟁 및 권력쟁탈투쟁을 벌였다. 1976년 모택동 사후 4인방이 체포되고 덩샤오핑(鄧小平)이 권력을 잡으면서 문화혁명은 종료되었다. 이 혁명으로 약 300만 명의 당원이 숙청되었고 정치 · 경제적 혼란을 가져왔다.

## ◎ 6 · 4 천안문사건 (天安門事件) ◈◈◈

1989년 6월 4일 중국정부가 천안문 광장에서 민주화를 요구하던 학생들과 시민들을 무력으로 진압, 유혈사태를 일으켜 중국 현대사에 큰 충격을 준 정치적 참극을 말한다. 4월 15일 호요방(胡耀邦) 전(前) 당 총서기가 사망하자 그의 명예회복을 요구하는 대학생들이 집회를 갖기 시작, 일반시민이 가세해 민주화운동으로 발전했다. 이후 민주화요구 시위는 전국적으로 확산되고 천안문에서는 지식인, 노동자, 일반시민 등 100만 명이 연일 대대적인 집회를 개최했다. 이에 따라 온건파 조자양(趙紫陽) 총서기, 호계립(胡啓立) 정치국상무위원측과 강경파인 양상곤(楊尙昆) 국가주석, 이붕(李鵬) 총리측이 대립, 강경파의 우세로 6월 4일 새벽 계엄군이 천안문광장에서 무기한 농성을 벌이던 학생, 시민들에 대한 무력진압을 전개 군의 발포로 수천명의 희생자(시위대측 주장이며 정부는 200명 사망 주장)가 발생하는 최악의 유혈사태가 발생했다. 이 사태 이후 6월 제13기 4중전회에서 조자양총서기는 민주화시위를 지지, 당을 분열시켰다는 이유로 총서기와 중앙군사위 제1부주석 등 모든 공직에서 해임되고 장쩌민(江澤民) 상해시 당서기가 총서기로 선출됐다. 같은 해 11월 제13기 5중전회에서 최고실력자 덩샤오핑은 당중앙군사의 주석직을, 1990년에는 자신의 마지막 직책이던 국가중앙군사위 주석직을 사퇴, 장쩌민이 두 직책을 승계했다.

## ◎ 재스민 혁명 (Jasmin Revolution) ◈◈◈

2010년 12월 북아프리카 튀니지에서 발생한 민주화 혁명. 23년간 장기 집권한 벤 알리 정권에 반대하여 대규모 시위가 발생하였고, 그 결과 벤 알리 대통령은 2011년 1월 14일 사우디아라비아로 망명하였다. 튀니지의 국화(國花) 재스민의 이름을 따서 재스민 혁명이라 불린다. 아랍 및 아프리카 지역에서 민중봉기로 독재정권을 무너뜨린 첫 사례로서 이집트 · 시리아를 비롯한 주변 국가로 민주화운동이 확산되는 계기를 마련하였다.

## ◎ 러일 전쟁 ◈

1904년 2월부터 1905년 10월까지 러시아와 일본 사이에 일어난 전쟁이다. 1905년 3월 무크덴의 마지막 전투에서 일본이 승리한 후, 1905년 9월 미국 대통령 루스벨트의 알선으로 포츠머스에서 휴전조약이 성립되었다. 이로 인해 일본은 당시 한국과 만주에 대해 정치 · 군사 · 경제상의 우월권을 가지게 되었다.

## ○ 인클로저 운동(Enclosure) ◇◇

개방경지나 공유지, 황무지, 방목지를 울타리나 담을 둘러놓고 사유지임을 명시한 운동을 의미한다. 대체로 16세기 제1차 인클로저 운동과 18 ~ 19세기의 제2차 인클로저 운동으로 구분된다. 이 운동의 결과, 영국에서는 지주 · 농업자본가 · 농업노동자의 3분제를 기초로 하여 자본제적 대농경영이 성립됐다. 이로 인해 자본의 '본원적 축적'이 가능해져 산업혁명의 원인이 되었다.

## ○ 우산혁명 ◇◇◇

2014년에 일어난 홍콩 민주화 운동으로, 경찰의 최루 가스 공격을 막기 위해 우산을 사용하면서 우산혁명 또는 우산운동이라고 불리게 되었다.

## ○ 양곤의 봄 ◇◇

미얀마 민주화 상징인 1988년 8월 8일 일명 '888항쟁'이다. 1988년 8월 8일에 양곤의 대학생을 주축으로 일어난 반(反)군부 민중항쟁은 평화 시위로 시작되었으나 새로운 군부의 진압으로 수천 명이 희생되었다.

**PLUS** 더 알아보기

> **사프란 혁명** : 2007년 미얀마에서 일어난 반(反)정부 시위로, 승려들이 시위에 참여하자 일부 언론에서는 승려들이 입은 옷 색깔을 따 사프란 혁명이라고 하였다.

## 02 철학·종교

### ✪ 형이상학 (Metaphysics) ◈

세계의 궁극적인 근거를 연구하는 학문으로 '자연 속에서 일어나는 일(Physica)'의 '너머(Meta)'에 대한 관심에서 출발한다. 과학이 어떤 특수한 영역을 구성하는 원리를 탐구한다면 형이상학은 일체의 세계에 대한 근본을 연구하는 것이다. 따라서 형이상학은 보편적이고 전체적인 지식, 즉 특수한 영역과 시야를 뛰어넘어 포괄적이고 초월적 지식을 추구한다.

**PLUS** 더 알아보기

형이하학 : 현상을 대상으로 하는 학문으로 생물학, 물리학 등 모든 자연과학 분야가 이에 해당한다.

### ✪ 로고스 (Logos) · 파토스 (Pathos) ◈

로고스는 사물의 존재를 한정하는 보편적인 법칙과 행위가 따라야 할 준칙을 인식하고 이를 따르는 분별과 이성을 뜻하며, 파토스는 감각적 · 신체적 예술적인 것을 가리킨다. 로고스는 고대 그리스 철학이나 신학에서 기본을 이루는 용어로, 서구의 전통적인 형이상학의 바탕이 되는 사고방식이다.

### ✪ 헬레니즘 (Hellenism) · 헤브라이즘 (Hebraism) ◈◈

유럽문화의 2대 조류이다. 헬레니즘은 넓은 의미에서 그리스문화 전체를 포함하며, 크리스트교 사상과 대조된다. 헤브라이즘은 유대교와 크리스트교의 전통을 총괄한 헤브라이문화 또는 헤브라이정신을 가리킨다. 헬레니즘이 이성적 · 과학적 · 미적인 반면 헤브라이즘은 의지적 · 윤리적 · 종교적이다.

### ✪ 공리주의 (功利主義) ◈◈◈

18 ~ 19세기에 영국에서 발달한 윤리사상으로, 자기와 타인의 입장을 고려하여 어떻게 조화시킬 수 있는가를 탐구하고 나아가 개인의 행복을 사회 전체의 입장에서 고찰하려 한 사상이다. 이는 공리(功利)를 증진시킴으로써 행위의 목적과 선악판단의 표준을 세우자는 공중적 쾌락주의이다. 공리주의는 최대다수의 최대행복을 부르짖은 벤담에 의해 창시되고 밀에 이르러 완성되었다.

## ✪ 마르크스주의 (Marxism) ◇◇

마르크스와 엥겔스에 의해서 만들어진 국제 공산주의이론과 실천의 총칭으로 인간 해방 사상, 독일 고전철학, 영국 고전경제학, 프랑스 사회주의 사상을 체계적으로 결합·발전시킨 사상이다. 1848년에 마르크스와 엥겔스가 쓴 공산당선언이 출판되었을 때 마르크스주의는 사회주의와 공산주의의 많은 흐름 중 하나에 불과했으나, 19세기 말부터 국제노동운동에 있어 이론적으로 가장 높은 권위와 대중적 영향력을 가진 이데올로기로 성장하였다.

## ✪ 그리스철학 (Greek Philosophy) ◇◇◇

그리스철학은 고대 그리스에서 발생하여 고대 로마에까지 계승된 철학을 통틀어 이른다. 그리스철학은 그 절정기라고 할 수 있는 소크라테스·플라톤·아리스토텔레스가 살았던 고전기를 전후하여 3기로 나눌 수 있다.

| 구분 | 특징 |
|---|---|
| 제1기<br>(창시기) | • '소크라테스 이전의 철학'이라고 불리는 필로소피아의 형성기이다.<br>• 인간을 둘러싼 자연의 근원에 대한 관심이다.<br>• 원리와 원인에 관한 지식의 추구이다.<br>• 철학의 정초를 이룬다. |
| 제2기<br>(고전기) | • 일명 '아테네 철학'이라고 한다.<br>• 페르시아전쟁 이후 아테네가 그리스 문화의 중심이 된다.<br>• 관심의 초점이 대우주(자연)에서 소우주(인간)로 이동한다.<br>• 그리스 철학이 꽃 핀 시기이다. |
| 제3기<br>(헬레니즘 ~<br>로마기) | • 아리스토텔레스 이후의 시기이다.<br>• 민족적 자주성을 잃은 세계시민의 입장과 개인주의적 탐구에 전념하였다.<br>• 고대 로마로 계승되었다. |

## ✪ 귀납법 (歸納法) ◇◇

각각의 특수한 것에서 일반적·보편적 원리로 나아가는 추리방법이다. 아리스토텔레스는 완전귀납과 불완전귀납으로 나누었으며, 베이컨에 의해 학문으로 체계화되었다. 이를 집대성한 이는 영국의 밀인데, 그는 최고의 원리는 귀납으로 파악된다고 하였다.

## ✪ 변증법 (辨證法) ◇◇

창시자 제논은 상대편의 입장에서 모순을 찾아내 논쟁하는 방법이라고 정의하였으나, 플라톤은 개념의 분석으로 이데아의 인식에 도달하는 방법이라 하였고, 헤겔은 자연과 인간세계를 포함하는 전우주의 발전법칙이라고 하였다. 헤겔의 변증법에 따르면 전우주는 생성·발전하는 하나의 과정이며 궁극적인 최고원리는 절대정신이라 하여, 절대정신의 변증법적 자기발전과정이 바로 세계의 역사라는 것이다. 헤겔의 변증법은 정립·반정립·종합의 단계를 거쳐 전개된다.

## ❂ 연역법 (演繹法) ✧✧

이미 알려진 보편적 원리에서 개별의 법칙 또는 특수한 명제를 끌어내어 경험이 아닌 사유에 의하여 진실한 인식에 도달하는 추리방법이다. 데카르트는 연역의 최고원리는 지성의 직각(直覺)에 의하여 파악된다고 하였다.

## ❂ 이데아 (Idea) ✧✧

본래는 보이는 것, 알려져 있는 것으로 '형상(形象)'이라는 뜻이나, 플라톤은 인간감성을 초월한 진실적인 존재로 보았으며, 소크라테스는 윤리적 · 미적 가치 자체를 표현하는 의미로 사용하였다. 근대에 와서는 특히 이성(理性)의 영원불변하는 최선의 의식내용을 뜻하는 말로 사용되고 있다.

## ❂ 에피투미아 (Epithumia) · 에로스 (Eros) · 아가페 (Agape) ✧

에피투미아는 육체적인 쾌감과 욕망에 의해서 영위되는 자기본위(自己本位)의 생활로, 이는 공동생활이 불가능하여 자타공멸의 결과를 초래하게 된다. 에로스는 자기와 타인이 공동으로 번영해 나가기를 바라는 자타본위(自他本位)의 생활로, 진 · 선 · 미를 동경하며 참된 가치를 추구한다. 아가페는 자신을 희생하고 타인이나 영원한 존재를 위해 사는 타자본위(他者本位)의 생활로 타인을 위해 헌신하지만 현실을 초월한 데서 영원한 가치를 기대한다.

## ❂ 경험론 (經驗論) ✧✧

베이컨 · 로크 · 흄 등에 의해 성립된 학문탐구의 방법으로, 인간의 인식은 감각을 통해 주어진 경험에 의해서 만들어진다는 입장이다. 인식의 근거를 경험에서 구하며 초경험적이고 이상적인 통로로 얻어진 인식을 인적하지 않는다. 귀납법을 중요시하며 주로 영국에서 발전되었고 20세기 미국 실용주의에 영향을 주었다.

## ❂ 관념론 (觀念論) ✧

존재와 사유의 관계에 있어서 사유를 1차적이며 본원적인 것으로 보는 입장으로, 주관적 관념론과 객관적 관념론으로 나뉜다. 주관적 관념론의 대표자는 버클리, 객관적 관념론의 대표자는 플라톤이며, 근대에 이르러서는 데카르트에서 출발하여 라이프니츠 · 스피노자 등 대륙의 이성론으로 발전했다. 이후 칸트 · 헤겔에 이르는 독일 고전철학에서 절대적 관념론으로 이어졌다.

◉ **극기복례 (克己復禮)** ◆◇

이기심을 버리고 예(禮)를 따르는 것을 말한다. 공자는 예가 아니면 보지도 말고 듣지도 말며, 말하지 말고 움직이지도 말라고 하여 극기복례를 강조하였다. 극기(克己)는 개인의 사리사욕을 억제하고 소아주의(小我主義)를 지향하는 것으로, 개인적 성격이 강하며 복례(復禮)는 사회규범을 따르고 대아주의(大我主義)를 지향하는 것으로, 사회적 성격이 강하다.

◉ **양명학 (陽明學)** ◆◇◇

중국 명나라 때 왕수인에 의해서 창시된 실천적 학문으로, 송나라 때 주자에 의해 확립된 성리학 사상에 반대하며 지행합일(知行合一)을 실천원리로 강조한 철학이다. 양명학은 '심즉리(心卽理)', '치양지(致良知)', '지행합일(知行合一)' 등의 사상을 주장하며, 대학의 격물(格物)·치지(致知)·성의(誠意)·정심(正心) 등에 대한 새로운 해석을 바탕으로 하고 있다.

◉ **천부인권사상 (天賦人權思想)** ◆◇◇

인간은 태어나면서부터 남에게 침해받지 않을 자유롭고 평등한 기본적 권리를 가진다는 사상으로 17 ~ 18세기 유럽의 부르주아 혁명기에 제창되었다. 자연법사상의 영향 하에서 주장되었으며, 인간으로서의 생존 및 복지를 얻을 권리가 있다는 입장이다.

◉ **칼뱅이즘 (Calvinsm)** ◆◇◇

프랑스의 신학자이며 종교개혁자인 칼뱅이 종교적 입장에서 자본주의정신을 합리화한 구제예정설과 직업소명설을 말한다. 구제예정설은 개인의 운명이란 신(神)의 섭리에 의해 미리 예정되어 있으므로 각 개인은 어차피 신의 은총을 받게 되어 있지 않으면 벌을 받게 된다는 것이고, 직업소명설은 인간은 신의 은총을 확인하기 위해서 근면·검소·투철한 기업가정신·성실성 등을 통해 많은 부(富)와 재화를 얻으려고 노력하게 되었다는 것이다. 칼뱅이즘은 부의 축적을 도덕적·종교적으로 합리화시켰으며, 자본주의의 정신적 기초가 되었을 뿐 아니라 이후 권위주의에서 합리주의로의 의식변화를 초래했다.

◉ **조로아스터교 (Zoroastrianism)** ◆

기원전 6세기경 조로아스터가 창시한 페르시아의 고대종교이다. 아베스타를 경전으로, 교의의 중심은 아후라 마즈다.(善神, 광명신)와 아리만(惡神, 암흑신)과의 대결·항쟁에 입각한 이원론이다. 근검역행의 노력주의에 의해 악신을 극복하고 선신의 승리를 기함으로 교지(教旨)로 삼는다. 불을 신성시한 데서 배화교라고도 하며, 5세기 무렵 중국으로 건너가서 요교(祆敎)라고도 불렀다.

## ✪ 사단 (四端) ✧✧

맹자(孟子)가 주창한 인간 도덕성에 관한 학설이다. 인간은 태어날 때부터 남을 사랑하여 불쌍히 여기는 마음인 '측은지심(惻隱之心)', 불의를 부끄러워하는 마음인 '수오지심(羞惡之心)', 서로 양보하고 공경하는 마음인 '사양지심(辭讓之心)', 옳고 그름을 판단하는 마음인 '시비지심(是非之心)'의 4가지 품성을 가지고 있다고 보았다. 이것이 발현된 것이 인(仁)·의(義)·예(禮)·지(知)의 사덕(四德)이다.

**PLUS** 더 알아보기

> **칠정(七情)**: 「예기(禮記)」에서 나온 용어로서 희노애구애오욕(喜怒哀懼愛惡欲)등 인간의 감정을 통틀어 일컫는다. 유학에서는 희노애락애오욕(喜怒哀樂愛惡欲)의 일곱 가지를 꼽는데 사단이 도덕적인 감정이라면, 칠정은 욕망을 포함한 인간의 일반적인 감정을 의미한다고 할 수 있다.

## ✪ 중체서용론 (中體西用論) ✧

청나라 대 '태평천국의 난' 이후 일어난 양무운동의 기본사상이다. 청나라 왕조 말기 외국 열강의 침입에 대한 대응책으로 일어난 양무운동은 '중국의 전통적 유교도덕을 중심'(中體)으로 하여 '서양의 과학기술과 그 성과를 도입하여 사용'(西用)하자는 이론이다. 대표적 저술로 장지동의 「권학편(勸學編)」이 있고, 조선의 「동도서기론(東道西器論)」도 같은 맥락이라고 볼 수 있다.

## ✪ 불함문화론 (不咸文化論) ✧✧

동방문화는 백두산에서 비롯됐으며 한족(韓族)이 문화의 중심을 형성했다는 육당 최남선의 학설이다. 일본 관학자들의 단군말살론, 일선(日鮮)동조론, 문화적 독창성 결여론 등에 맞서 역사, 종교, 신화, 민속, 인류학 등을 통해 고대문화의 원류를 밝히는데 초점을 두고 있다. 동이족의 지명에 많이 나오는 백산(白山)은 태양신에 제사를 지내는 장소를 지칭하며, 태백산은 그 중심이 된다. 백(불함)을 숭상하는 모든 문화권이 불함문화권이며 조선은 중심에 해당된다고 주장한다. 그 증거로 태백산·소백산 등 한반도 각지에 백(白)자 들어간 산이 유달리 많은 점을 들고 있다. 육당은 한반도 주변지역의 지명을 분석, 서로 흑해에서 동으로 일본과 한국을 포함하는 지역을 불함문화권으로 규정했다. 그러나 육당의 주장은 사회에 대한 인식이 결여된 관념적 문화주의에 머물러 민족적 역량에 대해 회의를 갖게 했다는 비판을 받기도 했다.

## ❂ 크리스트교 ✦✦

예수 그리스도의 인격과 교훈을 중심으로 하는 종교이다. 천지만물을 창조한 유일신을 하느님으로 하고, 그 독생자 예수 그리스도를 구세주로 믿으며, 그리스도의 속죄와 신앙과 사랑의 모범을 추종하여 영혼의 구원을 따른다. 팔레스티나에 일어나 로마제국의 국교가 되었고, 다시 페르시아 · 인도 · 중국 등지에 전파되었다. 8세기에 고대 동방 헬레니즘의 전통 위에서는 그리스정교회가 갈려 나간 후 로마 가톨릭교회는 다시 16세기 종교개혁에 의해 구교(천주교)와 신교로 갈라져 현재 이 세 교회가 대립되어 있다.

## ❂ 프로테스탄트 (Protestant) ✦✦

16세기 부패한 가톨릭에 대항하여 루터 · 츠빙글리 · 칼뱅 등이 일으킨 종교개혁으로, 가톨릭에서 분리되어 나온 신교(新敎)를 말한다. 루터파 · 칼뱅파(장로교) · 성공회 · 감리교 등 여러 종파가 있으며, 그 특징은 교의(敎義) 중심인 가톨릭에 비해서 개인의 신앙을 중요시하며 모든 의례를 세례와 성찬만으로 간소화한 데에 있다.

## ❂ 힌두교 (Hinduism) ✦

5세기경 인도의 굽타왕조 때 브라만적 전통에 민간신앙이 혼합된 전형적인 다신교로, 창시자나 통일된 교리의식이 없다. 현재 인도 국민 대다수는 비슈누, 시바 등 2대 종파를 신봉하고 있다.

## ❂ 라마교 (Lamaism) ✦

티베트에 옛날부터 있었던 주술적인 본(Bön)교와 인도에서 건너온 밀교가 결합하여 설립된 것으로 티베트불교라고도 한다. 티베트를 비롯하여 만주 · 몽고 · 네팔 등지에 퍼져 있다. 8세기 중엽 인도에서 전해진 대승불교의 비밀교가 티베트 재래의 풍속 · 신앙과 동화되어 발달한 종교로서, 티베트왕이 창시했다.

## ❂ 해방신학 (解放神學) ✦✦

제2차 세계대전 후 중남미에서 시작하여 제3세계로 퍼지고 있는 민중해방운동에 바탕을 둔 신학을 말한다. 유럽의 전통적인 신학에 도전하여 피억압자나 차별받는 자의 입장에 선다. 인간을 죄악과 정치적 · 경제적 탄압으로부터 해방시키는 것을 성서의 기본원리로 하는 실천신학 또는 행동신학이라 할 수 있으며, 구스타보 구티에레즈신부가 체계화하였다. 대표적인 신학자는 브라질의 레오나르도 보프신부이다.

## ❂ 이슬람교 (Islam 敎) ◇◇◇

그리스도교 · 불교와 함께 세계 3대 종교의 하나이다. 이슬람이란 아랍어 살람(Salam, 평화)에서 파생된 이슬라마의 명사형이다. 7세기경 아라비아의 예언자 마호메트에 의해 창시된 정교일치(正敎一致)의 종교로, 유일신 알라(Allah)에 대한 절대신빙을 기초로 하여 계시록인 코란에 의한 신앙 · 기도를 중요시한다. 중세에 그리스문화를 계승하여 아라비아문화로서 발달하고, 근대 유럽문화의 탄생에 이바지하였다. 성지 메카를 중심으로, 아시아 · 아프리카 · 유럽 등지에 널리 분포되어, 6억 이상의 신도를 가지고 있다.

### PLUS 더 알아보기

- **코란(Koran)** : 이슬람교의 경전으로, 마호메트가 천사 가브리엘을 통하여 계시를 받아 알라신의 말씀을 기록한 것이다. 전 30권 114장으로 되어 있으며, 신자가 지켜야 할 6가지 신앙대상(六信)과 5가지의 의무(五行)가 기록되어 있다.
- **수니파(Sunni 派) · 시아파(Shia 派)** : 수니파는 이슬람교의 다수파로, 마호메트 혈통이 아닌 자의 칼리프 선출을 인정하는 우마이야왕조를 정통으로 보는 갈래이다. 시아파는 이슬람교의 소수파로, 알리를 정통으로 보는 갈래이다. 시아파는 이슬람교도의 90%를 차지하는 수니파의 박해의 대상이 되어 왔다.
- **라마단(Ramadan)** : 회교력(回敎曆)의 9월. 약 1,400년 전 이슬람 창시자인 무함마드가 아라비아 반도 서부의 동굴에서 알라로부터 코란의 계시를 받은 것을 기려 이 달의 시작을 알리는 초승달이 뜬 다음날부터 한 달 동안 이어지는 회교도들의 전통적인 종교행사이다. 라마단 기간 중에 신도들은 신앙고백, 기도, 희사(喜捨), 메카 순례, 단식의 5대 의무를 지켜야한다.
- **하지(Hajj)** : 이슬람 신도가 지켜야 할 5대 의무 가운데 하나로 이슬람교에서 말하는 성지 메카를 순례하며 정해진 의식을 치르는 것을 말한다. 순례기간은 이슬람력의 마지막 달인 순례의 달(12월) 8일부터 12일까지이다. 순례자들은 의식 첫날 예언자 무하마드가 했던 것처럼 메카에서 미나평원으로 이동, 기도를 드리며 다음날 12km를 걸어 무하마드가 마지막 설교를 한 아라파트동산에 올라 해질 때까지 기도한다. 코란암송의 시문이나 장기간의 행사를 치르는 고난이 따르기 때문에, 이 행사를 완수한 사람은 고향에 돌아가서도 존경을 받고, 집 주위에 하지임을 나타내는 문자나 그림을 붙인다.
- **메카(Mecca)** : 이슬람교의 마호메트의 출생지로, 이슬람교 최고의 성지(聖地)이다. 사우디아라비아의 서쪽 홍해에 가까운 헤자즈(Hejaz) 지방의 도시이다. 메카에 대한 순례는 이슬람교도의 중요한 의무로 해마다 순례의 달 12월에는 약 300만 명의 순례자가 모여든다. 현대에는 동경의 대상, 발상지를 뜻하는 말로도 사용된다.

## ❂ 대화법 ◇◇

소크라테스는 상대적이고 회의적인 윤리관을 극복하고 보편적이고 절대적인 진리를 추구해야 한다는 관점으로 지행합일설(知行合一說)과 지덕복합일설을 주장하였다. 절대적인 진리 추구를 위해서는 무지를 자각해야 하며 무지를 자각하게 하는 방법으로 대화의 상대자가 스스로 참된 지식에 도달하게 하는 대화법을 사용하였다. 대화법은 대화 속에서 발견되는 상대방의 모순이나 그릇된 지식에 대해 계속적으로 여러 가지 질문을 던짐으로써 벽에 부딪히게 해 스스로의 무지를 깨닫게 하는 방법(반어법)과 상대방이 이미 알고 있는 지식을 출발점으로 하여 마치 산파가 임산부의 출산을 돕듯이 상대방의 내면에 있는 진리를 끌어내 줌으로써 스스로 새로운 지식을 얻게 하는 방법(산파술)이 있다.

### ❀ 불교 (佛教) ◈◈

B.C. 5세기경 인도의 싯다르타(釋迦募尼)가 베푼 설법을 믿는 종교이다. 그의 가르침에는 3법
인·4제·5온·12인연·3사생염설·8정도 등이 있다. 이 가르침은 자기 개인만이 아닌 중생
을 구원하여 열반의 피안에 옮겨 성불시키려는 보살의 법문인 대승불교와, 역사상의 석가를
신봉하며 자기의 해탈만을 구하는 법문인 소승불교로 나뉘었는데, 우리나라에 전파된 것은 대
승불교이다.

**PLUS** 더 알아보기

- **불교의 사상**
- **3법인** : 불교의 진실된 세 가지의 진리로, 제행무상(諸行無常)·제법무아(諸法無我)·일체개고(一切皆苦)를 말한다.
- **4성제** : 번뇌를 끊고 열반에 들어가는 네 가지 진리로, 고(苦)·집(集)·멸(滅)·도(道)를 말한다.
- **8정도** : 해탈에 이르기 위한 여덟 가지의 실천적 수양방법으로, 정견(正見)·정사유(正思惟)·정어(正語)·정업(正業)·정
명(正命)·정정진(正正進)·정념(正念)·징정(止定)을 말한다.
- **조계종·천태종**

| 구분 | 조계종 | 천태종 |
|------|--------|--------|
| 개창 | 고려 후기 신종 때 보조국사 지눌 | 고려 전기 숙종 때 대각국사 의천 |
| 기반사찰 | 송광사(松廣寺) | 국청사(國淸寺) |
| 교리 | 정혜쌍수(定慧雙修), 돈오점수(頓悟漸修)<br>참선(수행)의 강조 | 교관겸수(敎觀兼修)<br>이론·실천의 양면 강조 |
| 지지세력 | 최씨 무신정권의 정책적 비호 | 왕실과 귀족의 비호 |
| 특징 | 조계종으로 교선을 통합(선종 중심)<br>수선사 운동 | 화엄종으로 교선을 통합(교종 중심)<br>백련사 결사 운동 |

### ❀ 삼강오륜 (三綱五倫) ◈

유교의 기본적인 실천도덕으로서 삼강은 군위신강(君爲臣綱)·부위자강(父爲子綱)·부위부강(夫爲
婦綱)이고, 오륜은 군신유의(君臣有義)·부자유친(父子有親)·부부유별(夫婦有別)·장유유서(長幼有
序)·붕우유신(朋友有信)을 말한다.

## 03 교육·심리

### ❂ 교육행정정보시스템 (NEIS : National Education Information System) ◈◇

1만여 개 초·중·고·특수학교, 178개 교육지원청, 16개 시·도교육청 및 교육과학기술부가 모든 교육행정 정보를 전자적으로 연계 처리하며, 국민 편의 증진을 위해 행정안전부(G4C), 대법원 등 유관기관의 행정정보를 이용하는 종합 교육행정정보시스템이다.

### ❂ 에듀넷 (Edunet) ◇

컴퓨터를 통해 각종 교육관련 정보를 제공하는 국내 최초의 교육정보 종합서비스시스템이다. 1996년 9월 11일 개통되었으며 교사·학부모·학생들이 컴퓨터통신망을 통해 국내외의 학습·학술자료와 교육·행정 등 모든 교육 관련 정보를 한눈에 알 수 있는 '교육정보고속도로'라 할 수 있다. 에듀넷 운영을 담당할 국가 멀티미디어 교육지원센터는 각종 교육 데이터베이스의 정보를 공급하는 한편 인터넷·인공위성 등 첨단 통신망으로 받아들인 국내외 교육기관의 정보도 서비스한다.

### ❂ CAI (Computer Assisted Instruction) ◇

컴퓨터를 응용하는 자동교육시스템을 의미한다. 컴퓨터로 많은 사람을 가르치면서, 동시에 개인의 적성이나 이해력에 즉응(即應)하는 개별교육까지 실시하는 프로그램학습이다. 교사는 학생에게 교재나 문제를 제시하여 그에 대한 학생의 반응을 살피고 이를 평가해서 다음 교육활동을 하게 되는데, 그와 같은 교사의 활동을 컴퓨터가 가지고 있는 대량정보처리능력을 이용하여 대행시키는 것이다.

### ❂ GDLN (Global Development Learning Network) ◇

세계은행이 구축한 세계개발교육네트워크이다. 세계적인 인적자원개발과 지식격차 해소를 통해 인류 공동번영을 실현하기 위해 2002년에 시작한 세계 최대 교육지식정보 네트워크 구축사업으로, 원격교육은 물론 영상회의 시스템을 구축하고 있어 각 국가 간의 지식교류가 가능해졌다.

### ❂ 교육 인프라 (Education Infra) ◈◇

교육활동을 수행하기 위해 기본적으로 필요한 구조적인 틀을 의미한다. 협의로 학교건물이나 교실·설비·각종 교육기자재 등의 하드웨어적 부분과 교육목표·내용·교사·제도·정책 등 소프트웨어적인 부분을 포함하는 개념이다. 광의로는 국가교육제도, 교육기관조직, 학제 등을 말하며 정보사회가 되면서 각종 정보통신매체와 전자적 네트워크의 구성도 이에 포함된다.

### ❂ 학점은행제 ◈◇◇

개인사정에 의해 고등교육의 기회를 놓친 사람들이 평가 인증된 학습과목을 이수하거나 국가기술 자격을 취득, 독학학위제 단계별 시험합격 등을 통하여 학점을 인정받아 학점은행제의 표준 교육과정에 의하여 일정학점(학사 140학점, 전문학사 2년제 80학점·3년제 120학점) 이상을 취득하면 대학 또는 전문대학 졸업 인정과 함께 학위를 받을 수 있는 제도이다.

## ❂ 교육의 3不 정책 ✦✦✦

1999년에 도입된 대한민국의 대학 입시제도 및 공교육 제도의 근간을 형성하는 교육 정책으로 고교등급제, 기여입학제, 본고사의 세 가지를 금지하는 것을 말한다.

| 구분 | 내용 |
|---|---|
| 고교등급제 | 모든 고등학교를 대학 입학 결과 등으로 나눠 등급화 한 다음, 그 결과를 입시에 반영하는 제도이다. |
| 기여입학제 | 대학에 일정한 돈을 주고 특례입학을 하는 제도이다. |
| 본고사 | 대학에서 자체적으로 주요과목에 대한 시험(면접, 논술, 실기시험 등 대학별고사 제외)을 실시하여 신입생을 선발하는 제도이다. |

## ❂ 전인교육 (全人敎育) ✦✦

인간의 전면적인 발달을 목직으로 하는 교육으로, 조기교육이나 영재교육에 반대되는 개념이다. 현대사회에 있어서 전인교육은 사회로부터 고립된 개인이 아니라 사회인으로서의 기능을 수행할 수 있는 측면도 포함해야 한다. 대표적 사상가로는 페스탈로치와 로크가 있다.

**PLUS** 더 알아보기

페스탈로치의 3H 조화 : 'Head(知)', 'Heart(情)', 'Hand(技)'가 조화롭게 인간을 양성하는 것이 교육의 목표라고 하였다.

**PLUS** 더 알아보기

- **평생교육(平生敎育)** : 한 개인의 생존기간 전체에 걸쳐서 이루어지는 교육과정의 수직적 통합과, 가정 · 학교 · 사회에서 이루어지는 교육체계의 수평적 연결을 강조한 개념이다. 1965년 UNESCO에서 채택되었다.
- **생활교육(生活敎育)** : 아동들로 하여금 그들의 실생활에서 흥미를 느끼게 하고 이를 발전시키려는 교육방법을 말한다. 스위스의 유명한 교육자 페스탈로치가 최초로 주장한 것으로, '생활에 의한, 생활을 위한 교육'을 슬로건으로 한다.
- **보상교육(報償敎育)** : 가정의 문화결손으로 인한 유아의 지적 · 사회적 · 정서적 발달의 손실을 보다 조기에 보상해 주려는 교육계획으로서, 취학 전 아동의 문화적 피해를 극소화시키기 위한 미국의 헤드스타트 계획이 대표적이다.

## ❂ 입학사정관제도 ✦✦

대학이 대입전형 전문가인 입학사정관을 육성 · 채용 · 활용함으로써 대학이나 모집단위별 특성에 따라 보다 자유로운 방법으로 학생을 선발하는 제도이다. 입학사정관은 고교 및 대학의 교육과정을 분석하여 관련 정보 · 자료를 축적 · 관리하고, 효과적 전형방법을 연구 · 개발하며, 다양한 전형자료를 심사 · 평가하여 개별 지원자의 입학 여부를 결정하여 입학생 및 재학생의 학업과 학교 적응을 지원한다.

## ✪ 국제연합교육과학문화기구

**(UNESCO : United Nations Educational Scientific and Cultural Organization)** ✧✧

유네스코라고도 하며 교육, 과학, 문화의 보급 및 교류를 통하여 국가 간의 협력증진을 목적으로 설립된 국제연합전문기구이다. 1945년 영국과 프랑스의 공동주체로 런던에서 열린 유네스코 창설준비위원회에서 44개국 정부대표에 의해 유네스코헌장이 채택되었으며, 1946년 20개 서명국가들이 헌장비준서를 영국 정부에 기탁함으로써 최초의 국제연합전문기구로 발족했다. 인종이나 성별, 정교에 차별 없이 모든 사람을 위한 평생교육 및 인류에 기여하는 과학·세계유산보호, 창의성을 바탕으로 하는 문화발전, 정보·정보학의 기반구축을 활동의 주목표로 한다. 본부 소재지는 프랑스 파리에 있고 우리나라는 1950년 파리총회에서 가입하였다.

## ✪ 세종대왕상 (King Sejong Prize) ✧✧

매년 문맹퇴치사업에 공이 많은 개인이나 단체를 뽑아 시상하는 유네스코의 문맹퇴치 공로상이다. 1989년 우리나라의 제안에 따라 국제연합교육과학문화기구(유네스코) 집행위원회에서 제정, 1990년부터 매년 대상자를 뽑아 '세계 문해의 날'인 9월 8일에 수여한다. 상은 본상과 장려상의 2부문으로 상금 3만 달러는 우리나라 정부에서 출연한다.

## ✪ 자율형사립고 (自律形私立高) ✧✧

자사고(自私高)라고도 하며 학생의 학교선택권을 다양화하기 위해 도입한 고등학교의 한 형태이다. 자율형사립고의 도입취지는 고교 교육의 다양화와 특성화로, 정부 규정을 벗어난 교육과정, 교원 인사, 학생 선발 등 학사운영의 자율성을 최대한 보장한다. 그러나 지나친 입시위주의 교육과 상위권 학생 독식현상으로 인해 고교서열화 등의 문제가 제기되기도 한다.

## ✪ 국제고등학교 (國際高等學校) ✧

국제화, 정보화 시대를 선도할 인문·사회계열의 유능한 인재 양성을 위해 설립된 특수 목적 고등학교의 한 형태로, 1998년 부산국제고등학교부터 시작되었으며 청심국제고등학교, 서울국제고등학교, 인천국제고등학교, 동탄국제고등학교, 고양국제고등학교 등이 있다.

## ✪ IQ (지능지수) ✧

지능검사의 결과로 얻은 정신연령을 실제 연령으로 나눈 다음 100을 곱한 수이다. 프랑스의 비네박사가 1908년 어린이의 현재상태를 객관적으로 파악하기 위해 개발하였다, 특히 지능발달이 늦은 어린이를 선별하기 위해 이용한 데서 비롯되었다. 지능검사에 IQ가 도입된 것은 1916년으로 미국의 타먼박사가 비네의 검사를 미국인에 알맞게 개량, 140 이상을 천재, 90~110을 보통지능, 70 이상을 지능미숙 등으로 분류했다. 그후 IQ를 지능의 우열을 측정하는 지표로 여기는 경향이 두드러지게 되었다. IQ는 교육환경에 의해 변화되며 검사로는 창조성을 측정할 수 없는 난점도 있어 IQ만으로 지능을 비교함은 무리다.

## ✪ EQ (감성지수) ◈

자신과 다른 사람의 감정을 이해하는 능력과 삶을 풍요롭게 하는 방향으로 감정을 통제할 줄 아는 능력을 의미한다. 미국 예일대 피터 살로베이 교수 등이 만들어낸 용어다. IQ처럼 아직 정형화된 테스트방법은 없다. 미국학자들은 친구들과 잘 어울려 놀지 못하는 아이가 학교를 중퇴할 확률이 평균보다 8배나 높다며, 유아기부터 EQ를 키우는 감정교육을 권고한다.

**PLUS** 더 알아보기

- **CQ**(Charisma Quotient) : 지능지수(IQ), 감성지수(EQ)에 이어 인간의 능력을 재는 척도로 새로이 등장한 '성공의 기준'이다. 여기에서 말하는 카리스마란 타인에 대한 흡인력과 공동체 내의 신뢰감, 지도력 등을 포괄적으로 표현하는 말이다. CQ는 최근 홍수처럼 쏟아져 들어오는 각종 정보에 압도되어 점점 판단력을 잃게 되다 보니 자연히 카리스카적 인물을 찾게 되는 데서 기인한다.
- **NQ**(Network Quotient) : 함께 살아가는 사람들과의 관계를 얼마나 잘 유지해 나가는가에 관한 능력으로 '공존지수'라고 한다.
- **MQ**(Moral Quotient) : 양심에 비춰 행동하는 것으로 '도덕성지수'라고 하며, 부모의 영향력이 크다.
- **EQ**(Entertainment Quotient) : '엔터테인먼트 지수'로 유머와 화술, 개인기 등으로 주위 사람들을 즐겁게 해주는 능력을 말한다.

## ✪ 대안학교 ◈◈

기존의 학교교육에 반기를 들고 나타난 새로운 형태의 학교를 말한다. 교사가 일일이 신경을 쓰기 힘들 정도로 많은 학생수, 암기 위주의 주입식 교과과정, 성적지상주의 등 학교교육이 맞닥뜨린 현실을 넘어 서려는 시도다. 미국과 유럽 각국에서 최근 활발한 움직임을 보이고 있다. 우리나라도 여러 형태의 대안학교들이 나타나고 있다. 대안학교의 교육장은 교실에만 머무르지 않는다. 들판을 뛰어다니며 곤충이나 물고기도 잡고 밭에서 농사도 직접 지어본다. 일정한 틀에 얽매이지 않고 하고 싶은 것을 마음대로 하며 공부한다. 지식보다는 인간성과 창의성 등을 강조한다. 집에서 부모가 직접 아이들을 가르치는 홈스쿨링도 대안학교의 일종이다.

## ✪ NIE (Newspaper In Education)운동 ◈◈◈

신문을 교육에 활용하자는 운동으로, 1955년 미국 데모인 레지스터신문이 미국교육협의회와 협력하여 처음으로 시작하였다. 청소년의 사회성·인간성함양과 의견개진 및 판단능력 제고에 크게 기여하고 있는 것으로 평가되고 있다. 우리나라에서는 중앙일보사가 NIE운동을 적극 펼치고 있다.

## ✪ 특성화고교 ◈

기존 실업계 고교의 대안적인 학교모형으로 만화와 애니메이션, 영상제작, 요리, 관광, 통역, 금은보석세공, 인터넷, 멀티미디어, 원예, 도예, 공예, 디자인, 골프, 승마 등 다양한 분야에서 재능과 소질이 있는 학생들에게 맞는 교육을 실시하는 학교이다.

## Chapter 06 세계사 · 철학 · 교육

# 출제예상문제

**1** 중국의 1960년대 '문화대혁명(文化大革命)'과 상관없는 것은?

① 백화제방 백가쟁명(百花齊放 百家爭鳴)
② 4인방 – 왕홍문(王洪文), 장춘교(長春橋), 강청(姜靑), 요문원(姚文元)
③ 마오쩌둥(毛澤東)의 지도하에 중국 전역에서 전개
④ 삼화정책(三和政策)

> **NOTE** 문화대혁명은 1966년 5월부터 1976년 10월에 걸쳐 중국 전역에서 전개되었던 정치적 성격을 띤 문화운동이다. '백화제방 백가쟁명(百花齊放 百家爭鳴)'은 956년 중국 공산당 선전부장인 루딩이(陸定一)가 연설에서 한 말로 누구든 자신의 의견을 주장할 수 있다는 내용을 담고 있으며 문화대혁명 때 부르주아적 자유주의라고 비판당했다.

**2** 프로이트의 정신분석이론 중 사회적인 틀에서 습득되는 것으로 개인의 본능적인 충동의 발현에 대해 양심으로서 제지적인 작용을 한다고 규정하고 있는 개념은?

① 이드
② 에고
③ 슈퍼에고
④ 리비도

> **NOTE** 정신분석이론
> ㉠ 이드(Id) : 마음속에 감추어져 있는 본능적 충동의 원천으로, 쾌락을 구하고 불쾌를 피하는 쾌락원칙에 지배된다. 비도덕적, 비논리적이며 무의식적이다.
> ㉡ 에고(Ego) : 사고, 감정, 의지 등의 여러 작용의 주관하고 이를 통일하는 주체로, 지속적으로 한 개체로 존속하며 자연이나 타인과 구별되는 개개인의 존재를 말한다.
> ㉢ 슈퍼에고(Superego) : 에고와 함께 정신을 구성하는 것으로 양심의 기능을 담당한다. 어릴 때부터의 학습이나 교육에 의해서 이드에서 분화한 것으로 생각하며, 이드로부터 오는 충동이나 자아의 활동을 감시하고 통제하며 억압한다.
> ㉣ 리비도(Libido) : 성본능, 성충동을 일컫는 용어로, 프로이트는 리비도가 사춘기에 갑자기 나타나는 것이 아니라 태어나면서부터 서서히 발달하는 것이라고 생각하였다.

ANSWER —— 1.① 2.③

**3** 중국의 근대화운동과 주된 구호를 잘못 짝지은 것은?

① 태평천국 – 멸만흥한　　　　　　　② 양무운동 – 중체서용
③ 변법운동 – 공화주의　　　　　　　④ 신해혁명 – 삼민주의

> **NOTE** 멸만흥한 … 18세기 말 한족이 만주족 지배에 반발하여 민족운동을 일으킬 때 내건 구호이다.
> 변법(자강)운동 … 캉유웨이 등의 주도로 입헌군주제의 수립과 정치제도 전반의 개혁을 추진한 운동이었으나, 보수
> 파들의 무력에 의해 실패했다.

**4** 그리스철학에 대한 다음 설명 중 옳지 않은 것은?

① 피타고라스는 인간은 만물의 척도라고 하였다.
② 플라톤은 이상주의철학의 개조로 이데아설을 주장하였다.
③ 아리스토텔레스는 세계를 조화된 것으로 보고 중용의 덕을 중요시했다.
④ 히피아스는 자연적인(Physis) 것과 인위적인(Nomos) 것을 대립시켰다.

> **NOTE** '인간은 만물의 척도'라고 한 사람은 프로타고라스(Protagoras)이다.

**5** 다음에 제시된 내용과 사상적으로 통하는 것은?

> 비록 신(神)이 존재하더라도 사람은 자신의 의지를 신의 의지에 예속시킬 필요는 없다. 자신
> 에게 적절한 것을 가장 잘 판단할 수 있는 존재는 바로 자기 자신인 것이다. 즉, 자신에게
> 좋은 것이란 다름 아닌 자신이 원하는 것이요, 자신에게 이익을 가져다주는 것을 의미한다.
> 그 누구도 자신에게 좋은 것을 정치적·신화적 또는 사회적 억압 때문에 희생시켜야 할 의
> 무는 없다.

① 너 자신을 알라.　　　　　　　　② 인간의 만물의 척도이다.
③ 철학은 신학의 시녀이다.　　　　　④ 최대 다수의 최대 행복

> **NOTE** 제시된 내용은 프로타고라스의 주장으로 '인간은 만물의 척도'라는 표현은 인간 자신이 만물의 여러 현상에 대한
> 판단의 기준이 됨을 의미한다.

**6** 「프로테스탄티즘의 윤리와 자본주의의 정신」에서 서구의 자본주의를 가능하게 했던 원인으로 프로테스탄트 윤리를 들고 있는 철학자는?

① 칼뱅
② 칼 마르크스
③ 아담 스미스
④ 막스 베버

> **NOTE** 「프로테스탄티즘의 윤리와 자본주의의 정신」은 독일의 경제학자이자 사회학자인 막스 베버가 지은 책이다. 1920년에 간행된 이 책은 프로테스탄트 윤리가 자본주의의 정신에 얼마나 직접적인 영향을 주었는가를 사회학적 측면에서 분석해 청교도의 직업관과 윤리의식이 영리추구를 정당화시켜 서유럽 자본주의의 형성에 큰 공헌을 했다고 주장하였다.

**7** 실크로드에 대한 설명으로 옳지 않은 것은?

① B.C. 2세기 후반 한무제에 의해서 개척되었다.
② 로마제국이 한나라를 정복하기 위해 군대를 파견할 때 이용되었다.
③ 조로아스터교, 마니교 등의 종교 교류도 이루어졌다.
④ 주 무역품이 비단인 것에서 유래된 명칭이다.

> **NOTE** 내륙 아시아를 횡단하는 동서통상로로, B.C. 2세기 후반 한무제에 의해서 개척되었다. 중국에서 수출된 상품이 비단인 데서 유래되었으며 이를 통해 보석, 직물, 유리제품과 같은 서역의 물건뿐 아니라 불교·이슬람교·조로아스터교 등 종교와 사상, 그리고 예술 분야에서의 교류도 자연스럽게 이루어졌다.

**8** 십자군원정의 영향이 아닌 것은?

① 교황권이 한층 강대해졌다.
② 동방국가와의 접촉으로 서구문화의 발달을 가져왔다.
③ 도시가 일어나고 원거리 상업이 발달하였다.
④ 봉건제후 몰락의 원인이 되었다.

> **NOTE** 십자군원정의 영향으로는 동방과의 교통·무역 발달, 자유도시 발생, 봉건제 붕괴, 견문확대로 인한 새로운 문화 발전, 교황권의 약화 등이 있다.

**9** 백년 전쟁과 아무런 관련이 없는 것은?

① 영·프 간의 영토전쟁
② 콘스탄티노플
③ 잔 다르크
④ 1339 ~ 1453년

> **NOTE** 백년 전쟁 … 프랑스 왕위계승과 영토문제를 둘러싸고 영국과 프랑스 사이에 일어난 전쟁으로, 1339~1453년에 걸친 약 100년 간 지속되었다. 잔 다르크의 활약으로 프랑스가 승리하였다.

ANSWER ——— 3.① 4.① 5.② 6.④ 7.② 8.① 9.②

**10**  지식과 행동의 통일을 주창한 철학은?

① 주자학                ② 성리학

③ 양명학                ④ 실학

> **NOTE** 양명학 … 유학의 실천성을 회복하고자 제창한 학문으로 심즉리(心卽理), 치양지(致良知), 지행합일(知行合一)을 주장하였다. 격물(格物)·치지(致知)·성의(誠意)·正心(정심) 등에 대한 새로운 해석을 바탕으로 하고 있다.
> ①② 성명(性命)과 이기(理氣)의 관계를 논한 유교철학으로, 공자의 학설과 불교와 도교의 사상을 섞어 인생의 원리, 인심과 천리와의 관계를 논한 학문이다.
> ④ 조선후기에 나타난 근대 지향적이고 실증적인 학문으로 성리학의 형이상학적 공리공론을 문제 삼고 유학 본래의 학문의 기능을 회복하려는 학문이다.


**11**  철학자 베이컨이 강조한 지식은 무엇인가?

① 이성적 지식            ② 전통적 지식

③ 과학적 지식            ④ 경험적 지식

> **NOTE** 프랜시스 베이컨 … 르네상스 이후의 영국 고전경험론의 창시자이다. 그는 학문을 역사·시학·철학으로 구분하고 다시 철학을 신학과 자연철학으로 나누었는데, 그의 최대의 관심은 자연철학 분야에 있었고 자연과학적 귀납법과 경험적 지식을 강조하였다.


**12**  다음 중 음양오행에서 오재(五材)에 속하지 않는 것은?

① 水, 木                ② 火, 土

③ 日, 月                ④ 金, 土

> **NOTE** 음양오행설의 '오재(五材)'는 목(木)·화(火)·토(土)·금(金)·수(水)의 다섯 가지이다.


**13**  다음 중 홍익인간의 이념으로 볼 수 없는 것은?

① 인본주의              ② 평등주의

③ 개인주의              ④ 이타주의

> **NOTE** 홍익인간(弘益人間) … 널리 인간을 이롭게 한다는 뜻으로, 우리나라의 건국이념이다. 안으로는 민본사상과 통하고, 밖으로는 세계 인류애와 통하는 것으로 인본주의, 대승주의, 평등주의, 이타주의 등과 관련 있다.

**14** 우물에 빠진 아이를 보고 무조건 구하고자 하는 마음이 인간의 본성 중에 있다고 주장한 사람은 누구인가?

① 순자 ② 묵자
③ 한비자 ④ 맹자

> **NOTE** 맹자는 사람은 모두 남에게 차마 어찌하지 못하는 착한 마음인 양심(不忍之心)을 가지고 있으며, 이는 사단(四端)을 통해 드러난다고 하였다. 사단은 측은지심(仁), 수오지심(義), 사양지심(禮), 시비지심(智)이며 제시된 상황은 측은지심의 예다.

**15** 1808년 나폴레옹 시대부터 시작된 프랑스 국가시험으로, 프랑스의 졸업시험이자 대입자격시험은?

① SAT ② 가오카오
③ 바칼로레아 ④ 아비투어

> **NOTE** 바칼로레아 … 1808년 나폴레옹 시대부터 약 200년이 넘는 역사를 자랑한다. 특히 비중이 가장 높은 과목인 철학시험의 경우 4시간 동안 3개의 주제 중 1개를 선택해 논문으로 작성하는데, 이것은 프랑스 지성을 가늠하는 잣대로 인식하고 있다.
> ① SAT : 미국 대입자격시험 중 하나로 1년에 7차례 시행된다.
> ② 가오카오 : 매월 6월 초에 시행되는 중국의 대입자격시험이다.
> ④ 아비투어 : 독일의 고등학교 졸업 시험이자 대입자격시험이다.

**16** 이미 증명된 하나 또는 둘 이상의 명제를 전제로 하여 새로운 명제를 이끌어내는 철학적 사고방식을 무엇이라 하는가?

① 연역법 ② 귀납법
③ 변증법 ④ 통계법

> **NOTE** ② **귀납법** : 개별적인 사실이나 특수한 원리로부터 그러한 사례들을 포괄할 수 있는 확장된 일반적 명제를 이끌어 내는 방법이다.
> ③ **변증법** : 동일률을 근본원리로 하는 형식논리에 대하여, 모순 또는 대립을 근본원리로 하여 사물의 운동을 설명하려는 논리이다.

**17** 世俗五戒에 해당하지 않는 것은?

① 臨戰無退　　　　　　　　② 君臣有義
③ 交友以信　　　　　　　　④ 事親以孝

> **NOTE** 세속오계(世俗五戒) … 신라 진평왕 때 원광법사가 화랑에게 일러준 다섯 가지 계명으로, 사군이충(事君以忠), 사친이효(事親以孝), 교우이신(交友以信), 임전무퇴(臨戰無退), 살생유택(殺生有擇)을 말한다.

**18** 기원전 5세기부터 기원전 4세기까지 그리스를 중심으로 활동했던 철학사상가이자 교사들을 무엇이라고 하는가?

① 탈무드
② 소피스트
③ 테아이테토스
④ 크리티아스

> **NOTE** 소피스트 … 진리를 상대적인 기준으로 바라보고, 설득을 목적으로 한 수사학과 웅변술 등을 가르쳤던 사람들을 말한다. 프로타고라스, 고르기아스 등이 대표 소피스트이다.
> ① 탈무드 : 유대인 율법학자들이 유대교의 율법, 사상, 전통 등에 대하여 구전·해설한 것을 집대성한 책이다.
> ③ 테아이테토스 : 고대 그리스 철학자 플라톤의 저서이다.
> ④ 크리티아스 : 플라톤과의 친척이자 소크라테스의 제자로, 고대 그리스 철학자이다.

**19** "나는 생각한다. 고로 나는 존재한다."의 명언을 남긴 사람은?

① 아리스토텔레스
② 탈레스
③ 스피노자
④ 데카르트

> **NOTE** 데카르트 … 1600년대에 들어 처음으로 철학 체계를 세워 서양 근대철학의 출발점이 된 창시자로, 데카르트 뒤를 이어 스피노자, 라이프니츠, 로크, 칸트 등이 근대 철학을 발전시켜 나갔다.

**20** 영국의 경험론 철학자 베이컨이 구분한 4개의 우상 가운데 개인적인 취미, 성격, 환경에서 오는 편견을 가리키는 것은?

① 종족의 우상            ② 동굴의 우상
③ 시장의 우상            ④ 극장의 우상

> **NOTE** ① 종족의 우상 : 모든 사물을 인간 본위로 해석하고 인간 중심으로 유추하려는 본성에서 비롯되는 선입견이다.
> ③ 시장의 우상 : 언어를 잘못 사용하거나 그 참뜻을 잘못 이해하는 데서 오는 선입견이다.
> ④ 극장의 우상 : 잘못된 원칙·학설·전통·유행 등을 무비판적으로 수용하고 신뢰하는 데서 오는 선입견이다.

**21** 이슬람세계의 가장 중요한 정치 및 사회운동의 정파로 이슬람교의 경전인 코란보다 왕권과 신의 결합개념인 '이맘'의 권위가 우선한다고 여기는 분파는?

① 수니파            ② 와하브파
③ 무타질라파            ④ 시아파

> **NOTE** 시아파(Shia) … 이슬람교의 2대 종파의 하나로 이단파라고도 한다. 시아는 '당파'의 뜻이다. 마호메트가 죽은 후 후계자의 한 사람인 알리와 그 자손을 이맘(지도자)으로 모셨는데, 그 절대성이 강조되어 이맘을 숭배하는 사람은 모든 죄가 용서되는 등 마호메트 이상으로 숭배되어 이맘의 언행은 코란에 우선되기까지 하였다.

**22** 도리·이성·논리가 일체를 지배한다는 세계관과 관련이 있는 것은?

① 실존주의            ② 합리주의
③ 공리주의            ④ 주지주의

> **NOTE** 합리주의 … 참된 지식은 나면서부터 지니고 있는 이성에 의해서만 얻을 수 있다고 주장한다. 비합리와 우연적인 것을 배척하고 도리와 이성과 논리가 일체한다는 세계관을 가지고 있다.

**23** 마르크스의 사적 유물론에 의해 사회를 상부구조와 하부구조로 나누었을 때 하부구조에 해당하는 것은?

① 정치            ② 예술
③ 경제            ④ 종교

> **NOTE** 정치, 법률, 사상, 예술, 관념 등과 같은 상부구조(이데올로기)는 그 사회의 경제적·물질적 생산과정이 어떻게 이루어지는가에 영향을 받아 형성된다.

**24** 유네스코가 지정한 국제 기념일 세계 철학의 날은 언제인가?

① 매년 11월 셋째 주 목요일
② 매년 10월 둘째 주 금요일
③ 매년 5월 셋째 주 수요일
④ 매년 1월 넷째 주 월요일

> **NOTE** 세계 철학의 날 … 철학의 가치를 보존하고 철학을 통한 성찰을 위하여 유네스코가 2002년에 제정한 날로 매년 11월 셋째 주 목요일을 기념한다.

**25** 현대의 대표적인 사조와 그 사상가를 잘못 연결한 것은?

① 실증주의 – 콩트(Comte)
② 생의 철학 – 하이데거(Heideger)
③ 실존주의 – 야스퍼스(Jaspers)
④ 공리주의 – 밀(Mill)

> **NOTE** 생의 철학 … 계몽철학의 주지주의와 헤겔의 이성적 관점을 비판하고, 비합리적이고 충동적인 삶을 중시한 철학사조로 대표적 사상가는 쇼펜하우어, 니체 등이 있다.
> ② 하이데거는 실존주의자이다.

**26** 기독교 역사에 대한 설명으로 옳지 않은 것은?

① 루터는 예정설에서 인간의 주관적인 신앙의 중요성을 강조하였다.
② 베버는 카리스마의 개념과 신교의 윤리로 기독교가 자본주의 사회발전의 원동력이 될 수 있음을 입증하고자 했다.
③ 구티에레스 신부는 전후 남미 해방신학의 중심적 역할을 하였다.
④ 1960년대 초 제2차 바티칸 공의회에서 역사적이고 진화적인 세계관이 신학에 도입되었다.

> **NOTE** 예정설은 칼뱅이 주장하였다.

**27** 유대인의 독특한 음식 계율을 '카슈루트', 음식 계율에 적합한 음식물을 '카셰르'라고 한다. 이와 비슷한 맥락으로 이슬람교도인 무슬림이 먹고 쓸 수 있는 제품을 총칭하는 용어는 무엇인가?

① 코셔            ② 할랄

③ 마짜            ④ 테레파

> **NOTE** 할랄(Halal) … 과일·야채·곡류 등 모든 식물성 음식과 어류·어패류 등의 모든 해산물과 같이 이슬람 율법하에서 무슬림이 먹고 쓸 수 있도록 허용된 제품을 총칭하는 용어다.
>
> ① 코셔(Kosher) : 전통적인 유대인의 의식 식사법에 따라 식물을 선택·조제하는 것으로, 사전적으로는 '적당한, 합당한'의 의미를 가진다.
> ② 마짜(Matza 또는 Matzah) : 히브리 사람들이 이집트에서 탈출하던 초기에 '고통의 빵'을 먹어야 했던 사실을 잊지 않기 위해서 먹는 누룩이 들어가지 않은 빵이다.
> ④ 테레파(Terefa) : 유대인의 의식 식사법에 따라 먹을 수 없는 것으로 지정된 것들로 어류는 미꾸라지 같이 지느러미와 비늘 중 하나라도 없는 종, 독수리·매와 같은 야생 조류와 육식을 하는 조류, 돼지·낙타·말 등과 같이 되새김질을 하지 않거나 굽이 갈라져 있지 않은 동물이 이에 해당된다.

**28** 3불 정책에 해당하지 않는 것은?

① 본고사            ② 고교등급제

③ 수능시험제            ④ 기여입학제

> **NOTE** 3불 정책 … 1999년에 도입된 대한민국의 대학 입시제도 및 공교육 제도의 근간을 형성하는 교육 정책으로, '고교등급제', '기여입학제', '본고사'의 세 가지를 금지하는 것을 말한다.

**29** 19세기 페스탈로치는 인간의 고유한 능력을 3H로 보고 이 셋을 조화롭게 발전시키는 것이 교육의 이상이라고 보았다. 3H에 해당되지 않는 것은?

① Head(지력)            ② Heart(정신력)

③ Hand(기술력)            ④ Health(체력)

> **NOTE** 3H … Head(知)·Heart(情)·Hand(技)를 말하며, 페스탈로치는 이 3H가 조화롭게 구비된 인간을 양성하는 것이 교육의 목표라고 하였다.

ANSWER ── 24. ①   25. ②   26. ①   27. ②   28. ③   29. ④

**30** NIE이란?

① 신문활용교육                    ② 신(新)국제기업
③ 국제기업 간 네트워크            ④ 신(新)국제오락문화

> **NOTE** NIE(Newspaper In Education) … 신문을 교재나 보조교재로 활용한 교육을 말한다.


**31** 「공산당 선언」과 「자본론」을 저술한 철학자는?

① 마르크스
② 다윈
③ 레닌
④ 베버

> **NOTE** 마르크스 … 독일의 철학자로, 변증법적 및 사적 유물론, 과학적 경제학을 정립하였다.


**32** 교육의 효과에 대한 설명 중 관점이 다른 하나는?

① 숙명론
② 교육불가능설
③ 환경만능설
④ 쇼펜하우어

> **NOTE** 교육의 효과를 긍정하는 학설로서 인간의 능력을 결정하는 것은 후천적 환경 또는 교육의 작용이라고 보며, 소
> 질까지도 환경의 힘으로 변화시킬 수 있다고 주장한다.
> ①② 인간의 능력은 선천적으로 정해져 있기 때문에 교육은 이를 구현시켜 주는 일에 불과하다고 주장하는 교육
> 부정설과 관련된 개념이다.
> ④ 교육부정설을 주장하는 대표자로서 "사람이란 소질이 지배하는 것이며, 미래의 발전도 소질에 의해서 결정된다."고 주장
> 하였다.

**33** 세계 최초로 여성 참정권을 부여한 나라는?

① 미국
② 프랑스
③ 뉴질랜드
④ 아르헨티나

> **NOTE** 1893년 9월 9일에 세계 최초로 뉴질랜드에서 여성에게 참정권을 부여하였다. 여성 투표권 획득에 앞장선 기독교여성금주동맹은 원래 술 판매 금지 목적으로 만들어진 단체이지만 케이트 셰퍼드의 주도로 여성 투표권을 요구하는 청원서를 1892년 의회에 제출하였다. 상원이 이를 거부하자, 1893년에 청원을 다시 제출했고, 여성에게 투표권을 허용하는 법안이 9월 8일 가까스로 통과됐다. 9월 19일에 비로소 선거권이 보장되었지만, 피선거권이 주어진 것은 1919년이었으며 1933년이 되어서야 여성 의원이 탄생하였다.

**34** 다음 중 오경(五經)에 속하지 않는 것은?

① 시경(詩經)
② 춘추(春秋)
③ 예기(禮記)
④ 논어(論語)

> **NOTE** 사서(四書)에는 논어(論語), 대학(大學), 맹자(孟子), 중용(中庸)이 있고, 오경(五經)에는 시경(詩經), 서경(書經), 역경(易經), 춘추(春秋), 예기(禮記)가 있다.

**35** 우리나라 학교교육을 위해 처음으로 설립된 기관은 무엇인가?

① 향학
② 태학
③ 성균관
④ 국자감

> **NOTE** 태학(太學) … 우리나라 최초의 교육기관으로, 고구려의 소수림왕 2년(372)에 건립된 국립교육기관이다.
> ① 향학(鄕學) : 고려 시대 지방에 설치한 교육 기관으로, 중앙에 설치된 국학(國學) 또는 국자감(國子監)에 대하여 지방에 설치된 교육 기관이다.
> ③ 성균관(成均館) : 고려 말부터 조선시대까지의 최고 교육기관으로, '성균'이라는 명칭이 처음 사용된 것은 고려 충렬왕 때인 1289년이다.
> ④ 국자감(國子監) : 고려시대 국립교육기관으로, 국가에서 필요한 인재를 양성하기 위한 최고 교육기관이다.

**36** 공자(孔子)가 열다섯 살 때 학문에 뜻을 두었다고 한 데서 유래하여 15세를 뜻하는 한자는?

① 而立
② 古稀
③ 知天命
④ 志學

> **NOTE** 志學(지학) ··· 15세
>
> ① 而立(이립) : 30세
> ② 古稀(고희) : 70세
> ③ 知天命(지천명) : 50세

**37** 일본의 메이지유신(明治維新)에 대한 설명으로 옳지 않은 것은?

① 시민계급이 대두하였다.
② 일종의 시민혁명이었다.
③ 입헌군주정치의 기초가 확립되었다.
④ 봉건지배계급의 몰락을 배경으로 하였다.

> **NOTE** 메이지유신 ··· 메이지 천황 때 막부체제를 무너뜨리고 왕정복고를 이룩한 변혁과정으로, 국민의 실정을 고려하지 않는 관주도의 일방적 개혁으로 자본주의 육성과 군사적 강화에 노력하였다.

**38** 중국의 5·4운동을 바르게 설명한 것은?

① 지주의 횡포에 항거하여 일어난 농민들의 소작분쟁
② 군벌·일본세력을 배척한 지식인들의 반제국주의·반봉건주의 운동
③ 러시아의 남하정책을 반대한 민중봉기
④ 아편전쟁 후 맺은 난징조약에 반대한 학생운동

> **NOTE** 5·4운동 ··· 1919년 5월 4일 베이징에서 일어난 중국 민중의 반봉건·반제국주의 운동이다. 파리강화회의에 제출한 중국의 요구가 무시되자 학생과 지식인을 중심으로 일본과 그와 결탁한 군벌에 대한 반대시위로 시작되었다.

**ANSWER** —— 36.④  37.②  38.②

## Chapter 07

# 문화 · 예술 · 스포츠

## 01 문화

### ⊙ 매너 (Manner) · 에티켓 (Etiquette)

매너의 어원인 'Manarius'는 사람의 행동과 습관을 의미하는 라틴어 'Manus'와 방법과 방식을 뜻하는 라틴어 'Arius'의 합성어이다. 매너는 모든 사람에게 있는 것으로 '있다'와 '없다'로 구분하는 것이 아니라 '좋다'와 '나쁘다'로 구분한다. 에티켓은 'Estiquier(붙이다)'라는 프랑스어에서 유래한 것으로 루이 14세가 집권하던 17세기 성에 출입하는 사람들이 지켜야 할 규칙을 성 안뜰 벽에 붙여 놓던 것에서 기인하여 예절, 예의의 뜻으로 쓰인다. 에티켓은 매너와 다르게 '있다'와 '없다'로 구분하며, '에티켓을 지키다'의 형태로 많이 사용한다.

### ⊙ 서브컬처 (Subculture) ◇◇

하위문화(下位文化) 또는 부차적 문화라고도 한다. 어떤 사회의 주가 되는 중심 문화에 대비되는 개념이다. 즉, 한 사회에서 일반적으로 볼 수 있는 행동양식과 가치관을 전체로서의 문화라고 할 때, 그 전체적인 문화 내부에 존재하면서도 독자적인 특징을 보이는 부분적인 문화가 곧 서브컬처라고 할 수 있다. 상류계층문화, 화이트칼라문화, 농민문화, 도시문화, 청소년문화 등이 그 예이다.

### ⊙ 세계지적재산기구 (WIPO : World Intellectual Property Organization) ◇◇

지적재산권의 국제적 보호 촉진과 국제협력을 위해 설립한 국제기구로 세계지적소유권기구라도고 한다. 세계지적재산권기구설립조약(1970년 발효)을 근거로, 저작권을 다루는 베른조약(1886년 발효)과 산업재산권을 다루는 파리조약(1883년 발효)의 관리와 사무기구상의 문제를 통일적으로 처리할 목적으로 설립하였으며 1974년 유엔전문기구가 되었다.

## ✿ 국보 (國寶) · 보물 (寶物) ✧

국가가 지정하는 국가유산은 국보, 보물, 중요민속자료, 사적 및 명승, 천연기념물, 중요무형유산으로 분류할 수 있다. 보물은 건조물, 전적, 서적, 고문서, 회화, 조각, 공예품, 고고자료, 무구 등의 유형유산 중 중요도가 높은 것을 선정하는 것으로 문화재청장과 문화재위원회의 심의를 거친다. 보물에 해당하는 유산 중 인류문화의 관점에서 볼 때 역사적, 학술적, 예술적 가치가 크고 그 시대를 대표하거나 제작기술이 특히 우수하여 그 유래가 드문 것을 국보로 정한다.

| 구분 | 내용 |
|---|---|
| 국보 | 1호 : 숭례문(남대문), 2호 : 원각사지 10층 석탑, 3호 : 진흥왕 순수비 |
| 보물 | 1호 : 흥인지문(동대문), 2호 : 보신각종, 3호 : 대원각사비 |
| 사적 | 1호 : 포석정지, 2호 : 김해 봉황동 유적, 3호 : 수원화성 |
| 무형문화재 | 1호 : 종묘제례악, 2호 : 양주 별산대놀이, 3호 : 남사당놀이 |
| 천연기념물 | 1호 : 측백나무 숲, 8호 : 재동 백송, 9호 : 조계사 백송 |

**PLUS** 더 알아보기

1962년 문화재 보호법 제정 이후 쓰였던 '문화재'는 역사와 정신까지 아우르는 '국가유산'이란 새 명칭으로 변경 · 확대되었다.

## ○ 세계문화유산목록(世界文化遺産目錄) ◇◇

국제연합 교육과학문화기구(유네스코)가 보존활동을 벌이는 문화유산과 자연유산의 목록이다. 세계유산목록이 만들어지게 된 것은 1960년 이집트의 아스완댐 건설로 누비아유적이 수몰위기에 빠지자 세계적으로 인류유산보호에 대한 여론이 제기되면서부터이다. 유네스코는 1972년 세계유산협약을 채택, 세계의 문화유산과 자연유산을 보호하기 시작했다. 이 협약에 근거해 설립된 정부 간 기구인 세계유산위원회는 세계유산목록을 만들어 이들 유산보존활동을 활발히 벌이고 있다.

---

**PLUS** 더 알아보기

- **세계기록유산** : 유네스코가 세계적인 가치가 있다고 지정한 귀중한 기록유산으로, 1995년 선정기준 등을 마련하여 1997년부터 2년마다 국제자문위원회(IAC : International Advisory Committee)의 심의·추천을 받아 유네스코 사무총장이 선정한다. 기록유산은 단독 기록 또는 기록 모음일 수도 있으며, 기록을 담고 있는 정보나 그 기록을 전하는 매개물일 수도 있다. 세계유산 및 세계무형유산과는 구별되어 별도로 관리한다.
- **세계무형유산** : 2001년 인류 문화의 다양성과 창의성을 존중하기 위해 유네스코에서 제정한 제도로, 전 세계의 전통 춤, 연극, 음악, 놀이, 의식 등 구전(口傳)되는 국가유산이나 무형유산 가운데 보존 가치가 있는 것을 선정한다. 정식명칭은 인류무형유산이다.
- **우리나라의 유산 등록현황**

| 구분 | 내용 |
|---|---|
| 세계유산 | 해인사 장경판전(1995년), 종묘(1995년), 석굴암·불국사(1995년), 창덕궁(1997년), 수원화성(1997년), 고창·화순·강화 고인돌 유적(2000년), 경주역사유적지구(2000년), 제주 화산섬과 용암동굴(2007년), 조선왕릉(2009년), 한국의 역사마을:하회와 양동(2010년), 남한산성(2014년), 백제역사유적지구(2015년), 산사, 한국의 산지승원(2018년), 한국의 서원(2019년), 한국의 갯벌(2021년) |
| 무형문화유산 | 종묘 및 종묘제례악(2001년), 판소리(2003년), 강릉단오제(2005년), 강강술래(2009년), 남사당(2009년), 영산재(2009년), 제주 칠머리당영등굿(2009년), 처용무(2009년), 가곡(2010년), 대목장(2010년), 매사냥(2010년, 공동등재), 줄타기(2011년), 택견(2011년), 한산모시짜기(2011년), 아리랑(2012년), 김장문화(2013년), 농악(2014년), 줄다리기(2015년 공동등재), 제주해녀문화(2016), 한국의 전통 레슬링(씨름)(2018), 연등회(2020) |
| 세계기록유산 | 훈민정음(1997년), 조선왕조실록(1997년), 직지심체요절(2001년), 승정원일기(2001년), 해인사 대장경판 및 제경판(2007년), 조선왕조의궤(2007년), 동의보감(2009년), 일성록(2011년), 5.18 민주화운동 기록물(2011년), 난중일기(2013년), 새마을운동 기록물(2013년), 한국의 유교책판(2015), KBS 특별생방송 '이산가족을 찾습니다'기록물(2015), 조선왕실 어보와 어책(2017), 국채보상운동기록물(2017), 조선통신사 기록물(2017) |

---

## ○ 지적소유권 (知的所有權) ◇

음반 및 방송, 연출, 예술가의 공연, 발명·발견, 공업디자인, 등록상표, 상호 등에 대한 보호 권리와 공업·과학·문학 또는 예술 분야의 지적활동에서 발생하는 모든 권리(지적재산권)를 말한다. 산업발전을 목적으로 하는 산업재산권과 문화 창달을 목적으로 하는 저작권으로 분류할 수 있는데 인간의 지적 창작물을 보호하는 무형재산권이라는 점과 그 보호기간이 한정되어 있다는 점에서 동일하지만, 저작권은 출판과 동시에 보호되는 것에 비해 산업재산권은 특허청의 심사를 거쳐 등록해야만 보호된다. 보호기간도 저작권은 저작자 사후 30~70년으로 상당히 긴 데 반해 산업재산권은 10~20년으로 짧은 편이다.

### ❂ 베른조약 (Berne Convention) ✧✧

'문학 및 미술 저작물 보호에 관한 조약'으로 1886년 스위스의 수도 베른에서 체결되어 베른 조약이라고 부른다. 만국저작권 보호동맹조약이라고도 하며 저작물을 국제적으로 보호할 것을 목적으로 한다. 가맹국은 다른 가맹국 국민들의 저작물을 자국민의 저작물과 동등하게 대우하며 저작권의 효력은 등록 등의 절차를 필요로 하지 않고 저작사실 자체로 효력을 발생하는 발생주의에 따르며, 저작권은 저작자의 생존기간 및 사후 50년 동안 보호하는 것을 원칙으로 한다.

### ❂ 문화다양성협약 (Protection of the Diversity of Cultural Contents) ✧

정식 명칭은 '문화콘텐츠와 예술적 표현의 다양성을 위한 협약'으로 세계 각국의 문화적 다양성을 인정하는 국제협약이다. 1999년 유네스코 총회에서 제안된 것으로 프랑스 등 유럽 국가들이 미국 문화의 범람에 맞서 자국의 문화를 시키자는 취지였다. 이후 2001년 11월 프랑스 파리에서 '세계 문화다양성 선언'이 채택되었고 2002년에는 5월 21일을 '세계 문화다양성의 날'로 선포했으며, 2007년 3월부터 발효되었다.

### ❂ 다다이즘 (Dadaism) ✧

제1차 세계대전 중 1920년대에 걸쳐 유럽의 여러 도시에서 일어난 반예술운동이다. 인간생활에 대한 항의아래 재래 의미의 법칙이나 사회조직 등 일체의 전통적인 것을 부정하고 허무·혼란·무질서한 것 그대로를 표현하려는 과도기의 사상으로, 2차대전 후에는 전후 고조되고 있던 기계문명·인간소외 등의 이유에서 '네오다다'라는 명칭으로 부활되었다.

### ❂ 반달리즘 (Vandalism) ✧✧✧

도시의 문화·예술이나 공공시설을 파괴하는 행위를 말한다. 중세초기 유럽의 민족대이동 때 아프리카에 왕국을 세운 반달족이 지중해 연안에서 로마에 걸쳐 약탈과 파괴를 거듭했던 데서 유래한다.

### ❂ 리리시즘 (Lyricism) ✧

예술적 표현의 서정적·주관적·개성적인 정서를 표현하고 추구하는 정신 또는 문체를 말한다. 용솟음치는 인간적인 기쁨·고뇌·분노·평온 등의 심정고백이고 자아의 투영이므로 리드미컬한 음악성을 수반하며, 모티브는 생과 사·사랑·자연 등이 많다. 풍경묘사에 있어서도 객관적 설명보다는 심상풍경으로서의 상징성이 강해진다.

## ◎ 아방가르드 (Avant Garde) ◆◆

원뜻은 전위(前衛)로 제1차 세계대전 때부터 유럽에서 일어난 예술운동이다. 기성관념이나 유파를 부정하고 새로운 것을 이룩하려 했던 입체파·표현주의·다다이즘·초현실주의 등의 혁신예술을 통틀어서 일컫는 말이다. 모호성·불확실성의 역설과 주체의 붕괴, 비인간화 등의 특징은 근대 산업화과정과 밀접한 관계가 있다.

**PLUS** 더 알아보기

- **아방게르(Avant Guerre)** : 전전(戰前)이란 뜻의 프랑스어로, 본래는 제1차 세계대전의 예술운동을 가리켰는데 나중에 제2차 세계대전 전의 사조·생활태도 또는 그 시대에 산 사람들을 뜻하게 되었다. 인상주의, 자연주의, 현실주의 등을 가리킨다. 아프레게르와 상대되는 말이다.
- **아프레게르(Après Guerre)** : 전후(戰後)를 의미하는 프랑스어로, 다다이즘·쉬르리얼리즘 등의 전위적인 예술로 나타났다. 원래는 제1차 세계대전이 끝난 뒤 프랑스의 젊은 예술가들이 전통적인 모든 가치체계를 부정하면서 새로운 예술을 창조한 시대사조를 가리키는 말이었는데, 최근에는 '전후문학'이라고 하면 제2차 세계대전 후만을 의미하게 되었다.

## ◎ 매너리즘 (Mannerism) ◆

예술의 창작이나 그 발상면에서 독창성을 잃고 평범한 경향으로 흘러, 표현수단의 고정과 상식성으로 인하여 예술의 신선미와 생기를 잃는 일을 일컫는 말이다. 현상유지의 경향이나 자세를 가리키기도 한다.

## ◎ 모더니즘 (Modernism) ◆◆

제1차 세계대전 후의 근대주의·현대주의를 의미한다. 넓은 의미로는 교회의 권위 또는 봉건성에의 반항, 과학이나 합리성을 중시하고 널리 근대화를 지향하는 것을 말하지만 좁은 의미로는 기계문명과 도회적 감각을 중시하여 반전통·반예술을 주장하며, 이른바 현대풍을 추구하는 것을 뜻한다. 미래파·표현파·다다이즘·주지파 등을 포괄한다.

## ◎ 포스트모더니즘 (Post Modernism) ◆◆

현대 또는 근대주의를 가리키는 모더니즘에서 벗어난다는 탈(脫)과 지속한다는 뜻인 접두어 Post가 붙어 생긴 말로 모더니즘으로부터의 단절과 지속적인 성격을 동시에 지니고 있다. 제1차 세계대전 후 모더니즘은 독창성과 고상함을 중요시여기고 합리주의·기능주의와 연결되어 비교적 단순하고 증명력 있는 것을 추구하였던, 반면에 제2차 세계대전 이후 생명 등에 대한 가치관이 흔들리던 후기 자본주의 시대의 포스트모더니즘은 모더니즘의 단절만을 의미하는 것이 아니라 이질적인 요소를 서로 중첩하거나 과거의 작품에서 인용하는 등 절충주의적 경향을 보인다.

### ✪ 모티프 (Motif) ◈◈

회화·조각·문학 등에 있어서 표현·창작의 동기가 되는 내부충동을 말한다. 창작에 있어서는 우선 소재가 있고 이것을 테마에 부합되게 플롯으로 구성함으로써 작품이 완성된다. 작자가 소재로부터 테마를 얻었을 때 작자의 내부에는 표현하려는 창작적 의욕이 생긴다. 이와 같은 내부충동이 모티프이다. 음악에서는 음악구조를 구성하는 가장 작은 단위로 둘 이상의 음이 모여서 된 것이다. 선율의 기본이 되며 일정한 의미를 가진 소절을 이룬다.

### ✪ 세계 3대 영화제 ◈◈◈

베니스, 칸, 베를린 영화제를 말하는 것으로 세계 4대 영화제라고 할 경우 모스크바 영화제를 포함한다. 베니스 영화제가 가장 오랜 역사를 지녔지만, 일반적으로 칸 영화제를 가장 권위 있는 영화제로 생각한다.

### ✪ 베니스 영화제 ◈◈◈

이탈리아 베니스에서 매년 개최되는 최고(最古)의 국제 경쟁영화제로 1932년 5월 창설되었다. 매년 8월 말에서 9월 초에 열리며 수상 부문으로 작품상, 남녀배우상 등이 있으며 그랑프리는 '산마르코 금사자상(황금사자상)'이라고 부른다. 타 영화제 출품작을 제외한 일반 극영화만 출품이 가능하다는 특징이 있다. 우리나라의 수상 내역으로는 강수연[여우주연상, '씨받이(1987)'], 이창동·문소리[감독상·신인여배우상, '오아시스(2002)'], 김기덕[감독상, '빈집(2004)'], 김기덕[황금사자상, '피에타(2012)'], 채수응[베스트 VR경험상, '버디VR(2018)'], 홍상수[은곰상(감독상, '도망친 여자(2020)'] 등이 있다.

### ✪ 칸 영화제 ◈◈◈

1946년 프랑스 국립영화센터에서 관광휴양지인 칸에 설립한 국제 경쟁영화제이다. 최고의 권위를 인정받고 있는 국제 영화제로 황금종려상, 심사위원 대상, 남녀배우주연상, 감독상, 각본상 등의 경쟁부문과 주목할 만한 시선, 황금카메라상, 시네파운데이션 등 비경쟁부문으로 나누어 시상한다. 최근 봉준호 감독의 영화 '기생충'이 한국영화 최초로 황금종려상을 수상하며 큰 화제가 되었다. 이밖에도 우리나라 수상 내역으로는 이두용[특별부문상, '물레야 물레야(1984)'], 임권택[한국영화사상 최초 경쟁부문 진출, '춘향연(1999)'], 임권택[감독상, '취화선(2002)'], 박찬욱[심사위원 대상, '올드보이(2004)'], 전도연[여우주연상, '밀양(2007)'], 박찬욱[심사위원상, '박쥐(2009)'], 이창동[각본상, '시(2010),'], 홍상수[주목할 만한 시선 부문 대상, '하하하(2010)'], 김기덕[주목할 만한 시선 부문 대상, '아리랑(2011)']. 문병곤[황금종려상(단편 경쟁부문), '세이프(2013)'], 봉준호[황금종려상, '기생충(2019)'], 박찬욱[감독상, '헤어질 결심(2022)'], 송강호[남우주연상, '브로커(2022)'] 등이 있다.

## ❂ 베를린 영화제 ◇◇◇

1951년 서베를린시 시장이었던 빌리 브란트가 세계의 평화와 우애를 지향하고자 창설한 국제영화제로 금곰상(최우수작품상), 은곰상(심사위원 대상, 감독상, 남녀배우상 등), 알프레드바우어상, 블루엔젤상, 평생공로상 등이 있다. 우리나라의 수상 내역으로는 강대진[은곰상, '마부(1961)'], 장선우[알프레드바우어상, '화엄경(1994)'], 김기덕[감독상, '사마리아(2004)'], 임권택[명예황금곰상, 아시아최초(2005)], 박찬욱[알프레드바우어상, '사이보그지만 괜찮아(2007)'], 양효주[은곰상(단편 부문), '부서진 밤(2011)'], 나영길[황금곰상(단편 부문), '호산나(2015)'], 이동하[파라노마 관객상, '위켄즈(2016)'], 김민희[은곰상(여자연기자상)], '밤의 해변에서 혼자(2017)'], 김보라[대상(제네레이션 14 플러스), '벌새(2019)'], 홍상수[은곰상(각본상), '인트로덕션'(2021)], 홍상수[은곰상(심사위원대상), '소설가의 영화(2022)'] 등이 있다.

## ❂ 골든 글로브상(Golden Globe Prize) ◇

세계 84개국의 신문 및 잡지기자 114명으로 구성된 헐리우드 외국인기자협회가 그해 최우수영화의 각 부문과 남녀배우에게 수여하는 상으로, 아카데미상을 시상하기 전에 시상한다.

## ❂ 모스크바 영화제 ◇◇◇

1989년에 창설된 공산권 최대 규모의 영화제이다. 베니스, 칸, 베를린 영화제와 더불어 세계 4대 국제 영화제로 홀수 년도 6월경에 열린다. 시상은 대상(금게오르기상), 심사위원 특별상(은게오르기상), 남녀주연상(동게오르기상)으로 나누어 하며 우리나라 수상 내역으로 강수연[여우주연상, '아제아제바라아제(1989)'], 이덕화[[남우주연상, '살어리랏다(1993)'], 장준환[감독상, '지구를 지켜라(2003)'], 손현주[남우주연상, '보통사람(2017)'], 김기덕[월드시네마 공로상(2019)], 정관조[다큐멘터리 부문 최우수상, '녹턴(2020)'] 등이 있다.

---

**PLUS** 더 알아보기

- **몬트리올 영화제** : 1977년 캐나다 몬트리올에서 창설된 국제영화제로 매년 8월 말~9월 초에 일반 극영화 및 TV용 영화 등이 출품하여 경쟁을 벌인다.
- **낭트3대륙 영화제** : 1979년 프랑스 낭트에서 창설된 국제영화제로 아시아, 아프리카, 남미의 3대륙 영화제라 할 만큼 제3세계 영화 소개에 치중하며 매년 11월 말~12월 초 개최한다.
- **로카르노 국제 영화제** : 스위스 로카르노시에서 1949년 창설된 신인영화제로 2편 이내의 영화를 만든 신인 감독을 대상으로 매년 8월경에 열린다. 스위스영화협회가 주관하는 이 영화제의 시상 부문은 금표범상, 은표범상, 동표범상, Ernest Artaria 기념상, 심사위원 특별상 등 5개 부문이다.
- **선댄스 영화제** : 세계에서 가장 권위 있는 독립영화제로 1984년 미국의 감독 겸 명배우 로버트 레드포드가 할리우드의 상업주의에 반발, 독립영화 제작에 활기를 불어넣기 위해 설립했다.

## ❂ 그래미상 (Grammy Award) ◇◇◇

전미국레코드 예술과학아카데미(NARAS)가 주최하는 1년간의 우수한 레코드와 앨범에 주어지는 상이다. 미국 제일의 규모와 권위로 영화계의 아카데미상에 비견된다. 그래미는 그래머폰(축음기)에서 온 애칭으로 수상자에게는 나팔이 부착된 축음기 모양의 기념패가 주어진다. 5,000명 이상의 심사위원이 수차에 걸친 투표를 해서 선정하며 대상은 레코드 · 앨범 · 가곡 · 신인의 종합 4상이 있다. 이외에 녹음기술, 재킷디자인, 비디오 부문까지 세세한 항목으로 나뉘어 있다.

## ❂ 대종상 (大鐘賞) ◇

우리나라 영화산업의 육성과 영화인들의 의욕을 고취시키고자 당시 문화공보부가 1962년에 설립한 상으로, 작품상 · 남녀주연상 · 촬영상 · 음악상 · 미술상 등 여러 부문에 걸쳐 해마다 시상되고 있다.

## ❂ 아카데미상 (Academy Award) ◇◇

미국의 영화예술과학아카데미협회가 시상하는 영화상으로 오스카 금패가 수여되어 오스카상이라고도 한다. 1927년 5월에 창설되었으며, 1928년부터 매년 우수영화 · 영화인에게 수여해 온 세계적으로 권위있는 영화상이다. 수상부문은 작품 · 감독 · 주연 남녀배우 · 조연 남녀배우 · 음악 · 촬영상 등 16개 부문에 시상한다.

## ❂ 옴니버스 (Omnibus)영화 ◇

옴니버스란 합승버스를 뜻하는데, 서로 독립된 여러가지의 스토리를 한편의 영화로 만든 것을 말한다. 그 전형적인 작품으로는 미국의 보카치오 70과 우리나라의 유현목 감독의 작품 한(恨) 등이 있다.

## ❂ 청룡영화상 ◇◇◇

한국영화의 질적 향상과 국내 영화산업의 진흥발전을 돕기 위해 1963년 제정되었다. 시상 부문은 최우수작품상, 감독상, 남녀주연상, 남녀조연상, 촬영상, 조명상, 각본상, 기술상, 미술상, 음악상, 신인감독상, 신인남녀연기상, 인기스타상, 한국영화 최다관객상과 최근 신설된 청정원 단편영화상의 총 18개 부문이다.

**PLUS** 더 알아보기

| 제42회 청룡영화상 수상자(작) | | | |
| --- | --- | --- | --- |
| 구분 | 수상자(작) | 구분 | 수상자(작) |
| 최우수 작품상 | 모가디슈 | 음악상 | 방준석(자산어보) |
| 감독상 | 류승완(모가디슈) | 미술상 | 김보묵(모가디슈) |
| 남우주연상 | 설경구(자산어보) | 기술상 | 승리호 |
| 여우주연상 | 문소리(세자매) | 각본상 | 김세겸(자산어보) |
| 남우조연상 | 허준호(모가디슈) | 인기스타상 | 임윤아 · 송중기 · 전여빈 · 구교환 |
| 여우조연상 | 김선영(세자매) | 한국영화 최다관객 상 | 모가디슈 |
| 신인남우상 | 정재광(낫아웃) | 편집상 | 김정훈(자산어보) |
| 신인여우상 | 공승연(신인여우상) | 촬영조명상 | 자산어보 |
| 신인감독상 | 박지완(내가 죽던 날) | 단편영화상 | 최민영(오토바이와 햄버거) |

## 02 예술

### ● 오페라 (Opera) ◇◇◇

가극(歌劇)으로 음악적인 요소는 물론 대사를 통한 문학적 요소, 연극적 요소, 무대·의상 등의 미술적 요소들이 종합된 대규모의 종합무대예술이다. 레시터티브·아리아·중창 등으로 구성되어 있다. 관현악은 반주뿐만 아니라 서곡·간주곡·종곡 등을 연주한다. 대표적 작품으로는 모차르트의 피가로의 결혼·돈지오반니, 베르디의 아이다·리골레토·춘희, 푸치니의 토스카·라보엠, 비제의 카르멘 등을 들 수 있다.

**PLUS** 더 알아보기

- **오페라 부파 (Opera Buffa)** : 경쾌한 음악을 주로 하고 중창이 많으며, 익살과 풍자적인 줄거리를 가진 오페라이다.
- **오페라 코미크 (Opera Comique)** : 대사를 넣은 가극으로, 비제의 카르멘과 같이 비극적인 계통도 포함된다.

### ● 오페레타 (Operetta) ◇

형식은 오페라와 비슷하면서 군데군데 대사의 삽입방법과 목적에 다소 차이가 있는 곡으로, 경쾌하고 알기 쉬우면서도 유머가 곁들인 줄거리를 통속적이고 대중적인 음악으로 연출하는 음악극이다. 천국과 지옥, 보카치오, 박쥐 등이 유명하다.

### ● 프리마돈나 (Prima Donna) ◇

오페라의 여주인공역을 맡은 소프라노 가수를 칭하는 말로서 '제1의 여인'이라는 뜻이다. 이에 해당하는 남자가수를 프리모우모(Primo Uomo)라 한다.

### ● 아리아 (Aria) ◇◇

성악곡이나 기악곡의 소멜로디를 뜻하기도 하고 화성부·반주부에 대한 멜로디부를 뜻하기도 하지만, 주로 오페라에서 레시터티브에 대하여 음악적 매력에 주안을 둔 독창곡을 말하며 영창이라고 번역된다. 바흐의 G선상의 아리아가 유명하다.

### ● 카덴차 (Cadenza) ◇◇

장식악절이란 뜻으로 어떤 악곡에 있어서 독창자 또는 독주자의 기교를 마음대로 화려하게 발휘할 수 있도록 작곡된 반주 없는 부분, 또는 그러한 노래를 부르는데 알맞은 성음을 말한다.

## ● 카스트라토 (Castrato) ◆◆

여성이 무대에 오르지 못했던 18세기 바로크시대의 오페라에서 여성의 음역을 노래한 남성가수를 말한다. 카운터테너(가성을 사용하여 소프라노의 음역을 구사하는 남성 성악가)에서 소프라노까지 오르내리는 3옥타브 반의 목소리를 내기 위해 변성기 전인 소년시절에 거세당했고, '신의 목소리'라고 불렸다.

## ● 갈라 콘서트 (Gala Concert) ◆

갈라는 이탈리아 전통 축제의 복장 'Gala'에 어원을 두고 있으며, '축제', '잔치'라는 사전적 의미를 지니고 있다. 클래식 음악에서는 흔히 아리아와 중창 등 약식으로 꾸며진 오페라에 붙이지만, 격식을 갖추지 않은 축하 공연 등을 통칭하는 용어로 사용된다.

## ● 퓨전음악 (Fusion Music) ◆◆

제3세계의 토속음악과 서구의 팝음악이 접목된 새로운 장르의 음악을 일컫는다. 아프리카 원주민들의 토속음률에 서구의 펑크, 록 등이 한데 어우러지는 특징을 보인다. 융합을 뜻하는 '퓨전'이란 말처럼 지역이나 관습적인 배경을 달리하는 음악들의 만남으로 국경을 뛰어 넘는 음악의 새 지평을 열었다고 볼 수 있다.

---

**PLUS** 더 알아보기

**크로스오버 음악(Crossover Music)** : 한 장르에 다른 장르의 이질적인 요소가 합해져서 만들어진 음악을 말한다. 현재는 음악뿐 아니라 대중문화 전반에 걸쳐 넘나드는 크로스오버 현상이 나타난다.

---

## ● 인상파음악 ◆

19세기 말에 프랑스에서 일어난 음악상의 작품으로 처음에는 회화세계에서 사용되었으나, 드뷔시의 독창과 오케스트라 봄에 대하여 비판적으로 쓰이고부터 음악세계에서도 쓰이게 되었다. 환상적이며 빛·바람과 같은 끊임없이 변화하는 것이 자아내는 자연의 아름다움에 대한 순간적 인상을 감각적으로 음색에 정착시키려 했고, 각종 병행화음 등을 사용하여 새로운 감각을 나타냈다. 대표적인 작곡가로는 드뷔시, 라벨을 꼽을 수 있다.

## ● 표제음악 (Program Music) ◆◆

곡의 내용을 자의적으로 해석하는 것을 막기 위해 표제를 붙인 음악이다. 표제음악은 14세기 일부 성악곡에서 볼 수 있으며 낭만파 음악시대에서 성행하였다. 창시자는 슈만이며, 표제음악의 새로운 분야를 개척한 베를리오즈의 환상교향곡이 대표적인 작품이다.

## ✪ 토카타 (Toccata) ✧

17세기부터 18세기 전반에 걸쳐 전성기를 이룬 건반악기를 위한 곡의 일종이다. 폭넓은 화음과 빠른 음표로 된 악구의 교체, 모방양식으로 된 푸가적 부분, 분명한 주제성격을 가지지 않는 음형의 반복 등이 특징이다. 형식이 자유로우며 즉흥적인 요소가 강하다.

## ✪ 구체음악 (具體音樂) ✧

제2차 세계대전 후 프랑스에서 일어난 음악의 한 경향이다. 종래의 음처럼 인성(人聲)이나 악기의 구사로 음악을 이루는 것이 아니라 자연음(새 · 물 · 바람소리 등)을 혼합 · 응결시킨 음악이다. 구상음악이라고도 하며, 프랑스의 샤플레 등이 제창하였다.

## ✪ 칸초네 (Canzone) ✧

이탈리아의 민요로서, 14세기에서 18세기에 걸쳐 이탈리아에서 유명한 세계적인 시에 곡을 붙인 가곡이다. 칸초네는 프랑스의 샹송과 같은 위치를 차지하고 있지만, 이탈리아의 뜨거운 태양이 길러낸 듯한 활달하고 솔직한 밝음이 있다.

## ✪ 빠르기 말 ✧✧✧

곡 전체 또는 한 부분을 얼마나 빠르게 연주해야 하는지 나타내기 위해 사용하는 문자를 말한다. 이와 구분하여 빠르기를 숫자로 표현한 것을 빠르기표 또는 메트로놈 기호라 한다.

| 구분 | 매우 느리게 | 느리게 | 조금 느리게 | 보통 빠르게 | 조금 빠르게 | 빠르게 | 매우 빠르게 |
|---|---|---|---|---|---|---|---|
| 용어 | Largo(라르고) | Andante (안단테) | Andantino (안단티노) | Moderato (모데라토) | Allegretto (알레그레토) | Allegro (알레그로) | Vivo(비보) |
| | Lento(렌토) | | | | | | Vivace(비바체) |
| | Adagio (아다지오) | | | | | | Presto(프레스토) |

---

**PLUS** 더 알아보기

- **나타냄말** : 곡의 전체 또는 일부의 성격이나 표정을 표시하기 위하여 여러 가지 말을 이른다. Affettuoso(애정을 담아), Con Anima(활기있게), Appassionato(열정적으로), Cantabile(노래하듯이), Dolce(부드럽게), Elegante(우아하게), Energico (정력적으로) 등이 있다.
- **셈여림표** : 강약기호라고도 하며 악곡의 부분 또는 전반에 걸친 음의 셈과 여림의 정도를 나타낸다. 피아니시모(pp, 매우 여리게) – 피아노(p, 여리게) – 메조피아노(mp, 조금 여리게) – 메조포르테(mf, 조금 세게) – 포르테(f, 세게) – 포르티시모 (ff, 매우 세게), 크레셴도(Cresc, 점점 세게) – 디크레셴도(Decresc, 점점 여리게), 스포르찬도(sf, 특히 세게), 포르테피아노(fp, 세게 곧 여리게) 등이 있다.

## ✪ 메트로놈 (Metronome) ✧

17세기에 독일의 멜첼이 발명한 음악의 속도조절기이다. 정확한 숫자에 의한 빠르기를 정할 수 있게 한 것으로, 메트로놈에 의한 빠르기 표시는 1분 동안에 소리내는 표준음표의 숫자를 적는다.

## ✪ 트레몰로 (Tremolo) ✧✧

이탈리아어의 'Tremare(떨린다)'에서 유래한 말로서, 음을 급속히 반복하는 주법이다. 음표의 기둥에 짧은 사선을 부가해서 지시하는데, 원칙적으로 사선의 수가 많을수록 횟수도 반복되어 많아진다.

## ✪ 피치카토 (Pizzicato) ✧✧✧

현악기 특유의 주법으로서, 현을 활로 켜는 것이 아니라 손가락으로 튕겨 음을 내는 것을 말한다. 활로 연주할 것을 특히 지시하려고 할 때에는 '아르코(Arco, 이탈리아어로 활이란 뜻)'라고 한다.

## ✪ 골든디스크 (Golden Disk) ✧✧✧

100만 장 이상 팔린 레코드를 가리킨다. 미국 레코드협회에서 100만 장 이상 팔린 레코드에 대해 금빛 레코드를 시상한 데서 비롯된 말이다. 밀리언 셀러 레코드라고도 부른다.

## ✪ FIAC (Foire Internationale d'Art Contemporain) ✧✧✧

프랑스에서 열리는 국제적인 현대 예술품 박람회로 스위스의 '바젤 아트페어', 미국의 '시카고 아트페어'와 함께 세계 3대 아트페어로 꼽힌다. 1974년 침체기를 걷던 세계 현대미술을 활성화시키고자 프랑스 내 80여 화랑과 출판업자들이 모여 출범했다.

## ✪ 바우하우스 (Bauhaus) ✧✧

1919년 건축가 발터 그로피우스가 미술학교와 공예학교를 병합하여 설립한 종합조형학교 겸 연구소이다. 주된 이념은 건축을 주축으로 예술과 기술을 종합하려는 것으로 기능적·합목적적인 새로운 미를 창조하여 현대 조형에 큰 영향을 미쳤다. 클레, 모홀리나기, 파이닝거, 칸딘스키 등이 바우하우스 출신이다.

## ○ 관현악 (Orchestra) ◇◇◇

현악기 · 관악기 · 타악기로 연주하는 규모가 가장 큰 연주형태로, 목관악기의 수에 따라 규모의 크기를 결정한다. 2관 편성 시 60~70명, 4관 편성 시에는 100명 정도가 필요하다.

① 악기의 분류

| 구분 | 정의 | 종류 |
|------|------|------|
| 금관악기 | 금속으로 만든 관악기 | 호른, 트럼펫, 트롬본, 튜바 등 |
| 목관악기 | 목질의 관으로 된 악기 | 플루트, 오보에, 클라리넷, 바순, 색소폰, 대금 · 중금 · 소금 · 피리 · 퉁소 · 단소 등 |
| 현악기 | 현을 활용하여 음을 내는 악기 | 바이올린, 비올라, 첼로, 콘트라베이스, 하프, 거문고, 가야금, 우쿨렐레, 만돌린 등 |
| 타악기 | 손이나 채 등으로 두드려서 소리를 내는 악기 | 음정이 있는 것 : 비브라폰, 실로폰, 마림바, 벨, 팀파니 등 |
| | | 음정이 없는 것 : 큰북, 작은북, 심벌즈, 트라이앵글, 탬버린, 캐스터네츠 등 |
| 건반악기 | 건반을 지닌 악기의 총칭 | 피아노, 첼레스타, 오르간, 아코디언 등 |

② 기악의 연주 형태 : 독주는 혼자서 악기를 연주하는 것이고, 중주는 두 사람 이상이 각기 다른 종류의 악기를 연주하는 것이다.

| 구분 | 정의 | | 종류 | |
|------|------|------|------|------|
| 2중주 | 바이올린-피아노, 첼로-피아노, 플루트-피아노, 클라리넷-피아노 등 | | 4중주 | 피아노 4중주 |
| | | | | 현악 4중주 |
| | | | | 목관 4중주 |
| 3중주 | 피아노 3중주 | 피아노, 바이올린, 첼로 | 5중주 | 피아노 5중주 |
| | 현악 3중주 | 바이올린, 비올라, 첼로 | | 현악 5중주 |
| | 클라리넷 3중주 | 클라리넷, 바이올린, 피아노 | | 목관 5중주 |

## ○ 향악 (鄕樂) ◇

당악이 들어오기 이전 삼국시대부터 지금까지 내려오는 음악을 말하며, 대개 한국 고유음악이다. 넓은 의미의 향악은 아악 · 당악을 제외한 제례악이나 연례악 · 정악 · 민속음악을 통틀어 말하는데, 고문헌에 보이는 향악 혹은 속악은 흔히 정악을 가리키는 수가 많다. 백제의 정읍사, 고려의 가곡, 조선의 여민락 등이 이에 속한다.

## ❂ 범패 (梵唄) ◇◇

불교음악의 총칭으로, 부처님의 공덕을 찬양하며 절에서 재(齋)를 지낼 때 부르는 노래이다. 우리나라에는 신라시대에 전래되어 가곡, 판소리와 함께 우리나라 3대 성악곡으로 발전하였다.

## ❂ 판소리 ◇◇◇

중요 무형문화재 제5호로 지정된, 광대의 소리와 대사를 통틀어 일컫는 말이다. 남도의 향토적인 선율을 토대로 진양조, 중모리, 중중모리, 자진모리, 휘모리, 엇모리, 엇중모리 등의 장단에 따라 변화시켰다. 조선 후기에 널리 불리던 판소리는 모두 12마당이었지만 조선 고종 때 신재효가 6마당으로 정리했다. 여기서 마당이란 사람들이 모이는 넓은 공간을 뜻하는 말로, 판소리나 탈춤의 단락을 셀 때 사용하는 단위를 가리킨다. 신재효가 정리한 판소리는 춘향가, 심청가, 박타령(흥부가), 가루지기타령, 토끼타령(수궁가), 적벽가 등이며 오늘날에는 가루지기타령을 제외한 5마당만 전해지고 있다. 한편 판소리의 3요소에는 소리(노래), 아니리(이야기 하듯 엮어나가는 것), 발림(몸짓, 표정 등의 동작)이 있다.

**PLUS** 더 알아보기

- **판소리의 소릿제** : 판소리가 전승되면서 전승 계보에 따라 음악적 특성에 차이가 생기게 되었는데, 이를 '소릿제'라 한다. 크게 섬진강을 중심으로 동쪽지역인 전라도 동북 지역의 소리인 동편제(東便制)와 서쪽지역인 전라도 서남 지역의 소리인 서편제(西便制) 그리고 경기도와 충청도 지역의 중고제(中高制)로 구분된다.

| 구분 | 특징 |
| --- | --- |
| 동편제 | 남성적 성향이 짙어 장단을 길게 빼지 않고 짧고 분명하게 끊으며, 리듬 또한 단조롭고 담백하다. |
| 서편제 | 여성적인 면이 있는 소리로, 수식과 기교가 많아 애절하고 섬세한 특성을 갖는다. |
| 중고제 | 동편제와 서편제의 중간적 특성을 보이지만, 동편제 쪽에 가깝다고 볼 수 있다. |

- **판소리 용어**

| 구분 | 특징 |
| --- | --- |
| 더늠 | 독창성 있는 대목이나 스타일 |
| 바디 | 판소리의 전체적인 법제, 혹은 어느 전승 계보의 텍스트 |
| 발림 | 창자가 소리의 극적인 전개를 돕기 위해서 하는 몸짓 |
| 아니리 | 가락을 붙이지 않고 말하듯이 엮어가는 사설 |
| 시김새 | 화려함이나 멋을 더하기 위해 어느 음에 붙는 표현기능, 발성기교 |
| 추임새 | 창자의 흥을 돋우기 위해 고수나 청중이 중간에 곁들이는 감탄사 |

## ❂ 국악의 음계 ◈◈◈

우리가 국악의 5음계로 알고 있는 궁, 상, 각, 치, 우는 중국에서 사용하는 음계이며, 「세종실록」에 기록된 고대 악보에 따르면 우리 국악의 기본 음계는 12음률인 것을 알 수 있다. 12율명(十二律名)은 황종, 대려, 태주, 협종, 고선, 중려, 유빈, 임종, 이칙, 남려, 무역, 응종으로 악보에 표기할 때는 앞 글자만 따서 사용한다. 가장 많이 쓰이는 선법은 서양의 장조에 해당하는 평조와 단조에 해당하는 계면조로, 평조의 경우 황, 태, 중, 임, 남을 계면조의 경우 황, 협, 중, 임, 무를 기본 음계로 한다.

## ❂ 우리나라 3대 악성 ◈◈◈

조선 세종 때 궁중음악인 아악의 기초를 확립한 박연, 고구려 때 칠현금에 능했던 왕산악, 12월을 상징하여 가야금을 만든 우륵을 지칭한다.

## ❂ 산조 (散調) ◈◈

삼남지방에서 성행하였고 특히 전라도에서 발달한 우리나라 민속음악의 하나이다. 병창과 대(對)를 이루며 장구를 반주로 가야금 · 거문고 · 해금 · 피리 · 저 · 단소 · 퉁소 등의 악기로 처음에는 진양조로 느리게 시작하다가 점차 급한 중모리 · 자진모리 · 휘모리로 바꾸어 연주한다.

**PLUS** 더 알아보기

우조와 계면조가 있고 감미로운 가락과 처절한 애원조의 소리도 있다.

## ❂ 아악 (雅樂) ◈

우리나라의 궁중음악으로 조선 세종이 박연에게 명하여 송나라에서 들여온 대성악을 조선 고유의 아악으로 새로 완성시켰다. 제례악(문묘제례악 · 종묘제례악), 연례악(여민락 · 보허자 · 낙양춘), 군례악(대취타), 정가(가사 · 시조) 등이 있다.

## ❂ 소호 (SOHO) ◈

'South of Houston'의 약자로 뉴욕의 하우스톤가와 커널가 사이에 화랑이 밀집하여 있는 지역을 이르는 말이다. 원래 공장지대였던 이 지역은 1950년대부터 화가들이 모이기 시작하면서 현재는 예술과 패션의 거리로 많은 사람이 찾는 명소가 되었다.

## ❂ 비엔날레 (Biennale) ◈◈◈

2년마다 열리는 국제적인 미술전람회이다. 베니스비엔날레·파리비엔날레·상파울루비엔날레 등이 있다. 특히 베니스비엔날레전은 1895년에 창립된 세계 최고(最古) 최대의 국제미술전으로 이탈리아의 베니스에서 열리며, 회화 및 조각·판화·데생 등 각 부문에 시상한다.

**PLUS** 더 알아보기

> **트리엔날레(Triennale)** : 3년마다 열리는 국제적 미술전람회로, 밀라노트리엔날레전이 유명하다. 1912년에 창립된 디자인 미술 중심의 국제전으로, 최근에는 가구·실험가옥에서 극장·기계·열차에 이르기까지 온갖 새로운 디자인이 출품되고 있다.

## ❂ 대한민국 미술대전 ◈◈

문화관광부 주체로 해마다 열리는 미술발전을 위한 선국미술전람회(국전)로, 1982년 대한민국 미술대전으로 개칭되었다. 한국문화예술진흥원의 후원으로 비구상과 구상으로 나누어 봄, 가을에 실시한다.

## ❂ 옵 아트 (Op Art) ◈◈

광학미술(Optical Art)로, 팝 아트에 이어 등장한 기하학적 구성이 주류인 추상미술의 경향이다. 정서적·사상적인 면보다는 형식적인 면에 치중하여 색면의 대비와 조화, 선의 운동과 구성 등의 착시 효과와 같은 모든 광학적인 효과를 화면에 채용하여 새로운 이미지로 구성한다.

## ❂ 앙데팡당 (Independants) ◈◈◈

1884년부터 프랑스에서 아카데미즘에 반대하는 화가들에 의하여 개최되어 온 자유출품제로서, 심사나 시상을 하지 않는 미술전람회를 말한다

## ❂ 팝아트 (Pop Art) ◈◈

1960년을 전후하여 추상미술에 대한 반동으로 일어난 미술의 한 유형으로, 특히 미국에서 거대도시문명을 배경으로 확산되었다. 일명 뉴리얼리즘(신사실주의)라고 불리는 이 파의 화가들은 추상을 거부하고 현대문명의 산물인 공업제품을 작품 속에 그대로 끌어들여 대중적인 이미지를 화면에 재현시켰다.

## ❂ 근대미술사조 ✧✧✧

| 구분 | 특징 |
|---|---|
| 신고전주의<br>(Neo – Classicism) | • 18세기 중엽~19세기 중엽에 걸쳐 유럽에서 형성된 미술양식이다.<br>• 형식의 통일과 조화, 표현의 명확성, 형식과 내용의 균형을 이룬다.<br>⑩ 다비드 '나폴레옹 대관식', 앵그르 '목욕하는 여인' 등 |
| 낭만주의<br>(Romanticism) | • 19세기 전반 유럽에서 회화를 비롯하여 조각 등에 나타난 미술양식이다.<br>• 합리주의에 반대해서 객관보다는 주관을, 지성보다는 감성을 중요시하였다.<br>⑩ 들라크루와 '키오스섬의 학살' 등 |
| 사실주의<br>(Realism) | • 19세기 중엽 사물, 자연의 상태를 그대로 표현하고자 한 미술형식이다.<br>• 프랑스에서 활동한 풍경화가들의 모임인 '바르비종파'가 있다.<br>⑩ 밀레 '이삭줍기', '만종', 쿠르베 '돌 깨는 사람들' 등 |
| 인상주의<br>(Impressionism) | • 19세기 말에 일어난 프랑스 청년화가들의 경향이다.<br>• 빛의 효과를 강조하고 밝은 색깔로 그림을 그리려는 운동이다.<br>⑩ 마네 '풀밭 위의 점심', '발코니', 모네 '인상 – 해돋이', 드가 '압생트', 르누아르 '뱃놀이 점심' 등 |
| 신인상주의<br>(Neo – Impressionism) | • 19세기 말에 대두한 미술사조로 인상주의에 과학성을 부여하고자 하였다.<br>• 무수한 색점을 사용하여 색을 분할하는 기법이다.<br>⑩ 쇠라 '아니에르에서의 물놀이', 시냐크 '마르세유항의 풍경' 등 |
| 후기인상주의<br>(Post – Impressionism) | • 19세기 말~20세기 초 인상파의 색채기법을 계승했다.<br>• 견고한 형태, 장식적인 구성, 작가의 주관적 표현을 시도한 화풍이다.<br>⑩ 고흐 '해바라기', '감자 먹는 사람들', 고갱 '타히티의 여인', 로댕 '생각하는 사람' 등 |

## ❂ 현대미술사조 ✧✧✧

| 구분 | 특징 |
|---|---|
| 야수파<br>(Fauvism) | • 20세기 초의 젊은 화가들과 그들의 미술경향이다.<br>• 원색을 쓴 대담한 그림으로 야수의 그림 같다는 비평을 받았다.<br>⑩ 마티스 '후식', 루오 '미제레레', 드랭, 블라맹크 등 |
| 입체파<br>(Cubism) | • 1910년경 프랑스를 중심으로 야수파의 뒤를 이어 일어난 유파이다.<br>• 물체의 모양을 분석하고 그 구조를 점과 선으로 구성·연결한다.<br>⑩ 피카소 '아비뇽의 처녀들', '게르니카', 브라크 '카드가 있는 정물' 등 |
| 표현주의<br>(Expressionism) | • 20세기 전반에 독일을 중심으로 하여 전개된 예술운동이다.<br>• 자연묘사에 대응하여 감정표현을 중심으로 주관의 표현을 강조했다.<br>⑩ 뭉크 '절규', 샤갈 '바이올린 연주자', 클레 '월출과 일몰' 등 |
| 미래파<br>(Futurism) | • 20세기 초 이탈리아에서 일어난 전위예술운동이다.<br>• 현대생활의 역동하는 감각을 표현했다.<br>⑩ 보초니 '탄생', 세베리니 '물랭루주의 곰춤', 라의 '롯의 딸들' 등 |
| 초현실주의<br>(Surrealisme) | • 다다이즘 이후 1920~1930년에 걸쳐 유럽에서 일어난 미술운동이다.<br>• 무의식이나 꿈, 공상 등을 중요시했다.<br>⑩ 달리 '해변에 나타난 얼굴과 과일의 환영', 마그리트 '가짜거울' 등 |

## ● 비구상 (Non Figuratif) ◇

19세기의 극단적인 자연주의에 대한 반동으로 일어난 미술의 한 경향이다. 현실의 재현을 추구하는 구상을 부정하고 대상의 본질적 특징을 형상화하려는 경향이다. 순수하게 기하학적 형태로 구성하는 양식주의적인 경향과 자유로운 형태로서 정신적 표현을 추구하는 표현주의적 경향으로 크게 나눌 수 있다.

## ● 아르누보 (Art Nouveau) ◇◇

'신(新)미술'이라는 뜻으로, 19세기 말에서 20세기 초에 걸쳐 유럽에서 개화한 예술운동이다. 아르누보의 탄생은 유럽의 전통적 예술에 반발하여 예술을 수립하려는 당시 미술계의 풍조를 배경으로 하고 있으며, 전통으로부터의 이탈과 새 양식의 창조를 지향하여 자연주의·자발성·단순성·기술적인 완전을 이상으로 했다.

## ● 캐리커처 (Caricature) ◇◇

사람이나 사물을 과장하되 그 성격을 풍자적이고 희극적으로 표현한 만화·풍자화·회화 등을 말한다. 고야, 도미에 등이 유명한 화가이다.

**PLUS** 더 알아보기

크로키(Croquis) : 화가가 움직이고 있는 대상의 한 순간의 모습을 짧은 시간에 재빨리 그리는 것을 말한다.

## ● 미니어처 (Miniature) ◇

일반적으로 세밀화로 불리는 소형의 기교적인 회화이다. 초상화 등을 주로 하는 작은 화면의 회화를 뜻하는 것으로, 16세기 초에서 19세기 중엽에 이르기까지 주로 유럽에서 많이 제작되었다. 본래는 사본(寫本)에 쓰여진 붉은 식자를 뜻했으나, 요즘에는 메달·보석·시계상자의 뚜껑장식 등에 그리는 장식화를 뜻하게 되었다.

## ● 아라베스크 (Arabesque) ◇

아라비아 사람들이 만든 장식무늬의 하나이다. 이슬람교에서는 우상과 비슷한 것은 회화나 조각에 쓰지 않았으므로 기하학적인 모양이나 당초(唐草)모양이 연구되었는데, 그중에도 아라비아 문자의 끝부분을 잎모양으로 도안한 것을 아라베스크라 하였다.

## 노벨상 (Nobel Prize) ◇◇◇

스웨덴의 알프레드 노벨의 유언에 따라 인류 복지에 공헌한 사람이나 단체에게 수여되는 상이다. 1901년부터 매년 총 6개 부문(문학, 화학, 물리학, 생리학 또는 의학, 평화, 경제학)에 대한 수상이 이뤄진다. 수상자 선정은 평화상을 노르웨이 노벨위원회가, 나머지 부문은 스웨덴의 3개 기관이 맡고 있다.

**PLUS** 더 알아보기

2017년 ~ 2021년 노벨평화상 수상자

| 구분 | 평화상 | 문학상 | 생리의학상 | 물리학상 | 화학상 | 경제학상 |
|---|---|---|---|---|---|---|
| 2021년 수상자 | 마리아 레사, 드미트리 무라로프 | 압둘라자크 구르나 | 데이비드 줄리어스, 아뎀 파타푸티언 | 마나베 슈쿠로, 클라우스 하셀만, 조르조 파리시 | 벤냐민 리스트, 데이비드 맥밀런 | 데이비드 카드, 조슈아 앵그리스트, 휘도 임번스 |
| 2020년 수상자 | 세계식량계획 (WFP) | 루이즈 글릭 | 하비 올터, 찰리 라이스, 마이클 호턴 | 로저 펜로즈, 라인하르트 겐첼, 앤드리아 게즈 | 에마뉘엘 샤르팡티에, 제니퍼 다우드나 | 폴 밀그럼, 로버트 윌슨 |
| 2019년 수상자 | 아비 아머드 알리 | 2018년 : 올가 토카르추크 2019년 : 페터 한트케 | 윌리엄 케일린, 그레그 서멘자, 피터 랫클리프 | 제임스 피블스, 미셸 마요르, 디디에 쿠엘로 | 존 굿이너프(미국), 스탠리 위팅엄(영국), 요시노 아키라(일본) | 아브히지트 바네르지, 에스테르 뒤플로, 마이클 크레머 |
| 2018년 수상자 | 드니 무퀘게, 나디아 무라드 | 노벨 문학상을 시상하는 스웨덴 한림원의 미투 파문 연류로 2019년으로 연기 | 제임스 P. 앨리슨, 혼조 다스쿠 | 아서 애슈킨, 제라르 무루, 도나 스트릭랜드 | 프란시스 아놀드, 조지 스미스(미국), 그레고리 P. 윈터(영국) | 윌리엄 노드하우스, 폴 로머 |
| 2017년 수상자 | 핵무기 폐기 국제운동 (ICAN) | 가즈오 이시구로 | 제프리 C. 홀, 마이클 로스바쉬, 마이클 W. 영 | 라이너 바이스, 배리 배리시, 킵 손 | 자크 두보쉐, 요아킴 프랑크, 리처드 헨더슨 | 리처드 탈러 |

## 03 스포츠

### ❂ 올림픽경기대회(Olympic Games) ◆◆

국제올림픽위원회(IOC)가 4년마다 개최하는 국제스포츠대회이다. 본래 올림픽 경기는 고대 그리스인들이 제우스신에게 바치는 제전(祭典) 성격의 경기로 종교, 예술, 군사훈련 등이 일체를 이룬 헬레니즘 문화의 결정체다. 고대올림픽은 정확히 언제부터 시작되었는지 알 수 없지만, 문헌상의 기록을 근거로 통상 BC 776년을 원년으로 본다. 이후 1,200여 년 동안 계속되다가 그리스가 로마인의 지배를 받으면서 약 1,500년 동안 중단되었던 고대올림픽 경기는 프랑스의 피에르 쿠베르탱(Pierre de Coubertin)의 노력으로 1894년 6월 23일 파리의 소르본 대학에서 열린 국제스포츠대회에서 근대올림픽으로 시작되었다. 1896년 '인류평화의 제전'이라는 거창한 구호를 걸고 그리스의 아테네에서 개최된 제1회 대회는 참가자가 13개국, 311명으로 매우 작은 규모였으며, 올림픽이 국제대회로서 면모를 갖춘 것은 1908년 제4회 런던 대회 때부터라고 볼 수 있다. 런던 올림픽에서 각국이 처음으로 국기를 앞세우고 참가하였으며 경기규칙 제정, 본격적인 여자경기종목 채택, 마라톤 코스의 확정 등의 체계가 갖추어졌다. 오늘날 세계 각국의 스포츠인들은 근대올림픽이 창설된 6월 23일을 '올림픽의 날로 정하여 기념하고 있다. 우리나라는 1988년 제24회 서울올림픽, 2018년 제 23회 평창 동계 올림픽이 개최된 바 있다.

**PLUS** 더 알아보기

- **올림픽 표어** : '보다 빠르게(Citius), 보다 높게(Altius), 보다 힘차게(Fortius)'로 프랑스의 디동 신부가 제창하고 1926년 IOC가 정식으로 채택하였다.
- **오륜기** : 흰 바탕에 왼쪽부터 파랑, 노랑, 검정, 초록, 빨강의 5색 고리를 위 3개, 아래 2개로 엮은 모양이다. 쿠베르탱이 창안하여 1914년의 IOC 창립 20주년 기념식전에 처음으로 선보였으며, 동그란 5개의 고리는 5개의 대륙을 상징한다.
- **동계올림픽** : 4년마다 개최되는 국제겨울스포츠대회로 1924년 프랑스 샤모니에서 최초로 열렸다. 겨울 스포츠가 눈 또는 얼음 위에서 열린다는 것이 특징이며, 그 종목으로 알파인 스키, 바이애슬론, 봅슬레이, 크로스컨트리, 컬링, 피겨 스케이팅, 프리스타일 스키, 아이스하키 등이 있다.
- **차기 올림픽 개최 예정지**

| 구분 | 연도 | 개최 예정지 |
| --- | --- | --- |
| 하계 | 2024 | 프랑스 파리 |
|  | 2028 | 미국 LA |
| 동계 | 2026 | 이탈리아 밀라노, 코트리나담페초 |

### ❂ 프레올림픽 (Pre-Olympic) ◆◆

올림픽대회가 열리기 1년 전에 그 경기시설이나 운영 등을 시험하는 의미로 개최되는 비공식경기대회이다. 국제올림픽위원회(IOC)에서는 올림픽이 4년마다 열리는 대회라는 이유로 프레올림픽이라는 명칭의 사용을 금하고 있으나, 국제스포츠계에 잘 알려진 관용명칭이 되어 있다.

## ◎ 패럴림픽 (Paralympic) ✦✦

신체장애자들의 국제경기대회로서 장애자 올림픽이라고도 한다. 'Paraplegia'와 'Olympic'의 합성어로, 정식으로는 1948년 휠체어 스포츠를 창시한 영국의 신체장애자의료센터 소재지의 이름을 따 국제 스토크 맨데빌 경기대회(International Stoke Mandeville Games for the Paralysed)라 한다. 1952년부터 국제경기대회로 발전하여 4년마다 올림픽 개최국에서 개최된다.

## ◎ 월드컵(World Cup) ✦✦✦

FIFA(국제축구연맹)에서 주최하는 세계 축구선수권대회이다. 1930년 우루과이의 몬테비데오에서 제1회 대회가 개최된 이래 4년마다 열리는데, 프로와 아마추어의 구별없이 참가할 수 있다. 2년에 걸쳐 6대륙에서 예선을 실시하여 본선대회에는 개최국과 전(前)대회 우승국을 포함한 24개국이 출전한다. 제1회 대회 때 줄리메가 기증한 줄리메컵은 제9회 멕시코대회에서 사상 최초로 3승팀이 된 브라질이 영구보존하게 되어, 1974년 뮌헨에서 열린 제10회 대회부터는 새로 마련된 FIFA컵을 놓고 경기를 벌였다. 우리나라는 1954년 제5회 스위스 월드컵에 처음으로 참가했고 이후 제13회 멕시코 월드컵부터 제19회 남아프리카공화국 월드컵까지 7회 연속 진출로 아시아 처음 통산 8회 월드컵 진출이라는 기록을 세웠다. 2002년 제17회 한국 · 일본 월드컵에서 4위의 성적을 거두었고, 2010년 제19회 남아프리카공화국 월드컵에서 원정 첫 16강에 진출하였다.

**PLUS** 더 알아보기

### 역대 월드컵 개최지와 우승국

| 개최연도 | 개최지 | 우승국 | 개최연도 | 개최지 | 우승국 |
| --- | --- | --- | --- | --- | --- |
| 제1회(1930) | 우루과이 | 우루과이 | 제12회(1982) | 스페인 | 이탈리아 |
| 제2회(1934) | 이탈리아 | 이탈리아 | 제13회(1986) | 멕시코 | 아르헨티나 |
| 제3회(1938) | 프랑스 | 이탈리아 | 제14회(1990) | 이탈리아 | 서독 |
| 제4회(1950) | 브라질 | 우루과이 | 제15회(1994) | 미국 | 브라질 |
| 제5회(1954) | 스위스 | 서독 | 제16회(1998) | 프랑스 | 프랑스 |
| 제6회(1958) | 스웨덴 | 브라질 | 제17회(2002) | 한국 · 일본 | 브라질 |
| 제7회(1962) | 칠레 | 브라질 | 제18회(2006) | 독일 | 이탈리아 |
| 제8회(1966) | 잉글랜드 | 잉글랜드 | 제19회(2010) | 남아프리카공화국 | 스페인 |
| 제9회(1970) | 멕시코 | 브라질 | 제20회(2014) | 브라질 | 독일 |
| 제10회(1974) | 서독 | 서독 | 제21회(2018) | 러시아 | 프랑스 |
| 제11회(1978) | 아르헨티나 | 아르헨티나 | 제22회(2022) | 카타르 | - |

## ◎ FIFA (Federation Internationale de Football Association) ◇◇

국제축구연맹으로 세계 축구경기를 통할하는 국제단체이다. 국제올림픽위원회(IOC), 국제육상경기연맹(IAAF)과 더불어 세계 3대 체육기구로 불리며 각종 국제 축구대회를 주관한다. 즉, 각 대륙별 연맹이 원활하게 국제 경기 등을 운영할 수 있도록 지원·관리하는 세계축구의 중심체인 것이다. 1904년 프랑스의 단체 설립 제창으로 프랑스, 네덜란드, 덴마크, 벨기에, 스위스, 스웨덴, 스페인의 7개국이 프랑스 파리에서 모여 국제 관리기구로서 국제축구연맹(FIFA)을 탄생시켰다.

**PLUS** 더 알아보기

세계청소년축구선수권대회 : FIFA(국제축구연맹)에서 주관하는 청소년축구경기로 만 나이 기준 20세 이하의 선수들만 참가하는 U-20대회와 17세 이하 선수들만 참가하는 U-17대회의 2종류다.


## ◎ 세계피겨스케이팅 선수권대회 (World Figure Skating Championships) ◇◇

국제빙상경기연맹(ISU : International Skating Union)이 주관하는 피겨스케이팅의 국제대회이다. 이 대회는 피겨스케이팅에서 올림픽과 더불어 ISU가 주최하는 국제대회 중 가장 비중이 높은 대회이며 종목은 남녀 싱글, 페어, 아이스댄싱의 네 가지로 구성되어 있다. 매년 시즌이 마무리되는 3 ~ 4월경에 열리며 2023년 대회는 일본 사이타마에서 개최된다.


## ◎ 4대 메이저 대회 ◇◇◇

골프나 테니스 분야에서 세계적으로 권위를 인정받고 있으며 상금액수도 큰 4개의 국제대회를 일컫는 용어이다. 골프의 4대 메이저 대회는 마스터골프대회, US오픈골프선수권대회, 브리티시오픈, 미국PGA선수권대회를 말하며 여자골프 4대 메이저 대회는 크래프트나비스코챔피언십, 맥도날드LPGA챔피언십, US여자오픈, 브리티시여자오픈이 해당한다. 4대 메이저 테니스 대회는 호주오픈, 프랑스오픈, 윔블던, US오픈을 포함한다.

**PLUS** 더 알아보기

오픈 선수권 : 골프, 테니스 등에서 아마추어와 프로가 함께 겨루어 대표를 뽑는 경기

## ❂ 월드베이스볼클래식 (WBC : World Baseball Classic) ✧

세계 각국이 참가하는 프로야구 국가대항전으로, 2006년부터 시작하여 올림픽이 열리는 해를 피해 4년마다 개최하되 시기는 메이저리그 정규시즌 일정을 고려해 조정한다. 1회 대회는 2006년 3월 3일 일본 도쿄돔에서 아시아 예선을 시작으로 그 막을 올렸으며 한국, 일본, 중국, 대만, 미국, 캐나다 등 총 16개국이 참가하였다. 메이저리그 구장에서 열린 8강 조별리그를 거쳐 4강에 진출한 국가는 한국, 일본, 쿠바, 도미니카 공화국이었으며, 일본이 우승을 차지했다. 우리나라는 2009년에 열린 2회 대회에서 준우승을 차지했다.

## ❂ 플레이오프 (Play Off) ✧✧

프로야구에서 시즌이 끝난 뒤 승률이 같은 경우 벌이는 우승결정전을 말한다. 골프에서는 경기가 정해진 홀수에서 동점이 됐을 경우 연장전으로 우승자를 결정하는 것을 가리킨다.

## ❂ F1 그랑프리 ✧✧

월드컵, 올림픽에 이어 전세계에서 인기를 끌고 있는 3대 국제스포츠행사의 하나인 세계 최고의 자동차경주대회를 의미한다. 매년 3월부터 10월까지 스페인 · 프랑스 · 영국 · 독일 · 헝가리 · 호주 · 일본 등 대륙을 오가며 17차례 경기를 펼쳐 점수를 합산해 종합우승자를 가린다.

## ❂ 보스톤 마라톤대회 ✧

미국 독립전쟁 당시 보스톤 교외의 콘크드에서 미국민병이 영국군에게 승리한 것을 기념하기 위하여 1897년 이래 보스톤시에서 매년 4월 19일에 거행하는 대회로, 아메리칸 마라톤이라고도 한다.

## ❂ 메이저리그 (MLB : Major League Baseball) ✧✧✧

미국 프로야구의 아메리칸리그와 내셔널리그를 합쳐서 부르는 말로, '빅 리그'라고도 한다. 아메리칸리그 소속 14개 팀과 내셔널리그 소속 16개 팀이 각각 동부 · 중부 · 서구지구로 나뉘어 정규 시즌을 치른다.

## ❂ 윔블던 테니스대회 ✧

테니스계에서 가장 오랜 역사를 가지고 있는 대회로, 1877년 영국 국내선수권대회로 개최되었으며 1883년부터 국제대회가 되었다. 정식명칭은 전영오픈 테니스선수권대회로 매년 영국 런던 교외의 윔블던에서 열린다. 1968년부터 프로선수의 참가가 허용되었다.

## ❂ 그랜드슬램 (Grand Slam) ◇◇◇

야구경기에서 1루에서 3루까지 주자가 있을 때 친 홈런으로 만루홈런이라고도 한다. 골프에서는 1930년 미국의 보비 존스가 전미국·전영국의 오픈 아마추어 선수권의 4대 타이틀을 휩쓸었을 때 붙여진 존칭이다. 현재는 영미의 양 오픈과 전미국 프로, 마스터즈의 4대 타이틀 획득자에게 수여된다. 테니스에서는 한 해에 전영국, 전미국, 전호주, 전프랑스의 4대 토너먼트 단식(單式)에서 모두 우승하는 것으로, 남자로는 1938년의 버지, 1962년과 1969년의 레이버가 기록했고, 여자로는 1953년의 코널리, 1970년의 코트, 1988년 그라프가 기록했다.

## ❂ 퍼펙트게임 (Perfect Game) ◇◇◇

야구에서 상대편에게 안타를 주지 않을 뿐 아니라 포볼이나 데드볼도 허용하지 않아, 타자가 1루도 밟아보지 못하게 하는 완전한 공격의 봉쇄를 말한다.

## ❂ 노히트 노런게임 (No Hit, No Run Game) ◇◇

야구에서 투수가 상대방 선수들에게 단 하나의 안타와 득점도 허용하지 않고 이기는 무안타 무득점 경기를 말한다.

## ❂ 골프타수의 명칭 ◇◇◇

| 명칭 | 내용 |
|---|---|
| 보기(Bogey) | 그 홀의 파보다 1타 많은 타수로 홀아웃 한 경우를 말한다. |
| 더블 보기(Double Bogey) | 파보다 2타 많은 타수로 홀아웃 한 경우를 말한다. |
| 트리플 보기(Triple Bogey) | 파보다 3타 많은 타수로 홀아웃 한 경우를 말한다. |
| 파(Par) | 한 홀의 표준타수(우리나라의 정규 18홀은 모두 파 72)를 말한다. |
| 버디(Buddy) | 파보다 1타 적은 타수로 홀아웃 한 경우 를 말한다. |
| 이글(Eagle) | 파보다 2타 적은 타수로 홀아웃 한 경우를 말한다. |
| 더블 이글(Double Eagle) | 파보다 3타 적은 타수로 홀아웃 한 경우를 말한다. |
| 홀인원(Hole-In-One) | 1타로 홀컵에 볼을 넣은 경우를 말한다. |

**PLUS** 더 알아보기

세계 **3대 골프국가대항전** : 라이더컵(Ryder Cup), 프레지던츠컵(The Presidents Cup), 월드골프챔피언십(WGC : World Golf Championship)

### ✪ 프리에이전트 (Free Agent) ✧✧✧

자신이 속한 팀에서 일정기간 동안 활동한 뒤 자유롭게 다른 팀과 계약을 맺어 이적할 수 있는 자유계약선수 또는 그 제도를 일컫는 말이다. 자유계약선수 제도 하에서는 특정 팀과의 계약이 만료되는 선수는 자신을 원하는 여러 팀 가운데에서 선택하여 아무런 제약조건 없이 팀을 이적할 수 있다. 이와 반대로 선수가 먼저 구단에 계약해지를 신청한 임의탈퇴선수는 다른 구단과 자유롭게 계약할 권한이 없다.

### ✪ 드래프트시스템 (Draft System) ✧✧✧

신인선수를 선발하는 제도로, 일정한 기준아래 입단할 선수들을 모은 뒤 각 팀의 대표가 선발회를 구성하여 일괄적으로 교섭하는 방법이다. 우수선수를 균형 있게 선발해 각 팀의 실력평준화와 팀 운영의 합리화를 꾀하는데 목적이 있다.

### ✪ 스테로이드 (Steroid) ✧✧✧

스포츠와 관계가 깊은 의약품으로, 자연에서 얻을 수 있는 중요한 화합물로서 가장 풍부한 동물 스테로이드는 콜레스테롤이다. 콜레스테롤은 몸속에서 합성되기도 하지만 음식물을 먹은 후에 생성되기도 한다. 이 콜레스테롤이 분해되면 중요한 스테로이드가 생성되는데, 특히 황소로부터 얻은 아나볼릭 스테로이드나 화학적으로 합성한 스테로이드 약품은 육체적 기능을 증진시키거나 근육의 발달을 돕는 작용이 있기 때문에 운동선수들이 복용하는 사례가 있다.

# 출제예상문제

**1** 다음 중 연극의 3대 요소가 아닌 것은?

① 배우 ② 관객

③ 무대 ④ 희곡

> **NOTE** 연극의 요소는 보통 3대 요소와 4대 요소로 나뉘는데, 3대 요소는 희곡, 배우, 관객이고, 4대 요소는 3대 요소에 무대가 포함된다.

**2** 종래의 미술개념을 거부하는 입장에서 엄격하고 비개성적이며 소극적인 화면을 구성하고자 한 미술경향으로 알맞은 것은?

① 에어 아트 ② 라테 아트

③ 미니멀 아트 ④ 미디어 아트

> **NOTE** ① 에어 아트 : 환경예술과 키네틱 아트의 한 종류로서 압축 공기나 자연적인 바람을 이용하여 부풀리거나 혹은 띄워 올리는 여러 가지 구조물 및 그것에 뒤따르는 광범위한 행위를 포함하는 개념을 말한다.
> ② 라테 아트 : 커피에 스팀우유를 이용하여 다양한 예술적 작품을 만들어내는 것을 말한다.
> ④ 미디어 아트 : 매체예술이라고도 하며, 사진, 전화, 영화 등의 신기술을 활용하는 예술을 통틀어 일컫는다.

**3** 스포츠 용어로 출전자격을 취득하지 못했으나 특별히 출전이 허용되는 선수나 팀을 지칭하는 것은?

① 멤버십카드 ② 와일드카드

③ 히든카드 ④ 체크카드

> **NOTE** 와일드카드 … 스포츠 용어로는 축구, 테니스, 사격, 체조, 야구 등 일부 종목에서 출전자격을 따지 못했지만 특별히 출전이 허용된 선수나 팀을 의미한다. 이러한 와일드카드는 1994년 232일 간의 긴 파업 끝에 개막된 1995년의 포스트시즌부터 시작되었다. 파업 후유증으로 페넌트 레이스 경기 수가 줄어든 대신 1994년 불발에 그친 와일드카드가 관중들의 흥미를 돋우기 위해 처음 도입된 것이다.

**4**  기업이 문화예술이나 스포츠 등에 자금이나 시설을 지원뿐만 아니라 사회적, 인도적 차원에서 이루어지는 공익사업에 대한 지원활동을 일컫는 말은 무엇인가?

① 보보스  ② 매칭그랜트
③ 스톡그랜트  ④ 메세나

> **NOTE** 메세나(Mecenat) … 1967년 미국에서 기업예술후원회가 처음 이 용어를 사용했으며, 각국의 기업인들이 메세나 협의회를 설립하면서 메세나는 기업인들의 각종지원 및 후원 활동을 통틀어 일컫는 말로 쓰인다.

**5**  요란하고 시끄러우면서도 극단적으로 과장되며 우스운 행위로 이루어진 익살극은?

① 컬트무비  ② 인디즈
③ 슬랩스틱  ④ 누보시네마

> **NOTE** ① 일반영화와는 달리 상업·흥행성을 배제한 독립된 제작시스템과 파격적인 대사·구성 등을 특징으로 하는 영화이다.
> ② 독립영화의 약칭으로 대형 영화사에 의존하지 않고 작은 독립프로덕션이 제작한 영화이다.
> ④ 제2차 세계대전 직후 비판적 리얼리즘의 시각에서 제작된 영화이다.

**6**  다음이 설명하는 음악은?

> 낭만파시대의 후기에 러시아, 핀란드, 노르웨이 등에서 일어났으며 그 나라나 민족의 독특한 음악적인 색채를 담아 표현하려 한 음악으로 시벨리우스의 핀란디아, 스메타나의 나의 조국, 그리그의 페르귄트 등이 대표적이다.

① 고전파 음악  ② 국민악파 음악
③ 인상주의 음악  ④ 표현주의 음악

> **NOTE** 국민악파 음악가 … 그리그, 시벨리우스, 스메타나, 드보르작, 러시아 6인조(글린카, 보로딘, 퀴, 발라키레프, 무소르그스키, 림스키코르사코프) 등이 있다.

**7**  오라토리오에 관한 설명으로 옳지 않은 것은?

① 종교음악으로서 진혼곡으로 번역되기도 한다.
② 성서, 신화 등 주로 종교적·도덕적인 소재가 쓰였다.
③ 헨델의 메시아, 하이든의 사계, 천지창조가 대표적이다.
④ 독창, 중창, 관현악 등을 써서 연주되는 대규모의 성악곡이다.

> **NOTE** 오라토리오(Oratorio) … 독창, 합창, 관현악을 구사하여 레시터티브와 아리아를 설정하는 등 매우 극적으로 만들어져 있는 서사적 악곡으로 성담곡이라고도 불린다.
> ① 레퀴엠에 대한 설명이다.

**8**  회화·소묘에서 색을 매우 미묘하게 연속 변화시켜서 형태의 윤곽을 엷은 안개에 싸인 것처럼 차차 없어지게 하는 기법은?

① 구스토                          ② 카프리치오
③ 스푸마토                        ④ 그라타주

> **NOTE** 스푸마토 … '연기처럼 사라지다'라는 뜻의 이탈리아어의 형용사 'Sfumare'에서 유래하였다. 안개와 같이 색을 미묘하게 변화시켜 색깔 사이의 윤곽을 명확히 구분 지을 수 없도록 명암을 주는 것이며 레오나르도 다빈치가 명명했다.

**9**  추사 김정희의 작품인 것은?

①

②

③

④

> **NOTE** 김정희의 세한도이다.
> ② 안견의 몽유도원도
> ③ 정선의 금강전도
> ④ 정선의 인왕제색도

**10** 대한민국이 처음 출전한 올림픽은?

① 이탈리아 로마 올림픽(1960)
② 영국 런던 올림픽(1948)
③ 미국 로스앤젤레스 올림픽(1932)
④ 서독 뮌헨 올림픽(1972)

> **NOTE** 1948년 제14회 영국 런던 하계올림픽에서 처음 출전하였으며 역도와 복싱에서 각각 동메달 하나씩 획득했다.

**11** 판소리 5마당이 아닌 것은?

① 배비장전 ② 적벽가
③ 수궁가 ④ 흥보가

> **NOTE** 판소리의 발생기는 조선 숙종(1674~1720) 무렵으로 「춘향가」, 「심청가」, 「흥부가(박타령)」, 「수궁가(토끼타령)」, 「적벽가」, 「장끼타령」, 「변강쇠타령(가루지기타령)」, 「무숙이타령」, 「배비장타령」, 「강릉매화타령」, 「숙영낭자전」, 「옹고집타령」 등 12마당으로 이루어졌다. 이 중 「춘향가」, 「심청가」, 「흥부가(박타령)」, 「수궁가(토끼타령)」, 「적벽가」를 판소리 5마당이라고 한다. 「배비장전」은 조선 후기에 지어진 작자 미상의 고전소설로 판소리로 불리어진 「배비장타령」이 소설화된 작품이다. 판소리 열두마당에 속하지만, 고종 때 신재효(申在孝)가 판소리 사설을 여섯 마당으로 정착시킬 때 빠지게 되었다.
>
> ※ 우리나라의 판소리 5마당
> ㉠ 「춘향가」: 기생의 딸 춘향과 양반집의 아들 이몽룡 사이에 일어나는 사랑 이야기를 다룬 작품이다.
> ㉡ 「심청가」: 맹인으로 태어난 심학규가 무남독녀인 심청의 지극한 효성으로 눈을 뜨게 된다는 이야기로 효도, 선과 악, 인과율이 주제이다.
> ㉢ 「흥부가(박타령)」: 심술궂은 형 놀부와 착한 아우 흥부 간의 갈등과 화해를 그린 이야기로 형제간의 우애, 권선징악, 보은, 의리 등이 주제이다.
> ㉣ 「수궁가(토별가, 토끼타령)」: 토끼와 자라의 행동을 통하여 인간의 속성을 풍자한 이야기로 충성심과 충효심 등이 주제이다.
> ㉤ 「적벽가」: 중국의 소설 삼국지의 내용을 판소리로 음악화 시킨 것으로 유비가 제갈공명을 찾아가는 삼고초려부터 적벽대전 끝에 관운장이 조조를 놓아주는 내용까지로 되어있으나, 부르는 사람에 따라 다소의 차이는 있으며 「화용도」라고도 한다.

**12** 다음 빈칸에 공통으로 들어갈 알맞은 말을 고른 것은?

> • 김연아 선수의 '오마주 투 코리아'는 (　　)을 바탕으로 마련한 프리스케이팅 프로그램이다.
> • 64회 칸 영화제 주목할 만한 시선을 수상한 영화로 (　　)이 있다.

① 민요　　　　　　　　　　　　② 아리랑
③ 태백산맥　　　　　　　　　　④ 동학농민운동

**NOTE** '오마주 투 코리아'는 한국 전통 음악인 '아리랑'을 바탕으로 마련한 프리스케이팅 프로그램이며 칸 영화제에 김기덕 감독의 '아리랑'이 주목할 만한 시선을 수상하였다.

**13** 형식에 구애받지 않고 악상이 떠오르는 대로 작곡된 악곡을 가리키는 것은?

① 아리아　　　　　　　　　　　② 칸타타
③ 판타지아　　　　　　　　　　④ 세레나데

**NOTE** 판타지아 … '환상곡'이라고도 하며, 형식의 제약을 받지 아니하고 악상의 자유로운 전개에 의하여 작곡한 낭만적인 악곡을 말한다.
① 아리아 : 오페라, 오라토리오 따위에서 기악 반주가 있는 서정적인 가락의 독창곡이다.
② 칸타타 : 17세기에서 18세기까지 바로크 시대에 발전한 성악곡의 한 형식. 독창·중창·합창과 기악 반주로 이루어지며, 이야기를 구성하는 가사의 내용에 따라 세속 칸타타와 교회 칸타타로 나눈다.
④ 세레나데 : 저녁 음악이라는 뜻으로, 밤에 연인의 집 창가에서 부르거나 연주하던 사랑의 노래. 18세기 말에 이르러 짧은 길이로 된 기악 모음곡 형태로 발달하였다.

**14** 대중문화의 특성으로 옳은 것은?

① 대중의 이익을 신장한다.　　　② 인간성을 풍부하게 만든다.
③ 표준화, 평균화를 추구한다.　　④ 다양성을 중요시한다.

**NOTE** 대중문화 … 전통문화나 고급문화, 엘리트문화와는 상대적 개념으로 다수 대중이 수용하는 문화 현상을 통칭하는 개념이다. 중세·근세의 계급적인 문화와는 달리 대중매체에 의하여 생활양식이 표준화, 획일화, 평균화해 가는 특성을 보인다.

**15** 국악의 장단을 가장 느린 것부터 순서대로 나열한 것으로 옳은 것은?

① 중모리 → 중중모리 → 자진모리 → 진양조 → 휘모리
② 진양조 → 중모리 → 중중모리 → 휘모리 → 자진모리
③ 진양조 → 중모리 → 중중모리 → 자진모리 → 휘모리
④ 진양조 → 중중모리 → 자진모리 → 중모리 → 휘모리

> **NOTE** 국악의 장단은 진양조 → 중모리 → 중중모리 → 자진모리 → 휘모리 순서로 빨라진다.

**16** 다음에 제시된 용어들에서 연상되는 숫자의 합은?

┌─────────────────────────────────────────────────────┐
│ ㉠ 해트트릭                                           │
│ ㉡ 그랜드슬램                                         │
│ ㉢ 러브게임                                           │
└─────────────────────────────────────────────────────┘

① 5 　　　　　　　　　　　　　　　② 7
③ 9 　　　　　　　　　　　　　　　④ 11

> **NOTE** ㉠ 해트트릭 : 축구에서 한 선수가 한 게임에서 3골을 넣는 것을 칭하는 용어이다.
> ㉡ 그랜드슬램 : 야구에서는 1루에서 3루까지 주자가 모두 있을 때 타자가 친 홈런으로 4점을 획득한다. 골프나 테니스에서는 4대 메이저 대회에서 모두 우승한 것을 말한다.
> ㉢ 러브게임 : 테니스에서 어느 한 쪽이 1점도 점수를 득점하지 못한 경기를 말한다.

**17** 세계기록유산으로 알맞은 것은?

① 「훈민정음」 　　　　　　　　　　② 「용비어천가」
③ 「고려사」 　　　　　　　　　　　④ 「삼국유사」

> **NOTE** 세계기록유산 … 유네스코가 세계적인 가치가 있다고 지정한 귀중한 기록유산으로, 우리나라는 「훈민정음」, 「조선왕조실록」, 「직지심체요절」, 「승정원일기」, 「팔만대장경판」, 「조선왕조의궤」, 「동의보감」, 「일성록」, 「5 · 18민주화운동기록물」이 등재되었다.

**18** 테니스 0 포인트를 부르는 용어는?

① 콜
② 포티
③ 서티
④ 러브

> **NOTE** ① 콜(Call) : 경기 진행을 위해 심판이 내리는 선고를 말한다.
> ② 포티(Forty) : 2포인트를 의미한다.
> ③ 서티(Thirty) : 1포인트를 의미한다.

**19** 유네스코(UNESCO)에서 세계문화유산으로 지정한 것은?

① 숭례문                        ② 수원화성
③ 판소리                        ④ 동의보감

> **NOTE** 세계문화유산 … 유네스코가 보존활동을 벌이는 문화유산과 자연유산을 말하는 것으로 우리나라는 종묘, 해인사 장경판전, 불국사·석굴암, 창덕궁, 수원화성, 경주역사유적지구, 고창·화순·강화 고인돌유적, 조선 왕릉 40기, 하회·양동마을이 문화유산에, 제주도 화산섬 및 용암동굴이 자연유산에 등재되어 있다.

**20** 세계 3대 영화제가 아닌 것은?

① 베니스 영화제                 ② 칸 영화제
③ 베를린 영화제                 ④ 몬트리올 영화제

> **NOTE** 세계 3대 영화제 … 베니스국제영화제, 베를린국제영화제, 칸 영화제

**21** 베르디의 오페라 작품이 아닌 것은?

① 나부코 ② 멕베스
③ 운명의 힘 ④ 피가로의 결혼

> **NOTE** 19세기 이탈리아 최고의 오페라 작곡가인 베르디(Giuseppe Verdi)는 1834년 밀라노에서 최초의 오페라 「오베르토」를 작곡, 1839년 스컬러극장에서 초연하여 성공을 거두었다. 대표작으로는 「리골렛토」, 「오텔로」, 「나부코」, 「아이다」, 「라 트라비아타」, 「일 트로바토레」, 「운명의 힘」 등이 있다.
> ④ 「피가로의 결혼」은 모차르트의 작품으로 이 외에 「마술피리」, 「돈 조반니」가 있다.

**22** 인상파의 아버지로 불리는 사람의 작품인 것은 무엇인가?

① 몽마르트의 거리 ② 절규
③ 아비뇽의 처녀들 ④ 이삭줍기

> **NOTE** 카미유 피사로(Camille Pissarro) … 프랑스의 화가로 인상파의 아버지라고 불린다. 코로, 모네의 영향을 받아 주로 소박한 농촌 풍경을 포근한 색채를 활용하여 그렸으며 대표작으로는 「붉은 지붕」, 「사과를 줍는 여인들」, 「몽마르트의 거리」, 「테아트르 프랑세즈광장」, 「브뤼헤이 다리」, 「자화상」 등이 있다.

**23** 철인 3종 경기에 해당하지 않는 경기는?

① 수영 ② 마라톤
③ 사이클 ④ 역도

> **NOTE** 철인 3종 경기 … 한 선수가 수영, 사이클, 마라톤의 세 가지 종목을 실시하는 경기로 인간 체력의 한계에 도전한다.

ANSWER____ 18.④ 19.② 20.④ 21.④ 22.① 23.④

**24** 유네스코(UNESCO) 인류무형문화유산으로 등재되지 않은 것은?

① 강강술래                                    ② 아리랑
③ 줄타기                                      ④ 윷놀이

> **NOTE** 강강술래(2009), 아리랑(2012), 줄타기(2011), 매사냥(2010)은 유네스코 무형문화유산에 등재되어 있다.


**25** 우리나라의 무형유산 1호는?

① 종묘제례악                                  ② 양주 별산대놀이
③ 꼭두각시놀음                                ④ 남사당놀이

> **NOTE** 무형문화재는 공예기술, 연극, 음악 등과 같이 일정한 형태는 없으나 역사적 · 예술적으로 가치가 있어 그 기술
> 을 보존 · 계승시키기 위하여 구가에서 문화재로 지정한 것이다. 우리나라 중요무형문화재 제1호는 종묘제례악
> (宗廟祭禮樂)이다.
> ② 양주 별산대놀이 : 중요무형문화재 제2호
> ④ 남사당놀이 : 중요무형문화재 제3호


**26** 우리나라의 연극이 아닌 것은?

① 가면극                                      ② 경극
③ 마당극                                      ④ 인형극

> **NOTE** 경극은 청나라 때 시작된 중국의 대표적인 전통연극으로 창, 몸짓, 대사, 동작 등 네 가지 연기요소로 이루어져
> 무용에 가깝고 주로 영웅담 · 연애담이 내용의 주를 이룬다.


**27** '고풀이'에 대한 설명으로 옳지 않은 것은?

① 사용되는 신 혹은 매듭은 생명을 상징한다.
② 사령(死靈)을 저승으로 보내는 과정을 묘사한다.
③ 집안의 재앙이나 전염병을 예방하기 위한 제의이다.
④ 남부지방 무속인 씻김굿이나 오구굿의 상징적인 제의 중의 하나이다.

> **NOTE** 고풀이 … 전남지방에 있었던 민간신앙의 하나로 죽은 사람을 저승으로 보내는 씻김굿의 한 절차이다. 경기지방에서 사람
> 이 죽어서 하는 굿인 자리걷이 · 지노귀, 서울지방의 길가름과 유사한 성격이며 이를 통틀어 사령제(死靈祭)라고 한다.

**28** 잔혹극에 대한 다음 설명 중 옳지 않은 것은?

① 잔혹극 이론은 1928년에 발표된 연극과 그 분신에서 기술되었다.

② 잔혹극은 아르토가 처음 사용한 용어로, 폭력과 잔인성을 인간의 본질로 파악한다.

③ 반(反)아리스토텔레스적 연극이라는 것이 잔혹극과 브레히트의 서사극의 공통점이다.

④ 잔혹극은 관객을 극 속에 완전히 몰입시켜 등장인물의 고통을 체험하게 함으로써, 관객의 내적 반향을 일으킨다.

> **NOTE** 잔혹극 … 과격하고 에로틱한 충동을 해방시켜 줄 수 있을 것으로 기대되는 마술과 제의에 기초를 둔 연극 개념이다. 모든 인간의 저변에 존재하는 잔혹성과 선정성을 과장시켜 보여 주고자 하며, 이를 위해 극장의 공간 활용과 관객과 배우 간의 융화, 조명, 색상, 동작, 언어 등의 면에서 급진적인 변화를 보인다. 감정 이입을 차단하고 관객으로 하여금 끊임없이 비판적으로 생각하기를 요구하는 브레히트 연극론과는 반대로 잔혹극은 이성과 판단의 장벽을 허물기 위하여 몰입연극의 성격을 가진다.

**29** 다음의 영화사적 사건들을 순서대로 배열한 것은?

> ㉠ 미국의 피터 보그다노비치, 로버트 프랑크 등의 감독은 "영화가 핏빛이기를 원한다."는 성명서를 발표하며, 청소년비행·마약·시민권투쟁 등을 소재로 한 사회비판적인 영화를 제작하였다.
>
> ㉡ 레오 까라, 뤽 베송, 에릭 로샹 등은 특정한 영화이론 분파와는 상관없이 개성적인 연출로 프랑스영화의 새로운 흐름을 주도하였다.
>
> ㉢ 로베르토 로셀리니, 비토리오 데시카, 루치노 비스콘타 등은 강한 사회비판의식을 바탕으로, 전후 이탈리아의 현실을 리얼리즘기법으로 연출하였다.
>
> ㉣ 러시아에서는 에이젠스타인, 푸도프킨 등의 극영화와 세르토프의 실험적 다큐멘터리가 속속 발표되면서, 사회주의적 예술양식으로서의 영화의 본보기를 찾으려는 다양한 시도가 이루어졌다.

① ㉢ - ㉡ - ㉠ - ㉣   ② ㉢ - ㉣ - ㉠ - ㉡

③ ㉣ - ㉢ - ㉡ - ㉠   ④ ㉣ - ㉢ - ㉠ - ㉡

> **NOTE** ㉣ 몽타주기법을 잘 보여준 1920년대 러시아 영화이다.
> ㉢ 네오리얼리즘 : 1940년대 2차 세계대전 전후 사실주의를 추구했던 이탈리아 영화의 경향이다.
> ㉠ 뉴 아메리칸 시네마 : 1960년대 후반 ~ 1970년대 초반에 걸쳐 미국에서 태동한 아방가르드적 실험 영화 운동이다.
> ㉡ 누벨 이마쥬 : 1980년대 프랑스 영화감독들의 작품 경향을 일컫는 말로 새로운 이미지를 추구한다는 의미이다.

**30** 다음 내용이 가리키는 영화용어는?

이것은 연극에서 빌려온 용어로 화면의 배경, 인물, 인물의 분장, 의상, 배치 등을 연출하는 작업을 말한다.

① 세트업             ② 미장센
③ 시주라             ④ 콘티뉴이티

**NOTE** ① 세트업 : 영화의 각 쇼트를 준비하는 과정이다.
③ 시주라 : 리드미컬한 단절이다.
④ 콘티뉴이티 : 작품의 의도를 분명히 하기 위해 영화의 부분들과 아이디어를 발전시키고 구조화하는 것이다.

**31** 인생과 노력은 본질적으로 비논리적인 것이며, 언어는 전달의 수단으로서는 부적합한 것이므로 인간의 유일한 피난처는 웃음 속에 있다는 가정에 근거한 연극사조는?

① 부조리극            ② 반(反)연극
③ 초현실주의          ④ 다다이즘

**NOTE** 부조리극(不條理劇) … 1950~1960년대에 크게 유행해 연극의 큰 흐름으로 자리 잡은 희곡형태로 사무엘 베케트, 이오네스코, 아다모프 등이 대표 작가이다. 주제의 부조리함뿐만 아니라 극의 구성 자체가 부조리한 것이다. 전통적 극의 '조리'라고 할 수 있는 연속적 플롯, 희곡의 특색을 이루는 성격의 발현, 합리적 언어가 무시된다. 등장인물 자체가 불합리하고도 비논리적으로 자신의 성격을 변모시키며, 행동양식은 애매모호한 상태로 남겨진다. 산울림극단에서 공연했던 「고도를 기다리며」가 대표적 작품이다.
② 반(反)연극 : 1950년 이후 프랑스에서 나타난 전위적인 연극 운동으로, 연극적 환상의 원리를 부정하는 극작술 및 연기스타일을 가리킨다. 플롯과 등장인물의 성격에 일관성을 지켜야 한다는 기존 연극의 원칙을 무시하고 황당무계한 이야기와 인간 내면에 깃든 허무와 불안을 추구한다.
④ 다다이즘(Dadaism) : 제1차 세계대전 중 1920년대에 걸쳐 유럽 전역에서 일어난 반(反)예술운동으로 인간생활에 대한 항의 아래 기존의 의미나 법칙, 사회조직 등 일체의 전통적인 것을 부정하고 허무, 혼란, 무질서한 것을 그대로 표현하려는 과도기적 사상이다.

**32** 다음 중 시대가 다른 음악가는?

① 베토벤

② 하이든

③ 쇼팽

④ 모차르트

> **NOTE** 쇼팽 … 폴란드의 낭만주의 대표적 작곡가로 어려서부터 천재적인 재능을 보이며 약 200곡이 넘는 곡을 작곡하였다.
> ①②④ 고전주의 대표 작곡가이다.

**33** 몽타주이론을 개발하여 세계영화사에 불후의 명작을 남긴 에이젠슈타인의 작품이 아닌 것은?

① 전함 포템킨                    ② 아시아의 폭풍

③ 옛 것과 새 것                  ④ 세계를 놀라게 한 10일

> **NOTE** 에이젠슈타인… 구소련의 영화감독이며 영화이론가로 1925년 '스트라이크' 발표 후 몽타주이론을 실천하여 '전함 포템킨', '옛 것과 새 것'을 발표함으로써 소련영화의 황금기를 구축하였다.
> ② 푸도프킨의 작품이다.

**34** 원작이 있는 뮤지컬로 옳지 않은 것은?

① 드라큘라

② 캣츠

③ 팬텀

④ 맨 오브 라만차

> **NOTE** 캣츠 … 1981년에 뉴 런던 극장에서 초연하여 40주년을 맞이한 고양이 주제의 뮤지컬이다.
> ① 드라큘라 : 브램 스토커의 「드라큘라」가 원작이다.
> ③ 팬텀 : 가스통 르루의 「오페라의 유령」이 원작이다.
> ④ 맨 오브 라만차 : 미겔 데 세르반테스의 「돈키호테」가 원작이다.

**35**  그리스 고전비극 '안티고네'의 원작자는 누구인가?

① 소포클레스                    ② 아리스토파네스
③ 아이스킬로스                  ④ 에우리피데스

**NOTE** 소포클레스(Sophocles) … 에우리피데스, 아이스킬로스와 더불어 고대그리스 3대 비극작가로 비극작품을 하나의 독립된 예술품으로 만들었는데 그 비극적 동기도 신적 차원에서가 아닌 등장인물들 본질에서 우러나오게끔 한다. 등장인물들의 묘사가 힘차고 매우 정교하게 되어 있으며, 다른 비극작가보다도 여성에 커다란 고귀성을 준 작가이다. 안티고네(Antigone)는 융통성 없는 왕 크레온(Creon)의 고집으로 인해 안티고네를 비롯한 무고한 사람들이 죽음을 맞게 되는 내용이다.

※ 고대 그리스 3대 비극작가

| 구분 | 내용 |
|------|------|
| 아이스킬로스<br>(Aeschylus) | • 인류 최초의 본격적인 비극작가이다.<br>• 배우의 수를 두 명으로 늘려 제2의 배우 도입으로 얼굴을 맞대는 갈등 표현이 가능했다.<br>• 대표작 : 「오레스테이아」 3부작 – 아가멤논, 제주를 바치는 여인들, 자비로운 여신들 |
| 소포클레스<br>(Sophocles) | • 제3의 배우 도입으로 코러스 기능이 축소(그러나 코러스의 수는 증가)하였다.<br>• 대표작 : 「안티고네」, 「오이디푸스 왕」, 「콜로너스의 오이디푸스」 등 |
| 에우리피데스<br>(Euripides) | • 신화나 전설에 구애받지 않고, 당시 사회의 정치, 종교, 철학에 관심을 두고 극작을 하였다.<br>• 대표작 : 「엘렉트라」, 「트로이의 여인들」, 「메디아」 등 |

**36**  미국 브로드웨이에서 연극인들과 극장 관계자들에게 수여하는 상(賞)으로 '연극의 아카데미상'이라고도 불리는 상은 무엇인가?

① 골든글로브상                  ② 템플턴상
③ 토니상                        ④ 에미상

**NOTE** 토니상(Tony Awards) … 미국 브로드웨이에서 앙투아네트 페리를 기리기 위해 1947년 만들어진 상으로 앙투아네트 페리의 애칭인 토니에서 딴 명칭이다.

① 골든글로브상(Golden Globe Prize) : 세계 84개국의 신문 및 잡지 기자로 구성된 할리우드 외국인기자협회가 그 해 영화인에게 수여하는 상이다.

② 템플턴상(The Templeton Prize) : 종교계의 노벨상으로 불리며, 매년 종교 분야에서 인류를 위해 크게 이바지한 인물들에게 시상한다.

④ 에미상(Emmy Awards) : 텔레비전의 아카데미상이라 평가되는 미국 최대의 프로그램 콩쿠르상으로 텔레비전 작품 관계자의 우수한 업적을 평가하여 미국텔레비전 예술과학 아카데미가 주는 상이다.

**37** 미국의 레코드 산업 관계자들이 매년 가장 우수하다고 인정한 레코드, 작곡·작사가, 가수, 연주자 등을 선출하여 시상하는 상은?

① 그래미상              ② 토니상

③ 골든글러브상        ④ 황금사자상

> **NOTE** 그래미상(Grammy Awards) : 전미국레코드 예술과학아카데미(NARAS)가 주최하는 1년간의 우수한 레코드와 앨범에 주어지는 상이다. 미국 제일의 규모와 권위로 영화계의 아카데미상에 비견된다. 그래미는 그래머폰(Gramophone, 축음기)에서 온 애칭으로 수상자에게는 나팔이 부착된 축음기 모양의 기념패가 주어진다. 5,000명 이상의 심사위원이 수차에 걸친 투표를 해서 선정한다.

**38** 우리 농촌의 민속놀이인 사물놀이에 쓰이는 악기가 아닌 것은?

① 꽹과리              ② 징

③ 북                  ④ 피리

> **NOTE** 사물놀이 … 꽹과리, 장구, 북, 징을 치며 노는 농촌의 민속놀이로 꽹과리는 별, 장구는 인간, 북은 달, 징은 해에 해당한다.

**39** 다음이 설명하는 뱅크시의 작품으로 옳은 것은?

> 코로나19에 맞서는 영국 의료 종사자들의 헌신과 수고를 기리는 작품이다. 이 작품은 뱅크시가 지난해 5월 영국 사우샘프턴의 병원에 기증한 것으로, "비록 흑백작품이지만 병원을 조금이라도 밝게 하면 좋겠다"는 메모와 함께 기부하였다. 1년 가까이 걸려있던 이 작품은 경매를 통해 사우샘프턴 병원과 환자를 지원하게 되었다. 한편 뱅크시 작품 중 1440만 파운드, 한화로 약 224억 원 최고가에 팔렸다.

① 게임 체인저        ② 퇴화한 국회

③ 쇼 미 더 모네       ④ 풍선과 소녀

> **NOTE** 뱅크시 … 스스로를 예술 테러리스트라고 칭하며, 신상에 관해서는 거의 알려진 바가 없다. 항상 얼굴을 드러내지 않고 남들이 보지 않을 때 작품을 만들고 사라지기 때문이다. 2018년에는 자신의 작품 중 하나인 풍선을 든 소녀가 백만 유로 이상으로 낙찰이 되자 액자 밑에 장치해둔 분쇄기를 가동하여 그림을 분쇄하는 퍼포먼스로도 잘 알려져 있다. 정치적, 사회적 논평이 담긴 작품은 전 세계 거리, 벽, 다리 위에 제작되곤 했다. 한편 뱅크시는 영화감독으로도 활동하며 다큐멘터리 영화를 통해 2011년 아카데미 장편 다큐멘터리상 후보에 오르기도 했다.

**40** 아르누보에 대한 설명으로 옳은 것은?

① 19세기 말 최고조에 달했던 서정성이 강한 예술의 표현운동이다.

② 제1차 세계대전 이후 성행했던 예술운동의 한 형식이다.

③ 전통적인 기법이나 제재를 타파하고 새로운 것을 찾자는 초현실주의 예술운동이다.

④ 프랑스에서 아카데미즘에 반대하는 화가들에 의해 개최되어 온 자유출품제로, 심사도 시상도 하지 않는 미술전람회를 말한다.

> **NOTE** 아르누보(Art Nouveau) … '신(新) 미술'이라는 뜻으로, 19세기 말~20세기 초에 걸쳐 유럽에서 개화한 예술운동으로, 전통으로부터의 이탈과 새 양식의 창조를 지향하여 자연주의, 자발성, 단순성, 기술적인 완전을 이상으로 한다.
> ③ 초현실주의(Surrealism)
> ④ 앙데팡당(Independant)

**41** 국악의 빠르기 중 가장 빠른 것은?

① 중중모리　　　　　　　② 자진모리
③ 휘모리　　　　　　　　④ 세마치

> **NOTE** 국악의 빠르기는 느린 것부터 빠른 것으로 진양조 – 중모리 – 중중모리 – 자진모리 – 휘모리 순이다.

**42** 판소리는 극적 구성을 갖춘 성악곡이다. 다음 설명 중 사실과 다른 것은?

① 조선 중엽에 시작되었으며 후에 지역에 따라 동편제, 서편제, 중편제로 구별되어 오늘날에 이르고 있다.

② 발림을 섞어 가며, 북 장단에 맞추어 소리와 아니리로 표현한다.

③ 고수나 청중이 '얼씨구 좋다', '그렇지' 등의 소리를 내어 흥을 돋우는 것을 추임새라고 한다.

④ 판소리를 부르기 전에 목을 풀고 소리판의 분위기를 돋우기 위해 부르는 짧은 노래를 선소리라고 한다.

> **NOTE** 판소리는 지역, 창법, 조(調)의 구성에 따라 동편제, 서편제, 중고제의 세 유파로 분류한다.

**43** 산세나 수목, 산석(山石)을 그릴 때 그 주류를 이루는 골격과 결, 주름 등을 표현하는 데 중점을 둔 동양화의 화법은?

① 발묵법  ② 백묘법
③ 준법  ④ 몰골법

> **NOTE** 준법(皴法) … 동양화에서 산애(山崖), 암석의 굴곡 등의 주름을 그리는 화법으로 일종의 동양적 음영법(陰影法)이라고 할 수 있다.
> ① 발묵법(潑墨法) : 엷은 먹으로 대략 그린 다음 그 위에 짙은 먹으로 그림을 분해해 가면서 화면을 채워가며 대담한 필치로 그리는 수법
> ② 백묘법(白描法) : 윤곽선으로 형태를 그리지 않고 대상의 형·명암·색채 등을 직접 폭이 있는 수묵 또는 채색의 면으로 그리는 수법
> ④ 몰골법(沒骨法) : 채색화의 밑그림 또는 묵선만으로 그리는 수법

**44** 다음이 설명하는 작품은?

> 노르웨이 표현주의 작가의 작품으로 1893년에 완성되었다. 이 작품은 현대인의 아노미를 상징하는 작품으로 유명하다. 배경 화면의 구성을 대담하게 사선으로 처리하였으며, 얼굴의 동적인 처리와 삼원색에 맞추어진 배색 등으로 형식적인 면에서 더욱 강렬한 효과를 나타낸다. 붉은 구름은 보는 이로 하여금 공포감을 조성하여 절망적인 심리상태를 표현하고 있다.

① 절규  ② 자화상
③ 별이 빛나는 밤에  ④ 게르니카

> **NOTE** 절규 … 뭉크의 1893년 작품 절규는 현대인의 아노미를 상징한다. 첫 번째 작품에 "미친 사람에 의해서만 그려질 수 있다"라는 낙서가 발견되어 오랜 시간 궁금증을 내비쳤다. 2021년 AP통신에 따르면 노르웨이 국립미술관은 뭉크의 일기장과 편지 글씨와 대조한 결과 뭉크가 직접 낙서를 쓴 것이라고 밝혔으며, 작품을 완성한 후 덧붙인 것으로 1895년 처음 전시될 때 쓰였을 가능성이 있다고 전했다. 당시 이 작품으로 뭉크는 정신상태에 대한 악평을 들었으며, 작품에 대한 평가에 대응해 추가했을 가능성이 있다고 덧붙였다.

**45** 아리아 '별은 빛나건만'이 삽입된 오페라는?

① 푸치니의 토스카  ② 모차르트의 돈 조반니
③ 베르디의 아이다  ④ 비제의 카르멘

> **NOTE** '별은 빛나건만'은 '오묘한 조화', '노래에 살고 사랑에 살고' 등과 함께 푸치니의 오페라 토스카의 주요 아리아 중 하나이다.
> ② 돈 조반니 : '카탈로그의 노래', '창가로 오라 그대여' 등
> ③ 아이다 : '청아한 아이다', '이기고 돌아오라' 등
> ④ 카르멘 : '하바네라', '꽃노래' 등

**ANSWER** —— 40.① 41.③ 42.① 43.③ 44.① 45.①

**46** 슈베르트의 작품이 아닌 것은?

① 겨울 나그네
② 백조의 노래
③ 군대 행진곡
④ 한여름 밤의 꿈

> **NOTE** 슈베르트 … 오스트리아의 초기 독일 낭만파의 대표적 작곡가로 '가곡의 왕'이라고 불린다. 주로 빈에서 활동하며 다양한 장르의 작품을 남겼고 가곡을 독립된 주요한 음악의 한 부문으로 끌어올려 독일 가곡에 큰 영향을 주었다. 주요작품으로는 '아름다운 물방앗간의 처녀', '겨울 나그네', '죽음과 소녀' 등이 있다.
> ④ 멘델스존의 작품이다.

**47** 한국 프로스포츠 연맹과 종목이 바르게 연결된 것은?

① 골프 – KBL
② 농구 – KOVO
③ 축구 – KL
④ 배구 – KBO

> **NOTE** 주요 한국 프로스포츠 연맹

| 구분 | 내용 |
| --- | --- |
| 농구 | 한국농구협회(KBL) |
| 축구 | 한국프로축구연맹(KL) |
| 배구 | 한국배구연맹(KOVO) |
| 야구 | 한국야구위원회(KBO) |

**48** 16 ~ 18세기 바로크시대에 변성기를 거치지 않고 소프라노 목소리로 노래했던 거세된 성인남자 성악가를 무엇이라 불렀는가?

① 파리넬리
② 카운터테너
③ 카스트라토
④ 테너 리릭코

> **NOTE** 카스트라토(Castrato) … 여성이 무대에 설 수 없었던 18세기 바로크시대의 오페라에서 여성의 음역을 노래한 남성가수로, 3옥타브 반의 목소리를 낸 그들은 이를 위해 변성기 전인 소년시절에 거세당했다.
> ① 파리넬리 : 18세기 이탈리아의 유명한 카스트라토
> ② 카운티테너 : 테너를 넘어선 남성의 성악 음역 또는 가성으로 소프라노의 음역을 구사하는 남성 성악가

**49** 파리 출생으로 미켈란젤로의 영향을 받아 청동시대, 칼레의 시민, 지옥문 등의 조각품을 남긴 근대조각의 아버지는?

① 로댕 ② 부르델
③ 에펠 ④ 마욜

> **NOTE** 오귀스트 로댕(Auguste Rodin) … 1840년 프랑스 파리에서 태어났으며 근대조각의 시조로 불린다. 주요 작품으로는 '지옥문', '청동시대', '생각하는 사람' 등이 있다.
> ② 앙투안 부르델(Emile Antoine Bourdelle) : 프랑스의 조각가로 고전의 재생을 추구하여 고대조각에서 조각미를 탐구였다. '활을 쏘는 헤라클레스', '알자스의 성모자' 등의 작품을 남겼다.
> ③ 구스타프 에펠(Alexandre Gustave Eiffel) : 프랑스의 에펠탑을 건립한 건축가이다.
> ④ 아리스티드 마욜(Aristide Maillol) : 프랑스의 조각가로 '나부상(裸婦像)'이 유명하다.

**50** 다음 설명 중 입체파와 관계없는 것은?

① 대표 작가는 피카소, 브라크, 레제 등이다.
② 다양한 시점에서 바라본 형태가 공존하기도 한다.
③ '자연을 원축, 원통, 구(球)로 파악한다'는 세잔느의 말이 입체파의 계시가 되었다.
④ 입체파 화가들의 폭발적인 색채감각이 현대추상운동을 이끌었다.

> **NOTE** 큐비즘(Cubism)의 색채경시의 경향을 문제 삼아 다채로운 색을 동시적 존재로 바꾼 것이 들로네의 오르피즘(Orphism)이며, 그의 이론이 마케, 마르케, 클레를 중심으로 한 청기사 운동에 영향을 미쳤다.

**51** 판소리에서 창자(唱者)가 극적인 전개를 보충설명하기 위하여, 대목과 대목 사이에 가락을 붙이지 않고 말하듯 사설을 엮어가는 것은?

① 아니리 ② 시나위
③ 추임새 ④ 발림

> **NOTE** ② 시나위 : 전라도 무악계의 기악곡으로, 일명 신방곡(新房曲)이라고도 한다.
> ③ 추임새 : 판소리에서 창(唱)의 사이사이에 고수가 흥을 돋우기 위하여 삽입하는 소리이다.
> ④ 발림 : 판소리에서 창자(唱者)가 소리의 극적인 전개를 돕기 위하여 몸짓·손짓으로 하는 동작을 말한다.

**52** '러브게임'이란 어떤 경기에서 사용하는 용어인가?

① 승마                        ② 테니스
③ 농구                        ④ 수영

> **NOTE** 러브게임(Love Game) ⋯ 테니스에서 어느 한 쪽이 1점도 얻지 못한 게임을 말한다. 즉, 4포인트를 연속으로 내 준 게임을 일컫는 말이다.

**53** 야구 경기 중 한 명의 선수가 한 경기에서 1루타, 2루타, 3루타, 홈런을 모두 쳐낸 경우를 무엇이라고 하는가?

① 사이클링 히트
② 더블 헤더
③ 트리플 플레이
④ 퍼펙트 게임

> **NOTE** ② 더블 헤더 : 두 팀이 같은 날 계속해서 두 경기를 치르는 것을 말한다.
> ③ 트리플 플레이 : 수비 팀이 연속된 동작으로 세 명의 공격 팀 선수를 아웃시키는 플레이를 말한다.
> ④ 퍼펙트 게임 : 선발 등판한 투수가 한 명의 타자도 진루시키지 않고 끝낸 게임을 말한다.

**54** 피겨스케이팅에서 전진하면서 점프를 뛰어 다른 점프보다 0.5회전을 더해 총 세 바퀴 반을 회전하는 점프를 일컫는 용어는?

① 트리플 액셀  ② 더블 액셀
③ 트리플 러츠  ④ 트리플 토룹

**NOTE** 피겨스케이팅에서 점프는 토룹, 살코, 룹, 플립, 럿츠, 액셀로 구분된다. 이 중 액셀은 나머지 점프와 다르게 앞으로 나아가며 점프를 뛰어 반 바퀴를 더 돈다.

**55** 테니스의 4대 메이저 대회가 아닌 것은?

① 윔블던  ② 프랑스오픈
③ 캐나다오픈  ④ 호주오픈

**NOTE** 테니스의 4대 메이저 대회 … 영국의 윔블던, 프랑스의 프랑스오픈, 미국의 US오픈, 호주의 호주오픈으로 그 해에 열리는 이 대회에서 모두 우승했을 경우 그랜드슬램을 달성했다고 말한다.

**56** 야구에서 사용하는 '핫코너'라는 용어는 어디를 지칭하는가?

① 1루  ② 2루
③ 3루  ④ 불펜

**NOTE** 핫코너(Hot Corner) … 강하고 불규칙한 타구가 많이 날아와 수비하기가 까다로운 3루에 붙은 이름이다.
④ 시합 중 구원투수가 경기에 나가기 전에 준비운동을 하는 곳을 불펜(Bull Pen)이라 한다.

ANSWER ____ 52.② 53.① 54.① 55.③ 56.③

**57** 다음이 설명하는 기술의 종목으로 옳은 것은?

> 수비의 꽃이라는 별명을 가진 이 기술은 상대 팀의 스파이크나 백어택 공격을 받아내는 것을 말한다.

① 배구　　　　　　　　　　　② 핸드볼
③ 농구　　　　　　　　　　　④ 축구

> **NOTE** 디그(Dig) … 배구 경기에서 상대팀의 스파이크나 백어택 공격을 받아내는 리시브를 말하며 공의 방향이나 착지 지점을 예측하고, 몸의 유연성과 순발력을 요구하는 기술이다.

**58** 오륜기에 대한 설명으로 옳은 것은?

① 근대 5종 경기와 관련된 역사적 기원
② 인류 평화와 인종 차별 금지
③ 5대륙의 결속과 전 세계 선수들의 만남
④ 페어플레이를 다짐하는 선수들의 약속

> **NOTE** 흰 바탕에 왼쪽부터 파랑, 노랑, 검정, 초록, 빨강의 5색 고리를 위 3개, 아래 2개로 엮은 모양이다. 동그란 5개의 고리는 5개의 대륙을 상징하며 전 세계 선수의 만남과 어울림을 의미한다.

**59** IOC가 규정하고 있는 올림픽 참가선수들의 금기약물이 아닌 것은?

① 이뇨제　　　　　　　　　　② 항생제
③ 정신안정제　　　　　　　　④ 흥분제

> **NOTE** 도핑테스트(Doping Test)는 운동선수가 경기 전에 흥분제나 자극제 등을 복용했는지의 여부를 검사하는 것으로 항생제는 이에 해당하지 않는다.

**60** 골프에서 사용하는 용어가 아닌 것은?

① 발리        ② 더블 보기

③ 이븐파       ④ 홀인원

> **NOTE** 발리(Volley) … 상대방이 친 볼이 땅에 떨어지기 전에 쳐서 보내는 노바운드 리턴을 말하는 테니스 용어
>
> ② 더블 보기(Double Bogey) : 파보다 2타 많은 타수로 홀아웃 한 경우
> ③ 이븐파(Even Par) : 코스의 규정타수(표준타수)와 같은 타수로 경기를 마치는 것
> ④ 홀인원(Hole-In-One) : 1타로 홀컵에 볼을 넣은 경우

**61** 우리나라 전통경기인 씨름에서 공식적으로 채택하고 있는 샅바방식은?

① 오른쪽 다리에 샅바 고리를 매는 오른샅바 방식이다.
② 왼쪽 다리에 샅바 고리를 매는 왼샅바 방식을 채택하고 있다.
③ 영남에선 왼샅바를, 호남에선 오른샅바를 사용하고 있다.
④ 대회 때마다 주최 측이 지방의 특성을 고려하여 결정한다.

> **NOTE** 우리나라는 1962년에 씨름의 경기방식을 왼씨름으로 통일했다. 왼씨름이란 샅바를 오른쪽 다리에 걸며 오른손으로 상대의 허리샅바, 왼손으로 오른쪽 다리의 샅바를 잡는 것을 말한다.

**62** 화가와 작품의 연결이 옳지 않은 것은?

① 피카소 – 아비뇽의 처녀들     ② 르네마그리트 – 빛의 제국
③ 호안미로 – 백합을 든 여인     ④ 알폰스 무하 – 사계

> **NOTE** '백합을 든 여인'은 알폰스 무하의 작품이다. 호안미로의 작품으로는 '야곡', '어릿광대의 사육제' 등이 있다.

고생한 나에게 주는 선물! 머리가 어지러울 때
시험이 끝나고 하고 싶은 일들을 하나씩 적어보세요.

| 01 | |
|----|--|
| 02 | |
| 03 | |
| 04 | |
| 05 | |
| 06 | |
| 07 | |
| 08 | |
| 09 | |
| 10 | |

성공하기 전에는 항상 그것이 불가능한 것처럼 보이기 마련이다. – 넬슨 만델라